Johannes E. Schmittat

Asset Backed Securities

GABLER EDITION WISSENSCHAFT

Strategic Finance

Herausgegeben von

Prof. Ulrich Hommel, Ph.D. und Prof. Dr. Gerhard Picot

Die Schriftenreihe veröffentlicht herausragende Forschungsarbeiten zu aktuellen Fragestellungen der Unternehmensfinanzierung, die eine gesamtstrategische Bedeutung für die zukünftige Unternehmensentwicklung haben. Die Bände dieser Reihe befassen sich insbesondere mit Finanzierungsthemen für Familienunternehmen, die sich aus den Veränderungen der rechtlichen Rahmenbedingungen und des Finanzmarktumfelds ergeben. Sie leisten einen Beitrag zur wissenschaftlichen Beantwortung der behandelten Fragestellungen und geben zugleich wichtige Impulse für die Unternehmenspraxis.

Johannes E. Schmittat

Asset Backed Securities

Die Verbriefung von Handelsforderungen als Finanzalternative für den großen Mittelstand

Mit einem Geleitwort von Prof. Ulrich Hommel, Ph. D.

Deutscher Universitäts-Verlag

Bibliografische Information Der Deutschen Nationalbibliothek
Die Deutsche Nationalbibliothek verzeichnet diese Publikation in der Deutschen Nationalbibliografie; detaillierte bibliografische Daten sind im Internet über <http://dnb.d-nb.de> abrufbar.

Dissertation European Business School, Oestrich-Winkel, 2007

1. Auflage November 2007

Lektorat: Frauke Schindler / Stefanie Loyal

Der Deutsche Universitäts-Verlag ist ein Unternehmen von Springer Science+Business Media.
www.duv.de

Umschlaggestaltung: Regine Zimmer, Dipl.-Designerin, Frankfurt/Main
Gedruckt auf säurefreiem und chlorfrei gebleichtem Papier
Printed in Germany

ISBN 978-3-8350-0947-9

Geleitwort

Auf Grund intensiver und häufig historisch gewachsener Hausbankbeziehungen zwischen mittelständischen Unternehmen und jeweils relativ wenigen Banken existiert in Deutschland in Bezug auf die Unternehmensfinanzierung immer noch ein starker Fokus auf den Bankkredit mit den bekannten Folgen geringer Eigenkapitalquoten und einer allgemein sehr ausgeprägten Abhängigkeit vom Bankensektor. Eine Diversifizierung der Finanzierungsinstrumente hat nur in geringem Maße stattgefunden. Alternative Finanzierungsinstrumente wurden stark vernachlässigt oder geradezu abgelehnt.

Auf dieser Basis konnte es Anfang des Jahrtausends aufgrund des nachlassenden Wirtschaftswachstum, den Umstrukturierungen im Bankensektor und der Einführung von Basel II bei kleineren und mittleren Unternehmen und denen schlechterer Bonität zu einer „gefühlten" Kreditklemme kommen. Alternative Finanzierungsquellen rückten in der Folge verstärkt in das Interesse mittelständischer Unternehmen. Auch Asset Backed Securities in Form der Verbriefung von Handelsforderungen profitierten in den letzten Jahren von dieser Trendwende. Aufgrund zunehmender Marktreife und damit einhergehender Transaktionsstandardisierung sind die vom Markt geforderten Mindestforderungsbeständen so weit gefallen, dass auch zunehmend mittelständische Unternehmen dieses Instrument aktiv nutzen.

ABS-Märkte zeichnen sich jedoch durch ein hohes Maß an Intransparenz aus, so dass zu diesem Thema bisher nur wenige Forschungsarbeiten erschienen sind. Die vorliegende Arbeit von Johannes Schmittat gibt einen Einblick in die verschiedenen Aspekte der Forderungsverbriefung. Insbesondere werden von dem Autor im Rahmen von klinischen Studien die Motive der Forderungsverbriefung mit dem tatsächlich erzielten Nutzen gespiegelt.

Nach einführenden Kapiteln wird zunächst der Stand der Forschung zu Finanzinnovationen ausgewertet und auf die Verbriefung von Handelsforderungen übertragen. Ebenso finden bestehende Elemente der Corporate-Finance-Literatur sowie des Bilanz- und Steuerrechts Anwendung. Anschließend werden auf dieser Basis durchgeführte Untersuchungen einzelner Transaktionen wiedergegeben. Der Fokus dieser Arbeit liegt zwar auf dem großen Mittelstand, zur Vergleichszwecken werden jedoch auch Transaktionen von Großunternehmen einbezogen. Die empirisch gewonnenen Daten werden anschließend genutzt, um die Wertschöpfungspotenziale der Forderungsverbriefung unter Einbeziehung eventueller negativer Effekte zu bewerten. Diskrepanzen zu den unternehmerischen Verbriefungsmotiven werden explizit aufgezeigt.

Durch die empirische Erweiterung der ABS-Literatur in Bezug auf die Verbriefung von Handelsforderungen und der speziellen Einbeziehung des Mittelstands ist die vorliegende Arbeit für die akademische Forschung von hoher Relevanz und kann als Grundlage für weitere Forschungsaktivitäten in diesem Bereich dienen. Darüber hinaus liefert die Dissertationsschrift auch für die Praxis einen erheblichen Erkenntniszugewinn. Scheinbar besonders relevante Motive der Verbriefung werden in Frage gestellt und der Nutzen angeblich nachrangiger Nutzeneffekte deutlich aufgewertet.

Prof. Ulrich Hommel, Ph.D.

Vorwort

Die Verbriefung von Handelsforderungen hat als alternatives Finanzierungsinstrument Anfang des Jahrtausends einen starken Zuwachs erlebt. Steigende Transaktionszahlen haben den Bekanntheitsgrad dieser Art von Asset Backed Securities vorangetrieben. Gleichzeitig ermöglichten die sinkenden Mindestvolumina dem großen Mittelstand eine Teilnahme an diesem Markt.

Da in der akademischen Literatur die Wertschaffung dieses Finanzierungsinstruments nicht eindeutig ist, hat diese Arbeit die Zielsetzung, die möglichen Wertschöpfungspotenziale (unter Einbeziehung möglicher negativer Effekte) empirisch zu untersuchen. Des Weiteren wurden die Möglichkeiten der Forderungsverbriefung zur Reduzierung der problematischen Abhängigkeit des Mittelstands vom Bankensektor und der Erhöhung der im internationalen Vergleich niedrigen Eigenkapitalquoten bewertet.

Ohne die Unterstützung durch eine Vielzahl von Personen wäre diese Arbeit nicht möglich gewesen. Zunächst möchte ich meinem Doktorvater Prof. Ulrich Hommel Ph.D. für die Betreuung dieser Arbeit und die Unterstützung während des gesamten Prozesses danken. Mein Dank gebührt auch meinem Zweitgutachter Prof. Dr. Andreas Hackethal, der mit seine Anmerkungen und Hinweisen zum erfolgreichen Abschluss dieser Arbeit beigetragen hat.

Die Ansprache der untersuchten Unternehmen konnte auf Grund der Anonymität des Verbriefungsmarktes nur indirekt erfolgen. Ich danke den Mitarbeitern der strukturierenden Banken, Kreditversicherungen, Rechtsanwälten (insbesondere Frau Dr. Nina Siedler von DLA Piper UK) und sonstigen Beratern für ihre Unterstützung in diesem Prozess.

Weiterhin möchte ich mich bei allen Unternehmen bedanken, die mir eine Untersuchung ihrer ABS-Transaktion ermöglicht haben, sowie den strukturierenden Banken, die mir eine Analyse der entsprechenden Vertragswerke erlaubten.

Während der Erstellung einer solchen Arbeit ist die Diskussion mit Kollegen sehr wichtig und hilft über schwierige Zeiten hinweg. Für diese Unterstützung und die erholsamen Ablenkungen zwischen den Arbeitsphasen danke ich Georg Altenkirch, Markus Petersen, Marc Schuhmacher, Patrick Ams und Mathias Hain.

Großer Dank gebührt auch meinen Eltern, die mit ihrer Förderung und Unterstützung dieses Promotionsvorhaben erst möglich gemacht haben und mir jederzeit mit Rat und Tat zur Seite standen. Nicht zuletzt danke ich meiner Frau Adrienne, die meine nächtlichen und wochenendlichen Arbeitsphasen ertragen musste und in jeder Phase der Arbeit für mich da war.

Abschließend möchte ich mich für die Unterstützung bei der Veröffentlichung dieser Arbeit bei Herrn Dr. Hartmut Bechtold von True Sale International sowie bei Herrn Gerd Bieding von Close Brothers herzlich bedanken.

Johannes E. Schmittat

Inhaltsübersicht

Geleitwort **V**

Vorwort **VII**

Abbildungsverzeichnis **XVII**

Tabellenverzeichnis **XXI**

Abkürzungsverzeichnis **XXIII**

1 Einleitung **1**

1.1 Problemstellung 1

1.2 Relevanz für wissenschaftliche Forschung und Praxis 4

1.3 Forschungsframework 6

1.4 Aufbau der Arbeit 7

1.5 Ergebnisse 9

2 Grundlagen zu Asset Backed Securities **13**

2.1 Historische Entwicklung von Asset Backed Securities 13

2.2 Verbriefungsarten 16

2.3 Multi-Seller-Conduits 19

2.4 Verbriefungsmarkt in Europa und Deutschland 23

2.5 Abgrenzung Asset Backed Securities 29

3 Der große Mittelstand **41**

3.1 Definition des großen Mittelstands 41

3.2 Finanzierung des großen Mittelstands 43

3.3 Aktuelle Entwicklungen 47

4 Forschungsdesign **53**

4.1 Begründung für empirische Erhebungen 53

4.2 Erhebungs- und Analysestrategie 59

4.3 Qualitätskriterien 68

5 Effekte von Forderungsverbriefungen **71**

5.1 Vorbemerkungen 71

5.2 Transaktionskosten 80

5.3 Prinzipal-Agenten-Probleme und mögliche Wohlstandstransfers . . 100
5.4 Bilanzverkürzung und Bilanzanalyse 137

6 Empirische Untersuchungen **151**
6.1 Auswahl der Transaktionen 151
6.2 Clinical Studies 159
6.3 Case Studies 266
6.4 Umfrage zur Motivation 271

7 Analyse der empirischen Untersuchungen **273**
7.1 Vorbemerkungen 273
7.2 Transaktionskosten 277
7.3 Prinzipal-Agenten-Probleme und mögliche Wohlstandstransfers . . 306
7.4 Bilanzverkürzung und Bilanzanalyse 335
7.5 Motivationen 342

8 Zusammenfassung und Bewertung **363**

Anhang **373**

Literaturverzeichnis **413**

Inhaltsverzeichnis

Geleitwort V

Vorwort VII

Abbildungsverzeichnis XVII

Tabellenverzeichnis XXI

Abkürzungsverzeichnis XXIII

1 Einleitung 1

1.1 Problemstellung 1

1.2 Relevanz für wissenschaftliche Forschung und Praxis 4

1.3 Forschungsframework 6

1.4 Aufbau der Arbeit 7

1.5 Ergebnisse 9

2 Grundlagen zu Asset Backed Securities 13

2.1 Historische Entwicklung von Asset Backed Securities 13

2.2 Verbriefungsarten 16

2.3 Multi-Seller-Conduits 19

2.4 Verbriefungsmarkt in Europa und Deutschland 23

2.5 Abgrenzung Asset Backed Securities 29

2.5.1 Asset Backed Securities – Kredite 29

2.5.1.1 Besicherte Kredite – Unbesicherte Kredite 29

2.5.1.2 Asset Backed Securities – Besicherte Kredite 31

2.5.2 Asset Backed Securities – Factoring 34

2.5.3 Asset Backed Securities – Captive Finance Companies 35

3 Der große Mittelstand 41

3.1 Definition des großen Mittelstands 41

3.2 Finanzierung des großen Mittelstands 43

3.3 Aktuelle Entwicklungen 47

4 **Forschungsdesign** **53**
4.1 Begründung für empirische Erhebungen . . . 53
4.1.1 Grounded Theory . . . 53
4.1.2 Case Studies . . . 54
4.1.3 Clinical Studies . . . 57
4.1.4 Abschließende Kurzumfrage . . . 59
4.2 Erhebungs- und Analysestrategie . . . 59
4.2.1 Literaturanalyse und Formulierung von Erwartungen . . . 60
4.2.2 Durchführung der Clinical und Case Studies . . . 60
4.2.3 Auswertung der Daten . . . 65
4.3 Qualitätskriterien . . . 68

5 **Effekte von Forderungsverbriefungen** **71**
5.1 Vorbemerkungen . . . 71
5.1.1 Irrelevanz der Finanzierung . . . 71
5.1.2 Auswirkungen auf den Wert des Eigenkapitals . . . 73
5.1.3 Praktische Motive für die Durchführung einer Verbriefungstransaktion . . . 75
5.2 Transaktionskosten . . . 80
5.2.1 Marktintransparenz . . . 81
5.2.2 Finanzierungskosten . . . 82
5.2.3 Risikomanagement . . . 84
5.2.4 Gewerbesteuer und Behinderung des Verbriefungsmarkts . . . 88
5.2.5 Komplexität der Verbriefung . . . 91
5.2.6 Erwartete Insolvenzkosten . . . 93
5.2.7 Verbesserung interner Prozesse . . . 98
5.3 Prinzipal-Agenten-Probleme und mögliche Wohlstandstransfers . . 100
5.3.1 Hidden Information . . . 101
5.3.1.1 Zu verbriefende Forderungen . . . 101
5.3.1.2 Signaling des Unternehmenswerts . . . 108
5.3.1.3 Offenlegungspflichten . . . 110
5.3.2 Hidden Action . . . 111
5.3.2.1 Moral Hazard . . . 111
5.3.2.2 Eliminierung von Noise . . . 112

5.3.2.3 Monitoring des Forderungsverkäufers . . . 114
5.3.2.4 Free Cash Flow . . . 118
5.3.2.5 Underinvestment-Probleme . . . 120
5.3.2.6 Verlust von Sicherheiten . . . 123
5.3.2.6.1 Besicherte Schulden . . . 123
5.3.2.6.2 Captive Finance Companies . . . 127
5.3.2.6.3 Asset Backed Securities . . . 129
5.4 Bilanzverkürzung und Bilanzanalyse . . . 137
5.4.1 Bilanzielle Vorschriften . . . 137
5.4.2 Anerkennung des Bilanzabgangs . . . 142
5.4.3 Effekte auf die Bilanzanalyse . . . 146
5.4.4 Auswirkungen auf den Verschuldungsgrad . . . 148

6 Empirische Untersuchungen 151
6.1 Auswahl der Transaktionen . . . 151
6.2 Clinical Studies . . . 159
6.2.1 Unternehmen Alpha . . . 159
6.2.1.1 Beschreibung des Unternehmens . . . 160
6.2.1.2 Verbriefung von Forderungen . . . 163
6.2.1.2.1 Eckdaten der Verbriefung . . . 163
6.2.1.2.2 Motivation und Vorteile für Alpha . . . 166
6.2.1.2.3 Ablauf der Strukturierung . . . 169
6.2.1.2.4 EDV-Anpassungen . . . 172
6.2.1.2.5 Revolvierender Verkauf und Forderungseinzug . . . 173
6.2.1.2.6 Monitoring-Aktivitäten . . . 175
6.2.1.3 Effekte der Transaktion . . . 176
6.2.1.3.1 Auswirkungen auf den Jahresabschluss . . . 176
6.2.1.3.2 Risikotransfer . . . 182
6.2.1.3.3 Reaktionen von Kredit gebenden Banken . . . 183
6.2.1.4 Alphas Bewertung der Transaktion . . . 184
6.2.2 Unternehmen Beta . . . 188
6.2.2.1 Beschreibung des Unternehmens . . . 188
6.2.2.2 Verbriefung von Forderungen . . . 191
6.2.2.2.1 Eckdaten der Verbriefung . . . 191

6.2.2.2.2 Motivation und Vorteile für Beta 195
6.2.2.2.3 Ablauf der Strukturierung 198
6.2.2.2.4 EDV-Anpassungen 201
6.2.2.2.5 Revolvierender Verkauf und Forderungseinzug 202
6.2.2.2.6 Monitoring-Aktivitäten 204
6.2.2.3 Effekte der Transaktion 206
6.2.2.3.1 Auswirkungen auf den Jahresabschluss 206
6.2.2.3.2 Risikotransfer 212
6.2.2.3.3 Reaktionen von Kredit gebenden Banken 213
6.2.2.4 Betas Bewertung der Transaktion 215
6.2.3 Unternehmen Gamma 221
6.2.3.1 Beschreibung des Unternehmens 221
6.2.3.2 Verbriefung von Forderungen 224
6.2.3.2.1 Eckpunkte der Verbriefung 224
6.2.3.2.2 Motivation und Vorteile für Gamma 227
6.2.3.2.3 Ablauf der Strukturierung 229
6.2.3.2.4 EDV-Anpassungen 230
6.2.3.2.5 Revolvierender Verkauf und Forderungseinzug 231
6.2.3.2.6 Monitoring-Aktivitäten 233
6.2.3.3 Effekte der Transaktion 234
6.2.3.3.1 Auswirkungen auf den Jahresabschluss 234
6.2.3.3.2 Risikotransfer 236
6.2.3.3.3 Reaktionen von Kredit gebenden Banken 237
6.2.3.4 Gammas Bewertung der Transaktion 237
6.2.4 Unternehmen Delta 241
6.2.4.1 Beschreibung des Unternehmens 241
6.2.4.2 Verbriefung von Forderungen 243
6.2.4.2.1 Eckdaten der Verbriefung 243
6.2.4.2.2 Motivation und Vorteile für Delta 246
6.2.4.2.3 Ablauf der Strukturierung 248
6.2.4.2.4 EDV-Anpassungen 250
6.2.4.2.5 Revolvierender Verkauf und Forderungseinzug 251
6.2.4.2.6 Monitoring-Aktivitäten 253

6.2.4.3 Effekte der Transaktion 255
6.2.4.3.1 Auswirkungen auf den Jahresabschluss 255
6.2.4.3.2 Risikotransfer 258
6.2.4.3.3 Reaktionen von Kredit gebenden Banken 260
6.2.4.4 Deltas Bewertung der Transaktion 261
6.3 Case Studies 266
6.4 Umfrage zur Motivation 271

7 Analyse der empirischen Untersuchungen 273
7.1 Vorbemerkungen 273
7.1.1 Verwendung der Liquidität 273
7.1.2 Bilanzverkürzung 275
7.2 Transaktionskosten 277
7.2.1 Finanzierungskosten und Marktintransparenz 277
7.2.2 Risikomanagement 283
7.2.3 Gewerbesteuer und Behinderung des Verbriefungsmarkts 290
7.2.4 Komplexität der Verbriefung 294
7.2.5 Erwartete Insolvenzkosten 299
7.2.6 Verbesserung interner Prozesse 304
7.3 Prinzipal-Agenten-Probleme und mögliche Wohlstandstransfers . . 306
7.3.1 Hidden Information 306
7.3.1.1 Zu verbriefende Forderungen 306
7.3.1.2 Signaling des Unternehmenswerts 310
7.3.1.3 Offenlegungspflichten 314
7.3.2 Hidden Action 316
7.3.2.1 Moral Hazard 317
7.3.2.2 Eliminierung von Noise 323
7.3.2.3 Monitoring des Forderungsverkäufers 325
7.3.2.4 Underinvestment 328
7.3.2.5 Verlust an Sicherheiten 331
7.4 Bilanzverkürzung und Bilanzanalyse 335
7.4.1 Erreichte Bilanzverkürzung 335
7.4.2 Anerkennung Bilanzabgang 337
7.4.3 Effekte auf die Bilanzanalyse 339

7.5 Motivationen 342
7.5.1 Transaktionskosten 349
7.5.2 Prinzipal-Agenten-Probleme 355
7.5.3 Bilanzverkürzung 360

8 Zusammenfassung und Bewertung **363**

Anhang **373**

Literaturverzeichnis **413**

Abbildungsverzeichnis

1.1 Forschungsframework 7
1.2 Aufbau der Dissertation 8

2.1 Unterteilung Asset Backed Securities 17
2.2 Multi-Seller-Conduit-Struktur 20
2.3 Entwicklung ABCP-Märkte 24
2.4 Verbriefung von Handelsforderungen in Deutschland 26
2.5 Kleinste Transaktion über Banken 27

3.1 Finanzierungsziele des großen Mittelstands 44
3.2 Passivseite im Ländervergleich 45
3.3 KfW Unternehmensbefragung 46
3.4 KfW geschätztes Kreditneugeschäft 48
3.5 Entwicklung der Eigenkapitalquoten 49
3.6 US Private Placement deutscher Unternehmen 50

4.1 Analyse der erhobenen Daten 66

5.1 Erwartete Insolvenzkosten 96
5.2 Auswirkungen von ABS auf unbesicherte Gläubiger 133
5.3 Reaktionen Kreditgeber Betriebsmittellinien 135
5.4 Test auf Bilanzabgang HGB 138
5.5 Test auf Bilanzabgang IFRS 140

6.1 Vergleich Mittelstand – Umsatz – ABS-Volumen 152
6.2 Vergleich Branchen 153
6.3 Vergleich Rating 154
6.4 Clinical und Case Studies 155
6.5 Alpha Forderungsausfälle 161
6.6 Alpha Risikoverteilung 183
6.7 Beta Ausfallraten 190
6.8 Beta Risikoverteilung 213
6.9 Gamma Ausfallraten 222

6.10 Gamma Reservekonto . . . 227
6.11 Delta Verlustübernahme . . . 259
6.12 Fragebogen zur Motivation . . . 272

7.1 Verwendung der ABS-Liquidität . . . 274
7.2 Off-Balance-Sheet Transaktionen . . . 275
7.3 On-Balance-Sheet-Variante . . . 276
7.4 All-in-Verbriefungskosten . . . 280
7.5 Reputationsgewinne . . . 311
7.6 Moral-Hazard . . . 318
7.7 Anerkennung Bilanzabgang . . . 338
7.8 Motive für die Verbriefung von Handelsforderungen . . . 342
7.9 Motive von Großunternehmen zur Verbriefung von Handelsforderungen . . . 343
7.10 Motive von mittelständischen Unternehmen zur Verbriefung von Handelsforderungen . . . 344
7.11 Motiv: Diversifizierung der Finanzierungsinstrumente . . . 350
7.12 Motiv: Fixierung des Risikoaufschlags . . . 351
7.13 Motiv: Langfristige Finanzierungssicherheit . . . 352
7.14 Motiv: Reduzierung des zu tragenden Forderungsausfallrisikos . . . 353
7.15 Motiv: Verbesserung des Debitorenmanagements . . . 354
7.16 Motiv: Reputationsgewinn durch Nutzung von ABS . . . 356
7.17 Motiv: Nutzung des Kapitalmarkts ohne die Offenlegung von Unternehmensdaten . . . 357
7.18 Motiv: Finanzierung von Investitionen / Umsatzausweitung . . . 358
7.19 Motiv: Liquiditätszufluss . . . 359
7.20 Motiv: Ablösung von Kreditverbindlichkeiten . . . 361

C.1 Verbriefungen von Handelsforderungen in EMEA 2003–2006 . . . 384
C.2 Anteile Volumen EMEA Handelsforderungen 2003–2006 . . . 384
C.3 Zusammenhang Umsatz ABS – Volumen . . . 386
C.4 Motiv: Günstige Finanzierungskosten . . . 389
C.5 Motiv: Unabhängigkeit vom Bankensektor erhöhen . . . 389
C.6 Motiv: Reduzierung der Gewerbesteuerlast . . . 390

C.7 Motiv: Nutzung des Kapitalmarkts 390
C.8 Motiv: Bilanzverkürzung 391

Tabellenverzeichnis

2.1 Verbriefungen von Handelsforderungen EMEA 2003–2006 25
2.2 Strukturierende Banken deutscher Transaktionen 28
2.3 Vergleich Struktur Finanzierungsformen 38
2.4 Vergleich Verantwortlichkeiten der Finanzierungsinstrumente . . . 39

3.1 Größenverteilung deutscher Unternehmen 42

5.1 Risikogewichtungen Basel II im Standard Ansatz 85
5.2 Auswirkungen Liquiditätsverwendung 141
5.3 Vergleich Cash Flows ABS und Kredit 143

6.1 Strukturierende Banken 156
6.2 Übersicht Case und Clinical Studies 158
6.3 Alpha Bilanzstruktur, Stand 31.12.2003 162
6.4 Alpha Zusammensetzung Bilanzverkürzung zum 31.12.2004 177
6.5 Alpha Bilanzstruktur mit und ohne ABS, Stand 31.12.2004 178
6.6 Alpha Veränderung Kennzahlen durch ABS zum 31.12.2004 179
6.7 Alpha Zusammensetzung Bilanzverkürzung zum 31.12.2005 180
6.8 Beta Bilanzstruktur, Stand 31.12.2004 189
6.9 Beta Bilanzverkürzung Dezember 2005 208
6.10 Beta Fortschreibung Bilanzposten zum 31.12.2005 209
6.11 Beta Bilanzstruktur mit und ohne ABS, Stand 31.12.2005 210
6.12 Beta Veränderung Kennzahlen durch ABS zum 31.12.2005 211
6.13 Gamma Bilanzstruktur, Stand Ende Geschäftsjahr 2005/2006 . . . 223
6.14 Delta Bilanzstruktur, Stand 31.12.2005 242
6.15 Delta Zusammensetzung Bilanzverkürzung zum 31.12.2005 256
6.16 Delta Bilanzstruktur mit und ohne ABS, Stand 31.12.2005 257
6.17 Delta Veränderung Kennzahlen durch ABS zum 31.12.2005 258

7.1 All-in-ABS-Kosten 278
7.2 Ausfallraten und First Loss Pieces 284
7.3 Umfang Vertragswerke 295

7.4 Übersicht Bilanzeffekte 336
7.5 Motivationen zur Verbriefung von Handelsforderungen 346
7.6 Motive: Mann-Whitney-Unterschiedstest 347
7.7 Motive: Kolmogorov-Smirnov-Test 348

C.1 Jahresübersicht EMEA 2003-2006 385
C.2 Verbriefung von Handelsforderungen in Deutschland 385
C.3 Verbriefungen von Handelsforderungen EMEA 2003-2006, Banken 387
C.4 Vergleich Rating-Noten 388
D.1 Übersicht Ergebnisse Case Studies (1/6) 392
D.2 Übersicht Ergebnisse Case Studies (2/6) 393
D.3 Übersicht Ergebnisse Case Studies (3/6) 394
D.4 Übersicht Ergebnisse Case Studies (4/6) 395
D.5 Übersicht Ergebnisse Case Studies (5/6) 396
D.6 Übersicht Ergebnisse Case Studies (6/6) 397

Abkürzungsverzeichnis

ABS	Asset Backed Securities
ABCP	Asset Backed Commercial Paper
AFA	American Finance Association
AGB	Allgemeine Geschäftsbedingungen
BGBl	Bundesgesetzblatt
BMF	Bundesministerium der Finanzen
BP	Basispunkte
CBO	Collateralised Bond Obligation
CDO	Collateralised Debt Obligation
CDS	Credit Default Swap
CE	Credit Enhancement
CE-WKV	Credit-Enhancement-Warenkreditversicherung
CFC	Captive Finance Company
CLO	Collateral Loan Obligation
CMBS	Commercial Mortgage Backed Securities
CP	Commercial Paper
DGSV	Deutscher Giro- und Sparkassenverband
DM	Deutsche Mark
EBIT	Earnings before Interest and Taxes
EDV	Elektronische Datenverarbeitung
EHUG	Gesetz über elektronische Handelsregister und Genossenschaftsregister sowie das Unternehemnsregister
EK	Eigenkapital
EMEA	Europe, Middle East, Africa
EU	Europäische Union

EURIBOR	Euro Interbank Offered Rate
FAS	Financial Accounting Standards
FASB	Financial Accounting Standards Board
FCF	Free Cash Flow
FHLMC	Federal Home Loan Mortgage Corporation
FLP	First Loss Piece
FNMA	Federal National Mortgage Association
GNMA	Government National Mortgage Association
GSE	Government Sponsored Entity
GewSt	Gewerbesteuer
GewStG	Gewerbesteuergesetz
GuV	Gewinn- und Verlustrechnung
HGB	Handelsgesetzbuch
IAS	International Accounting Standards
IDW	Institut der Wirtschaftsprüfer
IfM	Institut für Mittelstandsforschung Bonn
IFRS	International Financial Reporting Standards
InsO	Insolvenzordnung
IRB	Internal Ratings Based Approach
IT	Informationstechnologie
JFE	Journal of Financial Economics
KfW	Kreditanstalt für Wiederaufbau
KM	Kapitalmarkt
KSt	Körperschaftsteuer
MBS	Mortgage Backed Securities
MM	Modigliani/Miller

Moody's	Moody's Investor Service
NPV	Net Present Value
RMBS	Residential Mortgage Backed Securities
SIC	Standard Interpretation Committee
SFS	Siemens Financial Services
SME	Small and Medium-Sized Enterprises
SPE	Special Purpose Entity
SPV	Special Purpose Vehicle
SSRN	Social Science Research Network
TSI	True Sale International
USA	United States of America
US-GAAP	United States Generally Accepted Accounting Principles
UStG	Umsatzsteuergesetz
WKV	Warenkreditversicherung

1 Einleitung

1.1 Problemstellung

In Deutschland existiert im Gegensatz zum Ausland eine sehr enge Bindung der einzelnen Unternehmen an jeweils nur wenige Banken. Diese enge Beziehung wird als „Hausbankprinzip“ bezeichnet und hat neben dem Abbau von Informationsasymmetrien den Vorteil der Längerfristigkeit und der Liquiditätsbereitstellung auch in für das Unternehmen schwierigen Zeiten. Allerdings führte diese enge Bindung zwischen Unternehmen und Banken in der Unternehmensfinanzierung zu einem zu starken Fokus auf den Bankkredit. Eine Diversifizierung der Finanzierungsinstrumente und die Einbeziehung alternativer Möglichkeiten hat lange Zeit nicht stattgefunden, so dass Abhängigkeiten der Unternehmen vom Finanzsektor entstanden. Des Weiteren haben steuerliche Anreize sowie eine nicht risikoadjustierte Kalkulation der Kreditkonditionen dazu geführt, dass die Eigenkapitalquoten (EK-Quoten) deutscher Unternehmen im internationalen Vergleich gering sind.[1]

Der Rückgang des wirtschaftlichen Wachstums, die Einführung von Basel II sowie Umstrukturierungen im Finanzsektor haben in Verbindung mit dem Hausbankprinzip und den geringen EK-Quoten insgesamt dazu geführt, dass die Kreditaufnahme für die Unternehmen Anfang des Jahrtausends wesentlich schwieriger wurde. Auch wenn eine „Kreditklemme“ mit negativen Auswirkungen auf die Wirtschaftsentwicklung nicht nachgewiesen werden konnte, berichteten insbesondere kleinere Unternehmen von einer subjektiv verschlechterten Lage.[2]

Alle diese Entwicklungen führten dazu, dass heute alternative Finanzierungsinstrumente in Deutschland stärker im Fokus stehen. Sie werden als Möglichkeit gesehen, sowohl die Abhängigkeit der Unternehmen vom Bankensektor zu senken als auch die Eigenkapitalquote zu stärken. Neben Leasing und Beteiligungskapital

---

1 Allerdings darf beim internationalen Vergleich nicht außer Acht gelassen werden, dass insbesondere Unternehmen des kleinen Mittelstands so organisiert sind, dass der Eigentümer mit seinem privaten Vermögen für Schulden des Unternehmens haftet. Eine Einbeziehung des privaten Vermögens erhöht die EK-Quote etwas. Vgl. Abschnitt 3.2, S. 43.

2 Vgl. Abschnitt 3.2, S. 43.

bezieht dies den Bereich der Asset Backed Securities (ABS) über die Verbriefung von Handelsforderungen[3] mit ein.

Die Verbriefung von Handelsforderungen führt zu einer Verstärkung der Desintermediation der Unternehmensfinanzierung, also dem Ersetzen der Finanzierung über die Bankbilanz durch den direkteren Kontakt zwischen Unternehmen und Anleger. Dies kann die Unabhängigkeit der Unternehmen von ihren Banken erhöhen. Da die Verbriefung von Handelsforderungen jedoch von Banken strukturiert wird, stellt sich die Frage, ob eine Abhängigkeit nicht durch eine neue ersetzt wird. Unabhängig davon wird ABS mit einer Off-Balance-Sheet-Finanzierung und häufig günstigen Finanzierungskonditionen in Verbindung gebracht.[4]

Obwohl es bereits Literatur zu ABS im Allgemeinen gibt, ist bisher ungeklärt, in welchen Bereichen die Verbriefung von Handelsforderungen tatsächlich Wert schaffen kann und ob die verstärkte Nutzung dieses Instruments die Probleme der Abhängigkeit vom Bankensektor und die niedrigen EK-Quoten lindern kann.[5]

Die Besicherung von Wertpapieren mit Aktiva (ABS) ist kein neues Konstrukt. Bereits seit den 1970er Jahren wird diese Finanzierungsform in den USA genutzt, um Immobilienkredite zu refinanzieren. Auch in Deutschland nutzen Banken (synthetische) Verbriefungsstrukturen, um ihre Kreditrisiken zu verbriefen. Ab 1985 wurde der Pool der verbriefungsfähigen Aktiva schrittweise erweitert. In Deutschland nutzen Großunternehmen die Verbriefung von Handelsforderungen bereits seit Ende der 90er Jahre. Neu ist jedoch, dass seit wenigen Jahren auch Unternehmen mit Umsätzen unterhalb derer von Großunternehmen auf dieses Instrument zugreifen können. Dies hat zwar zu einer Steigerung der Transaktionszahlen geführt, allerdings ist die Zahl der Unternehmen, die Handelsforderungen verbriefen, mit etwas über 100 immer noch sehr gering. Die Markteintrittsbarrieren (hohe Start-Up-Kosten und damit verbundene hohe Mindestausnutzung) verhindern die stärkere Nutzung.[6]

---

3 Forderungen aus Lieferungen und Leistungen, engl.: Trade Receivables. Diese entstehen, wenn ein Unternehmen eine Leistung erbringt und dem Kunden ein Zahlungsziel eingeräumt wird.

4 Vgl. Krahnen (2005), S. 310; Schwarcz (2003), S. 46; GBRW Limited (Hrsg.) (2004), S. 2.

5 Vgl. Hill (1996), S. 1110.

6 Vgl. Jobst (2005b), S. 15; Abschnitt 2.1, S. 13.

Banken verbriefen ihre Kredite überwiegend aus regulatorischen Gesichtspunkten. Für Nicht-Banken müssen folglich andere Vorteile existieren. In dieser Arbeit werden Verbriefungen von Handelsforderungen daher intensiv empirisch untersucht. Es gilt zu klären, welche Motive für die einzelnen Unternehmen eine Rolle spielen und wo ABS Wert schaffen können. Da mittelständische Unternehmen von den erwähnten Problemen stärker betroffen sind und ABS für sie neu sind, werden Verbriefungen von Mittelständlern mit Großunternehmen verglichen.[7]

Für Unternehmen des Mittelstands ist der direkte Gang an den Kapitalmarkt häufig keine Option, da die Eigentümer eine Verwässerung ihrer Stimmrechte verhindern wollen und auch die Transparenzpflichten im Widerspruch zu der bevorzugten Geheimhaltung von Unternehmensdaten stehen. Die Verbriefung von Handelsforderungen bietet sich als interessante Alternative an, da sie als Forderungsverkauf keine Auswirkungen auf die Stimmrechte haben und der Verbriefungsmarkt über Conduits vollständig anonym abläuft.[8]

Zwar ist nach Modigliani/Miller (MM) die Finanzierungsstruktur eines Unternehmens unerheblich und kann den Wert des Unternehmens nicht steigern. Allerdings werden die Annahmen von MM regelmäßig verletzt, so dass die Beschäftigung mit der Finanzierungsseite für die Unternehmen Wert schaffen kann.[9] Es ist daher von Interesse, ob und wie die Verbriefung von Handelsforderungen den Unternehmenswert erhöhen kann. Dies wird in dieser Arbeit wissenschaftlich analysiert. Darüber hinaus soll untersucht werden, welche Vorteile von ABS von den Unternehmen in der praktischen Anwendung gesehen werden.

---

[7] Der große Mittelstand wird hierbei als Umsatzklasse zwischen 50 und 500 Mio. Euro definiert, so dass ca. 7.500 Unternehmen mit einem Umsatzanteil von 22,6 % zu dieser Klasse gehören. Allerdings werden bei der Einordnung einzelner Unternehmen auch qualitative Merkmale wie Familienbesitz und die Selbsteinschätzung des Unternehmens einbezogen, vgl. Abschnitt 3, S. 41.

[8] Vgl. Abschnitt 3, S. 41.

[9] Vgl. Abschnitt 5.1.1, S. 71.

1.2 Relevanz für wissenschaftliche Forschung und Praxis

Die vorliegende Arbeit leistet sowohl für die akademische Forschung als auch für die praktische Anwendung einen Mehrwert. Zwar existieren ABS-Strukturen in den USA bereits seit mehreren Jahrzehnten. Es wurden jedoch bis Mitte der 1980er Jahre nur Immobilienkredite verbrieft. Die ABS-Literatur ist daher stark auf die Verbriefung von Krediten fixiert. Auch zwei große Studien der GBRW Limited (Hrsg.) (2004) (für Europa) und der The Boston Consulting Group (2004) (für Deutschland) haben sich auf die Kreditverbriefung konzentriert und andere Aktiva nur am Rande behandelt. Zwar wurde der Pool der für die Verbriefung geeigneten Forderungen in den letzten Jahren stetig erweitert, allerdings sind einige Aktiva noch so neu, dass die akademische Forschung diese noch nicht vollständig aufgearbeitet hat. So stellen Iacobucci/Winter (2005) fest, dass die akademische Literatur zu ABS spärlich und einige der diskutierten Theorien problematisch seien.[10] Thomas (1999) ergänzt, dass es zwar einige Werke zu ABS gäbe, die Literatur aber noch nicht sehr weit entwickelt sei.[11]

Der Verbriefungsmarkt in Deutschland ist wesentlich später als der in Europa gestartet, welcher wiederum zeitlich hinter dem Markt in den USA herläuft. Krahnen (2005) stellt daher fest, dass es in Deutschland auf Grund des geringen Alters des Markts nur wenige wissenschaftliche Studien zum Thema ABS gäbe. Dies läge auch daran, dass es keine allgemein verfügbaren Datensätze über ABS-Transaktionen gäbe.[12]

Die Verbriefung von Handelsforderungen als Teilbereich des deutschen Verbriefungsmarkts zeichnet sich des Weiteren durch besondere Anonymität und Verschwiegenheit aus. Unternehmen nutzen den Asset-Backed-Commercial-Paper-(ABCP-)Markt,[13] um auf indirektem Wege und ohne Offenlegung ihrer Identitäten Liquidität vom Kapitalmarkt zu erhalten. Nur wenige Unternehmen nutzen die Verbriefung als innovatives Finanzierungsinstrument zu Marketingzwecken und geben dabei ihren Namen preis. Die strukturierenden Banken legen ebenfalls Wert auf Verschwiegenheit, da die genauen Strukturen der Transaktionen einen Wis-

[10] Vgl. Iacobucci/Winter (2005), S. 163.
[11] Vgl. Thomas (1999), S. 323.
[12] Vgl. Krahnen (2005), S. 3.
[13] Für eine Beschreibung des ABCP-Markts siehe Abschnitt 2.3, S. 21.

sensvorsprung vor Konkurrenten bilden und daher nicht veröffentlicht werden sollen.

Vor diesem Hintergrund trägt eine intensive Analyse einzelner Transaktionen zur weiteren Entwicklung der ABS-Literatur bei. Bestehende Arbeiten zu ABS sowie zu ähnlichen Finanzierungsinstrumenten wie der Captive Finance Company (CFC), besicherten Schulden und Factoring werden auf die Verbriefung von Handelsforderungen angewandt und auf ihre Übertragbarkeit überprüft. Durch eine Differenzierung zwischen Mittelstand und Großunternehmen wird des Weiteren eine Verbindung zwischen ABS und dem deutschen Mittelstand hergestellt.

Wie Hill (1996) ausführt, ist zusätzliche empirische Arbeit notwendig, um festzustellen, welche Vorteile einzelne Unternehmen mit ABS erreichen.[14] Deshalb wird hier untersucht, wie die verbriefenden Unternehmen von einer ABS-Transaktion profitieren und in welchen Bereichen Wert geschaffen wird. Auf diese Weise trägt diese Arbeit zur Behebung der von Hill identifizierten Forschungslücke bei.

Neben der Erweiterung der ABS-Literatur hat diese Arbeit jedoch auf Grund der empirischen Untersuchungen auch eine hohe Relevanz für die Praxis. Wie oben erwähnt, besteht im Mittelstand eine hohe Abhängigkeit von Bankensektor und eine Fixierung auf die Finanzierung über Bankkredite, so dass ein Bedarf an alternativen Finanzierungsinstrumenten besteht. Die Erklärung, warum Unternehmen Forderungen verbriefen, kann anderen Unternehmen in ihrem Entscheidungsprozess für oder gegen ABS Hilfestellungen geben. Auch können sich Unternehmen über potenzielle Problembereiche informieren und diese durch entsprechende Planung umgehen oder lindern.

Insbesondere bietet diese Arbeit einen intensiven Einblick in vier Transaktionen,[15] so dass der Umfang vorhergehender Publikationen weit überschritten wird. Zwar gibt es Beschreibungen einzelner Verbriefungen wie beispielsweise in Financial Gates GmbH (2005) oder SFS (2003). Diese basieren jedoch nur auf einzelnen Interviews und erreichen nicht den Detailgrad der hier angewendeten Clinical Studies. Dies bietet sowohl den teilnehmenden Unternehmen, die auf diese Weise eine Aufarbeitung und Bewertung ihrer Transaktionen erhalten einen Mehrwert,

[14] Vgl. Hill (1996), S. 1110.

[15] Darüber hinaus werden zehn weitere Transaktionen im Rahmen von Case Studies in die Auswertung mit einbezogen.

als auch noch nicht verbriefenden Unternehmen, die einen Überblick über Motivationen, Abläufe, Vorteile und Probleme erhalten. Darüber hinaus werden die in der Praxis relevanten Motivationen zur Verbriefung von Handelsforderungen mit wissenschaftlichen Methoden auf ihre tatsächliche Werthaltigkeit untersucht. Dabei werden auch mögliche Reaktionen anderer Kreditgeber berücksichtigt und mögliche Risiken benannt.

1.3 Forschungsframework

Da die vorliegende Arbeit die erste ist, die sich sehr intensiv mit der Verbriefung von Handelsforderungen in Deutschland auseinandersetzt, strebt sie eine breite Abdeckung der relevanten Themenbereiche an und realisiert sie durch die Analyse von über 20 verschiedenen Fragestellungen. Hierbei geht sie anhand des in Abbildung 1.1 dargestellten Frameworks vor. Ergebnisse bestehender Arbeiten zur Unternehmensfinanzierung über CFCs, besicherten Schulden, Factoring sowie ABS im Allgemeinen wurden auf die Verbriefung von Handelsforderungen übertragen. Zwar gibt es einige Überschneidungen zwischen diesen Instrumenten, die Besonderheiten der Verbriefung von Handelsforderungen stellen jedoch die Vorteile der anderen Instrumente teilweise in Frage.

Zur strukturierten Analyse wurden die bestehenden Arbeiten der Transaktionskosten- sowie der Prinzipal-Agenten-Theorie zugeordnet und auf die Verbriefung von Handelsforderungen angewendet. Dabei wurden auch Aspekte aus dem Bilanzrecht (sowohl Handelsgesetzbuch (HGB) als auch International Financial Reporting Standards (IFRS)) und dem deutschen Steuerrecht einbezogen.

Nach der theoretischen Analyse der Effekte von Forderungsverbriefungen wurden Erwartungen zur Leitung der empirischen Untersuchungen formuliert. Diese fanden in drei Stufen statt. Zunächst wurden vier intensive Clinical Studies durchgeführt. Neben ausführlichen Interviews und der Analyse von Jahresabschlüssen ist es gelungen, in allen vier Fällen eine Einsicht in die Vertragswerke zu erhalten.[16] Im

[16] Auf eine Pilot-Studie wurde verzichtet, da der Autor durch seine Arbeit als wissenschaftlicher Mitarbeiter in einem Projekt bereits umfangreiche Einblicke in den Verbriefungsmarkt in Deutschland gewonnen hatte. Durch die Mehrstufigkeit der Untersuchungen konnten des Weiteren im Laufe der Untersuchungen Anpassungen vorgenommen werden. Dies war jedoch nur selten erforderlich.

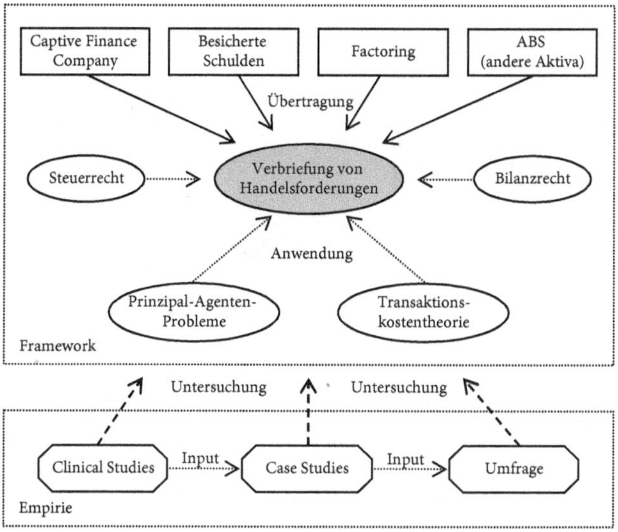

Abb. 1.1: Forschungsframework[17]

Anschluss an eine erste Auswertung der Clinical Studies wurde die Datenbasis durch zehn weitere Case Studies verbreitert. Zum Abschluss wurde sowohl unter diesen 14 Unternehmen als auch weiteren dem Autor bekannten Unternehmen eine Umfrage zu den Motiven einer Verbriefung von Handelsforderungen durchgeführt. Bei allen drei Untersuchungen wurde Wert darauf gelegt, anhand der Auswahl der Unternehmen eine Differenzierung nach Mittelstand und Großunternehmen durchführen zu können.

Weitere Informationen zum Forschungsdesign werden in Abschnitt 4 dargestellt.

1.4 Aufbau der Arbeit

Nachdem bereits die Problemstellung beschrieben wurde, stellt das nächste Kapitel Grundlagen zu ABS dar. Neben Definitionen und Beschreibungen der Verbriefungstransaktionen wird ein Überblick über die historische Entwicklung dieses Finanzierungsinstruments gegeben. Der ABS-Markt in Europa und speziell die

[17] Eigene Darstellung

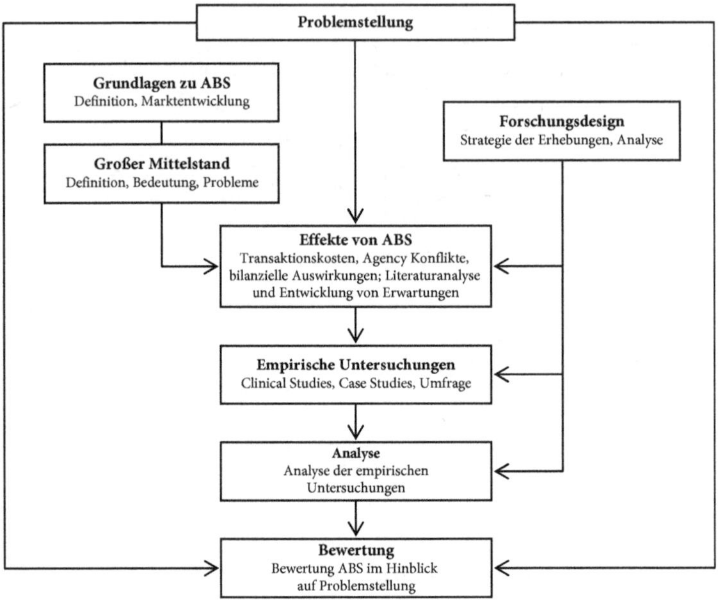

Abb. 1.2: Aufbau der Dissertation[18]

Verbriefung von Handelsforderungen in Deutschland werden beschrieben und abschließend ABS gegenüber CFCs, besicherten Schulden und Factoring abgegrenzt. Da der Mittelstand im Fokus dieser Arbeit steht, wird er zunächst definiert und seine Bedeutung herausgearbeitet. Zusammen mit dem Forschungsdesign (die Verwendung von Clinical Studies sowie das Vorgehen in der Analyse werden begründet und beschrieben) wird ein Fundament für die Literaturanalyse gelegt.

Anschließend werden die in der Literatur analysierten Effekte von Forderungsverbriefungen beschrieben und mit Literatur aus den oben genannten Finanzierungsinstrumenten auf die Verbriefung von Handelsforderungen übertragen. Aus den verschiedenen Bereichen werden zur Leitung der empirischen Untersuchung Erwartungen[19] formuliert.

---

18 Eigene Darstellung.

19 Vergleichbar mit Hypothesen, vgl. Abschnitt 4.2.1, S. 60.

Geleitet von diesen Erwartungen werden anschließend die Ergebnisse der empirischen Untersuchungen beschrieben. Intensiv werden hierbei die Clinical Studies analyisert. Dieser Abschnitt hat bewusst deskriptiven Charakter, der einen nicht unwesentlichen Mehrwert leistet und die Überprüfung durch die teilnehmenden Unternehmen ermöglicht. Ihnen wurde im Rahmen von Verschwiegenheitserklärungen ein Genehmigungsrecht der beschreibenden Abschnitte gewährt.[20]

Die Beschreibungen der Transaktionen diesen als Datenbasis für die folgende Analyse der empirischen Ergebnisse, die zur Wahrung der Unabhängigkeit der Forschung nicht mehr einem Genehmigungsrecht durch die verbriefenden Unternehmen unterliegt. Die Clinical Studies und die Case Studies werden hierbei zusammen ausgewertet und die einzelnen Vorteile und Wertschöpfungspotenziale von ABS bewertet. Die Auswertung der Umfrage zu den Motiven der verbriefenden Unternehmen wird mit diesen Ergebnissen verglichen und mögliche Konflikte aufgezeigt.

Die Auswertung fasst abschließend die Ergebnisse zusammen und bewertet sie im Hinblick auf die formulierte Problemstellung. Abbildung 1.2 gibt einen Überblick über den Aufbau der Arbeit.

1.5 Ergebnisse

Im Folgenden werden die Ergebnisse der Untersuchungen in komprimierter Form dargestellt. Für deren Herleitung und ausführlichere Darstellungen sei auf die Kapitel 7 und 8 verwiesen.

Die Ergebnisse der Analyse zeigen einen tatsächlicher Mehrwert der Verbriefung von Handelsforderungen in mehreren Bereichen:

- Die Verbriefung von Handelsforderungen hat positive Effekte auf das Risikomanagement des verbriefenden Unternehmens (Diversifizierung der Finanzierungsinstrumente, in gewissen Grenzen Fixierung der Risikoprämie).
- Es sind positive Effekte auf die erwarteten Insolvenzkosten des Unternehmens zu verzeichnen.

[20] Es wurden jedoch keine wesentlichen Anpassungen verlangt.

- Ebenfalls können positive Effekte der Forderungsverbriefung auf die Qualität der internen Prozesse des verbriefenden Unternehmens nachgewiesen werden.

- Die Verbriefung von Handelsforderungen hat positive Effekte auf die Informationsasymmetrien über die verkauften Forderungen als auch über das verbriefende Unternehmen.

- Der große Mittelstand erhält über die Conduit-Struktur einen indirekten Zugang zum Kapitalmarkt, ohne umfassende Informationen über den Geschäftsverlauf veröffentlichen zu müssen.

- Auch wenn Rating-Agenturen den Bilanzabgang der Forderungen in Off-Balance-Sheet-Transaktionen zurückrechnen, verbleiben positive Auswirkungen auf Covenants (wenn diese ABS noch nicht einbeziehen) sowie optische Effekte.

Weitere in der Literatur diskutierte Wertschöpfungspotenziale von ABS können im Falle der Verbriefung von Handelsforderungen nicht nachgewiesen werden:

- Es findet keine praktisch relevante Reduzierung des vom verbriefenden Unternehmen zu tragenden Ausfallrisikos statt.

- Positive Effekte auf den Noise aus Forderungsausfällen sind nicht zu verzeichnen.

- Die Vertragsanalyse bestätigt, dass die Verbriefung von Handelsforderungen eindeutig als kurzfristiges Finanzierungsinstrument zu werten ist.

- Es kann keine Reduzierung des Monitoring-Aufwands festgestellt werden.

- Eine vereinfachte Bilanzanalyse muss verneint werden.

Insgesamt haben alle untersuchten Unternehmen ihre ABS-Transaktionen sehr positiv bewertet. Von besonderer praktischer Bedeutung sind vor allem die Möglichkeit, die Finanzierungen zu diversifizieren (um so die Unabhängigkeit vom Bankensektor zu reduzieren), die günstigen Kosten der Transaktionen sowie die mögliche Bilanzverkürzung und der Liquiditätszufluss.

Der Mittelstand bewertet die Motive für eine Forderungsverbriefung hierbei etwas anders als Großunternehmen. Während dort die Diversifizierung der Finanzierungsinstrumente und die Erhöhung der Unabhängigkeit vom Bankensektor sowie die günstigen Finanzierungskosten als wichtigste Motive genannt werden, führt der Mittelstand zusätzlich den Liquiditätszufluss, die Langfristigkeit sowie die Bilanzverkürzung als fast gleichwertige Motivationen an. Gerade die Vorteile dieser drei Bereiche sind jedoch zu hinterfragen.

Zum einen ist die Verbriefung von Handelsforderungen eine kurzfristige Finanzierung, da durch die Liquiditätslinien keine vertragliche Verpflichtung einer langfristigen Verbriefung besteht. Auch verbleibt der Liquiditätseffekt nur so lange, wie andere Kapitalgeber zur Sicherung ihrer Interessen ihre Finanzierungszusagen nicht kürzen. Zuletzt zeigen die Erfahrungen der Großunternehmen, dass die Bilanzverkürzungen langfristig keine direkten positiven Auswirkungen auf die Rating-Noten haben werden und so die EK-Quoten nur optisch gestärkt werden können.

Dennoch bietet ABS auch für den großen Mittelstand ausreichend viele Vorteile. Verbriefungen reduzieren als alternative Finanzierungsform die Abhängigkeit vom Bankensektor. Der Bankkredit wird dennoch auch in Zukunft die Unternehmensfinanzierung in Deutschland dominieren.[21] Allerdings stehen alternative Finanzierungen, mit Ausnahme des Leasings, in Deutschland noch am Anfang ihrer Entwicklungen und stellen daher bisher noch vergleichsweise geringe Finanzierungsvolumina bereit. Da die Forderungsverbriefung, wie die folgende Analyse zeigt, eine Vielzahl von Vorteilen mit sich bringt und Wert schafft, sollte der große Mittelstand ABS bei der Bewertung von Finanzierungsalternativen einbeziehen.

[21] Vgl. o. V. (2007), S. 31; Kirsch (2004), S. 100–101.

2 Grundlagen zu Asset Backed Securities

In einer ABS-Transaktion (auch Verbriefung genannt) werden ausgewählte Forderungen in einem Pool zusammengefasst und von einem Originator[22] an ein Special Purpose Vehicle (SPV) veräußert. Diese Zweckgesellschaft finanziert sich durch die Ausgabe von Wertpapieren, die mit den gekauften Forderungen besichert sind und daher Asset Backed Securities genannt (ABS) werden. Risiken werden auf diese Weise neu zusammengestellt und auf verschiedene Gruppen von Investoren übertragen.[23]

In diesem Kapitel werden für das Verständnis der Arbeit hilfreiche Grundlagen zu ABS gelegt. Zunächst wird ihre historische Entwicklung beschrieben und anschließend die aktuelle Marktsituation in Deutschland sowie die Eigenschaften der Verbriefung von Handelsforderungen als Spezialform der ABS erörtert.

2.1 Historische Entwicklung von Asset Backed Securities

Asset Backed Securities haben in den USA eine lange Tradition. Als in den 1970ern die Gefahr eines Anstiegs der Kreditnachfrage für Wohnungsimmobilien auf Grund demographischer Entwicklungen bestand und nicht gesichert war, ob die Kredite in Zukunft weiterhin mit den bestehenden Strukturen zur Verfügung gestellt werden könnten, gründete die US-Regierung verschiedene so genannte Government Sponsored Entities (GSEs)[24] mit dem Ziel, durch die Verbriefung von Hypotheken für zusätzliche Liquidität auf diesem Markt zu sorgen. Die GSEs poolen die verschiedenen Forderungen aus Hypothekendarlehen und stellen die Strukturen zur Verbriefung zur Verfügung (oder verbriefen auch selbst). Sie sorgen für Standardisierungen, übernehmen Monitoring-Aktivitäten und stellen durch

---

22 Das Unternehmen das die zu verkaufenden Forderungen hält, wird als Originator bezeichnet. Vgl. Schwarcz (1995), S. 1; Schwarcz (1994), S. 135; Lupica (1998), S. 600.

23 Vgl. Jobst (2003a), S. 9; Liaw/Eastwood (2000), S. 3.

24 Hierbei handelt es sich um die Government National Mortgage Association (GNMA), genannt „Ginnie Mae“, die Federal Home Loan Mortgage Corporation (FHLMC), genannt „Freddie Mac“, und die Federal National Mortgage Association (FNMA), genannt „Fannie Mae“. Jede dieser GSEs hat eigene Anforderungen an die Hypotheken, auf die aus Relevanzgründen nicht weiter eingegangen wird. Vgl. Santomero/Babbel (2001), S. 289.

ihre quasi staatlichen Garantien sichere Produkte zu attraktiven Zinssätzen zur Verfügung.[25]

Die Nutzung dieser Strukturen ermöglicht es den Banken (und sonstigen Anbietern von Immobilienfinanzierung), die Hypotheken aus ihrer Bilanz zu entfernen und zusätzliche Mittel für weitere Kredite zu erhalten. Die mit den Hypothekenforderungen gesicherten Wertpapiere werden Mortgage Backed Securities (MBS) genannt. Seit den 1970er Jahren hat der amerikanische MBS-Markt bereits eine lange Entwicklung hinter sich, während der die Verbriefungsvolumina immer weiter anstiegen, so dass heute über 50 % aller privaten Immobilienfinanzierungen in den USA verbrieft werden.[26]

Der nächste große Schritt war die Entwicklung von ABS-Strukturen, die nicht mehr mit Hypothekenkrediten, sondern mit anderen Forderungen unterlegt waren. Eine solche Transaktion fand zum ersten Mal im Jahre 1985 statt. Seitdem wurden immer neue Asset-Klassen für die Verbriefung entdeckt. Kreditkartenforderungen, Autokredite, Flugzeugkredite, sogar Einnahmen aus CD-Verkäufen oder englischen Pubs wurden schon verbrieft. Die letzte Steigerung sind so genannte Whole Business Securitizations, bei denen die Zweckgesellschaft alle Aktiva eines Unternehmens als Sicherheit erhält.[27]

In Europa begann man erst einige Zeit später, ABS-Strukturen zu verwenden. Zwar gab es in Großbritannien bereits 1987 die erste MBS-Verbriefung, relevante Volumina wurden jedoch erst Mitte der 1990er Jahre erreicht. Deutschland liegt hierbei im europäischen Vergleich zurück, da die verstärkte Nutzung von ABS hierzulande erst 1997 begann. Zum einen kann die langsamere Entwicklung des deutschen ABS-Markts damit zusammenhängen, dass es in Deutschland nicht, wie in England, Spanien und Frankreich ein eigenes ABS-Gesetz gibt, sondern die Rechtsvorschriften mehrerer Gesetze Anwendung finden. Dies sorgt für ein komplexes Rechtsumfeld. Sicherlich hat jedoch auch die traditionelle Finanzierung deutscher Unternehmen über Bankkredite und das Hausbankprinzip[28] ihre Aus-

[25] Vgl. Jobst (2005c), S. 3; Ranieri (2000), S. 32; Schmeisser/Leonhardt (2006), S. 39–40; Kendall (2000), S. 6; Cowley/Cummins (2005), S. 194.

[26] Vgl. Cowley/Cummins (2005), S. 194; Ranieri (2000), S. 43; Torous (1995), S. 341.

[27] Vgl. o. V. (2005b), S. 1; Coorey (1999), S. 71; Clark (1997), S. 50; Cowley/Cummins (2005), S. 194; Cox (2003), S. 131–132; Lupica (1998), S. 602; Lockwood/Rutherford/Herrera (1996), S. 152; Yarett (2004), S. 69–71; Adams (2005), S. 33.

[28] Zur Darstellung der Finanzierungssituation deutscher Unternehmen vgl. Abschnitt 3, S. 41.

wirkungen auf die verzögerte Nutzung von ABS. Im Hinblick auf das Ausfallrisiko nicht adäquat gepreiste Kredite haben ABS unattraktiver gemacht. Auch ist die Nutzung des Kapitalmarkts in den USA wesentlich stärker in der Unternehmensfinanzierung vertreten als in Deutschland. Dort werden 26 % des Fremdkapitals über Bonds zur Verfügung gestellt, während es in Deutschland nur 8 % sind.[29]

Wenn man die Situation des ABS-Markts in Deutschland analysiert, darf nicht vergessen werden, dass es in Deutschland bereits seit 1769 mit dem Pfandbrief eine der MBS-Struktur ähnliche Konstruktion gibt, über die deutsche Banken ihre Hypothekendarlehen refinanzieren können. Pfandbriefe unterscheiden sich von MBS dadurch, dass sie direkt von den Banken emittiert werden, es also keine Zweckgesellschaft und keine direkte Verbindung zwischen den Zahlungsströmen der Darlehen und den Pfandbriefen gibt. Die Darlehen stehen den Investoren, neben der Bonität der Bank, als zusätzliche Sicherheit zur Verfügung.[30]

Die deutsche Regierung hat in den letzten Jahren versucht, die Entwicklung des Verbriefungsmarkts positiv zu beeinflussen, und verschiedene Problembereiche bearbeitet. Erstens wurde 2002 das vierte Finanzmarktförderungsgesetz so ergänzt, dass der Einzug verkaufter Forderungen nicht erlaubnispflichtig ist und der Originator damit nicht unter das Rechtsberatungsgesetz fällt. Zweitens wurde 2003 im Rahmen des Kleinunternehmenförderungsgesetzes die Verbriefung von Krediten faktisch von der Gewerbesteuer befreit, so dass diese nun über deutsche SPVs möglich ist. Drittens wurde 2005 mit dem Prospektrichtlinien-Umsetzungsgesetz festgelegt, dass die Verkaufsprospekte einer ABS-Transaktion auch ausschließlich in Englisch verfasst sein dürfen, wenn es sich bei den Erwerbern nur um institutionelle Investoren handelt. Darüber hinaus hat das Bundesministerium der Finanzen (BMF) im Jahr 2004 in mehreren Schreiben umsatzsteuerliche Hindernisse beseitigt. Als letzte Änderung wurde 2005 die Möglichkeit geschaffen,

---

[29] Schmeisser/Leonhardt (2006), S. 41; Jobst (2003a), S. 9; Pannen/Wolff (2006), S. 52; SFS (2003), S. 25; o. V. (2003b), S. 21.

[30] Vgl. Breidenbach (2005), S. 49; Schmeisser/Leonhardt (2006), S. 42—43.

über die Nutzung von Refinanzierungsregistern[31] grundpfandrechtlich gesicherte Forderungen kostengünstig zu verbriefen.[32]

Nach dieser Übersicht über die Entwicklung des weltweiten ABS-Markts werden im folgenden Abschnitt die Unterscheidungsmerkmale verschiedener Verbriefungsarten dargestellt.

2.2 Verbriefungsarten

In einer ABS-Transaktion werden ausgewählte Forderungen zusammengefasst und von einem Originator an eine Zweckgesellschaft verkauft. Diese finanziert den Forderungspool durch die Ausgabe von Wertpapieren, die mit dem Forderungspool besichert sind und daher Asset Backed Securities (ABS) genannt werden.[33] Anders ausgedrückt werden Aktiva zusammengeführt und in Wertpapiere konvertiert.[34] Auch wenn ABS Ähnlichkeiten mit besicherten Schulden besitzen, so unterscheiden sie sich davon doch in einigen wesentlichen Punkten. Die Rückzahlung besicherter Schulden basiert überwiegend auf der Bonität des Schuldners und nur sekundär auf der Besicherung. ABS hingegen basieren überwiegend auf der Qualität der verkauften Forderungen. Dies kann dazu führen, dass ABS eine bessere Krediteinschätzung (engl.: Rating) erreichen als die besicherten Schulden des verbriefenden Unternehmens.[35]

Wie beschrieben, liegt der Ursprung der ABS-Struktur im MBS-Bereich der USA. Inzwischen kann jedoch eine Vielzahl von Aktiva verbrieft werden. Daher ist es sinnvoll, die verschiedenen Transaktionsarten zunächst nach der **Art der unterliegenden Aktiva** zu differenzieren. Auf der einen Seite gibt es die bereits erwähnten MBS mit den Untergruppen Commercial Mortgage Backed Securities (CMBS) und Residential Mortgage Backed Securities (RMBS). Diese unterscheiden sich von

---

31 Diese ermöglichen die kostengünstige Verbriefung von Grundschulden und einiger anderer Aktiva. Es ist mit diesen Registern nicht mehr erforderlich, jedes Asset einzeln zu übertragen. Insbesondere bei Grundschulden hat dies wegen der Grundbucheintragungen hohe Transaktionskosten verursacht. Nach der neuen Gesetzgebung ist es möglich und ausreichend, die verkauften Aktiva in ein Refinanzierungsregister einzutragen. Vgl. Colomer-Gaffney (2005), S. 19; Gault (2005), S. 6–7; Tollmann (2005), S. 2019.

32 Vgl. Tollmann (2005), S. 2017; Pannen/Wolff (2006), S. 55; Eisolt (2004), S. 6353.

33 Vgl. Jobst (2003a), S. 9; Schwarcz (1994), S. 135.

34 Vgl. Kendall (2000), S. 1; Lupica (1998), S. 599.

35 Vgl. Roever/Fabozzi (2003), S. 5; Michel/Kleidt (2004), S. 3.

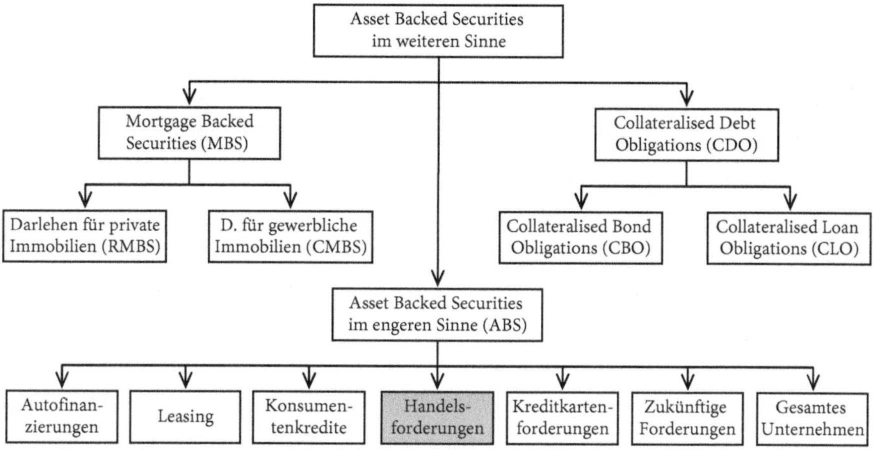

Abb. 2.1: Unterteilung Asset Backed Securities[36]

anderen ABS dadurch, dass sie nicht nur die Forderungen aus Krediten, sondern auch Grundschulden als Besicherung besitzen. Wenn eine Forderung ausfällt, kann die Zweckgesellschaft auf die dahinter stehende Immobilie zugreifen.[37] Als zweite große ABS-Gruppe existieren die Collateralised Debt Obligations (CDOs),[38] die entweder als Collateralised Bond Obligations (CBOs) mit Anleihen oder als Collateral Loan Obligations (CLOs) mit Krediten (ohne Hypotheken) besichert sind. Zu letzteren gehören auch die in den letzten Jahren an Attraktivität gewonnenen Mezzanine-Programme.[39] In dieser Arbeit wird jedoch ein Fokus auf die ABS im engeren Sinne und speziell die Verbriefung von Handelsforderungen gelegt. Unter ABS im engeren Sinne werden alle sonstigen Verbriefungen zusammengefasst, die eine Vielzahl von Aktiva beinhalten können, wie Abbildung 2.1 darstellt. Der Oberbegriff dieser drei Gruppen wird in Europa mit Verbriefungen oder Asset

[36] Eigene Darstellung, basierend auf Breidenbach (2005), S. 33; Schmeisser/Leonhardt (2006), S. 36; Jobst (2003a), S. 11.

[37] Breidenbach (2005) weist darauf hin, dass diese Art von ABS eigentlich Mortgage Backed Loan Securitization heißen müsste, da zunächst der Kredit und anschließend die Hypothek als Sicherheit zur Verfügung stehen. Vgl. Breidenbach (2005), S. 53.

[38] CDOs sind strukturierte Produkte, bei denen Bonds oder Kredite von einer Zweckgesellschaft gekauft und als Sicherheit für die Ausgabe neuer Wertpapiere genutzt werden. Vgl. Culp (2002), S. 453.

[39] Vgl. Schwank (2007), S. 37.

Backed Securities (im weiteren Sinne) bezeichnet. In den USA hingegen wird die Summe der Instrumente unter Structured Finance zusammengefasst.[40]

Neben den unterliegenden Aktiva können ABS-Transaktionen auch nach der **Art des Transfers** differenziert werden. In synthetischen Transaktionen verbleibt das Eigentum an den Forderungen beim Originator. Es findet nur ein Transfer der Ausfallrisiken auf die Zweckgesellschaft bzw. deren Investoren statt. Tritt ein vereinbartes Ereignis, z. B. die Insolvenz des Schuldners oder ein Zahlungsverzug, ein, dann muss die Zweckgesellschaft eine Ausgleichszahlung an den Originator leisten. Für die Übernahme dieses Risikos erhält sie eine Prämie. Dieser Risikotransfer findet üblicherweise über Credit Default Swaps (CDSs) statt. Der Nachteil dieser Technik liegt für viele Unternehmen darin, dass die Forderungen ohne Eigentumsübergang weiterhin in der Bilanz des Originators zu aktivieren sind. Daher liegt die Hauptmotivation synthetischer Verbriefungen in der Reduzierung regulatorischen Kapitals und ist nur für Kreditinstitute von Interesse.[41]

Wird auch das wirtschaftliche Eigentum der Forderungen übertragen, spricht man von einer True-Sale-Transaktion. Der Begriff True Sale bezieht sich hierbei zunächst nur auf das Insolvenzrecht. Im Falle einer Insolvenz des Forderungsverkäufers hat die Zweckgesellschaft bei einem True Sale einen Aussonderungsanspruch. Liegt kein True Sale vor, handelt es sich um einen besicherten Kredit.[42] Allerdings entsteht immer wieder Verwirrung, da der Begriff auch in Verbindung mit dem Bilanzabgang oder steuerlichen Fragestellungen verwendet wird. Ein True Sale ist zwar eine notwendige, aber keine hinreichende Bedingung[43] für einen Bilanzabgang.[44]

Zudem können ABS-Transaktionen nach der **Art der Finanzierung** der Zweckgesellschaft unterschieden werden. In Term-Deal-Transaktionen verkauft ein einzelner Originator Forderungen an eine Zweckgesellschaft, die sich über die Emission von Anleihen finanziert.[45] Die Anleihen sind mittel- bis langfristig ausgelegt, so dass

[40] Vgl. Abbildung 2.1; Jobst (2005c), S. 2; Fabozzi/Ferri/Mann (2001), S. 19; Breidenbach (2005), S. 28–29; Davis (2005), S. 6.

[41] Vgl. Schmeisser/Leonhardt (2006), S. 37; Pannen/Wolff (2006), S. 53; Breidenbach (2005), S. 52; Tollmann (2005), S. 2018, FN. 10.

[42] Zum ausführlichen Vergleich zwischen besichertem Kredit und ABS vgl. Abschnitt 2.5.1, S. 29.

[43] Die weiteren Kriterien für einen Bilanzabgang werden in Abschnitt 5.4.1 vorgestellt.

[44] Vgl. Hommel/Schneider (2003), S. 38; Schwarcz (2001), S. 2; Breidenbach (2005), S. 52; Higgins/Mason (2004), S. 877; Iacobucci/Winter (2005), S. 165; Schwarcz (2001), S. 2.

[45] Je nach Forderungsart werden verschiedene Strukturen mit unterschiedlichen Zweckgesellschaften verwendet. Hierauf soll jedoch nicht weiter eingegangen werden.

das Finanzierungsvolumen über die Laufzeit festgeschrieben ist. Daher eignen sich Term Deals insbesondere für Forderungen mit ebenfalls längeren Laufzeiten. Kurzfristigere Forderungen können nur über revolvierende Strukturen verbrieft werden, bei denen eingehende Forderungen durch neu verkaufte ersetzt werden. Dennoch besteht ein Missverhältnis zwischen den Laufzeiten der Anleihen und der Forderungen. Hinzu kommt, dass die Term-Deal-Strukturen für jede Transaktion neu geschaffen werden müssen und damit entsprechende Kosten verursachen, die sich nur bei sehr großen Volumina rechnen. Handelsforderungen werden daher überwiegend über so genannte Multi-Seller-Conduits verbrieft, die mehrere Transaktionen poolen und sich über kurzfristige ABCP finanzieren. Diese Struktur wird im Folgenden näher betrachtet.[46]

2.3 Multi-Seller-Conduits

Für das Verständnis der Analysen in dieser Arbeit ist es notwendig, einen Überblick über die Struktur einer ABCP-Transaktion zu besitzen. Dieser wird im Folgenden vermittelt.

Ein Conduit ist eine Zweckgesellschaft, die regelmäßig Forderungen ankauft und sich über die Ausgabe kurzfristiger ABCP finanziert. Bei den Forderungen kann es sich um das gesamte Spektrum an Aktiva handeln. Insbesondere die Besicherung mit bereits existierenden Wertpapieren stellt einen großen Anteil am ABCP-Markt (in 2006 in Europe, Middle East, Africa (EMEA) knapp 40 %[47]). Zu unterscheiden sind Single-Seller-Conduits, die nur Forderungen eines einzigen Originators finanzieren, und Multi-Seller-Conduits, die Forderungen verschiedener Verkäufer poolen. Multi-Seller-Conduits dominieren den ABCP-Markt, da sich die Struktur einer Single-Seller-Transaktion, vergleichbar zu Term Deals, nur für große Volumina rechnet. Multi-Seller-Conduits werden hingegen verwendet, um die Transaktionskosten einer Verbriefung zu reduzieren. Sie werden in der Regel von Banken verwaltet und erreichen über die Finanzierung einer Vielzahl von Transaktionen Economies of Scale.[48]

---

[46] Vgl. Roever/Fabozzi (2003), S. 12; Hommel (2005), S. 8; Breidenbach (2005), S. 42.
[47] Vgl. Moody's (2007a), S. 17.
[48] Vgl. Schwarcz (1994), S. 140; Breidenbach (2005), S. 43.

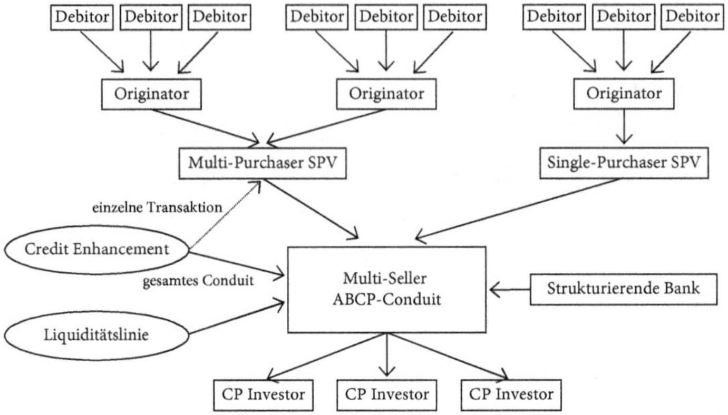

Abb. 2.2: Multi-Seller-Conduit-Struktur[49]

Die Finanzierung mit kurzfristigen CPs hat den Vorteil, dass das Finanzierungsvolumen schnell an Veränderungen im Forderungspool angepasst werden kann. Zwar werden auch hier die Transaktionen[50] aus Kostengründen revolvierend gestaltet, das Volumen der Forderungen muss jedoch nicht, wie bei Term Deals, über die Laufzeit der Transaktion konstant gehalten werden.[51]

Wie Abbildung 2.2 darstellt, besteht eine Conduit-Transaktion aus einer Vielzahl von Elementen. Die Originatoren verkaufen ihre Forderungen an extra für sie gegründete Zweckgesellschaften (Single-Purchaser) oder „teilen" sich eine Zweckgesellschaft mit mehreren Verkäufern (Multi-Purchaser).[52] Die Bonität des Forderungspools wird über Credit Enhancements (CEs) auf zwei Ebenen verbessert. Zum einen gibt es CEs für einzelne Transaktionen und zum anderen für das gesamte Conduit. CE bezeichnet alle Mechanismen, die das Ausfallrisiko für die CP-Investoren

[49] Eigene Darstellung, mit Elementen aus Moody's (2003b), S. 8, Fitch Ratings (2004), S. 3, und Standard & Poor's (1999a), S. 5.

[50] Mit Transaktion ist der Verkauf von Forderungen eines Unternehmens gemeint.

[51] Vgl. Hommel (2005), S. 7–8; Roever/Fabozzi (2003), S. 13; Breidenbach (2005), S. 43.

[52] Die Verwendung eines SPVs für mehrere Transaktionen macht den Bilanzabgang der Forderungen einfacher, vgl. Abschnitt 5.4.1, S. 137. Auch werden die SPVs überwiegend von externen Managementgesellschaften geleitet, um die Trennung von der strukturierenden Bank zu demonstrieren, vgl. Moody's (2003a), S. 4.

reduzieren. Hierdurch wird das Rating[53] der ABCP und die Möglichkeit einer Platzierung am Markt erhöht.[54]

CE kann in internes und externes CE unterteilt werden. Externes CE bezeichnet die von Dritten bereitgestellte Verlustübernahme im Rahmen von Warenkreditversicherungen oder Kreditlinien. Zu den internen Mechanismen zählt beispielsweise die Subordination einzelner Tranchen oder die Overcollateralization, bei der es sich um eine Überbesicherung der ABCP-Investoren handelt. Wenn die Forderungen unter Nennwert angekauft werden, ist der Wert der gekauften Aktiva höher als die von den Investoren gehaltenen ABCP. Im Falle von Forderungsausfällen deckt hiermit eine Art Puffer die Ausfälle zunächst ab. Erst nach dem Ausschöpfen der gesamten Overcollateralization sowie anderer Credit Enhancements müssen die ABS-Investoren Ausfälle übernehmen.[55]

Die Forderungsverkäufer (Originatoren) verkaufen die Forderungen in einer True-Sale-Transaktion regresslos. Dennoch haften sie für einen Teil der Ausfälle. Sie tragen das so genannte First Loss Piece (FLP), in dem sich die Forderungsausfälle zunächst sammeln. Erst nach Überschreiten des FLP werden die Ausfälle von der Zweckgesellschaft bzw. weiteren CE-Strukturen übernommen. Um die Haftung werthaltiger zu machen, wird sie häufig mit Overcollateralization verbunden. Entweder die Unternehmen zahlen vor Verkauf in eine von der Zweckgesellschaft gehaltene Barreserve ein oder sie erhalten beim Forderungsverkauf zunächst nicht den vollen Nennwert der Forderungen ausbezahlt. Erst nach Forderungseingang werden die Abschläge an die verkaufenden Unternehmen ausgezahlt.[56]

Neben dem Ausfallrisiko besteht die Gefahr, dass die Höhe der Forderung in Absprache mit dem Debitor verändert werden kann. Das Risiko, dass der Wert einer Forderung (mit Ausnahme von Zahlungen und Ausfällen) reduziert wird, bezeichnet

53 Die Conduits sind mit ihren CEs so strukturiert, dass sie von den Rating-Agenturen ein Prime–1 Rating (nach Moody's, oder entsprechend) erhalten. Hierfür muss jede einzelne Transaktion bestimmten Kriterien entsprechen. Moody's (2002c) stellt diese dar. Sowohl das Forderungsportfolio als auch in bestimmten Grenzen die Situation des Originators werden im Rating-Prozess analysiert. Standard & Poor's (1999b), Standard & Poor's (1999a) und Fitch Ratings (2005c) stellen die Kriterien der anderen beiden großen Rating-Gesellschaften vor.

54 Vgl. Hommel (2005), S. 11.

55 Vgl. Cowley/Cummins (2005), S. 197; Hill (1996), S. 1069; Schwarcz (1994), S. 141; Roever/Fabozzi (2003), S. 11.

56 Vgl. Roever/Fabozzi (2003), S. 10.

man als Dilution. Beispiele hierfür sind nachträgliche Rabatte, Rückgaben oder Reklamationen. Da dieses Risiko von der ankaufenden Zweckgesellschaft nicht beeinflusst werden kann, muss es vom Originator übernommen werden. Dieser haftet für Dilution unbegrenzt. Wie beim FLP werden auch zur Absicherung dieser Haftung regelmäßig Reserven und Abschläge vereinbart. Da die CP-Finanzierung der Forderungen dem Forderungsverkäufer in Rechnung gestellt wird, sind auch für diese laufenden Kosten Reserven üblich.[57]

Ein weiteres wichtiges Element der CE können Garantien Dritter sein. Bei der Verbriefung von Handelsforderungen kann eine spezielle Credit-Enhancement-Warenkreditversicherung (CE-WKV) zum Einsatz kommen. Die CE-WKV übernimmt über das FLP hinausgehende Ausfallrisiken entweder zu 100 % oder bis zu einer definierten Grenze. Wenn Forderungsausfälle auftreten, die das FLP überschreiten, leistet die Versicherung an die Zweckgesellschaft.[58] Wenn das Ausfallrisiko vollständig von den ABCP-Investoren isoliert ist und von Dritten (wie einer CE-WKV) übernommen wird, spricht man von einer Fully-Supported-Transaktion. Die Investoren tragen dann nur noch das Risiko, dass der Garantiegeber ebenfalls ausfällt. Werden die Ausfallrisiken nur teilweise übernommen, spricht man von Partially-Supported-Transaktionen.[59]

Neben der Bonität der Debitoren hat auch die Konzentration des Portfolios auf einzelne Debitoren Auswirkungen auf die Höhe des CE. Es ist vorteilhaft, wenn einzelne Debitoren nur kleinere Anteile am Forderungsportfolio haben. Klumpenrisiken und entsprechende Absicherungsmechanismen werden daher von den Rating-Agenturen individuell geprüft.[60]

Neben den Credit Enhancements spielt auch die Liquiditätslinie eine wichtige Rolle in jeder ABCP-Transaktion. Sie wird zwischen der Zweckgesellschaft und einer Bank, in der Regel der strukturierenden Bank, abgeschlossen. Die Liquiditätslinie spielt für den Rating-Prozess eine erhebliche Rolle, da sie Diskrepanzen zwischen der Laufzeit der CPs und der unterliegenden Assets ausgleicht. Liquiditätslinien

---

57 Vgl. Moody's (1996), S. 2; Moody's (2002c), S. 2.

58 Darüber hinaus ermöglicht der Einsatz einer CE-WKV, die Abschläge und Reserven zu verkleinern und so einen Bilanzabgang der Forderungen zu vereinfachen, vgl. Abschnitt 5.4.1, S. 137.

59 Vgl. Roever/Fabozzi (2003), S. 9; Moody's (2003b), S. 17–19; Fitch Ratings (2004), S. 4.

60 Vgl. Moody's (1998), S. 1–6.

übernehmen die Finanzierung des Forderungsportfolios, wenn es zu einer Störung des ABCP-Markts kommt, eine zu geringe Nachfrage nach den ABCPs des Conduits besteht oder es zu einem Bruch von Performance-Triggern im Portfolio gekommen ist.[61]

Die Liquiditätslinien werden bis auf wenige Ausnahmen nur für 364 Tage abgeschlossen, da sonst nach Basel I eine Unterlegung mit Eigenkapital notwendig wäre. Nach Basel II müssen die Linien auch bei kurzfristiger Gestaltung unterlegt werden. Daher überlegen sich die Banken zurzeit nach Moody's (2007a) neue Strukturen. Die Auswirkungen von Basel II auf den ABCP-Markt sind jedoch noch nicht vollständig abzuschätzen.[62]

Nach der Vorstellung der notwendigen Elemente einer Verbriefung von Handelsforderungen wird im Folgenden die aktuelle Entwicklung des ABCP-Markts und der Verbriefung von Handelsforderungen beschrieben.

2.4 Verbriefungsmarkt in Europa und Deutschland

In diesem Abschnitt wird ein Überblick über die Situation des Verbriefungsmarkts in Deutschland im Allgemeinen und der Verbriefung von Handelsforderungen im Speziellen gegeben. Hierbei wird überwiegend auf Marktberichte der Rating-Agentur Moody's Investor Service (Moody's) zurückgegriffen, die ausführlich auf die Entwicklungen des ABCP-Markts eingehen. Diese Berichte geben einen sehr guten Anhaltspunkt über die Größe des Markts, da Moody's fast alle europäischen Conduits bewertet.[63] Allerdings ist zu beachten, dass die Daten mit dem Problem der nicht immer eindeutigen Zuordnung zu einzelnen Ländern behaftet sind und daher teilweise nur aggregiert vorliegen.[64]

Wie in Abschnitt 2.1 beschrieben, wurden 1985 erstmals von Hypothekenkrediten abweichende Aktiva verbrieft. Seitdem weisen ABS-Transaktionen ein fast stetiges

[61] Vgl. Moody's (2004b), S. 3; Moody's (2002b), S. 2; Schwarcz (1995), S. 3; Schwarcz (1994), S. 140; Fitch Ratings (2005b), S. 1.

[62] Vgl. Moody's (2007a), S. 6.

[63] Moody's bewertet in Europa 55 Conduits mehr als Fitch, das wiederum nur fünf bewertete, die nicht auch von Moody's bewertet werden. Vgl. Moody's (2007c), S. 2; Fitch Ratings (2007), S. 10–13; in Deutschland bewertet Moody's vier Conduits mehr als S & P, das nur Conduits bewertet, die auch von Moody's bewertet werden. Moody's (2007b), S. 21; Standard & Poor's (2007).

[64] Vgl. GBRW Limited (Hrsg.) (2004), S. 23.

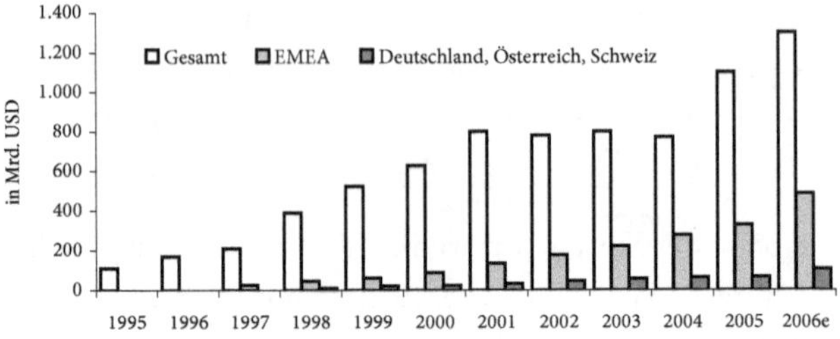

Abb. 2.3: Entwicklung ABCP-Märkte[65]

Wachstum auf. Neben den Term Deals haben sich die Conduits-Strukturen sehr gut entwickelt. Von 1995 bis 2005 erlebte der globale ABCP-Markt eine Steigerung um den Faktor 10 von 110 Mrd. USD auf 1.100 Mrd. USD. Für Ende 2006 wird eine weitere Steigerung auf ca. 1.300 Mrd. USD ausstehende ABCP erwartet. Wie Abbildung 2.3 zeigt, startete der europäische Markt auch im ABCP-Segment später als der amerikanische. Durch ein starkes Wachstum erreichte der EMEA-Markt jedoch Ende 2006 mit 488 Mrd. USD ausstehenden CP einen Anteil von 37,5 % am Weltmarkt.[66]

Bei der Analyse des ABCP-Markts muss allerdings zwischen dem Volumen der neuen Transaktionen (Seller Additions) und der Summe aller laufenden Programme (Outstanding Amount) unterschieden werden. Während die neuen Transaktionen regelmäßig den Berichten von Moody's zu entnehmen sind, wird über den Outstanding Amount nur in Summe und selten auch in Aufsplittung nach einzelnen Ländern berichtet. Bekannt ist, dass Handelsforderungen nur einen kleinen Anteil am ausstehenden Volumen im EMEA-Markt haben. Ende 2006 finanzierten die Conduits im EMEA-Markt 39,6 Mrd. USD Handelsforderungen, was ca. 8 % des Gesamtmarkts entspricht.[67]

65 Vgl. Moody's (2005b), S. 9; Moody's (2006b), S. 12; Moody's (2007b), S. 13; Moody's (2000), S. 1; Moody's (2001), S. 2; Moody's (2005a), S. 2; Moody's (2006a), S. 2–3; Moody's (2002a), S. 2.

66 Allerdings dürfen bei dieser Betrachtung die Wechselkursentwicklungen nicht unbeachtet bleiben. Da das Marktvolumen in USD gemessen wird, hat das Marktwachstum in Europa aufgrund des gestiegenen Euros in den letzten Jahren an Einfluss gewonnen. Vgl. Moody's (2007a), S. 5.

67 Vgl. Moody's (2007c), S. 3; dies beinhaltet jedoch auch Forderungen aus nichteuropäischen Ländern, die von europäischen Conduits gekauft wurden.

	Anzahl	Volumen	Mean	Median	Minimum	Maximum
Deutschland	74	5.586	75	40	5	600
Frankreich	33	5.207	158	150	15	435
Europa	35	4.172	119	85	7	500
Italien	15	2.382	159	115	36	350
Niederlande	6	1.602	267	240	12	650
Belgien	3	895	298	400	95	400
Mittlerer Osten	2	495	248	248	220	275
Großbritannien	3	370	123	80	50	240
Irland	2	238	119	119	46	192
Spanien	1	150	150	150	150	150
Portugal	1	146	146	146	146	146
Schweiz	1	120	120	120	120	120
Griechenland	1	100	100	100	100	100
Schweden	1	77	77	77	77	77
Summe	178	21.539	121	85	5	650

Tab. 2.1: Verbriefungen von Handelsforderungen EMEA 2003–2006[68]

In den Jahren 2003 bis 2006 wurden von europäischen Conduits 213 neue Verbriefungen von Handelsforderungen durchgeführt. Nach einer Filterung von Forderungen aus den USA, Australien, Kanada und Global[69] verbleiben 178 Transaktion mit europäischen Forderungen. Allerdings hat es in den letzten Jahren auch hier große Zuwachsraten gegeben. Fanden im Jahr 2003 noch 25 Transaktionen mit einem Volumen von ca. 3,5 Mrd. Euro statt, waren es in 2006 bereits 54 Transaktionen mit einem Volumen von über 7 Mrd. Euro.[70]

Wie Tabelle 2.1 und Abbildung C.2 zeigen, stellen deutsche Forderungen in 2003 bis 2006 mit 74 neuen Transaktionen sowohl den größten Anteil an der Anzahl der Transaktionen als mit einem Volumen von 5,5 Mrd. Euro auch das größte Finanzierungsvolumen. Es fällt des Weiteren auf, dass die Transaktionen mit deutschen Forderungen ein vergleichsweise geringes Durchschnittsvolumen besitzen.

68 Eigene Berechungen, Herkunft der Forderungen, alle Werte außer Anzahl in Mio. Euro, basierend auf Moody's (2004a), S. 14–15; Moody's (2004c), S. 14; Moody's (2005a), S. 15–17; Moody's (2005e), S. 18; Moody's (2006a), S. 15–18; Moody's (2005c), S. 8–9; Moody's (2006c), S. 21–22; Moody's (2007a), S. 13–16; Moody's (2007b), S. 22–23; Moody's (2007c), S. 8.

69 Diese sind von Moody's keinem einzelnen Land zugeordnet, stammen also aus mehreren Ländern.

70 Vgl. Abbildung C.1.

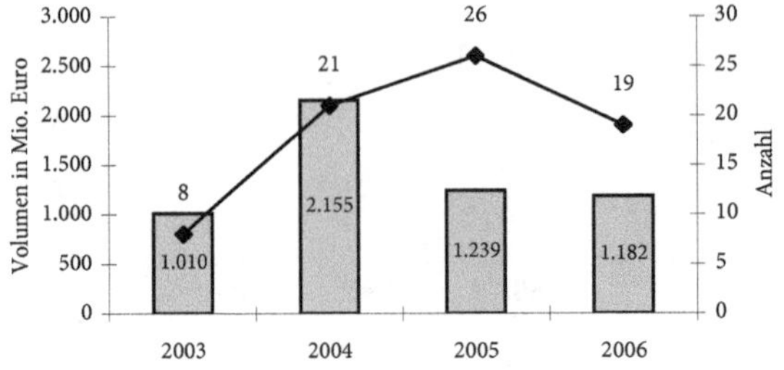

Abb. 2.4: Verbriefung von Handelsforderungen in Deutschland[71]

Der Median des Transaktionsvolumens liegt mit 40 Mio. Euro um 50 % unter dem Median in Großbritannien (80 Mio. Euro). Dies deutet bereits auf einen verstärkten Einsatz dieses Finanzierungsinstruments im großen deutschen Mittelstand hin.[72]

Die Transaktionszahlen stiegen von 8 in 2003 auf 26 in 2005. Allerdings nahm die Verbriefungsaktivität in 2006 von der Anzahl der Transaktionen wieder etwas ab, wie Abbildung 2.4 darstellt. Das Neuvolumen hat sogar bereits in 2005 abgenommen. Diese Reduzierungen hängen mit einem verbesserten Kreditangebot zusammen, durch das ABS etwas an Attraktivität verloren haben.[73]

Allerdings darf diese große Zahl neuer Transaktionen nicht darüber hinwegtäuschen, dass der Anteil deutscher Forderungen am gesamten ausstehenden Finanzierungsvolumen noch gering ist. Ende 2004 lag der Anteil deutscher Forderungen nur bei 16,7 % (2,9 Mrd. Euro), während französische Forderungen 40,4 % (7,0 Mrd. Euro) ausmachten.[74] Bis Mitte 2006 stieg das Finanzierungsvolumen deutscher Forderungen allerdings auf 5,5 Mrd. Euro[75] und erreichte Ende 2006 knapp 5,9 Mrd. Euro.[76] Der absolute Wert ist damit gestiegen, über Anteilswerte liegen keine aktuellen Daten vor.

---

71 Eigene Berechnungen, alle Werte außer Anzahl in Mio. Euro, basierend auf Moody's (2004a), S. 14–15; Moody's (2004c), S. 14; Moody's (2005a), S. 15–17; Moody's (2005e), S. 18; Moody's (2006a), S. 15–18; Moody's (2005c), S. 8–9; Moody's (2006c), S. 21–22; Moody's (2007a), S. 13–16; Moody's (2007b), S. 22–23; Moody's (2007c), S. 8.

72 Der Anteil „Europa" war nach den Berichten von Moody's keinem einzelnen Land zuzuordnen.

73 Vgl. auch Abschnitt 3, S. 41.

74 Vgl. Hommel (2005), S. 48, 53.

75 Vgl. Cünnen (2006b), S. 32.

76 Vgl. Moody's (2007b), S. 14.

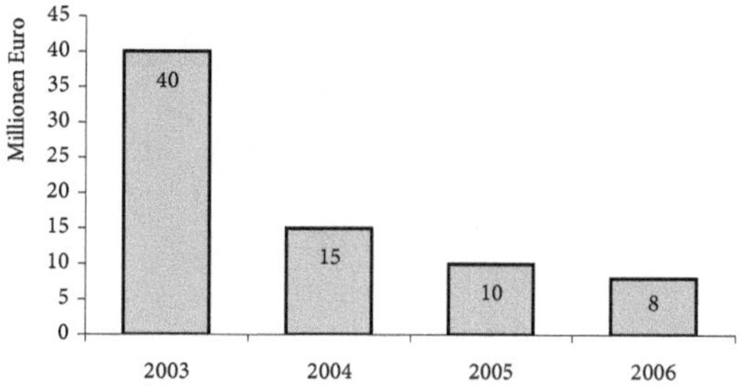

Abb. 2.5: Kleinste Transaktion über Banken[77]

Das am Markt zu beobachtende Mindestvolumen zur Teilnahme an einer Forderungsverbriefung ist von 40 Mio. Euro in 2003 auf nur 8 Mio. Euro in 2006 gefallen.[78] Bei einem ungefähren Verhältnis zwischen Umsatz und Forderungsbestand von 1:10[79] bedeutet dies, dass heute Unternehmen mit einem Umsatz von mindestens ca. 80 Mio. Euro prinzipiell für eine Forderungsverbriefung in Frage kommen. Auch wenn das Mindestvolumen immer langsamer reduziert wurde, wollen einzelne Banken in Zukunft auch Transaktionen im Bereich von 3 bis 5 Mio. Euro ermöglichen.[80] Dies würde den ABS-Markt für weitere Unternehmen öffnen.

Im Verbriefungsmarkt für Handelsforderungen ist in Deutschland eine Vielzahl von Banken aktiv. Wie Tabelle 2.2 darstellt, liegen die IKB, die WestLB, die LBBW und die Commerzbank bei der Anzahl der Transaktionen mit deutschen Forderungen vorne.[81] Die kleinste Transaktion einer Bank stammt mit 8 Mio. Euro von der WestLB, die größte mit 600 Mio. Euro von der Dresdner Bank. Es fällt des Weiteren auf, dass auch ausländische Banken wie die Société Générale und die ABN-Amro im deutschen Verbriefungsmarkt aktiv sind.

77 Eigene Darstellung, basierend auf Moody's (2004a); Moody's (2004c); Moody's (2005a); Moody's (2005e); Moody's (2006a); Moody's (2005c); Moody's (2006c); Moody's (2007a).

78 In 2004 führte der Kreditversicherer Atradius Transaktionen mit bis zu nur 5 Mio. Euro durch. Da in den folgenden Jahren jedoch keine weiteren Transaktionen von Atradius zu beobachten waren, sind die Transaktionen dieses Anbieters als nicht marktgerecht gefiltert worden.

79 Vgl. Hommel (2005), S. 59.

80 Vgl. Ortseifen (2005), S. c07.

81 Die Deutsche Bank taucht in dieser Zusammenstellung nicht auf, da sie nur europäische Forderungen verbrieft hat.

			Transaktionen			
Sponsor	Anzahl	Volumen	Mean	Median	Min	Max
IKB	14	488	35	25	10	130
WestLB	14	877	63	33	8	350
LBBW	8	470	59	45	16	114
Commerzbank	7	504	72	50	30	150
Atradius	5	66	13	7	5	40
Dresdner Bank	5	810	162	75	15	600
ABN-Amro	4	368	92	93	83	100
Bayerische Landesbank	4	444	111	110	25	200
DZ Bank	3	364	121	150	64	150
Hypovereinsbank	3	63	21	13	10	40
Société Générale	2	416	208	208	95	321
BNP-Paribas	1	235	235	235	235	235
HBOS	1	150	150	150	150	150
JP Morgan Chase	1	81	81	81	81	81
Natexis	1	200	200	200	200	200
Rabobank	1	50	50	50	50	50
Total	74	5.586	75	40	5	600

Tab. 2.2: Strukturierende Banken deutscher Transaktionen[82]

Der Fokus dieser Arbeit liegt auf der Verbriefung von Handelsforderungen über ABCP-Conduits, während auf Term-Deal-Transaktionen nicht weiter eingegangen wird. Dies soll an dieser Stelle kurz mit Marktdaten untermauert werden. Standard & Poor's (2004) führen aus, dass sie von 1984 bis 2004 25 Verbriefungen von Handelsforderungen über Term Deals in ganz Europa bewertet haben. Der Vergleich dieses Werts mit den Transaktionszahlen über ABCP-Conduits zeigt die geringe Bedeutung des Term-Deal-Markts. Darüber hinaus liegen die Transaktionsgrößen mit wenigen Ausnahmen im dreistelligen Millionenbereich und kommen daher für den Mittelstand nicht in Frage.[83]

Zum Abschluss der Grundlagen über ABS wird die Forderungsverbriefung gegenüber vergleichbaren Finanzierungsinstrumenten abgegrenzt.

[82] Eigene Berechnungen, alle Werte außer Anzahl in Mio. Euro, basierend auf Moody's (2004a), S. 14–15; Moody's (2004c), S. 14; Moody's (2005a), S. 15–17; Moody's (2005e), S. 18; Moody's (2006a), S. 15–18; Moody's (2005c), S. 8–9; Moody's (2006c), S. 21–22; Moody's (2007a), S. 13–16; Moody's (2007b), S. 22–23; Moody's (2007c), S. 8.

[83] Vgl. Standard & Poor's (2004), S. 1, 11–12.

2.5 Abgrenzung Asset Backed Securities

Wie im Forschungs-Framework bereits kurz dargestellt, werden in dieser Arbeit Theorien und Untersuchungen zu Finanzierungsinstrumenten, die Ähnlichkeiten zu ABS aufweisen, auf Verbriefungstransaktionen und speziell die Verbriefung von Handelsforderungen, übertragen.[84] Insbesondere wird auf den besicherten Kredit, das Factoring sowie die in den USA genutzte CFC zurückgegriffen. In diesem Abschnitt werden diese Finanzierungsinstrumente zunächst vorgestellt und Parallelen mit Verbriefungstransaktionen aufgezeigt.

2.5.1 Asset Backed Securities – Kredite

Als erstes werden ABS gegen Kreditfinanzierungen abgegrenzt. Da ABS als Steigerung besicherter Kredite angesehen werden können, ist es sinnvoll, zunächst Unterschiede innerhalb der Kreditfinanzierung, d. h. zwischen unbesicherten und besicherten Krediten, herauszuarbeiten. Hierfür wird schwerpunktmäßig ein Aufsatz von Ngo (2002) herangezogen, der eine ausführliche Übersicht über die drei Finanzierungsformen gibt.

2.5.1.1 Besicherte Kredite – Unbesicherte Kredite

Besicherte Schulden bieten gegenüber unbesicherten Schulden wichtige Vorteile für den Gläubiger. Zunächst erhält er vorrangigen Zugriff auf die unterliegenden Sicherheiten. Daher sollte der von ihm verlangte Zinssatz ceterus paribus geringer sein als bei unbesicherten Schulden.[85] Dies sollte zu direkten Finanzierungsvorteilen für das Unternehmen führen. Daneben führt Ngo an, dass besicherte Schulden im Durchschnitt über weiterreichende Covenants verfügen als unbesicherte Schulden. Diese senken die Insolvenzwahrscheinlichkeit des Schuldners, da sie riskante Aktivitäten einschränken.[86] Zwar sind Covenants auch bei unbesicherten Schulden anzutreffen, sie seien jedoch in der Regel schwächer ausgeprägt und entfalteten daher eine geringere Wirkung auf das Insolvenzrisiko. Als weiteren Vorteil einer Besicherung führen Inderst/Mueller (2007) an, dass Nachteile aus Informationsasymmetrien gelindert werden können.[87]

---

[84] Vgl. Schwarcz (1997), S. 432; Ngo (2002), S. 458.
[85] Vgl. Ngo (2002), S. 417.
[86] Vgl. Ngo (2002), S. 422, 452.
[87] Vgl. Ngo (2002), S. 455; Inderst/Mueller (2007), S. 3; Scott Jr. (1977), S. 15.

Trotz dieser positiven Effekte besicherter Schulden ist festzustellen, dass Unternehmen unbesicherte Schulden klar bevorzugen.[88] Wie ist dies zu erklären? Zunächst ist festzuhalten, dass der Zinsvorteil besicherter Schulden teilweise sehr gering ist oder aber die Unternehmen gar nicht die Wahl zwischen den beiden Varianten haben. Wenn unbesicherte Schulden angeboten werden, ist dies ein Zeichen für eine gute Bonitätseinschätzung durch den Gläubiger. Die Stellung von Sicherheiten führt dann nur zu einem kleinen Mehrwert, da das Insolvenzrisiko bereits als gering eingeschätzt wurde. Wenn Gläubiger das Insolvenzrisiko hingegen als relevant einstufen, sind Kredite ohne Besicherung meist gar nicht möglich.[89] Dies kann die Präferenz für unbesicherte Schulden teilweise erklären, doch selbst wenn nur ein geringer Zinsvorteil von besicherten Schulden bestehen sollte, wäre dennoch zu erwarten, dass Unternehmen ihn ausnutzen.[90]

Dass dies nur selten der Fall ist, kann über Nachteile/Kosten von besicherten Schulden erklärt werden, die ihre Verwendung für das Management unattraktiv machen. Schwarcz (1997) bezeichnet diese Kosten als Theta und splittet sie in drei Elemente auf:[91]

1. Es entstehen dadurch Opportunitätskosten, dass die zur Besicherung verwendeten Aktiva in Liquiditätskrisen[92] nicht mehr für die Besicherung weiterer Schulden zur Verfügung stehen. Das Unternehmen verliert unbesicherte Aktiva, die es in finanziell schwierigeren Situationen als Sicherheiten stellen könnte. In Liquiditätskrisen stehen unbesicherte Schulden eventuell nicht mehr zur Verfügung, so dass nur noch über die Besicherung weitere Liquidität aufgenommen werden kann. Wenn in diesem Fall keine oder nicht ausreichend Aktiva zur Verfügung stehen, kann das Unternehmen keine oder nicht ausreichend Liquidität aufnehmen.

2. Die Besicherung von Schulden mit Aktiva kann ein negatives Signal darstellen, da Unternehmen in guter wirtschaftlicher Lage auf dieses Instrument nicht

88 Vgl. Ngo (2002), S. 435.
89 Vgl. Ngo (2002), S. 419; Schwarcz (1997), S. 442.
90 Vgl. Ngo (2002), S. 441; Scott Jr. (1979), S. 259–260.
91 Vgl. auch Smith Jr. (1979), S. 250.
92 Schwarcz definiert Liquiditätskrisen als Situationen, in denen erwartet wird, dass für die Rückzahlung von begebenen Schulden bei Fälligkeit nicht genügend Liquidität vorhanden sein wird. Vgl. Schwarcz (1997), S. 448.

zurückgreifen. Besicherte Schulden werden verstärkt von Unternehmen mit Finanzierungsproblemen verwendet.

3. Gläubiger unbesicherter Schulden analysieren hauptsächlich den Cash Flow des Unternehmens, aus dem die bereitgestellte Liquidität zurückgezahlt wird. Gläubiger besicherter Schulden bewerten hingegen den Liquidationswert der Sicherheiten. Da dieser in der Regel geringer ist als die entsprechenden Cash Flows bei Weiterführung des Unternehmens, entstehen weitere Opportunitätskosten.[93]

Ngo überträgt die Free-Cash-Flow-Theorie auf die erste Komponente von Schwarcz Theta, den Verlust von unbesicherten Aktiva, und bezeichnet die noch nicht für Sicherheiten verwendeten Aktiva als Free Assets. Ebenso wie Free Cash Flows gäben Free Assets dem Management Sicherheit und Raum für Nachlässigkeit, da sie in Krisen verkauft oder als Sicherheit verwendet werden können.[94] Allerdings besitzen Free Assets laut Ngo den Vorteil, dass sie von den Eigentümern nicht so einfach aufgespürt werden können, wie dies bei Free Cash Flows der Fall wäre.[95] Auf die Free-Asset-Theorie geht Abschnitt 5.3.2.4 näher ein.

Insgesamt kann festgestellt werden, dass die Präferenz des Managements für unbesicherte Schulden (bei Unternehmen mit ausreichender Bonität, die eine Wahl zwischen unbesicherten und besicherten Schulden haben) darauf hindeutet, dass die Kosten der besicherten Schulden (Theta) für das Management größer sind als ihre Vorteile, und daher nicht verwendet werden.[96]

2.5.1.2 Asset Backed Securities – Besicherte Kredite

Nachdem im letzten Abschnitt auf Unterschiede zwischen besicherten und unbesicherten Schulden eingegangen wurde, wird im Folgenden ein Vergleich zwischen ABS und besicherten Krediten angestellt. Dies ist für die weitere Analyse sinnvoll, da in der Literatur angeführt wird, dass Asset Backed Securities und besicherte Schulden ähnlich seien, weil beide Finanzierungsinstrumente den Kapitalgebern Priorität über die besicherten bzw. verkauften Assets geben.[97] In einer Verbrief-

[93] Vgl. Schwarcz (1997), S. 431.
[94] Vgl. Ngo (2002), S. 423, 425.
[95] Vgl. Ngo (2002), S. 424.
[96] Vgl. Ngo (2002), S. 426.
[97] Vgl. Schwarcz (1997), S. 432; Ngo (2002), S. 458.

ungstransaktion ist dieses Vorrecht sogar so weit ausgeprägt, dass andere Gläubiger auf die verkauften Assets überhaupt keinen Zugriff mehr haben.[98] Daher kann man davon sprechen, dass ABS eine extreme Variante besicherter Schulden darstellen.[99]

Es ist interessant, dass ABS-Transaktionen in den letzten Jahren immer stärker genutzt werden, wohingegen besicherte Schulden nur verwendet werden, wenn die Kreditgeber dies verlangen (s. o.). Dies kann nicht mit Hilfe der oben genannten Theorie der Free Assets erklärt werden, da beide Varianten der Finanzierung die Free Assets reduzieren. Bei besicherten Schulden werden sie besichert, bei ABS hingegen verkauft. Hieraus kann also keine Präferenz für die Verwendung von ABS abgeleitet werden.[100]

Es gibt Argumente, die sogar eher für die Verwendung besicherter Schulden sprechen. Zunächst bieten sie den Gläubigern den Vorteil, dass bei einer Verschlechterung der Qualität der besicherten Aktiva auch sonstige Vermögenswerte (soweit nicht von anderen Gläubigern besichert) zur Verfügung stehen, das Unternehmen also dennoch den vollen Betrag der Forderungen leisten muss. Bei ABS besteht für das verbriefende Unternehmen keine (über das FLP hinausgehende) Haftung für die Werthaltigkeit der verkauften Aktiva.[101] Darüber hinaus argumentiert Ngo (2002), dass in der Krise die Covenants von besicherten Schulden bessere Disziplinierungsinstrumente darstellen als ABS-Transaktionen.[102] Dies spricht eher für die Verwendung besicherter Schulden als für die von ABS.[103]

Dennoch verzeichnen ABS-Transaktionen zurzeit ein starkes Wachstum. Schwarcz (1997) verweist zur Erklärung dieser Entwicklung auf Theta und argumentiert, dass dieses bei Verbriefungstransaktionen kleiner sei als bei besicherten Schulden. Zum einen würde nur ein Teil der Assets für die Verbriefungstransaktion verwendet, so dass für spätere Besicherungen immer noch genügend Assets zur Verfügung stehen. Dieses Argument erscheint jedoch nicht schlüssig, da auch bei Besiche-

98 Sollte der Wert der Sicherheiten die Forderungen übersteigen, steht bei besicherten Schulden der überschüssige Teil für weitere Gläubiger zur Verfügung. Bei ABS ist dies nicht unbedingt der Fall.

99 Vgl. Ngo (2002), S. 458.

100 Vgl. Ngo (2002), S. 465.

101 Vgl. Ngo (2002), S. 463.

102 Vgl. Ngo (2002), S. 452, 468.

103 Das Argument bzgl. der Covenants impliziert jedoch auch, dass in ABS-Transaktionen keine oder nur schwächere Covenants verwendet werden. Diese Fragestellung wird in den empirischen Untersuchungen analysiert. Vgl. Abschnitt 5.3.2.3, S. 118.

rungen nicht alle Aktiva verwendet werden müssen. Des Weiteren führt er an, dass ABS-Transaktionen im Gegensatz zu besicherten Schulden einen wesentlich besseren Ruf besitzen, so dass das resultierende Signal nicht negativ, sondern unter Umständen sogar positiv sei. Zuletzt werden für Verbriefungstransaktionen überwiegend Finanzaktiva gewählt, deren Liquidationswert nur unerheblich vom Cash-Flow-Wert abweicht. Insgesamt ist Theta bei ABS-Transaktionen damit wesentlich kleiner als bei besicherten Krediten und macht ABS damit im Vergleich attraktiver.[104]

Darüber hinaus gibt es auf Grund der Verbriefungsstruktur weitere Vorteile von ABS: Zunächst besteht zu besicherten Schulden der Unterschied, dass im Falle einer Insolvenz des Schuldners bzw. Originators der Gläubiger der besicherten Schulden „seine" Aktiva aus der Insolvenzmasse absondern kann/muss. Hierfür verlangt der Insolvenzverwalter Gebühren (in Deutschland bis zu 9 %). Die bei ABS ankaufende Zweckgesellschaft kann ihre Aktiva hingegen aussondern, sie gehen damit nicht in die Insolvenzmasse ein und es entstehen keine Gebühren.[105] Des Weiteren besteht bei ABS der Vorteil, dass durch die Portfoliobildung und Credit Enhancements die von den Investoren verlangten Zinssätze sehr gering sind.[106] Im Fall der Verbriefung von Handelsforderungen werden die Transaktionen so strukturiert, dass die ABCP ein Prime–1 Rating[107] erhalten. Da nur wenige Unternehmen selbst ein solch gutes Rating erhalten, sind die gesamten Finanzierungskosten (auch unter Einbeziehung der Strukturierungsgebühr und sonstiger Kosten) häufig geringer als bei einer direkten Verschuldung des Unternehmens. Abschließend verfügt ABS gegenüber besicherten Schulden über den Vorteil, dass die verkauften Aktiva die Bilanz des verbriefenden Unternehmens verlassen und damit Bilanzkennzahlen wie die EK-Quote verbessert werden können.[108]

In Summe scheint dies die Präferenz der Unternehmen von ABS vor besicherten Schulden zu erklären. Auf die einzelnen Motivationen einer Verbriefungstransaktion wird im Folgenden und in den empirischen Untersuchungen weiter eingegangen.

---

[104] Vgl. Schwarcz (1997), S. 463–464.
[105] Vgl. § 47 und § 171 Insolvenzordnung (InsO); Ngo (2002), S. 462; Schmalenbach/Sester (2005), S. 2035.
[106] Vgl. Ngo (2002), S. 460.
[107] Nach Moody's bzw. den entsprechenden Rating-Noten der anderen Gesellschaften.
[108] Vgl. Ngo (2002), S. 463.

Im nächsten Abschnitt wird ABS mit einem weiteren Finanzierungsinstrument, dem Factoring, verglichen.

2.5.2 Asset Backed Securities – Factoring

Factoring bezeichnet den Verkauf von Forderungen aus Lieferungen und Leistungen an einen Factor. Dieser kauft die Forderungen mit einem Abschlag an und übernimmt dafür das Ausfallrisiko. Je größer die Risiken der Forderungen sind, desto größer werden die Abschläge.[109] Beim so genannten offenen Factoring wird der Kunde des verkaufenden Unternehmens (Debitor) über den Verkauf der Forderungen informiert und aufgefordert, seine Zahlungen direkt an den Factor zu leisten. Beim stillen Factoring übernimmt das Unternehmen den Forderungseinzug. Der Kunde erfährt nicht, dass die ihn betreffende Forderung verkauft wurde.[110]

Factoring-Unternehmen bieten im Factoring ihre Expertise in Bezug auf die Bewertung einzelner Schuldner und den Einzug von Forderungen an. Sie besitzen in der Regel im Vergleich zum verkaufenden Unternehmen ein höheres Know-how im Debitorenmanagement und eine bessere und umfangreichere Datenbasis zu der Bonität der Schuldner.[111] Der Factor kann durch die Spezialisierung auf die Bewertung und den Einzug von Forderungen von Economies of Scale profitieren.[112] Factoring ist für das verkaufende Unternehmen ab einem Jahresumsatz von ca. 5 Mio. Euro interessant.[113]

Die Vorgänge beim Factoring sind auf den ersten Blick denen von ABS ähnlich. Allerdings gibt es einige wichtige Unterschiede. Der Factor prüft die Forderungen auf Einzelforderungsbasis und zieht hierbei auch in Betracht, ob er von einem Debitor bereits andere Forderungen angekauft hat. Für jeden Debitor wird anschließend ein Ankaufslimit festgelegt. In ABS-Transaktionen wird hingegen das gesamte Forderungsportfolio bewertet. Dieses wird in seiner Gesamtheit anhand historischer Daten bewertet. Der einzelne Debitor ist nur bei erhöhten Konzentrationen im Portfolio relevant.[114]

---

109 Vgl. Palia/Sopranzetti (2004), S. 35.
110 Vgl. Collaris (2004), S. 59.
111 Vgl. Sopranzetti (1998), S. 345.
112 Vgl. Smith/Schnucker (1994), S. 129.
113 Vgl. Collaris (2004), S. 59.
114 Vgl. Smith/Schnucker (1994), S. 121; Klüser (2005), S. 1; Collaris (2004), S. 59.

Bei Verbriefungstransaktionen verbleibt der Forderungseinzug immer beim Originator. Die ankaufende Zweckgesellschaft übernimmt den Einzug nur bei Verletzung der Einzugspflichten des Originators. Die Zweckgesellschaften einer ABS-Transaktion haben nur den Auftrag, Forderungen anzukaufen und zu refinanzieren. Sie verfügen nicht über die Erfahrungen und Spezialisierungen eines Factors.[115]

Die Finanzierung von ABS-Transaktionen läuft über den Kapitalmarkt, d. h. ABCP. Factoren haben sich traditionell eher über den Kreditmarkt finanziert. Diese Grenze ist allerdings inzwischen etwas verschwommen, da Factoring-Unternehmen sich auch verstärkt über den Kapitalmarkt refinanzieren.[116]

Zudem ist der Ruf von ABS und Factoring diametral verschieden. Während ABS momentan als innovatives und positiv behaftetes Finanzierungsinstrument wahrgenommen wird, kämpft Factoring immer noch mit einem negativen Ruf als Finanzierungsinstrument für Unternehmen, die ihren Forderungseinzug nicht im Griff haben oder dringend Liquidität benötigen. Auch wird die Herausgabe von Kundendaten von den Unternehmen negativ gesehen.[117]

Als drittes Finanzierungsinstrument werden im Folgenden die insbesondere in den USA verwendeten CFCs mit ABS-Transaktionen verglichen.

2.5.3 Asset Backed Securities – Captive Finance Companies

CFCs werden verwendet, um Forderungen eines Unternehmens zu finanzieren. Sie entstehen, wenn ein Unternehmen eine 100 %ige Tochtergesellschaft gründet und ihr Forderungen verkauft. Die Tochtergesellschaft nimmt zur Finanzierung des Kaufs eigene Schulden auf.[118] In den USA hatten CFCs bis Ende der 1980er Jahre den Vorteil, dass sie von der Muttergesellschaft nicht konsolidiert werden mussten, wenn sich die Geschäftsart der Mutter wesentlich von der der Tochter unterschied, was regelmäßig der Fall war. Dies führte zu eine verbreiteten Nutzung der CFCs zur Off-Balance-Sheet-Finanzierung.[119]

---

115 Vgl. Palia/Sopranzetti (2004), S. 29.

116 Vgl. Hommel (2005), S. 73–74; Schwarcz (1994), S. 144.

117 Vgl. Dentz (2004), S. 12; Lubitz (2005), S. b10; Dentz (2005b), S. 63; Widrat (2005), S. 1.

118 Neben CFCs zur Finanzierung der Forderungen existieren auch CFCs, die als Versicherungsunternehmen im eigenen Konzern agieren. Diese sollen hier jedoch nicht betrachtet werden. Vgl. Culp (2002), S. 265.

119 Vgl. Kim/McConnell/Greenwood (1977), S. 797; Ross/Westerfield/Jaffe (2002), S. 811.

Ein weiterer Vorteil ist, dass die Forderungen durch die Abtrennung von der Muttergesellschaft stärker beliehen werden können, als dies in der Bilanz der Muttergesellschaft möglich gewesen wäre. Zusätzlich wird die (bilanzielle) Bonität der Muttergesellschaft durch die Off-Balance-Sheet-Struktur nicht verschlechtert, da die in der Bilanz ausgewiesene Gesamtverschuldung nicht erhöht bzw. je nach Verwendung des Verkaufserlöses sogar verringert wird.[120]

Um diese Praxis einzuschränken, wurden die amerikanischen Rechnungslegungsvorschriften angepasst. Das Financial Accounting Standards Board (FASB) veröffentlichte im Dezember 1986 die erste Version eines neuen Financial Accounting Standards (FAS) 94 („Consolidation of All Majority-owned Subsidiaries"), die im Oktober 1987 in Kraft trat. CFCs müssen seitdem konsolidiert werden.[121]

Vor dieser Änderung mussten die Muttergesellschaften CFCs in ihrer Bilanz nur mit dem Eigenkapitalanteil ausweisen. Darüber hinausgehende Angaben waren freiwillig und wurden je nach Unternehmen in unterschiedlichem Umfang gemacht. Wiedman/Wier (1999) untersuchen, inwieweit Investoren aus den veröffentlichten Informationen eine Konsolidierung der Tochtergesellschaft selbst durchführen konnten und inwieweit die ermittelte mit der tatsächlichen Verschuldung übereinstimmte, die die Unternehmen nach Einführung von FAS 94 auch für ein Jahr rückwirkend berechnen mussten. Zunächst stellen sie fest, dass ein Viertel der untersuchten Unternehmen[122] keine Informationen über den Verschuldungsgrad der CFCs machte.[123] Aber auch bei den Unternehmen, die (teilweise) Informationen bereitgestellt hatten, war eine korrekte Berechnung der Gesamtverschuldung selten möglich. Wiedmann/Wier kommen daher zu dem Ergebnis, dass die Veröffentlichungspflichten vor der Einführung von FAS 94 nicht ausreichten, um die Gesamtverschuldung eines Unternehmens korrekt einzuschätzen. Insbesondere betraf dies Unternehmen, bei denen eine Konsolidierung zu überdurchschnittlichen Verschuldungsgraden (im Industrievergleich) geführt hätte. Dies zeigt, dass Off-Balance-Sheet-Strukturen zur Verschleierung des „wahren" Verschuldungsgrads genutzt werden können.[124]

---

120 Vgl. Lewellen (1972), S. 22.

121 Vgl. Wiedman/Wier (1999), S. 73; Mian/Smith Jr. (1990a), S. 251; Mian/Smith Jr. (1990b), S. 141; Selling et al. (1989), S. 72.

122 Größe des Samples: 180 Unternehmen.

123 Vgl. Wiedman/Wier (1999), S. 80.

124 Vgl. Wiedman/Wier (1999), S. 92–93.

Dieses Ergebnis steht im Einklang damit, dass bei der Ankündigung der ersten Version von FAS 94 Unternehmen mit unkonsolidierten CFCs an den Börsen einen statistisch signifikanten Wertverlust erlitten.[125]

Die Entscheidung, eine CFC zu gründen, ist für die Muttergesellschaft eine reine Finanzierungsentscheidung, sie verändert ihre Kapitalstruktur.[126] Allerdings zahlt sie für die bereitgestellte Liquidität keine Zinsen, sondern verkauft die Forderungen mit einem Abschlag. Dieser wird von der CFC genutzt, um die Finanzierungskosten zu bezahlen.[127] Wie Ronen/Sondhi (1989) empirisch festgestellt haben, sind bei dieser Finanzierung darüber hinaus folgende Elemente regelmäßig anzutreffen: CFCs behalten vom Kaufpreis zusätzlich zum Abschlag für die Finanzierungskosten eine Reserve ein, die erst an die Muttergesellschaft ausbezahlt wird, wenn die Forderungen eingegangen sind. Die Muttergesellschaften haften außerdem regelmäßig für alle Forderungsausfälle und gleichen diese, falls notwendig, mit direkten Zahlungen aus. Auch werden die Tätigkeiten der CFCs durch Covenants in den Kreditverträgen auf den Ankauf der Forderungen eingeschränkt und Dividendenzahlungen an die Muttergesellschaft ausgeschlossen oder erschwert.[128] Zuletzt finanzieren sich CFCs häufig über Commercial Papers (CPs).[129]

Diese Eigenschaften von CFCs sind überwiegend auch bei der Verbriefung von Handelsforderungen anzutreffen. In einer ABS-Transaktion wird die Risikotrennung allerdings weiter gesteigert, da der Originator maximal mit der Höhe seines FLPs für Forderungsausfälle haftet, während bei einer CFC dieses Risiko komplett von der Muttergesellschaft übernommen wird.[130]

Tabelle 2.3 fasst die Abgrenzung von ABS gegenüber den anderen vorgestellten Finanzierungsinstrumenten zusammen. Zum einen können CFCs als eine Steigerung von besicherten Krediten, zum anderen die Forderungsverbriefung wiederum als Steigerung von CFCs angesehen werden. Für die Investoren bzw. Kreditgeber sinkt das Risiko vom unbesicherten Kredit bis hin zur Forderungsverbriefung.[131] Das Factoring ist ein Sonderfall, da es die einzige Finanzierungsform in dieser

[125] Vgl. Mian/Smith Jr. (1990a), S. 258.
[126] Vgl. Graff/Kairys Jr. (2005b), S. 12.
[127] Vgl. Ronen/Sondhi (1989), S. 252.
[128] Vgl. Ronen/Sondhi (1989), S. 252–255, 261.
[129] Vgl. Hagaman (1969), S. 1285.
[130] Vgl. Graff/Kairys Jr. (2005b), S. 24.
[131] Vgl. Graff/Kairys Jr. (2005b), S. 25.

	Kredit unbesichert	Kredit besichert	CFC	Factoring	ABS
Besicherung der Finanzierung mit Forderungen	Nein	Ja	Ja	Ja	Ja
Verkauf Forderungen an Finanzierungsgesellschaft	Nein	Nein	Ja	Ja	Ja
Off-Balance-Sheet-Finanzierung möglich	Nein	Nein	Nein[b]	Ja	Ja[c]
Beschränkte Haftung des Unternehmens für Forderungsausfälle	Nein	Nein	Nein	Ja	Ja

[a] Eigene Darstellung.
[b] In den USA war die Off-Balance-Sheet-Finanzierung über CFCs bis 1987 möglich.
[c] Nach HBG in der Regel möglich, nach IFRS schwieriger.

Tab. 2.3: Vergleich Struktur Finanzierungsformen[a]

Übersicht ist, bei der der Forderungseinzug von einem externen Unternehmen durchgeführt wird. Tabelle 2.4 vergleicht die Finanzierungsarten in Bezug auf die Verantwortungsbereiche.

Tab. 2.4: Vergleich Verantwortlichkeiten der Finanzierungsinstrumente[a]

Verfahren	Verantwortlichkeiten				
	Forderungsmanagement			Finanzierung	
	Wer schätzt das Kreditrisiko ein?	Wer entscheidet über einen Kredit?	Wer zieht die Forderungen ein?	Wer finanziert die Forderungen?[b]	Wer trägt das Ausfallrisiko?
Bonitätsanfrage bei Wirtschaftsauskunft	Wirtschaftsauskunft	Unternehmen	Unternehmen	Unternehmen	Unternehmen
Warenkreditversicherung	Versicherung	Unternehmen	Unternehmen	Unternehmen	Versicherung
Unbesicherter Kredit	Unternehmen	Unternehmen	Unternehmen	Bank	Unternehmen
Mit Forderungen besicherter Kredit	Unternehmen	Unternehmen	Unternehmen	Bank	Unternehmen
Verbriefung	Unternehmen	Unternehmen	Unternehmen	SPV	Unternehmen und Investoren
Captive Finance Company	Unternehmen oder Captive	Unternehmen oder Captive	Captive	Captive	Unternehmen und Captive
Unechtes Factoring	Unternehmen	Unternehmen	Factor	Factor	Unternehmen
Echtes Factoring	Factor	Factor	Factor	Factor	Factor

[a] Überarbeitung und Erweiterung von Mian/Smith Jr. (1992), S. 171.
[b] Aus Sicht des Unternehmens.

3 Der große Mittelstand

Der Mittelstand hat eine hohe wirtschaftliche Bedeutung für die Entwicklung Deutschlands. Sowohl am Umsatz als auch an den Mitarbeiterzahlen hat er einen großen Anteil. Wie die Entwicklung der letzten Jahre zeigt, sind jedoch verstärkt Finanzierungsprobleme aufgetreten. Es besteht daher ein Bedarf an alternativen Finanzierungsinstrumenten, um die Abhängigkeit vom Banksektor zu reduzieren und die EK-Quote zu verbessern. Darauf wird im Folgenden genauer eingegangen, um die Relevanz dieser Arbeit aufzuzeigen.

3.1 Definition des großen Mittelstands

Das Institut für Mittelstandsforschung Bonn (IfM) hebt in einem Bericht über die Lage kleiner und mittelständischer Unternehmen in Deutschland (IfM (2004)) die besondere Bedeutung des klassischen deutschen Mittelstands für die Wirtschaft Deutschlands hervor. Die rund 3,4 Mio. Unternehmen erreichten in 2003 mit ca. 20 Mio. Angestellten 41,2 % des umsatzsteuerpflichtigen Umsatzes. Darüber hinaus arbeiten 70,2 % der in privaten Unternehmen angestellten Personen im Mittelstand. Dieser bildet auch 81,9 % aller Auszubildenden aus.[132]

Die Abgrenzung des Mittelstands ist bei dieser Betrachtung allerdings in Bezug auf seine quantitativen Grenzen sehr eng. Das IfM klassifiziert Unternehmen mit 500 und mehr Angestellten und einem Umsatz von 50 oder mehr Mio. Euro bereits als Großunternehmen. Die Europäische Union (EU) geht sogar noch weiter und zieht die Grenze bei den Angestellten bei nur 250 und führt außerdem ein weiteres Kriterium mit Bezug auf die Bilanzsumme (43 Mio. Euro und mehr) ein. Zwar bezieht auch das IfM qualitative Kriterien in die Abgrenzung des Mittelstands ein, durch die genannten Umsatzgrößen ist seine Einteilung jedoch für diese Arbeit ungeeignet.[133]

Es gibt in Deutschland zwischen dem oben beschriebenen Mittelstand und den Großunternehmen noch eine weitere Kategorie von Unternehmen. Diese haben zwar einen größeren Umsatz, sind jedoch in Familienbesitz und häufig auch vom

[132] Vgl. IfM (2004), S. 5.

[133] Vgl. IfM (2004), S. 2–3; Europäische Kommision (2003), S. 39.

Größenklassen[b]	Unternehmen	Anteil	Umsatz[c]	Anteil
unter 10 Mio.	2.920.045	98,74 %	1.135.671	26,1 %
10–25 Mio.	21.017	0,71 %	323.873	7,4 %
25–50 Mio.	7.767	0,26 %	270.823	6,2 %
50–100 Mio.	4.187	0,14 %	290.849	6,7 %
100–250 Mio.	2.481	0,08 %	378.316	8,7 %
250–500 Mio.	911	0,03 %	312.314	7,2 %
500 Mio. – 1 Mrd.	393	0,01 %	274.230	6,3 %
1 Mrd. und mehr	372	0,01 %	1.361.430	31,3 %
Gesamtheit	2.957.173	100,00 %	4.347.506	100,0 %
25–500 Mio.	15.346	0,52 %	1.526.523	28,8 %

[a] Eigene Darstellung, basierend auf: Statistisches Bundesamt (2006), S. 25, Stand 2004. [b] Umsatz pro Jahr in Euro. [c] in Mio. Euro.

Tab. 3.1: Größenverteilung deutscher Unternehmen[a]

Eigentümer geleitet. Unternehmen mit einem Umsatz zwischen 25 Mio. Euro und 500 Mio. Euro werden daher in dieser Arbeit als großer Mittelstand bezeichnet.[134]

Die Überschreitung der quantitativen Grenzen des IfM und der EU wird als nicht kritisch angesehen, da auch andere Untersuchungen begründet hiervon abweichen. Die Studie der Siemens Financial Services (SFS) zur Unternehmensfinanzierung (SFS (2003)) beispielsweise bezeichnet Unternehmen mit zwischen 100 und 500 Mio. Umsatz als mittelgroße Unternehmen und die Rating-Agentur Fitch Ratings konzentriert sich (z. B. Fitch Ratings (2005d)) bei der Analyse des deutschen Mittelstands auf Unternehmen mit über 250 Mio. Euro Umsatz.[135] Darüber hinaus definieren deutsche Kreditinstitutionen den Mittelstand sehr unterschiedlich und verwenden auch Umsatzobergrenzen zwischen 500 und 1.000 Mio. Euro.[136]

Neben einem Umsatz von 25 Mio. bis 500 Mio. Euro wird in dieser Arbeit zur Identifizierung großer mittelständischer Unternehmen jedoch insbesondere Wert auf qualitative Kennzeichen gelegt. Hommel/Schneider (2003) weisen darauf hin,

134 Die Untergrenze von 25 Mio. Euro wurde mit Bezug auf die Mindestanforderungen von ABS-Transaktionen gewählt, vgl. weiter unten.

135 Fitch begründet dies damit, dass dieser Bereich bei Basel II nicht mehr von den Erleichterungen für Kleinunternehmen oder staatlichen Förderprogrammen profitiert.

136 Vgl. SFS (2003), S. 8; Fitch Ratings (2005d), S. 4; Schumacher (2006), S. 50.

das dies je nach Fragestellung aussagekräftiger sie als die reine Fixierung auf quantitative Daten. Insbesondere ist dies nach Dufey/Hommel (1998) dann der Fall, wenn auch, wie in dieser Arbeit, Verhaltensunterschiede untersucht werden sollen. Daher werden als Kriterien zur Ergänzung der quantitativen Grenzen einbezogen, ob das Unternehmen in Familienbesitz ist, ob die Geschäftsführung durch den Eigentümer gestaltet wird und ob sich das Unternehmen selbst als Teil des Mittelstands sieht.[137]

Der große Mittelstand steht im Fokus dieser Arbeit, da der Mittelstand nach den Definitionen des IfM und der EU auf Grund der Mindestanforderungen überwiegend nicht an Forderungsverbriefungen teilnehmen kann. Wie Tabelle 3.1 zeigt handelt es sich beim großen Mittelstand um ca. 15.000 Unternehmen, die einen Anteil von 28,8 % am gesamten Umsatz in Deutschland haben. Diese Unternehmen werden als Potenzial für den Verbriefungsmarkt im Mittelstand angesehen.[138] Zwar sind die Anforderungen an das Mindestvolumen, wie oben gezeigt, für die Gruppe von 25 bis 50 Mio. Euro Umsatz zurzeit noch zu hoch. Wenn die Pläne der Banken jedoch aufgehen sollten und Verbriefungen mit unter 5 Mio. Euro möglich werden, öffnet sich die Forderungsverbriefung auch für diesen Bereich. Moody's geht noch etwas weiter und sieht ein Potenzial von bis zu 30.000 Unternehmen für die Forderungsverbriefung in Deutschland.[139]

3.2 Finanzierung des großen Mittelstands

Die Analyse von Finanzierungsfragen im deutschen Mittelstand[140] ist aus mehreren Gründen sehr interessant. Zum einen existiert in Deutschland das im Ausland weniger relevante bis völlig unbekannte Hausbankprinzip. Dies sowie die im internationalen Vergleich geringe Eigenkapitalausstattung führen zu besonderen Fragestellungen.

[137] Vgl. Hommel/Schneider (2003), S. 54; Dufey/Hommel (1998), S. 184; IfM (2004), S. 2; DSGV (2006), S. 10.

[138] Im Gegensatz zu Hommel (2005) wurde aus Vereinfachungsgründen hier kein Ausschluss einzelner Branchen vorgenommen. Dies würde das Potenzial leicht senken. Vgl. Hommel (2005), S. 58.

[139] Vgl. Moody's (2005a), S. 12.

[140] Wenn nicht besonders ausgewiesen, ist mit Mittelstand im Folgenden der oben definierte große Mittelstand gemeint.

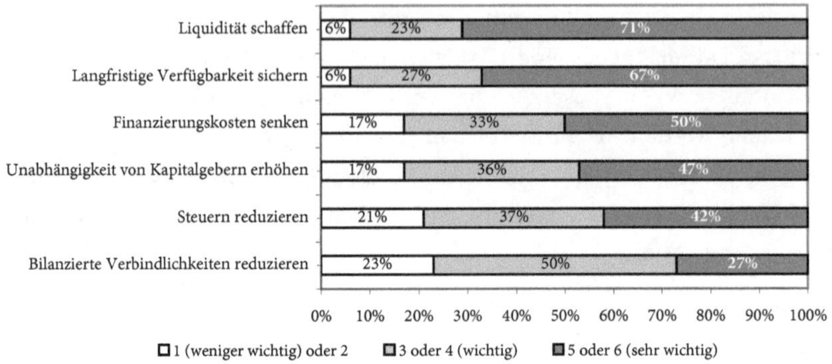

Abb. 3.1: Finanzierungsziele des großen Mittelstands[141]

Das Hausbankprinzip (engl.: Relationship Banking) bezeichnet eine enge Verbindung zwischen Unternehmen und einigen wenigen Banken. Das Unternehmen lässt sich von seiner/seinen Hausbank(en) in nahezu allen Finanzierungsfragen beraten und ermöglicht der Bank durch den intensiven Austausch im Laufe der Zeit den Abbau von Informationsasymmetrien. Die Bank lernt das Unternehmen immer besser kennen. Dies kann sich für das Unternehmen durch bessere Konditionen auszahlen und führt zu einer längerfristigeren Beziehung zwischen Bank und Unternehmen. Auch stellen Hausbanken in kleineren Krisen weiterhin Finanzierungen zur Verfügung, wenn andere Banken ihre Kredite bereits zurückfahren, wie von Elsas/Krahnen (1998) nachgewiesen.[142] Diese Vorteile wirken auch auf die Ergebnisse einer Umfrage von SFS (2003) über die Finanzierungsziele des Mittelstands wieder, die in Abbildung 3.1 dargestellt sind.[143]

Neben den Vorteilen einer engen Bankbeziehung besteht jedoch auch der Nachteil, dass die Unternehmen sehr abhängig von ihren Hausbanken sind. Eine Diversifizierung der Finanzierungsinstrumente hat kaum stattgefunden. Darüber hinaus war die Kreditvergabe für die Banken lange Zeit ein Türöffner für weitere Geschäfte und wurde daher nicht korrekt risikoadjustiert gepreist. Dies führte zu einer

[141] Quelle: SFS (2003), S. 16.
[142] Vgl. Elsas/Krahnen (1998), S. 1310–1311.
[143] Vgl. Gruner+Jahr/DSGV (2006), S. 16; Fitch Ratings (2005a), S. 6; SFS (2003), S. 16; Hommel/Schneider (2004), S. 578; Garthe (2004), S. 38; Hackethal (2004), S. 71; Elsas/Krahnen (2004), S. 208.

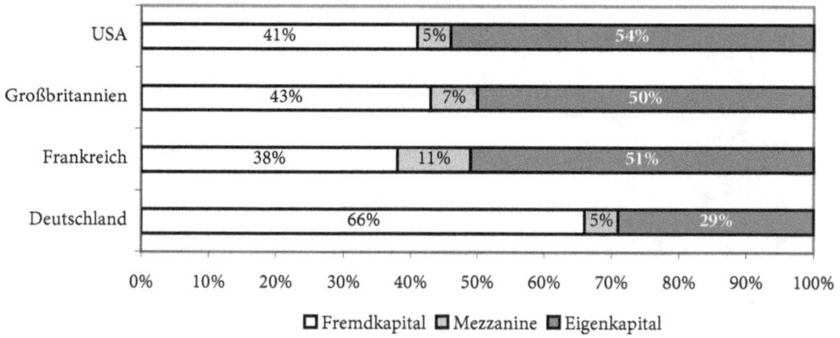

Abb. 3.2: Passivseite im Ländervergleich[144]

starken Fixierung der Unternehmensfinanzierung auf den Kredit und auch zu der bekannten geringen EK-Quote deutscher Unternehmen.[145]

Die geringen EK-Quoten wurden durch weitere Faktoren verstärkt, etwa durch steuerliche Rahmenbedingungen. Da die Steuerbilanz auf der Handelsbilanz basiert, besteht ein Anreiz, Aktiva möglichst gering auszuweisen. Auch gab es steuerliche Vorteile bei der Ausschüttung von Gewinnen und der Finanzierung über Kredite. Zuletzt will insbesondere der Mittelstand die Entscheidungsgewalt nicht mit Externen teilen und daher auf Beteiligungen Dritter am Unternehmen verzichten.[146]

Dies alles führt dazu, dass die Eigenkapitalausstattung deutscher Unternehmen im internationalen Vergleich sehr gering ist, wie Abbildung 3.2 verdeutlicht. Während bei Unternehmen mit einem Umsatz von über 50 Mio. in den USA, Großbritannien und Frankreich EK-Quoten von im Durchschnitt über 50 % zu verzeichnen sind, lag die Quote deutscher Unternehmen 2003 bei nur 29 %.[147] Allerdings darf beim internationalen Vergleich nicht außer Acht gelassen werden, dass insbesondere Unternehmen des kleinen Mittelstands so organisiert sind, dass der Eigentümer mit seinem privaten Vermögen für Schulden des Unternehmens haftet. Eine Einbeziehung des privaten Vermögens erhöht die EK-Quote etwas.[148]

144 Quelle: SFS (2003), S. 22. Unternehmen mit Umsatz > 50 Mio. Euro

145 Vgl. Fitch Ratings (2005a), S. 6; Hommel/Schneider (2004), S. 578; Hommel/Schneider (2003), S. 53.

146 Vgl. Fitch Ratings (2005d), S. 2; Hommel/Schneider (2003), S. 62; Hommel/Jütte (2005), S. 54; Kirsch (2004), S. 87.

147 Vgl. SFS (2003), S. 22; SFS (2002), S. 59.

148 Vgl. Vitols (1998), S. 80; Hommel/Schneider (2003), S. 60; Dufey/Hommel (1998).

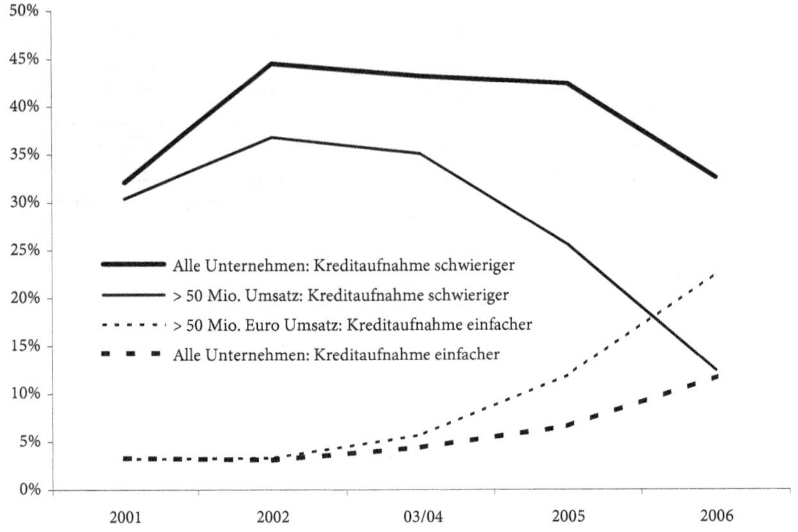

Abb. 3.3: KfW Unternehmensbefragung[149]

Zusätzlich zu diesen geringen EK-Quoten trat um den Jahrtausendwechsel das Problem auf, dass die Unternehmen Schwierigkeiten bei Kreditanträgen bekamen. In 2002 gaben 44,5 % aller Unternehmen an, dass die Kreditaufnahme schwieriger würde. Dies wurde neben den gesunkenen EK-Quoten von zwei weiteren Faktoren verursacht. Zum einen hat eine Veränderung des Bankenmarkts in Deutschland stattgefunden. In den 1990er Jahren ist die Anzahl der unabhängigen Banken um 40 % zurückgegangen. Neuausrichtungen und Veränderungen der Geschäftspolitik einzelner Banken verunsicherten die Unternehmen. Zum anderen hat die bevorstehende Einführung von Basel II dazu geführt, dass die Banken begannen ihre Kreditvergabe mit der Bonität des Kreditnehmers zu verknüpfen. In Verbindung mit dem wirtschaftlichen Abschwung führte dies insbesondere für Unternehmen schlechterer Bonität zu erheblichen Problemen bei der Kreditaufnahme.[150]

[149] Eigene Darstellung, basierend auf KfW (2002), S. 6; KfW (2003), S. 11; KfW (2004), S. 14; KfW (2005), S. 10; KfW (2006b), S. 11.

[150] Vgl. KfW (2003), S. 11; Hommel/Schneider (2003), S. 73; Hommel/Jütte (2005), S. 18.

In der Presse war von einer „Kreditklemme“ die Rede. Die zu sorglose Kreditvergabe in der Vergangenheit und die dadurch notwendigen Anpassungen führten für Unternehmen schlechterer Bonität zu einer erschwerten Kreditaufnahme. Es wurde befürchtet, dass diese Unternehmen durch Basel II kaum noch Kredite erhalten würden.[151] Eine tatsächliche „Kreditklemme“ würde jedoch bedeuten, dass das Kreditvolumen nicht nur als Folge einer schwachen Konjunktur zurückgeht, sondern gleichzeitig auch Ursache des Abschwungs ist. Die Deutsche Bundesbank (2005) hat diesen Zusammenhang untersucht und ist zu dem Ergebnis gekommen, dass es keinen Hinweis auf eine solche „Kreditklemme“ gibt. Das zurückgehende Kreditvolumen sei eine normale Auswirkung der konjunkturellen Entwicklung.[152] Dies wird auch von Garthe (2004) ähnlich bewertet.[153]

3.3 Aktuelle Entwicklungen

Unabhängig davon haben die Unternehmen jedoch, wie beschrieben, eine erschwerte Kreditaufnahme angezeigt. Daher ist es positiv zu bewerten, dass sich diese Situation in den letzten Jahren wieder etwas verbessert hat. Die Veränderungen in der Kreditlandschaft haben die Unternehmen gezwungen, sich mit dem eigenen Rating auseinanderzusetzen und alternative Finanzierungsformen in Betracht zu ziehen. Hinzu kommt, dass die Banken ihre Richtlinien etwas gelockert haben und die anziehende Konjunktur sich positiv auf den Kreditmarkt auswirkt. Wie in Abbildung 3.3 zu erkennen, haben die Unternehmen in 2006 eine wesentlich bessere Einschätzung des Kreditmarkts abgegeben als in den vorhergehenden Jahren. Von den hier relevanten Unternehmen mit einem Umsatz über 50 Mio. Euro haben sogar wieder mehr Unternehmen von einer vereinfachten Kreditaufnahme berichtet.[154]

Dies äußert sich auch in dem von der KfW regelmäßig abgeschätzten Kreditneugeschäft. Seit Ende 2005 weist dieses wieder positive Wachstumsraten auf, wie Abbildung 3.4 veranschaulicht.

---

[151] Vgl. Flicke (2004), S. 1; o. V. (2004a), S. 19; o. V. (2003a), S. 63; o. V. (2005a), S. 25; Häring/Kort (2005), S. 19; o. V. (2004b), S. 18.
[152] Vgl. Deutsche Bundesbank (2005), S. 16, 23–24.
[153] Vgl. Garthe (2004), S. 37.
[154] Vgl. KfW (2006b), S. 4; Hommel/Schneider (2004), S. 577, 584.

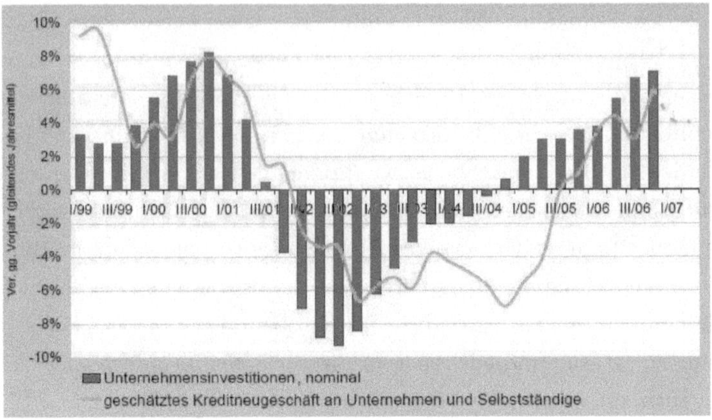

Abb. 3.4: KfW geschätztes Kreditneugeschäft[155]

Da sich die Unternehmen in den letzten Jahren auch intensiver mit ihrer Eigenkapitalausstattung auseinander gesetzt haben, ist diese ebenfalls gestiegen. Allerdings besteht immer noch ein starker Zusammenhang zwischen Unternehmensgröße und EK-Quote. Unternehmen mit einem Umsatz von über 50 Mio. Euro erreichten in 2004 bereits eine EK-Quote von über 25 %. Kleinere Unternehmen haben jedoch immer noch eine wesentlich geringere Quote.[156]

Die Verbesserung der EK-Quote liegt darin begründet, dass Unternehmen nach einer Untersuchung von Gruner+Jahr/DSGV (2006) Investitionen verstärkt aus einbehaltenen Gewinnen oder Eigenkapital finanzieren (65 %). Nur noch 25 % setzen primär auf die Kreditfinanzierung. Eine Untersuchung von KfW (2006a) kommt zu dem vergleichbaren Ergebnis, dass die größeren Mittelständler mit 61 % eine hohe Eigenmittelquote bei der Investitionsfinanzierung aufweisen.[157]

Auch werden mit steigender Unternehmensgröße alternative Finanzierungsformen interessanter. Die Unternehmen haben erkannt, dass sie über einen Abbau der Verschuldung und eine Steigerung der Eigenkapitalquote ihre Finanzierungschancen verbessern können. Seit 2004 verwendet der große Mittelstand daher verstärkt Leasing, Schuldscheine, stille Beteiligungen und Genussscheindarlehen. Zunehmend

155 Quelle: KfW (2007), S. 1.
156 Vgl. KfW (2006b), S. 7; DSGV (2006), S. 37; Abbildung 3.5
157 Vgl. KfW (2006a), S. 9; Gruner+Jahr/DSGV (2006), S. 18.

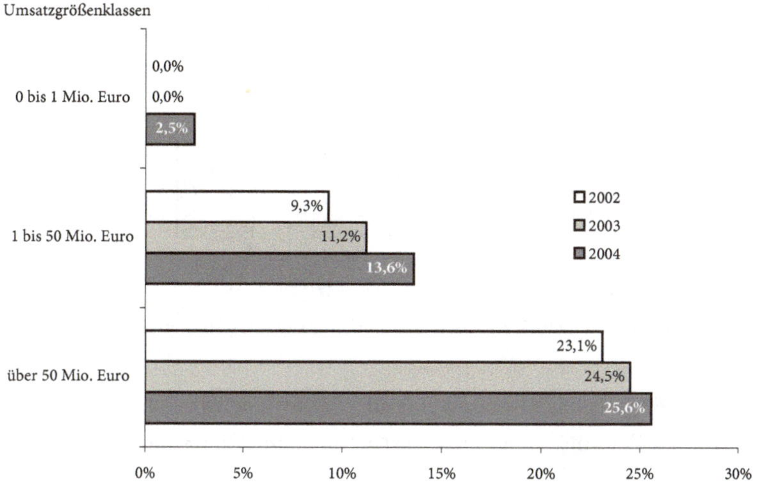

Abb. 3.5: Entwicklung der Eigenkapitalquoten[158]

greifen deutsche Unternehmen auch auf US Private Placements zurück, deren Verwendung die in den letzten Jahren in Deutschland stark gewachsen ist. Der Eigenkapitalmarkt wird vom Mittelstand hingegen wenig genutzt, da er viel Transparenz verlangt und die Stimmrechte der Eigentümer verwässert, was beides vom Mittelstand nicht gewünscht ist.[159] Die Nutzung des Hausbankprinzips scheint sich insgesamt dennoch etwas abzuschwächen.[160]

Im Vergleich spielen alternative Finanzierungsformen allerdings immer noch eine untergeordnete Rolle. Nur 10 % der Unternehmen nutzen Beteiligungskapital und nur 1 % Mezzanine-Kapital. ABS spielte 2003 in der Wahrnehmung ebenfalls eine geringe Rolle. Nur 17 % der Unternehmen mit einem Umsatz zwischen 50 und 500 Mio. Euro bewerten Verbriefungen als wichtig. Allerdings geben viele an, dass ihnen Informationen zu dem Instrument fehlen oder steuerliche Unsicherheiten eine Rolle spielten. Damit nimmt die klassische Finanzierung über Bankkredite auch

158 Quelle: DSGV (2006), S. 34.

159 Mishra/McConaughy (1999) zeigen, dass sich eigentümergeführte Unternehmen aus Angst vor Stimmrechtsverlusten weniger stark verschulden. Vgl. Mishra/McConaughy (1999), S. 53.

160 Vgl. KfW (2006a), S. 9; KfW (2006b), S. 7; Fitch Ratings (2005d), S. 1, 3, 17; Abbildung 3.6.

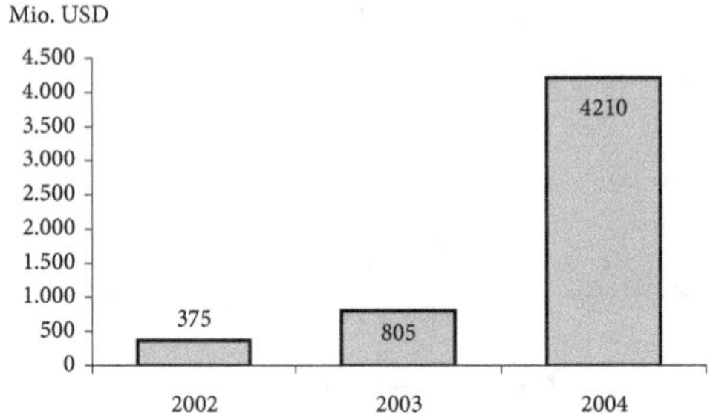

Abb. 3.6: US Private Placement deutscher Unternehmen[161]

2006 noch eine herausragende position ein. Laut einer Erhebung der KfW (2006b) haben 31,2 % aller untersuchten Unternehmen in 2006 einen Investitionskredit beantragt.[162]

Bei dieser Kreditnachfrage geben immer noch 33 % aller Unternehmen Probleme an. Diese entstehen auch, weil die Banken umfangreiche Offenlegungen und eine Sicherheitenstellung verlangen, die für die Unternehmen nicht immer zu akzeptieren sind. Auch berichten immer noch einige Unternehmen von einer drohenden Kündigung ihrer Kreditlinien auf Grund von veränderten Geschäftspolitiken der Banken. Zwar ist die Kreditaufnahme insbesondere für größere Unternehmen leichter geworden, das grundsätzliche Problem von Abhängigkeiten besteht jedoch immer noch weiter. Die Unternehmen haben dies erkannt. Sie wollen unabhängiger von den Banken werden und ihre Bilanz auf ein solides Fundament stellen, um ihre langfristige Wettbewerbsfähigkeit zu sichern. Alternative Finanzierungsinstrumente stehen daher erst am Anfang.[163]

Sie können jedoch nicht nur die Abhängigkeit der Unternehmen von ihren Banken senken, sondern haben auch direkte Auswirkungen auf das Wirtschaftswachstum in Deutschland. 2005 sind laut KfW (2006a) 24 Mrd. Euro auf Grund gescheiterter Kreditverhandlungen nicht oder verspätet investiert worden. Ernst & Young/Luther (2005) untersuchen daher die Auswirkungen alternativer Finanzierungen und

161 Quelle: Fitch Ratings (2005d), S. 17.
162 Vgl. KfW (2006b), S. 7; Gruner+Jahr/DSGV (2006), S. 18; SFS (2003), S. 15.
163 Vgl. KfW (2006b), S. 10, 12, 17, 23; Hommel/Schneider (2003), S. 69, 78; Bedell (2003), S. 38.

kommen zu dem Ergebnis, dass das Wirtschaftswachstum Deutschlands um 0,55 % pro Jahr höher ausfallen könnte, wenn alternative Finanzierungsquellen von den Unternehmen stärker in die Finanzierungsplanung einbezogen würden.[164]

Insgesamt ist festzuhalten, dass sich die Finanzierungssituation des großen Mittelstands zwar nach den Schwierigkeiten der letzten Jahre wieder verbessert hat und alternative Finanzierungsquellen im Kommen sind. Dennoch besteht bei externen Finanzierungen immer noch eine starke Fixierung auf den Bankkredit. Die Verbriefung von Handelsforderungen könnte den Finanzierungsmix der Unternehmen verbessern, weil durch sie keine Eigentümerrechte abgegeben werden müssen, die Offenlegung von Unternehmensdaten verhindert wird und die Off-Balance-Sheet-Finanzierung die EK-Quoten verbessern kann. Daher sollen das Wertschaffungspotenzial und die Vorteile einer solchen Finanzierung analysiert und dabei auch Probleme einbezogen werden, um abzuschätzen, für welche Unternehmen ABS in Zukunft wichtiger werden wird.

[164] Vgl. KfW (2006a), S. 11; Ernst & Young/Luther (2005), S. 8.

4 Forschungsdesign

Wie bei der Vorstellung des Forschungsframeworks bereits erwähnt, wurden die Fragestellungen in dieser Arbeit in drei Schritten empirisch untersucht. Nach vier Clinical Studies wurden zehn Case Studies durchgeführt und zum Schluss durch eine kurze Umfrage ergänzt.

Da die Anwendung von Clinical und Case Studies in der Finanzwissenschaft weniger verbreitet ist,[165] wird diese Strategie im Folgenden beschrieben und ihre Verwendung begründet (Abschnitt 4.1). Anschließend wird dargelegt, wie die Erhebungen durchgeführt wurden (Abschnitt 4.2.)

4.1 Begründung für empirische Erhebungen

Zum Verständnis der Case-Study-Methodik ist es sinnvoll, kurz auf die Grounded Theory einzugehen, denn die hier gewählte Ausrichtung von Case Studies wird gegen die Grounded Theory abgegrenzt.

4.1.1 Grounded Theory

Die Grounded Theory ermöglicht die Generierung neuer Theorien direkt aus den Ergebnissen und Erkenntnissen der empirischen Forschung. Datenerhebung und Datenauswertung werden in einem iterativen Prozess vermischt. Bereits vorliegende Ergebnisse werden in den folgenden Untersuchungen überprüft und entweder bestätigt oder angepasst. Idealerweise endet die Erhebungsphase erst, wenn keine neuen Erkenntnisse mehr gewonnen werden und die Untersuchungen nur noch die bestehenden Ergebnisse bestätigen.[166]

Im Rahmen der Grounded Theory werden Field Data, d. h. Notizen und Memos, die während der Erhebung entstehen, sowie Interview-Aufzeichnungen und bestehende Dokumente als Hauptquellen der Forschung angesehen.[167] Dies führt häufig zu einer

[165] Vgl. Tufano (2001), S. 179.
[166] Vgl. Douglas (2003), S. 49.
[167] Vgl. Douglas (2003), S. 46.

sehr großen Menge von Daten, die mit speziellen Coding-Verfahren[168] untersucht werden.[169]

Das Konzept der Grounded Theory wurde Anfang der 1960er Jahre von Glaser und Strauss erarbeitet.[170] In den darauffolgenden Jahren entwickelten die beiden Autoren jedoch unterschiedliche Auffassungen und Interpretationen über die Ausgestaltung dieser Forschung. Glaser vertritt die Auffassung, dass der Forscher am Beginn der Erhebung keine feste Meinung über den Untersuchungsgegenstand haben darf und sich völlig von den Ergebnissen der empirischen Erhebungen leiten lassen soll. Strauss hingegen vertritt mit Corbin die Auffassung, dass die Forschungsfrage bereits vor Beginn der Untersuchung festgelegt werden darf, da dies der Forschung mehr Struktur gibt.[171]

Der nächste Abschnitt stellt hierauf aufbauend das verwendete Design der Case Studies dar.

4.1.2 Case Studies

Unter einer Case Study versteht man eine empirische Untersuchung, die ein aktuelles Phänomen in seiner existierenden Umgebung untersucht. Im Rahmen einer Case Study beschäftigt sich der Forscher in der Regel mit Situationen, in denen viele Variablen und nur wenige Datenpunkte existieren. Der Forscher konzentriert sich daher zunächst auf das Verständnis eines einzelnen Falls und versucht erst anschließend, mit Hilfe logischer Überlegungen die Abstraktion auf eine breitere Population zu erreichen.[172]

Es muss betont werden, dass es sich beim Konzept der Case-Study-Forschung nicht um eine Erhebungsform an sich handelt. Case Studies sind vielmehr eine Strategie der Forschung und greifen auf das gesamte Universum bestehender Erhebungsformen zurück.[173] Dies bedeutet auch, dass nicht nur qualitative Methoden zum Einsatz kommen dürfen, sondern auch quantitative Erhebungen das Gesamtbild

---

168 Z. B. Open Coding, Axial Coding, Selective Coding.
169 Vgl. Corbin/Strauss (1990), S. 7.
170 Vgl. Glaser/Strauss (1967); Bortz/Döring (2002), S. 333.
171 Vgl. Douglas (2003), S. 45.
172 Vgl. Yin (2003), S. 13; Eisenhardt (1989), S. 534.
173 Vgl. Näslund (2002), S. 330; Lamnek (1995b), S. 28.

ergänzen können.[174] Ähnlich wie in der Grounded Theory fußt auch die Case-Study-Forschung häufig auf Interviews und direkten Beobachtungen. Die Analyse von Archivdaten und Dokumenten, wie Verträgen, Memos etc., ergänzt ebenfalls die Informationsquellen. Der Forscher ist sehr frei und kann auf jede sinnvolle Daten- und Informationsquelle zurückgreifen.

Wie Eisenhardt treffend feststellt, besteht in der Literatur immer noch ein Abgrenzungsproblem der Case Study gegenüber dem Begriff der qualitativen Forschung und dem induktiven Vorgehen.[175] Wie bereits erwähnt, greift die Forschungsstrategie der Case Study jedoch nicht nur auf qualitative Methoden zurück. Im Sinne der Triangulation[176] ist eine Kombination aus quantitativen und qualitativen Erhebungsformen häufig einer reinen quantitativen oder qualitativen Forschung vorzuziehen. Auch können Case Studies nicht nur im induktiven Sinne der Grounded Theory verwendet werden. Yin legt großen Wert auf die ex-ante Formulierung von Hypothesen, um den Forscher in seinen Erhebungen zu leiten.[177] Wengraf (2001) unterstützt dies in Bezug auf die Erhebungsform des Interviews, indem er auch in qualitativer Forschung Wert auf die Literaturanalyse und die ex-ante Formulierung von Fragestellungen legt.[178] Mit seinem klar deduktiven Vorgehen ist Yin zwar eher in der Minderheit der Case-Study-Forscher,[179] jedoch soll im Rahmen dieser Arbeit seinem Ansatz zumindest teilweise gefolgt werden.

Die Strategie der Case-Study-Forschung bietet sich insbesondere dann an, wenn der Forscher einen Vorgang sehr genau verstehen möchte und sich mit „Warum"- und „Wie-"-Fragen beschäftigt. Das „Verständnis" eines Vorgangs steht im Vordergrund der Forschung, d. h. auch Details, die in Untersuchungen mit umfangreichem Sample untergehen, sollen betrachtet werden.[180] Dies bedeutet jedoch nicht, dass Case Studies nur für explorative Ziele verwendet werden können. Die Erklärung von Phänomenen ist ebenfalls eine große Stärke von Case Studies, da sie die zum

174 Vgl. Ellram (1996), S. 94.
175 Vgl. Eisenhardt (1989), S. 532.
176 Vgl. Abschnitt 4.2.3.
177 Vgl. Yin (2003), S. 22.
178 Vgl. Wengraf (2001), S. 1. Von Saldern (1995) stellt hierzu fest, dass die Erkenntnisgewinnung auch bei qualitativen Verfahren immer auf inhaltliche Vorannahmen angewiesen ist. Vgl. von Saldern (1995), S. 360.
179 Vgl. Hyde (2000), S. 85.
180 Vgl. Baldwin/Bhattacharyya (1991), S. 71.

Verständnis nötige Tiefe ermöglichen. Aber auch beschreibende und vorhersagende Case-Study-Forschung ist möglich.[181]

Allerdings hat die Case-Study-Forschung nie die statistische Generalisierung zum Ziel, wie sie in der quantitativen Forschung regelmäßig durchgeführt wird. Durch die intensive und direkte Untersuchung und Beobachtung der Phänomene können die Gesetze der Logik zur Herausarbeitung allgemeiner Theorien angewendet werden. In diesem Sinne ist auch die Erhöhung der Case-Anzahl nicht gleichbedeutend mit der Erhöhung der Sample-Größe in einer quantitativen Erhebung, sondern eher eine Übertragung der Untersuchung auf eine neue Population mit neuen Eigenschaften.[182]

Der Einsatz von Case Studies kann für den Forscher viele Vorteile bieten. Da die Theorien direkt am Einzelfall überprüft werden bzw. direkt aus der Untersuchung heraus entstehen, sind die untersuchten Aspekte immer hoch relevant. Auch wird das Verständnis des Forschers für den Untersuchungsgegenstand stark erhöht. Dadurch eignet sich die Case Study zur Beantwortung der „Warum"- und „Wie"-Fragen. Ebenfalls positiv zeichnet sie sich bei der Erforschung bisher unbekannter Bereiche aus. Diese können durch die große Untersuchungstiefe sehr genau betrachtet werden.[183]

Auf der anderen Seite sind Case Studies aber auch sehr zeit- und arbeitsaufwendig. Die intensive Beschäftigung mit dem Untersuchungsgegenstand erfordert einen höheren Einsatz als andere Forschungsstrategien. Dies hängt auch damit zusammen, dass vom Forscher die Triangulation verschiedener Quellen zur Erhöhung der Aussagekraft der Ergebnisse verlangt wird. Hinzu kommt, dass Case Studies nicht überall zum Standardrepertoire gehören und der Forscher daher häufiger vor einem großen Einarbeitungsaufwand steht.[184] Rothwell (1980) sieht das potentielle Problem, dass der Forscher nach einer Case Study zwar einige wenige Variablen oder Prozesse sehr gut kennt, diese aber nur einen kleinen Teil des gesamten

---

181 Vgl. Ellram (1996), S. 94.
182 Vgl. Meredith (1998), S. 447.
183 Vgl. Meredith (1998), S. 445–446.
184 Vgl. Meredith (1998), S. 444.

Bildes darstellen.[185] Dies gilt es im Rahmen der Erzeugung externer Validität zu verhindern.[186]

4.1.3 Clinical Studies

Clinical Studies sind sehr intensive Case Studies, d. h., die oben gemachten Ausführungen über Case Studies gelten auch für Clinical Studies.

Die Methodik der Clinical Studies ist vergleichsweise neu. Seit der Einführung einer Clinical-Paper-Sektion im Journal of Financial Economics (JFE) in 1989 erfuhr dieses Forschungsdesign jedoch einen gemäßigten Aufschwung. Bis 2000 wurden im JFE 41 Artikel dieser Kategorie publiziert. Auch wenn dies nur etwas 4 % der in diesem Zeitraum im JFE veröffentlichten Artikel ausmacht, haben Clinical Studies damit einen anerkannten Platz in der akademischen Forschung erlangt. Ihre dennoch seltene Verwendung wird mit der verhältnismäßig geringen Ausbildung der Forscher in der Durchführung und Bewertung dieser Methodik sowie dem für die Durchführung höheren Aufwand begründet.[187]

Für die Verwendung von Clinical Studies im Rahmen dieser Dissertation sprechen viele Faktoren. Die Fragestellung nach dem „Warum“, den Motiven, und dem „Wie“, der praktischen Abwicklung einer ABS-Transaktion, steht im Mittelpunkt dieser Untersuchung. Wie beschrieben eignen sich Case bzw. Clinical Studies sehr gut für diese Fragestellungen.

Darüber hinaus können die Fragestellungen mit Hilfe der Clinical Studies sowohl mit deduktiven als auch induktiven Verfahren untersucht werden. Hypothesen und Erwartungen können auf der einen Seite auf deduktive Weise überprüft, auf der anderen Seite komplexe Zusammenhänge auf induktive Weise betrachtet werden.[188] Dies ist vorteilhaft, da in dieser Arbeit sowohl exploratische als auch explanatorische Teilabschnitte geplant sind.

Des Weiteren ist zu beachten, dass sich das Forschungsprojekt mit sehr komplexen Vorgängen beschäftigt. Verbriefungstransaktionen sind immer noch sehr individu-

---

185 Vgl. Rothwell (1980), S. vii.

186 Vgl. Abschnitt 4.3.

187 Vgl. Jensen et al. (1989); Tufano (2001).

188 Die inhaltliche Eingrenzung durch vor der Erhebung festgelegte Hypothesen wird so vermieden; vgl. Lamnek (1995a), S. 16.

ell an das verbriefende Unternehmen angepasst. Die Vertragswerke haben zwar bereits eine gewisse Standardisierung erfahren, dennoch bestehen auf Grund der Eigenheiten der verbriefenden Unternehmen große Unterschiede. Eine quantitative Untersuchung über möglichst viele Transaktionen scheitert daher bereits an einheitlichen Standards. Clinical Studies hingegen ermöglichen ein tiefgehendes Verständnis dieser Vorgänge.

Darüber hinaus ist die Grundgesamtheit verbriefender Unternehmen in Deutschland auf Grund des „frühen“[189] Stadiums des Verbriefungsmarkts sehr klein. Nur wenig mehr als 100 Unternehmen haben bereits Forderungen über den ABCP-Markt verbrieft.[190] Selbst bei unwahrscheinlich hohen Rücklaufquoten eignen sich die gewonnenen Daten nicht für umfangreiche statistische Analysen.

Hinzu kommt, dass eine umfangreiche quantitative Umfrage bzw. Analyse unabhängig von der Größe der Grundgesamtheit praktisch nicht durchführbar ist, da die Identitäten der verbriefenden Unternehmen nicht öffentlich bekannt sind. Die einzigen vorhandenen Informationen stammen aus den Berichten der Rating-Agenturen, die jedoch nur Volumen, Branche und strukturierendes Institut veröffentlichen. Da insbesondere der Mittelstand sehr zurückhaltend mit Informationen über seine Finanzierungsmethoden ist, stellt dies für die Unternehmen zwar einen großen Vorteil dar, behindert jedoch die direkte Ansprache im Rahmen wissenschaftlicher Untersuchungen. Da für Clinical Studies nur einzelne Kontakte hergestellt werden müssen, spricht dies ebenfalls für die Verwendung dieses Forschungsdesigns.[191]

Zusammenfassend ist festzustellen, dass sich die Anwendung von Case Studies nicht nur inhaltlich sehr gut begründen lässt, sondern sich auch auf Grund der Marktstruktur und großer Intransparenz anbietet.

[189] Großunternehmen verwenden die Verbriefung von Handelsforderungen bereits seit Mitte der neunziger Jahre. Anteilig sind dies im Vergleich zum Marktwachstum in den letzten Jahren aber nur wenige Transaktionen, vgl. Abschnitt 2.4, S. 23.

[190] Vgl. Abschnitt 2.4, S. 23.

[191] Vgl. in einer ähnlichen Situation Boehmer/Fishe (2004), S. 576; Baertz (2000), S. b07.

4.1.4 Abschließende Kurzumfrage

Nach den überwiegend qualitativen Clinical und Case Studies wurde zum Abschluss der empirischen Erhebungen eine Umfrage zu der Motivation verbriefender Unternehmen durchgeführt. Zwar wurden die Teilnehmer der Cases bereits zu diesem Thema befragt, eine Bewertung einzelner Motive anhand einer ordinalen Skala eröffnet jedoch die Möglichkeit, eine bessere Rangfolge der Motivationen aufzustellen. Darüber hinaus wurden nicht nur die Unternehmen der Cases, sondern auch weitere dem Autor bekannte Originatoren angeschrieben.

Da die Grundgesamtheit, wie oben beschrieben, mit gut 100 Unternehmen nicht besonders groß ist und die Anzahl der bekannten, verbriefenden Unternehmen nur bei 41 liegt, wurde der Fragebogen auf die Abfrage der Motivationen beschränkt, damit die Teilnahmerate möglichst hoch ausfällt.[192]

Da die Befragung auf dem Postweg durchgeführt wurde, also ohne die Interaktionsmöglichkeit mit dem Befrager, wurde zur Bewertung der einzelnen Motive eine Skala von 1 (keine Rolle gespielt) bis 5 (starke Rolle gespielt) vorgegeben. Anhand dieser Bewertungen wurden deskriptive Auswertungen der Antworten durchgeführt. Von besonderem Interesse ist hierbei die Differenzierung nach Großunternehmen und Mittelständlern, um Unterschiede zu identifizieren.[193]

4.2 Erhebungs- und Analysestrategie

Nachdem in den vorhergehenden Abschnitten begründet wurde, warum Case und Clinical Studies durchgeführt wurden, wird in diesem Abschnitt dargestellt, auf welche Weise die Erhebung der Daten gesteuert und diese anschließend ausgewertet wurden. Dieser Prozess besteht aus drei Hauptabschnitten: Zunächst wurden die bestehende ABS-Literatur sowie Beiträge aus den oben genannten vergleichbaren Finanzierungsstrategien ausgewertet und hierauf aufbauend Erwartungen an die zu untersuchenden Transaktionen formuliert. Dann wurden die Erhebungen durchgeführt und abschließend im Rahmen der Analyse bewertet. Diese drei Schritte werden im Folgenden genauer betrachtet.

---

192 Vgl. Schnell/Hill/Esser (2004), S. 346.
193 Vgl. Bortz/Döring (2002), S. 253–254

4.2.1 Literaturanalyse und Formulierung von Erwartungen

Wie im Forschungsframework bereits kurz dargestellt, basiert diese Arbeit auf Literatur zu ABS (überwiegend Kreditverbriefung), zu besicherten Schulden, zu CFCs sowie dem Factoring. Insbesondere wird hierbei auf Aspekte der Prinzipal-Agenten-Theorie, der Transaktionskosten-Theorie sowie des Bilanz- und Steuerrechts eingegangen.

Auf der Basis dieser Literatur wurden im Hinblick auf die Problemstellung für die Leitung der empirischen Untersuchungen knapp 30 „Erwartungen" formuliert. Diese wurden bewusst nicht als Hypothesen bezeichnet, um die methodische Abgrenzung zu statistischen Verfahren zu betonen. Auch erfüllen die Erwartungen überwiegend nicht die Anforderungen an einen logischen „Wenn-dann"-Zusammenhang und sind damit nicht immer falsifizierbar.[194] Dies wird in Kauf genommen, da die Erwartungen teilweise nur die einzelnen Fragestellungen in die gewünschte Richtung leiten sollen, um auf induktive Weise neue Einsichten zu gewinnen.

4.2.2 Durchführung der Clinical und Case Studies

Ziel der Untersuchungen war es, ein umfangreiches Verständnis über die Transaktionen zu erhalten. Daher beinhalten die Clinical Studies als Kernelement Interviews mit Entscheidungsträgern und Sachbearbeitern. Darüber hinaus hat das Vertragsstudium einen wichtigen Teil zu den Ergebnissen beitragen. Des Weiteren wurden Gespräche mit unternehmensexternen Beteiligten der Transaktion geführt:. Berater, Rechtsanwälte und strukturierende Banken sind hier als die wichtigen Parteien zu nennen. Quantitative Untersuchungen z. B. über die Auswirkungen von ABS auf Bilanzkennzahlen ergänzten die Untersuchungen.

Die Interviews der Clinical Studies wurden als Experteninterviews mit einer jeweiligen Länge von bis zu 4,5 Stunden ausgestaltet. Der dadurch gewonnene Datenumfang hätte in schriftlichen Umfragen nur schwer erhoben werden können. Interviews hingegen verringern die Abbruchwahrscheinlichkeit und ermöglichen bei ungenauen oder nicht passenden Antworten Nachfragen.[195] Zur Erhöhung der Konstrukt Validität[196] wurden die Interviewprotokolle den interviewten Personen

[194] Vgl. Atteslander (2003), S. 45; Mayer (2004), S. 19.
[195] Vgl. Scholl (2003), S. 39–40.
[196] Vgl. Abschnitt 4.3, S. 68.

zur Überprüfung zugesandt und die Richtigkeit der Aufzeichnungen von diesen bestätigt.

Von einem strukturierten Interview spricht man, wenn für die Befragung ein Fragebogen verwendet wird. Dieser enthält aus der Fragestellung und der Literaturarbeit hervorgegangene vorformulierte Fragen und sichert die Vergleichbarkeit der einzelnen Befragungen. Wird das Interview ohne Fragebogen durchgeführt, handelt es sich um ein wenig strukturiertes Interview,[197] in dessen Verlauf der Interviewer den Freiheitsspielraum hat, die Anordnung oder Formulierung seiner Fragen an die individuelle Situation anzupassen.[198] Antworten des Interviewten haben damit Auswirkungen auf die nachfolgende Frage.[199] Es geht bei wenig strukturierten Interviews hauptsächlich darum, Sinnzusammenhänge zu erfassen.[200]

In dieser Arbeit wurden die Interviews jedoch mit einem Leitfaden, in einer Art halbstrukturierter Form, durchgeführt, um den Vorteil der Flexibilität bei gleichzeitig größtmöglicher Vergleichbarkeit zu erhalten.[201] Dies beinhaltet offene Antwortmöglichkeiten und eine flexible Reihenfolge der Fragen, wenn der Interviewte interessante Aspekte bereits zu einem früheren Zeitpunkt anspricht, sowie die Möglichkeit für Abweichungen vom Leitfaden, wenn bisher unbekannte interessante und relevante Themen genannt werden.[202]

Um die formulierten Erwartungen und Fragestellungen in den halbstrukturierten Interviews zu untersuchen, wurden sie in konkrete Interviewfragen aufgeschlüsselt. Hierbei kann eine konkrete Interviewfrage auch mehreren Fragestellungen dienen. Der gesamte Interviewleitfaden ist in Anhang B wiedergegeben.[203]

Die Interviewfragen waren als offene Fragen ausgestaltet, d. h., es wurden keine Antwortmöglichkeiten vorgegeben. Dies erhöht die Freiheit der Befragten, unbeeinflusst antworten und formulieren zu können, was ihnen in Bezug auf die Frage

---

197 Der Begriff des „unstrukturierten Interviews" wird mit Verweis auf Atteslander (2003) nicht verwendet, da Atteslander darauf hinweist, dass der Begriff „unstrukturiert" irreführend sei. Jedes Gespräch besitze Strukturen. Vgl. Atteslander (2003), S. 147.

198 Vgl. Atteslander/Kopp (1999), S. 153–154; Mayring (2002), S. 66.

199 Vgl. Atteslander (2003), S. 147.

200 Vgl. Atteslander (2003), S. 147.

201 Vgl. Meuser/Nagel (1991), S. 453; Mayer (2004), S. 36.

202 Vgl. Scholl (2003), S. 66; Atteslander (2003), S. 148.

203 Vgl. Wengraf (2001), S. 64, 67; Abschnitt B, S. 377.

wichtig ist.[204] Geschlossene Fragen haben den Nachteil, dass wichtige Antwortalternativen übersehen werden können oder ungenaue Formulierungen einen Einfluss auf die Antworten haben.[205] In einzelnen Bereichen (z. B. der Motivation der Verbriefung) wurden jedoch im Anschluss an eine offene Frage bekannte andere Antwortmöglichkeiten konkret abgefragt, um auch deren Bedeutung für das verbriefende Unternehmen zu bestimmen.

Experten- und Leitfadeninterviews weisen jedoch auch Nachteile auf. Zum einen werden hohe Anforderungen an den Interviewer gestellt, da er den Ablauf des Interviews individuell gestalten muss, ohne den Fokus auf die Forschungsfragen zu verlieren. Darüber hinaus besteht die Gefahr einer Einflussnahme. Auch muss eine Bereitschaft der Interviewten bestehen, Zeit und Energie für die längeren Interviews aufzubringen. Die Möglichkeit zur flexiblen Gestaltung des Interviewablaufs kann darüber hinaus zu einer geringeren Vergleichbarkeit führen.[206] Diese Nachteile wurden bei der Durchführung der Interviews beachtet und, soweit möglich, minimiert. Zum einen wurde die Einflussnahme des Autors auf die Ergebnisse durch eine möglichst neutrale Formulierung der Fragen erreicht. Zum anderen wurde nach Abweichungen vom Leitfaden zur Diskussion interessanter Themengebiete die Vergleichbarkeit durch die Stellung aller verbleibenden Fragen des Leitfadens maximiert. Dies war aus zeitlichen Gründen jedoch nicht bei jedem Interview möglich. Es mussten teilweise Schwerpunkte gesetzt werden. Auch wurden interessante Themengebiete, die in einem Interview erstmalig auftauchten, in anschließenden Gesprächen ebenfalls angesprochen.

Während der Durchführung des Interviews muss zum einen auf die Antworten der interviewten Personen geachtet werden. Diese müssen verstanden und analysiert werden, um relevante Anschlussfragen zu ermitteln. Gleichzeitig dürfen die vorher festgelegten Fragestellungen nicht in den Hintergrund geraten. Im Hinblick auf die zeitlichen Begrenzungen müssen im Rahmen der offenen Fragestellungen gewünschte Exkurse begrenzt werden.[207] Auch wurden an relevanten Stellen, wie von Scholl (2003) vorgeschlagen, (durch kurzes Schweigen) Pausen erzeugt, um

[204] Vgl. Mayring (2002), S. 66.
[205] Vgl. Atteslander/Kopp (1999), S. 155.
[206] Vgl. Atteslander (2003), S. 157.
[207] Vgl. Wengraf (2001), S. 194.

den Befragten ausreichend Zeit für die Formulierung einer Antwort zu geben bzw. die Befragten zu einer ausführlicheren Antwort zu motivieren.[208]

Die „Experten" für die Experteninterviews wurden anhand ihrer Position und Funktion im Rahmen der Verbriefungstransaktion ausgewählt.[209] Ein Experte ist laut Meuser/Nagel (1991) jemand, der Verantwortung für den Entwurf, die Implementierung oder Kontrolle einer Problemlösung oder den privilegierten Zugang zu Informationen über einen Prozess besitzt.[210] Beide Elemente spielten bei der Auswahl der Interviewpartner in den verbriefenden und externen Unternehmen eine Rolle. Wichtigste Ansprechpartner waren zunächst der oder die Entscheidungsträger im Unternehmen. Darüber hinaus wurden (möglichst) viele mit der Transaktion in Berührung gekommene Mitarbeiter des verbriefenden Unternehmens und externer Parteien für ein Interview gewonnen.

Die Case Studies, die im Anschluss an eine erste Auswertung der Clinical Studies durchgeführt wurden, bestanden in jedem Fall aus mindestens einem Interview mit einem Entscheidungsträger und wurden vereinzelt mit Vertragsanalysen oder Analysen von Jahresabschlüssen ergänzt. Die Interviews wurden ebenfalls als Leitfadeninterviews gestaltet, wobei diese stärker in die Richtung eines vollständig strukturierten Interviews gingen. Ziel ist die Überprüfung der in den Clinical Studies bereits vorläufig identifizierten Merkmale. Dennoch waren die Gespräche offen für neue Themenbereiche. Es zeigte sich jedoch, dass die Clinical Studies einen umfassenden Einblick boten, so dass nur selten Abweichungen vom Leitfaden nötig waren. Die Interviews der Case Studies wurden aus Zeit- und Kostengründen als Telefoninterviews durchgeführt, während die der Clinical Studies überwiegend als persönliche Gespräche stattfanden.[211]

Neben den Interviews hat insbesondere die Vertragsanalyse Daten für die Analyse der Problemstellung geliefert. Ein Zugang zu den Verträgen war nicht einfach, da die verbriefenden Unternehmen überwiegend Verschwiegenheitserklärungen unterzeichnet hatten und daher nur in Absprache mit den strukturierenden Banken Einblick gewähren durften. Diese fürchteten jedoch teilweise die Veröffentlichung

---

208 Vgl. Scholl (2003), S. 69.
209 Vgl. Scholl (2003), S. 36.
210 Vgl. Meuser/Nagel (1991), S. 443.
211 Vgl. Atteslander (2003), S. 176–177.

von erarbeitetem Wissen und mussten für die Bereitstellung der Verträge im Rahmen der wissenschaftlichen Forschung erst gewonnen werden. Neben Verträgen wurden auch Präsentationen der Unternehmen, der strukturierenden Bank und von Versicherern, Jahresabschlüsse, Memos und Emails ausgewertet. Die Analyse orientierte sich hierbei an den auf der Literatur aufbauenden Erwartungen.

Da der direkte Kontakt zu den verbriefenden Unternehmen auf Grund der beschriebenen Eigenschaften des ABCP-Markts nicht möglich ist, musste die Ansprache über Dritte erfolgen. Die Auswahl der Fälle und damit auch der Experten für die Experteninterviews wurde deshalb durch so genannte „Gatekeeper" beeinflusst. Als zentrale Gatekeeper wurden in dieser Arbeit die strukturierenden Banken identifiziert. Diese wurden gebeten, Anschreiben an ihre ABS-Kunden weiterzuleiten, in denen diese gebeten wurden, sich beim Autor für eine empirische Erhebung zu melden. Mayer (2004) weist allerdings darauf hin, dass die Gatekeeper bei der Auswahl der Unternehmen auch Eigeninteressen verfolgen könnten.[212] So ist es möglich, dass die Banken misslungene Transaktionen nicht vermitteln wollen. Um diese Effekte möglichst zu minimieren, wurden neben den strukturierenden Banken mit Rechtsanwälten, Kreditversicherern und Beratern weitere Gatekeeper erfolgreich eingebunden. Auch wurden Unternehmen, deren Transaktionen in der Presse oder den Jahresabschlüssen veröffentlicht wurden, direkt angeschrieben.

Bei der Auswahl der Cases für die Clinical und Case Studies sollte im Gegensatz zum Standard bei der Verwendung quantitativer Methoden keine statistische Repräsentativität erreicht werden. Auf Grund der kleinen Samplegröße von hier vier bzw. 14 Transaktionen wäre dies zum Scheitern verurteilt. Die statistische Repräsentativität wird bei Case Studies nach Yin (2003) jedoch auch gar nicht als Ziel gesehen. Vielmehr soll die Replikation der bereits untersuchten Fälle erreicht werden. Zum einen wird im Rahmen der „Literal Replication" nach ähnlichen Fällen gesucht, um Ergebnisse und Erkenntnisse zu bestätigen. Anderseits wird die Analyse gestärkt, wenn durch „Theoretical Replication" auch gegensätzliche Fälle einbezogen werden. Durch die Auswertung der Unterschiede können bessere Aussagen über die Kausalzusammenhänge getroffen werden. Um diese Replikationen vornehmen zu können, müssen zunächst Rahmenbedingungen identifiziert werden, unter denen

[212] Vgl. Mayer (2004), S. 45; Patton/Appelbaum (2003), S. 68.

denen ähnliche und verschiedene Ergebnisse zu erwarten sind. Dies erfolgt in Abschnitt 6.1.[213]

4.2.3 Auswertung der Daten

Die Auswertung der in Case Studies gewonnenen Daten (d. h. Interviewprotokolle, Vertragswerke, Jahresabschlüsse, Präsentationen, Memos, etc.) war komplex. Sie orientierte sich an den formulierten Erwartungen und bezog hierbei auch andere, widersprechende Erklärungen mit ein. Um die Interviews auswerten zu können, mussten jedoch Inhaltsprotokolle der Gespräche erstellt werden. Auf eine wörtliche Transkription wurde verzichtet, da für die gewählten Fragestellungen die Inhalte und nicht die Wortwahl oder Artikulation wichtig sind.[214] Die Protokolle wurden den interviewten Personen zur Bestätigung des Inhalts vorgelegt und sind in Anhang E.1 bis F.13 abgedruckt.

Aus den umfangreichen Daten wurden zunächst beschreibende Abschnitte formuliert, um dem Leser einen Einblick in die untersuchten Transaktionen zu geben und die erhobenen Daten zu präsentieren. Diese sind in den Abschnitten 6.2.1 bis 6.2.4 wiedergegeben. Auf Grund der Intensität der Untersuchungen erhält der Leser in bisher nicht veröffentlichtem Umfang einen Einblick in einzelne Aspekte der Verbriefung von Handelsforderungen.

Yin weist darauf hin, dass in der qualitativen Forschung nicht wie in der quantitativen auf ein bestehendes Werkzeugset an Methoden zurückgegriffen werden kann. Die Hypothesen bzw. Erwartungen können nicht mit Hilfe statistischer Methoden und ihrer Signifikanzen überprüft werden.[215] Wie können sie dann bewertet werden? Das „Auszählen“ der einzelnen Ereignisse kann Anhaltspunkte liefern.[216] Eine anschließende quantitative Analyse entfällt allerdings, da das Sample mit insgesamt vier bzw. 14 Unternehmen hierfür zu klein ist. Auch wird von dem in den Sozialwissenschaften häufig verwendeten Coding der Interviews abgesehen, da für diese Arbeit kein Mehrwert in der Häufigkeit der Verwendung einzelner Begriffe zu erkennen ist. Vielmehr sind die zugrunde liegenden Zusammenhänge

---

213 Vgl. Corbin/Strauss (1990), S. 11; Yin (2003), S. 47–48; Mayer (2004), S. 38; Kelle/Kluge/Prein (1993), S. 64; Patton/Appelbaum (2003), S. 61.

214 Vgl. Scholl (2003), S. 70.

215 Vgl. Yin (2003), S. 109.

216 Vgl. Brunner/Tschacher (1995), S. 621.

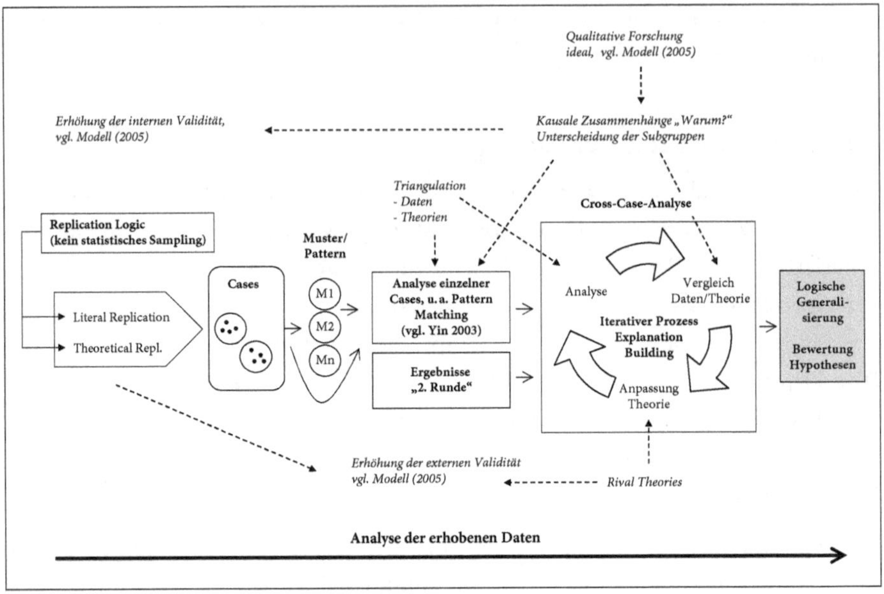

Abb. 4.1: Analyse der erhobenen Daten[217]

bedeutend. Kausale Zusammenhänge und die Motive für einzelne Handlungen sollen aufgedeckt werden. Interpretationen müssen argumentativ begründet werden und in sich schlüssig sein. Es müssen Argumente diskutiert werden, warum die in einem oder mehreren Fällen gefundenen Ergebnisse auch für andere Fälle gelten.[218] Mayring (2002) weist darauf hin, dass es wichtig ist, auch Alternativdeutungen zu suchen und zu überprüfen. Ihre Widerlegung steigert die Gültigkeit der getroffenen Interpretationen.[219]

Die Qualität der Forschung kann auch durch die Triangulation mehrerer Daten oder Methoden erhöht werden. Der Begriff stammt hierbei aus der Feldmessung. Jeder Punkt der Erdoberfläche kann anhand mehrerer Winkelmessungen mit einem Theodoliten durch Koordinaten eindeutig beschrieben werden.[220] Die Qualität von

[217] Eigene Darstellung.
[218] Vgl. Mayer (2004), S. 40.
[219] Vgl. Mayring (2002), S. 145.
[220] Wolf (1995) hält diesen Begriff für unglücklich gewählt, da in der Sozialforschung für eine Triangulation mehrere Erhebungsformen verwendet werden müssen; vgl. Wolf (1995), S. 321.

Forschung kann durch die Verbindung mehrerer Analysegänge vergrößert werden. Im Sinne der Triangulation versucht der Forscher unterschiedliche Lösungswege zu finden und die Ergebnisse zu vergleichen. Hierbei sind auch Vergleiche qualitativer und quantitativer Methoden sinnvoll.[221] Bei einer Konvergenz der Ergebnisse wird die Konstrukt-Validität erhöht. Die Triangulation kann methodenspezifische Probleme und Ungenauigkeiten filtern.[222]

Hilfreich ist für die Analyse der Daten die Technik des „Pattern Matching". Aus den Hypothesen werden Verhaltensmuster abgeleitet und an den einzelnen Fällen überprüft. Nur wenn die erwarteten Handlungen oder Ereignisse vorzufinden sind, kann die Hypothese gestärkt werden. Ein Spezialfall dieser Technik ist das so genannte „Explanation Building", bei dem die vorhergesagten Verhaltensmuster iterativ beim Durcharbeiten der einzelnen Fälle überarbeitet und angepasst werden. Hierbei müssen alternative Erklärungen berücksichtigt und abgelehnt werden.[223]

In den **einzelnen** Clinical Studies werden daher die erfassten Handlungen und Einschätzungen der Beteiligten (falls anwendbar) unter Zuhilfenahme des Pattern Matching auf ihre Übereinstimmung mit und Abweichungen von den einzelnen Hypothesen bzw. den resultierenden Erwartungen untersucht. Wünschenswert ist die Identifizierung von zugrunde liegenden kausalen Zusammenhängen. In einer anschließenden **fallübergreifenden** Analyse werden die kausalen Zusammenhänge verglichen und mit den Ergebnissen der zweiten Runde zusammengeführt. Bestehen in mehreren Fällen die gleichen Zusammenhänge, können diese durch logische Generalisierung auf die Grundgesamtheit übertragen und so die Erwartung bewertet werden. Abbildung 4.1 gibt dieses Konzept graphisch wieder. Im Sinne der strukturierten Darstellung werden die Auswertungen der einzelnen Fälle sowie die fallübergreifende Analyse zusammengefasst und gruppiert nach den einzelnen Erwartungen wiedergegeben.

[221] Vgl. Mayring (2002), S. 147–148.
[222] Vgl. Kelle/Kluge/Prein (1993), S. 72–73; Lamnek (1995b), S. 25.
[223] Vgl. Yin (2003), S. 116.

4.3 Qualitätskriterien

Bevor in Kapital 5 die Literaturarbeit und die Entwicklung der Erwartungen dargestellt werden, sollen zunächst vier Qualitätskriterien betrachtet werden. Es wurde in Übereinstimmung mit Yin (2003) versucht, diese Kriterien möglichst umfangreich zu erfüllen. Es handelt sich hierbei um drei verschiedene Ausprägungen der Validität sowie die Reliabilität.

Konstrukt-Validität

Dieses Qualitätsmerkmal ist erfüllt, wenn die verwendeten Methoden zum Forschungsziel passen und tatsächlich die zu untersuchenden Fragestellungen betrachten. Es muss sichergestellt werden, dass tatsächlich das gemessen wird, was gemessen werden soll. Verschiedene Strategien können angewendet werden, um die Konstrukt-Validität eines Projektes zu erhöhen. Der Forscher sollte Interviewergebnisse (Mitschriften, Protokolle, Interpretationen etc.) dem Interviewten zurückspielen und um Bestätigung der Aufzeichnungen und Interpretationen bitten. Besonderes bedeutsamen Informanten kann auch eine Roh-Version der Case Study zur Überprüfung gegeben werden.[224]

Über die Triangulation verschiedener Erhebungsformen kann auch die Konstrukt-Validität erhöht werden. Wenn die Ergebnisse verschiedener Quellen zu einem Ergebnis konvergieren, ist die Bedeutung und Validität dieses Ergebnisses wesentlich höher zu bewerten, als wenn es nur auf einer Quelle basiert. Ebenfalls muss sichergestellt werden, dass der Leser der Case Study dem Bericht und der Analyse vom Beginn bis zum Ende folgen und beide nachvollziehen kann. Die Beweisführung muss durchgehend und logisch aufgebaut sein. Schlechte Case Studies sind daran erkennbar, dass der Leser mit Schlussfolgerungen konfrontiert wird, die er auf Grund fehlender Daten nicht nachvollziehen und vor allem nicht überprüfen kann.[225]

Interne Validität

Von Interner Validität spricht man, wenn die gezogenen Schlussfolgerungen auf der Basis der betrachteten Cases korrekt sind. Es muss daher Wert darauf gelegt werden, dass kausale Zusammenhänge zwischen den gesammelten Daten und den gezogenen

[224] Vgl. Yin (2003), S. 35; Ellram (1996), S. 105–107; Modell (2005), S. 237; Mayring (2002), S. 141.
[225] Vgl. Yin (2003), S. 36; Ellram (1996), S. 106.

Schlussfolgerungen und entwickelten Theorien bestehen. Dies schließt auch die Diskussion alternativer Erklärungen ein. Die Verwendung klarer logischer Schlüsse erhöht die Interne Validität. Yin stellt fest, dass hier noch ein Problembereich der Case Studies liegt, da die Methoden, Daten und Hypothesen miteinander zu verbinden, sehr schlecht entwickelt sind.[226]

Externe Validität

Die Externe Validität bewertet, inwieweit die erarbeiteten Ergebnisse generalisiert werden können. Case-Study-Forschung versucht nicht über statistische Methoden eine statistische Generalisierung zu erreichen, sondern geht einen anderen Weg. Die Generalisierung wird auf dem analytischen Weg erreicht, in dem Logik angewandt wird. Bei der Verwendung mehrerer Cases sollte deren Auswahl hierbei bewusst betrieben werden, um bereits gefasste Schlussfolgerungen zu bestätigen, zu erweitern oder zu widerlegen.[227] Auch sollten die Ergebnisse die Literatur und Theorien, so weit vorhanden, mit einbeziehen.[228] Bekannte und überprüfte Gesetze dürfen den Ergebnissen nicht widersprechen.[229]

Reliabilität

Reliabilität bei qualitativen Verfahren bedeutet, dass andere Forscher bei der Interpretation der Daten zu dem gleichen Ergebnis kommen bzw. dass die Wiederholung der Erhebungen an denselben Messobjekten zu den gleichen Ergebnissen kommt. Um dies in großem Umfang zu ermöglichen, sollte eine gute Case Study die befolgten Prozeduren ausführlich darstellen und dokumentieren. Damit der Leser die Schlussfolgerungen überprüfen kann, ist es ratsam, in den Case-Beschreibungen alle relevanten Informationen wiederzugeben.[230]

---

226 Vgl. Yin (2003), S. 36; Hyde (2000), S. 85–86; Modell (2005), S. 236.
227 Vgl. Beschreibung der Grounded Theory in Abschnitt 4.1.1; Vgl. Yin (2003), S. 37.
228 Vgl. Sumpf (2005), S. 24.
229 Vgl. Ellram (1996), S. 113; Modell (2005), S. 234–235.
230 Vgl. Ellram (1996), S. 104; von Saldern (1995), S. 354.

5 Effekte von Forderungsverbriefungen

Dieses Kapitel legt mit einer Literaturanalyse und der darauf aufbauenden Entwicklung von Erwartungen die Grundlagen für die anschließenden empirischen Untersuchungen. Bestehende Literatur wird dafür auf den Spezialfall der Verbriefung von Handelsforderungen angewandt.[231]

Wie bereits erwähnt, wird die Literatur den Bereichen Transaktionskosten und Prinzipal-Agenten-Probleme sowie bilanziellen Fragestellungen zugeordnet. Diese Bereiche werden nach einem Teilkapitel mit Vorbemerkungen im Einzelnen thematisiert.

5.1 Vorbemerkungen

Der rational handelnde Unternehmer bzw. Manager wird eine ABS-Transaktion nur dann durchführen, wenn die Vorteile der Verbriefung die Kosten übersteigen, es also zur Schaffung eines Mehrwerts kommt. In einer Welt mit perfekten Kapitalmärkten dürfte dies nicht möglich sein, wie im folgenden Abschnitt dargestellt wird.

Anschließend werden empirische Erhebungen präsentiert, die einen solchen Mehrwert anhand der Wertsteigerung des Eigenkapitals nachweisen. Abgeschlossen wird dieser Abschnitt mit einer Übersicht über die neben den reinen Finanzierungskosten relevanten Motive einer Forderungsverbriefung.

5.1.1 Irrelevanz der Finanzierung

In einer MM-Welt[232] mit perfekten Kapitalmärkten ist die Wahl der Finanzierungsinstrumente irrelevant, d. h., eine Steigerung des Unternehmenswerts durch die Wahl geeigneter Finanzierungen ist nicht möglich. Kostenvorteile bei einem Instrument werden durch Kostennachteile bei anderen Finanzierungen wieder ausgeglichen. ABS würden daher unter den von MM aufgestellten Annahmen keine Vorteile bringen und daher auf Grund ihrer Kosten nicht existieren.[233]

[231] Vgl. Abschnitt 4.2.1, S. 60.
[232] Vgl. Modigliani/Miller (1958), S. 261–297; Modigliani/Miller (1963), S. 433–443.
[233] Vgl. Hill (1996), S. 1064; Iacobucci/Winter (2005), S. 169; Cowley/Cummins (2005), S. 198.

Ein Argument für ABS ist beispielsweise, dass die verbriefenden Unternehmen von günstigeren Kapitalkosten profitieren, da sie die Liquidität außerhalb der Bilanz gewinnen und so die bilanzielle Verschuldung reduzieren bzw. nicht belasten. Gorton/Souleles (2005) weisen jedoch darauf hin, dass dieser Vorteil nur besteht, solange die Marktteilnehmer (z. B. auf Grund asymmetrischer Informationen) diese Off-Balance-Sheet-Finanzierung nicht wieder zur der Verschuldung hinzurechnen. Sie führen als Beispiel Enron auf, das über 3.000 Off-Balance-Sheet-SPVs zur Finanzierung nutzte. In diesem Fall wurde die Verschuldung nicht ausreichend in die Bewertung des Unternehmens mit einbezogen.[234] In einer MM-Welt wäre dies so nicht passiert.

Allerdings basieren die Ergebnisse von MM auf engen Annahmen:[235]

- Friktionslose Märkte (keine Transaktionskosten)
- Kompetitive Märkte (Marktteilnehmer sind Mengenanpasser [engl: Price Takers])
- Keine Steuern
- Unternehmen emittieren risikolose Schulden (keine Insolvenzkosten)
- Symmetrische Informationsverteilung
- Gegebene Investitionsstrategien (Unabhängigkeit von Finanzierungen)
- Gleicher Zugang aller Marktteilnehmer zum Kapitalmarkt (Unternehmen und Individuen können die gleichen Transaktionen zum gleichen Preis ausführen)

Diese Annahmen entsprechen erwiesenermaßen nicht den tatsächlichen Verhältnissen, da u. a. Kosten der Informationsbeschaffung, Transaktionskosten und Steuersätze nicht gleich null sind. Dennoch lässt sich dieses idealisierte Rahmengerüst als Grundlage für die akademische Forschung nutzen. Die Verletzung der Annahmen kann als Ausgangpunkt für die Analyse des Mehrwerts einer Verbriefungstransaktion verwendet werden.

234 Vgl. Gorton/Souleles (2005), S. 2–3.

235 Vgl. Modigliani/Miller (1958), S. 261–297. Die Annahmen von MM werden unterschiedlich dargestellt. Culp (2002) fasst beispielsweise die ersten vier Punkte zu „perfekten Kapitalmärkten" zusammen. Vgl. Culp (2002), S. 73.

Dieses Vorgehen ist in der Forschung allgemein weit verbreitet, auch im Bereich der ABS-Literatur. Hill (1996) untersucht z. B. den Mehrwert von ABS-Transaktionen in Bezug auf Kosten der Informationsbeschaffung. Cowley/Cummins (2005) analysieren die Vorteile von ABS im Versicherungssektor, indem sie ebenfalls auf die Verletzung der MM-Annahmen eingehen. Auch diese Arbeit geht daher in den folgenden Abschnitten auf verschiedene Verletzungen der MM-Annahmen ein.[236]

5.1.2 Auswirkungen auf den Wert des Eigenkapitals

Unternehmen werden ABS-Transaktionen insbesondere dann durchführen, wenn der Wert des Eigenkapitals durch die Verbriefung steigt. Bevor in den nächsten Abschnitten einzelne Bereiche vorgestellt werden, in denen Wert geschaffen werden kann, sollen im Folgenden zunächst drei empirische Untersuchungen präsentiert werden, die sich mit den Auswirkungen von Verbriefungstransaktionen auf den Wert des an Börsen gelisteten Eigenkapitals beschäftigen. Betrachtet werden die Verbriefungen verschiedener Asset-Klassen.

Lockwood/Rutherford/Herrera (1996) untersuchen 39 Unternehmen mit insgesamt 294 ABS-Transaktionen der Jahre 1985 bis 1992 und betrachten die Wertentwicklung des Eigenkapitals differenziert nach Industrie, finanzieller Situation des Unternehmens und Asset-Klasse der verbrieften Aktiva. Sie stellen fest, dass auf Grund von Verbriefungen der Wert des Eigenkapitals von Finanzunternehmen (ohne Banken) stieg, während bei Nichtfinanzunternehmen keine Veränderungen festzustellen waren. Die Aktien der Banken hingegen verloren insgesamt an Wert, allerdings hatte die finanzielle Situation der Banken signifikante Auswirkungen auf diesen Effekt. Finanziell starke Banken gewannen an Wert, während schwache Banken Wert verloren. Die Autoren begründen dies zum einen mit einem negativen Signal, das ABS für schwache Banken darstellen können. Zum anderen müssten diese Banken zusätzliche teure CEs bezahlen.[237] Die Art der verbrieften Aktiva hat hingegen keinen Einfluss auf die Wertentwicklung des verbriefenden Unternehmens.[238]

---

[236] Vgl. Cowley/Cummins (2005), S. 198; Hill (1996), S. 1065.
[237] Vgl. Lockwood/Rutherford/Herrera (1996), S. 158–162.
[238] Vgl. Lockwood/Rutherford/Herrera (1996), S. 153.

Neuere Daten verwendet Thomas (1999) und untersucht 236 ABS-Transaktionen der Jahre 1991 bis 1996 bzgl. ihrer Effekte auf Eigen- sowie Fremdkapital. Er kommt zu dem Ergebnis, dass die Auswirkungen auf den Wert des Eigenkapitals in allen untersuchten Branchen positiv seien. Hierbei ist auffällig, dass der Gewinn umso stärker war, je schwächer die Bonität des verbriefenden Unternehmens war.[239] Thomas erklärt dieses Ergebnis mit den höheren Finanzierungsvorteilen für schwächere Unternehmen. Der Spread zwischen einer direkt zu erhaltenden Finanzierung und einem ABS-Programm wäre größer.[240] Allerdings steht dies im Widerspruch zu den Ergebnissen von Lockwood/Rutherford/Herrerra, die bei schwächeren Unternehmen negative Effekte ausgemacht hatten. Thomas weist darauf hin, dass in dem Sample von Lockwood/Rutherford/Herrerra insbesondere solche schwachen Banken enthalten waren, die vom Regulator aufgefordert worden waren, ihre Aktivseite zu verringern. Damit war die Verbriefung keine freiwillige Entscheidung des Managements und könnte als negatives Signal auf die Auflagen des Regulierers hinweisen.[241] Auf die von Thomas ebenfalls untersuchten Auswirkungen auf den Wert des Fremdkapitals geht Abschnitt 5.3.2.6.3 ein.

In einem weiteren Aufsatz erweiterte Thomas (2001) das Sample auf die Jahre 1983 bis 1997 und untersucht insgesamt 1416 Transaktionen. Die Ergebnisse sind mit Thomas (1999) vergleichbar. Wieder gewinnt das Eigenkapital an Wert und wieder ist dieser Effekt größer, je schlechter die Bonität des verbriefenden Unternehmens war.[242] In dieser zweiten Analyse bezieht Thomas jedoch auch die Größe des verbriefenden Unternehmens ein. Er kommt zu dem Ergebnis, dass die Gewinne des EK umso größer sind, je größer das Unternehmen ist. Dies steht im Einklang mit den hohen Fixkosten einer ABS-Transaktion. Große Unternehmen haben mehr Forderungen und verbriefen damit potentiell ein größeres Portfolio. Ebenso hat die Verbriefungshäufigkeit einen positiven Einfluss auf den Wertzuwachs.[243] Dies ist damit zu erklären, dass wiederholte Verbriefungen günstiger sind, da Investitionen in Informationstechnologie (IT) und Anpassungen interner Prozesse bereits bei der ersten Transaktion durchgeführt wurden.

---

239 Vgl. Thomas (1999), S. 332.
240 Vgl. Thomas (1999), S. 325.
241 Vgl. Thomas (1999), S. 332.
242 Vgl. Thomas (2001), S. 307.
243 Vgl. Thomas (2001), S. 316.

Insgesamt ist also ein positiver Effekt von Verbriefungstransaktionen auf den Wert des Eigenkapitals zu beobachten. In Bezug auf diese Arbeit ist jedoch zu beachten, dass der Anteil der Verbriefungstransaktionen von Handelsforderungen in den vorgestellten Untersuchungen sehr gering ist. Dies hängt auch damit zusammen, dass in den vorgestellten Untersuchungen nur Term Deals analysiert werden. Nur über diese sind Informationen öffentlich zugänglich. Die Verbriefung von Handelsforderungen findet hingegen überwiegend über Conduits und ABCP-Transaktionen statt.[244] Positive Effekte dieser Verbriefungsart sind daher noch nachzuweisen.

5.1.3 Praktische Motive für die Durchführung einer Verbriefungstransaktion

Wenn ein rational handelndes Unternehmen Forderungen verbrieft, heißt das, dass die Vorteile dieser ABS-Transaktion die Vorteile eines mit denselben Assets besicherten Kredits übersteigen.[245] In diesem Abschnitt sollen die praktisch relevanten Vorteile für Unternehmen dargestellt werden. In den folgenden Abschnitten werden sie dann, soweit möglich, anhand bestehender Literatur und empirischen Untersuchungen weiter ausgeführt und auf ihre Werthaltigkeit überprüft. Nicht alles, was von den Unternehmen als Vorteil angesehen wird, kann tatsächlich Wert schaffen.

Ein bedeutendes Argument für eine Forderungsverbriefung ist häufig die **günstige Finanzierungsmöglichkeit** für das verbriefende Unternehmen. Eine Reduzierung der Kapitalkosten ist über ABS möglich, da sich das SPV, auf Grund des über die Credit Enhancements erreichten Rating-Noten, zu sehr günstigen Konditionen refinanziert.[246] Allerdings sind zu diesen Kosten die einmaligen Up-Front-Kosten, wie Strukturierungsgebühr, Rechtsanwälte, Rating-Agenturen, sowie die laufenden Kosten, die neben den reinen Finanzierungskosten auch Zahlungen für die Liquiditätslinie, Warenkreditversicherungen und Verwaltungskosten der Zweckgesellschaft und der strukturierenden Bank, hinzuzuaddieren, um die „All-in"-Kosten zu erhalten. Dennoch sind insbesondere großvolumige Forderungsverbriefungen für viele Unternehmen günstiger als andere Finanzierungsformen. Bei kleineren Transaktionen spielen die fixen Vorabkosten eine größere Rolle und erhöhen die

244 Vgl. Abschnitt 2.2, S. 16.
245 Vgl. Lupica (1998), S. 605.
246 Hier spielen natürlich auch weitere Aspekte, wie z. B. die Reduzierung von Agency-Kosten, eine Rolle. Hierauf wird in den folgenden Abschnitten eingegangen.

Gesamtkosten.[247] Des Weiteren spielt der Finanzierungsvorteil insbesondere dann eine Rolle, wenn das verbriefende Unternehmen auf Grund eines schlechteren Ratings schlechtere Finanzierungskonditionen als die Zweckgesellschaft in Kauf nehmen muss.[248] Auf den Kostenvorteil von ABS geht Abschnitt 5.2.2 näher ein.[249]

Neben der Kosten spielt gerade im Mittelstand die **Bilanzverkürzung** und damit die Verbesserung der Eigenkapitalquote eine wichtige Rolle. Eine Anerkennung der ABS-Transaktion als Verkauf (True Sale) führt zu einem Bilanzabgang der Forderungen und damit der Möglichkeit, durch die gewonnene Liquidität Verbindlichkeiten abzulösen und so die Bilanz zu verkürzen. Dies hat direkte positive Auswirkungen auf alle Kennzahlen, die die Bilanzsumme als Teilelement beinhalten (Abschnitt 5.4, S. 137).[250]

Als weiteres Motiv für eine Forderungsverbriefung kann die **Gewinnung von Liquidität**[251] gesehen werden. Durch den Verkauf der Forderungen fließt dem Unternehmen zusätzliches Geld zu. Diese Liquidität ist unabhängiger von Schwankungen der wirtschaftlichen Situation und damit der Bonität des verbriefenden Unternehmens. Aidun/Farley (1995) behaupten, dass die ABS-Liquidität mit einer höheren Wahrscheinlichkeit auch im Fall wirtschaftlicher Probleme zur Verfügung stehen würde.[252] Allerdings ist die Bonität des Originators auf Grund einer unvollständigen Trennung der Risiken von Forderungen und verbriefendem Unternehmen nicht zu vernachlässigen (Abschnitt 5.2.6, S. 93.)[253]

Insbesondere Kreditinstitute verbriefen ihre Kreditforderungen auf Grund regulatorischer Vorschriften. Durch die Reduzierung des Ausfallrisikos durch den Verkauf der Kredite können Banken eine **Reduzierung des zur Unterlegung notwendigen Eigenkapitals** erreichen. Das frei werdende Eigenkapital kann

[247] Vgl. Jensen/Meckling (1976), S. 194; Aidun/Farley (1995), S. 31; Jobst (2005b), S. 16.
[248] Vgl. Jobst (2005b), S. 3.
[249] Vgl. Abschnitt 5.2.2, S. 82.
[250] Vgl. Aidun/Farley (1995), S. 31; Jensen/Meckling (1976), S. 194; Jobst (2005b), S. 3; Jobst (2005d), S. 2; Schwarcz (1994), S. 142; Hommel/Schmittat (2005c), S. 36.
[251] Dass Forderungen im Rahmen einer ABS-Transaktion nur mit Abschlägen verkauft werden können, führt zwar zu Effekten in der Gewinn- und Verlustrechnung (GuV), schwächt das Liquiditätsargument jedoch nicht; vgl. Lupica (1998), S. 609–610.
[252] Vgl. Aidun/Farley (1995), S. 31; Jobst (2005c), S. 2.
[253] Vgl. Abschnitt 5.3.2.3, S. 114.

anschließend für neue Kredite etc. verwendet werden. Für Unternehmen außerhalb des Finanzsektors spielt dieses Motiv jedoch keine Rolle.[254]

In eine ähnliche Richtung geht das Argument, dass ABS-Transaktionen die **Risikopositionen** in Bezug auf einzelne Aktivaklassen reduzieren können. So kann z. B. eine regional tätige Bank durch der Verkauf eines Teils ihres Kreditportfolios mit anschließender Investition der gewonnenen Liquidität in verbriefte Kredite aus einer anderen Region oder Industrie ihre Risikopositionen diversifizieren.[255]

Durch den **Transfer des Ausfallrisikos** von dem verbriefenden Unternehmen auf die Zweckgesellschaft bzw. die ABS-Investoren kann das verbriefende Unternehmen ABS als Instrument des Risikomanagements verwenden. Allerdings besteht auf Grund eines verbleibenden Risikoanteils beim Originator Zweifel am tatsächlichen Nutzen von ABS zur Risikobegrenzung. Neben den Ausfallrisiken der verbrieften Aktiva können allerdings auch Zins- und Währungsrisiken durch den Verkauf der entsprechenden Aktiva reduziert werden, wobei das direkte Zinsrisiko bei der Verbriefung von Handelsforderungen keine Rolle spielt, da die Kosten auf den jeweils aktuellen Euro Interbank Offered Rate (EURIBOR) bezogen werden.[256]

Eng verbunden mit dem Motiv Zinsrisikominimierung ist jedoch eine **Fixierung des Risikoaufschlags**. Zwar werden, wie oben erwähnt, dem verbriefenden Unternehmen die Refinanzierungskosten des SPV in Rechnung gestellt,[257] so dass Zinsschwankungen weitergereicht werden. Allerdings fixiert das verbriefende Unternehmen in der Regel die Margin über einem Referenzwert (z. B. EURIBOR) über die Laufzeit des Programms. Solange keine Trigger oder Covenants verletzt werden, hat eine Veränderung der Bonität des Originators damit keine Auswirkungen auf die Finanzierungskosten.[258]

ABS-Transaktionen können des Weiteren genutzt werden, um die **Diversifizierung** der Finanzierungsinstrumente zu erhöhen. Dies bringt Vorteile. So kann der Zugang zu einzelnen Instrumenten in bestimmten Situationen verwehrt sein (z. B. auf Grund

---

254 Vgl. Jobst (2005d), S. 2; Jobst (2005b), S. 3; Jobst (2005a), S. 5; Jobst (2005c), S. 2; The Boston Consulting Group (2004), S. 18.

255 Vgl. Jobst (2005c), S. 2.

256 Vgl. Jobst (2005c), S. 2; Jobst (2005b), S. 6.

257 Es ist hierfür irrelevant, ob die Refinanzierungskosten direkt oder über Abschläge berechnet werden.

258 Vgl. Aidun/Farley (1995), S. 31.

von Covenants oder Marktentwicklungen). Eine weitere Finanzierungsalternative bietet dann einen Mehrwert. Auch erhöht sich das Rating des diversifizierenden Unternehmens. Rating-Agenturen bewerten eine erhöhte Anzahl von Finanzierungsinstrumenten positiv.[259]

Im Falle der Verbriefung von Handelsforderungen refinanziert die ankaufende Zweckgesellschaft die Forderungen über ABCP, d. h. kurzfristige Wertpapiere. Auf diese Weise werden die in der Regel ebenfalls kurzfristigen Handelsforderungen fristenkongruent finanziert. Die **Laufzeiten** von Aktiva und Verbindlichkeiten stimmen überein. Auf der anderen Seite laufen Verbriefungsverträge jedoch mehrere Jahre, so dass ein Vorteil langfristiger Finanzierungssicherheit bestehen könnte.[260]

Der Transfer des Ausfall- und Zinsrisikos, die Diversifizierung von Finanzierungsquellen sowie Überlegungen zur Laufzeit der Transaktion werden in Abschnitt 5.2.3 analysiert.[261]

Die erfolgreiche Verbriefung von Handelsforderungen kann als positives Signal aufgefasst werden, da für eine ABS-Transaktion bestimmte Anforderungen vom Originator erfüllt werden müssen. Die erfolgreiche Durchführung einer Verbriefungstransaktion signalisiert externen Parteien damit eine ausreichend gute Qualität des Unternehmens.[262]

Von Interesse kann für den Originator auch sein, dass die Finanzierung über Verbriefungen (bisher) nicht als Dauerschulden im gewerbesteuerlichen Sinne gewertet wurden und damit ein Steuervorteil gegenüber Kreditfinanzierungen besteht.[263]

In der Literatur wird intensiv diskutiert, ob ein Forderungsverkauf die Position bestehender Gläubiger, insbesondere der Gläubiger unbesicherter Darlehen, schwächt. Durch die Abtrennung von Aktiva werden diesen implizite Sicherheiten entzogen, so dass ein **Wohlstandstransfer** von bestehenden Gläubigern zu den Eigentümern und ABS-Investoren möglich ist. Es ist allerdings anzuzweifeln, ob diese

[259] Vgl. Lupica (1998), S. 610.
[260] Vgl. Lupica (1998), S. 614.
[261] Vgl. Abschnitt 5.2.3, S. 84.
[262] Vgl. Hill (1996), S. 1093.
[263] Vgl. o. V. (2003b), S. 21.

Möglichkeit ein Motiv für das verbriefende Unternehmen ist (Abschnitt 5.3.2.6, S. 123).[264]

Ebenfalls eher theoretischer Natur sind weitere Argumente aus dem Bereich der **Agency- und Transaktionskostentheorie**. Der hier durch ABS-Transaktionen geschaffene Mehrwert ist nicht direkt zu messen und sollte sich in geringeren Finanzierungskosten niederschlagen, die als Motiv bereits genannt wurden. In den folgenden Abschnitten werden diese Theorien vorgestellt und auf die Verbriefung von Handelsforderungen übertragen.[265]

Ein Ziel dieser Arbeit ist es festzustellen, welche dieser Motive zu Wertschöpfungen führen, in welchen Bereichen eine Verbriefung von Handelsforderungen also tatsächlich Wert schafft. Hierfür wird zunächst bestehende Literatur auf diesen ABS-Fall übertragen, um festzustellen, ob einzelne Motive bereits durch theoretische Überlegungen für den Fall der Verbriefung von Handelsforderungen ausgeschlossen werden können. Die anschließenden empirischen Erhebungen liefern weitere Informationen.

Darüber hinaus ist von hohem Interesse, welche der Motive für die verbriefenden Unternehmen besonders wichtig waren, um im Vergleich mit den identifizierten Wertschöpfungspotenzialen festzustellen, ob die Unternehmen diese korrekt einschätzen. Hierbei wird auch nach Großunternehmen und Mittelständlern differenziert. Die Ergebnisse werden in Abschnitt 7.5 präsentiert.[266] Zunächst folgt jedoch die Analyse der bestehenden Literatur. Da ein möglichst breites Bild der Effekte von Forderungsverbriefungen dargestellt werden soll, haben die einzelnen Bereiche unterschiedlichen Umfang. Einfachere Fragestellungen können in wenigen Absätzen diskutiert werden, komplexere Sachverhalte benötigen mehrere Unterabschnitte. Da auch Fragestellungen aus der Praxis bearbeitet werden sollen, werden neben der klassischen Finanzliteratur auch Praxisberichte herangezogen.

---

264 Vgl. Abschnitt 5.3.2.6; Jobst (2005a), S. 5.
265 Vgl. Abschnitte 5.3 und 5.2.
266 Vgl. Abschnitt 7.5, S. 342.

5.2 Transaktionskosten

Transaktionskosten spielen eine große Rolle in der Entstehung von Finanzinnovationen. Diese sind häufig zur Senkung bestehender Transaktionskosten entwickelt worden oder durch eine Veränderung von Kostenstrukturen motiviert.[267] Daher ist angebracht, die Auswirkungen von ABS auf Transaktionskosten zu untersuchen.

Die Theorie der Transaktionskosten wurde von Coase (1937) in seinem Beitrag „The Nature of the Firm" begründet.[268] Er unterteilt die Kosten in drei verschiedene Phasen einer Transaktion. Neben den Kosten der Informationssammlung, der Verhandlung und des Vertragsabschlusses handelt es sich um Überwachungs- und Durchsetzungskosten. Dieser Abschnitt orientiert sich im Aufbau an diesen drei Phasen. Es werden positive Effekte von ABS im Allgemeinen auf die einzelnen Phasen vorgestellt und hinterfragt, ob diese auch bei der Verbriefung von Handelsforderungen existieren.[269]

Im Einzelnen werden Probleme mit der Marktintransparenz im Handelsforderungsbereich (Phase Informationssammlung), die Vorteile von ABS in Bezug auf Finanzierungskosten und Risikomanagement,[270] Gewerbesteuereffekte und die Komplexität der Verbriefung (Phase Verhandlung und Vertragsabschluss) sowie auf die erwarteten Insolvenzkosten und Effekte auf interne Prozesse beim Originator[271] (Durchsetzungskosten) untersucht.

---

267 Vgl. Ritter (2005), S. 104.

268 Coase spricht allerdings noch nicht von Transaktionskosten, sondern von Kosten der Nutzung des Preissystems. Vgl. Graff/Kairys Jr. (2005a), S. 3.

269 Nicht immer sind einzelne Vorteile von ABS klar dem Transaktionskostenbereich oder den Agency-Konflikten, die im folgenden Abschnitt vorgestellt werden, zuzuordnen. Für die Gliederung dieser Arbeit musste jedoch eine Zuordnung festgelegt werden. Probleme mit asymmetrischer Informationsverteilung (mit Ausnahme der Marktintransparenz in Abschnitt 5.2.1) sowie Monitoring-Aktivitäten werden daher der Agency-Theorie zugeordnet und im folgenden Abschnitt dargestellt.

270 Das Risikomanagement wird im Rahmen der Analyse der Transaktionskosten behandelt, da es sich überwiegend um Risikomanagement von Finanzierungs- und Zinsrisiko handelt.

271 Die Verbesserung interner Prozesse ist Teil der dritten Phase der Transaktionskosten der Umsatzgenerierung.

5.2.1 Marktintransparenz

Ein entscheidendes Merkmal einer ABS-Transaktion ist für das verbriefende Unternehmen der Preis der Verbriefung. Dieser ist jedoch nur schwer ex-ante zu ermitteln. Zwar werden immer wieder die geringen Refinanzierungskosten der Conduits zitiert. Die Marge über EURIBOR ist für den Originator jedoch nur zweitrangig, da andere Kostenkomponenten der Verbriefung eine wesentlich bedeutendere Rolle spielen. Über diese gibt es jedoch keine öffentlich zugänglichen Marktstatistiken.[272]

Insgesamt scheint der Markt für Forderungsverbriefungen sehr intransparent zu sein. Die Identitäten der Originatoren sind nicht öffentlich bekannt, so dass sich interessierte Unternehmen nur anhand von Empfehlungen von Insidern über Erfahrungen bereits verbriefender Unternehmen informieren können. Die einzig öffentlich zugänglichen Informationen sind die Berichte der Rating-Agenturen. Ihnen sind jedoch nur wenige Informationen zu entnehmen. Im Jahresüberblick erkennt man nur die Anzahl, das Volumen und die Branche des verkaufenden Unternehmens.[273]

Es besteht damit für die strukturierenden Banken die Möglichkeit, überhöhte Preise zu verlangen. Hommel (2005) erwähnt in diesem Zusammenhang, dass Marktteilnehmer berichtet hätten, die strukturierenden Banken hätten auf Grund der Kenntnis der Kreditkonditionen (da sie den Unternehmen in der Regel bereits durch Kreditbeziehungen verbunden sind) die ABS-Transaktionen entsprechend angepasst.[274]

Da zu diesem Thema keine dem Autor gekannten empirischen Untersuchungen existieren, werden die an den Clinical und Case Studies teilnehmenden Unternehmen bzgl. ihrer Erfahrungen befragt. Unterschieden sich die Angebote verschiedener Banken im Preis? Wie stark waren die Abweichungen? Es wird erwartet, dass der intransparente Verbriefungsmarkt zu uneinheitlichen Angeboten der Banken führt.

Erwartung T.1: Die Angebote verschiedener Banken unterscheiden sich in Bezug auf den Preis in wesentlichem Umfang.

---

272 Vgl. Dentz (2005a), S. 25.
273 Vgl. z. B. Moody's (2007a), S. 13–16.
274 Vgl. Hommel (2005), S. 36.

5.2.2 Finanzierungskosten[275]

Thomas (2001) weist darauf hin, dass Verbriefungstransaktionen insbesondere für Unternehmen interessant sind, die komparative Nachteile in der Finanzierung ihrer Tätigkeiten haben, also z. B. nur über einen eingeschränkten Zugang zum Kapitalmarkt verfügen. Durch die Verbriefung ihrer Aktiva könnten diese Nachteile reduziert und Kosten gespart werden.[276]

Insgesamt ist eine Reduzierung der Finanzierungskosten möglich, da ABS primär auf der Bonität von der Zweckgesellschaft angekaufter Aktiva basieren. Wenn diese höher ist als die Bonität des verkaufenden Unternehmens, kann sich das SPV günstiger als das Unternehmen finanzieren. Schwarcz (1995) führt aus, dass Verbriefungstransaktionen auf Grund der Loslösung vom Rating des Originators insbesondere für Unternehmen mit schlechterer Bonität sehr interessant seien. Diese Unternehmen müssten für ihre direkten Finanzierungen hohe Risikoaufschläge in Kauf nehmen. Der Refinanzierungsvorteil von ABS nimmt dementsprechend aber auch für Unternehmen mit besserer Bonität ab, da sie mit ihren eigenen Finanzierungen bereits in die Nähe von ABS kommen.[277]

Wenn ein Preisunterschied zwischen ABS und Krediten in Abhängigkeit von der Bonität des Originators besteht, wird sich dieser durch die Einführung von Basel II wahrscheinlich vergrößern (oder hat sich bereits vergrößert), da Kredit gebende Banken für Kredite an Unternehmen schlechterer Bonität mehr Eigenkapital vorhalten müssen, als dies bei Unternehmen guter Bonität der Fall ist.[278]

Im Falle der Verbriefung von Handelsforderungen ist jedoch zu hinterfragen, ob die Loslösung von der Bonität des verbriefenden Unternehmens tatsächlich erreicht wird. Auf diese Problematik geht Abschnitt 5.3.2.3 weiter ein. Eine empirische Untersuchung der im Markt existierenden Kosten kann hierfür jedoch bereits einen Anhaltspunkt liefern. Der proklamierte Zusammenhang zwischen der Bonität des

---

275 Die Kosten einer ABS-Transaktion spiegeln insgesamt auch die im späteren Verlauf dieser Arbeit diskutierten Vorteile auf Agency-Konflikte wieder. In diesem Abschnitt werden die Kosten in ihrer Gesamtheit betrachtet.

276 Auch ist ein indirekter Zugang zum Kapitalmarkt möglich, ohne dass das Unternehmen über ein externes Rating verfügt. Vgl. Thomas (2001), S. 312; Breidenbach (2005), S. 78.

277 Vgl. Schwarcz (1995), S. 2–3; Tollmann (2005), S. 2018.

278 Vgl. Jobst (2004), S. 2.

verbriefenden Unternehmens und dem Zinsunterschied zwischen ABS und anderen Finanzierungen soll daher empirisch untersucht werden.[279]

Erwartung T.2: Je besser die Bonität des verbriefenden Unternehmens, desto geringer sind die Kostenunterschiede zwischen ABS und Kreditfinanzierung.

Des Weiteren soll berücksichtigt werden, dass die reinen Refinanzierungskosten des SPVs für das verbriefende Unternehmen nicht entscheidend sind. In einer ABS-Transaktion entstehen neben diesen Refinanzierungskosten auch weitere Aufwendungen, die in die Gesamtbetrachtung einbezogen werden müssen. Hierbei handelt es sich z. B. um Strukturierungsgebühren, Versicherungen und laufende Nutzungsgebühren des Conduits. Die Gesamtkosten der Verbriefung werden daher ebenfalls untersucht.[280]

Zu beachten ist auch, dass die Existenz und Höhe eines Preisvorteils von ABS auch von den Reaktionen anderer Kreditgeber abhängt. Wie erwähnt, müssten diese nach MM ihre Zinssätze so weit anheben, dass für das Unternehmen kein Finanzierungsvorteil mehr besteht. Die Reaktionen der Kredit gebenden Banken werden daher in Abschnitt 5.3.2.6 intensiver untersucht.

Neben dem Vergleich mit Kreditkosten kann die Verbriefung von Forderungen jedoch auch in Bezug zum Factoring gesetzt werden. Gerade für kleinere Unternehmen stellt das Factoring eine alternative Finanzierungsquelle dar. Es führt ebenfalls über den Verkauf von Forderungen zu einer Verkürzung der Bilanz und einem Zufluss von Liquidität. Allerdings fallen aufgrund der oben beschriebenen Prüfung auf Einzelforderungsbasis und des Einsatzes des speziellen Fachwissens der Factoren nicht unerhebliche Kosten an. Es kann angenommen werden, dass ABS insbesondere bei größeren Forderungsvolumina preislich überlegen ist.[281]

Dies soll empirisch überprüft und die verbriefenden Unternehmen sollten nach ihren Erfahrungen zum Factoring befragt werden.

---

279 Jenachdem, wie viele andere Vorteile ein Unternehmen aus einer ABS-Transaktion mitnimmt, ist der eventuelle Preisunterschied zu Finanzierungsalternativen weniger oder sehr wichtig. Unternehmen, die z. B. stärkeren Wert auf die Erreichung einer Bilanzverkürzung legen, werden geringere Preisvorteile akzeptieren als solche Unternehmen, für die die Verbriefung eine reine Finanzierungstransaktion darstellt. Vgl. Hill (1996), S. 1112.

280 Vgl. Schwarcz (1995), S. 31.

281 Vgl. Hommel (2005), S. 12.

Erwartung T.3: ABS ist dem Factoring in den für ABS entscheidenden Volumengrenzen überlegen.

5.2.3 Risikomanagement

Die Verbriefung von Forderungen kann drei verschiedene Risikoklassen eines Unternehmens beeinflussen. Zunächst wird das Kreditrisiko betrachtet. Anschließend werden die Möglichkeiten einer ABS-Transaktion in Bezug auf das Finanzierungsrisiko (engl.: Funding Risk) und das Zinsrisiko dargestellt.

Banken müssen das **Ausfallrisiko** ihrer ausgegebenen Kredite mit Eigenkapital unterlegen. Nach Basel I war dies ein fixer Prozentsatz, nach Basel II wird sich die Unterlegung an der Bonität des Kreditnehmers orientieren. Je riskanter ein Schuldner ist, desto mehr Eigenkapital muss die Bank für den Kredit bereitstellen.[282]

Daher ist für Kreditinstitute die Kreditrisikobegrenzung ein wichtiges Motiv für die Verbriefung von Krediten. Jobst (2005b) führt an, dass durch den Verkauf von Assets ihre Risiken gegen eine angemessene Zahlung reduziert werden können.[283] In Bezug auf Kreditinstitute bedeutet dies, dass durch den Verkauf von Krediten im Rahmen einer ABS-Transaktion die regulatorischen Eigenkapitalanforderungen reduziert werden.[284]

Aber auch für Unternehmen außerhalb des Banksektors kann der Forderungsverkauf zu einer Reduzierung des Ausfallrisikos führen. Da die Effekte beim Factoring eindeutiger sind als bei ABS, wird zur Vorbereitung zunächst auf diese Art des Forderungsverkaufs eingegangen. Beim echten Factoring erhält das Unternehmen vom Factor den Gegenwert der Forderungen abzüglich einen Abschlags direkt ausbezahlt. Das Ausfallrisiko ist damit eindeutig übergegangen, Ausfälle werden

[282] Vgl. Jobst (2004), S. 2; Tabelle 5.1. Zu den Ausnahmen dieser Regel vgl. Fußnote 285.

[283] Vgl. Jobst (2005b), S. 4.

[284] Vgl. Tollmann (2005), S. 2018; Interessant sind in diesem Zusammenhang auch die Arbeiten von Krahnen (2005), Franke/Krahnen (2005) und Hänsel/Krahnen (2006), die darauf hinweisen, dass bei der Verbriefung von Krediten, durch die Übernahme des FLP durch den Originator und die anschließende Reinvestition der gewonnenen Liquidität in neues Kreditgeschäft das Risiko der Banken bzgl. des Ausfallrisikos der Kredite ansteigt. Dies steht der weit verbreiteten Annahme entgegen, dass durch die Verbriefung von Krediten das Risiko der Banken minimiert wird. Verursacht wird dies durch den kompletten Verbleib der erwarteten Ausfälle bei den verbriefenden Banken. Nur extreme Risiken werden tatsächlich transferiert. Vgl. Hänsel/Krahnen (2006), S. 20–21; Franke/Krahnen (2005), S. 3; Krahnen (2005), S. 11.

Rating	Gewichtung (%)	Unterlegung (%)
AAA bis AA-	20	1,6
A+ bis A-	50	4,0
BBB+ bis BBB-	100	8,0
BB+ bis BB-	100	8,0
B+ bis B-	150	12,0
unter B-	150	12,0
ohne Rating	100	8,0

Tab. 5.1: Risikogewichtungen Basel II im Standard Ansatz[285]

vom Factor getragen. Zusätzlich erhält das Unternehmen den Abschlag bei Zahlungseingang ebenfalls übertragen. Für das verkaufende Unternehmen sinkt damit das zu tragende Ausfallrisiko.[286]

Nach Thomas (1999) können auch ABS-Transaktionen zu einer Reduzierung der Ausfallrisiken führen,[287] da diese in der Regel auch so ausgestaltet sind, dass der Originator über das FLP hinausgehende Ausfälle nicht tragen muss.[288] Allerdings wird bei der Ausschüttung der Abschläge und Reserven im Gegensatz zum Factoring das gesamte Forderungsportfolio und nicht die einzelne Forderung betrachtet. Während beim Factoring eine ausfallende Forderung für das Unternehmen nur zum Verlust des Abschlags dieser einen Forderungen führt, werden die Ausfälle bei ABS gesammelt betrachtet. Sie werden so lange vollständig vom FLP getragen, wie dieses noch nicht aufgebraucht ist. Wie Jobst (2003b) für die Kreditverbriefung anführt, trägt der Originator damit durch die Übernahme des FLP mit hoher Wahrscheinlichkeit alle **erwarteten Ausfälle**. Ein Teil der **unerwarteten Ausfälle**

285 Quelle: Fitch Ratings (2005d), S. 14. Für kleine und mittelgroße Unternehmen gibt es Erleichterungen: Kredite unter 1 Mio. Euro können dem Retail-Portfolio zugeordnet werden und mit einer fixen Risikogewichtung von 75% bewertet werden. Da Kredite dieser Größenordnung jedoch nicht mit ABS konkurieren, ist diese Erleichtung hier nicht relevant. Die Erleichtungen für Unternehmen mit Umsätzen bis 50 Mio. Euro im Internal Ratings Based Approach (IRB) sind ebenfalls nicht relevant, da diese nur zu einer proportionalen Reduzierung der Gewichtung führen, diese jedoch weiterhin von der Bonität des Unternehmens abhängt und mit schlechter werdenden Bonität zunimmt. Vgl. Deutsche Bundesbank (2004), S. 77, 97.

286 Vgl. Forderungsverkauf schützt vor Insolvenz (2005), S. 1.

287 Vgl. Thomas (1999), S. 324.

288 Dies ist notwendig, um einen True Sale der Aktiva zu erreichen.

wird jedoch an die Zweckgesellschaft bzw. ABS-Investoren (und je nach Struktur an Versicherungen) übertragen.[289]

Diese Verteilung des Risikos ist für den Fall der Verbriefung von Handelsforderungen jedoch noch zu untersuchen. Welcher Anteil des Ausfallrisikos wird tatsächlich übertragen und nimmt das verbriefende Unternehmen die Risikoreduzierung auch wahr? Oder stehen andere Motive im Vordergrund? Hierfür wird im weiteren Verlauf die Größe des FLPs mit den historischen Ausfallraten empirisch verglichen.

Über den Transfer von Ausfall- oder Kreditrisiken hinaus können Forderungsverbriefungen das **Finanzierungsrisiko** reduzieren. Kurzfristige Finanzierungen haben den Nachteil, dass der Kreditgeber bei einer Verschlechterung der wirtschaftlichen Situation des Kreditnehmers auch ohne die eingetretene Verletzung von Covenants die Finanzierung kurzfristig beenden kann. Langfristige Finanzierungen bieten höhere Finanzierungssicherheit (allerdings auch eine höhere Bindung an die ausgehandelten Konditionen). Verbriefungsverträge werden häufig über eine Laufzeit von fünf bis sieben Jahren abgeschlossen, da sie sich auf Grund der hohen Strukturierungskosten erst nach mehreren Jahren rechnen. Allerdings ist zu beachten, dass die der Transaktion unterliegende Liquiditätslinie aus regulatorischen Gründen nur über jeweils ein Jahr zwischen der Zweckgesellschaft und der entsprechenden Bank abgeschlossen wird. Falls diese Linie nicht verlängert werden sollte, kann auch die Verbriefungstransaktion nicht weitergeführt werden. Aus diesem Grund muss laut Hommel (2005) eine Verbriefung von Handelsforderungen eher als kurzfristige Finanzierung angesehen werden. Dieser Auffassung wird hier gefolgt.[290] Da ABS-Transaktionen jedoch in Einzelfällen auch als langfristige Finanzierung bezeichnet werden, soll empirisch untersucht werden, wie die verbriefenden Unternehmen die Laufzeit ihrer Forderungsverbriefungen einschätzen.[291]

Ebenfalls in den Bereich des Finanzierungsrisikos fällt die **Diversifizierung der Finanzierungsinstrumente**. Vertraut ein Unternehmen nur auf wenige Finanzierungsformen, geht es das Risiko ein, dass diese in bestimmten Situationen nicht mehr zur Verfügung stehen, weil z. B. kein Angebot vorhanden ist oder auf Grund von Covenants die Verwendung dieser Instrumente nicht weiter möglich

289 Vgl. Jobst (2003b), S. 9.
290 Vgl. Hommel (2005), S. 33.
291 Vgl. Industrie- und Handelskammer (2004), S. 14

ist. Jedes zusätzliche Finanzierungsinstrument erweitert daher den Spielraum des Unternehmens.[292]

Abschließend kann über eine ABS-Transaktion auch das **Zinsrisiko** für das verbriefende Unternehmen beeinflusst werden. In mehrjährigen Verbriefungstransaktionen können die Finanzierungskosten als Marge über EURIBOR für den festgelegten Zeitraum fixiert werden. Zwar sind die effektiv zu zahlenden Zinssätze in diesem Fall immer noch an die Marktentwicklung gebunden, allerdings ist der Risikoaufschlag fixiert und damit nicht an die Entwicklung der Bonität des verbriefenden Unternehmens gebunden. Die Gestaltung der Verträge und die Einschätzungen der Unternehmen sollen untersucht werden.

Insgesamt wird analysiert, ob die Originatoren die Forderungsverbriefung als Instrument des Risikomanagements betrachten und wenn ja, in welchen der genannten Bereiche dies der Fall ist.

Erwartung T.4: Die Verbriefung von Handelsforderungen wird als Instrument des Risikomanagements angesehen.

Komponenten der Erwartung im Sinne des Pattern Matching:

I. Das verbriefende Unternehmen stellt eine Reduzierung seines Forderungsausfallrisikos fest.

II. Das verbriefende Unternehmen sieht die Verbriefung von Handelsforderungen als langfristiges Finanzierungsinstrument an.

III. Die ABS-Transaktion wird von den verbriefenden Unternehmen als Diversifizierung der Finanzierungsquellen angesehen.

IV. Die Verbriefung von Handelsforderungen führt zu einer Fixierung der Risikoprämie.

292 Vgl. Roever/Fabozzi (2003), S. 7; Baertz (2000), S. b07.

5.2.4 Gewerbesteuer und Behinderung des Verbriefungsmarkts

Gorton/Souleles (2005) untersuchen modelltheoretisch, wann eine ABS-Transaktion Wert schafft. Sie nehmen hierbei an, dass die ABS-Finanzierung für den Originator in Bezug auf die Steuerlast negative Auswirkungen hat, da er die Zinsaufwendungen des SPVs steuerlich nicht absetzen kann.[293] Dies ist jedoch im Falle der Verbriefung von Handelsforderungen so nicht korrekt. Der Originator kann die Kosten der Transaktion als Betriebsausgaben absetzen. Dies schließt sowohl die Strukturierungskosten (die eventuell über die Laufzeit der Transaktion abgegrenzt, d. h. verteilt, werden müssen) als auch die laufenden Kosten der Transaktion ein.[294]

Daneben bietet sich in Deutschland für verbriefende Unternehmen die Möglichkeit, ihre Gewerbesteuerbelastung zu senken. Laut § 8 Nr. 1 Gewerbesteuergesetz (GewStG) müssen 50 % der Entgelte für Schulden, die nicht nur der vorübergehenden Verstärkung des Betriebskapitals dienen (Dauerschulden), dem Gewinn aus Gewerbebetrieb hinzugerechnet werden. Praktisch bedeutet dies, dass auf die Hälfte der Dauerschuldzinsen Gewerbesteuer zu zahlen ist. In der Regel gilt dies jedoch nicht für die Kosten, die das SPV dem Originator in einer Verbriefungstransaktion in Rechnung stellt. Der Originator kann daher durch die Aufnahme von ABS-Liquidität und der anschließenden Ablösung von Dauerschulden seine Dauerschuldzinsen und damit seine zu zahlende Gewerbesteuer reduzieren.[295]

Die Sachlage muss differenziert betrachtet werden, wenn das Unternehmen Kontokorrentkredite ablöst. Diese gelten dann nicht als Dauerschulden, wenn das Konto an acht Tagen im Jahr ausgeglichen ist bzw. ein Guthaben aufweist.[296] Die Optimierung der Kontokorrentschulden streben viele Unternehmen an, um ihre Gewerbesteuerbelastung zu senken. Wenn daher nach einer ABS-Transaktion mit der gewonnenen Liquidität Kontokorrentkredite abgelöst werden, führt dies nicht unbedingt zu einer Senkung der Gewerbesteuerlast. Nur wenn die Kontokorrentkredite als Dauerschulden anzusehen sind, entsteht ein positiver Steuereffekt für das verbriefende Unternehmen. Dies ist jedoch selten der Fall, wie Hommel (2005) in einer Studie für die True Sale Initiative zeigt. Unternehmen gestalten ihre Kontokorrentkredite überwiegend so, dass keine oder nur geringe Dauerschulden

---

[293] Vgl. Gorton/Souleles (2005), S. 26.
[294] Vgl. Hill (1996), S. 1103.
[295] Vgl. Hommel/Schmittat (2005a), S. 78.
[296] Ist dies nicht der Fall, dann gilt der achthöchste Tagesendsaldo als Dauerschuld.

anfallen. Eine Ablösung von Kontokorrentkrediten reduziert die Dauerschulden damit nur in Einzelfällen.[297]

Hieraus ergibt sich, dass die Verbriefung von Handelsforderungen zwar theoretisch zur Gewerbesteueroptimierung eingesetzt werden kann, dies jedoch praktisch nur selten vorkommt.[298] Hinzu kommt, dass Ernst & Young/Luther (2005) empirisch belegen, dass verbriefende Unternehmen die Liquidität überwiegend für Investitionen oder Erhöhungen der Betriebsmittel verwenden. An zweiter Stelle steht die Ablösung von Kontokorrentkrediten und erst an dritter Position die Ablösung langfristiger Kredite.[299]

Es ist daher nicht zu erwarten, dass die verbriefenden Unternehmen im wesentlichen Umfang Gewerbesteuer einsparen. Zur Untermauerung der Diskussion wird dies jedoch empirisch untersucht.

Erwartung T.5: Unternehmen reduzieren ihre Gewerbesteuerschuld durch die Verbriefung von Handelsforderungen nicht.

Diese Erwartung wird mit Hilfe des Pattern Matching überprüft und auf die folgenden beiden Merkmale angewendet. Falls eines der Merkmale nicht auftritt, gilt die Erwartung als widerlegt.

I. Mit der gewonnenen Liquidität werden Kontokorrentkredite abgelöst.

II. Die abgelösten Kontokorrentkredite wurden so in Anspruch genommen, dass sie nicht zu den Dauerschulden zu zählen sind.

Die oben erwähnte theoretisch mögliche Reduzierung der Gewerbesteuerschuld existiert nur, weil die verwendeten Zweckgesellschaften zurzeit alle in steuerbegünstigten Ländern, wie z. B. den Cayman Islands oder Jersey, angesiedelt sind. Eine deutsche Zweckgesellschaft müsste ihre Refinanzierung (die ABCPs) als Dauerschuld hälftig bei der Berechnung des Gewerbesteuerertrags einbeziehen und damit im Endeffekt auf die ABCP-Kosten Gewerbesteuer zahlen. Dies führt dazu,

---

297 Vgl. Hommel (2005), S. 98.

298 Für eine ausführliche Analyse aller Steuereffekte vgl. Hommel (2005). Dort werden neben der Gewerbesteuer (GewSt) auch Auswirkungen auf die Körperschaftsteuer (KSt) in Primär- und Sekundäreffekten untersucht. In dieser Arbeit wird der Fokus jedoch nur auf die GewSt gelegt.

299 Vgl. Ernst & Young/Luther (2005), S. 32.

dass sich neben der Zweckgesellschaft auch Dienstleister des Verbriefungssektors im Ausland niederlassen. Zum einen ist die räumliche Nähe zum SPV vorteilhaft, zum anderen muss aus steuerlichen Gründen eine Betriebsstätte des SPVs in Deutschland vermieden werden. Dem Standort Deutschland entgehen auf diese Weise sowohl Wissen als auch Arbeitsplätze.[300]

Der Gesetzgeber hat dieses Problem bereits teilweise erkannt und im Rahmen des Kleinunternehmerförderungsgesetzes[301] vom 31.7.2003 über die Formulierung eines Ausnahmetatbestands die Verbriefung von Kreditrisiken über deutsche Zweckgesellschaften ermöglicht. Ende 2004 verbriefte daraufhin eine erste deutsche Bank Kredite über eine deutsche Zweckgesellschaft.[302]

Um auch Verbriefungen anderer Asset-Klassen über deutsche Zweckgesellschaften zu ermöglichen, sind ähnliche Gesetzesänderungen notwendig.[303] Diese sind auch erforderlich, um eine Restunsicherheit bzgl. Betriebsstätten auszuräumen. Zwar können deutsche Handelsforderungen über das Ausland verbrieft werden, es besteht jedoch eine geringe Gefahr, dass die ausländischen Zweckgesellschaften eventuell über das von dem Originator durchgeführte Servicing eine Betriebsstätte in Deutschland erhalten und damit wieder unter das GewStG fallen. Für eine ausführliche Analyse dieser Problematik sei auf Hommel (2005) und Hommel et al. (2005) verwiesen.

Im Rahmen dieser Arbeit wird der Fokus auf das verbriefende Unternehmen gelegt und insbesondere auf die Auswirkungen der aktuellen Rechtslage eingegangen. Es soll untersucht werden, ob die Nutzung ausländischer Zweckgesellschaften bzw. die Gefahr einer Betriebsstätte in Deutschland die Verbriefungstransaktionen behindern.

Erwartung T.6: Die aktuelle Rechtslage bzgl. der Gewerbesteuer behindert die Verbriefung von Handelsforderungen.

---

[300] Vgl. Hommel/Schmittat (2005b), S. 982; Hommel (2005), S. 135.
[301] Langtitel: Gesetz zur Förderung von Kleinunternehmern und zur Verbesserung der Unternehmensfinanzierung, verkündet in Bundesgesetzblatt (BGBl) I 2003 Nr. 39 vom 8.8.2003.
[302] Vgl. Hommel (2005), S. 28.
[303] Vgl. The Boston Consulting Group (2004), S. 70.

5.2.5 Komplexität der Verbriefung

Gegen die möglichen Vorteile einer ABS-Transaktion ist der entstehende Aufwand aufzurechnen, da Verbriefungstransaktionen wesentlich aufwendiger sind als der Abschluss eines Kreditvertrages. Es ist anzunehmen, dass die ABS-Verträge insbesondere mittelständische Unternehmen vor große Herausforderungen stellen. Englisch und die juristische Fachsprache sind im deutschen Mittelstand nicht selbstverständlich. Vertragswerke in Deutsch könnten die Vertragsverhandlungen vereinfachen, sind zurzeit aber auf Grund der ausländischen Zweckgesellschaften nur schwer durchsetzbar.[304]

Bevor ABS-Verträge jedoch unterschrieben werden können, muss das Forderungsportfolio zunächst einer intensiven Prüfung unterzogen werden. Die Rating-Agenturen benötigen zur Bewertung der ABCP Informationen über die Risiken des zu verkaufenden Forderungsportfolios. Neben Ausfallraten sind insbesondere die Verwässerungen (Boni, Skonti, Gutschriften o. Ä.), Überfälligkeiten und Konzentrationen bedeutend. Das Unternehmen muss diese Daten daher bereitstellen. Je nach vorhandenem IT-System kann dies einen mehr oder weniger großen Aufwand verursachen.[305]

Mit Abschluss der Forderungsprüfung und der Vertragsverhandlungen ist allerdings erst der erste Abschnitt einer ABS-Transaktion erfolgt. Im Gegensatz zu einem Kredit, bei dem nur die Zinsen regelmäßig überwiesen werden, muss das Unternehmen bei einer Verbriefung die revolvierenden Verkäufe abwickeln. Diese finden ebenfalls regelmäßig auf Englisch statt. Die mit den Verkäufen beauftragten Mitarbeiter müssen also ebenfalls des Englischen mächtig sein. Je nach Größe der Transaktion und den Nennbeträgen der Forderungen müssen umfangreiche Daten aufgearbeitet werden. Gute IT-Lösungen reduzieren den erforderlichen Arbeitsaufwand.[306]

In den zu untersuchenden Transaktionen werden daher der Arbeitsaufwand und die Komplexität der einzelnen Phasen (Vertragsverhandlungen, Due Dilligence, evolvierende Verkäufe) analysiert und Erfolgsfaktoren für eine gute Abwicklung ermittelt. Bastian (2007) weist darauf hin, dass auf Grund der Komplexität eine ABS-Transaktion speziell für mittelständische Unternehmen schwierig und wenig

---

304 Vgl. Cünnen (2006a), S. 32; Hommel (2005), S. 46.
305 Vgl Fitch Ratings (2005c), S. 6; Standard & Poor's (1999b), S. 3; Moody's (2002c), S. 9.
306 Vgl. Meyer (2004), S. b02; Kirsch (2004), S. b07.

effizient sei.[307] Um dies zu überprüfen, wird bei der Auswertung der Cases eine Differenzierung der Art des Unternehmens durchgeführt. Zur Vorbereitung der weiteren Analyse soll darüber hinaus festgestellt werden, wie die Originatoren selbst die Verbriefung einschätzen und ob sie sie als komplex und aufwendig bewerten.

Erwartung T.7: Die Strukturierung und Abwicklung einer ABS-Transaktion wird von den Unternehmen im Vergleich zu anderen Finanzierungsinstrumenten als sehr komplex empfunden.

Wie oben beschrieben, werden Verbriefungstransaktionen deutscher Handelsforderungen zurzeit auf Grund gewerbesteuerlicher Probleme ausnahmslos über ausländische Zweckgesellschaften abgewickelt.[308] Dies führt zur Einbeziehung weiterer Jurisdiktionen in die auf Englisch geschriebenen Vertragswerke.

> *Aus Sicht der Marktteilnehmer wird die weitere Verbreitung der Verbriefung von Unternehmensforderungen durch die hohe Komplexität des Produkts gehemmt. Mittelständische, lokal verwurzelte Betriebe benötigen einfache und leicht verständliche Kreditersatzprodukte. Verbriefungen über mehrere Jurisdiktionen mit häufig umfangreichen britischen Vertragstexten und nicht ohne Fachwissen verständlichen Strukturen sind hier ungeeignet. [...] Solange aber eine Ansiedlung von SPVs in Deutschland aus rechtlichen und steuerlichen Gründen nicht möglich ist, wird ein Hemmnis auf dem Weg zu mehr Einfachheit bestehen bleiben.*[309]

Die Boston Consulting Group stellt hier die These auf, dass ABS-Transaktionen über deutsche Zweckgesellschaften einfacher dargestellt werden könnten, da weniger Jurisdiktionen verwendet werden müssten. Auch könnte dies die Probleme des Mittelstands mit englischen Vertragswerken reduzieren und eventuell vorhandene Abneigungen gegen ausländische Zweckgesellschaften umgehen.[310] Ob eine entsprechende Gesetzesänderung in der Tat zu einfacheren ABS-Strukturen führen würde, soll untersucht werden. Die Experten der Clinical Studies werden dazu befragt.

---

307 Vgl. Bastian (2007), S. b04.
308 Vgl. Abschnitt 5.2.4, S. 88.
309 The Boston Consulting Group (2004), S. 57–58.
310 Vgl. auch Hommel (2005), S. 64.

Erwartung T.8: Die Komplexität der Vertragswerke könnte bei einer Ansiedlung der Zweckgesellschaft in Deutschland reduziert werden.

Zuletzt soll in Bezug auf die Komplexität einer ABS-Transaktion untersucht werden, ob Vertragswerke für „kleinere" Transaktionen vereinfacht werden können. Ein geringeres Transaktionsvolumen erhöht die relativen (als Anteil des Verbriefungsvolumen anfallenden) Transaktionskosten einzelner Regelungen, so dass es günstiger sein könnte, auf diese vollständig zu verzichten. Dies könnte die Strukturierung im Mittelstand vereinfachen.

Erwartung T.9: Die Vertragswerke sind für Großunternehmen komplexer als für den Mittelstand, da die Transaktionen bei geringerem Volumen einfacher gestaltet werden können.

5.2.6 Erwartete Insolvenzkosten

Insolvenzverfahren sind nicht kostenlos, sondern verbrauchen durch den Verteilungsprozess einen Teil der verbliebenen Aktiva. Kalay/Singhal/Tashjian (2007) stellen die verschiedenen Kosten übersichtlich zusammen und weisen darauf hin, dass neben den Insolvenzverwalter- sowie Gerichtskosten weitere „Verluste" entstehen, wenn Verkaufspreise durch die erzwungene Liquidierung der Aktiva geringer ausfallen als bei einem normalen Verkauf. Auch der Verlust an Reputation und Kundenbasis muss einbezogen werden. Nach Multiplikation der Summe der Kosten mit der entsprechenden Insolvenzwahrscheinlichkeit ergeben sich die erwarteten Insolvenzkosten des Unternehmens. Es wird in der Literatur angenommen, dass diese durch die Verbriefung von Forderungen beeinflusst, d. h. gesenkt werden, können und dies ein weiteres Motiv für die Nutzung von ABS-Transaktionen sei.[311]

Unternehmen mit höherer Verschuldung haben auf Grund der Zinsbelastungen ex ante eine höhere Wahrscheinlichkeit, in finanzielle Schwierigkeiten zu geraten. Sie haben ein erhöhtes Insolvenzrisiko und wahrscheinlich höhere Insolvenzkosten.[312] Daher argumentiert Hill (1996), dass für diese Unternehmen die Vorteile von ABS auf die erwarteten Insolvenzkosten am höchsten seien. Unternehmen guter

---

[311] Vgl. Jensen/Meckling (1976), S. 49; Cowley/Cummins (2005), S. 155; Kalay/Singhal/Tashjian (2007), S. 2; Shleifer/Vishny (1992), S. 1364.

[312] Vgl. Malitz (1986), S. 20.

Bonität haben hingegen geringe Insolvenzkosten, so dass die Vorteile von ABS weniger relevant sein sollten. Gorton/Souleles (2005) bestätigen diese Vermutung, indem sie empirisch nachweisen, dass Kreditkartenanbieter in den USA[313] ihre Forderungen mit einer höheren Wahrscheinlichkeit verbriefen, wenn die Bonität der Unternehmen geringer ist.[314]

Auch Skarabot (2001) beschäftigt sich mit dem Zusammenhang zwischen ABS und Insolvenzkosten. Er untersucht modelltheoretisch und unter Einbeziehung von Insolvenz- und direkten Transaktionskosten, warum und wann Unternehmen Forderungen verbriefen. Skarabot kommt zunächst zu dem Ergebnis, dass Aktiva, deren Volatilität geringer als die Volatilität anderer Aktiva des Unternehmen ist, vom Unternehmen abgetrennt und separat finanziert werden sollten.[315] Weiter untersucht er, ob das Unternehmen die abgespaltenen Aktiva selbst in einer neuen Gesellschaft halten sollte oder ob eine Verbriefung die bessere Lösung sei. Das Modell zeigt, dass es optimal ist, die Aktiva bei sehr geringen und sehr hohen Volatilitäten der abgespaltenen Aktiva selbst zu halten und bei mittlerem Risiko zu verbriefen. Gegenläufige Effekte aus Insolvenz- und direkten Transaktionskosten erklären dieses Ergebnis.[316]

Die Ergebnisse von Skarabot stehen teilweise im Einklang mit den bei der Verbriefung von Handelsforderungen zu beobachtenden Gegebenheiten. Die verbrieften Handelsforderungen gehören zu den eher sicheren Aktiva eines Unternehmens und erfüllen damit laut Skarabot die Voraussetzung zur Abspaltung. Des Weiteren ist die Verbriefung sehr volatiler und damit risikoreicher Forderungen für das Unternehmen durch die notwendige Übernahme eines sehr hohen FLP bzw. sonstiger CEs unattraktiver.[317]

Die Verbriefung von Forderungen kann positive Auswirkungen auf zwei Elemente der erwarteten Insolvenzkosten haben, die von Kapitalgebern regelmäßig abge-

---

313 Für Europa und Deutschland gibt es keine Untersuchungen, da ABS dort in der Entwicklung zurückhängt. Vgl. Abschnitt 2.4.

314 Vgl. Hill (1996), S. 1101; Gorton/Souleles (2005), S. 42.

315 Vgl. Skarabot (2001), S. 5, 34.

316 Vgl. Skarabot (2001), S. 7, 28, 30.

317 Das Modell besagt jedoch auch, dass sehr sichere Forderungen ebenfalls nicht verbrieft, sondern nur in einer externen Gesellschaft finanziert werden sollten. Dies ist in der Praxis nicht zu beobachten. Je besser die Qualität der zu verbriefenden Aktiva, desto günstiger und einfacher ist die Transaktion zu gestalten. In diesem Fall ist die Verbriefung nicht mit Insolvenzkosten zu erklären. Andere Motive müssen daher eine Rolle spielen.

schätzt werden. Wie Abbildung 5.1 darstellt, hängt die Höhe dieser erwarteten Kosten von zwei Faktoren ab. Zum einen ist die Insolvenzwahrscheinlichkeit, zum anderen sind die bei einer Insolvenz vermutlich anfallenden Kosten zu bewerten. ABS-Transaktionen können positive Auswirkungen auf beide Faktoren haben. Hierbei ist zu beachten, dass für eine Gesamtbewertung der Effekte sowohl die Zweckgesellschaft als auch der Originator zu untersuchen sind. Zunächst wird die Zweckgesellschaft betrachtet.

Die Zweckgesellschaft in einer ABCP-Transaktion finanziert sich über die Ausgabe von CPs. Die Strukturen sind hierbei so gewählt, dass die CPs ein Prime-1-Rating (oder ein entsprechendes)erhalten. Bevor die Rating-Agenturen dieses Rating vergeben, prüfen sie neben dem Forderungsportfolio auch die Struktur des Conduits. Durch diese soll soweit möglich verhindert werden, dass die Zweckgesellschaft selbst einen Insolvenzantrag stellen kann bzw. muss oder dieser durch andere Parteien gestellt wird. Darüber hinaus dürfen auch eventuelle Insolvenzen der beteiligten Parteien die Zweckgesellschaft so wenig wie möglich tangieren (Bankruptcy Remotness).[318]

Dies kann durch folgende Maßnahmen erreicht werden: Um die Unabhängigkeit der Zweckgesellschaft zu betonen, wird sie in der Regel von gemeinnützigen Organisationen (z. B. Stiftungen) getragen. Darüber hinaus wird ein von den anderen Teilnehmern unabhängiges Management installiert. Der Geschäftsauftrag der Gesellschaft wird auf die Tätigkeiten eingeschränkt, die zur Durchführung der Transaktionen notwendig sind. Dies beinhaltet die Emission der CPs, den Ankauf der Forderungen sowie Aktivitäten, die damit verbunden sind. Weitere Geschäfte sind nicht erlaubt, so dass die operativen Risiken minimiert werden. Das Management wird von externen Partnern gestellt, so dass die Gesellschaft keine eigenen Angestellten hat. Immobilienvermögen wird nicht gehalten.[319]

Besonders wichtig ist jedoch auch, dass alle beteiligten Parteien so genannte „Limited Recourse“ und „Non Petition“-Klauseln unterschreiben. Diese besagen, dass auf die Stellung eines Insolvenzantrags für die Zweckgesellschaft bis zu einem bestimmten Zeitpunkt nach Rückzahlung aller CPs verzichtet wird (Non Petition) und dass Forderungen an die Gesellschaft nur durch vorhandene Geldbestände

[318] Vgl. Gorton/Souleles (2005), S. 1; Belmontes (2004), S. 36.
[319] Vgl. Moody's (1993), S. 13–14; Standard & Poor's (2006); Fitch Ratings (2005a), S. 11.

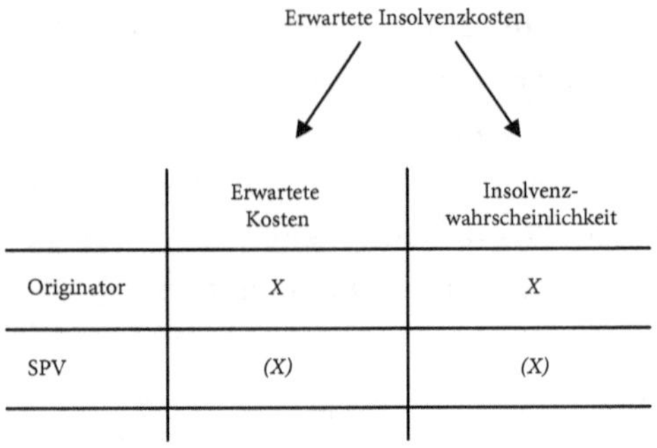

Abb. 5.1: Erwartete Insolvenzkosten[320]

beglichen werden können und auf darüber hinausgehende Forderungen verzichtet wird (Limited Recourse).[321]

In Summe ist die Insolvenzwahrscheinlichkeit damit weitestgehend minimiert. Zwar besteht keine absolute Sicherheit, die Insolvenzwahrscheinlichkeit liegt jedoch sehr nahe an null. Die erwarteten Insolvenzkosten des SPVs sind damit minimal. Aus diesem Grund und da der Fokus dieser Arbeit auf den verbriefenden Unternehmen liegt, wird auf eine weitere Analyse der ABS-Struktur im empirischen Teil der Arbeit verzichtet. Dies würde auch den Untersuchungsrahmen sprengen. Es kann jedoch festgehalten werden, dass die erwarteten Insolvenzkosten aus dem Bereich der Zweckgesellschaft sehr gering sind.

Die Effekte auf die Insolvenzkosten des verbriefenden Unternehmens sollen jedoch genauer betrachtet werden. Sie können durch ABS reduziert werden, da eine Verbriefungstransaktion die Summe der Aktiva des Unternehmens reduzieren kann und diese damit dem Insolvenzprozess entzieht. Zum einen werden die verkauften Forderungen nicht mit Gebühren des Insolvenzverwalters belastet, da sie nicht mehr zur Insolvenzmasse gehören. Zum anderen kann argumentiert werden, dass die verkauften Forderungen auch von weiteren Kosten einer Insolvenz, wie z. B. der aus eigenen Interessen verzögerte Insolvenzantrag des Managements, nicht mehr betroffen sind.[322]

320 Eigene Darstellung.
321 Vgl. Standard & Poor's (1999a), S. 24.
322 Vgl. Iacobucci/Winter (2005), S. 171; Gorton/Souleles (2005), S. 1.

Es ist jedoch zu hinterfragen, inwieweit dieser Vorteil bei der Verbriefung von Handelsforderungen tatsächlich Wert schafft. Die verkauften Forderungen sind zwar nicht mehr von einer Insolvenz des Originators betroffen. Wie Iacobucci/Winter (2005) darstellen, werden die Forderungen jedoch nur gegen Geld „getauscht", so dass die Summe aller von einer Insolvenz betroffenen Aktiva zunächst unverändert bleibt. Entscheidend für die Auswirkungen ist, ob im Anschluss an die ABS-Transaktion eine Bilanzverkürzung über die Rückführung von Krediten oder die Ausschüttung an Eigentümer erfolgt. In diesen Fällen wäre eine Reduzierung der Insolvenzkosten zu bestätigen.[323]

Neben den Effekten auf die absoluten Insolvenzkosten ist jedoch insbesondere die Insolvenzwahrscheinlichkeit des Originators für die erwarteten Insolvenzkosten bedeutend. Cowley/Cummins (2005) argumentieren, dass Unternehmen durch ABS die Möglichkeit erhalten, ihre Finanzstärke zu erhöhen, da sie ihre Verschuldung senken und Risiken managen können. Eine erhöhte Finanzstärke ist hierbei äquivalent zu einem reduzierten Insolvenzrisiko, da ein Insolvenz nicht nur durch Überschuldung, sondern auch von Liquiditätsmangel ausgelöst werden kann.[324] Wenn durch ABS zusätzliche Liquidität bereitgestellt wird, senkt dies die Wahrscheinlichkeit, dass das verbriefende Unternehmen seinen Zahlungsverpflichtungen nicht mehr nachkommen kann. Allerdings hängt es von der Verwendung der Liquidität und eventuellen Reaktionen von Banken ab, ob das Unternehmen nach der Transaktion tatsächlich zusätzliche Liquidität gewonnen hat. Werden z. B. Kreditlinien zurückgefahren, so ist entscheidend, ob die Kredit gebenden Banken die Linien weiterhin in unveränderter Höhe aufrecht erhalten oder ob sie diese kürzen und damit das Liquiditätspotenzial auf das Niveau von vor den ABS-Transaktionen reduzieren. Dies soll empirisch untersucht werden.[325]

Am effektivsten könnten erwartete Insolvenzkosten über den Risikoaufschlag börsennotierter Anleihen analysiert werden. Da diese Informationen jedoch bei den untersuchten Unternehmen nur in Einzelfällen vorliegen (da nur in Einzelfällen Anleihen emittiert wurden), kann nur eine qualitative Analyse durchgeführt werden.

---

[323] Vgl. auch Abschnitt 5.3.2.6, S. 123; Iacobucci/Winter (2005), S. 171.

[324] Uhrig-Homburg (2005) zeigt, dass eine Insolvenz aus Liquiditätsmangel auch bei positivem Eigenkapital entstehen kann, wenn die Annahme perfekter friktionsloser Märkte aufgegeben wird. Vgl. Uhrig-Homburg (2005), S. 1510; Kim/Ramaswamy/Sundaresan (1993), S. 120.

[325] Vgl. Cowley/Cummins (2005), S. 199.

Erwartung T.10: Die Verbriefung von Handelsforderungen führt nicht zu einer Senkung der erwarteten Insolvenzkosten des verbriefenden Unternehmens.

Auf Grund der multiplikativen Verknüpfung der zu untersuchenden Merkmale wurde die Erwartung verneint. Zur Widerlegung ist es ausreichend, wenn ein Merkmal nicht erfüllt ist und das zweite mindestens keine Veränderung erfährt oder auch nicht erfüllt ist.

Merkmale:

I. Die Insolvenzwahrscheinlichkeit des Originators wird durch die Transaktion nicht gesenkt.

II. Die Insolvenzkosten des Originators werden nicht gesenkt.

5.2.7 Verbesserung interner Prozesse

Neben Effekten auf Beziehungen zwischen den verbriefenden Unternehmen und externen Parteien kann ABS jedoch auch die internen Prozesse des Originators beeinflussen. Diese stellen das letzte hier zu untersuchende Element der Transaktionskosten-Theorie dar.

In der Literatur zu CFCs wird regelmäßig auf positive Effekte der Struktur auf das Debitorenmanagement der Muttergesellschaft verwiesen. Durch die Trennung der Forderungen vom Unternehmen rücken Vertrieb und Kreditprüfung etwas weiter auseinander. Dies ist positiv, da im Vertrieb die Gefahr besteht, höhere Umsätze durch die Gewährung längerer Zahlungsziele und von Krediten zu stimulieren. Über die Vernachlässigung der Kreditprüfung kann dies zu ungewollt hohen Ausfallrisiken führen. Eine neutrale Kreditprüfung ist jedoch sinnvoll und kann die einzugehenden Risiken begrenzen und steuern. Zwar erhöht die Einrichtung einer CFC die Qualität des Debitorenmanagements nicht automatisch, erleichtert durch die Aufspaltung in zwei Gesellschaften jedoch die Trennung von Vertrieb und Kreditprüfung.[326]

Dieser Vorteil lässt sich auch auf Verbriefungstransaktionen übertragen. Der Originator kann nur solche Forderungen verkaufen, die den vertraglich festgesetzten

326 Vgl. Andrews (1964), S. 83; Hagaman (1969), S. 1284; Roberts/Viscione (1981b), S. 38; Roberts/Viscione (1981a), S. 287.

Anforderungen der Zweckgesellschaft und sonstigen Trägern des Credit Enhancements (WKV, strukturierende Bank...) genügen. Forderungen, die diese Kriterien verletzen, können nicht über ABS finanziert werden. Da es sich um vertraglich festgelegte Anforderungen handelt, können diese nicht für einzelne Geschäfte aufgeweicht werden. Das Unternehmen hat damit eine gute Argumentationsgrundlage, um seinen Vertrieb zu disziplinieren und die Qualität der Forderungen unter Umständen zu erhöhen.

Nachdem die Forderungen verkauft sind, übernimmt der Originator weiterhin ihren Einzug.[327] Daher ist anzunehmen, dass auch der Prozess des Forderungseinzugs gewissen Qualitätsstandards entsprechen muss. Die Zweckgesellschaft überlässt dem Originator das Servicing der Forderungen nur, wenn sie sich sicher sein kann, dass ihre Forderungen mit ausreichender Sorgfalt eingetrieben werden. Sollten die Prozesse im Debitorenmanagement vor der ABS-Transaktion von nicht ausreichender Qualität gewesen sein, sind Verbesserungen zu erwarten.

Zur Bestätigung dieses Vorteils werden die Auswirkungen der Forderungsverbriefung auf die internen Prozesse der verbriefenden Unternehmen empirisch untersucht.

Erwartung T.11: Die Verbriefung von Handelsforderungen erhöht die Qualität interner Prozesse.

Mit diesem Abschnitt sind die zu untersuchenden Elemente der Transaktionskosten-Theorie vollständig. In den nächsten Abschnitten werden Effekte der Forderungsverbriefung auf Prinzipal-Agenten-Probleme betrachtet.

[327] Dies ist bei CFCs anders. Vgl. Tabelle 2.4, S. 39.

5.3 Prinzipal-Agenten-Probleme und mögliche Wohlstandstransfers

Eine Prinzipal-Agenten-Beziehung bezeichnet eine Verbindung, in dem der Prinzipal den Agenten damit beauftragt, Handlungen in seinem Namen durchzuführen. Der Agent erhält hierfür Entscheidungsgewalt von dem Prinzipal.[328] Prinzipal-Agenten-Probleme entstehen durch unterschiedliche Interessen von Prinzipal und Agent und können sowohl zwischen Eigentümern und Managern als auch Eigentümern und Fremdkapitalgebern auftreten. Es ist anzunehmen, dass die Agenten nicht immer im besten Interesse der Prinzipale handeln, wenn sie Leistungen für sie erbringen. Dies führt zu Wertverlusten für die Prinzipale. Diese Verluste (sowie Kosten, die aus Vermeidungsstrategien entstehen) bezeichnet man als Agency-Kosten. Sie beinhalten die Kosten der Vertragserstellung, der Überwachung und der Bindung des Managements (Bonding).[329]

Im Folgenden ist zu klären, inwieweit mit einer ABS-Transaktion Agency-Kosten im Vergleich zu anderen Finanzierungsformen reduziert und vermieden werden können oder ob eventuell sogar neue Kosten entstehen. Zunächst ist festzustellen, dass in Forderungsverbriefungen verwendete Zweckgesellschaften einen sehr eingeschränkten Geschäftsauftrag besitzen. Die Investoren der CP können sich daher sicher sein, dass ihr Kapital nur für den Ankauf der definierten Assets verwendet wird. Cowley/Cummins (2005) argumentieren daher sehr allgemein, dass die verbrieften Assets durch die Abtrennung vom Rest des Unternehmens in der Zweckgesellschaft nicht mehr von den Agency-Problemen des Unternehmens betroffen seien.[330]

Dies ist insoweit korrekt, als die Risiken der Forderungen von den Risiken des verbriefenden Unternehmens komplett abgetrennt werden können. Im Falle der Verbriefung von Handelsforderungen ist dies jedoch zu hinterfragen. Deshalb werden im Folgenden einzelne Agency-Probleme und -Kosten sowie der mögliche Mehrwert einer Verbriefungstransaktion betrachtet.

---

[328] Vgl. Jensen/Smith Jr. (2000), S. 2.

[329] Vgl. Jensen/Meckling (1976), S. 2–5; Fama/Jensen (1983), S. 2; Raviv/Harris (1991), S. 300.

[330] Vgl. Cowley/Cummins (2005), S. 199–200; Jobst (2005b) führt daher an, dass Unternehmen mit höheren Agency-Kosten mit größerer Wahrscheinlichkeit Verbriefungstransaktionen durchführen als Unternehmen mit niedrigen Agency-Kosten; vgl. Jobst (2005b), S. 7.

In den nächsten beiden Abschnitten werden Agency-Probleme nach den Klassifizierungen „Hidden Action" und „Hidden Information" getrennt dargestellt. Hidden Information bezieht sich hierbei auf Probleme in der Zeit vor der Verbriefung und Hidden Action auf die Zeit zwischen Verbriefungsbeginn und Ende der Transaktion.[331]

5.3.1 Hidden Information

Asymmetrisch verteilte Informationen über den tatsächlichen Wert eines Unternehmens können zu dem von Akerlof (1970) beschriebenen Lemon-Problem führen. Durch das Design von Finanzierungsinstrumenten oder der Verwendung von Signaling-Techniken können diese Probleme gelindert werden.

Zunächst sind jedoch zwei Teilbereiche dieses Problems zu unterscheiden. Hidden Information kann zum einen im Hinblick auf die zu verbriefenden Assets existieren. Hier stellt sich die Frage, ob die Informationsasymmetrien beseitigt werden können und wenn ja, mit welchem Aufwand dies verbunden ist. Des Weiteren ist zu untersuchen, ob die Verbriefungstransaktion bestehende Informationsasymmetrien in Bezug auf das verbleibende Restunternehmen beeinflusst.

5.3.1.1 Zu verbriefende Forderungen

Wenn zu wenig Informationen über Aktiva eines Unternehmens frei verfügbar sind, nehmen Kapitalgeber Abschläge in der Bewertung des Unternehmens vor bzw. verlangen Aufschläge auf Finanzierungsinstrumente. Durch ABS-Transaktionen können diese Abschläge reduziert werden, da ein Teil des Unternehmens herausgelöst wird. Wenn den Kapitalgebern ein ausreichender Überblick über die Qualität dieser Aktiva gegeben werden kann, reduzieren diese ihre Renditeanforderungen. Da es sich bei den verbrieften Aktiva um eine relativ homogene Asset-Klasse handelt, können die notwendigen Informationen über diese Aktiva mit hoher Wahrscheinlichkeit einfacher bereitgestellt und die Informationsasymmetrien leichter überwunden werden, als dies für das gesamte Unternehmen der Fall wäre. Mit Hilfe von ABS kann also das Lemon-Problem für einen Teil des Unternehmens

[331] Vgl. Iacobucci/Winter (2005), S. 163.

ausgeräumt werden, während der Rest des Unternehmens nicht mit wesentlich größeren Lemon-Problemen rechnen muss.[332]

Neben der Abtrennung der Aktiva mit anschließender Information über deren Qualität können Informationsasymmetrien auch über das Design der Transaktion an sich reduziert bzw. entschärft werden. Credit Enhancements signalisieren eine erhöhte Qualität des Forderungsportfolios, insbesondere, wenn der Forderungsverkäufer selbst das First Loss Piece übernimmt. Zusätzlich signalisiert die Reputation der Rating-Agenturen eine hohe Qualität der Portfolien.[333]

Der Fokus dieser Arbeit liegt zwar auf den verbriefenden Unternehmen und nicht auf den ABS-Strukturen an sich, dennoch werde der Vollständigkeit halber im Folgenden wissenschaftliche Begründungen für das Pooling und Tranching dargestellt. Da beide Elemente in einer Verbriefung von Handelsforderungen vorzufinden sind, wird auch analysiert, ob die vorgestellten Arbeiten auf diese spezielle Art von ABS zu übertragen sind.

Überwiegend mit Hilfe modelltheoretischer Überlegungen erklären mehrere Autoren das Pooling und Tranching einer ABS-Transaktion. Pooling bezeichnet hierbei die Zusammenführung von Zahlungsströmen aus Forderungen gegenüber verschiedenen Unternehmen durch Finanzintermediäre (hier: Zweckgesellschaften). Tranching bezeichnet dabei die Trennung eines Zahlungsstroms einer Forderung (oder eines Portfolios aus Zahlungsströmen, das z. B. durch Pooling entstanden ist) in verschiedene Wertpapiere oder sonstige Zahlungsansprüche, die an unterschiedliche Investoren verkauft werden können.[334]

Das Trennen und neu Zusammenstellen von Zahlungsströmen wäre in perfekten Kapitalmärkten irrelevant.[335] Verletzungen ihrer Annahmen können die Existenz der beiden Vorgehensweisen jedoch erklärer. Das Vorhandensein von Transaktionskosten kann z. B. das Pooling erklären, da Investoren Kosten einzelner kleinerer Käufe sparen können. Des Weiteren wird anhand unvollständiger Märkte (die

332 Vgl. Hill (1996), S. 1066, 1092; Cowley/Cummins (2005), S. 199.

333 Die Investoren verlassen sich bei ihrer Bewertung einer ABS-Transaktion auf die Einschätzungen der Rating-Agenturen. Eigene Analysen des Forderungsportfolios werden nicht vorgenommen. Vgl. Hill (1996), S. 1073, 1088–1099; Greenbaum/Thakor (1987), S. 381.

334 Vgl. Gaur/Seshadri/Subrahmanyam (2005), S. 12.

335 Vgl. Firla-Cuchra/Jenkinson (2005), S. 2.

durch ABS vollständiger werden)[336] und asymmetrischer Informationsverteilung argumentiert.[337] Im Folgenden wird die asymmetrische Informationsverteilung dargestellt und verschiedene Essays hierzu vorgestellt.

Boot/Thakor (1993) untersuchen, warum Unternehmen mehrere Typen von Passiva (engl.: Financial Claims), also Eigenkapital und verschiedene Fremdkapitalarten unterschiedlichen Rangs, emittieren und warum es sinnvoll sein kann, verschiedene Zahlungsströme erst zu poolen und anschließend in mehrere Tranchen zu trennen.[338] Sie kommen zu dem Ergebnis, dass bei Existenz asymmetrischer Informationen über die Qualität der Zahlungsströme das emittierende Unternehmen Passiva generieren sollte, die eine möglichst hohe Sensitivität bzgl. dieser Informationen besitzen. Diese Abtrennung und Konzentration des informationssensitiven Bereichs in einer Tranche erhöht die Rentabilität der Informationsgenerierung und steigert damit laut Boot/Thakor das Ergebnis des emittierenden Unternehmens.[339]

Des Weiteren zeigen sie anhand ihres Modells, dass auf Grund von Noise in den Informationen über die Zahlungsströme das Zusammenführen bzw. Poolen von Forderungen mehrerer Unternehmen sinnvoll sein kann, da Diversifizierungseffekte entstehen können. Diese reduzieren den Noise in den Informationen[340] und führen dazu, dass das Poolen mit anschließendem Tranching dem direkten Tranching ohne Pooling überlegen ist.[341]

Boot/Thakor erklären die Verwendung von Pooling und Tranching damit aus der Sicht der Angebotsseite.[342] Im Gegensatz hierzu analysieren Gorton/Pennacchi

---

336 Allen/Gale (1991) zeigen modelltheoretisch, dass bei der Existenz unvollständiger Märkte das Tranching von Forderungen und Wertpapieren in Tranchen unterschiedlichen Rangs trotz der Transaktionskosten dieses Verfahrens Wert erzeugen kann, da die Vollständigkeit des Marktes erhöht wird. Vgl. Allen/Gale (1991), S. 1045; Gaur/Seshadri/Subrahmanyam (2005), S. 6. Des Weiteren begründen Gaur/Seshadri/Subrahmanyam (2005) sowohl die Existenz von Tranching als auch von Pooling, ohne hierbei auf Transaktionskosten oder Informationsasymmetrien zurückgreifen zu müssen. Die Annahme unvollständiger Märkte reicht ihnen aus. Vgl. Gaur/Seshadri/Subrahmanyam (2005), S. 3. Sie zeigen, dass Pooling unter bestimmten Bedingungen Wert erzeugt und dazu führt, dass die teilnehmenden Unternehmen zusätzliche Projekte finanzieren können. Vgl. Gaur/Seshadri/Subrahmanyam (2005), S. 15. Tranching erzeugt ebenfalls Wert, da es jedem Investor die Tranche zur Verfügung stellt, die er am höchsten bewertet. Vgl. Gaur/Seshadri/Subrahmanyam (2005), S. 20.

337 Vgl. DeMarzo (2005), S. 1.

338 Vgl. Boot/Thakor (1993), S. 1349.

339 Vgl. Boot/Thakor (1993), S. 1360; DeMarzo/Duffie (1999), S. 70.

340 Vgl. Boot/Thakor (1993), S. 1366.

341 Vgl. Boot/Thakor (1993), S. 1368.

342 Vgl. Boot/Thakor (1993), S. 1351.

(1990) die Nachfrageseite, um das Tranching zu erklären. Sie gehen davon aus, dass besser informierte Investoren von der Existenz uninformierter Investoren profitieren können.[343] Dies kann verhindert werden, wenn die Zahlungsströme so aufgeteilt werden, dass die informationssensitiven Bereiche in einer eigenkapitalähnlichen Tranche konzentriert werden. Diese wird von den informierten Investoren übernommen, während sich uninformierte Investoren auf die anderen, vorrangigen Tranchen konzentrieren.[344] Die möglichen Verluste der uninformierten Investoren können durch diese Abspaltung reduziert und die Informationsvorteile der informierten Investoren bzgl. der vorrangigen Tranchen weitgehend eliminiert werden.[345]

DeMarzo/Duffie (1999) stellen fest, dass das Design der Finanzierung eines Projekts den Wunsch nach möglichst hoher Kapitalaufnahme und die Kosten möglicher Illiquiditäten auf Grund von Lemon-Problemen nach Akerlof[346] ausbalancieren muss. Sie kommen zu dem Ergebnis, dass das Unternehmen eine Aufspaltung der Zahlungsströme vornehmen und eine eigenkapitalähnliche Tranche selbst halten sollte. Die restlichen Tranchen besitzen dann eine geringere Sensitivität bzgl. privater Informationen und sind daher vom Lemon-Problem weniger betroffen.[347]

Sowohl Boot/Thakor als auch Gorton/Pennacchi und DeMarzo/Duffie kommen in Summe mit unterschiedlichen Modellen zu vergleichbaren Ergebnissen. DeMarzo (2005) verweist zudem auf weitere Effekte von Pooling und Tranching. Da das Pooling Informationsvorteile über die Qualität der einzelnen Bestandteile des Pools zerstört, sei reines Pooling nicht vorteilhaft.[348] Er führt weiter aus, dass das Pooling gleichzeitig jedoch auch Ausfallrisiken diversifiziert. Und erst dies ermöglicht es, im anschließenden Tranching eine risikoarme, liquide Tranche zu erzeugen.[349] Diese Kombination aus Pooling und Tranching ist daher dem reinen Tranching[350] und dem reinen Pooling überlegen.[351] Die Ergebnisse von DeMarzo sind denen von Boot/Thakor sehr ähnlich, jedoch gehen Boot/Thakor auf Diversifizierungs-

343 Vgl. Gorton/Pennacchi (1990), S. 49.
344 Vgl. Gaur/Seshadri/Subrahmanyam (2005), S. 7; DeMarzo/Duffie (1999), S. 70.
345 Vgl. Gorton/Pennacchi (1990), S. 65; Boot/Thakor (1993), S. 1351.
346 Vgl. Akerlof (1970).
347 Vgl. DeMarzo/Duffie (1999), S. 66–67.
348 Vgl. Gaur/Seshadri/Subrahmanyam (2005), S. 7.
349 Vgl. DeMarzo (2005), S. 2, 15, 17.
350 wie auch bei Boot/Thakor (1993).
351 Vgl. Gaur/Seshadri/Subrahmanyam (2005), S. 7.

effekte bzgl. des Noise der Informationen und DeMarzo auf das Ausfallrisiko der Zahlungsströme ein.

DeMarzo weist weiter darauf hin, dass die Informationszerstörung des Pooling geringer ist, je positiver die Informationen korreliert sind (z. B. industriespezifische Informationen) und die Risikodiversifizierung höher ist, je unkorrelierter die Risiken sind.[352]

Downing/Jaffee/Wallace (2005) untersuchen empirisch das Vorhandensein von Lemon-Problemen im MBS-Markt. Sie wählen diesen Markt, da informierte Marktteilnehmer wie die Originatoren und Investment-Banken vor der Verbriefung besser als die Investoren über die Qualität der unterliegenden Sicherheiten (Hypotheken) informiert sind, die Qualität jedoch ex post über veröffentlichte Performance-Daten eindeutig zu bewerten ist. Es findet, wie von DeMarzo/Duffie (1999) und DeMarzo (2005) vorhergesagt, ein Pooling und Tranching der einzelnen Portfolien statt. Allerdings werden auch einzelne Portfolien direkt, also ohne weiteres Pooling und Tranching, verkauft. Downing/Jaffee/Wallce kommen zu dem Ergebnis, dass die besseren MBS direkt verkauft werden und die schlechteren in einen Pooling- und Tranching-Prozess eingehen. Auf diese Weise wird empirisch die Existenz des Lemon-Problems in diesem Markt nachgewiesen. Die Selektion ist jedoch kein Problem, da durch das Tranching die riskanteren Elemente von den informierten Investoren korrekt bepreist und übernommen werden.[353]

Firla-Cuchra/Jenkinson (2005) haben die erste empirische Untersuchung zu den Gründen für Tranching im ABS-Bereich anhand europäischer Transaktionen durchgeführt.[354] Sie kommen zu dem Ergebnis, dass die Anzahl der Tranchen im Verlauf der Zeit ansteigt. Dies stimmt damit überein, dass Investoren in Europa mit der Zeit im Umgang mit ABS erfahrener werden.[355] Sie testen des Weiteren, ob das Vorhandensein asymmetrischer Informationen Auswirkungen auf die Anzahl der Tranchen einer Transaktion hat, und konstruieren hierfür eine Messgröße für den Umfang der asymmetrischen Informationen nach Asset-Klasse. Sie kommen zu

352 Vgl. DeMarzo (2005), S. 17.
353 Vgl. Downing/Jaffee/Wallace (2005), S. 3–4, 20.
354 Vgl. Firla-Cuchra/Jenkinson (2005), S. 2.
355 Vgl. Firla-Cuchra/Jenkinson (2005), S. 11.

dem Ergebnis, dass ein signifikanter, positiver Effekt erzielt wird, und bestätigen damit die oben genannten modelltheoretischen Überlegungen.[356]

Stimmen diese Überlegungen mit der Strukturierung der Verbriefungen von Handelsforderungen überein? Wie dargestellt, läuft diese Verbriefungsart hauptsächlich über die Verwendung von Multi-Seller-Conduits und den ABCP-Markt. Großunternehmen nutzen teilweise auch Term Deals. Da diese jedoch auf Grund des Mindestvolumens für den Mittelstand nicht in Frage kommen, der im Fokus dieser Arbeit steht, werden Term Deals hier nicht weiter berücksichtigt.

Originatoren verkaufen in einer ABS-Transaktion nicht wie im Factoring einzelne Forderungen, sondern ganze Portfolien von Forderungen. Es findet also bereits ein erstes Pooling auf der Ebene des Originators statt. Anschließend wird das Portfolio in Tranchen unterteilt. Das verkaufende Unternehmen übernimmt ein nachrangiges FLP, der Rest fließt in ein Multi-Seller Conduit. Eine Kreditversicherung übernimmt eventuell über das FLP hinausgehende Teile des Ausfallrisikos, finanziert die Forderungen jedoch nicht. Auf der Ebene des Conduits findet anschließend ein weiteres Pooling mit anderen Transaktionen und sonstigen Aktiva statt. Programmübergreifende Versicherungen und Kreditgeber übernehmen nachrangige Risikotranchen, der verbleibende Rest wird an die ABCP-Investoren weitergereicht.[357]

Dieses Design stimmt mit den hier dargestellten modelltheoretischen Ergebnissen überein. Zum einen existieren asymmetrische Informationsverteilungen über die Qualität der einzelnen Forderungen. Das verbriefende Unternehmen und Warenkreditversicherungen besitzen gegenüber der strukturierenden Bank und den ABCP-Investoren Informationsvorteile. Die Übernahme des FLP und weiterer Risikotranchen durch beide Parteien entspricht daher den modelltheoretischen Erwartungen. Die ABCP-Investoren besitzen praktisch kein direktes Wissen über die Qualität der unterliegenden Forderungen und müssen sich auf die Struktur der Transaktion verlassen.[358] Auch kann selbst mit hohem Aufwand der von Boot/Thakor angesprochene Noise in den Informationen über die Qualität der

[356] Vgl. Firla-Cuchra/Jenkinson (2005), S. 24.
[357] Vgl. Abschnitt 2.2, S. 16.
[358] Die Investoren erhalten über die Rating-Note der Rating-Agenturen eine Einschätzung der Qualität der ABCP. Die in der Regel sehr guten Ratings sind jedoch erst durch die Struktur der Transaktion möglich.

Forderungen nicht vollständig eliminiert werden, da es keine definitiven Informationen über zukünftige Ausfälle von Unternehmen gibt. Daneben bestätigt auch die Feststellung von DeMarzo, dass die Informationszerstörung des Pooling geringer ist, je positiver die Informationen korreliert sind, und die Risikodiversifizierung höher ist, je unkorrelierter die Risiken sind, die Beobachtungen am ABS-Markt. Eine Mischung von Assets ist selten, da sonst die Korrelation der Informationen geringer wäre und es wird eine regionale oder industriespezifische Streuung der Unternehmen versucht, um Korrelationen des Ausfallrisikos zu vermeiden.[359]

Die hier vorgestellten Arbeiten haben gezeigt, dass die Struktur der Verbriefung von Handelsforderungen über Multi-Seller Conduits durch theoretische Überlegungen begründet werden kann. Dieses Design wird im Folgenden jedoch nicht weiter analysiert, da der Fokus dieser Arbeit auf dem verbriefenden Unternehmen an sich liegt. Dies schließt auch die Beziehung zur Zweckgesellschaft und zur strukturierenden Bank ein, betrifft jedoch nicht die für das Unternehmen als gegeben festgelegte Struktur der Verbriefung.

Vielmehr soll aus der Sicht des Unternehmens untersucht werden, ob die Forderungen mit einem Lemon-Abschlag verkauft werden müssen oder ob die ABS-Struktur dieses Problem effektiv ausgeräumt hat. Folgende Erwartung wird daher empirisch überprüft:

Erwartung A.1: Das Lemon Problem bzgl. der Qualität der zu verbriefenden Forderungen wird im Rahmen einer Verbriefungstransaktion überwunden.

Neben der Frage, ob die asymmetrischen Informationsverteilungen angeglichen werden können, sind auch die Kosten dieses Prozesses nicht zu vernachlässigen. Wenn das Unternehmen zwar keinen Lemon-Abschlag mehr in Kauf nehmen muss, dafür jedoch ebenso hohe Kosten in anderen Bereichen anfallen, ist kein Mehrwert entstanden. Diese Fragestellung soll ebenfalls geprüft werden.

Wie oben erwähnt, argumentieren Cowley/Cummins (2005), dass in einer Verbriefungstransaktion Informationen über die zu verbriefenden Aktiva kostengünstig bereitgestellt werden können, da es sich um einen Pool relativ homogener Aktiva

---

[359] Vgl. DeMarzo (2005), S. 17.

handelt.[360] Im Falle der Verbriefung von Handelsforderungen kann dies über eine Darstellung der historischen Performance der Forderungen erreicht werden.

Es soll daher untersucht werden, ob die Bereitstellung dieser Informationen für das verbriefende Unternehmen kostengünstig war, ob es Probleme hierbei gab und wenn ja, welcher Art sie waren.

Erwartung A.2: Informationsasymmetrien bzgl. der Handelsforderungen können im Rahmen der Verbriefungstransaktionen durch die Erstellung einer Forderungshistorie kostengünstig behoben werden.

5.3.1.2 Signaling des Unternehmenswerts

Zur genannten Überwindung des Lemon-Problems für die verbrieften Aktiva, führt Hill (1996) weiter an, dass auch Lemon-Abschläge für das gesamte Unternehmen durch den Signaling-Effekt einer ABS-Transaktion reduziert werden können. Hill geht davon aus, dass schlechte Unternehmen im Rahmen einer ABS-Transaktion aussortiert werden,[361] also keine Forderungen verbriefen können. Die erfolgreiche Durchführung einer Verbriefungstransaktion signalisiert externen Parteien damit eine ausreichend gute Qualität des Unternehmens.[362]

Hinzu kommt, dass ABS momentan als innovatives Finanzierungsinstrument wahrgenommen werden. Dies wirkt ebenfalls als positives Signal, weil das Unternehmen dadruch mitteilt, dass es in der Lage ist, ABS überhaupt durchzuführen. Dies impliziert nämlich, dass die internen Prozesse, z. B. das Debitorenmanagement, von für ABS ausreichender Qualität sind. Interessant ist, dass ABS insbesondere im Vergleich zu Factoring einen positiveren Ruf besitzt.[363]

Wenn ein positives Signal durch ABS ausgesendet wird, ist zu erwarten, dass es für den Mittelstand stärker ausfällt als für Großunternehmen, da Unternehmen im Mittelstand im Vergleich zu börsennotierten Unternehmen, aber auch zu größeren Unternehmen insgesamt, mit stärkeren Lemon-Problemen zu kämpfen haben. Die vorhandenen Informationen über die wirtschaftliche Situation der mittelständischen Unternehmen sind geringer und die Bewertungen von Analysen praktisch nicht

---

[360] Vgl. Cowley/Cummins (2005), S. 199.

[361] Abschnitt 7.2.5 geht darauf ein, ob eine Filterung nach der Bonität der Originatoren überhaupt stattfindet.

[362] Vgl. Hill (1996), S. 1093.

[363] Vgl. Dentz (2004), S. 12 Lubitz (2005), S. b10.

existent.[364] Daher wird erwartet, dass eine ABS-Transaktion bei Großunternehmen geringere Signaling-Effekte als für Unternehmen des Mittelstands auslöst.

Erwartung A.3: Unternehmen aus dem Mittelstand erfahren durch ABS einen Reputationsgewinn. Dieser ist bei Großunternehmen geringer.

Da ein Reputationsgewinn schwer direkt messbar ist, werden folgende Merkmale zur Bewertung der Erwartung herangezogen:

I. Verbriefungstransaktionen haben aus Sicht des Unternehmens einen guten Ruf.

II. Die Bankpartner bewerten die ABS-Transaktion positiv.

III. Kunden und Zulieferer (falls informiert) bewerten die Transaktion positiv.

Werden diese Merkmale vorgefunden, kann auf einen Reputationsgewinn geschlossen werden.

Neben diesen positiven Wirkungen ist es auf der anderen Seite aber auch möglich, dass ABS-Transaktionen als negatives Signal aufgefasst werden. In den 1990er Jahren wurden Finanzierungen über nicht konsolidierte Zweckgesellschaften insbesondere durch den Skandal um das Energieunternehmen Enron mit einem negativen Ruf belegt. Enron hat umfangreich auf Zweckgesellschaften zurückgegriffen, um eine Off-Balance-Sheet-Finanzierung zu erreichen. Dies brachte die Verwendung von Zweckgesellschaften insgesamt in Verruf.[365]

Es soll daher untersucht werden, wie verbriefende Unternehmen mit ausländischen Zweckgesellschaften umgehen und ob sie ein deutsches SPV bevorzugen würden.

Erwartung A.4: Unternehmen bevorzugen auf Grund der Assoziation von ausländischen Zweckgesellschaften mit Finanzierungsskandalen eine deutsche Zweckgesellschaft.

Nach der Vorstellung der Signaling-Effekte von ABS auf die Bewertungen der Originatoren wird im nächsten Abschnitt untersucht, welche Informationen die Beteiligten der Transaktionen auf direktem Wege über den Originator erhalten.

---

[364] Vgl. Malitz (1986), S. 20; Schnell (2005), S. 27.
[365] Vgl. Schwarcz (2002), S. 25.

5.3.1.3 Offenlegungspflichten

Der Erhalt von Liquidität vom Kapitalmarkt ist (wie z. B. bei der Ausgabe von Anleihen oder Aktien) mit weit reichender Offenlegung von Finanzberichten und sonstigen Unternehmensinformationen verbunden. Regelmäßig müssen die Unternehmen ihre Kapitalgeber über aktuelle Entwicklungen informieren.

Insbesondere mittelständische Unternehmen sind jedoch in ihrer Informationsbereitstellung oft sehr zurückhaltend und nehmen selbst von den gesetzlich vorgeschriebenen Veröffentlichungen der Jahresabschlüsse Abstand. Häufig wird befürchtet, dass Konkurrenten oder Kunden durch die Berichte unerwünschte Einblicke in den Geschäftsverlauf erhalten und so eine bessere Verhandlungsposition einnehmen könnten. Daher wird der Gang an den Kapitalmarkt (wenn von der Größe her möglich) von vielen dieser Unternehmen nicht in Betracht gezogen. Die Verbriefung von Handelsforderungen könnte hier eine interessante Alternative sein, um auf indirektem Wege Liquidität vom Kapitalmarkt zu erhalten.[366]

Die Fragestellung nach dem Grad der Offenlegung ist eng verbunden mit dem Umfang der Monitoring-Aktivitäten (Abschnitt 5.3.2.3), da auch dort Informationen offen gelegt werden müssen. Im Sinne der Trennung nach Hidden Information und Hidden Action soll hier die Offenlegung von Unternehmensdaten vor Beginn der Verbriefung untersucht werden, während sich das Monitoring auf den Zeitverlauf während der Transaktion bezieht.

Um die Verbriefung von Handelsforderungen in Bezug auf die Offenlegungspflichten bewerten zu können, ist es zunächst notwendig, die tatsächliche Bereitstellung und Veröffentlichung von Informationen zu untersuchen. Nach dem Prinzip einer ABS-Transaktion, d. h. der Trennung von Originator und Aktiva, müssten die Zweckgesellschaften überwiegend an der Qualität des Forderungsportfolios interessiert sein. Da jedoch deren vollständige Trennung bei einer Verbriefung von Handelsforderungen angezweifelt wird, ist von Interesse, welchen Einfluss dies auf die Offenlegung von Unternehmensdaten hat. Es soll daher untersucht werden, welche Informationen über das verbriefende Unternehmen an wen weitergegeben werden müssen.

---

[366] Vgl. Roever/Fabozzi (2003), S. 7.

Bei einer Bewertung von ABS durch die Unternehmen wird die Verbriefung von Handelsforderungen jedoch nicht nur mit der für diese Unternehmen hypothetischen Kapitalbeschaffung über den direkten Weg an den Kapitalmarkt, sondern vielmehr mit bestehenden Finanzierungen verglichen. Wie in Abschnitt 3 dargestellt, finanziert sich der große Mittelstand immer noch zu großen Teilen über den klassischen Bankkredit. Neben dem Vergleich mit direkten Kapitalmarktinstrumenten ist daher auch der Vergleich zu normalen Kreditverhältnissen von Interesse. Es wird angenommen, dass diese von mittelständischen Unternehmen eher als Alternative zu ABS gesehen werden als der direkte Kapitalmarktzugang. Dies wird ebenfalls untersucht.

Erwartung A.5: Der Umfang der bereitzustellenden Informationen ist bei Verbriefungstransaktionen geringer als bei Kapitalmarktinstrumenten.

5.3.2 Hidden Action

Im Bereich der Hidden Action werden in den nächsten Abschnitten Agency-Probleme dargestellt, die während der Verbriefung auftreten können. Zunächst wird der Moral Hazard (Abschnitt 5.3.2.1) untersucht und anschließend die Eliminierung von Noise (Abschnitt 5.3.2.2) sowie allgemeine Auswirkungen auf das Monitoring-Verhalten von Kapitalgebern (Abschnitt 5.3.2.3) analysiert. Des Weiteren werden Free Cash Flows und Free Assets (Abschnitt 5.3.2.4) sowie die Linderung von Underinvestment-Problemen untersucht (Abschnitt 5.3.2.5), bevor abschließend das wichtigste Agency-Problem bzgl. des Verlusts von Sicherheiten für unbesicherte Gläubiger diskutiert wird (Abschnitt 5.3.2.6).

5.3.2.1 Moral Hazard

Laut Jobst (2003b) bestehen in einer ABS-Transaktion sowohl Ex-ante- als auch Ex-post-Moral-Hazard-Probleme.[367] Das verbriefende Unternehmen könnte zum einen sein Wissen über die Qualität der zu verkaufenden Aktiva ausnutzen und insbesondere „schlechte“ Aktiva auswählen, d. h. solche mit einem besonders hohen Ausfallrisiko. Gute Forderungen behält das Unternehmen zurück („Cherry Picking“). Dies bezeichnet man als den Ex-ante-Moral-Hazard oder Adverse Selection.

---

[367] Beide werden zur besseren Übersicht in diesem Abschnitt betrachtet, auch wenn der Ex-ante-Moral-Hazard auch dem Abschnitt „Hidden Information“ zugeordnet werden könnte.

Nach dem Verkauf besteht das Ex-post-Moral-Hazard-Problem. Der Originator kann den Wert der verkauften Forderungen durch seine Bemühungen im Rahmen des Servicing beeinflussen. Diese Aktivitäten sind für den Forderungsverkäufer nicht komplett zu überprüfen, so dass er nur die besten Forderungen ankaufen wird.[368]

Damit ABS-Transaktionen überhaupt funktionieren können, müssen die Moral-Hazard-Probleme entschärft werden, indem der Originator über das Halten eines nachrangigen Anteils an den Forderungen (das FLP[369]) die erwarteten Ausfälle weiterhin selbst trägt. Wenn die Struktur stimmt, hat der Originator keinen Anreiz mehr, Ex-ante- oder Ex-post-Moral-Hazard zu betreiben.[370] Dazu muss dass FLP an die Größe der erwarteten Ausfälle angepasst werden, d. h., je größer die erwarteten Ausfälle sind, desto größer muss das FLP sein, um Moral-Hazard-Probleme wirksam zu lindern.[371]

Da die Risikoübernahme des Originators in ABCP-Transaktionen Standard ist, sollten bei diesen Transaktionen keine Moral-Hazard-Probleme mehr bestehen. Dennoch wird diese Fragestellung zur Untermauerung der Annahme in den empirischen Untersuchungen dieser Arbeit berücksichtigt.

Erwartung A.6: Durch die Struktur der Verbriefungstransaktion besteht für den Originator kein Anreiz für Moral-Hazard-Handlungen.

5.3.2.2 Eliminierung von Noise

Iacobucci/Winter (2005) zeigen, dass durch die Verwendung von ABS fünf Mechanismen zur Reduzierung von Agency-Kosten verbessert werden können. Drei dieser fünf Mechanismen basieren auf der Annahme, dass durch den Verkauf von Aktiva Störungen (Noise) auf das Ergebnis bzw. den Gewinn des Unternehmens eliminiert werden, weil die Cash Flows der verkauften Assets in geringerem Maße als die verbleibenden Assets von der Qualität des Managements abhängen.[372] Darin wäre eine ABS-Transaktion einem besicherten Kredit überlegen, da hier das Ausfallrisiko und damit der Noise beim Unternehmen verbleiben.[373]

[368] Vgl. Jobst (2003b), S. 5; Sopranzetti (1998), S. 340–341.
[369] Vgl. Abschnitt 2.3, S. 21.
[370] Vgl. Jobst (2003b), S. 7,9.
[371] Vgl. Palia/Sopranzetti (2004), S. 35.
[372] Vgl. Iacobucci/Winter (2005), S. 173–178.
[373] Vgl. Iacobucci/Winter (2005), S. 188; Fan/Ong/Sing (2006), S. 248.

Allerdings sind Forderungsausfälle nicht vollständig unabhängig von der Qualität des Managements. Forderungsausfälle insgesamt beeinflussen das Ergebnis eines Unternehmens und fließen damit auch in die Bewertung des Managements ein. Dies sollte auch gewünscht sein, so dass insgesamt geringere Forderungsausfälle dem Management positiv angerechnet werden können. Die Qualität des Debitorenmanagements ist steuerbar und sollte in die Bewertung der Unternehmensführung mit eingehen. Allerdings hängen Forderungsausfälle auch von der geschäftlichen Entwicklung der Debitoren (und damit externen Faktoren) ab und schwanken in ihrer Höhe im Zeitverlauf. Diese Schwankungen verschleiern die Leistung der Unternehmensführung. Risikoreichere Debitoren können zwar durch eine gute Auswahl der Kunden aussortiert bzw. reduziert werden, aufgrund einer unvollständigen Informationslage werden jedoch immer unerwartete Forderungsausfälle entstehen.

Wenn durch den Verkauf der Forderungen diese nicht zu beeinflussenden Ausfälle auf den Forderungskäufer übergehen, kann der Noise aus Forderungsausfällen reduziert werden. Laut Iacobucci/Winter (2005) verbessert dies zunächst die Effizienz der Monitoring-Systeme. Die Überwachung des Managements wird nicht mehr durch die erwähnten externen Effekte behindert und der Erfolg der Unternehmensleitung ist direkter und klarer zu messen. Des Weiteren wird angeführt, dass auch die Incentivierung des Managements ohne Noise besser wirkt. Wenn die Effekte guter Arbeit unverfälschter in das Ergebnis des Unternehmens eingehen, besteht ein direkterer Zusammenhang zwischen Arbeitsqualität und ergebnisabhängiger Entlohnung. Auch wirkt sich dies direkter auf die Reputation des Managements und damit zukünftige Arbeitsverhältnisse aus. Zuletzt erhöht die Reduzierung des Noise die Effizienz einer Übernahmedrohung. Schlechte Ergebnisse sind klarer auf eine schlechtere Leistung des Managements zurückzuführen und bewirken so einen gesteigerten Arbeitseinsatz.[374]

Über die tatsächliche Größe des Risikotransfers in Verbriefungstransaktionen gibt es nur wenige Untersuchungen. Jobst (2005a) analysiert die Bewertung einzelner Tranchen im Rahmen einer Kreditverbriefung nach dem CLO-Schema. Er verwendet Monte-Carlo-Simulationen, um die Ausfälle des verbrieften Kreditportfolios abzuschätzen. Zur Kalibrierung der Simulationen werden Daten aus durchgeführten CLO-Transaktionen herangezogen. Die Größen der einzelnen Tranchen werden

[374] Vgl. Iacobucci/Winter (2005), S. 173–178.

ebenfalls Marktdaten entnommen. Als Nebenergebnis der Bewertungsanalyse stellt Jobst fest, dass die erwarteten Ausfälle zu 60 % bis 98 % von dem vom Originator gehaltenen FLP übernommen werden und damit die unerwarteten Ausfälle größtenteils auf die anderen Tranchen übergehen.[375]

Dies unterstützt die Ausführungen von Iacobucci/Winter (2005). Die unerwarteten Ausfälle stellen den Noise dar. Wenn diese Ausfälle von den verkauften Tranchen gehalten werden, gehen sie nicht mehr in die Ergebnisberechnung des Originators ein. Je stärker die unerwarteten Ausfälle übertragen werden, desto größer ist die Reduzierung des Noise. Schon eine teilweise Übertragung sollte positive Auswirkungen haben. Anders argumentiert kommt es nur selten zu einer Reduzierung des Noise, wenn ein Vielfaches der erwarteten Ausfälle beim Originator verbleibt.

Es ist bei der Verbriefung von Handelsforderungen zu hinterfragen, ob tatsächlich eine Reduzierung der Schwankungsbreite der Forderungsausfälle erreicht werden kann. Dies hängt davon ab, in welchem Umfang Forderungsausfälle von der ankaufenden Zweckgesellschaft übernommen werden.[376] Wenn ein Vielfaches der erwarteten Ausfälle beim verkaufenden Unternehmen verbleibt, kommt es nur bei sehr extremen Ausfällen zu einer Reduzierung der Effekte aus dem Forderungsausfall. Daher soll der tatsächlich durchgeführte Risikotransfer intensiv analysiert werden.

Erwartung A.7: Die Verbriefung von Handelsforderungen erhöht die Effizienz von Monitoring- und Anreizsystemen.

5.3.2.3 Monitoring des Forderungsverkäufers

In diesem Abschnitt wird eine Erwartung an die Monitoring-Aktivitäten zur Überwachung der Originatoren entwickelt. Zunächst wird der Sinn und Nutzen von Monitoring allgemein dargestellt.

Kreditgeber müssen das Risiko tragen, dass Kreditnehmer nach Abschluss des Kreditvertrages ihre Position schwächen, in dem sie z. B. Asset Substitution betreiben.[377] Kreditgeber versuchen, dies über eine entsprechende Gestaltung der

[375] Vgl. Jobst (2005a), S. 23.
[376] Vgl. Iacobucci/Winter (2005), S. 187.
[377] Vgl. Culp (2002), S. 100.

Vertragswerke zu verhindern.[378] Um die vereinbarten Verhaltensregeln zu überprüfen, muss eine Überwachung des Kreditnehmers durchgeführt werden. Kreditgeber schätzen die Kosten dieser Aktivitäten ab und verlangen einen entsprechenden Aufschlag auf ihre Zinssätze.[379] Verschiedene Finanzierungsinstrumente haben positive Effekte auf das Risiko einer Asset Substitution und können daher Monitoring-Kosten senken. Diese werden im Folgenden dargestellt.

Smith Jr./Warner (1979) argumentieren, dass besicherte Schulden das Problem der Asset-Substitution reduzieren, da die Gläubiger Rechte an den als Sicherung dienenden Aktiva haben und diese daher nicht gegen risikoreichere Aktiva getauscht werden könnten.[380] Ähnlich wird auch in Bezug auf Captive Finance Companies argumentiert. Diese reduzieren ebenfalls das Asset-Substitution-Problem, da der Geschäftsauftrag der CFC auf die Finanzierung der übertragenen Forderungen eingeschränkt und eine Substitution der Aktiva damit ausgeschlossen ist.[381] Dies trifft auch auf die Verbriefung von Handelsforderungen zu, in der Investoren Kapital an eine Zweckgesellschaft geben, deren einzige Geschäftsaufgabe der Ankauf von Aktiva ist. Das Problem der Asset Substitution ist in der Zweckgesellschaft damit relativ sicher ausgeschlossen.[382]

In einer idealen ABS-Transaktion ist das Ausfallrisiko des Originators perfekt von der Zweckgesellschaft abgeschirmt, so dass seine Aktivitäten die ABS-Investoren nicht schädigen können. Und wenn dies der Fall ist, sollten die Monitoring-Kosten der ABS-Investoren geringer sein als die von „normalen" Kreditgebern, da sie nur noch den Forderungspool überwachen müssen und das verbriefende Unternehmen vernachlässigen können. Dies wird in der Literatur überstützt. Cowley/Cummins (2005) argumentieren sehr allgemein, dass die verkauften Aktiva vom Geschäftsbetrieb des Originators abgetrennt und damit auch von den Agency-Kosten isoliert sind.[383] Aidun/Farley (1995) führen weiter aus, dass die angekauften Assets in einer

---

378 Vgl. Fama/Miller (1972), S. 151; allerdings können die Kreditgeber nicht alle möglichen Handlungen des Kreditnehmers vorhersehen. Selbst wenn dies möglich wäre, würde eine alles umfassende vertragliche Gestaltung prohibitiv hohe Kosten verursachen. Vgl. Graff/Kairys Jr. (2005b), S. 15; Jensen/Meckling (1976), S. 45–46.

379 Vgl. Schwarcz (1994), S. 150.

380 Vgl. Smith Jr./Warner (1979), S. 127–128; Jensen/Smith Jr. (2000), S. 30.

381 Vgl. Dipchand/Roberts/Viscione (1982), S. 190; Hagaman (1969), S. 1284; Ronen/Sondhi (1989), S. 261.

382 Vgl. Schwarcz (1994), S. 151.

383 Vgl. Cowley/Cummins (2005), S. 200.

ABS-Transaktion vor einer eventuellen Insolvenz des verkaufenden Unternehmens geschützt sind und damit das Insolvenzrisiko des Originators ignoriert werden kann.[384] Investoren würden in diesem Fall nur die Qualität der verbrieften Aktiva bewerten und die Bonität des Originators ignorieren.[385]

Die Trennung von Originator und Zweckgesellschaft bzw. den verkauften Aktiva ist jedoch insbesondere im Fall der Verbriefung von Handelsforderungen zu hinterfragen. Zum einen kann der Originator über den Einzug der Forderungen auf deren Wert einwirken.[386] Zwar können Moral-Hazard-Probleme durch ein vom Originator zu tragendes First Loss Piece reduziert werden, ein Restrisiko verbleibt jedoch.[387] Darüber hinaus steigt mit schlechterer Bonität der Originatoren das Risiko, dass die ABS-Struktur im Falle einer Insolvenz des Originators von den Gläubigern und dem Insolvenzverwalter angegriffen wird und die Transaktion in ein besichertes Kreditverhältnis umqualifiziert wird.[388] Hinzu kommt, dass Betrugsfälle bei alternativen Finanzierungen nicht zu 100% ausgeschlossen werden können, wie die Fälle von Parmalat in Bezug auf ABS und Nici im Bereich der Mezzanine-Finanzierung zeigen.[389]

Auch gibt es weitere mögliche Konflikte im Falle einer Insolvenz des Originators. Eingegangene Zahlungen aus verkauften Forderungen können zwar von der Zweckgesellschaft aus der Insolvenzmasse abgesondert werden. Hierfür erhebt der Insolvenzverwalter jedoch Gebühren.[390] Zuletzt besteht das Risiko, dass Schuldner sich weigern, noch offene Forderungen an das ihnen bis dahin unbekannte SPV zu zahlen, oder eigene Forderungen gegen den Originator vom Forderungsbetrag abziehen. Zwar gibt es Mechanismen, um auch diese Risiken zu reduzieren (wie z. B. die tägliche Abführung eingegangener Zahlungen und der Ausschluss von Debitoren mit eigenen Forderungen an den Originator), dennoch scheint die Risikotrennung der verkauften Forderungen vom Originator nicht vollständig zu sein.[391]

---

[384] Vgl. Aidun/Farley (1995), S. 35.
[385] Vgl. Schwarcz (1994), S. 136; dies würde weiter bedeuten, dass Verbriefungstransaktionen insbesondere für Unternehmen mit schlechterer Bonität von Vorteil sind, vgl. Abschnitt 5.1.2, S. 73.
[386] Vgl. Roever/Fabozzi (2003), S. 11–12.
[387] Vgl. Abschnitt 5.3.2.1, S. 111.
[388] Vgl. Schwarcz (1994), S. 137.
[389] Vgl. Berni (2004), S. 20; o. V. (2006), S. 56.
[390] Im Gegensatz zu den verkauften Forderungen, die ausgesondert werden; vgl. §§ 47–52 InsO.
[391] Vgl. Abschnitt 5.2.6, S. 93.

Hierfür spricht auch eine empirische Untersuchung von Higgins/Mason (2004). Sie analysieren ABS-Transaktionen im Bereich von Kreditkartenforderungen und den Mehrwert freiwilliger Haftung der Originatoren für Ausfälle und kommen zu dem Ergebnis, dass im ABS-Markt ein Zusammenhang zwischen der Bonität des verbriefenden Unternehmens und der Möglichkeit, Forderungen zu verbriefen, besteht.[392]

Wenn allerdings die Risikotrennung zwischen Originator und Zweckgesellschaft nicht perfekt ist, wird ein vollständiger Verzicht auf Überwachungsaktivitäten sehr unwahrscheinlich. Das Monitoring könnte jedoch von geringerem Umfang sein als bei normalen Kreditverhältnissen üblich. Erstens argumentiert Schwarcz (1995), dass Monitoring-Aktivitäten von den Risikoträgern der Credit Enhancements übernommen werden, die über notwendiges Spezialwissen verfügen und das Monitoring daher günstiger leisten können.[393] Zweitens wird im Rahmen der Analyse von CFCs in den USA darauf verwiesen, dass durch die Abtrennung von Aktiva in spezielle Finanzierungsgesellschaften die Analyse sowohl des abgetrennten Teils als auch des Restunternehmens einfacher und damit die Agency-Kosten reduzierend durchgeführt werden könnte.[394]

Es kann zusammengefasst werden, dass die Trennung von Originator und Forderungen wahrscheinlich unvollständig sein wird und Monitoring-Aktivitäten der Zweckgesellschaft erwartet werden. Diese Überwachung könnte jedoch von geringerer Intensität sein als in einem Kreditverhältnis. Dies wird als Vorgabe für die empirischen Untersuchungen angenommen.

Erwartung A.8: Es findet ein Monitoring des Forderungsverkäufers statt. Diese Aktivitäten sind jedoch geringer als die eines Kreditverhältnisses.

Die empirische Überprüfung und Analyse dieser Erwartung wird mit Hilfe des Pattern Matching durchgeführt. Basis des Monitoring sind die Informationen, die der Originator zur Verfügung stellt. Der Umfang dieser Daten soll analysiert werden (Merkmal I). Die strukturierende Bank verarbeitet diese Daten jährlich im Rahmen der Erneuerung der Liquiditätslinie. Dieser Vorgang soll ebenfalls untersucht werden (Merkmal II). Zuletzt kann Monitoring auch über den Einbau

392 Vgl. Higgins/Mason (2004), S. 875.
393 Vgl. Schwarcz (1995), S. 30–32.
394 Vgl. Hagaman (1969), S. 1285.

von Covenants erfolgen. Auf Grund der erwarteten teilweisen Risikotrennung könnten diese weniger eng gesetzt werden als in Kreditverträgen (Merkmal III).

Übersicht der Merkmale:

I. Der Originator stellt Informationen über seine Geschäftsentwicklung zur Verfügung. Diese sind jedoch von geringerem Umfang als in einem Kreditverhältnis.

II. Die strukturierenden Banken führen bei der Vergabe der Liquiditätslinie eine Prüfung mit geringem Bezug zur Bonität des Originators durch, da die Linie überwiegend Risiken aus Störungen am CP-Markt trägt.

III. Falls Financial Covenants in den Verbriefungsverträgen existieren, sind diese weniger eng als in Kreditverträgen gesetzt.

5.3.2.4 Free Cash Flow

Mit Free Cash Flow (FCF) wird die Liquidität bezeichnet, die nach Finanzierung aller Projekte mit positivem Net Present Value (NPV) noch überschüssig ist. Jedoch könnte das Management diese Liquidität für eigene Zwecke (z. B. Empire Building) verwenden. Auch kann das Management den Monitoring-Druck des Kapitalmarkts reduzieren bzw. verhindern, wenn die Aufnahme von neuem Kapital durch das Vorhalten von Liquidität verhindert wird. Es sollte daher das Ziel der Eigentümer sein, das Management zu einer Reduzierung der FCFs zu bewegen.[395]

Dies kann z. B. durch die Verpflichtung, Zinsen aus einem Kreditverhältnis zu zahlen, erreicht werden. Diese Zinszahlungen reduzieren zukünftige FCFs.[396] Wie in Abschnitt 5.4.2 beschrieben, gleichen die Zahlungsströme einer Verbriefung von Handelsforderungen denen eines normalen Kredits. Damit bietet ABS auf Grund der ebenfalls anfallenden Zinszahlungen die gleichen Vorteile bzgl. der Free-Cash-Flow-Problematik wie Kreditverhältnisse.

Darüber hinaus wird argumentiert, dass ABS zu einer weiteren Reduzierung der FCF-Agency-Probleme führt. Iacobucci/Winter (2005) weisen darauf hin, dass Verbriefungstransaktionen zukünftige kleinere Zahlungsströme in einen größeren

395 Vgl. Jensen (1986), S. 323–324.
396 Vgl. Culp (2002), S. 99; Jensen (1986), S. 323–324.

Zahlungsstrom zum Beginn der Transaktion umwandeln und dadurch die Überwachung der Verwendung der Gelder vereinfachen.[397] Bei der Verbriefung von Aktiva, die langfristige und differenzierte Zahlungsströme verursachen, wie z. B. Kredite mit Zins- und Tilgungszahlungen, ist dies nachzuvollziehen. Handelsforderungen haben in der Regel jedoch wesentlich kürzere Laufzeiten (bis zu ca. 90 Tagen) und verursachen nur einen einzigen Zahlungsstrom. Der Vorzieheffekt ist daher wesentlich geringer. Letzlich werden durch die revolvierende Struktur der Transaktionen nur die Zahlungsströme der letzten Periode auf den Verbriefungsbeginn vorgezogen.[398] Während der Transaktion gleichen sich Einzahlungen aus verkauften Forderungen und die Abführung eingegangener Zahlungen auf vorher verkaufte Forderungen aus.[399] Der Kontrollvorteil ist bei der Verbriefung von Handelsforderungen daher nur sehr eingeschränkt vorhanden.

Ngo (2002) vergleicht die nicht als Sicherheiten verwendeten Aktiva mit den FCFs und bezeichnet sie als Free Assets. Ebenso wie FCFs geben sie dem Management Sicherheit und die Möglichkeit für Nachlässigkeiten, da sie in Krisen verkauft oder als Sicherheiten verwendet werden können. Laut Ngo besitzen Free Assets gegenüber Free Cash Flows jedoch den Vorteil, dass sie von den Eigentümern nicht so einfach aufgespürt werden können. Wenn das Management Free Assets zurückhält, könnte es sein, dass ist die Finanzierung des Unternehmens nicht optimal ist.[400] Daher sollten im Interesse der Eigentümer die Free Assets zur Vermeidung von Nachlässigkeiten des Managements überprüft werden. ABS-Transaktionen reduzieren den Umfang freier Aktiva und könnten daher, Ngo folgend, auch in diesem Bereich positive Effekte nach sich ziehen.[401]

Die Vorteile einer Free-Asset-Reduzierung sind nicht direkt messbar. Umfangreiche Vergleiche von verbriefenden und nicht verbriefenden Unternehmen sind für eine Bewertung dieser Fragestellung notwendig. Da der Fokus dieser Arbeit jedoch auf den einzelnen Transaktionen liegt, wird auf eine weitere Analyse verzichtet.

---

[397] Vgl. Iacobucci/Winter (2005), S. 180.
[398] Vgl. auch Abschnitt 5.4.2.
[399] Annahme: konstantes Verbriefungsvolumen.
[400] Vgl. Abschnitt 2.5.1.
[401] Vgl. Ngo (2002), S. 423–425.

5.3.2.5 Underinvestment-Probleme

Das Underinvestment-Problem geht auf Myers (1977) zurück, der feststellte, dass Unternehmen mit nicht risikofreier Verschuldung unter bestimmten Bedingungen Projekte mit positivem NPV, die eine Steigerung des Unternehmenswerts bewirken würden, nicht durchführen, da nur der Wert des Fremdkapitals und nicht des Eigenkapitals stiege.[402]

Verschiedene Autoren haben gezeigt, dass dieses Problem durch den gezielten Einsatz spezieller Finanzierungsinstrumente gelindert werden kann. Zunächst bestätigen Stulz/Johnson (1985) dies für besicherte Kredite. Diese profitieren weniger stark von positiven NPV-Projekten als unbesicherte Kredite. Wenn sich ein Unternehmen mit besicherten Krediten finanziert, ist es daher wahrscheinlicher, dass es auch Projekte durchführen kann, die es mit einer Finanzierung über unbesicherte Kredite auf Grund der Underinvestment-Problematik abgelehnt hätte.[403]

Mian/Smith Jr. (1992) ergänzen dies, indem sie in einer empirischen Untersuchung verschiedener Möglichkeiten des Debitorenmanagements darauf hinweisen, dass neben besicherten Schulden auch Captive Finance Companies das Underinvestment-Problem durch eine Abtrennung der Forderungsliquidität vom operativen Cash Flow reduzieren können.[404]

Zudem zeigt Sopranzetti (1999), dass die Verbriefung von Forderungen Underinvestment-Probleme lindern kann. Unternehmen mit Forderungen ausreichender Qualität können die Verwendung von Krediten durch den Verkauf der Forderungen ergänzen. Dies ermögliche in Situationen eines Underinvestment Problems die sonst abgelehnte Finanzierung von Projekten mit positivem NPV.[405]

Froot/Scharfstein/Stein (1993) erweitern Meyers Underinvestment-Problem und argumentieren, dass das Vorhandensein von Liquidität die Größe des Problems stark beeinflusst. Sie geben einen guten Überblick über verschiedene Motive, Absicherungsmechanismen (Hedging) zu verwenden, und führen an, dass Hedging und Risikomanagement insbesondere sicherstellen sollten, dass Unternehmen für sinnvolle und Wert schaffende Investitionen ausreichend Liquidität zur Verfügung

[402] Vgl. Myers (1977), S. 149; Sopranzetti (1999), S. 291; Culp (2002), S. 106.
[403] Vgl. Stulz/Johnson (1985), S. 519–520.
[404] Vgl. Mian/Smith Jr. (1992), S. 181, 195–196.
[405] Vgl. Sopranzetti (1999), S. 296; Jensen/Smith Jr. (2000), S. 30.

haben. In Meyers Modell lehnen Unternehmen positive NPV-Projekte ab, weil der Wert der Schulden so hoch ist, dass die Eigenkapitalgeber von dem Projekt nicht profitieren. Bei Froot/Scharfstein/Stein lehnen Unternehmen Projekte ab, weil sie keine Liquidität zur Finanzierung der Investitionen haben und zusätzliche Schulden zu teuer wären. Die Sicherstellung von Liquidität, z. B. durch Hedging, kann diese Form des Underinvestment-Problems vermeiden helfen.[406]

Dieses Argument kann weiter ausgebaut werden. Nicht nur Hedging im Speziellen, sondern der Erhalt finanzieller Flexibilität im Allgemeinen kann das Underinvestment-Problem umgehen. Solange ein Unternehmen über ausreichende Flexibilität und vorhandene Liquiditätsspielräume verfügt, ist die Wahrscheinlichkeit eines Underinvestment-Problems wesentlich geringer. Grundlage einer erfolgreichen Investitionspolitik ist damit die Sicherstellung ausreichender Liquidität zur Finanzierung der Investitionen.[407]

Interessant ist in diesem Zusammenhang eine empirische Untersuchung von Faulkender/Wang (2006) über den Mehrwert einer zusätzlichen Einheit Liquidität für das Unternehmen in Abhängigkeit von der wahrscheinlichen Liquiditätsplanung.[408] Sie kommen zu dem Ergebnis, dass der Wert der Liquidität mit steigendem Kassenbestand und besserem Zugang zu den Kapitalmärkten sinkt. Ebenso reduziert sich der Wert zusätzlicher Liquidität bei sehr hoher Verschuldung, da die Liquidität zunehmend die Position der Fremdkapitalgeber stärkt und ihnen beim Abbau der Schulden zufließt. Insgesamt kann festgestellt werden, dass Unternehmen mit eingeschränkten Finanzierungsmöglichkeiten den Wert zusätzlicher Liquidität höher bewerten als Unternehmen mit umfangreichen Finanzierungsmöglichkeiten, da diese einfacher Kapital aufnehmen können und damit bereits über finanzielle

---

406 Vgl. Froot/Scharfstein/Stein (1993), S. 1629, 1932–1633, 1645; Froot/Scharfstein/Stein (1994), S. 92; Culp (2002), S. 112, 138.

407 Diese Überlegungen stehen auch im Einklang mit der von Myers/Majluf (1984) und Myers (1984) eingeführten Theorie der Pecking Order, nach der externe Finanzierungen teurer sind als interne Finanzierungen und Unternehmen daher zunächst interne Mittel für Investitionen nutzen. Vgl. Graham/Campell (2001), S. 226; Myers (1984), S. 581; Culp (2002), S. 85.

408 Unterschieden werden drei mögliche Liquiditätsplanungen: Erstens die Ausschüttung der Liquidität, wobei auf Grund der Besteuerung des Ausschüttungsbetrags der Wert einer Einheit Liquidität für die Eigenkapitalgeber kleiner als 1 sein sollte. Zweitens die Reduzierung von Verschuldung, wobei bei hoher Verschuldung der Wert für die Eigenkapitalgeber geringer ist und erst bei einer wesentlichen Verringerung der Insolvenzwahrscheinlichkeit steigt. Drittens die Aufnahme neuen Kapitals. Wenn durch die zusätzliche Liquidität Aufnahmen verhindert oder reduziert werden können, sollte der Wert der Liquidität auf Grund der sonst anfallenden Transaktionskosten größer als 1 sein. Vgl. Faulkender/Wang (2006), S. 1960–1963.

Flexibilität verfügen. Dies ist einleuchtend und unterstützt die Aussage, dass durch finanzielle Flexibilität das Underinvestment-Problem reduziert bzw. umgangen wird.[409]

Das Underinvestment-Problem nach Meyer betrifft auf Grund der Annahmen Unternehmen mit wirtschaftlichen Problemen und mit sehr geringer Bonität. Diesen Unternehmen ist der Zugang zum ABS-Markt jedoch erschwert.[410] Allerdings kommen Unternehmen mit kurzfristigen Liquiditätsproblemen für die Forderungsverbriefung theoretisch in Frage. Daher soll untersucht werden, ob eine Verbriefung von Handelsforderungen das Underinvestment-Problem in der Variante nach Froot/Scharfstein/Stein lindern kann.

Erwartung A.9: Die Verbriefung von Handelsforderungen kann Underinvestment-Probleme lindern.

Wenn Unternehmen durch die Verbriefung von Handelsforderungen eine subjektive Verbesserung ihrer finanziellen Handlungsspielräume und damit eine Steigerung der gewonnenen Flexibilität erreichen, kann dies als Indiz dafür gewertet werden, dass das Underinvestment-Problem nach der Forderungsverbriefung für das verbriefende Unternehmen weniger relevant ist. Ebenso können verbesserte Ausgangspositionen in Kreditverhandlungen die zur Verfügung stehende Liquidität steigern. Zuletzt sollen die Unternehmen direkt befragt werden, ob sie Projekte finanziert haben, die ohne ABS nicht möglich gewesen wären.

Die Analyse der oben genannten Erwartung soll daher mit Hilfe des Pattern Matching und folgender Merkmale erfolgen:

I. Die verbriefenden Unternehmen bestätigen einen Zuwachs der finanziellen Flexibilität.

II. Die Verhandlungsbedingungen mit Kredit gebenden Banken wurden durch die ABS-Transaktion verbessert.

III. Auf Grund der ABS-Transaktion konnten Projekte finanziert werden, die sonst auf Grund fehlender Liquidität nicht durchgeführt worden wären.

---

409 Vgl. Faulkender/Wang (2006), S. 1964, 1987–1988.
410 Vgl. Abschnitt 5.2.6, S. 93.

5.3.2.6 Verlust von Sicherheiten

Unbesicherte Gläubiger können unter bestimmten Umständen durch eine ABS-Transaktion geschädigt werden. Daher ist zu erwarten, dass sie geeignete „Gegenmaßnahmen" implementieren. In den folgenden Abschnitten werden zunächst mögliche Schädigungsszenarien aus dem Bereich der besicherten Schulden und der CFCs dargestellt, um darauf aufbauend Verbriefungstransaktionen zu analysieren.[411] Abschließend werden mögliche Aktionen der unbesicherten Gläubiger präsentiert.

5.3.2.6.1 Besicherte Schulden

Die Effekte besicherter Schulden auf den Wert bereits bestehender, unbesicherter Schulden sind in der Literatur umstritten. Dies wird im Folgenden dargelegt.[412]

Die von unbesicherten Gläubigern verlangten Zinssätze sollten neben der Abhängigkeit von der wirtschaftlichen Situation des Unternehmen auch die impliziten Sicherheiten durch noch nicht besicherte Aktiva einberechnen. Der Umfang dieser freien Sicherheiten kann jedoch vom Unternehmen durch die Ausgabe besicherter Schulden reduziert werden. Bebchuk/Fried (1996) führen an, dass dies zu einem Wohlstandstransfer von unbesicherten Gläubigern zu besicherten Gläubigern und Eigenkapitalgebern führen kann, wenn die unbesicherten Gläubiger ihre Kreditkonditionen nicht anpassen.[413] Dass diese Art von Gläubigern („Non-Adjusting Creditors") existiert, wird von Bebchuck/Fried nachgewiesen.[414] Zum einen können die bestehenden Forderungen zu klein sein, so dass die Kosten einer Anpassung die erwarteten Verluste durch den Entzug der Sicherheiten bzw. die entsprechenden Mehreinnahmen überschreiten und es für diese Gläubiger daher günstiger ist, den Wohlstandstransfer zu akzeptieren.[415] Zweitens gibt es Schulden, deren Bedingungen vor Begehung der Besicherung fest fixiert wurden. Diese können daher nach Erkennen des Entzugs von Sicherheiten rein praktisch nicht mehr

[411] Dies ist möglich, da für Gläubiger unbesicherter Schulden die Effekte besicherter Schulden, ABS und CFC sehr ähnlich sind. Vgl. Ngo (2002), S. 459; Lupica (1998), S. 617.

[412] Zu den Effekten der gegenteiligen Szenarien, also der Ausgabe nachrangiger Schulden auf bestehende vorrangige Schulden, vgl. Linn/Stock (2005). Dies wird hier jedoch nicht weiter verfolgt, da Verbriefungstransaktionen vorrangige, besicherte Schulden darstellen.

[413] Vgl. Bebchuk/Fried (1996), S. 28.

[414] Vgl. auch Schwarcz (1997), S. 429.

[415] Vgl. Bebchuk/Fried (1996), S. 8, 32.

angepasst werden.[416] Bebchuck/Fried nennen des Weiteren Steuerforderungen und Schadenersatzforderungen als Beispiele von Non-Adjusting Creditors..[417]

Sie führen weiter an, dass der Wohlstandstransfer unabhängig davon ist, ob unbesicherte Gläubiger diese erwarteten Wertverluste bereits in ihre Zinsforderungen einbezogen haben. Ein Transfer sei unabhängig davon dennoch möglich, es verändere sich nur das Ausgangsniveau der unbesicherten Gläubiger.[418]

Schwarcz (1997) erwidert hierauf, dass unbesicherte Gläubiger auch von der Liquiditätssicherung durch die Ausgabe besicherter Schulden profitieren.[419] In wirtschaftlichen Krisen sei es u. U. nur möglich, weitere Liquidität mit Hilfe der Besicherung von Schulden zu erhalten. Durch die Möglichkeit der Besicherung wird in diesen Fällen die Insolvenzwahrscheinlichkeit reduziert. Zwar weist Schwarcz darauf hin, dass es keine quantitativen Daten gäbe, inwieweit zusätzliche Liquidität tatsächlich die Insolvenzwahrscheinlichkeit eines Unternehmens reduziere. Er argumentiert jedoch, dass fehlende Liquidität ein häufiger Insolvenzgrund sei und daher die Bereitstellung von Liquidität eine Insolvenz unwahrscheinlicher werden lasse.[420] Allerdings muss Schwarcz einräumen, dass Gläubiger unbesicherter Schulden im Falle einer Insolvenz (die zwar unwahrscheinlicher geworden ist, aber dennoch eintreten kann) durch die Reduzierung der ihnen implizit zustehenden Sicherheiten schlechter dastehen.[421]

Bebchuk/Fried (1996) argumentieren, dass sich durch den möglichen Wohlstandstransfer von unbesicherten Gläubigern zu den neuen, besicherten Gläubigern und den Eigenkapitalgebern der gesamte Unternehmenswert verringere.[422] Schwarcz (1997) erwidert, dies könne nur eintreten, wenn bereits bestehende Schulden nachträglich mit Sicherheiten ausgestattet würden. Wenn neue Schulden mit Sicherheiten begeben werden, verändere sich für die bestehenden, unbesicherten Schulden nichts, da anstelle der Sicherheiten zusätzliche Liquidität bereitgestellt würde und der Unternehmenswert damit unverändert bliebe.[423] Mit dem gleichen Argument

[416] Vgl. Bebchuk/Fried (1996), S. 9.
[417] Vgl. Bebchuk/Fried (1996), S. 29, 31.
[418] Vgl. Bebchuk/Fried (1996), S. 34, 39.
[419] Vgl. Schwarcz (1997), S. 426.
[420] Vgl. Schwarcz (1997), S. 442–445.
[421] Vgl. Schwarcz (1997), S. 431–432.
[422] Vgl. Ngo (2002), S. 417–418; Bebchuk/Fried (1996), S. 9, 12, 45.
[423] Vgl. Schwarcz (1997), S. 434–435.

versucht Schwarcz auch die generelle Möglichkeit eines Wohlstandstransfers zu verneinen. Die zur Verfügung stehenden Sicherheiten würden durch die Bereitstellung der zusätzlichen Liquidität ersetzt. Allerdings weist Schwarcz auch selbst darauf hin, dass die Gläubiger unbesicherter Schulden durch die missbräuchliche Verwendung der gewonnenen Liquidität geschädigt werden können,[424] und führt weiter an, dass diese Liquidität einfacher falsch, d. h. ineffizient, verwendet werden kann als andere Aktiva.[425]

Da die Effekte von besicherten Schulden auf Gläubiger unbesicherter Schulden nicht eindeutig sind und die Möglichkeit ihrer Schlechterstellung möglich ist, könnten diese die nachträgliche Besicherung von Aktiva in nachfolgenden Kreditbeziehungen durch entsprechend ausgestaltete Covenants („Negative Pledge") verhindern wollen. Der Ausschluss einer Schlechterstellung würde damit auch zu einer Senkung des von ihnen verlangten Zinsniveaus führen. Allerdings können folgende Aspekte gegen diese Lösung sprechen: Zum einen müsste ein solches Verbot von Besicherungen Monitoring-Aktivitäten nach sich ziehen, um das Verbot zu überwachen. Dies ist jedoch nur sinnvoll, wenn diese Kosten geringer sind als der aus den Covenants resultierende Zinsvorteil.[426] Auch bestehen die Vorteile solcher Covenants für alle unbesicherten Forderungen, während die Kosten nur von einem Gläubiger übernommen werden. Wenn seine Kosten höher sind als der ihm zustehende Anteil der Vorteile, wird er auf den Covenant verzichten.[427] Zuletzt ist die Beschränkung, keine Besicherungen für weitere Schulden zu geben, für den Kreditnehmer eine sehr weitgehende Beschränkung, die Opportunitätskosten verursacht.[428]

Dennoch existieren Negative Pledge Covenants. Dies ist nicht vereinbar mit der Analyse von Schwarcz (1997), dass besicherte Schulden keine negativen Auswirkungen auf Gläubiger unbesicherter Schulden haben. Wenn besicherte Schulden keine negativen Auswirkungen hätten, wäre auch die Existenz von Negative Pledge Covenants nicht nachzuvollziehen. Dass sie dennoch existieren, erklärt Schwarcz mit einem irrationalen Verhalten der Gläubiger. Wenn sie selbst keine Sicherheiten für

[424] Vgl. Schwarcz (1997), S. 430–431.
[425] Vgl. Schwarcz (1997), S. 436.
[426] Vgl. Bebchuk/Fried (1996), S. 36.
[427] Vgl. Bebchuk/Fried (1996), S. 37.
[428] Vgl. Bebchuk/Fried (1996), S. 37.

ihre Schulden erhalten könnten, dann sollte dies auch für nachfolgende Gläubiger nicht möglich sein.[429]

Neben Negative Pledge Covenants wäre eine weitere Alternative zur Verhinderung des möglichen Wohlstandstransfers, in den Verträgen unbesicherter Schulden Anpassungen der Bedingungen im Falle späterer Besicherungen zu vereinbaren. Dies ist allerdings nur schwer umzusetzen, da sich ex ante die exakt notwendigen Anpassungsraten auf Grund einer Vielzahl abzuschätzender Parameter nur schwer festlegen lassen. Auch existiert wie bei den Covenants das Problem der Überwachung. Um die Anpassungen durchführen zu können, müssen nachfolgende Besicherungen entdeckt werden. Dies verursacht Monitoring-Kosten.[430]

In Summe kann bis hierhin zum einen festgestellt werden, dass Non-Adjusting Creditors existieren, Uneinigkeit über mögliche Wohlstandstransfers besteht und geeignete Covenants oder Anpassungsklauseln zum Schutze vor einem möglichen Wohlstandstransfer nicht immer anzutreffen sind.[431] Es besteht damit die theoretische Möglichkeit eines Wohlstandstransfers.

Folgt man der Argumentation von Schwarcz, dann steht dem Verlust der alten Sicherheiten zum einen die zusätzliche Liquidität (die allerdings einfacher „missbraucht" werden kann als andere Aktiva) und zum anderen die Senkung der Insolvenzwahrscheinlichkeit entgegen. Die Größe der positiven Effekte hängt von der wirtschaftlichen Situation des Unternehmens ab. Schwarcz' Analyse basiert nämlich implizit darauf, dass Unternehmen Schulden nur dann besichern, wenn unbesicherte Schulden nicht zur Verfügung stehen, wenn die wirtschaftliche Situation des Unternehmens also schlechter ist. Ist dies nicht der Fall, könnte der gleiche positive Effekt auf die Insolvenzwahrscheinlichkeit auch durch die Ausgabe unbesicherter Schulden erreicht werden, allerdings ohne den Verlust der Sicherheiten für bestehende Gläubiger unbesicherter Schulden.

Angesichts dieser Möglichkeit eines Wohlstandstransfers, stellt Ngo (2002) die Frage, warum besicherte Schulden dann nicht häufiger anzutreffen sind. Hier sei

---

[429] Vgl. Schwarcz (1997), S. 452.

[430] Vgl. Bebchuk/Fried (1996), S. 38.

[431] Bebchuk/Fried (1996) schlagen daher eine Anpassung der Insolvenzregeln vor. Die Bevorzugung besicherter Schulden müsse eingeschränkt werden, um den Wohlstandstransfer und weitere identifizierte Ineffizienzen einzuschränken. Dies steht jedoch nicht im Fokus dieser Arbeit.

auf Abschnitt 2.5.1 verwiesen. Die Interessen des Managements stimmen hier mit denen unbesicherter Schuldner überein.[432]

Ähnliche Diskussionen existieren auch bei CFCs als einer Steigerungsform besicherter Schulden. Dies wird im folgenden Abschnitt dargelegt.

5.3.2.6.2 Captive Finance Companies

Die Diskussionen um Wohlstandstransfers beim Einsatz von Captive Finance Companies gleichen denen über besicherte Schulden. Zum einen wird der Verlust der Sicherheiten für Gläubiger der Muttergesellschaft kritisiert. Lewellen (1972) gibt zu bedenken, dass die Summe der vorhandenen Aktiva nicht erhöht wird (d. h. konstant ist). Wenn die Gläubiger der CFC besser vor Risiken geschützt sind, muss dies auf Kosten der bisherigen Gläubiger der Muttergesellschaft geschehen.[433] Sowohl kurz- als auch langfristige Gläubiger der Muttergesellschaft würden nach Verkauf der Forderungen an die Captive schlechter dastehen.[434]

Über den Verlust der Sicherheiten hinaus sehen Kim/McConnell/Greenwood (1977) die Gefahr, dass die Gläubiger durch zu hohe Abschläge im Kaufpreis der Forderungen geschädigt werden könnten. Der Preis für die Forderungen wird zwischen der abhängigen Tochtergesellschaft und der Muttergesellschaft arbiträr festgelegt. Es findet kein Wettbewerb um einen fairen Preis statt.[435] Dies könnte dazu führen, dass der Preis zur Finanzierung der Aktivitäten der Captive zu niedrig angesetzt wird. Des Weiteren garantiert die Muttergesellschaft in den meisten Fällen die Rückzahlung der Darlehen der CFC. Diese Garantie ist jedoch einseitig, die CFC haftet nicht für Schulden der Muttergesellschaft.[436]

In empirischen Arbeiten wird die Fragestellung nach einem möglichen Wohlstandstransfer analysiert. Kim/McConnell/Greenwood (1977) untersuchen 24 Unternehmen, die zwischen 1940 und 1971 eine CFC gegründet haben und sowohl

---

[432] Des Weiteren argumentiert Ngo, dass unbesicherte Gläubiger diese Gefahr bei regelmäßiger Ausnutzung antizipieren und ihre Zinssätze bereits ex ante erhöhen, wodurch der Vorteil des Wohlstandstransfers langfristig nicht mehr existieren dürfe. Vgl. Ngo (2002), S. 436. Bebchuk/Fried (1996) argumentieren hingegen, dass die Existenz des Wohlstandstransfers unabhängig von der Einpreisung des Risikos in den unbesicherten Schulden ist. Ein Transfer ist dennoch möglich, es verändert sich nur das Ausgangsniveau der unbesicherten Gläubiger. Vgl. Bebchuk/Fried (1996), S. 34, 39.

[433] Vgl. Lewellen (1972), S. 25–26.

[434] Vgl. Andrews (1964), S. 90.

[435] Vgl. Andrews (1966), S. 55.

[436] Vgl. Kim/McConnell/Greenwood (1977), S. 797.

gelistete Aktien als auch gelistete Bonds besitzen. Für die Bonds wurde anhand mehrerer Kriterien eine Kontrollgruppe erstellt. Die Autoren berechneten über einen Zeitraum von ±40 Monaten für die Aktien abnormale Renditen und für die Bonds Renditedifferenzen zur Kontrollgruppe. In der Zeit von −6 Monaten bis zur Bekanntgabe der Gründung betrug die abnormale Rendite der Aktien kumuliert 12,95 %. Die Bonds verloren im gleichen Zeitraum 5,6 %. Dies wird als Bestätigung gesehen, dass die Eigenkapitalgeber auf Kosten der Gläubiger des Unternehmens durch die Gründung einer CFC Wert gewinnen.[437]

Zwölf Jahre später wiederholt Malitz (1989) diese Untersuchung mit leichten Abwandlungen. Die Kontrollgruppe der Bonds wird etwas anders konstruiert.[438] Als Datenbasis werden 14 Unternehmen identifiziert. Sie kommt dabei zu mit der Analyse von Kim/McConnell/ Greenwood vergleichbaren Ergebnissen. Allerdings fällt der Gewinn für die Aktienbesitzer mit 14,9 % etwas größer und der Verlust der Bondholder mit 2,3 % etwas geringer aus. Der gesamte Unternehmenswert würde durch die Verwendung von CFCs um 10,4 % steigen. Malitz folgert daraus, dass es zwar einen Wohlstandstransfer von den Bondholdern zu den Eigenkapitalgebern gibt, dass dies jedoch nicht die ursächliche Begründung für die Verwendung von CFCs sein kann. Andere Effekte scheinen zu überwiegen.[439]

Ronen/Sondhi (1989) untersuchen 44 CFC-Gründungen der Jahre 1964 bis 1976 auf die Reaktionen bestehender Gläubiger und stellen fest, dass es keine Neuverhandlungen von bestehenden Kreditverträgen gab und keine Covenants zum weiteren Schutz der Gläubiger einführt wurden.[440] Dies bedeutet, dass die Gläubiger entweder keine Schädigung festgestellt haben oder ihr sich nicht bewusst waren, wie Birnberg (1989) anführt.

Die empirischen Ergebnisse zu CFCs sind damit, wie auch die Überlegungen zu besicherten Schulden, zu möglichen Wohlstandstransfers und Schädigungen

---

437 Vgl. Kim/McConnell/Greenwood (1977), S. 801–804.

438 Malitz ignoriert die Zinszahlungsdaten und legt größeren Wert auf übereinstimmende Industriesektoren. Vgl. Malitz (1989), S. 1041.

439 Vgl. Malitz (1989), S. 1040–1045.

440 Vgl. Ronen/Sondhi (1989), S. 262.

unbesicherter Gläubiger, nicht ganz eindeutig. Die empirischen Untersuchungen deuten jedoch auf eine Schädigung der unbesicherten Gläubiger hin.[441]

Der nächste Abschnitt untersucht die aus reduzierten Sicherheiten resultierenden Effekte bei der Verwendung von ABS.

5.3.2.6.3 Asset Backed Securities

Wie in der Diskussion um die Effekte besicherter Schulden und CFCs geht es bei der Analyse der ABS-Transaktionen darum, ob unbesicherte Gläubiger durch die Verbriefung geschädigt werden (können). Die Argumente sind daher ähnlich. Problematisch ist dabei, dass durch zu starke Verallgemeinerungen in der Literatur Widersprüche entstehen, die jedoch mit einer genaueren Analyse der Sachverhalte teilweise aufzulösen sind. Dies wird im Folgenden dargestellt.

Wohlstandstransfers

Thomas vertritt eine der Extrempositionen, indem er anführt, dass in einer ABS-Transaktion Wert von unbesicherten Gläubigern zu den Eigentümern transferiert wird, da die Gläubiger die verkauften Assets als implizierte Sicherheiten verlieren.[442] Daher untersuchte er in Thomas (1999) sowie Thomas (2001) die Effekte von ABS-Transaktionen auf Bondkurse der verbriefenden Unternehmen. Thomas (1999) stellt allerdings einen geringen, statistisch nicht signifikanten Zuwachs der Bondkurse fest. Thomas (2001) gelangt ebenfalls zu einem insgesamt geringen Zuwachs für Bonds, stellt jedoch darüber hinaus fest, dass die Bondholder bei Unternehmen mit schlechterem Rating einen Wertverlust hinnehmen mussten bzw. ein Wohlstandstransfer von Bondholdern zu den Eigentümern auftrat.[443]

Dieses Ergebnis zeigt bereits, dass in der Analyse der Effekte differenziert werden muss. Thomas konnte den Wohlstandstransfer nur bei Unternehmen mit schlechterer Bonität nachweisen. Allgemein scheinen auch positive Effekte möglich zu sein.

---

[441] Nach Einführung von FAS 94 haben CFCs zumindest den Vorteil der Off-Balance-Sheet-Finanzierung verloren, sodass Gläubiger die gesamte Verschuldung in der Bilanz erkennen können.

[442] Lupica (1998) ergänzt die Sicherheitenproblematik und führt an, dass die ABS-Investoren im Vergleich zu besicherten Gläubigern vor einer Insolvenz des Originators besser geschützt wären. Dies schlüge sich in einem vergleichsweise geringeren Monitoring nieder, das auch für die unbesicherten Gläubiger negativ zu bewerten ist. Vgl. Lupica (1998), S. 612, 628, 659; Zu den Auswirkungen der ABS-Transaktion auf Monitoring-Aktivitäten vgl. Abschnitt 5.3.2.3, S. 114.

[443] Vgl. Thomas (2001), S. 329.

Schwarcz (1994) verneint negative Effekte auch im Bereich von ABS pauschal und vertritt die Auffassung, dass unbesicherte Gläubiger von einer ABS-Transaktion sogar profitieren könnten, da die verbrieften Aktiva durch Liquidität ersetzt würden. Sie hätten damit im gleichen Umfang Sicherheiten wie vor der ABS-Transaktion und darüber hinaus den Vorteil zusätzlicher zur Verfügung stehender Liquidität.[444] Schwarcz (1995) trennt die Verwendung der Liquidität gedanklich vollständig von der Verbriefungstransaktion ab und führt an, dass eine mögliche Schwächung der unbesicherten Gläubiger durch schädliche Verhaltensweisen im Umgang mit der gewonnenen Liquidität nicht der ABS-Transaktion zuzurechnen sei, sondern auch bei Verkäufen anderer Aktiva auftreten könnten.[445]

Schwarcz (2003) geht darauf weiter ein und bestätigt die potentielle Schädigung durch die ineffektive Verwendung des Geldes. Dies käme jedoch erst dann zum Tragen, wenn das Unternehmen in die Insolvenz gehen sollte, da außerhalb der Insolvenz die unbesicherten Gläubiger ihr Kapital zurückgezahlt bekämen. Diese Argumentation ist jedoch zu kritisieren, da das Insolvenzszenario mit seiner entsprechenden Wahrscheinlichkeit in den Erwartungswert der Schulden eingeht.[446]

Schwarcz argumentiert weiter, dass dieser Schaden durch reduzierte Zinszahlungen (da er ABS für günstiger als Kredite einschätzt) und eine Reduzierung der Insolvenzwahrscheinlichkeit (durch zusätzliche Liquidität) aufgewogen werden sollte. Zuletzt führt er an, dass ABS einschränkende Covenants äußerst selten seien. Falls ABS die unbesicherten Gläubiger regelmäßig schädigen sollte, sei mit einem verstärkten Einsatz von Gegenmaßnahmen zu rechnen.[447]

Schwarcz untermauert seine Analyse mit einer beispielhaften Berechnung. Da diese im Verlauf dieses Abschnitts erweitert wird, soll sein Zahlenbeispiel im Folgenden aufgeführt werden: Es wird angenommen, dass ein Unternehmen Aktiva im Wert von 1 Mio. Euro hat, die im Falle einer Insolvenz einen Liquidationswert von 75 % besitzen.[448] Die Insolvenzwahrscheinlichkeit des Unternehmens beträgt 10 %, die Passivseite besteht zur Vereinfachung nur aus unbesicherten Schulden in Höhe von

[444] Vgl. Schwarcz (1994), S. 146.
[445] Vgl. Schwarcz (1995), S. 4.
[446] Vgl. Schwarcz (2003), S. 50.
[447] Vgl. Schwarcz (2003), S. 50.
[448] Der reduzierte Liquidationswert beruht auf der Annahme, dass die Kosten des Insolvenzprozesses zunächst geleistet werden müssen.

1 Mio. Euro.[449] Der Erwartungswert der unbesicherten Schulden beträgt damit $(0,1 \times 750.000) + (0,9 \times 1.000.000) = 975.000$. Wenn durch eine ABS-Transaktion von diesen Aktiva nun 500.000 Euro Forderungen verbrieft werden, bleibt die Summe der Aktiva konstant, da die Forderungen gegen Liquidität getauscht werden.[450] Es wird weiter angenommen, dass die Insolvenzwahrscheinlichkeit des Unternehmens, z. B. durch die zusätzliche Liquidität, auf 9 % sinkt. Schwarcz argumentiert, dass der Wert der unbesicherten Schulden hierdurch auf $(0,09 \times 750.000) + (0,91 * 1.000.000) = 977.500$ steigt.[451]

Anschließend ergänzt Schwarcz seine Aussagen mit einer quantitativen Untersuchung. Er identifiziert 145 ABS-Transaktionen (Term Deals), für deren Originator Anleihenkurse vorhanden waren, und untersucht die Effekte der Bekanntmachung der ABS-Transaktionen auf diese Anleihekurse. In einem Zeitfenster von 24 Stunden vor und nach der Bekanntgabe war ein Zuwachs der Bondkurse um 0,08 % (adjustiert um die generelle Marktentwicklung) zu verzeichnen. Die statistische Signifikanz beträgt 88,27 %. Schwarcz sieht dies als Bestätigung seiner Aussage, dass unbesicherte Schulden durch Verbriefungstransaktionen nicht an Wert verlieren, sondern sogar an Wert gewinnen.[452] In der Endnote 138 weisst Schwarcz allerdings darauf hin, dass die Ergebnisse bei einem größeren Zeitfenster anders aussehen. In dem Zeitraum von ±1 Monat um die Bekanntgabe verlieren die Kurse durchschnittlich 0,02 %. Schwarcz sieht darin jedoch keinen Widerspruch, da die statistische Signifikanz dieses Ergebnisses nur bei 61,45 % läge und andere Einflüsse auf die Kurse in dem längeren Zeitfenster schlechter gefiltert werden könnten.[453] Dennoch hinterlässt dieses zweite Ergebnis Unklarheiten über die tatsächlichen Effekte der ABS-Transaktionen.

Insgesamt sind sowohl die Argumente von Schwarcz als auch Thomas nicht vollständig überzeugend, auch, da die empirischen Ergebnisse Fragen offen lassen.[454] Zur weiteren Analyse ist es Lupica (1998) folgend sinnvoll, die von Schwarcz

[449] Eine Aufspaltung in Eigenkapital sowie vor- und nachrangige Schulden führt zu vergleichbaren Aussagen.

[450] Zur Vereinfachung wird von Forderungsabschlägen abgesehen. Eine Einbeziehung hat jedoch keine Auswirkung auf das qualitative Ergebnis.

[451] Vgl. Schwarcz (2003), S. 52.

[452] Vgl. Schwarcz (2003), S. 53.

[453] Vgl. Schwarcz (2003), S. 62, Endnote 138.

[454] Wie Lupica (1998) ausführt, sind längerfristige empirische Untersuchungen der Auswirkungen von ABS in der Tat erforderlich. Vgl. Lupica (1998), S. 660.

durchgeführte Trennung von Forderungsverkauf und Liquiditätsverwendung zu hinterfragen. In Finanzierungstransaktionen wird die geplante Verwendung der Liquidität regelmäßig mit einbezogen und untersucht, wie Iacobucci/Winter (2005) feststellen. Unternehmen erhalten nur Kredite, wenn sie sinnvoll erscheinende Investitionen oder sonstige Verwendungen präsentieren können.[455]

Unter dieser Prämisse wird die Analyse von Schwarcz im Folgenden kritisiert und angepasst. Schwarcz geht implizit davon aus, dass die Aktiva des verbriefenden Unternehmens keine Veränderung ihrer Werthaltigkeit erfahren. Dies ist jedoch nur dann realistisch, wenn die gewonnene Liquidität im Unternehmen verbleibt und weder (an Eigentümer oder Gläubiger) ausgeschüttet noch investiert wird. In allen anderen Fällen sollte sich die durchschnittliche Werthaltigkeit zunächst reduzieren, da die Forderungen in der Regel zu den nach Geldbeständen werthaltigsten Aktiva eines Unternehmens zählen. Verwendet das Unternehmen die ABS-Liquidität für Investitionsprojekte, so hängt der Effekt für die unbesicherten Gläubiger sowohl vom Risiko als auch vom möglichen Ertrag des Projekts ab. Zur Illustration wird angenommen, dass durch die Investition in das Projekt die Insolvenzwahrscheinlichkeit um einen weiteren Prozentpunkt auf 8 % sinkt, da das Projekt für positive Ertragseffekte sorgt. Allerdings muss das Unternehmen in sehr spezielle Maschinen investieren, die im Liquidationsfall nur einen geringen Weiterveräußerungspreis (50 %) besitzen. Der Wert der unbesicherten Schulden beträgt damit $0,08 \times (500.000 \times 50\,\% + 500.000 \times 75\,\%) + 0,92 \times 1.000.000 = 970.000$. Es hat also eine Reduzierung des Werts der unbesicherten Schulden stattgefunden.

Natürlich hängt der Ausgang dieses Zahlenbeispiels von mehreren Faktoren ab und kann auch zu einem insgesamt positiven Ergebnis führen. Ziel sollte nur sein, eine mögliche Reduzierung des Wertes unbesicherter Schulden unter Einbeziehung der Liquiditätsverwendung aufzuzeigen. Positive Effekte können entstehen, wenn das Unternehmen die gewonnene Liquidität in profitable Projekte (positiver NPV) investiert, die ohne ABS nicht durchgeführt worden wären. In diesem Fall wird zunächst für die Eigentümer Wert geschaffen. Die Gläubiger profitieren dann, wenn die Steigerung der Gewinne den Verlust an Sicherheiten überkompensieren kann.[456] Dies kann in dem gegebenen Zahlenbeispiel z. B. dann der Fall sein, wenn die

[455] Vgl. Iacobucci/Winter (2005), S. 179.
[456] Vgl. Thomas (2001), S. 311–312.

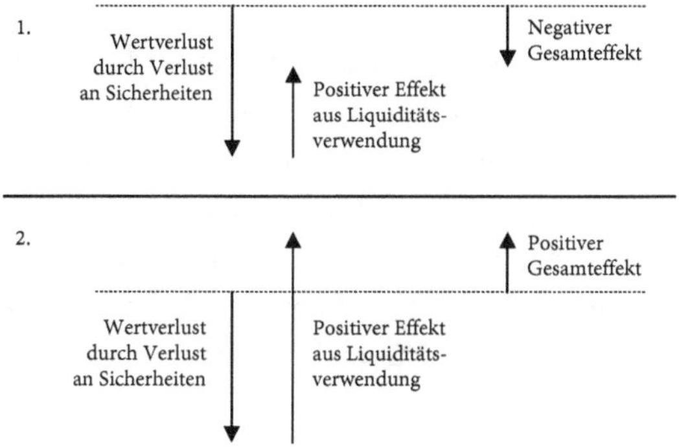

Abb. 5.2: Auswirkungen von ABS auf unbesicherte Gläubiger[457]

Insolvenzwahrscheinlichkeit weiter auf 6 % reduziert werden kann. Der Wert der Schulden beträgt dann: $0,06 \times (500.000 \times 50\,\% + 500.000 \times 75\,\%) + 0,94 \times 1.000.000 = 977.500$.

Zusammenfassend kann bis hierher festgestellt werden, dass unbesicherte Gläubiger eine ABS-Transaktion daher nicht per se auf Grund des Verlusts an Sicherheiten negativ sehen sollten, sondern prüfen müssen, wofür das Unternehmen die Liquidität verwenden möchte. Diese Einschätzung beruht nicht auf der Annahme, dass die Kreditgeber durch die ABS-Transaktion tatsächlich geschädigt werden. Die positiven Effekte der Verbriefung können den Wert der unbesicherten Schulden, wie oben gezeigt und in Abbildung 5.2 illustriert, auch erhöhen. Darauf ist allerdings nicht zu vertrauen. Die vorgestellten empirischen Ergebnisse deuten an, dass eine mögliche Schädigung bei Unternehmen schlechterer Bonität wahrscheinlicher sind, da dort das Insolvenzrisiko höher und damit die Situation wahrscheinlicher ist, in der die reduzierten Sicherheiten relevant sind. Wenn der Effekt einer ABS-Transaktion für unbesicherte Gläubiger je nach Einzellfall auch negative Auswirkungen haben kann, ist zu erwarten, dass sich die Gläubiger vor den möglichen negativen Auswirkungen einer Verbriefung schützen. Dies ist über verschiedene Mechanismen möglich, die im Folgenden vorgestellt werden.

457 Eigene Darstellung.

Schutzmechanismen

Eine mögliche Reaktion könnte sein, das verbriefende Unternehmen intensiv zur Verwendung der Liquidität zu befragen und diese zu analysieren. Insbesondere bei Betriebsmittellinien ist dies anzuraten. Diese sind zur Finanzierung der Betriebsmittel (engl.: Working Capital) bestimmt, zu denen auch die Forderungen aus Lieferungen und Leistungen gehören. Der Umfang der Betriebsmittellinien wird daher im Verhältnis zum Umfang der vorhandenen und geplanten Betriebsmittel gewählt. Das Verwendungsziel der Liquidität aus Betriebsmittellinien ist damit klar definiert.

Wenn Forderungen nun verkauft werden und die Liquidität nicht im Unternehmen verbleibt, wird unter Umständen das Working Capital reduziert. Die Kreditgeber dieser Betriebsmittellinien finanzieren anschließend die Verwendung der Liquidität, d. h. Investitionen oder Ausschüttungen. Sie sollten diese daher analysieren und die Kreditlinien bei Bedarf kürzen.

Allerdings können sieh hierbei Probleme durch den zeitlichen Ablauf der Transaktion ergeben. Kommen die Gläubiger zu der Entscheidung, dass sie die Verwendung der Liquidität nicht unterstützen wollen, besteht die Gefahr, dass die durch die ABS-Transaktion gewonnene Liquidität bereits abgeflossen ist, d. h., dass z. B. das Investitionsprojekt oder die ungewünschte Ausschüttung bereits stattgefunden hat. Das Unternehmen hat bereits Tatsachen geschaffen und der Wohlstandstransfer zu diesem Zeitpunkt unter Umständen bereits stattgefunden (Variante A in Abbildung 5.3). Ziel für die Gläubiger sollte jedoch sein, die Bewertung der Verwendung der Liquidität bereits vor der tatsächlichen Verwendung durchzuführen.

Die unbesicherten Gläubiger können dies erreichen, in dem sie ihre Kredite direkt nach der ABS-Transaktion um die verlorenen Sicherheiten reduzieren und so die ABS-Liquidität an sich ziehen. Verfügt das Unternehmen über sinnvolle Projekte, kann es diese anschließend im Rahmen normaler Kreditverhandlungen den Gläubigern vorstellen (Variante B in Abbildung 5.3). Eine weitere Möglichkeit wäre es, die Durchführung der ABS-Transaktion über Covenants in den Kreditverträgen an ein Mitspracherecht in der Verwendung der gewonnenen Liquidität zu binden (Variante C). Beide Varianten lassen eine Bewertung der Projekte des Unternehmens zu, bevor ein möglicher Wohlstandstransfer stattfinden kann.

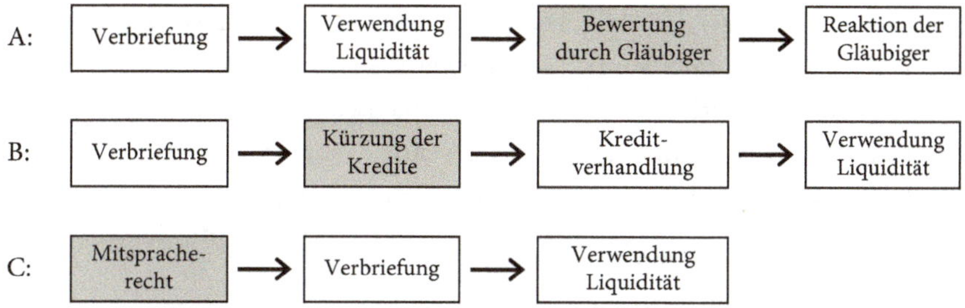

Abb. 5.3: Reaktionen Kreditgeber Betriebsmittellinien[458]

Verbriefende Unternehmen haben häufig einen eigenen Antrieb, die Ausnutzung der Betriebsmittellinien zu reduzieren, da diese in der Regel zu den teureren Finanzierungsformen gehören. Unternehmen, die eine ABS-Transaktion durchführen, werden daher die gewonnene Liquidität regelmäßig zur Ablösung der Betriebsmittellinien nutzen, um Finanzierungsvorteile zu realisieren. Eine Betriebsmittelfinanzierung wird auf diese Weise durch eine andere ersetzt. Die Reduzierung der Betriebsmittel durch die Verbriefung wird auf der Finanzierungsseite durch eine Reduzierung der Ausnutzung der Betriebsmittellinien gespiegelt. Wie vor der ABS-Transaktion finanzieren die verbleibenden Linien die verbleibenden Betriebsmittel. In diesen Fällen könnte argumentiert werden, dass sich die Position der Gläubiger der Betriebsmittellinien nicht verändert hat, da die Ausnutzung der Linien entsprechend reduziert wurde. Dies ist so nicht korrekt, da jederzeit die Gefahr besteht, dass das Unternehmen die Ausnutzung der Linien wieder hochfährt und mit der zusätzlichen Liquidität Projekte außerhalb der Betriebsmittelfinanzierung und ohne Prüfung durch die Gläubiger durchführt. Dieses Risiko sollte den Gläubigern bewusst sein. Wird von einer Kürzung der Linien abgesehen, sollte das Unternehmen, wie bei einer normalen Kreditprüfung, zu der geplanten Verwendung der Liquidität befragt und diese durch die Bank bewertet werden.

Ein Nichthandeln der Gläubiger wäre aus der Sicht des Unternehmens natürlich zu begrüßen, da zusätzliche Liquiditätsspielräume ohne Kreditverhandlungen geschaffen würden. Wie gezeigt, sollten die Gläubiger jedoch nicht der Argumentation von Schwarcz folgen, sondern auch die Verwendung der Liquidität beachten. Um

458 Eigene Darstellung.

diese jedoch beeinflussen zu können, sind entweder Kreditkürzungen (oder Anpassungen des Zinsniveaus an die veränderten Risikostrukturen) oder Covenants bzgl. der ABS-Transaktion, wie die im Zusammenhang mit besicherten Schulden diskutierten Negative-Pledge-Klauseln, notwendig. Zumindest sollten die Banken die Verwendung der Liquidität wie bei einer normalen Kreditanfrage analysieren.

Es wird daher folgende Erwartung formuliert:

Erwartung A.10: Bestehende Gläubiger schützen sich vor den negativen Effekten einer Verbriefungstransaktion.

Diese Erwartung soll, wie oben hergeleitet, anhand der folgenden Merkmale untersucht werden. Ist keines der Merkmale vorhanden, dann gilt die formulierte Erwartung als widerlegt. Dies würde bedeuten, dass Non-Adjusting Creditors auch bei ABS-Transaktionen existieren und ein Wohlstandstransfer somit möglich wäre.

I. Covenants in den Kreditverträgen räumen den Gläubigern Mitspracherechte bei Forderungsverbriefungen ein.

II. Die Betriebsmittellinien werden als Reaktion auf einen Forderungsverkauf gekürzt oder in den Konditionen angepasst.

III. Die Verwendung der Liquidität wird intensiv geprüft.

Neben der direkten Reaktion auf die Forderungsverbriefung kann es auch durch die falsche Einschätzung des Bilanzabgangs der Forderungen zu zukünftigen Wohlstandstransfers kommen. Diese Fragestellung wird separat in Abschnitt 5.4.2 untersucht.

5.4 Bilanzverkürzung und Bilanzanalyse

Nach den Transaktionskosten und den Agency-Kosten werden zum Abschluss des theoretischen Teils dieser Arbeit bilanzielle Effekte von ABS analysiert. Der folgende Abschnitt beschreibt zunächst, wie ABS-Transaktionen zu bilanzieren sind. Wird ein Bilanzabgang der Forderungen erreicht, hinterfragt Abschnitt 5.4.2 die Wirkungen auf Bonitätsberechnungen und Abschnitt 5.4.4 die Wirkungen auf den Verschuldungsgrad. Abschließend werden Effekte der Verbriefungstransaktionen auf die Bilanzanalyse betrachtet.

5.4.1 Bilanzielle Vorschriften

Ohne zu tief in die Vorschriften des HGB und der IFRS einzusteigen, wird in diesem Abschnitt die bilanzielle Behandlung von ABS-Transaktionen dargestellt. Dies ist für das Verständnis der folgenden Abschnitte hilfreich. Zu klären ist nach beiden Vorschriften, ob ein Bilanzabgang der verkauften Forderungen erfolgen kann und ob eine Konsolidierung der ankaufenden Zweckgesellschaft durchgeführt werden muss.

Mittelständische Unternehmen bilanzieren überwiegend nach den Vorschriften des HGB, was die Strukturierung einer Bilanzverkürzung vereinfacht. Zum einen ist die Konsolidierung der Zweckgesellschaft nach diesen Vorschriften einfach zu vermeiden, da eine Bedingung für eine Konsolidierung die Beteiligung des Originators an der Zweckgesellschaft ist. Wird auf eine direkte Verbindung zwischen Originator und SPV verzichtet, erfolgt keine Konsolidierung.[459]

Zum anderen sind auch die Bedingungen für den Bilanzabgang der Forderungen im HGB weniger streng als in den IFRS. Neben dem HGB sind allerdings auch Stellungnahmen des Instituts der Wirtschaftsprüfer (IDW) zu beachten, insbesondere IDW RS HFA 8.[460] Insgesamt ist zunächst zu prüfen, ob ein rechtlicher Eigentumsübergang beim Forderungsverkauf stattgefunden hat. Anschließend muss der wirtschaftliche Eigentumsübergang untersucht werden. Hierbei ist entscheidend, ob die Bonitätsrisiken der Forderungen übertragen wurden. Bei einem fixen

---

459 Vgl. Lotz (2005a), S. 27.

460 Vgl. Institut der Wirtschaftsprüfer (2002), S. 1151–1157; Institut der Wirtschaftsprüfer (2004), S. 138.

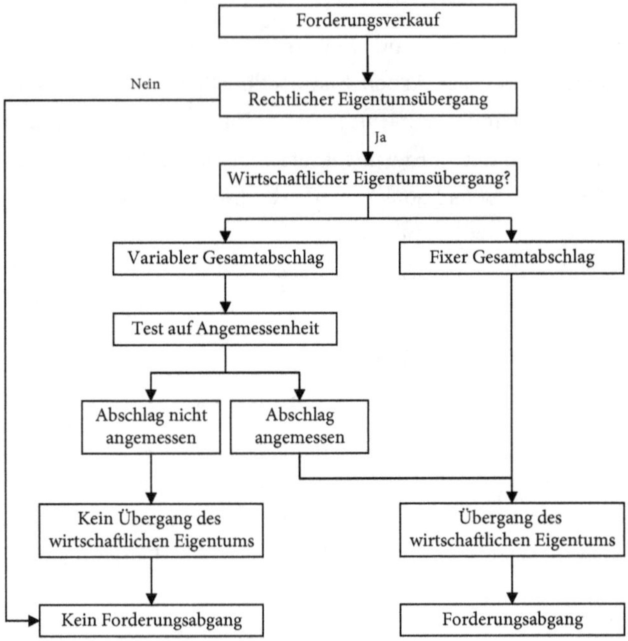

Abb. 5.4: Test auf Bilanzabgang HGB[461]

Gesamtabschlag – d. h. die Zahlungseingänge gehen unabhängig von ihrer Höhe komplett an den Forderungskäufer – ist dies zu bestätigen.[462] Bei einem variablen Gesamtabschlag, d. h., der Forderungsverkäufer erhält bei guten Zahlungseingängen einen Rückfluss, ist die maximale Größe des Abschlags zu bewerten. Angemessen ist ein Abschlag, der sich an den historischen Forderungsausfällen zuzüglich eines angemessenen Risikozuschlags orientiert.[463] Abbildung 5.4 stellt diesen Ablauf graphisch dar. Über die angemessene Höhe des Risikozuschlags muss im Endeffekt der Wirtschaftsprüfer des verkaufenden Unternehmens entscheiden.[464]

---

461 Eigene Darstellung, aufbauend auf Institut der Wirtschaftsprüfer (2002) und Findeisen (2006).

462 Vgl. Institut der Wirtschaftsprüfer (2002), S. 1154, Tz. 19; Lotz (2005a), S. 24.

463 Vgl. Roventa/König (2005), S. 26; Institut der Wirtschaftsprüfer (2002), S. 1154, Tz. 23.

464 Vgl. Findeisen (2006), S. 13–20.

Neben dem Bilanzabgang sind weitere Kriterien bzw. Regelungen zu beachten. Guthaben auf Reservekonten dürfen erst dann aktiviert werden, wenn ein Anspruch auf Auszahlung besteht, die Forderungen also eingegangen sind. Ein wahrscheinlicher Eintritt der Auszahlung reicht nicht aus. Allerdings müssen diese Guthaben bei revolvierenden Transaktionen aktiviert werden, wenn die entsprechende Tranche bis zum Ende des Wertaufhellungszeitraums (Erstellung des Jahresabschlusses) abgerechnet ist, d. h., die Zahlungen eingegangen sind und der Anspruch auf Auszahlung endgültig feststeht.[465] Dies sollte bei Verbriefungen von Handelsforderungen mit kurzen Zahlungszielen regelmäßig der Fall sein.[466]

Nach IFRS wird die Konsolidierung der Zweckgesellschaft in die Bilanz der strukturierenden Bank nach SIC 12 geregelt. Die Konsolidierung ist Pflicht, wenn die Risiken, Chancen und Entscheidungsgewalt in Bezug auf das SPV nicht an Dritte übertragen wurden. Dies kann durch die Verwendung von Managementgesellschaften und die Einbeziehung einer ausreichenden Anzahl von Transaktionen in Multi-Seller Conduits erreicht werden.[467]

Die Erreichung des Bilanzabgangs nach IFRS ist für das verbriefende Unternehmen schwieriger geworden, seitdem in 2004 International Accounting Standards (IAS) 39 fertig gestellt wurde. Nach diesem Standard ist der Bilanzabgang der in ABS-Transaktionen verkauften Forderungen nur möglich, wenn im Wesentlichen alle Risiken und Chancen übertragen wurden. Laut Moody's (2005a) könnte dies dazu führen, dass der Verkäufer nur noch geringe Ausfallrisiken tragen darf und mehr auf Credit Enhancements von Dritten, wie Kreditversicherungen, zurückgegriffen werden muss. Abbildung 5.5 zeigt die für den Bilanzabgang notwendigen Prüfschritte.[468]

Wird der Bilanzabgang (nach HGB oder IFRS) festgestellt, sind die verkauften Forderungen aus der Bilanz auszubuchen. Mit der gewonnenen Liquidität kann das Unternehmen Verbindlichkeiten ablösen und damit die Bilanz verkürzen. Direkt auf der Bilanz aufbauende Bilanzkennzahlen und damit auch entsprechende Covenants erfahren eine Verbesserung. Wird der Übergang hingegen verneint, verbleiben die

465 Vgl. Institut der Wirtschaftsprüfer (2002), S. 1156, Tz. 33–39.
466 Vgl. Lotz (2005a), S. 26.
467 Vgl. Roventa/König (2005), S. 27; Moody's (2005a), S. 10.
468 Vgl. Moody's (2005a), S. 10; Moody's (2005e), S. 15; Lotz (2005b), S. 32–37.

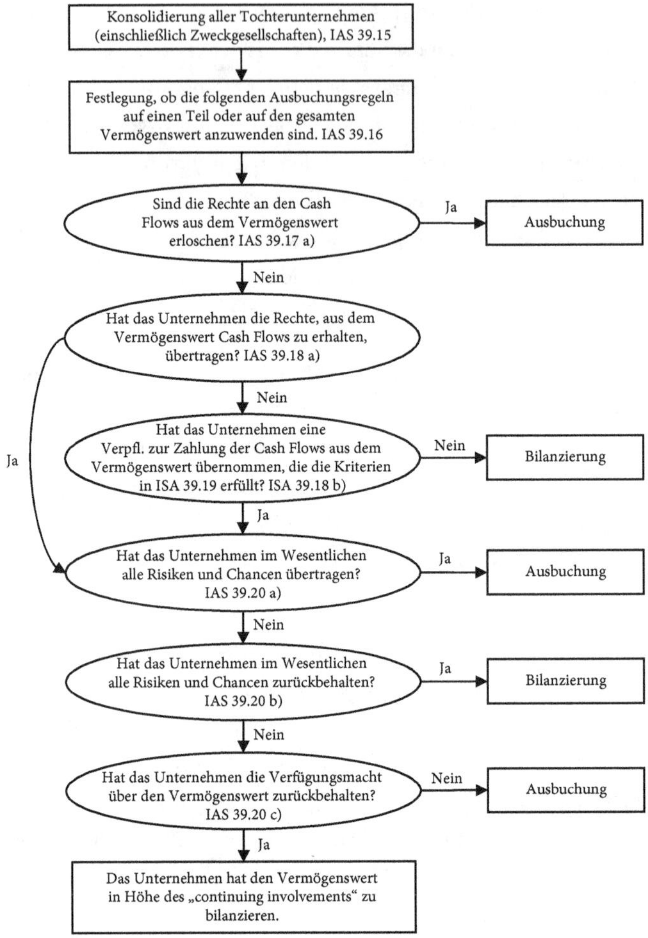

Abb. 5.5: Test auf Bilanzabgang IFRS[469]

Forderungen in der Bilanz. Für die zufließende Liquidität wird eine entsprechende Verbindlichkeit passiviert. Die Finanzierung ist damit On-Balance-Sheet.[470]

---

[469] Vgl. Roese (2006), S. 5.
[470] Vgl. Findeisen (2006), S. 5; Freiß (2003), S. 84.

	Off-Balance-Sheet	On-Balance-Sheet
Ablösung Verbindlichkeiten	Bilanzverkürzung	Passivtausch
Investitionen/ Betriebsmittelerhöhungen	Aktivtausch	Bilanzverlängerung

Tab. 5.2: Auswirkungen Liquiditätsverwendung[471]

Eine Bilanzverkürzung hängt jedoch nicht nur vom Erreichen des Bilanzabgangs, sondern auch von der Verwendung der Liquidität ab, wie Tabelle 5.2 zeigt. Erst in Kombination des Bilanzabgangs mit der Ablösung von Verbindlichkeiten kann anschließend einer Bilanzverkürzung erreicht werden. Wird die Liquidität in einer Off-Balance-Sheet-Transaktion hingegen für Investitionen oder Erhöhungen der Betriebsmittel verwendet, entsteht nur ein Aktivtausch ohne Auswirkungen auf die Bilanzsumme. Dementsprechend führt die Ablösung von Verbindlichkeiten in einer On-Balance-Sheet-Transaktion nur zu einem Passivtausch und die Investition oder Betriebsmittelerhöhung zu einer Bilanzverlängerung.

Da die HGB-Bilanz über die Maßgeblichkeit die Steuerbilanz beeinflusst, hat das Nichterreichen eines Bilanzabgangs nach HGB auch negative Folgen für die Gewerbesteuerschuld des Unternehmens. In diesem Fall sind ABS-Transaktionen als besicherte Kredite und die anfallenden Kosten als Dauerschulden zu werten.[472]

Es soll daher untersucht werden, ob und welche Unternehmen diese Merkmale erfüllen wollen, um eine Off-Balance-Sheet-Finanzierung zu erreichen. Es wird erwartet, dass Unternehmen die Off-Balance-Sheet-Variante bevorzugen und versuchen werden, diese zu erreichen.

471 Eigene Darstellung.
472 Vgl. Interview Delta Strukturierende Bank, siehe Anhang E.4.2.3, S. 409.

5.4.2 Anerkennung des Bilanzabgangs

> „[...] it has become increasingly necessary to be able to objectively distinguish between the accounting effect and the economic impact of securitization.“[473]

Das Erreichen eines Bilanzabgangs der Forderungen betrifft, wie der Name Bilanzabgang schon sagt, den testierten Jahresabschluss. Dieser wird von den Kredit gebenden Banken und sonstigen Gläubigern als Grundlage für eine Berechnung der Bonität (des Ratings) des Unternehmens verwendet. Allerdings werden aus verschiedenen Gründen Anpassungen an den gemeldeten Zahlen vorgenommen. Unter anderem kann auch argumentiert werden, dass die Off-Balance-Sheet Finanzierung einer ABS-Transaktion wieder zurückgerechnet werden sollte. Diese Argumentation wird im Folgenden dargestellt.

Die bilanzielle Betrachtungsweise setzt an den Forderungen an und bewertet, ob diese in der Bilanz aktiviert werden müssen. Wie das oben wiedergegebene Zitat von Foley/Foley (1997) ausdrückt, sind die buchhalterischen Effekte jedoch von der ökonomischen Bewertung zu unterscheiden. In der Unternehmensbewertung wird daher stärkerer Wert auf die Cash Flows des Unternehmens gelegt. Daraus müssen die Verbindlichkeiten beglichen werden. Es ist daher zu untersuchen, wie sich die Cash Flows einer ABS-Transaktion darstellen und ob eine Ausbuchung der Forderungen bzw. die Nichtpassivierung einer Verbindlichkeit gerechtfertigt ist.

Zunächst wird die Behandlung von CFCs betrachtet. In einer solchen Struktur übernimmt die Tochtergesellschaft für die Muttergesellschaft die Finanzierung der Forderungen, so dass diese die Zinszahlungen auf den ersten Blick nicht mehr leisten muss. Andrews (1964) widerspricht jedoch einer Abschirmung der Muttergesellschaft von der Zinslast der Tochtergesellschaft, da auch bei Nutzung einer CFC die Zinszahlungen im Endeffekt (über Abschläge auf den Kaufpreis) von der Muttergesellschaft geleistet werden müssen. Durch die Abtrennung der Forderungen vom Unternehmen mit CFCs verändert sich bezüglich der Zahlungsverpflichtungen des Unternehmens im Vergleich zu einem Kreditverhältnis nicht viel. Die Off-Balance-Sheet-Finanzierung erzeugt nur eine Illusion.[474]

---

[473] Vgl. Foley/Foley (1997), S. 45.
[474] Vgl. Andrews (1964), S. 80–92.

Tab. 5.3: Vergleich Cash Flows ABS und Kredit[a]

Periode	1	2	3	4	5	6	7	8	9	10
Unternehmen vor ABS										
(1) Forderungseingang vor ABS	100,0	100,0	100,0	95,0	50,0	100,0	100,0	100,0	100,0	100,0
ABS-Transaktion[b]										
(2) Strukturierungskosten ABS	-2,0									
(3) Abführung verkaufte Forderungen		-100,0	-100,0	-95,0	-50,0	-100,0	-100,0	-100,0	-100,0	
(4) Forderungsverkauf	90,0	90,0	90,0	90,0	90,0	90,0	90,0	90,0		
(5) Restzahlung Abschläge/Reserven		10,0	10,0	5,0	0,0	10,0	10,0	10,0	10,0	
(6) Finanzierungskosten ABS		-4,0	-4,0	-4,0	-4,0	-4,0	-4,0	-4,0	-4,0	
(7) C. F. mit ABS $\sum$ (1) bis (6)	188,0	96,0	96,0	91,0	86,0	96,0	96,0	96,0	6,0	100,0
(8) C. F. durch ABS (7)−(1)	88,0	-4,0	-4,0	-4,0	36,0	-4,0	-4,0	-4,0	-94,0	0,0
Kredit[c]										
(9) Auszahlung	88,0									
(10) Zinszahlungen		-5,0	-5,0	-5,0	-5,0	-5,0	-5,0	-5,0	-5,0	
(11) Rückzahlung									-88,0	
(12) C. F. durch Kredit (9)+(10)+(11)	88,0	-5,0	-5,0	-5,0	-5,0	-5,0	-5,0	-5,0	-93,0	
(13) Diff. ABS, Kredit (8)−(12)	0,0	1,0	1,0	1,0	41,0	1,0	1,0	1,0	-1,0	0,0

[a] Eigene Darstellung, alle Werte in Mio. Euro.
[b] Verkaufte Forderungen 100, Abschläge/Reserven 10, Finanzierungskosten 4, Strukturierungskosten 2, Laufzeit 8 Perioden; Die Transaktion läuft auch bei Überschreitung des FLP weiter (siehe Periode 5).
[c] Kreditvolumen 88, Zinsen 5, Laufzeit 8 Perioden.

Vor diesem Hintergrund sollen daher auch die Zahlungsströme einer Verbriefung von Handelsforderungen intensiver analysiert werden. Abbildung 5.3 verdeutlicht eine Verbriefungstransaktion an einem vereinfachten Beispiel. Es wird ein Unternehmen angenommen, das in jeder Periode 100 Mio. Euro Umsatz generiert. Die Kunden zahlen eine Periode später, so dass jede Periode 100 Mio. Euro Zahlungseingänge aus Forderungen bestehen. In der Periode 4 fallen von den Forderungen 5 Mio. Euro und in der Periode 5 50 Mio. Euro aus. Das Unternehmen entscheidet sich nun, in der Periode 1 100 Mio. Euro Forderungen zu verbriefen. Hierfür fallen Strukturierungskosten in Höhe von 2 Mio. Euro an. Die Zweckgesellschaft zahlt 90 Mio. Euro aus, 10 Mio. werden als Abschlag einbehalten und bei Zahlungseingang an das Unternehmen abgeführt (FLP).[475] Abzüglich der Strukturierungskosten verbleiben dem Unternehmen also 88 Mio. Euro an zusätzlicher Liquidität (Zeile 8). In den folgenden Perioden verkauft das Unternehmen ebenfalls 100 Mio. Euro Forderungen und erhält 90 Mio. Euro plus die einbehaltenen 10 Mio. Euro der Vorperiode (falls es zu keinen Forderungsausfällen gekommen ist). Zusätzlich muss es die Refinanzierungskosten der Zweckgesellschaft und sonstige Bereitstellungskosten in Höhe von 4 Mio. Euro zahlen. In Summe macht dies eine Cash Flow Änderung zur Situation ohne ABS in Höhe von 4 Mio. Euro. Die abgeführten Zahlungseingänge auf die verkauften Forderungen heben sich mit den Verkaufserlösen dieser und den Abschlägen der vorherigen Perioden auf, so dass das Unternehmen im Endeffekt nur die „Zinszahlungen" leisten muss.

Falls Forderungen ausfallen, sind zwei Situationen zu unterscheiden. Ist der Ausfall kleiner als das FLP, hat die ABS-Transaktion keinen Einfluss auf die Zahlungsströme, da die Ausfälle vom Unternehmen getragen werden (Periode 4). Sind sie allerdings größer, profitiert das Unternehmen davon, dass die Zweckgesellschaft bzw. die ABS-Investoren die Ausfälle übernehmen (Periode 5). Das Unternehmen beteiligt sich nur in Höhe des FLP an den Ausfällen.[476] Bei Beendigung der Transaktion muss das Unternehmen die Eingänge aus in der Vorperiode verkauften

[475] Es ist unerheblich, ob ein Abschlag genommen oder eine Barreserve gefüllt wird. Die Auswirkungen auf die Zahlungsströme sind identisch.

[476] In Abbildung 5.3 wird zum besseren Überblick angenommen, dass die Transaktion auch nach Überschreitung des FLP weiterläuft. Dies ist unrealistisch. Zum Schutze der Investoren wird die Transaktion in diesem Falle beendet. Dies hat jedoch keinen Einfluss auf die getroffenen Aussagen.

Forderungen abführen, verkauft allerdings keine neuen Forderungen, so dass ein negativer Saldo von 94 Mio. Euro entsteht.

Zum Vergleich wurden in den Zeilen 9 bis 12 die Zahlungsströme eines Darlehens dargestellt. Um Vergleichbarkeit herzustellen, wurde das Kreditvolumen auf 88 Mio. Euro festgesetzt, so dass die gewonnene Liquidität im ABS- und Kredit-Fall übereinstimmen. Die Zinszahlungen sind mit 5 Mio. Euro etwas höher als bei der Verbriefung gewählt worden. Die Differenz der Zahlungsströme aus beiden Finanzierungsarten ist in Zeile 13 dargestellt. Die einzigen Differenzen, die existieren, beruhen (1) auf den unterschiedlichen Zinssätzen, (2) auf der Übernahme von Ausfällen durch die Zweckgesellschaft und (3) auf den Strukturierungskosten, die in Periode 9 durch höhere „Rückzahlungen" zu leisten sind.[477]

In der ABS-Transaktion leistet der Originator also im Endeffekt vergleichbare Zinszahlungen wie in einem Kreditverhältnis. Ob diese über eine direkte Rechnungsstellung oder zusätzliche Abschläge beim Forderungsverkauf abgerechnet werden, ist hierbei irrelevant. Wie bei CFCs erzeugt ABS in diesem Zusammenhang nur eine Illusion.

Es kann daher argumentiert werden, dass der Forderungsverkauf im Rahmen einer Bonitätsbestimmung zur bestehenden Verschuldung hinzugerechnet werden sollte. Moody's addiert Verbriefungstransaktionen beispielsweise im Rahmen der Berechnung des effektiven Verschuldungsgrads (engl.: Effective Leverage) zu den bilanziellen Schulden. Dies deutet weiter darauf hin, dass ABS-Transaktionen aus Sicht einer an den Verbindlichkeiten eines Unternehmens interessierten Partei als Verschuldung gewertet werden sollten.[478]

Entscheidet sich eine Bank für eine Hinzurechnung der ABS-Finanzierung zu den Verbindlichkeiten, sollte jedoch das übertragene Ausfallrisiko positiv bewertet werden. Extreme Ausfälle werden übertragen. Allerdings wird durch Trigger versucht, bei einer langsamen Verschlechterung des Forderungsportfolios die Reserven und Abschläge zu erhöhen, bzw. die Transaktion zu beenden. Dies senkt das übertragene Risiko wieder.[479]

---

477 Alternativ hätte das Kreditvolumen auch mit 90 Mio. Euro gewählt werden können. In diesem Fall würde die Strukturierungsgebühr in Periode 1 als Differenz auftauchen.

478 Vgl. Foley/Foley (1997), S. 52; Andrews (1966), S. 55.

479 Vgl. Abschnitt 5.3.2.2.

Es soll daher analysiert werden, wie die Kreditgeber der untersuchten Transaktionen bezüglich der Rating-Berechnungen auf die Forderungsverbriefung reagiert haben. Eine Unterschätzung der faktischen Verbindlichkeiten des Unternehmens bei Anerkennung des Bilanzabgangs kann die Gläubiger schädigen.

Erwartung A.11: Der Bilanzabgang der verbrieften Forderungen wird von den Kredit gebenden Banken nicht akzeptiert und zurückgerechnet.

5.4.3 Effekte auf die Bilanzanalyse

In Bezug auf die Effekte einer Off-Balance-Sheet-Transaktion[480] auf die Analyse der Jahresabschlüsse des verbriefenden Unternehmens gibt es zwei gegensätzliche Argumentationsmöglichkeiten. Zum einen kann angeführt werden, dass die Bilanz durch den Abgang der Forderung einfacher und klarer und die Bilanzanalyse damit ebenfalls einfacher wird. Auf der anderen Seite kann jedoch auch angeführt werden, dass die Analyse durch die Off-Balance-Sheet Finanzierung komplexer wird. Der Bilanzleser muss die Verbriefungstransaktion erst entdecken und entsprechend behandeln. Beide Ansichten werden in diesem Abschnitt diskutiert und mit Literatur aus dem CFC-Bereich angereichert.

Dort wird angemerkt, dass CFCs vor der Einführung von FAS 94[481] auch durch eine vereinfachte Unternehmensanalyse Wert schaffen würden. Dies wird damit begründet, dass Produktions- und Finanzierungsaufgaben in zwei unterschiedliche rechtliche Einheiten getrennt werden. Hagaman (1969) führt an, dass Kreditgeber einer CFC auf die Analyse der Muttergesellschaften verzichten[482] und so Kosten sparen könnten. Roberts/Viscione (1981b) sprechen insgesamt von einer „cleaner situation“ für die Kreditgeber.[483]

Da der Effekt einer ABS-Transaktion (Off-Balance-Sheet) dem Verkauf der Forderungen an eine CFC gleicht, soll untersucht werden, ob ein ähnlicher Effekt bei der

480 On-Balance-Sheet-Transaktionen werden in diesem Abschnitt nicht betrachtet, da die Bilanzeffekte dem eines besicherten Kredits gleichen.

481 Vgl. Abschnitt 2.5.3.

482 Die Möglichkeit einer vereinfachten Analyse der getrennten Jahresabschlüsse mag für die Kreditgeber vorteilhaft gewesen sein, allerdings ist der Verzicht auf eine Bonitätseinschätzung der Muttergesellschaft nicht überzeugend, da diese im Endeffekt für Forderungsausfälle haften und die CFC mit Liquidität versorgen muss.

483 Vgl. Hagaman (1969), S. 17; Roberts/Viscione (1981b), S. 38; Dipchand/Roberts/Viscione (1982), S. 190.

Verbriefung von Handelsforderungen existiert und die Kredit gebenden Banken eine Vereinfachung der Unternehmensanalyse bestätigen.

Auf der anderen Seite liegt es in der Natur einer Off-Balance-Sheet-Finanzierung, dass sie in der Bilanz nicht auftaucht. Der Leser muss die Durchführung des Forderungsverkaufes erst erkennen, um eine eventuell gewünschte Zurückrechnung der Transaktion durchführen zu können. Wenn die Hinzurechnung befürwortet wird, besteht die Gefahr, dass der Nicht-Ausweis in der Bilanz zu einer Verschleierung der tatsächlichen Verschuldung führt.

Auch wird in Bezug auf CFCs erwähnt, dass es (ohne Konsolidierung) zu einer Verzerrung der Ausgabenseite kommen kann. Die verkaufende Muttergesellschaft verbucht die Forderungsabschläge als Verluste aus Forderungsverkäufen und nicht als Zinszahlungen, so dass die Zinslast des gesamten Konzerns nicht korrekt ermittelt werden kann.[484]

In den empirischen Untersuchungen wird daher analysiert, ob die Off-Balance-Sheet-Finanzierung die Analyse der Jahresabschlüsse vereinfacht oder ob der Verschuldungsgrad verschleiert werden könnte. Es werden die folgenden beiden Erwartungen formuliert:

Erwartung A.12: Die Analyse des verbriefenden Unternehmens wird durch die ABS-Transaktion vereinfacht.

Erwartung A.13: Die Off-Balance-Sheet-Darstellung der Forderungsverbriefung verschleiert den Verschuldungsgrad des Unternehmens.

Beide stehen zwar im klaren Widerspruch zueinander und können nicht gleichzeitig erfüllt werden. Da die Ablehnung der einen jedoch nicht zu einer Bestätigung der anderen führt, müssen beide getrennt analysiert werden.

---

484 Vgl. Andrews (1966), S. 49.

5.4.4 Auswirkungen auf den Verschuldungsgrad

Wenn die ABS-Liquidität als Verbindlichkeit zu den Schulden eines Unternehmens hinzugerechnet wird, stellt sich die Frage, ob das Unternehmen nach der Transaktion eine erhöhte Verschuldungsfähigkeit (engl.: Debt Capacity) besitzt.

Im Bereich von CFCs wurde diese Fragestellung bereits untersucht. In empirischen Arbeiten wurde analysiert, ob die Verschuldungsfähigkeit eines Unternehmens durch die Gründung einer CFC erhöht werden kann. Roberts/Viscione (1981b)[485] bestätigen dies, in dem sie 45 Unternehmen aus drei verschiedenen Industrien untersuchen und die Verschuldungskennzahlen in den drei Jahren vor Gründung der CFCs mit denen in den drei Jahren im Anschluss an die Gründung vergleichen. Hierfür führen sie eine Konsolidierung der Tochtergesellschaft durch. Sie kommen zu dem Ergebnis, dass es in allen fünf untersuchten Sektoren zu einem Anstieg der Verschuldung als Anteil der Bilanzsumme im Vergleich zu Kontrollgruppen kommt. In zwei Industriezweigen[486] ist dieser Anstieg statistisch signifikant.[487] Darüber hinaus führen Roberts/Viscione eine kleine Umfrage durch. Alle befragten Unternehmen gehen nach dieser davon aus, dass Banken einer Kombination aus Muttergesellschaft und CFC höhere Kredite als der reinen Muttergesellschaft ohne CFC geben würden.[488]

Dipchand/Roberts/Viscione (1982) führen eine ähnliche Untersuchung mit kanadischen Unternehmensdaten durch. Zwölf Captive Finance Companies werden identifiziert und nach produzierendem Gewerbe (Manufacturing) und Handelsunternehmen (Merchandising) unterteilt. Zum Vergleich wurden die Unternehmen mit 54 Kontrollunternehmen ergänzt. Der Verschuldungsgrad in den drei Jahren vor der Gründung der CFCs wurde ebenfalls mit dem in den drei Jahren nach der Gründung verglichen. Sie kommen zu dem Ergebnis, dass bei den Handelsunternehmen keine signifikante Steigerung der Verschuldung festzustellen ist. Die produzierenden Unternehmen mit Captive unterscheiden sich jedoch in der Entwicklung signifikant von der Kontrollgruppe ohne Captives. Sie steigern die Verschuldung von 58 % auf 65 % im Vergleich zur Steigerung von 52 % auf 55 % der Kontrollgruppe.[489]

485 Vgl. auch Roberts/Viscione (1981a), S. 285–295.
486 35 Maschinenbau (ohne 3531) und 3531 Herstellung von Maschinen und Ausrüstung.
487 Vgl. Roberts/Viscione (1981b), S. 41.
488 Vgl. Roberts/Viscione (1981b), S. 37–38.
489 Vgl. Dipchand/Roberts/Viscione (1982), S. 196.

Es ist allerdings anzumerken, dass beide Untersuchungen ein relativ kleines Sample als Basis hatten und zeitlich vor der Einführung der Konsolidierungspflicht nach FAS 94[490] lagen. Dennoch scheint, dass zumindest vor Einführung von FAS 94 eine Erhöhung der Verschuldung durch die Gründung einer CFC zu erreichen gewesen sein. Untersuchungen mit ähnlicher Fragestellung nach FAS 94 sind dem Autor nicht bekannt.

Auch diese Arbeit kann dieser Fragestellung nicht nachgehen, da hierfür größere Samples zu verwenden sind und gleichzeitig eine komplexe Zurückrechnung der ABS-Transaktionen erfolgen müsste. Wie in Abschnitt 7.4.3 gezeigt wird, sind diese mit den in den Jahresabschlüssen der verbriefenden Unternehmen enthaltenen Informationen nicht möglich. Der Zugang zu diesen Daten ist daher die Voraussetzung für weitere quantitative Untersuchungen in diesem Bereich.

490 Vgl. Abschnitt 2.5.3.

6 Empirische Untersuchungen

Die empirischen Untersuchungen dieser Arbeit fanden in drei Phasen statt, an denen sich auch der Aufbau dieses Kapitels orientiert. Zunächst wurden vier Clinical Studies, anschließend zehn Case Studies und abschließend eine kurze Umfrage durchgeführt.

Zur Wahrung der Anonymität wurde auf die Nennung der Namen der Unternehmen und sonstiger beteiligter Gesellschaften (wie strukturierende Bank und Kreditversicherungen) verzichtet. Die Unternehmen der Clinical Studies wurden daher als Alpha bis Delta und die der Case Studies als A bis J bezeichnet. Das Geschlecht der interviewten Personen wurde einheitlich auf männlich gesetzt.

Vor der Beschreibung der Cases wird im nächsten Abschnitt jedoch zunächst die Auswahl der Transaktionen begründet, die bei qualitativen Untersuchungen eine bedeutende Rolle spielt.

6.1 Auswahl der Transaktionen

Bei der Arbeit mit Clinical und Case Studies wird im Gegensatz zu quantitativen Methoden nicht versucht, mit der Auswahl der Cases eine statistische Repräsentativität zu erreichen. Auf Grund der kleinen Samplegröße von vier bzw. 14 Transaktionen wäre dies zum Scheitern verurteilt. Die statistische Repräsentativität wird bei Case Studies nach Yin (2003) jedoch auch gar nicht als Ziel gesehen. Es wird vielmehr versucht, die Replikation bereits untersuchter Fälle zu erreichen. Diese Technik wurde bereits in Abschnitt 4.2.2 erläutert. Hier sollen die Anwendung und die Kriterien, anhand derer die Literal und Theoretical Replication durchgeführt wurde, vorgestellt werden.[491]

Bei der Auswahl der Cases muss darauf geachtet werden, dass zunächst im Sinne der Literal Replication ähnliche Transaktionen untersucht werden. Dies ist mit dem Ziel verbunden, Erkenntnisse und Beobachtungen zu wiederholen und zu bestätigen. Des Weiteren soll versucht werden, durch eine Auswahl von Fällen, die sich von den bereits ausgewählten unterscheiden, widersprechende Beobachtungen

---

491 Vgl. Abschnitt 4.2.2, S. 60.

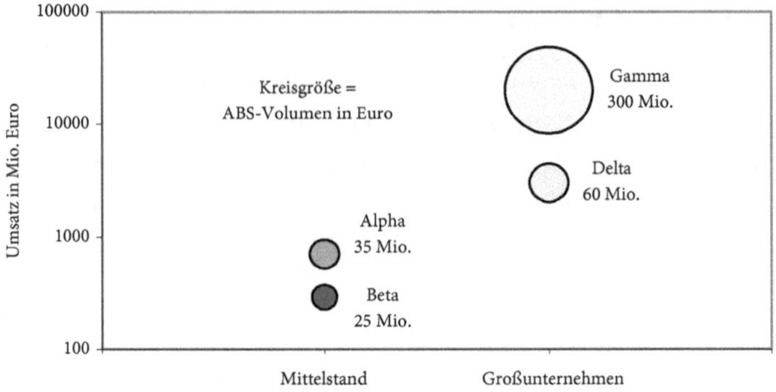

Abb. 6.1: Vergleich Mittelstand – Umsatz – ABS-Volumen[492]

zu erzeugen (Theoretical Replication). Durch die Erklärung der beobachteten Abweichungen werden die Ergebnisse gefestigt.

Wegen der schwierigen Ansprache auf Grund der Anonymität der verbriefenden Unternehmen im ABCP-Markt konnten die Kriterien der Replikation nicht zu 100 % angewendet werden. Passende Unternehmen mussten erst von einer Zusammenarbeit überzeugt werden. Im Laufe dieses Prozesses wurden jedoch gezielt solche Unternehmen angesprochen, die den Kriterien am besten entsprechen. Nicht in die Clinical Studies einbezogene Unternehmen wurden im Rahmen der Case Studies untersucht. Die Auswahl der vier Clinical Studies wird unter diesen Prämissen im Folgenden begründet:

Clinical Studies

Im Mittelpunkt dieser Arbeit stehen Forderungsverbriefungen im Mittelstand. Daher wurden zunächst im Sinne der Literal Replication zwei Fälle mittelständischer Unternehmen untersucht. Zur Kontrastierung wurden anschließend die Transaktionen von zwei Großunternehmen analysiert, um eventuelle Abweichungen und Unterschiede zu identifizieren und diese, falls möglich, mit der Unternehmensgröße zu erklären und zu begründen. Beispielsweise ist von Interesse, ob die Verbriefung den Großunternehmen auf Grund anderer interner Strukturen einfacher gefallen ist.

492 Eigene Darstellung.

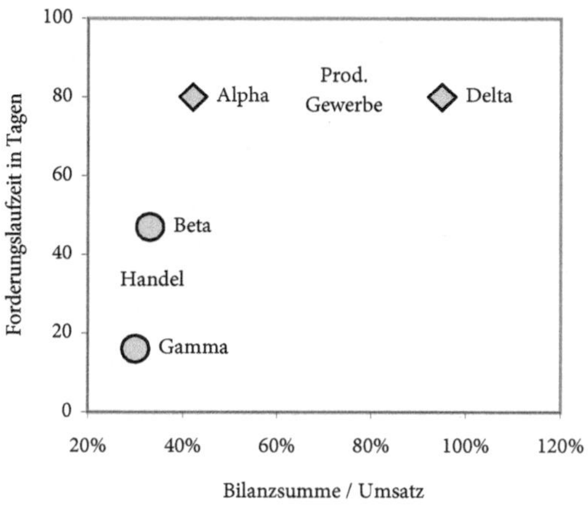

Abb. 6.2: Vergleich Branchen[493]

Da die Großunternehmen per Definition über einen höheren Umsatz verfügen, besitzen sie tendenziell auch einen höheren Forderungsbestand und können damit auch Transaktionen von größerem Volumen durchführen.[494] Wie Abbildung 6.1 zeigt, war die Transaktion von Gamma ca. 10 Mal so groß wie die von Alpha und Beta. Dies ermöglicht die Herausarbeitung unterschiedlicher Kostenstrukturen und sonstiger positiver Effekte des erhöhten Transaktionsvolumens.

Neben der Größe der Unternehmen wurde auch auf eine Verteilung auf verschiedene Branchen geachtet. Es ist gelungen, sowohl zwei produzierende Unternehmen als auch zwei Handelsunternehmen für die Untersuchungen zu gewinnen. Diese Differenzierung ist sinnvoll, da sich die Unternehmen in mehreren Kriterien unterscheiden. Die beiden Handelsunternehmen haben z. B. kürzere Forderungslaufzeiten, da sie die Forderungen auch über Bankeinzug einziehen. Die produzierenden Unternehmen lassen ihren Kunden hingegen mit im Schnitt 80 Tagen wesentlich mehr Zeit für die Zahlung. Auch unterscheiden sich die Unternehmen in Bezug auf das Verhältnis aus Bilanzsumme zum Umsatz. Die Handelsunternehmen haben einen vergleichsweise geringen Bilanzumfang während die produzierenden Unternehmen

---

[493] Eigene Darstellung.
[494] Abbildung C.3, S. 386, bestätigt diesen Zusammenhang.

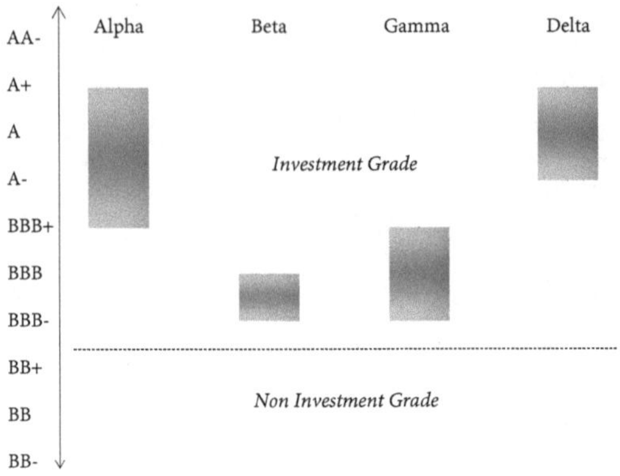

Abb. 6.3: Vergleich Rating[495]

auf Grund ihres Anlagevermögens ein größeres Verhältnis aus Bilanzsumme und Umsatz aufweisen. Auch in diesem Bereich konnte damit den Prämissen der Literal und Theoretical Replication gefolgt werden.

Die Auswahl der Transaktionen konnte jedoch auf Grund des begrenzten Marktumfangs nicht perfekt sein. Abbildung 6.2 zeigt die Einordnung der vier Clinical Studies nach Branchen. Das Verhältnis der Bilanzsumme zum Umsatz ist für Alpha als produzierendes Unternehmen zwar erwartungsgemäß größer als bei den beiden Handelsunternehmen Beta und Gamma. Auf Grund der Montagetätigkeiten von Alpha, die mit einem niedrigeren Anlagevermögen einhergehen, ist die Bilanzsumme von Alpha allerdings verhältnismäßig gering. Die Ähnlichkeit zu Delta ist daher etwas eingeschränkt.

Als weiteres Kriterium wurde der verwendete Rechnungslegungsstandard einbezogen, weil davon das Erreichen einer Off-Balance-Sheet-Struktur abhängt, wie in Abschnitt 5.4.1 beschrieben. Es wurde daher versucht, sowohl Unternehmen, die nach HGB, als auch solche, die nach IFRS bilanzieren, für die Untersuchungen zu gewinnen. Die Verwendung von IFRS ist für börsenorientierte Unternehmen inzwischen Pflicht, im Mittelstand allerdings noch wenig verbreitet. Da für die Clinical Studies leider kein börsennotiertes Unternehmen gewonnen werden konnte,

[495] Eigene Darstellung.

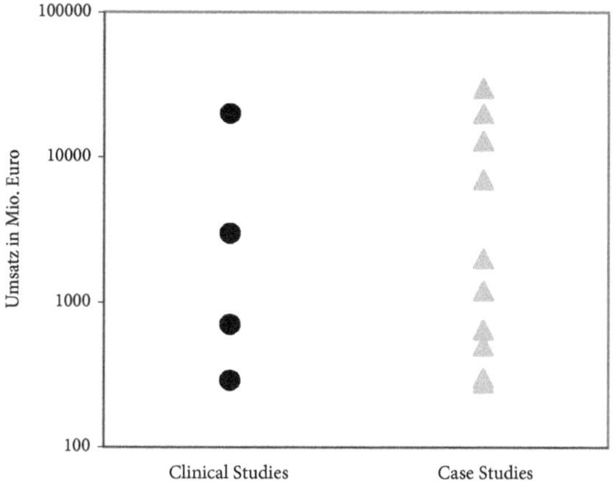

Abb. 6.4: Clinical und Case Studies[496]

war die Untersuchung einer IFRS-Transaktion schwieriger. Es ist jedoch gelungen, mit Delta ein Unternehmen von den Untersuchungen zu überzeugen, das seinen Jahresabschluss nach IFRS aufstellt. Alpha, Beta und Gamma bilanzieren nach HGB. Diese ungleiche Verteilung ist nicht ideal, lies sich jedoch nicht vermeiden und wird durch einen stärkeren Anteil der IFRS bilanzierenden Unternehmen in den Case Studies wieder ausgeglichen. Auch liegt der Fokus dieser Arbeit auf dem überwiegend noch nach HGB bilanzierenden Mittelstand.

Leider besitzt keines der in den Clinical Studies untersuchten Unternehmen ein externes Rating. Daher musste auf die Rating-Einschätzungen der Kredit gebenden Banken zurückgegriffen werden. Abbildung 6.3 zeigt die Bereiche dieser Einschätzungen. Alpha und Delta bewegen sich in den „A“- und Beta sowie Gamma in den „BBB“-Bereichen.[497] Die Auswahl ähnlicher und unterschiedlicher Unternehmen ist damit auch in Bezug auf dieses Kriterium geglückt. Non-Investment-Grade-Unternehmen konnten für die Clinical Studies hingegen nicht identifiziert werden. Dies liegt aber auch daran, dass Banken ABS zurzeit fast ausschließlich mit Investment-Grade-Unternehmen durchführen.[498]

[496] Eigene Darstellung.
[497] Nach den Ratingnoten von S & P und Fitch.
[498] Vgl. Abschnitt 7.2.5, S. 299.

Strukturierende Bank	Untersuchte Transaktionen
IKB	3
WestLB	3
ABN Amro	2
Helaba	2
Dresdner Kleinwort	1
LBBW	1
Société Générale	1
Eigene Tochtergesellschaft	1

Tab. 6.1: Strukturierende Banken[499]

Es wurde damit gezeigt, dass die Auswahl der vier Transaktionen die Prämissen der Replikation erfüllt. Es wurden sowohl ähnliche als auch unterschiedliche Verbriefungen bzgl. der einzelnen Kriterien Umsatz/Mittelstand, Branche, Rechnungslegungsstandard, Rating und Forderungsstruktur ausgewählt. In einzelnen Bereichen mussten Abstriche hingenommen werden. Es war nicht möglich, bei nur vier Transaktionen die Sampling-Anforderungen bei allen Merkmalen perfekt zu erfüllen. Dennoch wird die Auswahl als hinreichend gut angesehen und liefert damit eine fundierte Basis für die Analyse der Erhebungsergebnisse.

Zur Erweiterung der Datenbasis wurden im Anschluss an und nach einer ersten Auswertung der Clinical Studies zehn Case Studies durchgeführt. Im Folgenden wird ihre Auswahl ebenfalls begründet:

Case Studies

Hauptkriterium bei der Auswahl der Case Studies war die Verteilung auf Mittelstand und Großunternehmen. Von den zehn Case Studies konnten vier über Transaktionen aus dem Mittelstand und sechs von Großunternehmen durchgeführt werden. Um eine annähernd gleichmäßige Verteilung zu erreichen, wurden entsprechende Unternehmen gezielt angesprochen. Abbildung 6.4 gibt eine Übersicht über die Umsatzverteilung der durchgeführten Untersuchungen.

Darüberhinaus ist es gelungen, für die Case Studies sechs börsennotierte Unternehmen zu gewinnen. Dies kompensiert das Fehlen eines börsennotierten Unternehmens

499 Eigene Darstellung.

in den Clinical Studies etwas. Parallel dazu ist auch der Anteil der nach IFRS bilanzierenden Unternehmen in den Case Studies mit sechs Unternehmen höher. Positiv zu werten ist auch, dass mit den Cases B und F zwei Transaktionen gewonnen wurden, bei denen kein Bilanzabgang der verkauften Forderungen erreicht wurde, die Transaktion also On-Balance-Sheet dargestellt wurde.

Zuletzt wurde darauf geachtet, möglichst viele Banken als Strukturierer über die Untersuchungen einzubeziehen. Es ist gelungen, acht verschiedene Conduits abzudecken. Darüber hinaus entspricht der Anteil der einzelnen Banken an den Untersuchungen, wie Tabelle 6.1 zeigt, in etwa der Anteilsverteilung des Verbriefungsmarkts für Handelsforderungen in Deutschland, der in Abschnitt 2.4 beschrieben wurde. Die IKB und die WestLB sind sowohl am Markt von der Anzahl der Transaktionen führend als auch bei den untersuchten Transaktionen am häufigsten anzutreffen. Auch die nach Marktanteilen drittplatzierte LBBW ist in den Untersuchungen anzutreffen. Eine vollständige Marktabdeckung war auf Grund des eingeschränkten Zugangs zu Transaktionen sowie Begrenzungen des zeitlichen Aufwands nicht möglich. Dennoch wird die erreichte Verteilung auf Grund der erfolgreichen Einbeziehung der drei wichtigsten Teilnehmer und insgesamt acht verschiedenen Strukturierern als ausreichend angesehen.

Tabelle 6.2 fasst die Merkmale der für die Clinical und Case Studies ausgewählten Transaktionen zusammen.

Tab. 6.2: Übersicht Case und Clinical Studies[a]

Fall	Erhebung	Umsatz	Eigentümer	Mittelstand	Branche	Bilanzierung	Bilanzsumme	ABS-Start	ABS-Volumen	Rating Max[d]	Bilanzabgang
Alpha	Clinical	700	Familie	Ja	Anlagenbau	HGB	240	2004	35	A	Ja
Beta	Clinical	290	Familie	Ja	Handel	HGB	96	2005	25	BBB	Ja
Gamma	Clinical	20.000	Familie	Nein	Handel	HGB	1.800	2001	300	BBB+	Ja
Delta	Clinical	3.000	Familie	Nein	prod. Gew.	IFRS	2.850	2000	60	A-	Ja
A	Case	2.000	Familie	Ja[f]	prod. Gew.	HGB	1.000	2003	100	I. G.[e]	Ja
B	Case	10.000[b]	Börse	Nein	-[c]	IFRS	5.000[b]	-	200	BBB-	Nein
C	Case	30.000[b]	Börse	Nein	-[c]	IFRS	40.000[b]	1993	700	BBB+	Ja
D	Case	25.000[b]	Börse	Nein	Handel	IFRS	10.000[b]	1998	-	-	Ja
E	Case	650	Börse	Nein	Dienstleister	IFRS	-	2001	250	AA-	Ja
F	Case	13.000	Börse	Nein	Dienstleister	IFRS	-	2002	300	A-	Nein
G	Case	2.000[b]	Börse	Nein	prod. Gew.	IFRS	1.000[b]	2006	100	BB-	Ja
H	Case	500	Familie	Ja	prod. Gew.	HGB	110[b]	2003	50	-	Ja
I	Case	280	Familie	Ja	prod. Gew.	HGB	145	2003	35	I. G.[e]	Ja
J	Case	300	Familie	Ja	prod. Gew.	HGB	200	2004	25	I. G.[e]	Ja

[a] Eigene Darstellung, alle Zahlen in Millionen Euro, basierend auf Geschäftsberichten und Interviews.
[b] Aus Gründen der Anonymisierung wurden Bereichsangaben gebildet. Der genannte Wert ist die Obergrenze dieses Intervalls.
[c] Wird aus Gründen der Anonymisierung nicht dargestellt.
[d] Falls ein Bereich von Rating-Einschätzungen genannt wurde, wird hier die Obergrenze ausgewiesen.
[e] Investment Grade; genauere Einschätzungen waren nicht zu erhalten.
[f] Der Konzern besteht aus unabhängig geführten Tochtergesellschaften, die alle ähnlich zu mittelständischen Unternehmen geführt werden und sich als solche verstehen.

6.2 Clinical Studies

In diesem Abschnitt werden die vier Clinical Studies beschrieben, in denen Verbriefungen von Handelsforderungen unterschiedlicher Unternehmen intensiv untersucht wurden. Die Clinical Studies stellen die Datenbasis für die anschließende Analyse dar. Neben der Analyse bietet allerdings auch die deskriptive Darstellung der Transaktionen einen Mehrwert für die akademische Forschung, da vergleichbar ausführliche Beschreibungen bisher nicht existieren, jedoch als Grundlage für das Verständnis der komplexen Strukturen notwendig ist.

Im Rahmen der vier Clinical Studies wurden insgesamt 30 Experteninterviews mit einer Gesamtlänge von knapp 33 Stunden durchgeführt. Darüber hinaus wurden ABS-Verträge (über 700 Seiten), Memos, Präsentationen und Jahresabschlüsse in die Beschreibung und Auswertung mit einbezogen. Auf dieser Basis konnten umfassende Darstellungen der Transaktionen erarbeitet werden.

Auch die Praxis kann von diesen Beschreibungen profitieren, da umfassende Bilder von Forderungsverbriefungen mit allen Vorteilen und Problemen dargestellt werden. Selbst für die teilnehmenden Unternehmen entsteht ein Mehrwert. Alpha teilte beispielsweise mit, dass die folgende Beschreibung intern als „Betriebsanleitung“ für ABS verwendet werden wird.

Die vier Clinical Studies werden im Folgenden wiedergegeben.

6.2.1 Unternehmen Alpha

Im Folgenden wird die erste analysierte Transaktion des Unternehmens Alpha vorgestellt. Auf Grund seiner Größe und des Besitzes in Familienhand wurde das Unternehmen dem großen Mittelstand zugeordnet. Zunächst soll das Unternehmen an sich, dann die Verbriefungsstruktur sowie deren Effekte betrachtet werden. Abschließend wird die Bewertung der Transaktion aus Unternehmenssicht wiedergegeben.

6.2.1.1 Beschreibung des Unternehmens

Das Unternehmen Alpha ist im Anlagenbau (sowohl Montage als auch Zulieferung) in mehr als 30 Ländern aktiv und hat im Jahr 2004 einen Umsatz von ca. 700 Mio. Euro erwirtschaftet, wovon ca. 240 Mio. Euro im Inland anfielen. Der Umsatz ist in den Wintermonaten durch eine gewisse Abhängigkeit von der Baubranche etwas niedriger. Alpha beschäftigte in 2005 ca. 5600 Mitarbeiter und ist im Besitz von zwei Familien, die jedoch nicht aktiv in die Geschäftsführung involviert sind.[500]

Im Rahmen eines ABS-Programms verbrieft Alpha seit Dezember 2004 Forderungen deutscher und französischer Tochtergesellschaften. Diese Forderungen entstehen überwiegend aus der Leistung längerfristiger Montageprojekte. Bei diesen Projekten ist es auf Grund der langen Laufzeit üblich, im Laufe der Fertigstellung Abschlagszahlungen zu vereinbaren. Am Ende des Projekts wird dann eine Schlussrechnung über den Restbetrag geschrieben. Wie in der Baubranche üblich, entstehen um einzelne Posten der Schlussrechnung allerdings häufig Diskussionen, so dass nicht selten die gesamte Rechnung neu ausgestellt werden muss. Die ursprüngliche Rechnung wird hierbei per Gutschrift ausgeglichen.[501]

Rechnungen werden in den einzelnen Niederlassungen geschrieben und, mit Ausnahme der französischen Tochtergesellschaften, in der Zentrale in Deutschland in das Buchhaltungssystem SAP R/3 eingebucht. Die französischen Gesellschaften buchen ihre Forderungen selber ein. Der Forderungsbestand ist nach dem 5. Tag eines Monats am höchsten, da bis zu diesem Zeitpunkt für den Monatsabschluss alle Forderungen des vorangegangenen Monats eingebucht sein müssen.[502] Sind die Forderungen in das EDV-System eingebucht, wird der Forderungseinzug zentral aus Deutschland abgewickelt. Die Zahlungsziele der Rechnungen liegen in Deutschland bei 30 Tagen und in Frankreich bei 90 Tagen. Der Eingang der Zahlungen erfolgt in zeitlicher Nähe der Fälligkeitstermine. In Frankreich besteht die Besonderheit, dass Forderungen auch mit Wechseln bezahlt werden.[503]

[500] Vgl. Interview Alpha Leiter Finanzabteilung, siehe Anhang E.1.2.1, S. 399.
[501] Vgl. Interview Alpha Leiter Finanzabteilung, siehe Anhang E.1.2.1, S. 399; Drost (2007).
[502] Gleiches gilt für den 11. Tag bzgl. Tertiärabschlüssen.
[503] Vgl. Interview Alpha Leiter Buchhaltung, siehe Anhang E.1.2.3, S. 399; Interview Alpha Leiter Finanzabteilung, siehe Anhang E.1.2.1, S. 399.

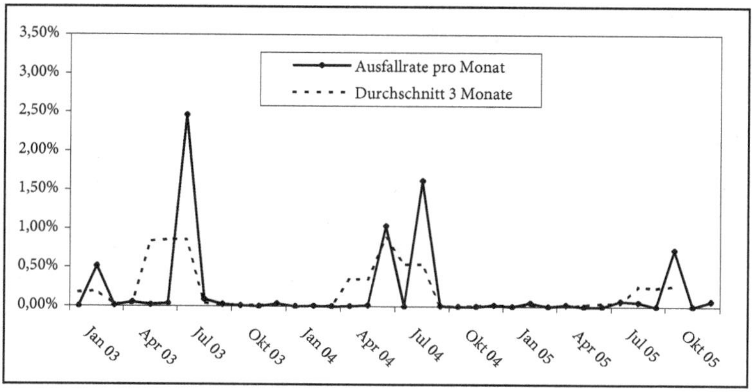

Abb. 6.5: Alpha Forderungsausfälle[504]

Alpha verwendet zur Absicherung des Ausfallrisikos eine Warenkreditversicherung (WKV), in der alle Forderungen zu 80 % versichert sind. Im Falle eines Forderungsausfalls trug Alpha also bereits vor ABS nur 20 % der Ausfälle. Bedingung ist, dass alle Debitoren vor der Rechnungsstellung über ein ausreichendes Zeichnungslimit der Versicherung verfügen. Lehnt die Versicherung die Zeichnung eines Limits ab, ergreift Alpha geeignete Maßnahmen, um sein Ausfallrisiko abzusichern, wie das Verlangen von Vorauszahlungen oder die Stellung von Sicherheiten. Forderungsausfälle treten in unregelmäßigen Abständen und mit variierender Höhe auf. Abbildung 6.5 veranschaulicht die Ausfälle der Jahre 2003 bis 2005. Es ist zu erkennen, dass es viele Monate ohne und einige wenige mit höheren Ausfällen gibt. Durchschnittlich sind 0,19 % (maximal 2,46 %) der entsprechenden monatlichen Umsätze ausgefallen.[505]

Tabelle 6.3 zeigt die Bilanzstruktur von Alpha elf Monate vor dem ersten Forderungsverkauf. Die Forderungen aus Lieferungen und Leistungen stellen mit 42 % einen großen Anteil der Aktivseite dar. Die Eigenkapitalquote liegt bei 11 %.

504 Eigene Darstellung, aufbauend auf Alpha Forderungsausfälle (2006); Forderungsausfälle als Anteil des entsprechenden Umsatzes.

505 Vgl. Interview Alpha Zuständiger Warenkreditversicherung, siehe Anhang E.1.2.7, S. 400; Interview Alpha Leiter Finanzabteilung, siehe Anhang E.1.2.1, S. 399; Alpha Forderungsausfälle (2006).

Aktivseite	in Mio. €	Anteil	Passivseite	in Mio. €	Anteil
Anlagevermögen	65,4	27 %	Eigenkapital	26,9	11 %
Vorräte	39,9	17 %	Rückstellungen	54,4	23 %
Ford. aus L. u. L.	100,6	42 %	Verb. Banken	52,2	22 %
Sonstige Ford.	16,3	7 %	Verb. aus L.u.L.	46,0	19 %
Kasse	12,5	5 %	Sonstige Verb.	59,3	25 %
Sonstige Posten	4,3	2 %	Sonstige Posten	0,2	0 %
Summe	239,0	100 %	Summe	239,0	100 %

Tab. 6.3: Alpha Bilanzstruktur, Stand 31.12.2003[506]

Die Verbindlichkeiten gegenüber Kreditinstituten bestehen hauptsächlich im Rahmen von Kreditlinien, deren Maximalvolumen bei insgesamt 60 Mio. Euro liegt. Hiervon sind ca. 72 % kurzfristiger Natur. Die Kreditlinien sind alle unbesichert und mit der Garantie ausgestattet, dass andere Kreditgeber ebenfalls keine Sicherheiten erhalten. In den Kreditverträgen sind keine Financial Covenants eingebaut, auch wenn Alpha deren Einführung in Zukunft nicht überraschen würde, da sich die Banken langsam mit diesen Instrumenten vertraut machen. Ebenso wenig bestehen Klauseln, die den Verkauf der Forderungen behindern könnten.[507]

Alpha verwendet kein Factoring[508] und besitzt größenbedingt kein externes Rating einer Rating-Agentur. Die Ergebnisse der Rating-Systeme der Kredit gebenden Banken führen zu einer Bonitätseinschätzung im mittleren Investment-Grade-Bereich („A“-Bereich[509]). Das Unternehmen hat in 2005 an einem Mezzanine-Programm teilgenommen, in dessen Rahmen mit Moody’s RiskCalc ebenfalls ein Rating berechnet und der Investment-Grade-Bereich bestätigt wurde.[510]

Der Jahresabschluss wird nach den Regeln des HGB aufgestellt. Eine Umstellung auf internationale Rechnungslegungsstandards wird nicht angestrebt.[511]

506 Eigene Darstellung, zeigt die wesentlichen Bilanzpositionen; Sonstige Posten beinhalten Rechnungsabgrenzungsposten und latente Steuern; vgl. Alpha Prüfungsbericht 2004 (2005).

507 Vgl. Alpha Präsentation Management; Interview Alpha Leiter Finanzabteilung, siehe Anhang E.1.2.1, S. 399; Interview Alpha Leiter Finanzabteilung, siehe Anhang E.1.2.1, S. 399; Interview Alpha Leiter Finanzabteilung, siehe Anhang E.1.2.1, S. 399.

508 Vgl. Interview Alpha Leiter Finanzabteilung, siehe Anhang E.1.2.1, S. 399.

509 Nach den Systemen von S & P und Fitch.

510 Vgl. Interview Alpha Leiter Finanzabteilung, siehe Anhang E.1.2.1, S. 399.

511 Vgl. Interview Alpha Leiter Bilanzen/Steuern, siehe Anhang E.1.2.2, S. 399.

In Alphas Kreditverträgen gibt es keine expliziten Klauseln, die ABS verhindern könnten. Allerdings beinhalten sie „Negative Pledge"-Zusicherungen, d. h., Alpha hat zugesichert, keinem Kreditgeber Sicherheiten zu geben. Der Verkauf der Forderungen fällt laut Ansicht von Alpha nicht unter diese Klausel. [512]

6.2.1.2 Verbriefung von Forderungen

Zum besseren Verständnis der Transaktion und als Grundlage für die folgende Analyse werden in diesem Abschnitt Informationen zur Transaktion an sich zusammengefasst sowie die Abwicklung, Motivationen und Monitoring-Aktivitäten beschrieben.

6.2.1.2.1 Eckdaten der Verbriefung

Im November 2004 unterschrieb Alpha die zur ABS-Transaktion gehörenden Vertragsdokumente, worauf im Dezember 2004 der erste Forderungsverkauf stattfand. Dieser wird hierbei mehrstufig abgewickelt. Zunächst verkaufen deutsche und französische Tochtergesellschaften Forderungen an die Muttergesellschaft in Deutschland. Diese wiederum ergänzt den Forderungspool mit eigenen Forderungen und verkauft alle gesammelt an ein SPV in Jersey. Dieses SPV ist Teil eines Multi-Seller Conduits, kauft also auch Forderungen anderer Gesellschaften an. Die Conduit-Struktur bestand bereits vor der Transaktion. Alpha war in dessen Gründung nicht einbezogen und hat neben dem SPV auch keine weiteren Berührungspunkte mit der Conduit-Struktur. Die Transaktion ist mit einer Liquiditätslinie ausgestattet, deren Laufzeit standardmäßig 364 Tage beträgt. Mögliche Auswirkungen von Basel II auf den Preis der Liquiditätslinie wurden nicht diskutiert.[513]

Alpha kann in dieser Transaktion maximal 35 Mio. Euro Forderungen verkaufen. Das Mindestvolumen beträgt 10 Mio. Euro. Wird dieses nicht erreicht, fällt eine Nichtausnutzungsgebühr an.[514] Alpha kann damit maximal gut ein Drittel seiner Forderungen oder 15 % seiner Bilanzsumme verkaufen. Der Forderungsverkauf ist dabei als True Sale so gestaltet, dass ein Bilanzabgang der Forderungen vom Wirtschaftsprüfer bestätigt wurde. Damit die Forderungen verkauft werden können,

---

512 Vgl. Interview Alpha Leiter Finanzabteilung, siehe Anhang E.1.2.1, S. 399.

513 Vgl. Alpha Forderungsverkaufsvertrag; Alpha Intra Group Verkaufsverträge; Interview Alpha Leiter Finanzabteilung, siehe Anhang E.1.2.1, S. 399; Interview Alpha Leiter Finanzabteilung, siehe Anhang E.1.2.1, S. 399.

514 Vgl. Alpha Forderungsverkaufvertrag (2004); Alpha Honorarvertrag (2004).

müssen sie allerdings einen langen Katalog von Anforderungen erfüllen. Mit einer Ausnahme schränken die meisten Bedingungen den Forderungsverkauf allerdings praktisch nicht ein, da sie im normalen Geschäftsablauf bereits erfüllt sind. An dieser Stelle sollen die wesentlichen Anforderungen betrachtet werden:[515]

- Die Forderungen müssen im normalen Geschäftsverlauf entstanden und die unterliegende Leistung muss nach dem Insolvenzrecht vollständig erfüllt sein. Aus diesem Grund sind die zu Beginn genannten Forderungen aus Abschlagszahlungen nur verbriefbar, wenn es sich um Zwischenrechnungen, zu nach Leistung definierten Arbeitsschritten, handelt. Falls dies nicht gegeben ist, sind nur die Forderungen aus Schlussrechnungen über den Restbetrag verbriefbar.

- Die Schuldner müssen in Deutschland oder Frankreich ansässig sein, die Verträge, aus denen die Forderungen entstanden, sind deutschem oder französischem Recht unterliegen und die Forderungen in Euro denominiert sein.

- Das Zahlungsziel darf in Deutschland maximal 120 Tage und in Frankreich maximal 150 Tage betragen. Es darf nach Ausstellung der Forderung keine Änderung an diesem Zahlungsziel vorgenommen werden. Die Forderung muss mindestens noch eine Laufzeit von vier Tagen haben.

- Die wirksame Abtretung der Forderungen muss ohne Zustimmung oder Information des Schuldners möglich sein.

- Der Schuldner ist nicht insolvent und er hat keine überfälligen Verbindlichkeiten gegenüber Alpha.

- Die Forderungen sind in einer CE-WKV versichert.[516]

Nach dem Verkauf übernimmt die Konzernmuttergesellschaft auch für die verkauften Forderungen weiterhin den Forderungseinzug. Im Debitorenmanagement entstehen also keine Änderungen.[517]

---

515 Vgl. Alpha Forderungsverkaufsvertrag (2004).

516 Zu weiteren Details über die CE-WKV siehe weiter unten. Diese Anforderung an zu verkaufende Forderungen ist wichtig, da die CE-WKV ein wichtiges Credit Enhancement darstellt, wodurch die Reserven und Abschläge reduziert werden konnten; vgl. Interview Alpha Strukturierende Bank, siehe Anhang E.1.2.6, S. 400.

517 Vgl. Alpha Servicing Agreement.

Die Laufzeit des Verkaufsvertrags beträgt sieben Jahre. Alpha kann den Vertrag mit einer Kündigungsfrist von sechs Monaten beenden, hat hieran aber kein Interesse, da sich die Strukturierungskosten nur über eine möglichst lange Laufzeit rentieren. Die Ankaufsgesellschaft kann die Transaktion nur bei Eintritt eines Termination Events beenden, von denen im Folgenden die wesentlichen dargestellt werden:[518]

- Financial Covenants (s. u.) werden verletzt und deren Verletzung wurde von der Zweckgesellschaft nicht aufgehoben.
- Alpha oder eine verkaufende Tochtergesellschaft werden insolvent.
- Die CE-WKV versichert die verkauften Forderungen nicht mehr oder erhält ein Rating schlechter als A3 (Moody's).
- Die Liquiditätslinie steht nicht mehr zur Verfügung.
- Definierte Trigger (s. u.) werden überschritten und die Vertragsparteien haben sich auf eine Anpassung der Reserven und Abschläge nicht einigen können bzw. die Rating-Agenturen haben diesen Änderungen nicht zugestimmt.

Auf Grund dieser Vorkehrungen besteht also das Risiko, dass die Transaktion vor Ablauf der vereinbarten sieben Jahre beendet wird. Dieses Risiko wird von Alpha als gering eingeschätzt. Die strukturierende Bank hat Alpha versichert, dass in Deutschland noch keine Transaktion vorzeitig beendet wurde und selbst im Fall eines Termination Events über Anpassungen am Vertragswerk eine Fortführung der Transaktion sehr wahrscheinlich sei.[519]

Laut Verkaufsvertrag haftet Alpha für Forderungsausfälle insgesamt in Höhe von 6 % der verkauften Forderungen, aufgeteilt auf Reserven von 3 % und Abschläge von ebenfalls 3 %. Für Verwässerungen haftet Alpha unbegrenzt. Diese werden zunächst mit 2 % an Reserven und 2 % an Abschlägen besichert. Allerdings hat Alpha mit der Zweckgesellschaft eine Sonderform für die Reserven und die Abschläge vereinbart. Normalerweise werden die Reserven als Barreserve an die Zweckgesellschaft gezahlt und von ihr verwaltet. Diese werden dann vom verkaufenden Unternehmen als sonstige Forderungen an die Zweckgesellschaft bilanziert. Dies war nicht im Sinne

---

518 Vgl. Alpha Forderungsverkaufsvertrag (2004).

519 Vgl. Alpha Präsentation Management.

von Alpha, da auf diese Weise der Forderungsbestand wieder erhöht worden wäre. Alpha handelte deshalb die Hinterlegung des gesamten Betrags (in Höhe von 10 %) auf einem eigenen, an die Bank verpfändeten Bankkonto aus. Dieses Konto kann als Bankguthaben bilanziert werden. Da die Abschläge auf diese Weise durch Reserven ersetzt wurden, erhält Alpha den Nennwert seiner verkauften Forderungen ohne Abschläge ausbezahlt. Darüber hinaus existiert im SPV noch eine Reserve in Höhe von 2 % für entstehende Kosten. Diese Reserve wurde nicht durch das verpfändete Bankkonto ersetzt und wird von der Zweckgesellschaft verzinst.[520]

Bei dieser Transaktion handelt es sich um eine Fully-Supported-Transaktion.[521] Die CE-WKV übernimmt das über die 6 %ige Haftung des Unternehmens hinausgehende Ausfallrisiko der Forderungen. Auch wenn die CE-WKV mit dem SPV abgeschlossen ist, trägt Alpha die Kosten der Versicherung. Der Eintritt des Versicherungsfalls ist jedoch sehr unwahrscheinlich und die Prämie daher relativ günstig. Über die Funktion der CE-WKV sind nicht alle Parteien im Unternehmen vollständig informiert.[522] So wurde ein Zusammenhang zum Bilanzabgang (über geringere Reserven und Abschläge) überraschenderweise sowohl vom Wirtschaftsprüfer als auch von internen Mitarbeitern verneint.[523]

6.2.1.2.2 Motivation und Vorteile für Alpha

Eine ABS-Transaktion kann verschiedene Vorteile bieten. Die für Alpha relevanten werden im Folgenden aufgelistet.

Zunächst sollte mit Hilfe von ABS die tageweise sehr angespannte Liquiditätssituation verbessert werden. Zu Beginn des Jahrtausends lag Alphas Ausnutzung der Kreditlinien mehrfach nahe am Limit von 60 Mio. Euro. In der damaligen Situation der ungewissen Entwicklung des Bankenmarkts wäre es nur mit Hilfe langwieriger Prozesse möglich gewesen, die Linien zur Schaffung von Sicherheitspuffern substanziell auszuweiten. Erweiterungen um einzelne Millionen wären

[520] Vgl. Alpha Forderungsankaufsvertrag; Interview Alpha Strukturierende Bank, siehe Anhang E.1.2.6, S. 400; Interview Alpha Leiter Finanzabteilung, siehe Anhang E.1.2.1, S. 399; Interview Alpha Leiter Buchhaltung, siehe Anhang E.1.2.3, S. 399.

[521] Vgl. Definition auf S. 22.

[522] Die CE-WKV ermöglicht in vielen Fällen die auseinander liegenden Vorstellungen von Rating-Agentur und Wirtschaftsprüfer bzgl. der Haftung des Forderungsverkäufers, durch Risikoübernahme und damit folgende geringere Abschläge und Reserven anzugleichen.

[523] Vgl. Interview Alpha Leiter Finanzabteilung, siehe Anhang E.1.2.1, S. 399; Interview Alpha Leiter Bilanzen/Steuern, siehe Anhang E.1.2.2, S. 399; Interview Alpha Wirtschaftsprüfer, siehe Anhang E.1.2.5, S. 400.

sicherlich möglich gewesen, eine Ausweitung um 35 Mio. Euro hätte jedoch nur mit einem sehr guten Investitionsprojekt als Verwendungszweck erreicht werden können. Hinzu kamen die reale Gefahr einer Änderung der Geschäftspolitik der Banken und die damit einhergehende Kündigung der Kreditlinien. Ein Institut hatte solche Überlegungen bereits anklingen lassen. Die Verbriefung von Forderungen präsentierte sich in dieser Situation als interessante Alternative, da auf einen Schlag eine größere Summe zur Verfügung gestellt werden konnte.[524]

In diesem Zusammenhang ist für Alpha die Flexibilität ein weiterer Vorteil von ABS. Die Forderungsverbriefung kann je nach Bedarf zwischen 10 und 35 Mio. Euro ausgenutzt werden. Dies war für Alpha jedoch keine Bedingung, so dass die Transaktion wahrscheinlich auch bei einer fest vorgeschriebenen Ausnutzung durchgeführt worden wäre. Die Liquiditätsbeschaffung stand im Vordergrund.[525]

Die Finanzierungskosten der ABS-Transaktion sind für sieben Jahre auf EURIBOR + 1,5 % festgeschrieben.[526] Die ABS-Transaktion liegt damit ca. 0,5 % über den Kosten der Kreditlinien von Alpha. Diese Marge wurde von Alpha zum Zeitpunkt des Vertragabschlusses im Dezember 2004 als günstig angesehen, vor allem, da sie für die nächsten sieben Jahre gesichert ist. Insgesamt standen die Kosten der Finanzierung für Alpha allerdings nicht im Vordergrund der Überlegungen.[527]

Eine Bedingung für die Durchführung der aufwendigen ABS-Transaktion war für Alpha hingegen die Off-Balance-Sheet-Gestaltung. Ohne die gewünschten Effekte auf Bilanzkennzahlen wäre die Transaktion nicht durchgeführt worden, allerdings stellte sich sehr schnell heraus, dass dies kein Problem darstellen würde. Durch den Verkauf der Forderungen sollte die Ausnutzung der Kreditlinien zurückgefahren werden, so dass die in der Bilanz ausgewiesene Verschuldung zurückgeht und gleichzeitig ein erhöhter Liquiditätsspielraum entsteht. Dieser Effekt verbessert neben dem direkten Verschuldungsgrad auch alle Kennzahlen, die sich auf die Bilanzsumme beziehen. Alpha nahm bei Abschluss der Vertragsverhandlungen an,

524 Vgl. Alpha Präsentation Management; Interview Alpha Leiter Finanzabteilung, siehe Anhang E.1.2.1, S. 399; Interview Alpha Wirtschaftsprüfer, siehe Anhang E.1.2.5, S. 400; Interview Alpha Leiter Bilanzen/Steuern, siehe Anhang E.1.2.2, S. 399.

525 Vgl. Interview Alpha Leiter Finanzabteilung, siehe Anhang E.1.2.1, S. 399.

526 Warenkreditversicherung 25 BP, laufende Kosten 110 BP, Vorabkosten umgerechnet auf Laufzeit ca. 15 BP; vgl. Alpha Honorarvertrag (2004).

527 Vgl. Alpha Präsentation Management; Interview Alpha Leiter Finanzabteilung, siehe Anhang E.1.2.1, S. 399; Interview Alpha Leiter Bilanzen/Steuern, siehe Anhang E.1.2.2, S. 399.

dass sich die Bilanzsumme um das Volumen der ABS-Transaktion reduzieren würde, und analysierte hierauf basierend die Effekte für ausgewählte Finanzkennzahlen. So wurde z. B. eine Verbesserung der EK-Quote um ca. 2 % erwartet.[528]

Überlegungen, mit der ABS-Transaktion die von Alpha zu zahlende Gewerbesteuer zu reduzieren, spielten keine Rolle, da die einzelnen Kontokorrentkredite so gemanagt werden, dass sie nicht zu den Dauerschulden gezählt werden müssen. Eine Ablösung dieser Linien mit Hilfe von ABS-Liquidität hat also den Gewerbeertrag nicht reduziert.[529]

Alpha sah es als positiv an, dass durch die ABS-Transaktion erste Berührungen mit dem Kapitalmarkt möglich sind, ohne ein externes Unternehmensrating oder den erhöhten Reporting-Aufwand durchführen zu müssen.[530] Alpha erhofft sich durch die im Rahmen der Transaktion erfolgte positive Bewertung des Forderungsportfolios und des Debitorenmanagements eine indirekte Steigerung des Bekanntheitsgrads bei institutionellen Investoren.[531]

Nicht nur hier, sondern ganz allgemein wird erwartet, dass die ABS-Transaktion ein Gütesiegel für das Unternehmen darstellt, da nicht jedes Unternehmen eine ABS-Transaktion durchführen könne. Die erfolgreiche Durchführung einer ABS-Transaktion bestätige, dass die für ABS notwendigen Strukturen und Prozesse im Unternehmen vorhanden seien.[532]

In einer Kundenpräsentation der strukturierenden Bank werden neben den hier genannten weitere Vorteile angesprochen, die bei einem Forderungsverkauf entstehen können: Der Verkauf der Forderungen könnte im Risikomanagement zu Vorteilen führen, da das Delkredererisiko an den Markt transferiert würde. Darüber hinaus werden mit einer besseren Wettbewerbsfähigkeit und dem Gewinn von

---

528 Vgl. Alpha Präsentation Management; Interview Alpha Leiter Finanzabteilung, siehe Anhang E.1.2.1, S. 399; Interview Alpha Leiter Bilanzen/Steuern, siehe Anhang E.1.2.2, S. 399.

529 Vgl. Interview Alpha Leiter Finanzabteilung, siehe Anhang E.1.2.1, S. 399; Interview Alpha Leiter Bilanzen/Steuern, siehe Anhang E.1.2.2, S. 399

530 Vgl. Interview Alpha Leiter Finanzabteilung, siehe Anhang E.1.2.1, S. 399.

531 Vgl. Alpha Präsentation Management; Interview Alpha Leiter Finanzabteilung, siehe Anhang E.1.2.1, S. 399; Interview Alpha Leiter Bilanzen/Steuern, siehe Anhang E.1.2.2, S. 399.

532 Vgl. Interview Alpha Leiter Bilanzen/Steuern, siehe Anhang E.1.2.2, S. 399.

Marktanteilen strategische Vorteile genannt. Diese Aspekte werden jedoch von Alpha in den Fragen nach der Motivation zur Verbriefung nicht erwähnt.[533]

6.2.1.2.3 Ablauf der Strukturierung

Es ist von Interesse, wie die oben dargestellte ABS-Struktur im zeitlichen Ablauf umgesetzt wurde. Dies wird im Folgenden beschrieben.

Dem Management von Alpha war ABS als Finanzierungsform bereits vor dem Erstkontakt im Rahmen der hier beschriebenen Transaktion bekannt. Da jedoch eine Factoring-Gesellschaft die Veräußerbarkeit der Forderungen in Frage gestellt hatte, wurde die Möglichkeit einer Forderungsverbriefung für ebenfalls nicht durchführbar gehalten und nicht weiter verfolgt. Im Oktober 2003 präsentierte dann jedoch eine der Kredit gebenden Banken ihr ABS-Konzept und vertrat die Auffassung, dass die bestehenden Forderungen wahrscheinlich doch verbriefbar seien.[534]

In den folgenden vier Monaten wurden die Forderungen daher auf ihre Verbriefbarkeit hin analysiert. Neben der Problematik der Abschlagszahlungen (die definitiv nicht für eine Verbriefung geeignet sind) existiert die Problematik, dass die Kunden von Alpha branchenüblich die Konditionen der Geschäfte vorgeben, also ihre eigenen Allgemeine Geschäftsbedingungen (AGB) zur Geschäftsgrundlage machen. Stichprobenartig wurden die Verträge daher vom Juristen von Alpha und der Kanzlei der Zweckgesellschaft analysiert. Hierbei wurden keine Bedingungen vorgefunden, die die Verbriefung per se verhindert hätten. Insgesamt hat diese Phase viel Zeit in Anspruch genommen.[535]

Parallel wurde der Forderungsbestand bereits oberflächlich auf seine Eigenschaften analysiert. Die verstärkte Analyse des Portfolios fand ab Mitte der ersten Jahreshälfte 2004 statt. Alpha musste Daten zum Forderungsbestand, zu Umsatzzahlen, Zahlungseingängen, Verwässerungen und der Altersstruktur der Forderungen in monatlicher Auflösung der letzten drei Jahre sowie Abschreibungen in jährlicher Auflösung liefern. Zusätzlich wurde nach den zehn größten Kunden, den betroffenen Ländern und den verkaufenden Konzerngesellschaften gefragt. Diese Daten konnten in der Finanzbuchhaltung mit leichter Unterstützung durch die EDV-Abteilung

[533] Vgl. Alpha Kundenpräsentation.
[534] Vgl. Interview Alpha Leiter Finanzabteilung, siehe Anhang E.1.2.1, S. 399.
[535] Vgl. Interview Alpha Rechtsanwalt der strukturierenden Bank, siehe Anhang E.1.2.9, S. 400; Interview Alpha Leiter Finanzabteilung, siehe Anhang E.1.2.1, S. 399.

erstellt werden. Die geforderten Werte sind überwiegend in den Berichten von SAP R/3 vorhanden. Als vorteilhaft hat sich erwiesen, dass die Daten der letzten drei Jahre noch im System vorhanden waren.[536]

Neben der Qualität des Forderungsportfolios wurde auch Alpha selbst auf seine Bonität hin untersucht. Die strukturierende Bank kannte das Unternehmen zwar bereits aus einer Kreditbeziehung, dennoch wurden Jahresabschlüsse sowie ein Business Plan mit Planzahlen analysiert. Allerdings war diese Untersuchung der Bonität nach Einschätzung des Unternehmens weniger intensiv und bedeutend als die ein Jahr später im Rahmen einer Mezzanine-Transaktion durchgeführte Analyse. Dort wurde auf die zukünftige Entwicklung des Unternehmens wesentlich größerer Wert gelegt.[537]

Im Juni/Juli 2004 wurde das Debitorenmanagement analysiert und für alle am Forderungsverkauf teilnehmenden Gesellschaften eine Credit and Collection Policy entworfen, die die Prozesse schriftlich festhält und Bestandteil der Vertragsunterlagen wurde. Die Abläufe im Debitorenmanagement mussten hierbei nur minimal optimiert werden. Dennoch empfand Alpha die Untersuchung als sehr lehrreich. Nach der Erstellung der Credit and Collection Policy fand eine Prüfung durch die Zweckgesellschaft bzw. die strukturierende Bank und den Kreditversicherer statt, die ohne Beanstandungen ablief.[538]

In der Mitte der ersten Jahreshälfte 2004 begannen die Überlegungen, wie die revolvierenden Verkäufe praktisch abgewickelt werden können. Die hierfür notwendigen EDV-Anpassungen werden im folgenden Abschnitt beschrieben.[539]

Ebenfalls parallel zu den geschilderten Aktivitäten begannen zu diesem Zeitpunkt auch die Vertragsverhandlungen. Von Seiten des Unternehmens wurde ein Kernteam aus dem Leiter Finanzabteilung, dem Leiter Bilanzen/Steuern und dem Rechtsexperten gebildet. Die Geschäftsführung war über die Verhandlungen informiert, jedoch im Detail nicht weiter involviert. Bezüglich der Fragen des

---

536 Vgl. Interview Alpha Leiter Finanzabteilung, siehe Anhang E.1.2.1, S. 399; Interview Alpha Leiter Buchhaltung, siehe Anhang E.1.2.3, S. 399.

537 Vgl. Interview Alpha Leiter Bilanzen/Steuern, siehe Anhang E.1.2.2, S. 399; Interview Alpha Leiter Finanzabteilung, siehe Anhang E.1.2.1, S. 399.

538 Vgl. Interview Alpha Leiter Finanzabteilung, siehe Anhang E.1.2.1, S. 399; Interview Alpha Leiter Buchhaltung, siehe Anhang E.1.2.3, S. 399.

539 Vgl. Interview Alpha Leiter Finanzabteilung, siehe Anhang E.1.2.1, S. 399.

Bilanzabgangs war des Weiteren der Wirtschaftsprüfer Alphas einbezogen. Bei den Vertragsverhandlungen handelte es sich nach Empfinden des Unternehmens jedoch weniger um tatsächliche Verhandlungen als mehr um das Akzeptieren eines fertigen Vertragswerks, das durch die Multi-Seller-Struktur viele festgeschriebene Elemente enthält. Die gesamten Vertragswerke umfassten 16 einzelne Verträge auf 218 Seiten. Diese waren vollständig in Englisch formuliert.[540]

Im Verlauf der Verhandlungen der Verträge und der Abstimmung von Abschlägen und Reserven wurden auch die Konditionen der CE-WKV besprochen. Auch wenn diese Versicherung zwischen der Zweckgesellschaft und dem Versicherer abgeschlossen wurde, fanden die Verhandlungen unter Einbeziehung des verkaufenden Unternehmens statt, weil Alpha die Kosten der Versicherung tragen muss.[541]

Da es sich bei dieser Verbriefung um eine Fully-Supported-Transaktion Deal handelt, wurden die Rating-Agenturen erst gegen Ende der Strukturierung aktiv, als es um die Rating-Bestätigung der Transaktion ging.[542]

Drei Wochen vor der Vertragsunterzeichnung wurden die Kredit gebenden Banken informiert. Des Weiteren wurden Aval-Linien stellende Versicherungen über die ABS-Transaktion in Kenntnis gesetzt. Kunden und Zulieferer erfuhren von dem Forderungsverkauf nichts.[543] Zu den Reaktionen der Kredit gebenden Banken siehe Abschnitt 6.2.1.3.3.

Am 30. November 2004 wurden die ABS-Verträge unterzeichnet. Der erste Forderungsverkauf fand im Dezember 2004 statt.[544]

Auf Grund der erwähnten Unsicherheit zur Verbriefbarkeit der Forderungen hat Alpha sich im Laufe des Prozesses entschieden, keine Angebote anderer Banken einzuholen. Es wurde befürchtet, dass ein Scheitern der ABS-Überlegungen einen negativen Image-Effekt haben könnte. Diesen wollte man im Fall der Fälle möglichst eindämmen. Als die Verbriefbarkeit gesichert war, wurde auf die Einholung weiterer Angebote auf Grund der aufwendigen Prozesse verzichtet. Die Durchführung der

---

540 Vgl. Interview Alpha Wirtschaftsprüfer, siehe Anhang E.1.2.5, S. 400; Interview Alpha Leiter Finanzabteilung, siehe Anhang E.1.2.1, S. 399.

541 Vgl. Interview Alpha Zuständiger Warenkreditversicherung, siehe Anhang E.1.2.7, S. 400.

542 Vgl. Interview Alpha Rating-Agentur, siehe Anhang E.1.2.12, S. 401.

543 Vgl. Interview Alpha Leiter Finanzabteilung, siehe Anhang E.1.2.1, S. 399.

544 Vgl. Alpha Forderungsverkaufsvertrag Interview Alpha Leiter Finanzabteilung, siehe Anhang E.1.2.1, S. 399

Transaktion mit der gewählten Bank wird von Alpha als Vertriebserfolg der Bank angesehen.[545]

6.2.1.2.4 EDV-Anpassungen

Alpha war es sehr wichtig, dass die ABS-Liquidität zu jedem Zeitpunkt exakt vorhergesagt und das Finanzierungsvolumen damit genau gesteuert werden kann. Hierfür ist es zunächst notwendig, aus allen bestehenden Forderungen die nach dem Forderungsverkaufsvertrag unzulässigen Forderungen herauszufiltern. Dies führt zu dem **potentiellen** Verbriefungsvolumen. Aus diesen Forderungen werden anschließend so viele ausgewählt, bis das **gewünschte** Finanzierungsvolumen erreicht wird. Wurde bei der Filterung der unzulässigen Forderungen kein Fehler gemacht, entspricht die Ankaufrate anschließend 100 % des angebotenen Volumens und das Finanzierungsvolumen damit dem gewünschten Rahmen.[546]

Die strukturierende Bank hat Alpha hierfür keine Software-Lösung angeboten, sondern auf einen externen Dienstleister verwiesen, der aus dem Forderungsbestand eines Unternehmens die Eligible Receivables auswählt und an die Bank überträgt. Diese Lösung wurde von Alpha als nicht ausreichend bewertet, weil dadurch weder Informationen über den verkaufsfähigen Forderungsbestand noch die Steuerung des Finanzierungsvolumens möglich gewesen wären. Daher entschied sich Alpha für die selbstständige Filterung und direkte Übermittlung der Daten an die Bank.[547]

Für die Entwicklung einer eigenen Lösung bestanden bei Alpha sehr gute Voraussetzungen. Durch die zentrale Bearbeitung der Forderungen war es möglich, auf den Forderungsbestand der an der Transaktion teilnehmenden Tochtergesellschaften direkt zuzugreifen. Es war daher nicht nötig, eventuell unterschiedliche Buchungsregeln anzugleichen. Des Weiteren bestand sowohl in der EDV-Abteilung ein gutes Verständnis der buchhalterischen Vorgänge als auch umgekehrt in der Buchhaltung ein gutes Verständnis der EDV-Problematiken. Daher war schnell klar, dass der Forderungsverkauf über SAP R/3 und die Nutzung von Zessionskennzeichen abgebildet werden könnte. Die Filterung der Forderungen, die Erstellung

---

545 Vgl. Interview Alpha Leiter Finanzabteilung, siehe Anhang E.1.2.1, S. 399.

546 Vgl. Interview Alpha Leiter Finanzabteilung, siehe Anhang E.1.2.1, S. 399; Interview Alpha Leiter Buchhaltung, siehe Anhang E.1.2.3, S. 399; Interview Alpha Mitarbeiter EDV, siehe Anhang E.1.2.4, S. 399.

547 Vgl. Interview Alpha Mitarbeiter EDV, siehe Anhang E.1.2.4, S. 399; Interview Alpha Leiter Finanzabteilung, siehe Anhang E.1.2.1, S. 399.

der nötigen Transferdateien und die Markierung der verkauften Forderungen wurden anschließend ohne Hilfe der strukturierenden Bank implementiert. Lediglich die Schnittstellen zur Bank mussten an die Gegebenheiten (z. B. Anzahlungen) angepasst und mit der Bank abgestimmt werden.[548]

6.2.1.2.5 Revolvierender Verkauf und Forderungseinzug

Zwei Wochen vor jedem Verkaufstermin wird der Leiter der Finanzabteilung von der Buchhaltung über den aktuellen und verkaufsfähigen Forderungsbestand informiert und entscheidet daraufhin über das gewünschte Finanzierungsvolumen. Bis zum Verkaufstag wird der Forderungsbestand laufend weiter beobachtet. Der 10. Tag eines Monats ist der Stichtag für den am 11. Tag stattfindenden Verkauf. Dieser Verkaufstermin wurde gewählt, da der Forderungsbestand, wie oben beschrieben, zu diesem Zeitpunkt besonders hoch ist.[549] Zusätzlich wird über eine Incentivierung der Tochtergesellschaften versucht, den Forderungsbestand zu erhöhen. Es wird ein Bonus gezahlt, wenn anstelle von Abschlagszahlungen verbriefungsfähige Zwischenrechnungen vereinbart werden. Der eigentliche Verkauf wird vom Leiter der Buchhaltung durchgeführt. Mit Hilfe der in SAP R/3 programmierten Berichte werden die verkaufsfähigen Forderungen ausgewählt und anschließend ggf. durch Ausschluss von Forderungen auf das gewünschte Finanzierungsvolumen reduziert.[550]

Ist absehbar, dass in den zu verkaufenden Forderungen in der CE-WKV bisher unversicherte Debitoren enthalten sind, müssen bei der Versicherung neue Limite erfragt werden. Diese sind in der Regel kurzfristig zu erhalten. Sollte ein Limit jedoch bis zum Verkaufstermin nicht vorliegen, kann die Forderung nicht verkauft werden.[551]

Mit Hilfe der programmierten Berichte wird jeweils eine Datei mit den folgenden Inhalten erstellt: die Zahlungseingänge seit dem letzten Verkauf, die zu verkaufenden Forderungen, eine Übersicht der CE-WKV-Limite sowie die Stammdaten der Debitoren. Diese Dateien werden in der EDV-Abteilung für den Versand per

548 Vgl. Interview Alpha Mitarbeiter EDV, siehe Anhang E.1.2.4, S. 399; Interview Alpha Leiter Buchhaltung, siehe Anhang E.1.2.3, S. 399.
549 Vgl. Abschnitt 6.2.1.1, S. 160.
550 Vgl. Interview Alpha Leiter Finanzabteilung, siehe Anhang E.1.2.1, S. 399; Interview Alpha Leiter Buchhaltung, siehe Anhang E.1.2.3, S. 399.
551 Vgl. Interview Alpha Zuständiger Warenkreditversicherung, siehe Anhang E.1.2.7, S. 400.

Email (in einem passwortgeschützten Archiv) aufbereitet. Mit Ausnahme der letzten Datei werden diese an die Zweckgesellschaft übermittelt. Die Stammdaten der Debitoren dürfen jedoch aus datenschutzrechtlichen Gründen vor dem Insolvenzfall nicht herausgegeben werden. Daher wird diese Datei an einen speziellen Datentreuhänder übermittelt.[552] Dieser kann im Falle einer Insolvenz die in den Forderungsdaten genannten Debitorennummern mit den vollständigen Daten ergänzen. Alpha verkauft je nach Ausnutzung des Programms Forderungen im einstelligen Tausender-Bereich.[553]

Die Zweckgesellschaft meldet anschließend in einer Ankaufsdatei, welche Forderungen tatsächlich angekauft wurden. Da Alpha seine Forderungen annähernd perfekt filtert, kommt es zu praktisch keinen Ablehnungen von Forderungen. Die verkauften Forderungen werden in SAP R/3 als verkauft markiert.[554]

Nach erfolgtem Verkauf der Forderungen ist die Transaktion jedoch noch nicht abgeschlossen, da Alpha im Rahmen des Servicing Agreements weiterhin den Einzug der verkauften Forderungen übernimmt. Alpha hat sich verpflichtet, verkaufte und nicht verkaufte Forderungen im Einzug gleich zu behandeln. Die Prozesse und Abläufe dieses Einzugs sind verbindlich zugesagt und mit der „Credit and Collection Policy“ Bestandteil der Vertragswerke geworden. Die im Debitorenmanagement arbeitenden Mitarbeiter können zwar im EDV-System erkennen, ob eine Forderung verkauft wurde, dies hat jedoch keine Auswirkungen auf die weitere Behandlung der Forderung wie z. B. im Mahnwesen. Abschließend gehen Zahlungen von verkauften und nicht verkauften Forderungen auf demselben Konto ein und werden beim nächsten Verkaufstermin an das SPV abgeführt. Es findet keine Trennung der Zahlungsströme statt.[555]

Den Tochtergesellschaften von Alpha musste nach dem Abschluss der ABS-Transaktion erklärt werden, warum das konsequente Einziehen und Mahnen von Forderungen weiterhin nötig sei, obwohl die Forderungen dem Unternehmen nicht

---

552 Nur wenn es sich bei den Debitoren ausschließlich um juristische Personen, also z. B. Kapitalgesellschaften, handelt, kann auf diesen Datentreuhänder verzichtet werden, da juristische Personen nicht unter das Bundesdatenschutzgesetz fallen.

553 Vgl. Interview Alpha Leiter Buchhaltung, siehe Anhang E.1.2.3, S. 399; Interview Alpha Mitarbeiter EDV, siehe Anhang E.1.2.4, S. 399; § 3 (1) Bundesdatenschutzgesetz; Alpha Datentreuhändervertrag (2004).

554 Vgl. Interview Alpha Leiter Buchhaltung, siehe Anhang E.1.2.3, S. 399.

555 Vgl. Alpha Servicing Agreement; Interview Alpha Leiter Buchhaltung, siehe Anhang E.1.2.3, S. 399.

mehr gehören. Alpha erklärte dies, in dem auf Parallelen zu Kreditverhältnissen hingewiesen wurde.[556]

6.2.1.2.6 Monitoring-Aktivitäten

Zu unterscheiden ist die Überwachung der Qualität des Forderungsportfolios vom Monitoring der Bonität des Forderungsverkäufers. Beides wird im Folgenden betrachtet:

Forderungsportfolio
Die Qualität des Forderungsportfolios wird über mehrere Trigger überwacht, die bei jedem Forderungsverkauf exakt berechnet werden. Die Verletzung eines Triggers muss zu einer Anpassung der Reserven und Abschläge führen. Scheitert dies, kommt es zu einem Termination Event (s. o.). Folgende Trigger sind im Forderungsverkaufsvertrag definiert:[557]

- **Überfälligkeitstrigger**
  Über 120 Tage überfällige Forderungen dürfen einen Anteil von 8 % an den verkauften Forderungen nicht überschreiten. Der gleitende Durchschnitt der letzten drei Monate dieses Triggers darf 5,5 % nicht überschreiten.

- **Verwässerungstrigger**
  Verwässerungen dürfen einen Anteil von 3,5 % an den verkauften Forderungen nicht überschreiten. Der gleitende Durchschnitt der letzten drei Monate darf 3 % nicht überschreiten.

Neben der Zweckgesellschaft bzw. der strukturierenden Bank überwachen auch die Rating-Agenturen und die Warenkreditversicherung die Entwicklung des Forderungsportfolios und erhalten hierfür die aktuellen Ausfallraten etc. von der Zweckgesellschaft.[558]

Forderungsverkäufer
Alpha hat sich verpflichtet, zwei Financial Covenants einzuhalten, deren Verletzung ebenfalls zu einem Termination Event führen kann (s. o.):[559]

---

556 Vgl. Interview Alpha Leiter Bilanzen/Steuern, siehe Anhang E.1.2.2, S. 399.
557 Auf die Darstellung der exakten Definition der Trigger wird aus Übersichtlichkeit und zur Vermeidung von Rückschlüssen auf die strukturierende Bank verzichtet. Vgl. Alpha Forderungsverkaufsvertrag (2004).
558 Vgl. Interview Alpha Zuständiger Warenkreditversicherung, siehe Anhang E.1.2.7, S. 400; Interview Alpha Rating-Agentur, siehe Anhang E.1.2.12, S. 401.
559 Vgl. Alpha Forderungsverkaufsvertrag (2004).

- Die **Interest Cover Ration** ist definiert als Quotient aus EBITDA und dem Zinsaufwand und muss größer als vier sein.
- Der **Verschuldungsgrad** ist definiert als Quotient der Effektiv-Verschuldung und dem Cashflow und darf 5,5 nicht überschreiten.

Für weitere Monitoring-Aktivitäten erhält die Zweckgesellschaft des Weiteren die gleichen Informationen wie die Kreditgeber von Alpha. Dies beinhaltet die Jahresabschlüsse in zusammengefasster Form und in geringem Maße auch eine Quartalsberichterstattung. Vertraglich hat sich die Zweckgesellschaft jedoch noch weitergehende Informationsrechte einräumen lassen und kann bei Bedarf alle „angemessenen“[560] Unterlagen verlangen.[561]

6.2.1.3 Effekte der Transaktion

Nach Ablauf und Struktur der Transaktion werden im Folgenden ihre Effekte auf den Jahresabschluss Alphas, den erfolgten Risikotransfer und Beziehungen von Alpha zu seinen Kreditgebern betrachtet.

6.2.1.3.1 Auswirkungen auf den Jahresabschluss

Die Auswirkungen des Forderungsverkaufs auf die Bilanz und die GuV von Alpha hängen von der Verwendung der gewonnenen Liquidität ab. Zunächst handelt es sich bei dem True-Sale-Verkauf der Forderungen nur um einen Aktivtausch. Der Forderungsbestand reduziert sich, der Bargeldbestand erhöht sich.

Mit der gewonnenen Liquidität fährt Alpha die Verwendung der kurzfristigen Kreditlinien zurück. Es gab von Seiten der strukturierenden Bank keine Auflagen über die Verwendung der Liquidität. Die Bank hat sich nicht danach erkundigt. Da Alpha die ABS-Transaktion nicht immer zu 100 % ausnutzt und das Finanzierungsvolumen flexibel innerhalb der festgelegten Grenzen verändert, schwankt auch die Reduzierung der Kreditlinien dementsprechend. ABS und Kreditlinien werden wie kommunizierende Röhren behandelt. Was durch ABS zur Verfügung gestellt wird, fließt 1:1 in die Reduzierung der Kreditlinien und umgekehrt. Dies dient vor allem der Risikominimierung, da Alpha im Falle einer Beendigung der ABS-Transaktion die entfallende Finanzierung sofort über offene Linien auffangen

560 Alpha Forderungsverkaufsvertrag.

561 Vgl. Alpha Forderungsverkaufsvertrag; Interview Alpha Leiter Finanzabteilung, siehe Anhang E.1.2.1, S. 399.

	in Mio. €	Anteil
Verkaufte Forderungen	29,1	100,0 %
– Verpfändetes Konto	– 2,9	10,0 %
– Reserve für Kosten	– 0,6	2,0 %
= Gewonnene Liquidität	25,6	88,0 %
= Ablösung Schulden	25,6	88,0 %
– Eingänge verkaufte Forderungen	– 10,1	34,7 %
= Erreichte Bilanzverkürzung	15,5	53,3 %

Tab. 6.4: Alpha Zusammensetzung Bilanzverkürzung zum 31.12.2004[562]

können möchte. In internen Berechnungen wird die ABS-Finanzierung daher immer mit den unausgenutzten Kreditlinien verglichen. Aus diesem Grund verwendet Alpha die ABS-Liquidität in der Regel auch nicht zur Steigerung des Umsatzes oder für sonstige Investitionsprojekte. Hiervon gab es allerdings eine Ausnahme, als ein Projekt über vier Monate vorfinanziert wurde, das aus Mangel an Liquidität ohne ABS nicht hätte durchgeführt werden können.[563]

Durch eine gezielte Ausnutzung der einzelnen Kreditlinien sollen des Weiteren, die Linien der verschiedenen Banken über den Jahresverlauf unterschiedlich stark ausgenutz werden, so dass jede Linie einmal voll ausgeschöpft wird, um den Banken deren Aufrechterhaltung zu ermöglichen. Alpha konnte über die gewonnene Liquidität völlig frei verfügen. Die Vertragspartner haben keine Vorschriften gemacht.[564]

Die Auswirkungen auf die Bilanz gestalten sich wie folgt: Durch die reduzierte Ausnutzung der Kreditlinien wird die Bilanz zunächst verkürzt. Wie beschrieben, erwartete Alpha daher eine Reduzierung der Bilanzsumme in Höhe des Verbriefungsvolumens. Es existieren jedoch gegenläufige Effekte, die berücksichtigt werden müssen. Zunächst muss die Liquidität für die 10 %-Barreserve auf dem verpfändeten Bankkonto abgezogen werden. Dieses Konto wird in der Bilanz aktiviert. Darüber hinaus besteht in der Zweckgesellschaft eine Barreserve in Höhe von

---

562 Eigene Darstellung aufbauend auf Interview Alpha Leiter Bilanzen/Steuern, siehe Anhang E.1.2.2, S. 399

563 Vgl. Interview Alpha Leiter Finanzabteilung, siehe Anhang E.1.2.1, S. 399; Interview Alpha Leiter Bilanzen/Steuern, siehe Anhang E.1.2.2, S. 399.

564 Vgl. Interview Alpha Leiter Finanzabteilung, siehe Anhang E.1.2.1, S. 399.

Aktivseite	mit ABS	ohne ABS	Δ	Δ %	Erklärung
Anlagevermögen	66,5	66,5	0,0	0,0 %	
Vorräte	30,4	30,4	0,0	0,0 %	
Ford. aus L. u. L.	104,0	123,0	-19,0	-15,5 %	offene verkaufte Forderungen
Sonstige Ford.	16,4	15,8	0,6	3,8 %	Reserve für Kosten
Kasse	25,4	22,5	2,9	12,9 %	verpfändetes Konto
Sonstige Posten	5,5	5,5	0,0	0,0 %	
Bilanzsumme	248,2	263,7	-15,5	-5,9 %	erreichte Bilanzverkürzung

Passivseite	mit ABS	ohne ABS	Δ	Δ %	Erklärung
Eigenkapital	29,7	29,7	0,0	0,0 %	
Rückstellungen	53,8	53,8	0,0	0,0 %	
Verb. Banken	41,1	66,7	-25,6	-38,4 %	Ablösung Bankverb.
Verb. L. u. L	44,5	44,5	0,0	0,0 %	
Sonstige Verb.	78,6	68,5	10,1	14,7 %	Eingänge verkaufte Ford.
Sonstige Posten	0,5	0,5	0,0	0,0 %	
Bilanzsumme	248,2	263,7	-15,5	-5,9 %	erreichte Bilanzverkürzung

Tab. 6.5: Alpha Bilanzstruktur mit und ohne ABS, Stand 31.12.2004[565]

2 % als Sicherheit für die Kosten der Verbriefung, die vom Verkäufer gestellt und ebenfalls als Forderung aktiviert wird. Beide Posten verringern die für die Rückführung von Kreditlinien zur Verfügung stehende Liquidität. Zuletzt gehen bei Alpha zwischen den Verkaufsterminen Zahlungen auf verkaufte Forderungen ein. Diese müssen als Verbindlichkeit an die Zweckgesellschaft bilanziert werden, da sie Alpha nicht mehr gehören. Tabelle 6.4 zeigt diese Effekte. Alpha hatte beim Verkaufstermin im Dezember 2004 29,1 Mio. Euro Forderungen an die Zweckgesellschaft verkauft. Abzüglich des verpfändeten Kontos und der Kostenreserve verbleibt als gewonnene Liquidität ein Betrag von 26,6 Mio. Euro. Damit wurden Kreditlinien zurückgefahren. Bis zum Jahresende beglichen Kunden von Alpha verkaufte Forderungen in Höhe von 10,1 Mio. Euro, was einem Anteil von ca. 35 %

565 Die Darstellung zeigt die wesentlichen Bilanzpositionen, sonstige Posten beinhalten Rechnungsabgrenzungsposten und latente Steuern, vgl. Alpha Prüfungsbericht 2004 (2005); Interview Alpha Leiter Bilanzen/Steuern, siehe Anhang E.1.2.2, S. 399.

Kennzahl	mit ABS	ohne ABS	Differenz
Working Capital (in Mio. €)	-186,3	-186,3	0,0
Sachanlagenintensität	15,9 %	15,0 %	0,9 %
Eigenkapitalquote	12,0 %	11,3 %	0,7 %
Gesamtkapitalrentabilität	5,5 %	5,2 %	0,3 %
Tage Forderungen ausstehend	68,1	80,6	-12,5

Tab. 6.6: Alpha Veränderung Kennzahlen durch ABS zum 31.12.2004[566]

der verkauften Forderungen entspricht. In Summe fiel die Bilanzverkürzung damit um fast 47 % geringer aus als ursprünglich erwartet.[567]

Zu beachten ist, dass die Barreserve zum 31.12.2004 auf Grund der gerade erst begonnenen Transaktion nur 10 % des tatsächlichen Verbriefungsvolumens entsprechen musste. Ab dem zweiten Verkauf im Januar musste das Guthaben des Kontos unabhängig vom Verbriefungsvolumen auf 10 % des Maximalvolumens (= 3,5 Mio. Euro) erhöht werden.[568]

Tabelle 6.5 verdeutlicht diese Effekte an der Bilanz zum 31.12.2004. Dargestellt werden die tatsächliche Bilanzstruktur sowie die Struktur, die sich ohne Verbriefung ergeben hätte. Die hierfür nötige Annahme, wie die Finanzierung des Unternehmens ohne ABS-Transaktion ausgesehen hätte, ist bei Alpha relativ einfach, da durch den Forderungsverkauf nur kurzfristige Kreditlinien abgelöst wurden und dies einfach zurückzurechnen ist.

Insgesamt hat Alpha zum Jahresende 2004 durch den Verkauf von Forderungen und die anschließende Ablösung von Kreditlinien seine Bilanz um 5,9 % verkürzen können. Die Bankverbindlichkeiten konnten um ca. 38 % reduziert werden.

Auf das Working Capital hat die Forderungsverbriefung bei Alpha keine Einfluss gehabt. Die Reduzierung des kurzfristigen Vermögens wird durch eine eben so

566 Eigene Berechnungen, Working Capital = Umlaufvermögen - kurzfristiges FK, Sachanlagenintensität = Sachanlagevermögen / Bilanzsumme, Eigenkapitalquote = Eigenkapital / Bilanzsumme, Gesamtkapitalrentbilität = EBIT / Bilanzsumme, Tage Forderungen ausstehend = Forderungsbestand aus L. u. L. / Umsatz * 365

567 Vgl. Interview Alpha Leiter Finanzabteilung, siehe Anhang E.1.2.1, S. 399; Interview Alpha Leiter Buchhaltung, siehe Anhang E.1.2.3, S. 399; Interview Alpha Leiter Bilanzen/Steuern, siehe Anhang E.1.2.2, S. 399.

568 Vgl. Alpha Forderungsverkaufsvertrag.

	in Mio. €	Anteil
Verkaufte Forderungen	10,4	100,0 %
– Verpfändetes Konto	– 3,5	33,7 %
– Reserve für Kosten	– 0,2	2,0 %
= Gewonnene Liquidität	6,7	64,3 %
= Ablösung Schulden	6,7	64,3 %
– Eingänge verkaufte Forderungen	– 5,0	48,1 %
= Erreichte Bilanzverkürzung	1,7	16,3 %

Tab. 6.7: Alpha Zusammensetzung Bilanzverkürzung zum 31.12.2005[569]

große Reduzierung des kurzfristigen Fremdkapitals wieder ausgeglichen. Die Eigenkapitalquote konnte leicht um 0,7 % erhöht werden, erwartet waren 2 %. Mit der Sachanlagenintensität und der Gesamtkapitalrendite sind in Tabelle 6.6 weitere Kennzahlen aufgeführt, die die Bilanzsumme als Divisor beinhalten. Die Auswirkungen der ABS-Transaktion sind auch hier geringer als 1 %. Durch die Reduzierung des Forderungsbestands sinken die Tage, die die Forderungen rechnerisch ausstehen um 12,5. Allerdings erreichen sie damit gerade das Niveau vom Jahresende 2003, als diese Kennzahl einen Wert von 67,2 hatte. Dies liegt daran, dass der Forderungsbestand zum 31.12.2004 durch die Incentivierung der Tochtergesellschaften zur erhöhten Forderungsgenerierung über das bisher normale Niveau angehoben wurde.[570]

Ein Jahr später, zum Jahresende 2005, hat Alpha die ABS-Transaktion nur mit etwas mehr als dem Minimalvolumen von 10 Mio. Euro ausgenutzt. Da das verpfändete Konto jedoch hiervon unbeeinflusst einen Wert von 3,5 Mio. Euro aufweisen musste und die Zahlungseingänge anteilsmäßig etwas höher lagen, wurde nur ein Zehntel der Bilanzverkürzung aus 2004 erreicht. Tabelle 6.7 verdeutlicht dies.[571]

569 Eigene Darstellung, aufbauend auf Interview Alpha Leiter Bilanzen/Steuern, siehe Anhang E.1.2.2, S. 399

570 Vgl. Interview Alpha Leiter Finanzabteilung, siehe Anhang E.1.2.1, S. 399.

571 Da zum Zeitpunkt der Untersuchungen im Mai 2006 der Jahresabschluss des Jahres 2005 noch nicht fertig gestellt war, musste auf die Analyse der Auswirkungen auf die Bilanzstruktur verzichtet werden. Auf Grund der minimalen Bilanzverkürzung dürften die Effekte jedoch zu vernachlässigen sein.

Die Auswirkungen auf die GuV von Alpha sind sehr gering. Die vorab entrichtete und über die Laufzeit abgegrenzte Strukturierungsgebühr geht in die sonstigen betrieblichen Aufwendungen und alle laufenden Kosten der Verbriefung in den Zinsaufwand ein. Die Strukturierungsgebühr ist jedoch im Vergleich zu den laufenden Kosten zu vernachlässigen. Durch den für Alpha geringen Kostenunterschied zwischen Forderungsverbriefung und Kontokorrentlinie unterscheidet sich der Zinsaufwand wenig. Die Forderungsausfälle gehen ebenfalls in gleich bleibender Höhe in das Ergebnis ein, da Alpha Ausfälle bis 6 % des Forderungsvolumen übernehmen muss und diese Grenze nicht überschritten wurde.[572]

Im Jahresabschluss des Geschäftsjahrs 2004 erwähnt Alpha die ABS-Transaktion im Lagebericht in der Beschreibung der Liquiditätsrisiken und stellt dar, dass auf Grund der Zuflüsse aus dem Forderungsverkauf keine Liquiditätsengpässe mehr gesehen werden. Ebenfalls wird die ABS-Transaktion im Zusammenhang mit den Forderungsausfallrisiken genannt. Die Strukturierung der Transaktion hätte die gute Qualität des Debitorenmanagements bestätigt. Darüber hinaus werden im Jahresabschluss keine Angaben zum Volumen des Verkaufs gemacht. Diese werden nur im Bericht des Wirtschaftsprüfers wiedergegeben. Dort werden auch die einbezogenen Gesellschaften, das zum Jahresende verkaufte Volumen sowie die Zahlungseingänge aufgeführt.[573]

Die Frage, ob die Off-Balance-Sheet-Gestaltung zu einer ungenauen Darstellung des Verschuldungsgrads führen könnte, verneinte der Wirtschaftsprüfer erwartungsgemäß. Eine Kredit gebende Bank hielt diese Darstellung ebenfalls für unproblematisch. Alpha hingegen sieht in der Forderungsverbriefung eine Verschuldung, die nicht als solche ausgewiesen wird und die Transparenz des Jahresabschlusses reduziert. Der Bilanzleser wird nicht explizit auf die Verbriefung hingewiesen, sondern muss die Effekte selber ermitteln. Die Banken sehen hierdurch jedoch keinen bzw. einen nur marginal erhöhten Analyseaufwand. Die Bewertung einer ABS-Transaktion gehöre zum normalen Geschäft. Alpha hingegen geht davon aus,

---

572 Vgl. Interview Alpha Leiter Bilanzen/Steuern, siehe Anhang E.1.2.2, S. 399; Interview Alpha Wirtschaftsprüfer, siehe Anhang E.1.2.5, S. 400; Interview Alpha Leiter Buchhaltung, siehe Anhang E.1.2.3, S. 399.

573 Vgl. Alpha Prüfungsbericht 2004.

dass der Analyseaufwand durch den Forderungsverkauf steigt, da der Bilanzleser die Transaktion erst selbst entdecken muss.[574]

6.2.1.3.2 Risikotransfer

Laut Verkaufsvertrag muss Alpha Forderungsausfälle tragen, die in das FLP fallen. Dies sind Ausfälle der ersten 6 % der Forderungen. Da das Unternehmen jedoch über eine normale WKV verfügt, die sowohl nicht verkaufte als auch verkaufte Forderungen im Rahmen des FLP zu 80 % versichert, muss Alpha auch von den verkauften und ausgefallenen Forderungen (innerhalb des FLP) nur 20 % tragen. Zu unterscheiden ist, dass die normale WKV von allen, nicht verkauften und ausgefallenen Forderungen 80 % trägt.[575] Im First Loss Piece sammeln sich hingegen die Ausfälle einer Periode, und erst wenn dieses überschritten wird, greift die CE-WKV. Abbildung 6.6 stellt die Risikoverteilung verkaufter und nicht verkaufter Forderungen grafisch dar.

Die CE-WKV zahlt beim Überschreiten des FLP ihren Anteil direkt an die Zweckgesellschaft und hat gleichzeitig das Recht den Vertrag zu kündigen und damit weitere Forderungsverkäufe zu verhindern sowie die Transaktion zu beenden. Alpha darf die über die 6 %-Grenze hinausgehenden Ausfälle nicht freiwillig selbst übernehmen, um so die Transaktion zu „retten", da dies zu Problemen mit dem Wirtschaftsprüfer bzgl. des Bilanzabgangs führen würde. Allerdings sieht die strukturierende Bank in einem solchen Fall über eine Erhöhung der Versicherungsprämien die Chance, die Versicherung von einem Verzicht der Kündigung zu überzeugen. Die Funktionsweise der CE-WKV ist im Unternehmen nicht vollständig erfasst. Alpha ging in den geführten Gesprächen davon aus, dass die CE-WKV Forderungsausfälle nur im Falle einer Insolvenz Alphas übernehmen würde.[576]

---

574 Vgl. Interview Alpha Leiter Finanzabteilung, siehe Anhang E.1.2.1, S. 399; Interview Alpha Leiter Bilanzen/Steuern, siehe Anhang E.1.2.2, S. 399; Interview Alpha Wirtschaftsprüfer, siehe Anhang E.1.2.5, S. 400; Interview Alpha Bank I, siehe Anhang E.1.2.10, S. 401; Interview Alpha Bank II, siehe Anhang E.1.2.11, S. 401.

575 Solange ein Limit für den Debitor bestand und eingehalten wurde.

576 Vgl. Alpha Forderungsverkaufsvertrag; Interview Alpha Leiter Finanzabteilung, siehe Anhang E.1.2.1, S. 399; Interview Alpha Leiter Buchhaltung, siehe Anhang E.1.2.3, S. 399; Interview Alpha Strukturierende Bank, siehe Anhang E.1.2.6, S. 400; Interview Alpha Wirtschaftsprüfer, siehe Anhang E.1.2.5, S. 400.

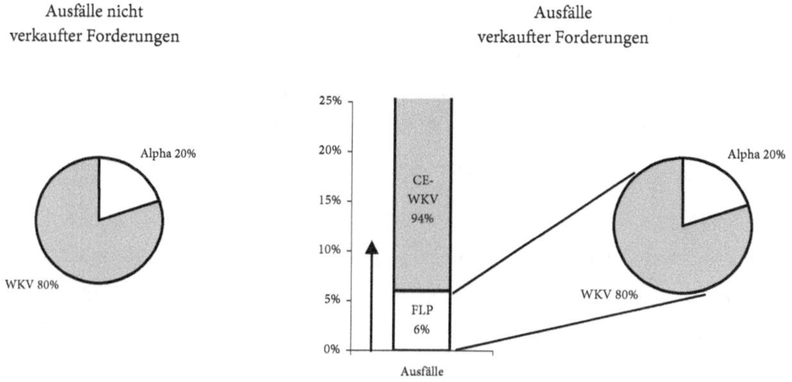

Abb. 6.6: Alpha Risikoverteilung[577]

6.2.1.3.3 Reaktionen von Kredit gebenden Banken

Wie beschrieben, informierte Alpha seine Bankpartner wenige Wochen vor dem ersten Forderungsverkauf über die Transaktion. Die Reaktionen waren durchweg positiv. Alpha wurde mit der Transaktion ein Gütesiegel zugesprochen. Allerdings waren einige Banken gekränkt, dass sie die Transaktion nicht selbst strukturieren durften.[578]

Alpha hatte befürchtet, dass einige Banken nach dem Verkauf der Forderungen ihre Kreditlinien kürzen könnten. Eine Bank sieht zwar nach dem Forderungsverkauf die Geschäftsgrundlage als verändert an, da Betriebsmittellinien zur Finanzierung der Betriebsmittel gedacht seien. Wenn diese reduziert würden, müssten auch die dazugehörigen Kredite reduziert werden, da sonst andere Aktiva außerhalb der Betriebsmittel finanziert würden. Allerdings hat diese Bank zu dieser Zeit mit Alpha nur Aval-Geschäfte abgewickelt und keine Kreditlinien bereitgestellt. Die anderen Banken folgten dieser Argumentation anscheinend nicht oder wollten eine Kürzung der Linien nicht durchsetzen. Zwar wurde der Verlust der Sicherheiten vereinzelt negativ bewertet, es fand jedoch keine Veränderung der Linien statt, weder im Volumen noch an den Konditionen. Allerdings wurde davor gewarnt,

577 Eigene Darstellung.
578 Vgl. Interview Alpha Leiter Finanzabteilung, siehe Anhang E.1.2.1, S. 399; Interview Alpha Bank I, siehe Anhang E.1.2.10, S. 401; Interview Alpha Bank II, siehe Anhang E.1.2.11, S. 401.

dass für nicht genutzte Linien eine Bereitstellungsgebühr verlangt werden könnte. Ebenso wird nach Informationen von Alpha der Bilanzabgang der Forderungen in allen Rating-Modellen der betroffenen Banken als solcher akzeptiert und der Forderungsverkauf nicht „zurückgerechnet“. Eine Bank teilte jedoch mit, dass sie die Forderungsverbriefung im qualitativen Teil des Rating-Prozesses einbeziehen würde.[579]

Des Weiteren bewerten die Banken die ABS-Transaktion tendenziell eher als langfristige Finanzierung. Die Möglichkeit einer vorzeitigen Beendigung wird als nicht relevant angesehen. Die Diversifizierung der Finanzierungsmethoden wird ebenfalls positiv gesehen. Abhängigkeiten zwischen Unternehmen und Bank sollte es in einer guten Geschäftsbeziehung nicht geben.[580]

Die Banken Alphas veränderten ihre Monitoring-Aktivitäten auf Grund des Forderungsverkaufs nicht. Die zusätzliche Überwachung durch die Zweckgesellschaft hat keine Auswirkungen auf die Überwachung durch die Banken selbst, auch wenn eine solche Reduzierung von einer Bank als wünschenswert bezeichnet wurde.[581]

Kunden und Lieferanten hat Alpha über die ABS-Transaktion nicht informiert. Eine Werbemöglichkeit mit ABS wurde nicht gesehen, es wurden eher negative Effekte durch die Abtretung der Forderungen befürchtet. Alpha versteckt seinen Forderungsverkauf allerdings auch nicht und tritt z. B. bei Kundenveranstaltungen der strukturierenden Bank auf.[582]

6.2.1.4 Alphas Bewertung der Transaktion

Zum Abschluss des beschreibenden Teils dieser Clinical Study wird die Bewertung der Transaktion aus Sicht von Alpha dargestellt. Neben dem Arbeitsaufwand werden rechtliche Problembereiche und der erreichte Mehrwert dargestellt. Zunächst wird der Arbeitsaufwand bewertet.

---

579 Vgl. Interview Alpha Leiter Bilanzen/Steuern, siehe Anhang E.1.2.2, S. 399; Interview Alpha Leiter Finanzabteilung, siehe Anhang E.1.2.1, S. 399; Interview Alpha Bank II, siehe Anhang E.1.2.11, S. 401; Interview Alpha Bank I, siehe Anhang E.1.2.10, S. 401.

580 Vgl. Interview Alpha Bank I, siehe Anhang E.1.2.10, S. 401; Interview Alpha Bank II, siehe Anhang E.1.2.11, S. 401.

581 Vgl. Interview Alpha Bank I, siehe Anhang E.1.2.10, S. 401; Interview Alpha Bank II, siehe Anhang E.1.2.11, S. 401.

582 Vgl. Interview Alpha Leiter Finanzabteilung, siehe Anhang E.1.2.1, S. 399.

Die Erstellung der Forderungshistorie im Rahmen der Strukturierung war nicht ganz einfach. Da Rechnungen nach der Ausstellung regelmäßig in Absprache mit dem Kunden abgeändert werden, musste zunächst definiert werden, was für die ABS-Transaktion als Ausfälle und was als Gutschriften zu werten ist. Ansonsten wurden auch vor der Verbriefung über SAP R/3 ähnliche, nicht ganz so detaillierte Auswertungen bereits für interne Zwecke erstellt, so dass die SAP-Berichte bereits in ähnlicher Form vorlagen.[583]

Die darüber hinaus notwendigen Softwareanpassungen für den Verkauf der Forderungen gingen über das Alltagsgeschäft der EDV-Abteilung etwas hinaus. Durch gute Zusammenarbeit der Buchhaltung mit der EDV-Abteilung konnte die notwendige Arbeitszeit jedoch auf drei bis vier Wochen, verteilt über vier bis fünf Monate, reduziert werden.[584]

Der Arbeitsaufwand für die revolvierenden Verkäufe war am Anfang höher, reduzierte sich dann aber auf Grund einsetzender Routine. Der eigentliche Verkauf nimmt zwei bis drei Stunden in der Buchhaltung und eine Stunde in der EDV, verteilt über drei bis vier Tage, in Anspruch. Hinzu kommt etwas zusätzlicher Aufwand, da Alpha das ABS-Finanzierungsvolumen aktiv steuert und daher das mögliche Verkaufsvolumen regelmäßig abrufen möchte.[585]

Ein gutes EDV-System ist für Alpha hierbei eine Grundvoraussetzung für die erfolgreiche Durchführung einer ABS-Transaktion. Nur wenn die verwendete Software flexibel genug ist und die Zuordnung von Kennziffern zu den einzelnen Forderungen erlaubt, sei eine erfolgreiche Implementierung der Transaktion möglich.[586]

Insgesamt musste Alpha für die ABS-Transaktion mehr interne Kapazitäten einsetzen, als es für die Durchführung einer anschließenden Mezzanine-Finanzierung nötig war. Insbesondere der interne Jurist von Alpha musste mehr Arbeit in die ABS-Transaktion investieren.[587]

---

583 Vgl. Interview Alpha Leiter Finanzabteilung, siehe Anhang E.1.2.1, S. 399; Interview Alpha Leiter Buchhaltung, siehe Anhang E.1.2.3, S. 399.

584 Vgl. Interview Alpha Mitarbeiter EDV, siehe Anhang E.1.2.4, S. 399.

585 Vgl. Interview Alpha Leiter Buchhaltung, siehe Anhang E.1.2.3, S. 399; Interview Alpha Mitarbeiter EDV, siehe Anhang E.1.2.4, S. 399.

586 Vgl. Interview Alpha Leiter Finanzabteilung, siehe Anhang E.1.2.1, S. 399.

587 Vgl. Interview Alpha Leiter Finanzabteilung, siehe Anhang E.1.2.1, S. 399.

Bezüglich rechtlicher Problembereiche stellte Alpha fest, dass das Restrisiko einer gewerbesteuerlichen Betriebsstätte der Zweckgesellschaft in Deutschland gering sei. Rechtsanwälte und Wirtschaftsprüfer hätten den Eintritt als sehr unwahrscheinlich bezeichnet. Falls es dennoch eintreten sollte, müsste Alpha entstehende Mehrkosten tragen.[588]

Probleme im Umsatzsteuerrecht werden nicht mehr gesehen. Diese sind laut Einschätzung von Alpha durch Schreiben des BMF alle gelöst worden.[589]

Im Insolvenzrecht ist die Aufrechnungsproblematik thematisiert worden. Debitoren, bei denen dieses Problem besteht, wurden ausgeschlossen bzw. teilweise von den Rechtsanwälten explizit für einen Verkauf freigegeben.[590]

Die Bewertung der Transaktion durch Alpha fällt positiv aus. Alpha hatte sich zwar von der ABS-Transaktion eine größere Bilanzverkürzung erhofft, die dann vor allem durch den Eingang der verkauften Zahlungen bis zum Bilanzstichtag nur in geringerem Ausmaß zu realisieren war. Dennoch ist Alpha von dem Forderungsverkauf überzeugt. Wenn alle externen Kosten eingerechnet und auf die Laufzeit des Vertrags umgelegt werden, liegt die ABS-Transaktion zwar leicht über den Kosten der Kreditlinien. Alpha war der Gewinn an Liquiditätsspielräumen jedoch diese Mehrkosten wert. Bedingt durch die ABS-Transaktion konnte mit den Banken wieder auf Augenhöhe verhandelt werden, da die Abhängigkeiten reduziert wurden. Dies war eines der Hauptziele der Transaktion und wurde durch die Diversifizierung der Finanzierungsinstrumente erreicht. Des Weiteren wurde die Qualität der Forderungen verbessert, da die Abschlagszahlungen so weit wie möglich reduziert und durch verkaufbare Zwischenrechnungen ersetzt wurden.[591]

Alpha behandelt die ABS-Finanzierung intern klar als zusätzliche Verschuldung. Das Risiko eines vorzeitigen Abbruchs der Transaktion wird ernst genommen und die Verbriefung daher als kurzfristiges Finanzierungsinstrument betrachtet.[592]

588 Vgl. Interview Alpha Leiter Finanzabteilung, siehe Anhang E.1.2.1, S. 399; Interview Alpha Leiter Bilanzen/Steuern, siehe Anhang E.1.2.2, S. 399.
589 Vgl. Interview Alpha Leiter Bilanzen/Steuern, siehe Anhang E.1.2.2, S. 399; Interview Alpha Leiter Finanzabteilung, siehe Anhang E.1.2.1, S. 399.
590 Vgl. Interview Alpha Leiter Finanzabteilung, siehe Anhang E.1.2.1, S. 399.
591 Vgl. Interview Alpha Leiter Finanzabteilung, siehe Anhang E.1.2.1, S. 399; Interview Alpha Leiter Bilanzen/Steuern, siehe Anhang E.1.2.2, S. 399.
592 Vgl. Interview Alpha Leiter Finanzabteilung, siehe Anhang E.1.2.1, S. 399.

Alpha legt Wert auf die Tatsache, dass Dritte keine Informationen über die Geschäftsentwicklung erhalten. Als mittelständisches Unternehmen im Privatbesitz sei man hiermit sehr zurückhaltend. Daher ist es Alpha wichtig, dass im Rahmen der ABS-Transaktion keine Unternehmensdaten veröffentlicht wurden. Die an die strukturierende Bank bzw. die Zweckgesellschaft zu liefernden Berichte seien vom Umfang her angemessen und vergleichbar zu Kreditverhältnissen.[593]

Den Ruf von ABS schätzt Alpha sehr positiv ein. Nicht jedes Unternehmen könne ABS durchführen. Die erfolgreiche Abwicklung der Transaktion bestätige damit, dass die Prozesse und Strukturen im Unternehmen von ausreichender Qualität seien. Die Forderungsverbriefung wirke daher wie eine Art Gütesiegel. Der SPV-Standort im Ausland war kein Problem für Alpha, jedoch würde die Abwicklung der Transaktion über Deutschland als seriöser empfunden. Die Verwendung deutscher Vertragswerke würde die empfundene Komplexität zwar etwas reduzieren, die Komplexität der Verträge an sich jedoch nicht verändern.[594]

Alpha sieht allerdings keine positiven Effekte der Verbriefung auf das zu tragende Ausfallrisiko der Forderungen. Dies ist zwar auf 6 % (bzw. 20 % von 6 % unter Einbeziehung der normalen WKV) beschränkt. Alpha sieht jedoch keine praktische Relevanz dieser Begrenzung, da eine Überschreitung der 6 %-Grenze als äußerst unwahrscheinlich angesehen wird. Ausfälle innerhalb des FLP unterscheiden sich nicht von Ausfällen unverkaufter Forderungen, da diese vor der Transaktion ebenfalls bereits zu 80 % versichert waren.[595]

Alles in allem würde Alpha die ABS-Transaktion nach den gewonnenen Erfahrungen auch ein zweites Mal durchführen.[596]

---

593 Vgl. Interview Alpha Leiter Finanzabteilung, siehe Anhang E.1.2.1, S. 399.

594 Vgl. Interview Alpha Leiter Bilanzen/Steuern, siehe Anhang E.1.2.2, S. 399; Interview Alpha Leiter Finanzabteilung, siehe Anhang E.1.2.1, S. 399; Interview Alpha Wirtschaftsprüfer, siehe Anhang E.1.2.5, S. 400.

595 Vgl. Interview Alpha Leiter Finanzabteilung, siehe Anhang E.1.2.1, S. 399; Interview Alpha Leiter Bilanzen/Steuern, siehe Anhang E.1.2.2, S. 399; Interview Alpha Zuständiger Warenkreditversicherung, siehe Anhang E.1.2.7, S. 400; Interview Alpha Bank I, siehe Anhang E.1.2.10, S. 401.

596 Vgl. Interview Alpha Leiter Finanzabteilung, siehe Anhang E.1.2.1, S. 399; Interview Alpha Leiter Bilanzen/Steuern, siehe Anhang E.1.2.2, S. 399.

6.2.2 Unternehmen Beta

Als zweite Transaktion wird die Forderungsverbriefung von Beta analysiert. Beta zählt wie Alpha auf Grund seines Umsatzes und des in der Geschäftsführung tätigen Eigentümers ebenfalls zum großen Mittelstand. Die Struktur der Darstellung wird beibehalten, d. h., es wird zunächst das Unternehmen, dann die ABS-Transaktion sowie deren Effekte betrachtet und anschließend die Bewertung der Verbriefung aus der Sicht des Unternehmens wiedergegeben.

6.2.2.1 Beschreibung des Unternehmens

Beta betreibt in Europa, mit einer starken Konzentration auf Deutschland, einen Groß- und Einzelhandel. Im Jahr 2005 erwirtschafte Beta einen Umsatz von knapp 300 Mio. Euro, davon ca. 90 % im Inland. Der Umsatz ist einer starken Saisonalität ausgesetzt und schwankt zwischen gut 10 Mio. Euro in schwachen und über 50 Mio. Euro in starken Monaten. Der Jahresanfang sowie die Sommermonate sind hierbei die schwächsten Abschnitte des Geschäftsjahrs. Beta beschäftigt ca. 1.200 Mitarbeiter und befindet sich im Privatbesitz. Der Eigentümer ist als Geschäftsführer im Unternehmen tätig.[597]

Seit Juli 2005 verkauft Beta im Rahmen einer ABS-Transaktion bis zu 25 Mio. Euro Forderungen aus Lieferungen und Leistungen. Die verkauften Forderungen entstehen in vier deutschen Konzerngesellschaften überwiegend aus dem Verkauf von Waren an gewerbliche Kunden. Privatkunden zahlen meist in bar, so dass keine nennenswerten Forderungen entstehen. Die Zahlungsziele liegen zwischen 30 und 60 Tagen, die Forderungen werden durchschnittlich nach ca. 40 Tagen bezahlt. Im Großhandelsbereich werden die Rechnungen zum 15. und 30. eines Monats geschrieben und bereits 14 Tage später per Bankeinzug ausgeglichen. Auf Grund der beschriebenen Saisonalität und der kurzen Laufzeit der Forderungen schwankt der Forderungsbestand mit nur geringer Verzögerung parallel zum Umsatz, ist also zum Jahresanfang und in der Jahresmitte am geringsten. Hinzu kommen die Effekte durch den Bankeinzug im Großhandel, die zu einem kompletten Ausgleich bestehender Forderungen kurz vor dem Ausstellen neuer Rechnungen führt.[598]

[597] Vgl. Beta Prüfungsbericht (2006); Beta Monatsbericht (2006); Interview Beta Leiter Finanzabteilung, siehe Anhang E.2.2.1, S. 403.

[598] Vgl. Beta Präsentation regressloser Forderungsverkauf (2004); Interview Beta Leiter Finanzabteilung, siehe Anhang E.2.2.1, S. 403.

Aktivseite	Mio. €	Anteil	Passivseite	Mio. €	Anteil
Anlagevermögen	5,1	7 %	Eigenkapital	11,8	15 %
Vorräte	31,9	42 %	Rückstellungen	2,5	3 %
Ford. aus L. u. L.	29,9	39 %	Verb. Banken	11,8	15 %
Sonstiges Vermögen	6,8	9 %	Verb. aus L.u.L.	38,1	50 %
Kasse	2,9	4 %	Sonstige Verb.	12,6	16 %
RAP	0,2	0 %			
Summe	76,8	100 %	Summe	76,8	100 %

Tab. 6.8: Beta Bilanzstruktur, Stand 31.12.2004[599]

Die einzelnen Rechnungen werden in den lokalen Niederlassungen von Beta in einem eigenen Softwareprogramm geschrieben und täglich in das zentrale SAP R/3-System übertragen. Hierbei werden die Buchungen nur nach „Rechnung“ und „Gutschrift“ klassifiziert. Eine weitere Differenzierung wird nicht vorgenommen.[600]

Beta befand sich 1999 in einer schwierigen Lage, da eine Bank auf Grund von Änderungen ihrer Geschäftspolitik eine Kreditlinie gekündigt hatte. Die Finanzierung der Betriebsmittel über Kontokorrentlinien war damit in Gefahr. Daher wurde mit allen Bankpartnern ein Bankenpool gegründet. Die Banken haben sich darin verpflichtet, ihre Linien weiterhin offen zu halten, und haben im Gegenzug alle Forderungen, Vorräte und freien Grundschulden als Sicherheit erhalten. Hierdurch wurde die Finanzierung Betas gesichert, jedoch durch die Bindung an die Poolbanken auch die Flexibilität der Finanzierung eingeschränkt.[601]

Tabelle 6.8 zeigt die Bilanzstruktur Betas[602] ein halbes Jahr vor dem ersten Forderungsverkauf. Zu diesem Zeitpunkt besteht der Bankenpool noch. Beta finanziert sich zu 50 % aus Lieferantenkrediten und besitzt eine Eigenkapitalquote von 15 %.[604] Der geringe Anteil des Anlagevermögens an der Aktivseite ist typisch

599 Die Darstellung zeigt die wesentlichen Bilanzpositionen, Vgl. Beta Prüfungsbericht (2005).

600 Vgl. Interview Beta SAP-Betreuung, siehe Anhang E.2.2.3, S. 404; Interview Beta Leiter Finanzabteilung, siehe Anhang E.2.2.1, S. 403; Beta Saldenanzeige Umsätze Forderungsausfälle (2006).

601 Vgl. Beta Präsentation Erfahrungen (2006); Interview Beta Leiter Finanzabteilung, siehe Anhang E.2.2.1, S. 403.

602 Die folgenden Bilanzdaten beziehen sich immer auf die konsolidierte Konzernbilanz.

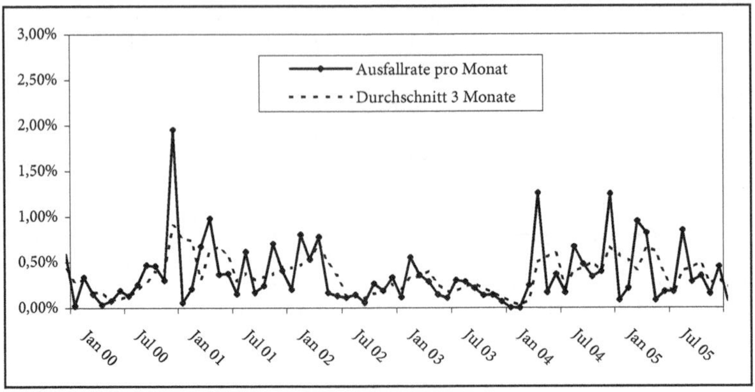

Abb. 6.7: Beta Ausfallraten[603]

für ein Handelsunternehmen.[605] Vorräte und Forderungen aus Lieferungen und Leistungen (L. u. L.) machen zusammen ca. 80 % der Aktivseite aus. Die Verbindlichkeiten gegenüber Kreditinstituten liegen bei ca. 12 Mio. Euro oder 15 % der Bilanzsumme. Allerdings ist zu beachten, dass die Bilanz zum 31.12.2004 nur eine Momentaufnahme des Unternehmens darstellt. Durch die erwähnte Saisonalität der Umsätze sind die Vorräte und Verbindlichkeiten aus L. u. L. zum Jahresultimo eher gering und die Handelsforderungen eher hoch. Die Bilanzen werden nach den Regeln des HGB aufgestellt. Ein Wechsel des Bilanzierungsstandards ist nicht geplant. Beta sieht in IFRS keinen Vorteil und nur zusätzliche Kosten, da für die Steuerbilanz immer noch eine HGB-Bilanz aufzustellen sei.[606]

Beta besitzt kein Credit-Rating einer Rating-Agentur. Die Kredit gebenden Banken bewerten Beta unter Einbeziehung der oben genannten Vermögensverwaltungsgesellschaft und erhalten hierdurch Rating-Einschätzungen im unteren Investment-

603 Eigene Darstellung.

604 Hierbei ist jedoch zu beachten, dass die Grundstücke und Gebäude von Beta in einer nicht zum Konzern gehörenden Vermögensverwaltung ausgegliedert sind, die dem Eigentümer von Beta zuzurechnen ist. Unter Einbeziehung dieser Gesellschaft liegt die EK-Quote bei ca. 35 %. Vgl. Interview Beta Leiter Finanzabteilung, siehe Anhang E.2.2.1, S. 403.

605 Durch die Ausgliederung der Gebäude und Grundstücke in eine Vermögensverwaltung wurde das Anlagevermögen weiter reduziert.

606 Vgl. Interview Beta Leiter Finanzabteilung, siehe Anhang E.2.2.1, S. 403.

Grade-Bereich.[607] Übertragen auf das Rating-System von S & P entspricht dies einer Rating-Note von BBB- bis BBB.[608]

Die Ausfallraten von Delta betragen im Durchschnitt 0,35 % pro Monat. Der Maximalwert betrug in den Jahren 2000 bis 2005 1,95 %. Abbildung 6.7 zeigt diese Ausfälle grafisch. Alle Forderungen von Beta sind über eine Warenkreditversicherung abgesichert. Die Versicherung zahlt bei Ausfällen 75 % des Nennwertes, 25 % muss Beta selber tragen. Beta verwendet kein Factoring, da dessen Konditionen nicht wettbewerbsfähig waren.[609]

Klauseln in den Kreditverträgen, die den Forderungsverkauf behindert hätten, existierten nicht. Eine Bank wollte zwar ursprünglich für weitere Kreditbeziehungen ein Genehmigungsrecht erhalten. Dies war für Beta jedoch nicht akzeptabel. Die befragten Banken wiesen auch darauf hin, dass solche Klauseln nur sehr selten verwendet würden.[610]

6.2.2.2 Verbriefung von Forderungen

Analog zur Transaktion von Alpha werden zum besseren Verständnis der Transaktion und als Grundlage für die folgende Analyse Informationen über die Transaktion an sich, über die Abwicklung, die Motivationen des Unternehmens und Monitoring-Aktivitäten externer Parteien beschrieben.

6.2.2.2.1 Eckdaten der Verbriefung

Nachdem Beta die ABS-Verträge Anfang Juni 2005 unterschrieben hatte, fand der erste Forderungsverkauf Anfang Juli 2005 statt. Die Forderungen stammen aus vier in Deutschland tätigen Tochtergesellschaften, die die Forderungen direkt an die in Jersey sitzende Zweckgesellschaft verkaufen. Die Muttergesellschaft tritt als Koordinator und Cash Manager auf. Dies bedeutet, dass alle Zahlungen von und an die Zweckgesellschaft über die Muttergesellschaft abgewickelt werden und

---

607 Der im Rahmen der ABS-Transaktion eingebundene Kreditversicherer stuft Beta jedoch als Non-Investment Grade ein, was auf die Analyse des reinen Konzernabschlusses ohne Einbeziehung der Vermögensverwaltung zurückzuführen ist; vgl. Interview Beta Warenkreditversicherung, siehe Anhang E.2.2.10, S. 405.

608 Vgl. Beta Rating-Einschätzungen (2005); Interview Beta Leiter Finanzabteilung, siehe Anhang E.2.2.1, S. 403; Interview Beta Strukturierende Bank, siehe Anhang E.2.2.8, S. 405.

609 Vgl. Interview Beta Leiter Finanzabteilung, siehe Anhang E.2.2.1, S. 403.

610 Vgl. Interview Beta Leiter Finanzabteilung, siehe Anhang E.2.2.1, S. 403; Interview Beta Bank I, siehe Anhang E.2.2.5, S. 404; Interview Beta Bank II, siehe Anhang E.2.2.7, S. 404; Interview Beta Bank III, siehe Anhang E.2.2.9, S. 405.

diese die Zahlungen weiterreicht. Die ersten neun Monate lang verkauft Beta seine Forderungen monatlich. Ab Februar 2006 wird der Ankaufsrhythmus auf zwei Mal pro Monat erhöht. Bei der Zweckgesellschaft handelt es sich um einen Teil eines Multi-Seller Conduits, das bereits vor dieser Transaktion existierte und in dessen Aufbau Beta nicht involviert war. Die Transaktion ist mit einer Liquiditätslinie unterlegt, deren Laufzeit 364 Tage beträgt und damit jährlich erneuert werden muss.[611]

Maximal kann Beta im Rahmen dieser Transaktion 25 Mio. Euro an Forderungen aus Lieferungen und Leistungen und damit den überwiegenden Teil der vorhandenen Forderungen verkaufen. Bei einer Ausnutzung unter 15 Mio. Euro fällt eine Nichtausnutzungsgebühr an. Der Forderungsverkauf ist als True Sale so gestaltet, dass der Wirtschaftsprüfer einen Bilanzabgang der Forderungen bestätigen kann.[612]

Die Forderungen von Beta müssen für den Verkauf an die Zweckgesellschaft verschiedene Kriterien erfüllen. Anhand dieser Kriterien werden die verkaufsfähigen Forderungen (Eligible Receivables) von den nicht verkaufsfähigen unterschieden. Im Folgenden werden die wesentlichen Kriterien aus dem Forderungsverkaufsvertrag genannt:[613]

- Die Forderungen sind im normalen Geschäftsverlauf entstanden und die zugrunde liegende Leistung ist von Beta komplett erbracht worden.
- Die Debitoren sitzen in Europa und die Forderungen sind in Euro denominiert.
- Die Laufzeit der Forderungen beträgt maximal 120 Tage und die Restlaufzeit zum Zeitpunkt des Verkaufs minimal 5 Tage. Die Laufzeit der Forderungen darf nach Ausstellung der Rechnung nicht angepasst worden sein.
- Die wirksame Abtretung der Forderungen muss ohne Zustimmung oder Information des Schuldners möglich sein.
- Der Schuldner ist nicht insolvent.

611 Vgl. Beta Forderungsverkaufsvertrag (2005); Beta Erste Änderung Forderungsverkaufsvertrag (2006); Interview Beta Leiter Finanzabteilung, siehe Anhang E.2.2.1, S. 403; Interview Beta Rechtsanwalt von Beta, siehe Anhang E.2.2.6, S. 404.

612 Vgl. Beta Forderungsverkaufsvertrag (2006); Beta Honorarvertrag (2006).

613 Vgl. Beta Forderungsverkaufsvertrag (2005); Interview Beta Finanzen/Bilanzierung/Buchhaltung, siehe Anhang E.2.2.4, S. 404; Interview Beta Strukturierende Bank, siehe Anhang E.2.2.8, S. 405.

- Der Schuldner ist eine Kapitalgesellschaft.
- Die Forderungen sind im Rahmen der CE-WKV versichert.[614]

Die vier Tochtergesellschaften übernehmen laut Vertrag im Auftrag der Zweckgesellschaft den Einzug der verkauften Forderungen. Praktisch läuft der Einzug aller Forderungen jedoch über die Konzernzentrale, so dass sich durch den Verkauf der Forderungen keine Änderungen im Debitorenmanagement ergeben.[615]

Die Vertragswerke sind auf eine Laufzeit der Transaktion von sieben Jahre ausgelegt. Die Transaktion wird vorzeitig bei Eintritt eines Termination Events beendet. Die wesentlichen Möglichkeiten eines Termination Events sind:[616]

- Beta oder eine in die Transaktion involvierte Tochtergesellschaft werden insolvent.
- Financial Covenants werden verletzt (s. u.) und deren Verletzung wurde von der Zweckgesellschaft nicht aufgehoben.
- Der Eintritt eines wesentlichen nachteiligen Ereignisses (Material Adverse Effect) wirkt sich u. a. auf den Zustand Betas und seiner Tochtergesellschaften und die Werthaltigkeit der verkauften Forderungen aus.
- Der Versicherungsschutz für verkaufte Forderungen im Rahmen der CE-WKV besteht nicht mehr.
- Der Kreditversicherer im Rahmen der CE-WKV erhält ein Rating schlechter als A3 (Moody's) oder A- (Fitch)
- Die Liquiditätslinie besteht nicht mehr.
- Ein Trigger wird verletzt (s. u.) und die Vertragsparteien einigen sich nicht auf eine Anpassung der Reserven und Abschläge oder diese Anpassung wurde von den Rating-Agenturen als nicht ausreichend abgelehnt.
- Beta kann nicht nachweisen, dass es seine Umsatzsteuerschulden korrekt abgeführt hat.

[614] Vgl. den weiteren Verlauf.
[615] Vgl. Beta Servicing Agreement (2005).
[616] Vgl. Beta Forderungsverkaufsvertrag (2006); Beta Honorarvertrag (2006) Interview Beta Leiter Finanzabteilung, siehe Anhang E.2.2.1, S. 403.

Die Laufzeit der für die Transaktion notwendigen Liquiditätslinie beträgt auf Grund der Vorschriften zur Eigenkapitalunterlegung der Bank nur 364 Tage und muss damit jedes Jahr durch eine neue Linie ersetzt werden. Die mögliche Beendigung durch einen Termination Event sei für den Forderungsverkäufer auf Grund der Kriterien sehr transparent. Die Verletzung von Financial Covenants und die Einhaltung der Trigger liege im Wesentlichen im Einflussbereich des Unternehmens.[617]

Die Liquiditätslinie wurde zwischen der Zweckgesellschaft und der strukturierenden Bank abgeschlossen. Auswirkungen von Basel II auf den Preis dieser Linie sind nach Informationen der strukturierenden Bank noch nicht abzusehen und wurden mit Beta auch nicht diskutiert.[618]

Beta hat die Forderungen zwar regresslos verkauft, haftet aber dennoch für Forderungsausfälle bis zu einer Höhe von 3,2 %. Dies wird über eine Reserve in Höhe von 1,2 % des Maximalvolumens und einen Abschlag in Höhe von 2 % des Nennwerts der Forderungen erreicht. Für Verwässerungen haftet Beta unbegrenzt und besichert dies mit einer Reserve in Höhe von 1,2 % des Maximalvolumens und einem Abschlag in Höhe von 4 % des Nennwerts der Forderungen. Darüber hinaus müssen Reserven für anfallende Kosten (ca. 0,8 %) und Umsatzsteuerschulden (ca. 0,3 % der USt enthaltenden Forderungen) angelegt werden. Die Reserven wurden von Beta im Rahmen des ersten Forderungsverkaufs an die Zweckgesellschaft gezahlt und dort zu Gunsten von Beta verzinst.[619]

Über die Haftung von Beta hinausgehende Forderungsausfälle werden komplett von einer CE-WKV Versicherung übernommen (Fully Supported[620]). Beta hatte seine Forderungsausfälle auch vor der ABS-Transaktion bereits zu 75 % versichert und wollte den gleichen Versicherer gerne auch mit der CE-WKV beauftragen. Wie in den Termination Events aufgeführt, muss die Versicherung für ein solches Credit Enhancement jedoch mindestens ein Rating von A3 (nach Moody's) besitzen. Dies war beim Kreditversicherer von Beta nicht der Fall, so dass eine zweite

617 Vgl. Interview Beta Strukturierende Bank, siehe Anhang E.2.2.8, S. 405.
618 Vgl. Interview Beta Rechtsanwalt von Beta, siehe Anhang E.2.2.6, S. 404; Interview Beta Strukturierende Bank, siehe Anhang E.2.2.8, S. 405
619 Vgl. Beta Forderungsverkaufsvertrag (2006); Beta Honorarvertrag (2006).
620 Vgl. Definition auf S. 22

Versicherungsgesellschaft beauftragt werden musste. Die CE-WKV wird zwischen dem Versicherer und der Zweckgesellschaft abgeschlossen, die Kosten trägt Beta.[621]

Der Kreditversicherer hat darüber hinaus das Recht, bei einer definierten Überfälligkeit der Forderungen deren Einzug selbst zu organisieren, um Ausfälle zu vermeiden. Allerdings wird die Versicherung praktisch nur bei größeren Beträgen tatsächlich aktiv.[622]

6.2.2.2.2 Motivation und Vorteile für Beta

Der entscheidende Mehrwert einer ABS-Transaktion liegt für Beta in der Möglichkeit, die Abhängigkeit von der Finanzierung über Banken zu reduzieren. Durch die erwähnte Poolsituation bestand für Beta zwar eine Finanzierungssicherheit, jedoch auch eine starke Abhängigkeit von den Poolbanken, da diese jeder Finanzierungsänderung zustimmen mussten. Zur Jahresmitte 2005 sollte der Bankenpool zwar aufgelöst werden, allerdings forderten die Banken eine Beibehaltung der Sicherheiten. Dies war für Beta nicht akzeptabel. Es wurde daher nach Alternativen gesucht. Über die ABS-Transaktion konnte der Finanzierungsmix um ein zusätzliches Element erweitert und breiter gestreut werden. Beta erhoffte sich hierdurch auch eine bessere Verhandlungsposition mit den Poolbanken über die zukünftigen Kreditbedingungen.[623]

Darüber hinaus stand die Liquiditätsgenerierung zu günstigen Konditionen im Vordergrund. Die ABS-Kosten gestalten sich für Beta sehr günstig, da die ABS-Transaktion mit Gesamtkosten von Euribor + ca. 1,1 %[624] insgesamt ca. 2 % günstiger ist als die Finanzierung über Kreditlinien. Durch das im Verhältnis zu den einzelnen Kontokorrentlinien hohe ABS-Volumen führt Beta in einer einzigen Transaktion in wesentlichem Umfang Liquidität zu. Dieser Zufluss hätte alternativ über die Erhöhung mehrerer Kreditlinien bzw. Banken erfolgen müssen.[625]

621 Vgl. Beta CE-WKV (2005); Interview Beta Finanzen/Bilanzierung/Buchhaltung, siehe Anhang E.2.2.4, S. 404; Moody's (2005d), S. 4.

622 Vgl. Interview Beta Warenkreditversicherung, siehe Anhang E.2.2.10, S. 405.

623 Vgl. Interview Beta Leiter Finanzabteilung, siehe Anhang E.2.2.1, S. 403; Beta Präsentation Kundentransaktion (2006).

624 Warenkreditversicherung 25 BP, laufende Kosten 68 BP, Vorabkosten umgerechnet auf die Laufzeit ca. 18 BP; Vgl. Beta Präsentation regressloser Forderungsverkauf (2004).

625 Vgl. Beta Präsentation Kundentransaktion (2006); Beta Präsentation Erfahrungen (2005); Interview Beta Leiter Finanzabteilung, siehe Anhang E.2.2.1, S. 403; Interview Beta Rechtsanwalt von Beta, siehe Anhang E.2.2.6, S. 404.

Beta sieht darüber hinaus die Flexibilität von ABS als Mehrwert an. Zum einen kann der Forderungsverkauf je nach Finanzierungsbedarf stark reduziert werden. Dies bieten z. B. die von Beta ebenfalls genutzten Euro-Darlehen nicht, da diese für drei oder sechs Monate in der Höhe fixiert sind. Nach Betas Ansicht ist Factoring in diesem Bereich ebenfalls unterlegen, da es neben höheren Kosten auch die Flexibilität vermissen lässt. Auch kann die ABS-Transaktion an ein potentielles Umsatzwachstum einfach angepasst werden. Verstärkter Umsatz erzeugt mehr Forderungen und damit ein höheres mögliches Finanzierungsvolumen.[626]

Bezüglich des mit dem Forderungsportfolio zu generierenden Finanzierungsvolumens besteht für Beta ein klarer Vorteil der ABS-Transaktion gegenüber besicherten Krediten. In der ABS-Transaktion erhält Beta den Nennwert der Forderungen, abzüglich der Reserven und Abschläge, ausbezahlt. Bei einem besicherten Darlehen, bzw. bei Beta konkret in der Poolsituation, sind die Forderungen nur begrenzt als Sicherheit geeignet. Die mit den Forderungen zu generierende Liquidität ist bei einem Forderungsverkauf daher wesentlich größer.[627]

Bilanzeffekte standen für Beta hingegen eher im Hintergrund. Die Verbesserung der EK-Quote und eine mögliche Rating-Verbesserung werden zwar als positiv angesehen, der Forderungsverkauf wäre jedoch wahrscheinlich auch durchgeführt worden, wenn die Finanzierung On-Balance-Sheet gewesen wäre. Die Gewinnung von Liquidität war wichtiger als die Bilanzeffekte. Die strukturierende Bank weist zusätzlich darauf hin, dass die Bonitätseffekte der Bilanzverkürzung davon abhängen, ob die Kredit gebenden Banken den Bilanzabgang tatsächlich anerkennen.[628]

Änderungen an der Gewerbesteuerbelastung waren kein Ziel der ABS-Transaktion. Langfristige Darlehen laufen unverändert weiter. Auch im Bereich der Kontokorrentlinien spielt die Gewerbesteuer keine Rolle, da ihre Ausnutzung bereits so optimiert wird, dass sie nicht zu den Dauerschulden zählen. Allerdings konnten durch die mit dem Forderungsverkauf gewonnene Liquidität kleinere Investitionen

---

626 Vgl. Beta Präsentation Erfahrungen (2005); Beta Präsentation Kundentransaktion (2006); Interview Beta Strukturierende Bank, siehe Anhang E.2.2.8, S. 405; Interview Beta Leiter Finanzabteilung, siehe Anhang E.2.2.1, S. 403.

627 Vgl. Beta Präsentation Erfahrungen (2005); Beta Präsentation Kundentransaktion (2006); Interview Beta Rechtsanwalt von Beta, siehe Anhang E.2.2.6, S. 404.

628 Vgl. Beta Präsentation Erfahrungen (2005); Beta Präsentation Kundentransaktion (2006); Interview Beta Leiter Finanzabteilung, siehe Anhang E.2.2.1, S. 403; Interview Beta Strukturierende Bank, siehe Anhang E.2.2.8, S. 405.

ohne die Aufnahme weiterer Darlehen finanziert werden, die als Dauerschulden zu werten gewesen wären.[629]

Die Annäherung an den Kapitalmarkt wurde von Beta positiv gesehen. Dadurch verspricht man sich auch einen gewissen Reputationsgewinn. In Zukunft wird die Verwendung weiterer Kapitalmarktinstrumente nicht ausgeschlossen. Allerdings spielten die im Vergleich zu anderen Kapitalmarktinstrumenten geringen Veröffentlichungspflichten keine Rolle, da Beta offen über seine wirtschaftliche Lage informiert und bei berechtigtem Interessen Informationen herausgibt.[630]

Eine fristenkongruente Finanzierung der Forderungen durch ABS ist für Beta nicht relevant, da der Finanzierungsmix vor ABS bereits stark kurzfristig ausgerichtet war. Beta ist sich dessen bewusst und möchte in Zukunft die langfristigen Finanzierungsmittel erhöhen.[631]

Der Beta beratende Rechtsanwalt hat in der Diskussion mit der Geschäftsführung jedoch auch auf Risiken und Gefahren von ABS hingewiesen. Diese beziehen sich zum einen auf den Verhandlungsprozess. Die strukturierende Bank erhält die Mandatierungsgebühr auch im Falle eines Scheiterns der Verhandlungen. Darüber hinaus besteht für den Rechtsanwalt ein Risiko bzgl. unverhandelbarer Punkte des Vertragswerks und der Funktionsfähigkeit des Conduits. Wenn es hier zu Störungen oder Änderungen in der Rechtssprechung käme, wäre dies für Beta nur schwer einzuschätzen.[632]

Die strukturierende Bank erwähnt im Interview, dass ABS für das verbriefende Unternehmen eine langfristige Finanzierung sei, die im Wesentlichen nur durch eine Verletzung der Covenants und Trigger[633] gefährdet würde. Diese seien transparent gestaltet, so dass es in der Hand des Unternehmens läge, wie lange die

---

629 Vgl. Interview Beta Leiter Finanzabteilung, siehe Anhang E.2.2.1, S. 403.

630 Vgl. Interview Beta Leiter Finanzabteilung, siehe Anhang E.2.2.1, S. 403; Interview Beta Rechtsanwalt von Beta, siehe Anhang E.2.2.6, S. 404; Interview Beta Strukturierende Bank, siehe Anhang E.2.2.8, S. 405.

631 Vgl. Interview Beta Leiter Finanzabteilung, siehe Anhang E.2.2.1, S. 403.

632 Vgl. Interview Beta Rechtsanwalt von Beta, siehe Anhang E.2.2.6, S. 404.

633 sowie Representations und Warranties, auf die aus Relevanzgründen hier nicht weiter eingegangen wird.

Transaktion laufen könne. In der Tat ist die im Vergleich zu Kontokorrentlinien längere Vertragslaufzeit für Beta eine positive Eigenschaft der Verbriefung.[634]

6.2.2.2.3 Ablauf der Strukturierung

Der folgende Abschnitt beschreibt die praktische Umsetzung der ABS-Struktur.

Das Projektmanagement zur Strukturierung der ABS-Transaktion wurde vom Leiter der Finanzabteilung übernommen. Er koordinierte alle involvierten Personen und leistete damit, nach Bewertung der strukturierenden Bank, extrem hilfreiche Arbeit. Die Geschäftsführer von Beta waren ebenfalls in die Verhandlungen einbezogen.[635]

Die strukturierende Bank kannte Beta bereits vor der ABS-Transaktion, da sie einer der im Bankenpool vertretenen Kreditgeber war. Sie stellte dem Unternehmen die Forderungsverbriefung im Frühjahr 2004 als alternative Finanzierungsform vor. Da Beta Interesse an dieser Finanzierungsform hatte, wurden noch andere Bank und ein Kreditversicherer um weitere Angebote gebeten. Die Konditionen des Kreditversicherers lagen deutlich über denen der beiden Banken und machten das Angebot unattraktiv. Die Konditionen der zweiten Bank waren leicht schlechter als die der ersten Bank. Neben den besseren Konditionen war für den Vertriebserfolg der ersten Bank jedoch auch das seriösere Auftreten der Berater ausschlaggebend.[636]

Im Herbst 2004 entschied sich Beta für die Durchführung der Transaktion und mandatierte die strukturierende Bank im Januar 2005. Im Juni 2005 erfolgte die Vertragsunterzeichnung, der erste Forderungsverkauf fand Anfang Juli 2005 statt. Der gesamte Entscheidungsprozess hat damit ca. 18 Monate gedauert.[637]

Im Rahmen dieses Prozesses musste Beta umfangreiche Daten über das zu verkaufende Forderungsportfolio in monatlicher Auflösung für die letzten drei Jahre zusammenstellen. Diese Daten waren Voraussetzung für die Portfolioanalyse der Zweckgesellschaft bzw. der strukturierenden Bank. Neben dem Forderungsbestand

[634] Vgl. Beta Präsentation Erfahrungen (2005); Interview Beta Strukturierende Bank, siehe Anhang E.2.2.8, S. 405; Interview Beta Rechtsanwalt von Beta, siehe Anhang E.2.2.6, S. 404.

[635] Vgl. Interview Beta Leiter Finanzabteilung, siehe Anhang E.2.2.1, S. 403; Interview Beta Strukturierende Bank, siehe Anhang E.2.2.8, S. 405.

[636] Vgl. Interview Beta Leiter Finanzabteilung, siehe Anhang E.2.2.1, S. 403.

[637] Vgl. Interview Beta Leiter Finanzabteilung, siehe Anhang E.2.2.1, S. 403.

und den Umsatzzahlen beinhaltete dies die Zahlungseingänge, Verwässerungen und Abschreibungen sowie die Altersstruktur der Forderungen. Auch musste die Konzentration der zehn größten Kunden sowie eine Aufsplittung nach den betroffenen Ländern ermittelt werden. Für das Alternativangebot des Kreditversicherers mussten die Daten ebenfalls erstellt werden, allerdings in einer etwas anderen Darstellung. Insgesamt musste jeder zu ermittelnde Wert einzeln aus dem SAP R/3 System ausgelesen werden.[638]

Neben dem Forderungsportfolio wurde auch das Debitorenmanagement intensiv geprüft. Beta musste zunächst die bestehenden Prozesse in Fragebögen und in einer „Credit and Collection Policy“ dokumentieren. Dies beinhaltete z. B. die Kreditwürdigkeitsprüfung und die Erstellung von Limiten, die Rechnungserstellung, die Kontrolle der Zahlungseingänge sowie die Mahnvorgänge. Anschließend überprüfte die strukturierende Bank diese Prozesse vor Ort. Schließlich wurde die „Credit and Collection Policy“ Bestandteil der Vertragswerke.[639]

Die Struktur des Conduits und die Anforderungen des Kapitalmarkts an das Rating der Transaktion und die Insolvenzfestigkeit der Zweckgesellschaft geben die Eckpunkte der Vertragswerke klar vor. Diese Punkte konnten nicht verhandelt werden. Darüber hinaus bietet ABS nach Ansicht der strukturierenden Bank die Möglichkeit die Transaktion individuell an die Bedürfnisse des verkaufenden Unternehmens anzupassen. Insbesondere die Gestaltung des Bilanzabgangs bietet Verhandlungsspielraum. Beta hat seinen Wirtschaftsprüfer frühzeitig in diese Verhandlungen einbezogen, um den Ausgleich zwischen den Anforderungen der Rating-Agenturen und den Rechnungslegungsstandards zu vereinfachen. Insgesamt hat Beta die Erfahrung gemacht, dass der Großteil der Vertragswerke unverhandelbar sei, jedoch einige Klauseln auf Wunsch geändert werden konnten. Insgesamt bestanden die Beta vorliegenden Vertragswerke aus elf einzelnen Dokumenten in englischer Sprache mit einem Gesamtumfang von 148 Seiten.[640]

---

638 Vgl. Beta Analyse Forderungsbestand (2006); Beta Präsentation Erfahrungen (2005); Interview Beta Finanzen/Bilanzierung/Buchhaltung, siehe Anhang E.2.2.4, S. 404; Interview Beta Leiter Finanzabteilung, siehe Anhang E.2.2.1, S. 403.

639 Vgl. Beta Leitfaden Prozess Audit (2005); Beta Fragebogen Verbriefung (2005); Interview Beta Leiter Finanzabteilung, siehe Anhang E.2.2.1, S. 403.

640 Vgl. Interview Beta Leiter Finanzabteilung, siehe Anhang E.2.2.1, S. 403; Interview Beta Rechtsanwalt von Beta, siehe Anhang E.2.2.6, S. 404; Interview Beta Strukturierende Bank, siehe Anhang E.2.2.8, S. 405; Interview Beta Wirtschaftsprüfer, siehe Anhang E.2.2.11, S. 405.

Der Kreditversicherer wurde zu Beginn der Mandatierungsphase um eine ungefähre Preiseinschätzung einer CE-WKV für Beta gebeten. Im späteren Verlauf der Strukturierung wurde das Angebot dann weiter verfeinert. Vor dem ersten Verkauf musste für jeden Debitoren der zu verkaufenden Forderungen ein Limit erstellt werden. Da die „alte“ WKV, wie oben erwähnt, die ABS-Versicherung nicht darstellen konnte, wurde eine weitere Versicherungsgesellschaft beauftragt. Diese musste die Limite für jeden Debitor einzeln neu erstellen. Wichtig ist für die Kreditversicherung, dass nur CE-WKV versicherte Forderungen verkauft werden dürfen. Dies stellt sicher, dass die Kreditversicherung das gesamte Portfolio der zu verkaufenden Forderungen versichern kann und nicht nur Einzelrisiken abgesichert werden. Es muss für die Versicherung aus versicherungstechnischen Gründen einen Ausgleich zwischen schlechten und guten Debitoren geben, da sonst keine Prämie kalkuliert werden könne.[641]

Beta wollte durch ABS und die damit einhergehende Reduzierung der Abhängigkeit von Banken erreichen, dass im Anschluss an den Bankenpool bessere Konditionen, insbesondere ein Verzicht auf Sicherheiten, verhandeln werden könnten. Daher wurden die Kredit gebenden Banken bereits im April/Mai 2005, also zwei bis drei Monate vor dem ersten Forderungsverkauf, über die ABS-Transaktion informiert. Die Banken waren von der Transaktion überrascht. Da zusätzlich bereits eine der Banken eine unbesicherte Kreditlinie in Aussicht gestellt hatte, verfügte Beta über eine sehr gute Verhandlungsbasis und konnte bei allen Kreditlinien die Besicherung entfernen. Zu den weiteren Reaktionen der Banken siehe Abschnitt 6.2.2.3.3. Neben den Banken wurden nur größere Lieferanten informiert.[642]

Zu Beginn der Transaktion verkaufte Beta seine Forderungen ein Mal pro Monat. Auf Grund des schnellen Einzugs der Forderungen und der damit verbundenen Probleme in der Bilanzverkürzung (vgl. Abschnitt 6.2.2.3.1) wurde der Rhythmus auf 14 Tage erhöht. Hierfür wurden die Vertragswerke im Januar 2006 ein erstes Mal angepasst.[643]

Im März 2006 wurde eine weitere Änderung an den Vertragswerken vorgenommen, da Beta einen Dilution Trigger verletzt hatte. Die Bonuszahlungen an Vertriebspart-

[641] Vgl. Interview Beta Warenkreditversicherung, siehe Anhang E.2.2.10, S. 405.
[642] Vgl. Interview Beta Leiter Finanzabteilung, siehe Anhang E.2.2.1, S. 403.
[643] Vgl. Beta Erste Änderung Forderungsverkaufsvertrag (2006); Interview Beta Finanzen/-Bilanzierung/Buchhaltung, siehe Anhang E.2.2.4, S. 404.

ner und Großkunden erfolgen branchenüblich konzentriert zu Beginn eines Jahres. Auf Grund von Kommunikationsproblemen mit der strukturierenden Bank war dies in der Ausgestaltung der Reserven und Abschläge nicht korrekt berücksichtigt worden. Es wurde eine gleichmäßige Verteilung über das Jahr angenommen. Als die Bonuszahlungen im Frühjahr 2006 das erste Mal während der Laufzeit des ABS-Programms gezahlt wurden, führte dies zu einer Verletzung des Dilution Triggers. Zur Lösung des Problems wurde eine weitere Dilution-Reserve für diese Bonuszahlungen gebildet, die nur zum Jahresanfang gefüllt sein muss und bis zum ersten Ankauf im Mai wieder abgeschmolzen wird. Nach Einschätzung von Beta hat die Verletzung des Triggers jedoch nicht dazu geführt, dass die Verbriefung tatsächlich hätte scheitern können. Die strukturierende Bank war sehr engagiert, eine gemeinsame Lösung zu finden. Allerdings führte die Problematik dazu, dass die Auswertungen über das Forderungsportfolio und insbesondere die Gutschriften neu erstellt werden mussten.[644]

6.2.2.2.4 EDV-Anpassungen

Von der strukturierenden Bank wurde Beta keine wesentliche IT-Lösung angeboten, so dass Beta vor der Frage stand, ob es die Transaktion selber in SAP R/3 abbilden könne oder auf eine externe Lösung zurückgreifen müsse. Aus mehreren Gründen hat sich die IT-Abteilung gegen die Programmierung einer eigenen Lösung entschieden. Zum einen konnte der Arbeitsaufwand eines solchen Projekts nur unzureichend abgeschätzt werden, da die für eine ABS-Transaktion wichtigen Aspekte nicht bekannt waren. Auch waren die nötigen freien Arbeitskräfte in der EDV-Abteilung nicht vorhanden. Zuletzt befürchtete man, dass man eine selbst erstellte Lösung nach jedem Update des SAP-Systems überarbeiten müsste. Daher fragte Beta sein SAP-Support-Unternehmen um Rat.[645]

Wie sich herausstellte, hatte dieses Unternehmen bereits für einen anderen Kunden ein ABS-Tool entwickelt und kannte sich in dieser Materie bereits aus. Das Unternehmen konnte Beta daher schnell eine Lösung anbieten. Diese arbeitet als Zusatztool, liest die SAP R/3-Daten aus, filtert sie, erstellt die Transferdateien

[644] Vgl. Beta Zweite Änderung Forderungsverkaufsvertrag (2006); Interview Beta Leiter Finanzabteilung, siehe Anhang E.2.2.1, S. 403; Interview Beta Finanzen/Bilanzierung/-Buchhaltung, siehe Anhang E.2.2.4, S. 404.

[645] Vgl. Interview Beta Leiter Finanzabteilung, siehe Anhang E.2.2.1, S. 403; Interview Beta SAP-Betreuung, siehe Anhang E.2.2.3, S. 404.

und arbeitet die Antwortdateien ein. Die SAP R/3-Daten werden hierbei nicht verändert, die verkauften Forderungen nur mit dem Verkaufsdatum markiert.[646]

Neben der Installation des gekauften Zusatztools musste der Transfer der Dateien mit der Zweckgesellschaft implementiert werden. Hierfür waren Absprachen über die Verschlüsselung und die gewählte Transferart nötig.[647]

6.2.2.2.5 Revolvierender Verkauf und Forderungseinzug

Beta möchte zu jedem Verkaufstermin möglichst viele Forderungen verkaufen. Liquidität würde immer gebraucht. Eine Einschränkung des Verbriefungsvolumens ist daher nicht vorgesehen. Dennoch versucht Beta auf der Basis seiner Daten den Umfang des Forderungsankaufs vorherzusagen, da die Maximalgrenze nicht immer erreicht wird. Dies gelingt jedoch nicht vollständig. Es kommt regelmäßig zu unerwarteten Ablehnungen angebotener Forderungen. Hierauf wird im Folgenden genauer eingegangen.[648]

Der Ablauf der revolvierenden Verkäufe gestaltet sich wie folgt: Aus dem Rechnungswesen wird der Finanzierungsabteilung mitgeteilt, dass die Rechnungen im Großhandel geschrieben und im System eingebucht sind. Mit Hilfe des ABS-Zusatztools werden die Forderungsdaten aus SAP R/3 ausgelesen und nach den festgelegten Filtern sortiert. Die zu verkaufenden Forderungen werden anschließend an die Zweckgesellschaft übermittelt. Auf die Verwendung eines Datentreuhänders konnte verzichtet werden, da laut Auskunft des Verkäufers nur Forderungen an Kapitalgesellschaften verkauft werden und ein Datentreuhänder nur bei natürlichen Personen oder Personengesellschaften notwendig ist.[649]

Vor einem jeden Forderungsverkauf müssen bei Bedarf neue Kreditlimite für die CE-WKV bei dem Kreditversicherer angefragt werden. Diese Limite müssen der Zweckgesellschaft nicht gemeldet werden, da sie die aktuellen Daten direkt bei dem Versicherer erfragt. Daher sollte es nur in Einzelfällen vorkommen, dass die

646 Vgl. Interview Beta SAP-Betreuung, siehe Anhang E.2.2.3, S. 404; Interview Beta Finanzen/-Bilanzierung/Buchhaltung, siehe Anhang E.2.2.4, S. 404.

647 Vgl. Interview Beta Entwickler EDI, siehe Anhang E.2.2.2, S. 403.

648 Vgl. Interview Beta Leiter Finanzabteilung, siehe Anhang E.2.2.1, S. 403; Interview Beta Finanzen/Bilanzierung/Buchhaltung, siehe Anhang E.2.2.4, S. 404.

649 Vgl. Interview Beta Strukturierende Bank, siehe Anhang E.2.2.8, S. 405; Interview Beta Finanzen/Bilanzierung/Buchhaltung, siehe Anhang E.2.2.4, S. 404.

Zweckgesellschaft den Ankauf einer Forderung auf Grund fehlender Informationen über gesetzte Limite ablehnt. Laut Beta passiert dies jedoch noch zu häufig.[650]

Zwei Tage nach Absendung der Daten an die Zweckgesellschaft erhält Beta die Rückmeldung, welche Forderungen angekauft und welche abgelehnt wurden. Beta versucht anschließend die Ablehnungen nachzuvollziehen. Allerdings ist die Datenmenge sehr groß, da Beta zwischen 30.000 und 40.000 Forderungen verkauft. Auch wenn die Zweckgesellschaft ebenfalls nur mit den von Beta gelieferten Daten arbeitet, gelingt Beta die Vorhersage und Erklärung der Abrechnungen nicht vollständig. Beta vermutet, dass die Daten teilweise unterschiedlich interpretiert werden. Beispielsweise werden Gutschriften von Beta nur einem Debitoren, aber nicht einer konkreten Rechnung zugeordnet. Die Zuordnung zu einer Rechnung kann daher bei der Zweckgesellschaft anders erfolgen als im verkaufenden Unternehmen. Laut Auskunft der strukturierenden Bank ist dies ein Sonderfall. Idealerweise sollte die Zuordnung von Gutschriften und Rechnungen eindeutig sein. Hinzu kommt, dass die mit dem Verkauf der Forderungen beauftragten Mitarbeiter von Beta nicht über alle Einzelheiten der ABS-Transaktion informiert waren und daher zu Beginn auch Probleme mit der Auswertung der Abrechnungen hatten.[651]

Da mehrere Gesellschaften des Konzerns Forderungen verkaufen, verteilt Beta die einzelnen ABS-Posten (verkaufte Forderungen, Reserven, Abschläge, Verbindlichkeiten aus eingegangenen Forderungen) für die Monatsabschlüsse regelmäßig auf die einzelnen Gesellschaften. Hierfür müssen diese Posten vom letzten Abrechnungsdatum auf das Monatsende fortgeschrieben werden. Auf das SAP-System kann Beta hierbei auf Grund technischer Probleme nur bedingt zurückgreifen. Zum einen laufen die Daten von SAP und die des ABS-Tools auf Grund der Fixierung des Tools auf einen Stichtag auseinander. Zum anderen gibt es Probleme mit

---

650 Vgl. Interview Beta Finanzen/Bilanzierung/Buchhaltung, siehe Anhang E.2.2.4, S. 404; Interview Beta Finanzen/Bilanzierung/Buchhaltung, siehe Anhang E.2.2.4, S. 404; Interview Beta Warenkreditversicherung, siehe Anhang E.2.2.10, S. 405.

651 Vgl. Interview Beta Finanzen/Bilanzierung/Buchhaltung, siehe Anhang E.2.2.4, S. 404; Interview Beta Strukturierende Bank, siehe Anhang E.2.2.8, S. 405.

unterschiedlichen Definitionen.[652] Die Fortschreibung der Posten gestaltet sich also sehr komplex.[653]

Abschließend meldet Beta der Bundesbank die mit der im Ausland sitzenden Zweckgesellschaft getätigten Geschäfte und Zahlungsströme. Über die Pflicht zu dieser Meldung hätte sich Beta Informationen von der strukturierenden Bank erhofft.[654]

Nach dem Verkauf müssen die Forderungen von den Debitoren weiterhin normal eingezogen werden. Zwar ist im Debitorenmanagement zu erkennen, ob eine Forderung verkauft wurde oder nicht. Beta hat der Zweckgesellschaft jedoch eine absolute Gleichbehandlung der verkauften mit den nicht verkauften Forderungen zugesichert.[655]

Die Zahlungseingänge erfolgen für verkaufte und nicht verkaufte Forderungen auf demselben Konto. Eine Trennung der Zahlungsströme wird nicht vorgenommen. Die zwischen den Verkaufsterminen eingehenden Zahlungen auf verkaufte Forderungen werden im Rahmen des folgenden Forderungsverkaufs an das SPV abgeführt bzw. gegen neu verkaufte Forderungen gegengerechnet.[656]

6.2.2.2.6 Monitoring-Aktivitäten

Die Zweckgesellschaft überwacht sowohl die Entwicklung des Forderungsportfolios als auch die wirtschaftliche Entwicklung von Beta. Beides wird im Folgenden betrachtet.

Forderungsportfolio

Das Forderungsportfolio wird anhand von Triggern überwacht, deren Überschrei-

[652] Zum einen besteht das Problem mit den oben genannten, undifferenzierten Gutschriften, zum anderen ist eine einmalig verkaufte Forderung im SAP-System dauerhaft als verkauft markiert. Dies ist im folgenden Fall problematisch: Eine Forderung wird verkauft und anschließend durch eine Gutschrift ausgeglichen. Dies wird der Zweckgesellschaft gemeldet. Der Kunde zieht sich die Gutschrift jedoch von einer anderen Rechnung ab, so dass die ursprüngliche Forderung wieder offen ist. Im SAP-System ist sie jedoch auch noch mit dem Verkaufstermin markiert, obwohl sie der Zweckgesellschaft bereits als ausgeglichen gemeldet wurde. Korrekt wäre es, wenn die Forderungen als offen, aber nicht verkauft geführt würden.

[653] Vgl. Interview Beta Finanzen/Bilanzierung/Buchhaltung, siehe Anhang E.2.2.4, S. 404.

[654] Vgl. Interview Beta Finanzen/Bilanzierung/Buchhaltung, siehe Anhang E.2.2.4, S. 404.

[655] Vgl. Beta Servicing Agreement (2005); Interview Beta Leiter Finanzabteilung, siehe Anhang E.2.2.1, S. 403.

[656] Vgl. Interview Beta Leiter Finanzabteilung, siehe Anhang E.2.2.1, S. 403; Interview Beta Strukturierende Bank, siehe Anhang E.2.2.8, S. 405.

tung zu einem Termination Event führen kann (s. o.). Die Trigger werden bei jedem Verkauf exakt berechnet. Im Forderungsverkaufsvertrag sind folgende Trigger definiert:[657]

- **Überfälligkeitstrigger**
  Über 90 Tage überfällige Forderungen dürfen einen Anteil von 3,5 % an den verkauften Forderungen nicht überschreiten. Der gleitende Durchschnitt der letzten drei Monate dieses Werts darf 2,7 % nicht überschreiten

- **Verwässerungstrigger**
  Verwässerungen dürfen nicht mehr als 4,5 % der verkauften Forderungen ausmachen. Der gleitende Durchschnitt der letzten drei Monate dieses Werts darf 3,7 % nicht überschreiten.

Forderungsverkäufer
Im Forderungsverkaufsvertrag wurden zwei Financial Covenants definiert, deren Verletzung ebenfalls zu einem Termination Event führen kann (s. o.):[658]

- **Eigenkapitalquote**
  Eine adjustierte Eigenkapitalquote darf nicht unter 25 % der Bilanzsumme sinken.

- **Zinsdeckungsgrad**
  Der Zinsdeckungsgrad, definiert als Quotient aus EBITDA und Zinsaufwendungen, muss bei mindestens 3,0 liegen.

Beta fühlt sich durch diese Financial Covenants im operativen Geschäft nicht eingeschränkt, da die festgelegten Grenzen noch viel Spielraum lassen.[659]

Die Zweckgesellschaft erhält von Beta für weitere Monitoring-Aktivitäten dieselben Informationen wie Kredit gebende Banken. Dies hat für Beta den Vorteil, dass für die ABS-Transaktion keine zusätzlichen Berichte erstellt werden müssen. Die Zweckgesellschaft hat vertraglich allerdings noch weitergehende Rechte erhalten

---

657 Auf die Darstellung der exakten Definition der Trigger wird aus Übersichtlichkeitsgründen und zur Vermeidung von Rückschlüssen auf die strukturierende Bank verzichtet. Vgl. Beta Forderungsverkaufsvertrag (2005); Beta Zweite Änderung Forderungsverkaufsvertrag (2005).

658 Vgl. Beta Forderungsverkaufsvertrag (2005); Beta Zweite Änderung Forderungsverkaufsvertrag (2005).

659 Vgl. Interview Beta Leiter Finanzabteilung, siehe Anhang E.2.2.1, S. 403.

und darf bei Bedarf alle Berichte, die für die Eigentümer des Unternehmens bestimmt sind, anfordern.[660]

6.2.2.3 Effekte der Transaktion

Die vorhergehenden Abschnitte haben sich mit den Eigenschaften und dem Ablauf der Transaktion beschäftigt. Im Folgenden werden ihre Wirkungen betrachtet.

6.2.2.3.1 Auswirkungen auf den Jahresabschluss

Beta hat die durch ABS gewonnene Liquidität überwiegend in die Umsatzsteigerung investiert. Da Beta ein Handelsunternehmen ist, wurde dies über die Erhöhung von Lagerbeständen erreicht. Diese ermöglichen es dem Unternehmen, in umsatzstarken Monaten jederzeit lieferfähig zu sein, da ein Nachkaufen der Ware in der Saison nicht möglich ist. Die Produzenten sind zu diesem Zeitpunkt bereits mit der Herstellung der Ware der nächsten Saison beschäftigt und können die aktuellen Produkte nicht mehr liefern. Beta hat also seine Forderungen zur Finanzierung anderer Aktiva (Vorräte) genutzt.[661]

Weder die Zweckgesellschaft noch die strukturierende Bank haben hierbei Auflagen bzgl. der Verwendung der Liquidität gefordert, sich allerdings über die Planungen informiert, um sicherzustellen, dass Beta die Eingänge aus verkauften Forderungen jederzeit abführen kann. Diese Nachforschungen waren jedoch nicht mit einer Prüfung im Rahmen eines Kredites zu vergleichen.[662]

Zur Bewertung der Auswirkungen der ABS-Transaktion auf die Bilanzrelationen und -kennzahlen ist es notwendig, eine Annahme darüber zu treffen, wie die Situation ohne ABS ausgesehen hätte. Im Fall von Beta ist dies nicht einfach, da die ABS-Liquidität nicht zur Tilgung bestehender Schulden verwendet wurde. Ein Zurückrechnen der Umsatzsteigerung ist nicht realistisch möglich, da hierfür sehr viele Annahmen über die Geschäftsentwicklung von Beta nötig wären. Der Leiter der Finanzabteilung von Beta ist jedoch der Meinung, dass die Umsatzsteigerung

660 Vgl. Beta Forderungsverkaufsvertrag (2005);Interview Beta Leiter Finanzabteilung, siehe Anhang E.2.2.1, S. 403; Interview Beta Rechtsanwalt von Beta, siehe Anhang E.2.2.6, S. 404; Interview Beta Strukturierende Bank, siehe Anhang E.2.2.8, S. 405.

661 Vgl. Interview Beta Leiter Finanzabteilung, siehe Anhang E.2.2.1, S. 403;

662 Vgl. Interview Beta Leiter Finanzabteilung, siehe Anhang E.2.2.1, S. 403; Interview Beta Finanzen/Bilanzierung/Buchhaltung, siehe Anhang E.2.2.4, S. 404; Interview Beta Strukturierende Bank, siehe Anhang E.2.2.8, S. 405.

auch ohne ABS machbar gewesen wäre, da er eine Erhöhung der Kreditlinien in Höhe der ABS-Transaktion als für damals realisierbar bewertet. Daher wird als Alternative zu ABS in der folgenden Analyse eine gesteigerte Ausnutzung der Kreditlinien angenommen. In die anschließende Bewertung muss jedoch einbezogen werden, dass die Umsatzsteigerung durch ABS sicherlich begünstigt wurde.[663]

Um die Auswirkungen auf die Bilanz von Beta zum Stichtag 31.12.2005 zu analysieren, muss zunächst festgehalten werden, wie die einzelnen ABS-Posten bei Beta verbucht werden. Die Reserven für Dilution, Default, VAT und Carrying Costs werden als sonstige Forderungen gegen das SPV in den sonstigen Vermögensgegenständen ausgewiesen. Ebenso wird mit dem Dilution-Abschlag verfahren. Der Default-Abschlag hingegen geht als Einstellung in die Wertberichtigung in die GuV ein und mindert damit das Eigenkapital. Die laufenden Kosten der ABS-Transaktion gehen in den Zinsaufwand ein, die anfänglichen Strukturierungskosten werden über die Laufzeit der Verbriefung verteilt und gehen in die sonstigen Aufwendungen ein.[664]

Tabelle 6.9 stellt die Auswirkungen der Abschläge und Reserven dar. Beta verkaufte im Dezember 2005 23,4 Mio. Euro Forderungen. Nach Abzug der Reserven und Abschläge verbleibt ein Liquiditätsgewinn von 20,8 Mio. Euro, was knapp 89 % des Nennwerts der Forderungen entspricht. Von diesen Forderungen gingen bis zum 31.12.2005 16,4 Mio. auf dem Konto von Beta ein, 0,6 Mio. Euro wurden als Gutschriften o. ä. gegeben und 0,1 Mio. Euro sind ausgefallen. Diese Summe (17,1 Mio. Euro) musste von Beta bei der nächsten Abrechnung im Januar 2006 an das SPV abgeführt werden. Allerdings kann Beta sich die für diese Forderungen erhobenen Abschläge (1,2 Mio. Euro) wieder gutschreiben, so dass im Endeffekt eine Verbindlichkeit an das SPV in Höhe von 15,9 Mio. Euro resultiert. Es folgt, dass 6,3 Mio. Euro verkaufte Forderungen zum 31.12.2005 noch offen sind und für die Berechnung der Kreditalternative zu den bestehenden Forderungen hinzuaddiert werden müssen. Da Beta die Default Abschläge nicht aktiviert, sondern als Abschreibungen behandelt, entsteht ein EK-Effekt von 0,2 Mio. Euro.[666]

---

[663] Vgl. Interview Beta Leiter Finanzabteilung, siehe Anhang E.2.2.1, S. 403.

[664] Vgl. Interview Beta Finanzen/Bilanzierung/Buchhaltung, siehe Anhang E.2.2.4, S. 404; Interview Beta Leiter Finanzabteilung, siehe Anhang E.2.2.1, S. 403.

	in Mio. €	Anteil
Verkaufte Forderungen im Dezember 05	23,4	100,0 %
– Abschlag Dilution	– 1,2	5,0 %
– Abschlag Default	– 0,5	2,0 %
– Reserve Dilution	– 0,3	1,3 %
– Reserve Default	– 0,3	1,3 %
– Reserve VAT	– 0,1	0,3 %
– Reserve Carrying Costs	– 0,2	0,8 %
= Gewonnene Liquidität	20,8	88,8 %
= Ablösung/Verhinderung Schulden	20,8	88,8 %
– Passivierung Verbindlichkeit an SPV	15,9	67,9 %
+ Verbleibende Wertberichtigung (EK-Effekt)	0,2	0,9 %
= Erreichte Bilanzverkürzung	5,1	21,8 %

Tab. 6.9: Beta Bilanzverkürzung Dezember 2005[665]

Sowohl die laufenden Kosten der ABS-Transaktion als auch die auf die Laufzeit der Transaktion abgegrenzten Strukturierungskosten gehen in die GuV von Beta über den Zinsaufwand ein. Da die ABS-Kosten jedoch 2 % unter den Kosten der Kreditlinien liegen, wird der Zinsaufwand im Vergleich zur Finanzierung über Kreditlinien um ca. 400.000 Euro pro Jahr reduziert. Da im Jahr 2005 nur sechs Monate verbrieft wurden, ergibt sich ein Vorteil von 0,2 Mio. Euro. Dies hat zu einem positiven EK-Effekt von gleicher Höhe geführt. Dieser Effekt wurde bei der Analyse der Auswirkungen auf die Bilanz jedoch nicht einbezogen, da zur Vereinfachung angenommen wird, dass Einsparungen durch ABS über entsprechend erhöhte Ausschüttungen an den Eigentümer weitergereicht werden. In Summe entsteht eine Bilanzverkürzung von 5,1 Mio. Euro oder 21,8 % des Verbriefungsvolumens.[667]

665 Eigene Darstellung aufbauend auf Beta Buchungssätze (2006).

666 Von einer Darstellung der Effekte aus der Vorabzahlung der Strukturierungsgebühr o. a. wird abgesehen, da es sich hierbei nur um einen Aktivtausch zwischen Kasse und Rechnungsabgrenzungsposten handelt. Die Kosten werden über die Laufzeit der Transaktionen abgegrenzt. Vgl. Beta Buchungssätze (2006); Interview Beta Leiter Finanzabteilung, siehe Anhang E.2.2.1, S. 403; Interview Beta Finanzen/Bilanzierung/Buchhaltung, siehe Anhang E.2.2.4, S. 404.

667 Vgl. Interview Beta Finanzen/Bilanzierung/Buchhaltung, siehe Anhang E.2.2.4, S. 404; Interview Beta Leiter Finanzabteilung, siehe Anhang E.2.2.1, S. 403.

	in Mio. €	in Mio. €
Verkaufte Forderungen im Dezember 05		23,4
Zahlungseingänge bis 31.12.05	16,4	
Erfolgte Dilution	+ 0,6	
Erfolgte Ausfälle	+ 0,1	
= Nennwert nicht mehr offener Forderungen	17,1	−17,1
Erstattung Abschlag Dilution	− 0,9	
Erstattung Abschlag Default	− 0,3	
= Verbindlichkeit an SPV	15,9	
= Nennwert verbleibender offener Forderungen		6,3
Verbleibender Abschlag Dilution	0,3	
Verbleibende Reserve Default	+ 0,3	
Verbleibende Reserve Dilution	+ 0,3	
Verbleibende Reserve VAT*	+ 0,1	
Verbleibende Reserve Carrying Costs*	+ 0,2	
= Verbleibende Forderungen gegen SPV	1,2	
Verbleibender Default-Abschlag	0,2	
= Verbleibende Wertberichtigung (EK-Effekt)	0,2	

*von Beta nicht zum 31.12. fortgeschrieben

Tab. 6.10: Beta Fortschreibung Bilanzposten zum 31.12.2005[668]

Die Reserven aus Dilution und Default bleiben unabhängig von der Höhe der verkauften Forderungen konstant. Die Forderung aus dem Dilution-Abschlag und die Wertberichtigung aus dem Default-Abschlag hingegen müssen für den Jahresabschluss an die noch offenen verkauften Forderungen angepasst werden. Die VAT und die Carrying Costs Reserve werden zwar ebenfalls an die verkauften Forderungen angepasst, jedoch hat Beta aus Gründen der materiellen Relevanz auf eine Neuberechnung im Rahmen des Jahresabschlusses verzichtet. Tabelle 6.10 zeigt die für die Bilanz Betas relevanten ABS-Vorgänge und -Posten.

Aufbauend auf diesen Daten kann die Bilanzstruktur ohne ABS, also im Falle der Bereitstellung der Liquidität durch die Ausnutzung von Kreditlinien, dargestellt

668 Eigene Darstellung, aufbauend auf Beta Buchungssätze (2006).

Aktivseite	mit ABS	ohne ABS	Δ	Δ %	Erklärung
Anlagevermögen	5,0	5,0	0,0	0,0 %	
Vorräte	42,5	42,5	0,0	0,0 %	
Ford. aus L. u. L.	31,0	37,3	6,3	-16,9 %	offene verkaufte Forderungen
Sonst. Vermögen	9,1	8,0	1,2	15,2 %	Reserven und Abschläge
Kasse	2,9	2,9	0	0,0 %	
RAP	0,3	0,3	0,0	0,0 %	
Bilanzsumme	90,8	95,9	-5,1	-5,3 %	erreichte Bilanzverkürzung

Passivseite	mit ABS	ohne ABS	Δ	Δ %	Erklärung
Eigenkapital	14,8	15,0	-0,2	-1,3 %	Default-Abschläge
Rückstellungen	3,0	3,0	0,0	0,0 %	
Verb. Banken	1,3	22,1	-20,8	-94,1 %	Ablösung Bankverb.
Verb. L. u. L.	42,6	42,6	0,0	0,0 %	
Sonstige Verb.	29,1	13,2	15,9	120,5 %	Eingänge verkaufte Ford.
Bilanzsumme	90,8	95,9	-5,1	-5,3 %	erreichte Bilanzverkürzung

Tab. 6.11: Beta Bilanzstruktur mit und ohne ABS, Stand 31.12.2005[669]

werden. Tabelle 6.11 zeigt diese Berechnungen. Zwar konnte der Forderungsbestand durch ABS zum Jahreswechsel um 6,3 Mio. Euro oder 16,9 % gesenkt werden, jedoch wurden die sonstigen Forderungen um 1,2 Mio. Euro erhöht, so dass eine Bilanzverkürzung von 5,1 Mio. Euro verbleibt. Dies entspricht 5,3 % der Bilanzsumme. Auf der Passivseite reduziert die Einstellung in die Wertberichtigung auf Grund des Default-Abschlags das Eigenkapital minimal. Wesentlich ist hingegen, dass die sonstigen Verbindlichkeiten durch die Zahlungseingänge auf verkaufte Forderungen mehr als verdoppelt wurden. Mit ABS kommt Beta zum 31.12.2005 fast ohne Bankschulden aus, ohne die Erlöse aus dem Forderungsverkauf wird, wie oben erwähnt, eine Erhöhung der Bankschulden um 20,8 Mio. Euro angenommen.

Die Bilanzverkürzung in Höhe von 5,3 % hat Auswirkungen auf Betas Bilanzkennzahlen. Wie Tabelle 6.12 zeigt, sind diese Effekte bei Beta jedoch insgesamt recht

669 Die Darstellung zeigt die wesentlichen Bilanzpositionen in Mio. Euro, vgl. Beta Prüfungsbericht (2006).

Kennzahl	mit ABS	ohne ABS	Differenz
Sachanlagenintensität	4,6 %	4,4 %	0,2 %
Eigenkapitalquote	16,3 %	15,5 %	0,8 %
Gesamtkapitalrentabilität	10,5 %	9,9 %	0,6 %
Tage Forderungen ausstehend	38,9	46,8	-7,9

Tab. 6.12: Beta Veränderung Kennzahlen durch ABS zum 31.12.2005[670]

gering. Die Eigenkapitalquote konnte um 0,8 % und die Gesamtkapitalrentabilität um 0,6 % erhöht werden. Gleichzeitig erhöhte sich die Sachanlagenintensität um 0,2 %. Die theoretisch berechnete Forderungslaufzeit konnte um 7,9 Tage reduziert werden, liegt damit allerdings nur zwei Tage unter dem Wert vom 31.12.2004. Zu beachten ist, dass die in den Jahresabschlüssen von Beta enthaltenen Werte auf Grund der starken Saisonalität des Geschäfts nur Momentaufnahmen darstellen können. Es gibt sowohl Monate, in denen die Bilanzsumme größer als auch kleiner als zum 31.12. ist. Dies führt zu dementsprechend größeren oder kleineren Auswirkungen auf die berechneten Bilanzkennzahlen. Da jedoch keine Bilanz zu unterjährigen Zeitpunkten vorliegt, können die unterjährigen Auswirkungen nicht quantifiziert werden. Für die Kredit gebenden Banken ist jedoch der testierte Jahresabschluss von besonderer Bedeutung und auf diesen hat die ABS-Transaktion die oben genannten Auswirkungen.

Neben der Bilanz und der GuV hat die ABS-Transaktion auch Auswirkungen auf die Kapitalflussrechnung (Cash Flows) Betas. Der Cash Bestand an sich wird durch die Entscheidung zwischen ABS oder einer Kreditfinanzierung nicht beeinflusst. Allerdings wird die Struktur der Cash-Flow-Rechnung verändert. Die ABS-Posten in der Bilanz (Reduzierung des Forderungsbestands, Erhöhung der Verbindlichkeiten durch Zahlungseingänge verkaufter Forderungen, sonstige Vermögensgegenstände) erhöhen den Mittelzufluss aus laufender Geschäftstätigkeit um die gewonnene Liquidität, die Ablösung von Schulden bzw. die Verhinderung

[670] Eigene Berechnungen, Working Capital = Umlaufvermögen - kurzfristiges FK, Sachanlagenintensität = Sachanlagevermögen / Bilanzsumme, Eigenkapitalquote = Eigenkapital / Bilanzsumme, Gesamtkapitalrentbilität = EBIT / Bilanzsumme, Tage Forderungen ausstehend = Forderungsbestand aus L. u. L. / Umsatz * 365

der Aufnahme neuer Schulden senkt den Mittelzufluss aus Finanzierungstätigkeit um den gleichen Betrag.[671]

Als weiterer Effekt ist noch festzuhalten, dass als mittelbare Folge der ABS-Transaktion die Finanzierung von Beta Ende 2005 nicht mehr über die Stellung von in der Bilanz erscheinenden Aktiva besichert war. Der Sicherheiten-Pool konnte aufgelöst werden.[672]

Beta erwähnte den Forderungsverkauf im Jahresabschluss des Geschäftsjahrs 2005. Allerdings wurden außer der Tatsache, dass ABS durchgeführt wird und einer Erläuterung der Verbindlichkeiten gegen die Zweckgesellschaft keine weiteren Informationen veröffentlicht. Der Prüfungsbericht des Wirtschaftsprüfers ist ausführlicher. Es werden zusätzlich die Laufzeit, die strukturierende Bank sowie das Höchstvolumen der Transaktion dargestellt.[673]

Die Kredit gebenden Banken halten den Off-Balance-Sheet Ausweis des Forderungsverkaufs für nicht problematisch. Forderungsverbriefungen seien zwar kein Standard, die Analyse des Abschlusses würde jedoch nicht erschwert. Der Wirtschaftsprüfer sieht ebenfalls keine Probleme und verneint erwartungsgemäß die Frage, ob es zu einer ungenauen Darstellung des Verschuldungsgrads kommen kann. Beta selbst schätzt die Analyse der eigenen Abschlüsse hingegen als wahrscheinlich komplizierter ein und weist darauf hin, dass die Transparenz der Berichte unter ABS leiden könnte.[674]

6.2.2.3.2 Risikotransfer

Bereits vor der ABS-Transaktion verwendete Beta eine Kreditversicherung, die Forderungsausfälle zu 75 % versichert. Diese Versicherung wurde so erweitert, dass sie auch die im First Loss Piece anfallenden Ausfälle übernimmt. Zusätzlich wurde eine CE-WKV abgeschlossen, die die über das First Loss Piece hinausgehenden Ausfälle versichert. Abbildung 6.8 zeigt die Veränderungen der Risikopositionen des Unternehmens.[675]

---

[671] Vgl. Beta Prüfungsbericht (2006).
[672] Vgl. Interview Beta Leiter Finanzabteilung, siehe Anhang E.2.2.1, S. 403.
[673] Vgl. Beta Prüfungsbericht (2006).
[674] Vgl. Interview Beta Leiter Finanzabteilung, siehe Anhang E.2.2.1, S. 403; Interview Beta Finanzen/Bilanzierung/Buchhaltung, siehe Anhang E.2.2.4, S. 404; Interview Beta Bank II, siehe Anhang E.2.2.7, S. 404; Interview Beta Bank III, siehe Anhang E.2.2.9, S. 405.
[675] Vgl. Interview Beta Leiter Finanzabteilung, siehe Anhang E.2.2.1, S. 403.

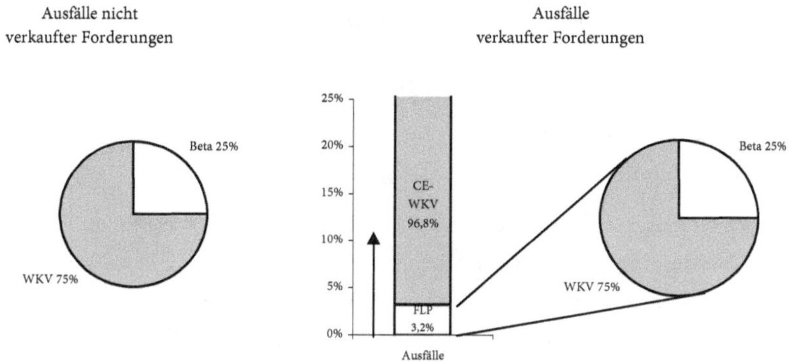

Abb. 6.8: Beta Risikoverteilung[676]

Der Rechtsanwalt von Beta weist darauf hin, dass zwar das rechtliche Risiko des Forderungsausfalls übergegangen sein, das wirtschaftliche Risiko jedoch weiter bei Beta liegt. Nur Extremrisiken würden an die Zweckgesellschaft bzw. die CE-WKV übertragen.[677]

6.2.2.3.3 Reaktionen von Kredit gebenden Banken

Beta informierte seine Bankpartner im Rahmen der Auflösung der Pool-Situation im April/Mai 2005 über die bevorstehende ABS-Transaktion. Die Reaktionen hierauf waren grundsätzlich positiv, viele der Banken hätten das ABS-Geschäft auch gerne selbst strukturiert. Die positive Bewertung fußt u. a. darauf, dass der Forderungsverkauf als eine innovative und interessante Finanzierungsform angesehen wird, in deren Rahmen auch die Debitoren einer Bonitätsprüfung unterzogen werden. Darüber hinaus sei die Beschäftigung mit dem eigenen Rating und dem Fremdkapitallevel generell positiv zu bewerten.[678]

Der Bilanzabgang der Forderungen wird von allen Banken Betas anerkannt. Es erfolgt für die Bestimmung eines internen Ratings keine Zurückrechnung der

676 Eigene Darstellung.

677 Vgl. Interview Beta Rechtsanwalt von Beta, siehe Anhang E.2.2.6, S. 404; Interview Beta Strukturierende Bank, siehe Anhang E.2.2.8, S. 405; Interview Beta Warenkreditversicherung, siehe Anhang E.2.2.10, S. 405; Interview Beta Wirtschaftsprüfer, siehe Anhang E.2.2.11, S. 405.

678 Vgl. Interview Beta Leiter Finanzabteilung, siehe Anhang E.2.2.1, S. 403; Interview Beta Bank I, siehe Anhang E.2.2.5, S. 404; Interview Beta Bank II, siehe Anhang E.2.2.7, S. 404; Interview Beta Bank III, siehe Anhang E.2.2.9, S. 405.

Transaktion. Als Grundlage für die Bonitätsbestimmung wird der testierte Jahresabschluss herangezogen. Auch wenn die Banken Finanzierungen über Sale & Lease Back Geschäfte zurückrechnen, sehen sie keine Veranlassung, dies auch bei ABS durchzuführen. Eine Bank räumte jedoch ein, den Grund der Bilanzverkürzung in die qualitative Bonitätsbewertung mit einzubeziehen.[679]

Es gab bei keinem Kreditverhältnis auf Grund der ABS-Transaktion eine Anpassung der Bedingungen, es wurden keine Anpassungen der Zinssätze vorgenommen. Zwar sehen alle befragten Banken die Kürzung des Kreditvolumens von Betriebsmittellinien als theoretisch richtige Reaktion auf den Forderungsverkauf an, da Sicherheiten verloren gehen. Allerdings führte keine Bank dies auch tatsächlich aus. Eine Bank schränkt die Kürzung auf Situationen ein, in denen ein bedeutender Teil der Forderungen verkauft wird. Eine andere Bank sieht sich zu dieser Reaktion nur bei Unternehmen mit einer nicht so guten Bonität gezwungen. Bei besseren Bonitäten wird eine Kürzung zwar ebenfalls als theoretisch korrekt angesehen, jedoch mit dem Unternehmen das Gespräch gesucht, um den verbleibenden Finanzierungsbedarf zu analysieren. Eine dritte Bank weist darauf hin, dass die Kürzung der Linien in der Praxis nicht durchführbar sei. Die strukturierende Bank erklärt dies damit, dass die Kredit gebenden Banken im Geschäft bleiben und die Beziehung zum Unternehmen durch eine Kürzung der Linien nicht verschlechtern wollen. Beta führt an, dass Bedenken der Banken mit Hinweis auf die Liquiditätssicherung durch ABS gelindert werden konnten. Negativ sehen die Banken allerdings, dass durch verringerte Ausnutzungen von Kreditlinien ihr Ertrag geringer ausfallen kann.[680]

Eng verbunden hiermit ist die Fragestellung, ob die Banken auf Grund des Forderungsverkaufs eine Schwächung ihrer impliziten Sicherheiten befürchten. Dies hat laut Auskunft von Beta nur eine Bank als eventuelles Problem dargestellt. Eine andere Bank sieht dies nur bei schlechteren Bonitäten als Gefahr an, eine weitere als überhaupt nicht problematisch.[681]

---

679 Vgl. Interview Beta Bank I, siehe Anhang E.2.2.5, S. 404; Interview Beta Bank II, siehe Anhang E.2.2.7, S. 404; Interview Beta Bank III, siehe Anhang E.2.2.9, S. 405.

680 Vgl. Interview Beta Leiter Finanzabteilung, siehe Anhang E.2.2.1, S. 403; Interview Beta Bank I, siehe Anhang E.2.2.5, S. 404; Interview Beta Bank II, siehe Anhang E.2.2.7, S. 404; Interview Beta Bank III, siehe Anhang E.2.2.9, S. 405; Interview Beta Strukturierende Bank, siehe Anhang E.2.2.8, S. 405.

681 Vgl. Interview Beta Leiter Finanzabteilung, siehe Anhang E.2.2.1, S. 403; Interview Beta Bank I, siehe Anhang E.2.2.5, S. 404; Interview Beta Bank II, siehe Anhang E.2.2.7, S. 404.

Die Diversifizierung der Finanzierungsquellen durch Beta wurde von allen Banken positiv bewertet. Eine Bank weist allerdings darauf hin, dass es entscheidend auf die Informationspolitik des Unternehmens ankäme. Nur wenn sich die Bank ein möglichst umfassendes Bild über eine Finanzierungsform und deren Konditionen machen könne, könne eine korrekte Bewertung vorgenommen werden. Bei unzureichender Berichterstattung müsse im Sinne des Vorsichtsprinzips die schlechtere Variante angenommen werden.[682]

Bei der Einordnung der Transaktion bzgl. ihrer Laufzeit waren sich die Banken nicht einig. Eine Bank sieht den Forderungsverkauf als klar langfristige Finanzierungsform an, da der Vertrag mehrere Jahre liefe. Eine zweite Bank erkennt zwar die Gefahr einer Vertragsbeendigung, schätzt diese jedoch als sehr gering ein. Die dritte befragte Bank ordnet die Finanzierung hingegen zu den kurzfristigen Finanzierungen, da die längerfristige Laufzeit nicht garantiert sei.[683]

Die Kredit gebenden Banken Betas veränderten ihr Monitoring-Verhalten auf Grund der ABS-Transaktion nicht. Das zusätzliche Monitoring durch die Zweckgesellschaft und die strukturierende Bank hat keine Auswirkungen auf die Überwachungsfunktionen der Banken.[684]

Neben den Banken informierte Beta nur seine größeren Lieferanten über den Forderungsverkauf. Die Reaktionen waren überwiegend positiv. Der Forderungsverkauf wurde als innovatives Finanzierungsinstrument anerkannt. Beta erhielt einen Reputationsgewinn.[685]

6.2.2.4 Betas Bewertung der Transaktion

Der Abschluss des beschreibenden Teils dieser Clinical Study geht auf die Bewertung der Verbriefung aus der Sicht Betas ein. Es werden sowohl der Arbeitsaufwand als auch rechtliche Problembereiche und der erreichte Mehrwert dargestellt.

Die Strukturierungsphase war geprägt von zwei Elementen. Zum einen war der Aufwand der Due Dilligence des Forderungsbestands sehr hoch. Wie beschrieben,

682 Vgl. Interview Beta Bank I, siehe Anhang E.2.2.5, S. 404; Interview Beta Bank II, siehe Anhang E.2.2.7, S. 404; Interview Beta Bank III, siehe Anhang E.2.2.9, S. 405.

683 Vgl. Interview Beta Bank I, siehe Anhang E.2.2.5, S. 404; Interview Beta Bank II, siehe Anhang E.2.2.7, S. 404; Interview Beta Bank III, siehe Anhang E.2.2.9, S. 405.

684 Vgl. Interview Beta Bank I, siehe Anhang E.2.2.5, S. 404; Interview Beta Bank II, siehe Anhang E.2.2.7, S. 404; Interview Beta Bank III, siehe Anhang E.2.2.9, S. 405.

685 Vgl. Interview Beta Leiter Finanzabteilung, siehe Anhang E.2.2.1, S. 403.

mussten verschiedene Kennzahlen über einen Zeithorizont von drei Jahren ermittelt werden. Jeder einzelne Wert musste hierfür mit einer eigenen SAP R/3-Auswertung berechnet werden. Da Beta über eine Vielzahl von Kunden (ca. 45.000) verfügt, waren diese Berechnungen sehr zeitaufwendig. Wenn der gesamte Aufwand im Vorfeld überschaubar gewesen wäre, hätte sich Beta eine spezielle Auswertung, die alle Werte in einem Durchgang ermitteln kann, erstellen lassen. So dauerte der Prozess insgesamt mehrere Wochen. Die strukturierende Bank weist darauf hin, dass dieser Vorgang wesentlich von der Datenlage im Unternehmen abhänge. Bei Beta waren zwar noch alle Daten im System vorhanden, allerdings gab es Abstimmungs- und Definitionsprobleme zwischen dem Unternehmen und der Bank. Auch deshalb mussten die Due-Dilligence-Auswertungen nach der oben beschriebenen Trigger-Verletzung ergänzt werden.[686]

Zum anderen bestand die Strukturierung aus den notwendigen Vertragsverhandlungen. Die Formulierung der Verträge in englischer Sprache hat die Komplexität für Beta hierbei erhöht. Insgesamt wurde dieser Abschnitt sowohl intern als auch extern als sehr arbeitsintensiv empfunden. Der einbezogene Rechtsanwalt schätzte seine Arbeit als umfangreich ein, wies jedoch darauf hin, dass dies seine erste praktische Abwicklung einer ABS-Transaktion gewesen wäre. Der Wirtschaftsprüfer führte einen erheblichen Zeitaufwand für die Verhandlungen der genauen Konditionen der Verbriefung an.[687]

Der revolvierende Verkauf an sich stellte sich als sehr einfach heraus. Über das von Beta verwendete Zusatztool kann der Verkauf in ein bis zwei Stunden abgewickelt werden. Allerdings ist die Auswertung des Ankaufsberichts sehr aufwendig, da es häufig Abweichungen zwischen dem tatsächlichen Ankauf und den von Beta erwarteten Ergebnissen gibt. Dies ist für Beta nicht vollständig zu erklären, da beide Seiten eigentlich mit denselben Daten arbeiten. Die Untersuchung der Abweichungen ist für Beta auch hilfreich, um Fehler in der eigenen Rechnungsstellung zu entdecken.[688]

---

686 Vgl. Interview Beta Leiter Finanzabteilung, siehe Anhang E.2.2.1, S. 403; Interview Beta Finanzen/Bilanzierung/Buchhaltung, siehe Anhang E.2.2.4, S. 404; Interview Beta Strukturierende Bank, siehe Anhang E.2.2.8, S. 405.

687 Vgl. Interview Beta Leiter Finanzabteilung, siehe Anhang E.2.2.1, S. 403; Interview Beta Rechtsanwalt von Beta, siehe Anhang E.2.2.6, S. 404; Interview Beta Wirtschaftsprüfer, siehe Anhang E.2.2.11, S. 405.

688 Vgl. Interview Beta Finanzen/Bilanzierung/Buchhaltung, siehe Anhang E.2.2.4, S. 404.

Beta erstellt jeden Monat für alle Gesellschaften Monatsabschlüsse. Hierfür müssen die ABS-Posten vom letzten Verkaufszeitpunkt bis zum Monatsende fortgeschrieben werden. Die Erarbeitung der hierfür notwendigen Berechnungen war zunächst sehr zeitintensiv, auch, weil die Mitarbeiter von Beta am Anfang nicht alle Zusammenhänge korrekt verstanden hatten.[689]

Der für die ABS-Transaktion notwendige IT-Aufwand war hingegen sehr gering. Die Installation des Zusatz-Tools war eine Standardaufgabe und verlief problemlos. Die etwas kompliziertere Einstellung des Programms wurde von der Finanzabteilung vorgenommen. Am revolvierenden Verkauf ist die EDV-Abteilung nur mit dem unproblematischen Versand der Dateien beteiligt.[690]

Bei der Erstellung des ersten Jahresabschlusses nach Start von ABS ergab sich das Problem, dass Beta alle ABS-Posten in der Konzernmuttergesellschaft gebucht hatte. Der Wirtschaftsprüfer wies jedoch darauf hin, dass die betreffenden Posten auf alle verkaufenden Gesellschaften verteilt werden müssten. Dies führte zu einem einmaligen Mehraufwand. Des Weiteren musste Beta Anfang 2006 für alle Debitoren Faxnummern an die Zweckgesellschaft melden. Da diese nicht für alle Unternehmen vorlagen, mussten sie erst aufwendig erfasst werden.[691]

Insgesamt schätzt Beta den durch ABS regelmäßig verursachten Aufwand mit einem halben Arbeitsplatz ab. Dies ist mehr als ursprünglich erwartet.[692]

Bezüglich rechtlicher Problembereiche stellte Beta fest, dass die Thematik der Gefahr einer gewerbesteuerlichen Betriebsstätte der Zweckgesellschaft in Deutschland nur am Rande besprochen wurde. Die strukturierende Bank schätzt die Gefahr auf Grund der Struktur der Transaktion derzeit als nicht mehr relevant ein.[693]

Für in den Default-Abschlägen enthaltene Umsatzsteuer wurde in der Transaktion von Beta eine spezielle Reserve angelegt. Nach Ansicht der strukturierenden

[689] Vgl. Interview Beta SAP-Betreuung, siehe Anhang E.2.2.3, S. 404; Interview Beta Leiter Finanzabteilung, siehe Anhang E.2.2.1, S. 403; Interview Beta Finanzen/Bilanzierung/-Buchhaltung, siehe Anhang E.2.2.4, S. 404.

[690] Vgl. Interview Beta Entwickler EDI, siehe Anhang E.2.2.2, S. 403; Interview Beta SAP-Betreuung, siehe Anhang E.2.2.3, S. 404.

[691] Vgl. Interview Beta Leiter Finanzabteilung, siehe Anhang E.2.2.1, S. 403; Interview Beta Finanzen/Bilanzierung/Buchhaltung, siehe Anhang E.2.2.4, S. 404.

[692] Vgl. Interview Beta Leiter Finanzabteilung, siehe Anhang E.2.2.1, S. 403; Interview Beta Finanzen/Bilanzierung/Buchhaltung, siehe Anhang E.2.2.4, S. 404.

[693] Vgl. Interview Beta Leiter Finanzabteilung, siehe Anhang E.2.2.1, S. 403; Interview Beta Strukturierende Bank, siehe Anhang E.2.2.8, S. 405.

Bank besteht die Gefahr, dass die Zweckgesellschaft für diese Umsatzsteuer haften könnte, falls der Originator seiner Abführpflicht nicht nachkommt. Um die Insolvenzfestigkeit der Zweckgesellschaft zu erreichen, muss daher eine solche Reserve angelegt werden. Allerdings ist die Reserve mit unter 0,1 Mio. Euro für Beta nicht bedeutend.[694]

Insgesamt bewertet Beta die Verbriefung positiv. Durch den revolvierenden Verkauf der Forderungen hat das Unternehmen bei seinen Banken einen wesentlich höheren Verhandlungsspielraum gewonnen. Die zusätzliche Liquidität hat zu einer Reduzierung der Abhängigkeiten geführt, so dass auch Kreditverträge ohne implizierte Sicherheiten verhandelt werden konnten. Beta erkennt zwar an, dass durch die ABS-Transaktion eine neue Abhängigkeit von der strukturierenden Bank entstanden sei. Insgesamt führe die Forderungsverbriefung aber zu einer reduzierten Abhängigkeit, da es sich bei ABS um ein weiteres neues Finanzierungsinstrument handelt, mit dem eine Diversifizierung erreicht wurde.[695]

Mitarbeiter weisen allerdings darauf hin, dass Beta auf Grund der zusätzlichen Liquidität höhere Risiken eingehen würde. Auch würde der Druck, eine effiziente Lagerhaltung durchzuführen, reduziert.[696]

Darüber hinaus ist die ABS-Transaktion für Beta sehr wirtschaftlich, da wesentlich günstiger als die zum Vergleich herangezogenen Kontokorrentlinien. Da ABS von Betas Zulieferern und Banken als sehr fortschrittlich angesehen wird, konnte Beta darüber hinaus einen Reputationsgewinn verzeichnen.[697]

Beta sieht den Forderungsverkauf als langfristige Finanzierungsform und die mehrjährige Laufzeit als Vorteil an. Die grundsätzliche Möglichkeit einer vorzeitigen Beendigung und die Ausstiegsmöglichkeiten der strukturierenden Bank werden gesehen, aber als sehr unrealistisch bewertet. Ein involvierter Warenkreditversicherer bezeichnet das langfristige Versprechen der Banken hingegen als nicht ehrlich. Es bestehe keine definitive Zusage über die gesamte Laufzeit. Die strukturierende Bank versichert jedoch, dass die Zweckgesellschaft bei Einhaltung der vereinbarten

694 Vgl. Interview Beta Leiter Finanzabteilung, siehe Anhang E.2.2.1, S. 403; Interview Beta Strukturierende Bank, siehe Anhang E.2.2.8, S. 405.
695 Vgl. Interview Beta Leiter Finanzabteilung, siehe Anhang E.2.2.1, S. 403.
696 Vgl. Interview Beta Finanzen/Bilanzierung/Buchhaltung, siehe Anhang E.2.2.4, S. 404.
697 Vgl. Interview Beta Leiter Finanzabteilung, siehe Anhang E.2.2.1, S. 403.

Grenzen (Trigger und Covenants) kein Interesse an einer vorzeitigen Beendigung hätte.[698]

Die Bilanzverkürzung und die daraus resultierenden Effekte waren geringer als von Beta erwartet. Die Bilanzierung der Verbindlichkeiten gegen die Zweckgesellschaft war bekannt, das Ausmaß wurde jedoch unterschätzt. Daher sieht Beta den Forderungsverkauf auch nicht mehr als Bilanzmanagementtool an. Auf Grund der Feiertage zum Jahresende sieht die strukturierende Bank jedoch keine Möglichkeiten, Ende Dezember noch einen weiteren Forderungsverkauf durchzuführen und damit die Bilanzverkürzungseffekte zu verstärken.[699]

Die strukturierende Bank sieht generell im Debitorenmanagement die Möglichkeit von durch ABS angestoßenen Effizienzsteigerungen. Bei Beta waren die Prozesse jedoch bereits sehr gut, so dass nur kleinere Anpassungen vorgenommen werden mussten und daher auch keine Verbesserung des Forderungseinzugs festzustellen ist.[700]

Die durch die Rating-Anforderungen bedingte Verwendung einer zweiten Versicherungsgesellschaft für die CE-WKV ist für Beta zum einen unpraktisch, da für jeden neuen Kunden nun bei zwei Gesellschaften Limite erfragt werden müssen und es Definitionsunterschiede gibt, ab welcher Höhe eine Forderung explizit versichert werden muss. Darüber hinaus führt diese doppelte Anfrage auch zu erhöhten Kosten, da zwei Gesellschaften für die Zeichnung der Limite bezahlt werden müssen.[701]

Beta bewertet den Ruf von ABS sehr positiv. Gerade für den Mittelstand sei dieses Finanzierungsinstrument sehr fortschrittlich. Das Unternehmen hat kein Image-Problem mit der Verwendung einer ausländischen Zweckgesellschaft. Dies sei Standard. Allerdings wäre ein deutsches SPV zu bevorzugen. Der Kontakt verlaufe zurzeit sehr anonym und die mit dem revolvierenden Verkauf beauftrag-

---

698 Vgl. Interview Beta Leiter Finanzabteilung, siehe Anhang E.2.2.1, S. 403; Interview Beta Rechtsanwalt von Beta, siehe Anhang E.2.2.6, S. 404; Interview Beta Strukturierende Bank, siehe Anhang E.2.2.8, S. 405; Interview Beta Warenkreditversicherung, siehe Anhang E.2.2.10, S. 405.

699 Vgl. Interview Beta Leiter Finanzabteilung, siehe Anhang E.2.2.1, S. 403; Interview Beta Finanzen/Bilanzierung/Buchhaltung, siehe Anhang E.2.2.4, S. 404.

700 Vgl. Interview Beta Leiter Finanzabteilung, siehe Anhang E.2.2.1, S. 403.

701 Vgl. Interview Beta Finanzen/Bilanzierung/Buchhaltung, siehe Anhang E.2.2.4, S. 404.

ten Mitarbeiter beklagen die auf englisch stattfindende Kommunikation mit der Zweckgesellschaft, da nicht alle perfekt mit der englischen Sprache vertraut sind.[702]

Beta sieht durch die ABS-Transaktion keine Reduzierung seines Forderungsausfallrisikos. Die Abschläge und Reserven seien so gewählt, dass alle erwarteten Ausfälle von Beta übernommen werden müssten.[703]

Das „Atmen" der Transaktion mit dem sich im Saisonverlauf verändernden Umsatz stellt sich in dieser Transaktion als Nachteil von ABS heraus. Beta benötigt verstärkte Finanzierungsvolumina in den Monaten außerhalb der Hochsaison. Zu diesem Zeitpunkt sind die Forderungsbestände jedoch bereits wieder stark reduziert, so dass ABS nur noch ein verringertes Finanzierungsvolumen zur Verfügung stellen kann. Für Beta atmet ABS falsch herum. Diese Problematik war dem Unternehmen allerdings bekannt und hat eine Entscheidung für ABS nicht beeinträchtigt.[704]

Beta steht der Offenlegung von Informationen nicht kritisch gegenüber. Zwar werden Jahresabschlüsse nicht veröffentlicht, berechtigte Interessenten erhalten jedoch Einblicke in die wirtschaftliche Situation Betas. Insgesamt schätzt Beta seine Kommunikationspolitik als sehr offen ein. Daher wurde die Anonymität der ABS-Transaktion nicht als besonderer Vorteil empfunden.[705]

Das Unternehmen schätzt den Stellenwert einer funktionierenden IT-Lösung im Rahmen der ABS-Transaktion als sehr hoch ein. Nur mit einem guten IT-System könnte man ABS durchführen. SAP R/3 ist hierbei aus Sicht des Unternehmens eine gute Grundlage für die ABS-Transaktion, da Erweiterungen flexibel angepasst werden können. Als problematisch wurde allerdings bewertet, dass sich die Datenbasis von SAP R/3 im normalen Geschäftsablauf täglich verändert während die ABS-Transaktion nur mit zwei Momentaufnahmen zu den Verkaufszeitpunkten arbeitet.[706]

---

702 Vgl. Interview Beta Leiter Finanzabteilung, siehe Anhang E.2.2.1, S. 403; Interview Beta Rechtsanwalt von Beta, siehe Anhang E.2.2.6, S. 404; Interview Beta Finanzen/Bilanzierung/Buchhaltung, siehe Anhang E.2.2.4, S. 404.

703 Vgl. Interview Beta Finanzen/Bilanzierung/Buchhaltung, siehe Anhang E.2.2.4, S. 404; Interview Beta Leiter Finanzabteilung, siehe Anhang E.2.2.1, S. 403.

704 Vgl. Interview Beta Leiter Finanzabteilung, siehe Anhang E.2.2.1, S. 403; Interview Beta Finanzen/Bilanzierung/Buchhaltung, siehe Anhang E.2.2.4, S. 404.

705 Vgl. Interview Beta Leiter Finanzabteilung, siehe Anhang E.2.2.1, S. 403.

706 Vgl. Interview Beta Leiter Finanzabteilung, siehe Anhang E.2.2.1, S. 403; Interview Beta Finanzen/Bilanzierung/Buchhaltung, siehe Anhang E.2.2.4, S. 404. Interview Beta SAP-Betreuung, siehe Anhang E.2.2.3, S. 404.

Insgesamt bewertet Beta die Transaktion als komplexer und aufwendiger als ursprünglich erwartet. Mitarbeiter wiesen darauf hin, dass am Anfang fehlendes Wissen über die einzelnen Aspekte einer Forderungsverbriefung zu Mehrarbeit geführt habe. Eine stärkere Unterstützung durch die strukturierende Bank oder spezielle Schulungen wären wünschenswert gewesen. Die Abweichungen in den Abrechnungen der Verkäufe sind für Beta dauerhaft nicht akzeptabel, da diese einen hohen Arbeitsaufwand nach sich ziehen. An Lösungen wird gearbeitet.[707]

Dennoch würde Beta die Transaktion mit dem heutigen Wissen definitiv noch ein Mal durchführen. Die Vorteile überwiegen den zusätzlichen Arbeitsaufwand. Insgesamt ist Beta sehr zufrieden. Der Forderungsverkauf sei eine sehr interessante Finanzierungsalternative für den deutschen Mittelstand.[708]

6.2.3 Unternehmen Gamma

Nach den beiden Transaktionen mittelständisch geprägter Unternehmen (Alpha und Beta) wird in dieser dritten Clinical Study die Transaktion eines Großunternehmens aus der Handelsbranche untersucht.

6.2.3.1 Beschreibung des Unternehmens

Gamma ist ein europaweit tätiger Großhandelskonzern (mit geringen Einzelhandelsanteilen) und beschäftigt ca. 20.000 Mitarbeiter. Der Umsatz lag im Konzern im Geschäftsjahr 2005/2006 bei ca. 20 Mrd. Euro, wovon ca. 70 % im Ausland anfielen. Gamma besaß in den letzten Jahren ein organisches Wachstum von über 4 % und ergänzte dies durch Akquisitionen, so dass der Umsatz in den letzten vier Jahren um über 60 % gewachsen ist. Der Umsatz ist über das Jahr gesehen sehr stabil, es gibt so gut wie keine Saisonalität, nur eine leichte Steigerung im Frühjahr. Die folgenden Ausführungen beziehen sich alle auf die in Deutschland aktive Gesellschaft des Konzerns mit einem Umsatz von ca. 6 Mrd. Euro. Gamma befindet sich im Privatbesitz einer Familie. Diese ist in der Geschäftsführung nicht aktiv vertreten.[709]

[707] Vgl. Interview Beta Finanzen/Bilanzierung/Buchhaltung, siehe Anhang E.2.2.4, S. 404; Interview Beta Wirtschaftsprüfer, siehe Anhang E.2.2.11, S. 405; Interview Beta Leiter Finanzabteilung, siehe Anhang E.2.2.1, S. 403.

[708] Vgl. Interview Beta Leiter Finanzabteilung, siehe Anhang E.2.2.1, S. 403.

[709] Vgl. Gamma Geschäftsbericht 2004/2005 (2005), Gamma Geschäftsbericht 2005/2006 (2006); Interview Gamma Leiter Finanzabteilung, siehe Anhang E.3.2.1, S. 406.

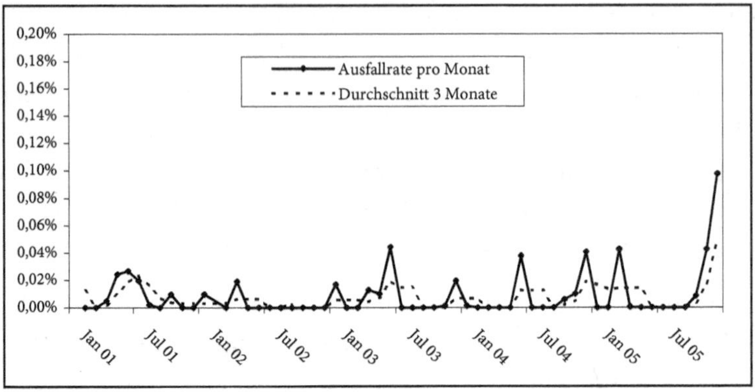

Abb. 6.9: Gamma Ausfallraten[710]

Das Unternehmen verbrieft in der deutschen Gesellschaft in insgesamt drei Programmen bereits seit 1996 Forderungen aus Lieferungen und Leistungen mit einem Gesamtvolumen von ca. 300 Mio. Euro. Die verbrieften Forderungen stammen aus dem Großhandelsgeschäft und bestehen gegen den Einzelhandel. Gamma beliefert seine Kunden innerhalb eines Monats mehrfach und fasst alle Lieferungen am Monatsende in einer Sammelrechnung zusammen. Für diese Sammelrechnungen bestehen überwiegend Zahlungsziele zwischen 10 und 20 Tagen, wobei der Durchschnitt bei ca. 14 Tagen liegt. Ca. 90 % der Sammelrechnungen werden im Bankeinzugsverfahren beglichen. Den einzelnen ABS-Transaktionen sind Forderungen aus Sammelrechnungen bestimmter regionaler Vertriebszentren zugeordnet.[711]

Die Ausfallraten der Forderungen sind sehr gering und liegen im Durchschnitt bei unter 0,01 % pro Monat (Maximum 0,10 %). Aus diesem Grund verwendet Gamma auch kein Factoring und keine WKV. Die Kosten wären nicht wirtschaftlich. Abbildung 6.9 zeigt die Ausfallraten der letzten Jahre.[712]

Gamma veröffentlicht keine ausführlichen Jahresabschlüsse, sondern nur eingeschränkte Geschäftsberichte. Aus diesen und den in den Interviews gewonnenen Informationen konnte eine rudimentäre Bilanz erstellt werden. Tabelle 6.13 zeigt

[710] Eigene Darstellung, aufbauend auf Gamma Forderungsausfälle (2006).
[711] Vgl. Gamma Rahmenvertrag (2001); Interview Gamma Leiter Finanzabteilung, siehe Anhang E.3.2.1, S. 406.
[712] Vgl. Interview Gamma Leiter Finanzabteilung, siehe Anhang E.3.2.1, S. 406.

Aktivseite	in Mio. €	Anteil	Passivseite	in Mio. €	Anteil
Anlagevermögen	1090	61 %	Eigenkapital	830	46 %
Vorräte	330	18 %	Fremdkapital	970	54 %
Ford. aus L. u. L.	250	14 %			
Sonstige Aktiva	130	7 %			
Summe	1800	100 %	Summe	1800	100 %

Tab. 6.13: Gamma Bilanzstruktur, Stand Ende Geschäftsjahr 2005/2006[713]

diese zum Ende des Geschäftsjahrs 2005/2006. Zu beachten ist, dass diese Aufstellung den Bilanzabgang verbriefter Forderungen in Höhe von über 300 Mio. Euro beinhaltet. Auf Grund der langen Programmlaufzeiten und des enormen Wachstums in den letzten Jahren ist eine Darstellung der Bilanzstruktur vor der ersten ABS-Transaktion nicht mehr möglich und auch nicht sinnvoll. Des Weiteren ist zu beachten, dass sich die Bilanz nur auf die deutsche Muttergesellschaft des Konzerns bezieht und Tochtergesellschaften nicht konsolidiert wurden. Daten aus dem gesamten Konzern standen für diese Untersuchung nicht zur Verfügung.

Das Fremdkapital besteht aus kurzfristigen Betriebsmittelkrediten für die Finanzierung des Working Capitals. Langfristige Finanzierungen beinhalten syndizierte Kredite, ein US Privat Placement sowie in geringem Umfang Schuldscheine. Insgesamt beinhalten diese Finanzierungen keine Klauseln, die ABS-Transaktionen behindern würden.[714]

Gamma besitzt kein offizielles Credit-Rating einer Rating-Agentur. Ein solches Rating würde keinen Mehrwert bringen, sondern nur zu administrativem Mehraufwand führen. Die Kredit gebenden Banken schätzen die Bonität Gammas nach Informationen des Unternehmens mit BBB+ bis BBB- ein. Gamma bewegt sich damit am unteren Ende des Investment-Grade-Bereichs. Gamma bilanziert nach den Regeln des HBG. Ein Wechsel auf einen anderen Standard ist nicht geplant.[715]

713 Eigene Darstellung; Vgl. Beta Geschäftsbericht 2005/2006 (2006); Interview Gamma Leiter Finanzabteilung, siehe Anhang E.3.2.1, S. 406.
714 Vgl. Interview Gamma Leiter Finanzabteilung, siehe Anhang E.3.2.1, S. 406.
715 Vgl. Interview Gamma Leiter Finanzabteilung, siehe Anhang E.3.2.1, S. 406.

6.2.3.2 Verbriefung von Forderungen

Nach dieser kurzen Beschreibung des Unternehmens werden im Folgenden die ABS-Transaktion, deren Eigenschaften und Implementation betrachtet.

6.2.3.2.1 Eckpunkte der Verbriefung

Gamma verbrieft in drei verschiedenen Programmen seit 1996 Forderungen aus Lieferungen und Leistungen. Das erste ABS-Programm wurde 1996 mit einem heutigen Volumen von 115 Mio. Euro gestartet. Ein zweites Programm über 70 Mio. Euro wurde in 2000 begonnen. In 2001 wurde dann eine weitere Transaktion über 132 Mio. Euro vereinbart. Diese letzte Transaktion ist Gegenstand der hier dargestellten Untersuchungen.[716]

Alle drei Transaktionen wurde mit unterschiedlichen Bankpartnern durchgeführt. Die beiden älteren Verbriefungen sind hierbei vertraglich sehr einfach geregelt und verfügen über keine fixierte Vertragslaufzeit. Die hier analysierte Transaktion hingegen besitzt eine maximale Laufzeit von fünf Jahren und wurde Anfang 2006 um weitere fünf Jahre verlängert.[717]

In dieser Transaktion verkauft die deutsche Gesellschaft von Gamma Forderungen an eine niederländische Bank. Diese ist eine 100 %ige Tochtergesellschaft der strukturierenden Bank und übernimmt die Aufgaben der normalerweise verwendeten Zweckgesellschaft. Der Forderungsverkauf wurde als True Sale so gestaltet, dass der Wirtschaftsprüfer einen Bilanzabgang der Forderungen bestätigen konnte.[718]

Die zu verkaufenden Forderungen müssen eine Reihe von Bedingungen erfüllen. Im Folgenden sind die wesentlichen Kriterien aufgeführt:[719]

- Die Forderungen sind durchsetzbar, abtretbar, nicht anfechtbar und unstreitig.
- Die Forderungen sind in klar abgegrenzten Vertriebszentren entstanden und unterliegen deutschem Recht.

716 Vgl. Interview Gamma Leiter Finanzabteilung, siehe Anhang E.3.2.1, S. 406.

717 Vgl. Gamma Zweite Änderung Rahmenvertrag (2006); Interview Gamma Leiter Finanzabteilung, siehe Anhang E.3.2.1, S. 406.

718 Vgl. Interview Gamma Leiter Finanzabteilung, siehe Anhang E.3.2.1, S. 406; Interview Gamma Strukturierende Bank, siehe Anhang E.3.2.3, S. 407.

719 Vgl. Gamma Rahmenvertrag (2001); Interview Gamma Leiter Finanzabteilung, siehe Anhang E.3.2.1, S. 406; Interview Gamma Mitarbeiter Debitorenbuchhaltung, siehe Anhang E.3.2.2, S. 407; Interview Gamma Strukturierende Bank, siehe Anhang E.3.2.3, S. 407.

- Die Debitoren haben die Kreditprüfung von Gamma nach den in der Due Dilligence festgehaltenen Regeln bestanden.
- Die Forderungen werden per Einzugsermächtigung im Lastschriftverfahren auf ein definiertes Konto eingezogen.
- Konzentrationslimite werden durch den Verkauf nicht überschritten. Diese liegen bei den einzelnen Debitoren bei 0,4 % und bei den fünf größten Debitoren ohne Rating bei 2 % der verkauften Forderungen.
- Die Forderungen haben eine maximale Restlaufzeit von 30 Tagen.

Da keine Warenkreditversicherung verwendet wird, führt Gamma die Bonitätsprüfung der Debitoren selbstständig durch. Die ankaufende Gesellschaft bezieht sich auf diese Prüfung und führt selbst keine weitere Bonitätsanalyse durch. Es gibt keine speziellen Bonitätskriterien an einzelne Debitoren. Die Zweckgesellschaft kauft das gesamte Portfolio an und begrenzt Risiken insbesondere mit Hilfe der Konzentrationslimite. Diese Limite sind auch in Bezug auf die Anforderungen der Rating-Agenturen relevant. Diese verlangen, dass die größten fünf Konzentrationen über CEs abgesichert werden.[720]

Die verkauften Forderungen werden von Gamma im Auftrag des Forderungskäufers im Lastschriftverfahren eingezogen. Gamma verpflichtet sich, die verkauften Forderungen wie seine eigenen Forderungen einzutreiben. Verwässerungen (Gutschriften etc.) gelten als eingegangene Zahlung und werden mit den tatsächlich eingegangenen Forderungen beim nächsten Forderungsverkauf an den Forderungskäufer abgeführt. Sollte Gamma seine Pflichten aus dem Rahmenvertrag verletzten, ist die Ankaufsgesellschaft befugt, einen Dritten mit dem Einzug der Forderungen zu beauftragen.[721]

Die ABS-Transaktion hat ein Maximalvolumen von 132 Mio. Euro. Gamma gibt an, das Verbriefungsvolumen immer in der Nähe dieses Maximums auszunutzen. Der Rahmenvertrag läuft jeweils 364 Tage und kann innerhalb von fünf Jahren jeweils um 364 Tage verlängert werden. Hierfür muss Gamma vor Ablauf des

[720] Vgl. Interview Gamma Strukturierende Bank, siehe Anhang E.3.2.3, S. 407.
[721] Vgl. Gamma Rahmenvertrag (2001); Interview Gamma Strukturierende Bank, siehe Anhang E.3.2.3, S. 407.

Vertrags eine entsprechende Meldung an die Ankaufsgesellschaft senden. Diese kann die Verlängerung annehmen (muss dies aber nicht). Unabhängig davon darf die Ankaufsgesellschaft den Ankauf weiterer Forderungen verweigern und einen Dritten mit dem Forderungseinzug beauftragen, wenn ein „Event of Default“ eingetreten ist.[722]

Im Folgenden werden die wesentlichen Aspekte dieser Default-Ereignisse dargestellt:[723]

- Gamma wird insolvent.
- Gamma führt sein Geschäft nicht mehr weiter.
- Definierte Trigger (s. u.) werden verletzt.

Financial Covenants oder Hinweise auf eine Liquiditätslinie existieren nicht.

Auf Abschläge wird in dieser Transaktion komplett verzichtet. Es gibt weder Default- noch Dilution-Abschläge. Reserven gibt es nur für ausgefallene Forderungen in einer Höhe von 2 %. Dies entspricht dem oben genannten Konzentrationslimit der fünf größten Debitoren und wird von den Rating-Agenturen in dieser Höhe gefordert. Die strukturierende Bank begründet den Verzicht von Abschlägen mit der umsatzsteuerlichen Unsicherheit bzgl. der Haftung der in den Abschlägen enthaltenen Umsatzsteuer (§ 13c UStG). Bei Reserven bestehe dieses Problem nicht, da sich die Haftung nur auf Abschläge bezieht. Gamma haftet für Forderungsausfälle bis zu einer Höhe von 2 %. Für Verwässerungen haftet Gamma unbegrenzt.[724]

Gamma muss den Einzug der verkauften Forderungen über ein definiertes Konto durchführen, so dass die ankaufende Gesellschaft die Zahlungseingänge überprüfen kann. Da diese Zahlungseingänge nur ein Mal im Monat im Rahmen des nächsten Forderungsverkaufs an die Ankaufsgesellschaft abgeführt werden, besteht für diese ein Commingling-Risiko. Zur Sicherung seiner Ansprüche wurde für die Ankaufsgesellschaft daher eine Globalzession auf alle zukünftig für die Verbriefung in Frage

---

722 Vgl. Gamma Rahmenvertrag (2001); Interview Gamma Leiter Finanzabteilung, siehe Anhang E.3.2.1, S. 406.

723 Vgl. Gamma Rahmenvertrag (2001).

724 Vgl. Gamma Rahmenvertrag (2001); Gamma Zweite Änderung Rahmenvertrag (2006); Interview Gamma Leiter Finanzabteilung, siehe Anhang E.3.2.1, S. 406; Interview Gamma Strukturierende Bank, siehe Anhang E.3.2.3, S. 407.

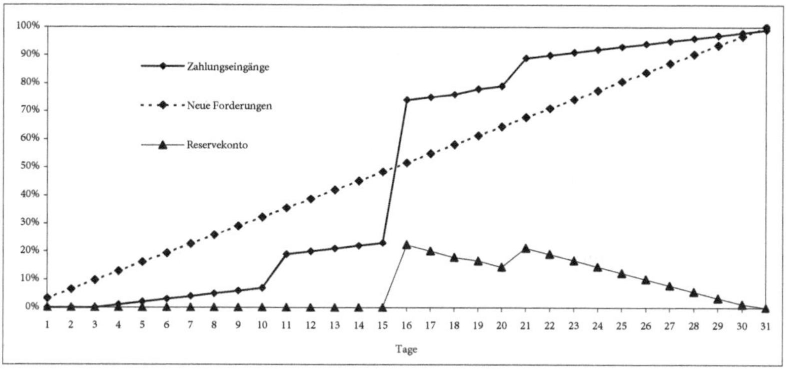

Abb. 6.10: Gamma Reservekonto[725]

kommenden Forderungen vereinbart. Da jedoch auf Grund des Lastschriftverfahrens die verkauften Forderungen schneller eingezogen werden, als neue Forderungen durch den Geschäftsablauf entstehen, reicht die Globalzession für die Sicherung der Ansprüche der Ankaufsgesellschaft nicht aus. Daher wurde die Bereitstellung einer Art Reservekonto vereinbart, in das Gamma Zahlungen in Höhe der Differenz zwischen eingezogenen und neu entstandenen Forderungen leistet, wenn diese positiv ist. Dies ist von der Mitte des Monats an der Fall, da zum 15. ein großer Teil der Forderungen eingezogen wird. Bis zum Monatsende wird die Höhe des Reservekontos dann wieder reduziert. Abbildung 6.10 stellt diesen Zusammenhang grafisch dar.[726]

6.2.3.2.2 Motivation und Vorteile für Gamma

Auf Grund der vor dieser Transaktion bereits durchgeführten Verbriefungen hatte Gamma einen sehr guten Überblick über die Vor- und Nachteile von ABS.[727]

Gamma sieht die Forderungsverbriefung als eine kurzfristige Betriebsmittelfinanzierung an. Die Finanzierung von Investitionen durch ABS ist nicht geplant, hierfür werden syndizierte Kredite verwendet. Da der Forderungsverkauf ein weiteres

725 Eigene Darstellung, basierend auf Gamma Due Dilligence Report (2006).

726 Vgl. Gamma Rahmenvertrag (2001); Interview Gamma Leiter Finanzabteilung, siehe Anhang E.3.2.1, S. 406; Interview Gamma Strukturierende Bank, siehe Anhang E.3.2.3, S. 407.

727 Vgl. Interview Gamma Leiter Finanzabteilung, siehe Anhang E.3.2.1, S. 406.

finanzielles Standbein ist, sieht Gamma durch ABS eine Stärkung der als wichtig angesehenen Diversifizierung der Finanzierungsquellen.[728]

Die Verbriefung von Handelsforderungen ist für Gamma darüber hinaus eine sehr attraktive Finanzierungsform. Die laufenden Kosten liegen bei ca. 30 BP über EURIBOR und sind damit zwischen 10 und 30 Basispunkte (BP) günstiger als Betriebsmittellinien. Hinzu kommt, dass auf Grund des vergleichsweise hohen Finanzierungsvolumens von ABS die Kosten der Kreditlinien bei entsprechender Ausweitung gestiegen wären. Allerdings weist die strukturierende Bank darauf hin, dass der Finanzierungsvorteil von ABS auch von der jeweils aktuellen Marktsituation abhängt. Zurzeit sind syndizierte Kredit so günstig, dass ABS bei kleineren Volumina Probleme hätte mitzuhalten.[729]

Bei Abschluss dieser dritten ABS-Transaktion war der Bilanzabgang der Forderungen und damit die Möglichkeit zur Bilanzverkürzung für Gamma sehr wichtig. Es bestanden in einem syndizierten Kredit Financial Covenants, die auf der testierten Bilanz aufsetzten. Durch die Off-Balance-Sheet-Darstellung konnten diese einfacher eingehalten werden. Da diese Covenants inzwischen nicht mehr bestehen, ist für Gamma der Liquiditätseffekt der Forderungsverbriefung nun wichtiger als der Bilanzabgang geworden.[730]

Die Möglichkeit einer Reduzierung der Gewerbesteuerschuld war für Gamma nicht relevant, da zum einen die durch ABS gewonnene Liquidität in die Betriebsmittelfinanzierung gesteckt und damit keine langfristigen Verbindlichkeiten, sondern Kontokorrentlinien getilgt wurden, und zum anderen die Kontokorrentlinien bereits im Hinblick auf die Dauerschuldthematik optimiert waren, also nicht zu den Dauerschulden hinzuzurechnen sind.[731]

Des Weiteren sieht Gamma die Forderungsverbriefung positiv, da durch das stetige Umsatzwachstum auch die Forderungsbestände regelmäßig anwachsen und eine Möglichkeit zur Erhöhung des Finanzierungsvolumens schaffen. Die Annäherung

---

728 Vgl. Interview Gamma Leiter Finanzabteilung, siehe Anhang E.3.2.1, S. 406.

729 Vgl. Interview Gamma Leiter Finanzabteilung, siehe Anhang E.3.2.1, S. 406; Interview Gamma Strukturierende Bank, siehe Anhang E.3.2.3, S. 407..

730 Vgl. Interview Gamma Leiter Finanzabteilung, siehe Anhang E.3.2.1, S. 406; Interview Gamma Strukturierende Bank, siehe Anhang E.3.2.3, S. 407.

731 Vgl. Interview Gamma Leiter Finanzabteilung, siehe Anhang E.3.2.1, S. 406.

über ABS an den Kapitalmarkt sieht Gamma allerdings als nicht relevant, da hierfür andere Instrumente, wie der syndizierte Kredit, verwendet werden.[732]

6.2.3.2.3 Ablauf der Strukturierung

Gamma kennt das Finanzierungsinstrument ABS bereits aus mehreren erfolgreich durchgeführten Transaktionen. Anfang 2001 wurde beschlossen, eine weitere Transaktion durchzuführen. In diese Entscheidung waren sowohl der Vorstand als auch der Aufsichtsrat von Gamma einbezogen. Die praktische Abwicklung wurde anschließend durch den Bereich Finanzen gestaltet. Vorstand und Aufsichtsrat waren in die Umsetzung nicht mehr involviert.[733]

Die Forderungsverbriefung wurde Gamma von der strukturierenden Bank vorgeschlagen. Diese hatte sich bereit erklärt, die Transaktion innerhalb kürzester Zeit umzusetzen. Gamma befand sich Anfang 2001 unter Zeitdruck. Deshalb war eine schnelle Bereitstellung der Finanzierung wichtig. Da Gamma bereits über Vorwissen im Bereich ABS verfügt, ließ sich der Strukturierungsprozess innerhalb von sechs bis acht Wochen durchführen. Einzelheiten hierzu liegen nicht vor.[734]

Im Rahmen der Due Dilligence des Forderungsbestands musste Gamma verschiedene Daten zu den Forderungen liefern. Insbesondere wurden die Rücklastschriften der letzten beiden Jahre analysiert. Die strukturierende Bank legte speziellen Wert auf die nach einer Rücklastschrift folgenden tatsächlichen Zahlungseingänge, um die Verzögerung der Zahlungsströme zu analysieren. Da nur Forderungen verkauft werden können, die per Lastschriftverfahren automatisch eingezogen werden, entfiel die umfangreiche Prüfung des Debitorenmanagements. Dies schlägt sich auch in den Vertragswerken nieder. Dort ist keine ausführliche Beschreibung des Debitorenmanagements aufgeführt. Es wird nur dokumentiert, wie die Rechnungen entstehen und dass diese per Lastschriftverfahren eingezogen werden. Die strukturierende Bank kannte Gamma bereits durch die Bereitstellung einer Kreditlinie. Die Bonität Gammas war also bekannt, so das auf eine Überprüfung im Rahmen der ABS-Strukturierung verzichtet werden konnte.[735]

---

[732] Vgl. Interview Gamma Leiter Finanzabteilung, siehe Anhang E.3.2.1, S. 406.
[733] Vgl. Interview Gamma Leiter Finanzabteilung, siehe Anhang E.3.2.1, S. 406.
[734] Vgl. Interview Gamma Leiter Finanzabteilung, siehe Anhang E.3.2.1, S. 406.
[735] Vgl. Gamma Due Dilligence Report (2006); Interview Gamma Leiter Finanzabteilung, siehe Anhang E.3.2.1, S. 406; Interview Gamma Mitarbeiter Debitorenbuchhaltung, siehe Anhang E.3.2.2, S. 407.

Gamma hat seine Kredit gebenden Banken über die Forderungsverbriefung informiert. Kunden oder Lieferanten haben von der ABS-Transaktion nichts erfahren. Gamma setzt ABS nicht für „Werbezwecke“ ein.[736]

Die Vertragsdokumente wurden im Januar 2001 unterschrieben. Die Transaktion hatte zunächst ein Maximalvolumen von 150 Mio. DM. Anfang 2002 wurde dieses auf 132 Mio. Euro erhöht. In 2005 musste der ursprünglich in Höhe von 2,5 % vereinbarte Abschlag für Forderungsausfälle auf 2 % reduziert werden, um nach den neuesten Anforderungen des Institut der Wirtschaftsprüfer (IDW) den Bilanzabgang weiterhin zu erreichen. In 2006 wurde die Vertragslaufzeit schließlich auf maximal weitere fünf Jahre verlängert. Die Vertragsdokumentation besteht aus vier in Englisch formulierten Verträgen mit einem Gesamtumfang von 246 Seiten.[737]

6.2.3.2.4 EDV-Anpassungen

Gamma verwendet in seiner Finanzbuchhaltung ein SAP R/3 System. Darin sind alle für den Forderungsverkauf notwendigen Daten gespeichert. Die ABS-Transaktion an sich wird ebenfalls über R/3 abgewickelt. Ein Zusatztool war nicht im Gespräch, man wollte möglichst nahe am SAP-Standard bleiben.[738]

Auf Grund der zwei laufenden Transaktionen waren die EDV-Strukturen bereits vorhanden. Diese sind universell gestaltet, so dass sie für alle ABS-Transaktionen verwendet werden können. Nur die Ausgabe der Daten musste an die jeweiligen Vorgaben der strukturierenden Banken angepasst werden.[739]

Die Implementierung der notwendigen Berichte und Anpassungen an R/3 wurde für die erste ABS-Transaktion von der SAP-Support-Abteilung Gammas und externen Programmierern vorgenommen. Die strukturierende Bank hat keine Software angeboten, diese musste von Gamma entwickelt werden. Die Erstellung der notwendigen Anpassungen war bei der ersten Transaktion komplex, da neben den Kriterien

736 Vgl. Interview Gamma Leiter Finanzabteilung, siehe Anhang E.3.2.1, S. 406.

737 Vgl. Gamma Rahmenvertrag (2006); Gamma Erste Änderung Rahmenvertrag (2001); Gamma Zweite Änderung Rahmenvertrag (2006); Interview Gamma Leiter Finanzabteilung, siehe Anhang E.3.2.1, S. 406; Interview Gamma Rechtsanwalt, siehe Anhang E.3.2.4, S. 407.

738 Vgl. Interview Gamma Leiter Finanzabteilung, siehe Anhang E.3.2.1, S. 406; Interview Gamma Mitarbeiter Debitorenbuchhaltung, siehe Anhang E.3.2.2, S. 407.

739 Vgl. Interview Gamma Leiter Finanzabteilung, siehe Anhang E.3.2.1, S. 406; Interview Gamma Mitarbeiter Debitorenbuchhaltung, siehe Anhang E.3.2.2, S. 407.

an die zu verkaufenden Forderungen auch eine Rangfolge der Vertriebszentren eingehalten werden musste. Darüber hinaus hat Gamma eine Optimierung installiert, die die Forderungsauswahl innerhalb der festgelegten Regeln so durchführt, dass das maximale Verbriefungsvolumen möglichst gut ausgeschöpft wird. Die Anpassungen an die weitere Transaktion waren dann überschaubar.[740]

Über die installierten Erweiterungen zu SAP R/3 werden die an die Bank zu versendenden Dokumente erstellt und die Markierung der verkauften Forderungen über spezielle Felder vorgenommen.[741]

6.2.3.2.5 Revolvierender Verkauf und Forderungseinzug

Zu Beginn eines jeden Monats erstellt Gamma Sammelrechnungen über die Lieferungen des letzten Monats. Nach diesem Fakturierungslauf wird der Forderungsverkauf durchgeführt. Als Stichtag gilt der 3. Arbeitstag eines jeden Monats, die Zahlungsströme fließen am 6. Arbeitstag.[742]

Das Debitorenmanagement führt in SAP R/3 die notwendigen Analysen durch und selektiert die zu verkaufenden Forderungen nach den im Rahmenvertrag definierten Kriterien. Hierbei ist auch eine Steuerung des Finanzierungsvolumens möglich, da Gamma dies bei der Forderungsauswahl vorgeben kann. Die Daten an sich werden dann von der Finanzabteilung an die Ankaufsgesellschaft gesendet. Zusätzlich muss eine Standard-Nachricht per Fax abgeschickt werden. Der gesamte Zeitaufwand liegt hierbei bei zwei bis drei Stunden.[743]

Die Ankaufsgesellschaft erhält die Identitäten der Debitoren nur im Falle einer Insolvenz Gammas. Gamma liefert an die Ankaufsgesellschaft nur Kennziffern und an einen Daten Treuhänder die Zuordnung der Kennziffern zu den einzelnen Debitoren. Zusätzlich übermittelt Gamma der Ankaufsgesellschaft auch die Termine der erwarteten Zahlungseingänge, da die Lastschriftverfahren zu festgelegten Zeitpunkten durchgeführt werden. Sollte es hiervon Abweichungen geben, weil ein

740 Vgl. Interview Gamma Leiter Finanzabteilung, siehe Anhang E.3.2.1, S. 406; Interview Gamma Mitarbeiter Debitorenbuchhaltung, siehe Anhang E.3.2.2, S. 407.
741 Vgl. Interview Gamma Leiter Finanzabteilung, siehe Anhang E.3.2.1, S. 406.
742 Vgl. Interview Gamma Leiter Finanzabteilung, siehe Anhang E.3.2.1, S. 406.
743 Vgl. Gamma Rahmenvertrag (2001); Interview Gamma Leiter Finanzabteilung, siehe Anhang E.3.2.1, S. 406; Interview Gamma Mitarbeiter Debitorenbuchhaltung, siehe Anhang E.3.2.2, S. 407.

Kunde z. B. den fälligen Betrag bereits selbst überwiesen hat, muss Gamma dies dokumentieren.[744]

Da die Forderungsselektion von Gamma sehr gut ist, kommt es bei der Bearbeitung der Daten durch die Ankaufsgesellschaft nur sehr selten zu Ablehnungen einzelner Forderungen. In der Regel stimmt das vorhergesagte Finanzierungsvolumen exakt mit dem tatsächlichen überein. Dies ist auch für die vertragsgerechte Durchführung des Lastschriftverfahrens nötig. Gamma zieht die verkauften Forderungen nämlich auf ein separates Konto ein und führt so eine Trennung der Zahlungsströme verkaufter und nicht verkaufter Forderungen durch. Die ersten Lastschriftverfahren werden bereits in den ersten Tagen eines jeden Monats durchgeführt. Käme es zu wesentlichen Ablehnungen von Forderungen auf Grund von Verletzungen der vertraglich festgelegten Kriterien, würde Gamma die abgelehnten Forderungen eventuell über das falsche Konto einziehen, da die Nachricht über den tatsächlichen Ankauf erst ein paar Tage nach der Abgabe der Daten erfolgt.[745]

Über die Zahlungen auf verkaufte Forderungen kann Gamma bis zur Abführung an die Ankaufsgesellschaft frei verfügen. Der Weg über ein definiertes Konto dient nur dem Nachweis der tatsächlichen Eingänge. Allerdings muss Gamma ca. ab der Monatsmitte die in Abschnitt 6.2.3.2.1 dargestellten Reserven anlegen, da neue Forderungen langsamer entstehen, als die verkauften per Lastschrift eingezogen werden.[746]

Auf Grund der unterschiedlichen Behandlung bzgl. des verwendeten Einzugskontos muss im Debitorenmanagement bekannt sein, ob eine Forderung verkauft wurde oder nicht. Darüber hinaus werden verkaufte und nicht verkaufte Forderungen jedoch komplett gleich behandelt. Die Summe der eingegangenen Zahlungen wird beim nächsten Forderungsverkauf an die Ankaufsgesellschaft abgeführt.[747]

---

744 Vgl. Gamma Rahmenvertrag (2001); Interview Gamma Leiter Finanzabteilung, siehe Anhang E.3.2.1, S. 406; Interview Gamma Mitarbeiter Debitorenbuchhaltung, siehe Anhang E.3.2.2, S. 407.

745 Vgl. Interview Gamma Leiter Finanzabteilung, siehe Anhang E.3.2.1, S. 406; Interview Gamma Mitarbeiter Debitorenbuchhaltung, siehe Anhang E.3.2.2, S. 407.

746 Vgl. Gamma Rahmenvertrag (2001); Interview Gamma Leiter Finanzabteilung, siehe Anhang E.3.2.1, S. 406

747 Vgl. Interview Gamma Leiter Finanzabteilung, siehe Anhang E.3.2.1, S. 406.

6.2.3.2.6 Monitoring-Aktivitäten

Die strukturierende Bank überwacht die Qualität des Forderungsportfolios sowie des Forderungsverkäufers. Da der Verbriefungsvertrag von Gamma eine Laufzeit von nur einem Jahr (+ Verlängerungsoptionen) hat, konzentriert sich das Monitoring auf die Qualität des Forderungsportfolios.

Forderungsportfolio

Die Transaktion wird beendet, wenn ein Default Ereignis eintritt. Neben Zahlungsausfällen von Gamma beinhaltet dies auch folgende Trigger in Bezug auf das Forderungsportfolio:[748]

- **Überfälligkeitstrigger**

  Der gleitende Durchschnitt der letzten drei Monate von über 30 Tagen überfälligen Forderungen darf einen Anteil von 1 % an den verkauften Forderungen nicht überschreiten.

- **Ausfalltrigger**

  Der gleitende Durchschnitt der letzten drei Monate von ausgefallenen Forderungen darf einen Anteil von 0,5 % an den verkauften Forderungen nicht überschreiten.

Forderungsverkäufer

Neben der Qualität des Forderungsportfolios spielt auch der Originator für die strukturierende Bank eine wichtige Rolle. In einer Forderungsverbriefung muss die Gefahr eines Betrugs durch erfundene Forderungsbestände möglichst minimiert werden. Hierfür analysiert die Bank das Unternehmen genau. Ganz ausgeschlossen werden kann dieses Risiko jedoch nicht. Deshalb und weil der Originator das Servicing der Forderungen durchführt, übernimmt die Zweckgesellschaft auch immer Risiken aus dem Bereich des Verkäufers (Seller Risk).[749]

Der Forderungskäufer erhält daher von Gamma regelmäßig die gleichen Informationen wie andere Kreditgeber, d. h. die Jahresabschlüsse sowie alle Quartalsberichte. Die Informationen werden sowohl konsolidiert, d. h. für den gesamten Konzern, als auch nur für die Muttergesellschaft weitergegeben. Im Vertrag sichert Gamma

---

748 Vgl. Gamma Rahmenvertrag (2001); Gamma Zweite Anpassung Rahmenvertrag (2006).

749 Vgl. Interview Gamma Strukturierende Bank, siehe Anhang E.3.2.3, S. 407.

darüber hinaus zu, alle notwendigen Dokumente und Informationen zu liefern, die der Forderungskäufer für eine Bewertung der finanziellen Situation Gammas benötigt.[750]

Financial Covenants bestehen nicht. Die strukturierende Bank begründet dies mit der Vertragslaufzeit von nur einem Jahr. Bei einer Verschlechterung der wirtschaftlichen Situation Gammas könnte die Bank die Transaktion einfach beenden, d. h. nicht weiter verlängern. Die strukturierende Bank weist jedoch darauf hin, dass eine tatsächliche Beendigung unwahrscheinlich sei. Eher würde die Struktur der Transaktion überprüft und gegebenenfalls angepasst. Die Transaktion sei auf fünf Jahre angelegt und bisher seien der Bank keine eigenen Transaktionen bekannt, die frühzeitig beendet worden wären.[751]

6.2.3.3 Effekte der Transaktion

Nach der Beschreibung der Transaktion und der Abläufe werden in den folgenden Abschnitten auf Effekte der Verbriefung dargestellt.

6.2.3.3.1 Auswirkungen auf den Jahresabschluss

Gamma veröffentlicht seinen Jahresabschluss nicht vollständig, sondern ermöglicht nur den Zugriff auf eingeschränkte Jahresberichte. Eine umfangreiche Analyse der ABS-Effekte ist in dieser Arbeit daher nicht möglich. Dennoch können Aussagen über die Tendenz der Effekte getroffen werden. Zunächst ist zu identifizieren, wofür Gamma die gewonnene Liquidität verwendet hat. Anschließend werden die Größenordnungen der Effekte abgeschätzt.

Nach Aussage des Unternehmens wurde die ABS-Liquidität für die Finanzierung des Working Capitals, also der Vorräte und Forderungen aus Lieferungen und Leistungen, verwendet. Diese „Investitionen" liefen jedoch zeitlich gestreckt ab. Zunächst wurde das Geld zur Ablösung bzw. Reduzierung kurzfristiger Kreditlinien verwendet. Mit steigendem Umsatzvolumen wurden diese anschließend wieder stärker in Anspruch genommen. Zusätzlich wurden die zwischenzeitlich freigewordenen Linien auch zur Vorfinanzierung von Investitionen genutzt.[752]

---

750 Vgl. Gamma Rahmenvertrag (2001); Interview Gamma Leiter Finanzabteilung, siehe Anhang E.3.2.1, S. 406.

751 Vgl. Interview Gamma Leiter Finanzabteilung, siehe Anhang E.3.2.1, S. 406; Interview Gamma Strukturierende Bank, siehe Anhang E.3.2.3, S. 407.

752 Vgl. Interview Gamma Leiter Finanzabteilung, siehe Anhang E.3.2.1, S. 406.

Die strukturierende Bank hat Gamma keine Vorgaben oder Auflagen über die Verwendung der ABS-Liquidität gemacht. Dies wäre, nach Auskunft der Bank, rechtlich auch problematisch, wenn verlängerte Eigentumsvorbehalte über die von Gamma verkauften Produkte bestehen. Ein Forderungsverkauf sei nur dann rechtlich zulässig, wenn die aus dem Kaufpreis zufließende Liquidität von Gamma frei verwendet werden könne. Trotzdem sucht die Bank das Gespräch mit dem Kunden, um einen sinnvollen Einsatz der Gelder zu gewährleisten.[753]

Zur Abschätzung der Effekte der ABS-Transaktionen auf die Bilanz von Gamma, ist die relative Größe der Transaktionen hilfreich. Der Anteil der ABS-Finanzierungen an allen Finanzierungen Gammas liegt in der Muttergesellschaft bei ca. 20 % und im gesamten Konzern bei ca. 30 % (durch weitere Transaktionen in ausländischen Tochtergesellschaften).[754] Alle ABS-Transaktionen von Gamma sind Off-Balance-Sheet. Unter der Annahme, dass die ABS-Liquidität auch per Kredit zur Verfügung gestellt worden wäre, könnten die ABS-Transaktionen damit theoretisch in der Muttergesellschaft (ca. 300 Mio. Euro) die Bilanz um ca. 14 % reduziert und Eigenkapitalquote um ca. 6 % gesteigert haben. Allerdings ist zu beachten, dass Gamma seine Forderungen per Bankeinzug einzieht und damit ein Großteil der verkauften Forderungen zu Monatsende bereits eingegangen ist. Diese eingegangenen Zahlungen werden als Verbindlichkeiten gegen die Zweckgesellschaft passiviert und reduzieren die mögliche Bilanzverkürzung wieder. Laut Auskunft Gammas bleibt von der Bilanzverkürzung durch ABS nur noch ein kleiner Anteil übrig. Damit sind auch die Auswirkungen auf Bilanzkennzahlen minimal.[755]

ABS hatte mehrere Auswirkungen auf die GuV von Gamma. Zunächst ist die ABS-Finanzierung für Gamma insgesamt ca. 10 bis 30 BP günstiger als Kontokorrentlinien. Dadurch sinken die Kosten und das Earnings before Interest and Taxes (EBIT) wird erhöht. Zusätzlich findet eine leichte Verschiebung von den Zinskosten zu den sonstigen Aufwendungen statt, da die Strukturierungskosten von Gamma nicht zu den Zinskosten gezählt werden. Diese sind jedoch im Vergleich zu den laufenden Zinskosten der Programme unwesentlich.[756]

---

753 Vgl. Interview Gamma Strukturierende Bank, siehe Anhang E.3.2.3, S. 407.
754 Vgl. Interview Gamma Leiter Finanzabteilung, siehe Anhang E.3.2.1, S. 406.
755 Vgl. Interview Gamma Leiter Finanzabteilung, siehe Anhang E.3.2.1, S. 406.
756 Vgl. Interview Gamma Leiter Finanzabteilung, siehe Anhang E.3.2.1, S. 406; Interview Gamma Mitarbeiter Debitorenbuchhaltung, siehe Anhang E.3.2.2, S. 407.

In Summe kann festgehalten werden, dass die Auswirkungen der hier untersuchten ABS-Transaktion auf den Jahresabschluss von Gamma auf der einen Seite zwar positiv in Bezug auf die Kennzahlen, auf der anderen Seite jedoch auch sehr gering sind, da Bilanzverkürzungseffekte durch den sehr schnellen Zahlungseingang per Bankeinzug minimiert werden. Auch die Effekte auf die GuV sind sehr gering.

Trotz des Off-Balance-Sheet-Charakters der ABS-Transaktionen sieht Gamma keinen Verlust an Transparenz über die Verbindlichkeiten des Unternehmens, da die Verbriefungen offen ausgewiesen werden. Dies ermöglicht interessierten Bilanzlesern mit Zugang zu den Jahresabschlüssen ein eigenes Urteil.[757]

6.2.3.3.2 Risikotransfer

Wie oben dargestellt, haftet Gamma für Forderungsausfälle in Höhe von 2 % der entsprechenden Umsätze. Die Ausfallraten der Forderungen sind jedoch mit durchschnittlich 0,01 % und maximal 0,10 % der entsprechenden Umsätze äußerst gering.[758] Gamma verwendet daher keine Warenkreditversicherung. Auch in der ABS-Transaktion konnte auf eine CE-WKV verzichtet werden.[759]

Die Ausfälle nicht verkaufter Forderungen muss Gamma also vollständig tragen. Diese sind allerdings sehr gering. Von den verkauften Forderungen muss Gamma nur noch die ersten 2 %, bezogen auf das Verkaufsvolumen, tragen. Da die historischen Ausfälle jedoch wesentlich geringer sind, sieht Gamma keinen Beitrag von ABS zur Verringerung des Ausfallrisikos. Der betreuende Rechtsanwalt schließt sich dieser Beurteilung an. Die strukturierende Bank weist allerdings darauf hin, dass zwar in allen ABS-Transaktionen die erwarteten Ausfälle von dem Originator übernommen würden. Ein Teil der unerwarteten Ausfälle würde jedoch an die Zweckgesellschaft bzw. die ABS-Investoren übertragen.[760]

---

757 Vgl. Interview Gamma Leiter Finanzabteilung, siehe Anhang E.3.2.1, S. 406.

758 Vgl. auch Abbildung 6.9 auf S. 222.

759 Vgl. Interview Gamma Leiter Finanzabteilung, siehe Anhang E.3.2.1, S. 406.

760 Vgl. Interview Gamma Strukturierende Bank, siehe Anhang E.3.2.3, S. 407; Interview Gamma Leiter Finanzabteilung, siehe Anhang E.3.2.1, S. 406; Interview Gamma Rechtsanwalt, siehe Anhang E.3.2.4, S. 407.

6.2.3.3.3 Reaktionen von Kredit gebenden Banken

Gamma nutzt auf Grund seiner Größe nur Großbanken und Landesbanken als Finanzpartner. Als 1996 das erste Verbriefungsprogramm gestartet wurde, bestand gegenüber den Banken noch Erklärungsbedarf. Inzwischen sind jedoch alle Bankpartner Gammas mit dem Konzept einer ABS-Transaktion vertraut.[761]

Der Bilanzabgang der Forderungen wird von keiner Bank Gammas anerkannt und daher von allen für die Erstellung von Bonitätseinschätzungen zurückgerechnet. Gamma hält dies im Rahmen einer „True and Fair"-Darstellung der Situation des Unternehmens für korrekt. Die strukturierende Bank geht allgemein davon aus, dass die meisten Banken und auch die Rating-Agenturen den Bilanzabgang zurückrechnen würden.[762]

Kreditverträge wurden in Reaktion auf die Forderungsverbriefung nicht angepasst. Es wurden keine Kreditlinien gekürzt und die Zinssätze blieben unverändert. Auch gab es in den Verträgen keine Klauseln, die den Forderungsverkauf behindern konnten. Diese wurden auch für zukünftige Transaktionen nicht eingeführt.[763]

6.2.3.4 Gammas Bewertung der Transaktion

Zum Abschluss dieser Clinical Study wird die Bewertung der Transaktion aus Sicht des Unternehmens wiedergegeben. Neben dem Arbeitsaufwand wird der erreichte Mehrwert für das Unternehmen untersucht.

Vor Abschluss der ABS-Verträge musste Gamma historische Daten zu dem zu verkaufenden Forderungsportfolio liefern. Die Erstellung der Daten war nicht ganz einfach, da die strukturierende Bank Informationen über die tatsächlichen Zahlungsdaten von Rücklastschriften benötigte. Ein Mitarbeiter aus der Debitorenabteilung war mit der Erstellung dieser Daten 1–2 Wochen beschäftigt. Anschließend wurden die Forderungen stichprobenartig überprüft. Eine Prüfung des Mahnwesens war auf Grund des Bankeinzugs nicht relevant.[764]

---

761 Vgl. Interview Gamma Leiter Finanzabteilung, siehe Anhang E.3.2.1, S. 406.

762 Vgl. Interview Gamma Strukturierende Bank, siehe Anhang E.3.2.3, S. 407; Interview Gamma Leiter Finanzabteilung, siehe Anhang E.3.2.1, S. 406.

763 Vgl. Interview Gamma Leiter Finanzabteilung, siehe Anhang E.3.2.1, S. 406.

764 Vgl. Interview Gamma Mitarbeiter Debitorenbuchhaltung, siehe Anhang E.3.2.2, S. 407; Interview Gamma Leiter Finanzabteilung, siehe Anhang E.3.2.1, S. 406.

Gamma hat neben Verbriefungstransaktionen in den letzten Jahren auch syndizierte Kredite und ein US Privat Placement zur Finanzierung seiner Aktivitäten verwendet. Der Beratungsaufwand war aus Sicht des Unternehmens bei syndizierten Krediten am geringsten und bei dem US Placement am höchsten. Der Beratungsaufwand bei der Aufsetzung der ABS-Transaktion lag für Gamma zwischen den beiden. Der beteiligte Rechtsanwalt weist jedoch darauf hin, dass dies vom Einzelfall und dem Vorwissen des verbriefenden Unternehmens abhänge. Die Verlängerung der Verbriefung war hingegen sehr einfach und erforderte wenig externe Beratung.[765]

Der Aufwand der eigentlichen Forderungsverkäufe ist mit ca. 90 Minuten (inkl. Softwarelaufzeit) pro Verkauf gering. Gamma verkauft durchschnittlich ca. 3000 Forderungen, so dass die Datenmenge noch übersichtlich bleibt. Etwas höher ist der Aufwand der Überprüfung der Zahlungseingänge verkaufter Forderungen. Rücklastschriften sowie unerwartete Überweisungen müssen dokumentiert werden.[766]

Die Buchung und Bilanzierung der einzelnen ABS-Posten war für Gamma zu Beginn kompliziert. Allerdings musste die Lösung nur ein Mal erarbeitet werden. Diese wird seitdem problemlos verwendet.[767]

Nach Auskunft von Gamma ist das Risiko einer eventuellen Gewerbesteuerpflicht der Ankaufsgesellschaft auf Grund der Struktur der Transaktion nicht mehr relevant. Ebenso bestünden im Umsatzsteuerrecht keine Probleme mehr.[768]

Da Gamma bereits seit gut einem Jahrzehnt Handelsforderungen verbrieft, haben die Mitarbeiter ein gutes Verständnis von ABS und den Vertragswerken. Zu Beginn der Transaktionen stellte die Analyse der Verträge jedoch eine Herausforderung dar und erforderte einen entsprechenden Einsatz Arbeitszeit. Die hier analysierte Transaktion aus dem Jahr 2001 wurde unter hohem Zeitdruck strukturiert. Im Nachgang identifizierte Gamma einige wenige Passagen im Vertrag, die bei geringerem Zeitdruck besser hätten geregelt werden können.[769]

---

765 Vgl. Interview Gamma Leiter Finanzabteilung, siehe Anhang E.3.2.1, S. 406; Interview Gamma Rechtsanwalt, siehe Anhang E.3.2.4, S. 407.

766 Vgl. Interview Gamma Mitarbeiter Debitorenbuchhaltung, siehe Anhang E.3.2.2, S. 407; Interview Gamma Leiter Finanzabteilung, siehe Anhang E.3.2.1, S. 406.

767 Vgl. Interview Gamma Leiter Finanzabteilung, siehe Anhang E.3.2.1, S. 406.

768 Vgl. Interview Gamma Leiter Finanzabteilung, siehe Anhang E.3.2.1, S. 406.

769 Vgl. Interview Gamma Leiter Finanzabteilung, siehe Anhang E.3.2.1, S. 406.

Im Debitorenmanagement sieht Gamma keinen Mehrwert durch ABS. Es ist zu keiner Verbesserung der Prozesse gekommen, da Richtlinien zur Behandlung der Forderungen bereits für den gesamten Konzern bestanden. Auch steht das Forderungsmanagement in dieser Transaktion im Hintergrund, da die Forderungen per Lastschriftverfahren eingezogen werden. Dies hatte auch zur Folge, dass es im ABS-Vertrag keine ausführliche Beschreibung der Prozesse im Rahmen einer Credit and Collection Policy gibt, sondern nur der Bankeinzug beschrieben wird.[770]

Gamma sieht in ABS ein kurzfristiges Finanzierungsinstrument zur Finanzierung des Working Capitals und behandelt die Verbriefung intern wie eine normale, mit den Forderungen besicherte bilaterale Kreditlinie. Auf Grund des stetig steigenden Umsatzes ist die Forderungsverbriefung für Gamma ein sehr wirkungsvolles Finanzierungsinstrument. Mit steigendem Umsatz steigen auch die Forderungsbestände, so dass mehr Forderungen verkauft und damit das Umsatzwachstum finanziert werden kann. Investitionen werden hingegen über syndizierte Kredite finanziert.[771]

Trotz der Zurückrechnung des Bilanzabgangs durch die Kredit gebenden Banken sieht Gamma Vorteile des Bilanzabgangs. In Kreditverträgen vereinbarte Covenants würden in der Regel auf dem testierten Jahresabschluss aufsetzen und eine Rückrechnung von ABS nicht mit einbeziehen. Die ABS-Transaktion kann also zu einer Verbesserung der in den Covenants beinhalteten Kennzahlen führen.[772]

Dies war zu Beginn der hier untersuchten Transaktion für Gamma sehr wichtig, um Covenants aus Kreditverträgen einfacher einhalten zu können. Gamma verwendete ABS als Bilanzmanagementtool. Da diese Covenants inzwischen jedoch nicht mehr bestehen, ist der Liquiditätseffekt von ABS wichtiger geworden. Gamma würde die Transaktion heute auch, falls notwendig, in einer On-Balance-Sheet-Variante durchführen.[773]

ABS bietet Gamma gegenüber kurzfristigen Kreditlinien einen Preisvorteil von bis zu 30 BP. Daher wird versucht, das Verbriefungsvolumen immer maximal auszunutzen. Die strukturierende Bank weist darauf hin, dass bei der Kalkulation

---

770 Vgl. Interview Gamma Leiter Finanzabteilung, siehe Anhang E.3.2.1, S. 406; Abschnitt 6.2.3.2.3, S. 229.

771 Vgl. Interview Gamma Leiter Finanzabteilung, siehe Anhang E.3.2.1, S. 406.

772 Vgl. Interview Gamma Leiter Finanzabteilung, siehe Anhang E.3.2.1, S. 406.

773 Vgl. Interview Gamma Leiter Finanzabteilung, siehe Anhang E.3.2.1, S. 406.

der ABS-Kosten jedoch auch Implementierungskosten nicht vernachlässigt werden dürfen. Bei wiederholten Transaktionen wie dieser sind sind allerdings wieder geringer als bei einer Ersttransaktion.[774]

Gamma sieht die Abhängigkeit von der strukturierenden Bank in einer ABS-Transaktion als identisch mit der in einem normalen Kreditverhältnis. Daher wird auf den „Stil des Hauses"[775] geachtet. Nur Banken, die mit problematischen Situationen zufrieden stellend umgegangen sind, kommen für ABS in Frage. Allerdings sieht Gamma durch ABS dennoch einen Diversifizierungseffekt, da es sich um eine andere Finanzierungsart handelt. Dies führe zu einer erhöhten Freiheit bei der Verhandlung von Investitionskrediten und einem Aufeinandertreffen auf Augenhöhe. Auch ermöglicht die Forderungsverbriefung Gamma, die Erteilung einer ABS-Mandatierung an die Erhaltung von Kreditlinien zu knüpfen. Nur wer Finanzierungen per Kredit zur Verfügung stellt, wird für eine ABS-Transaktion in Betracht gezogen. Um Abhängigkeiten von einer Bank weiter zu verhindern, verteilt Gamma seine ABS-Programme (wie normale Kreditlinien auch) auf mehrere Banken. Dies verursacht durch unterschiedliche Abläufe im Forderungsverkauf zwar zusätzlichen Arbeitsaufwand, ist für Gamma jedoch ein wichtiges Element der Diversifizierung von Finanzierungsinstrumenten.[776]

Gamma sieht keine Reputationsgewinne durch die Verwendung von ABS. Dieses Finanzierungsinstrument sei in der Größenklasse von Gamma Standard. Eher würde eine Nichtverwendung Verwunderung auslösen. Positive Reputationseffekte seien bei außergewöhnlicheren Instrumenten wie dem US Private Placement zu erwarten. Ebenso wenig bewertete Gamma die Verwendung einer ausländischen Zweckgesellschaft als problematisch. Dies sei Standard und für die Transaktion unerheblich. Allerdings sieht der betreuende Rechtsanwalt die Möglichkeit, dass Unternehmen bei einem Erstkontakt mit einer Verbriefungstransaktion den Standort des SPVs sowie die englischen Vertragswerke als hinderlich empfinden könnten.[777]

774 Vgl. Interview Gamma Leiter Finanzabteilung, siehe Anhang E.3.2.1, S. 406; Interview Gamma Strukturierende Bank, siehe Anhang E.3.2.3, S. 407.
775 Vgl. Interview Gamma Leiter Finanzabteilung, siehe Anhang E.3.2.1, S. 406.
776 Vgl. Interview Gamma Leiter Finanzabteilung, siehe Anhang E.3.2.1, S. 406.
777 Vgl. Interview Gamma Leiter Finanzabteilung, siehe Anhang E.3.2.1, S. 406; Interview Gamma Rechtsanwalt, siehe Anhang E.3.2.4, S. 407.

Die Vertragslaufzeit der hier untersuchten ABS-Transaktion beträgt jeweils ein Jahr plus Verlängerungsoptionen. Die strukturierende Bank hält diesen Ausweis für ehrlicher als längere Laufzeiten, da diese durch die unterliegende Liquiditätslinie theoretisch ebenfalls jährlich beendet werden könnten. Gamma sieht jedoch kein Risiko einer vorzeitigen Beendigung bzw. einer Nichtverlängerung der Transaktion, da die Qualität der Forderungen sehr konstant sei. Auch die strukturierende Bank bewertet ABS eher als mittel- bis langfristiges Instrument, auch wenn die Laufzeit nicht 100 % zugesichert werden könnte. Es sei jedoch von beiden Seiten vereinbart worden, die Transaktion über fünf Jahre laufen zu lassen.[778]

Insgesamt bewertet Gamma die ABS-Transaktion sehr positiv und will auch in Zukunft Verbriefungen zur Unternehmensfinanzierung einsetzen. Die Erfahrungen seien bisher sehr positiv. Ein zu Beginn erhöhter Arbeitsaufwand habe sich durch Routine reduziert.[779]

6.2.4 Unternehmen Delta

Als vierte und letzte Transaktion im Rahmen der Clinical Studies wurde die Verbriefung eines weiteren Großunternehmens untersucht. Delta ist zwar in Familienbesitz, muss auf Grund seiner Größe jedoch als Großunternehmen gewertet werden.

6.2.4.1 Beschreibung des Unternehmens

Das Unternehmen Delta ist in der Herstellung pharmazeutischer Produkte aktiv und verfügt über eigene, weltweite Vertriebsstrukturen. Der Umsatz lag im Geschäftsjahr 2005 bei ca. 3 Mrd. Euro. Knapp ein Viertel hiervon wurde in Deutschland erwirtschaftet. Die Umsätze sind im Wesentlichen gleichmäßig über das Jahr verteilt.[780]

Seit 2000 verkauft Delta Forderungen aus Lieferungen und Leistungen mehrerer Konzerngesellschaften aus Deutschland und Frankreich. Die Forderungen stammen

[778] Vgl. Interview Gamma Strukturierende Bank, siehe Anhang E.3.2.3, S. 407; Interview Gamma Leiter Finanzabteilung, siehe Anhang E.3.2.1, S. 406.

[779] Vgl. Interview Gamma Leiter Finanzabteilung, siehe Anhang E.3.2.1, S. 406; Interview Gamma Mitarbeiter Debitorenbuchhaltung, siehe Anhang E.3.2.2, S. 407.

[780] Vgl. Delta Geschäftsbericht (2005); Delta Geschäftsbericht (2006); Interview Delta Teamleiter Treasury, siehe Anhang E.4.2.1, S. 408.

Aktivseite	Mio. €	Anteil	Passivseite	Mio. €	Anteil
Langfristiges Vermögen	1.450	51 %	Eigenkapital	950	33 %
Vorräte	600	21 %	Rückstellungen	610	21 %
Ford. aus L. u. L.	630	22 %	Verb. Banken	590	21 %
Sonstige Forderungen	120	4 %	Leasing Verb.	110	4 %
Kasse	50	2 %	Verb. aus L.u.L.	370	13 %
			Sonstige Verb.	220	8 %
Summe	2.850	100 %	Summe	2.850	100 %

Tab. 6.14: Delta Bilanzstruktur, Stand 31.12.2005[781]

überwiegend aus Warenlieferungen und zu einem kleineren Teil aus Dienstleistungen. Da Delta seine Rechnungen gleichmäßig über den Monat verteilt verschickt, ist der Forderungsbestand im Zeitverlauf relativ konstant. Die einzelnen Konzerngesellschaften führen den Forderungseinzug sowie das gesamte Debitorenmanagement dezentral vor Ort durch. Die Zahlungsziele betragen in Deutschland 30 Tage und in Frankreich 60 Tage. Die Zahlungen der Kunden in Deutschland erfolgen um den Fälligkeitstermin, in Frankreich etwas verzögert. In Frankreich werden darüber hinaus ca. 20 % der Rechnungen zunächst mit einem Wechsel beglichen.[782]

Delta wechselte 2005 von einer Bilanzierung nach den Regeln des HGB auf den IFRS-Standard. Durch die konzernweite Einführung von IFRS entstand ein hoher Arbeitsaufwand. Zwar bestand zu diesem Wechsel keine Verpflichtung, da Delta nicht börsennotiert ist. Delta wollte dadurch jedoch die Fortschrittlichkeit des Unternehmens aufzeigen und die Vergleichbarkeit der Ergebnisse mit Wettbewerbern erhöhen.[783]

Tabelle 6.14 zeigt die zusammengefasste Bilanzstruktur Deltas zum 31.12.2005. Die langfristigen Vermögensgegenstände machen ungefähr die Hälfte der Aktivseite aus, Forderungen aus Lieferungen und Leistungen ca. 22 %. Hierbei ist allerdings zu beachten, dass Forderungen in Höhe von 60 Mio. Euro verkauft wurden und in der Bilanz nicht mehr aufgeführt sind. Ohne ABS wäre der Forderungsbestand

[781] Eigene Darstellung, zeigt die wesentlichen Bilanzpositionen; sonstige Verbindlichkeiten beinhalten u. a. Genussrechte; vgl. Delta Geschäftsbericht (2006).
[782] Vgl. Interview Delta Teamleiter Treasury, siehe Anhang E.4.2.1, S. 408.
[783] Vgl. Interview Delta Teamleiter Treasury, siehe Anhang E.4.2.1, S. 408.

um diesen Betrag höher. Die Eigenkapitalquote von Delta liegt bei 33 %. Die Verbindlichkeiten gegen Kreditinstitute beinhalten u. a. einen syndizierten Kredit im 3stelligen Millionen Euro Bereich. sowie mehrere kurzfristige Kontokorrentlinien mit Volumina zwischen 10 und 60 Mio. Euro. Die Ausnutzung der kurzfristigen Linien liegt in der Regel bei deutlich unter 50 %. Darüber hinaus verwendet Delta Schuldscheindarlehen und Leasingfinanzierungen.[784]

In diesen Finanzierungsinstrumenten gab es keine Klauseln, die einen Forderungsverkauf behindert hätten. Zwar gibt es in Einzelfällen Covenants, die die Veräußerung von Assets nur unter bestimmten Bedingungen erlauben. Hierunter fällt allerdings die Veräußerung von Umlaufvermögen zu marktüblichen Konditionen. Dies schließt nach Deltas Ansicht den Forderungsverkauf im Rahmen einer ABS-Transaktion ein.[785]

Delta verwendet kein Factoring, nutzt jedoch in Einzelfällen die Forfaitierung von Forderungen zur Bilanzverkürzung. Das Unternehmen besitzt kein externes Credit Rating. Die internen Rating-Noten der Kredit gebenden Banken liegen im Bereich von A- bis BBB+.[786]

6.2.4.2 Verbriefung von Forderungen

Nach der Vorstellung des Originators wird im Folgenden die ABS-Transaktion sowie deren Umsetzung und Abwicklung untersucht.

6.2.4.2.1 Eckdaten der Verbriefung

Delta verkauft seit 2000 Forderungen in Verbriefungstransaktionen. Anfang 2004 wurde das erste Programm jedoch von der ankaufenden Zweckgesellschaft bzw. der strukturierenden Bank beendet. Dies geschah offiziell über eine Nichtverlängerung der Liquiditätslinie. Im Endeffekt wurde der Abbruch des Forderungsverkaufs jedoch im Einvernehmen mit Delta durchgeführt. Die Bank erstattete Delta einen Teil der Strukturierungskosten.[787]

Zur Fortsetzung der Forderungsverbriefung wurde musste daher eine andere Bank gesucht werden. Delta war hierbei erfolgreich und konnte die Forderungsverbriefung

[784] Vgl. Delta Geschäftsbericht (2006); Interview Delta Teamleiter Treasury, siehe Anhang E.4.2.1, S. 408.
[785] Vgl. Interview Delta Teamleiter Treasury, siehe Anhang E.4.2.1, S. 408.
[786] Vgl. Interview Delta Teamleiter Treasury, siehe Anhang E.4.2.1, S. 408.
[787] Vgl. Interview Delta Teamleiter Treasury, siehe Anhang E.4.2.1, S. 408.

2004 weiterführen. Zwei deutsche und eine französische Konzerngesellschaften verkaufen Forderungen aus Lieferungen und Leistungen zunächst an eine irische Tochtergesellschaft der strukturierenden Bank, die die Forderungen sofort an eine ABS-Zweckgesellschaft weiterleitet. Diese Struktur war auf Grund französischer Rechtsvorschriften zum Forderungsverkauf notwendig.[788] Die Zweckgesellschaft ist Bestandteil einer Conduit-Struktur. Delta war in die Gründung des SPV nicht einbezogen und es gab keine weiteren Berührungspunkte.[789]

Die Transaktion hat ein Maximalvolumen von 60 Mio. Euro. Delta nutzt dieses fast immer komplett aus und verkauft damit in der Regel den (mit wenigen Ausnahmen) kompletten Forderungsbestand der drei teilnehmenden Gesellschaften.[790] Damit Delta Forderungen verkaufen kann, müssen diese bestimmte Bedingungen erfüllen. Die folgende Übersicht stellt die wesentlichen Anforderungen dar:[791]

- Die Lieferung der Waren oder die Leistung der Dienste, die zur Entstehung der Forderungen geführt haben, sind komplett durchgeführt.
- Die Forderungen sind maximal 30 Tage überfällig.
- Die Forderungslaufzeit darf maximal 120 Tage betragen.
- Die Forderungen unterliegen deutschem oder französischem Recht und die Debitoren sind in Deutschland oder Frankreich ansässig.
- Die Konzentration einzelner Debitoren darf durch der Verkauf 2 % nicht überschreiten.
- Die Forderungen können wirksam verkauft werden.

Die drei Konzerngesellschaften übernehmen den Forderungseinzug der verkauften Forderungen für die Käufer. Da sie dies auch für die eigenen, unverkauften Forderungen durchführen, ergibt sich keine operative Änderung.[792]

[788] Das französische Verbriefungsrecht erlaubt keine wirksame Abtretung von Forderungen, wenn diese an eine Zweckgesellschaft verkauft werden. Der Verkauf an die Tochtergesellschaft der Bank ist hingegen möglich. Interview Delta Strukturierende Bank, siehe Anhang E.4.2.3, S. 409.

[789] Vgl. Delta Rahmenvertrag (2004); Interview Delta Teamleiter Treasury, siehe Anhang E.4.2.1, S. 408.

[790] Vgl. Interview Delta Teamleiter Treasury, siehe Anhang E.4.2.1, S. 408; Delta Rahmenvertrag (2004).

[791] Vgl. Delta Rahmenvertrag (2004).

[792] Vgl. Delta Servicing Agreement (2004).

Der ABS-Vertrag ist mit einer jährlich zu erneuernden Liquiditätslinie unterlegt und hat eine Laufzeit von fünf Jahren. Delta darf die Transaktion mit einer Frist von sechs Monaten beenden. Die strukturierende Bank darf die Transaktion bei Eintritt eines Termination Events beenden und den Einzug der verkauften Forderungen selbst übernehmen. Die folgende Übersicht zeigt die relevantesten Termination Events:[793]

- Eine der verkaufenden Gesellschaften wird insolvent.
- Die Liquiditätslinie steht nicht mehr zur Verfügung.
- Financial Covenants werden überschritten (s. u.).
- Trigger mit Bezug auf das Forderungsportfolio werden überschritten (s. u.)

Delta sieht die Gefahr einer vorzeitigen Beendigung der Transaktion als sehr gering an. Die jetzt gewählte Bank gäbe keinen Anlass für eine solche Sorge. Die strukturierende Bank dieser zweiten Transaktion unterstützt diese Einschätzung und ordnet die Forderungsverbriefung den langfristigen Finanzierungsinstrumenten zu. Allerdings weist Delta darauf hin, dass die erste Transaktion in der Tat vorzeitig beendet wurde und sich die angefallenen Kosten nur durch die Einigung mit der Bank rentiert haben.[794]

In dieser Transaktion existieren keine Reservekonten. Laut Auskunft der strukturierenden Bank ist das dann möglich, wenn die Bonität des verkaufenden Unternehmens eine ausreichende Sicherheit darstellt. Gegenüber dem Kapitalmarkt muss in einem solchen Fall allerdings die Bank dieses Verkäuferrisiko übernehmen. Für Delta hat der Verzicht auf Reservekonten den Vorteil eines erhöhten Liquiditätseffekts.[795]

Da es auch keine direkten Abschläge gibt, erhält Delta bei jedem Verkaufstermin zunächst den Nennbetrag der Forderungen ausgezahlt. Allerdings wird der Wert bereits verkaufter Forderungen, die seit dem letzten Verkaufstermin über 90

793 Vgl. Delta Rahmenvertrag (2004).

794 Vgl. Interview Delta Strukturierende Bank, siehe Anhang E.4.2.3, S. 409; Interview Delta Teamleiter Treasury, siehe Anhang E.4.2.1, S. 408.

795 Vgl. Interview Delta Strukturierende Bank, siehe Anhang E.4.2.3, S. 409; Delta Rahmenvertrag (2004).

Tage überfällig geworden sind abgezogen. Ersteres sorgt dafür, dass überfällige Forderungen nicht mehr über die ABS-Transaktion finanziert werden. In dieser Höhe entsteht eine Overcollateralization. Gehen überfällige Forderungen zu einem späteren Zeitpunkt noch bei Delta ein, wird dieser Zahlungseingang an Delta ausgezahlt.[796]

Durch den Abzug der über 90 Tage überfalligen Forderungen übernimmt Delta zunächst auch die kompletten Ausfälle. Am Jahresende erstattet die strukturierende Bank die Ausfälle teilweise wieder. Hierfür wird die Höhe der tatsächlichen Ausfälle mit dem Transaktionslimit von 60 Mio. Euro verglichen. Bis zu einer Höhe von 0,35 % des Limits übernimmt Delta ein First Loss Piece. Weitere 0,24 % werden von der strukturierenden Bank im Rahmen einer Garantie getragen. Sollten weitere Forderungen ausgefallen sein, trägt Delta des Weiteren die folgenden 1,8 %. Alle noch folgenden Ausfälle werden wieder von der strukturierenden Bank im Rahmen einer Kreditlinie übernommen. Eine CE-WKV wird nicht verwendet.[797]

Neben den Forderungen aus Lieferungen und Leistungen „verkauft" Delta auch alle Gutschriften auf diese Forderungen sowie alle Gutschriften, die nur einzelnen Debitoren (und keinen direkten Rechnungen) zugeordnet werden können. Der Verkaufserlös aus den Forderungen reduziert sich daher um den Betrag der Gutschriften. Differenzen in der Zuordnung der Gutschriften auf spezielle Forderungen zwischen Originator und Zweckgesellschaft werden auf diese Weise ausgeschlossen.[798]

6.2.4.2.2 Motivation und Vorteile für Delta

Hauptmotivation, Forderungen zu verbriefen war für Delta die Möglichkeit, die Abhängigkeit vom Bankensektor zu reduzieren. Auch wenn ABS von einer Bank initiiert und von ihr strukturiert wurde, sieht Delta auf Grund einer daraus resultierenden niedrigeren Ausnutzung der Kreditlinien eine Verbesserung der Verhandlungsposition. Die Diversifizierung der Finanzierungsinstrumente und die Erweiterung des Refinanzierungsmix sind für Delta wichtig. Vor wenigen Jahren war die Bedeutung alternativer Finanzierungsquellen für Delta allerdings auf Grund

---

796 Vgl. Delta Rahmenvertrag (2004); Interview Delta Strukturierende Bank, siehe Anhang E.4.2.3, S. 409.

797 Vgl. Delta Rahmenvertrag (2004); Interview Delta Strukturierende Bank, siehe Anhang E.4.2.3, S. 409.

798 Vgl. Interview Delta Teamleiter Treasury, siehe Anhang E.4.2.1, S. 408; Interview Delta Mitarbeiter Treasury, siehe Anhang E.4.2.2, S. 409.

der unsicheren Entwicklung des Bankenmarktes höher als heute. Zurzeit gibt es für Delta ein Überangebot an Liquidität.[799]

Da Delta die ABS-Transaktion als langfristige Finanzierung ansieht, werden die ABS-Kosten mit anderen langfristigen Finanzierungen verglichen. Die laufenden Kosten betragen ca. 70 bis 75 BP über EURIBOR und liegen damit im Bereich anderer langfristiger Finanzierungen wie langfristiger Kredite oder Schuldscheindarlehen. Zu Beginn der Transaktion in 2004 waren die ABS-Kosten sogar nur wenig teurer als kurzfristige Kreditlinien. Aufgrund der gesunkenen Margen in diesem Bereich ist ABS inzwischen jedoch klar teurer. Aufgrund der ABS-Fixkosten ist für Delta dennoch die maximale Ausnutzung der ABS-Liquidität sinnvoll. Hinzu kommt, dass die ABS-Transaktion die Bilanz nicht belastet und damit für Delta einen Vorteil gegenüber anderen Finanzierungen besitzt.[800]

Die Bilanzentlastung war zwar nicht der Hauptgrund für die Verwendung von ABS, aber dennoch so wichtig, dass Delta die Transaktion in einer On-Balance-Sheet-Variante nicht durchgeführt hätte. Der hohe Aufwand der Verbriefung wäre nur bei gleichzeitiger Bilanzverkürzung zu rechtfertigen. Zwar weist Delta die Transaktion in seinen Geschäftsberichten offen aus, so dass interessierte Leser die Transaktion wieder in die Bilanz zurückrechnen könnten. Allerdings sieht Delta einen positiven Einfluss auf Covenants und Bilanzkennzahlen, die direkt auf dem testierten Jahresabschluss aufsetzen.[801]

Keine Rolle gespielt haben Überlegungen, ABS zur Reduzierung der Gewerbesteuerschuld zu verwenden. Da mit der ABS-Liquidität kurzfristige Kreditlinien zurückgefahren wurden und diese so gesteuert werden, dass sie nicht zu den Dauerschulden zu zählen sind, hat sich kein positiver Effekt auf diesem Gebiet ergeben.[802]

Delta versucht auf der Produktseite offen für innovative Veränderungen zu sein. Diese Einstellung wird auch im Finanzbereich des Unternehmens verfolgt. Da ABS eine relativ neue und innovative Finanzierungsform darstellt, passte sie gut in Deltas

[799] Vgl. Interview Delta Teamleiter Treasury, siehe Anhang E.4.2.1, S. 408; Interview Delta Strukturierende Bank, siehe Anhang E.4.2.3, S. 409.

[800] Vgl. Delta Honorarvertrag (2004); Interview Delta Teamleiter Treasury, siehe Anhang E.4.2.1, S. 408.

[801] Vgl. Interview Delta Teamleiter Treasury, siehe Anhang E.4.2.1, S. 408.

[802] Vgl. Interview Delta Teamleiter Treasury, siehe Anhang E.4.2.1, S. 408.

Konzept. Ein gewisser Reiz, eine neue Variante der Unternehmensfinanzierung auszuprobieren, wird nicht geleugnet.[803]

Hingegen hat es keine Rolle gespielt, dass über ABS ein indirekter Zugang zum Kapitalmarkt geschaffen werden kann. Auch sieht Delta keine positiven Eigenschaften bei ABS in Bezug auf die Offenlegung von Unternehmensdaten. Durch die Transaktion ist es nicht zu Veränderungen der Berichtspflichten gekommen.[804]

6.2.4.2.3 Ablauf der Strukturierung

Von der ersten Ansprache einer Bank bis zum ersten Forderungsverkauf verging ein Zeitraum von ca. einem Jahr. Im September 2003 wurden Banken um ein Angebot zur Strukturierung der Transaktion gebeten. Fünf Angebote gingen ein. Von diesen wurden drei intensiver analysiert. Der überwiegende Teil der Zeit wurde für die Diskussion über die Erreichung eines Bilanzabgangs nach IFRS benötigt. Während der Verhandlungen wurde die Situation dadurch komplizierter, dass IAS 39 noch nicht endgültig verabschiedet war und es daher auch noch keine verlässlichen Inter-preta-tionen des Standards gab. Die Anforderungen an einen Bilanzabgang waren daher unklar.[805]

Die fünf Angebote der Banken unterschieden sich in wesentlichen Punkten und lagen auch preislich weit auseinander. Die einzelnen Konzepte wurden mit dem Wirtschaftsprüfer bzgl. des Bilanzabgangs diskutiert. Generell hat Delta die Erfahrung gemacht, dass die Verwendung einer WKV als Credit Enhancement den Preis einer Transaktion erhöht. Die am Ende der Angebotsphase beauftragte Bank konnte jedoch eine überzeugende Struktur ohne CE-WKV anbieten und wurde daher im März 2004 mandatiert. Die Entscheidung über diese Mandatierung wurde im Gesamtvorstand Deltas getroffen. Die weitere Implementierung wurde anschließend vom Leiter Treasury übernommen.[806]

Für die Analyse und Bewertung des Forderungsportfolios musste Delta Daten für das zu verkaufende Portfolio aus den letzten drei Jahren zum Forderungsbestand, dem Ageing der Forderungen, den Ausfällen und Verwässerungen liefern.

803 Vgl. Interview Delta Teamleiter Treasury, siehe Anhang E.4.2.1, S. 408.
804 Vgl. Interview Delta Teamleiter Treasury, siehe Anhang E.4.2.1, S. 408.
805 Vgl. Interview Delta Teamleiter Treasury, siehe Anhang E.4.2.1, S. 408.
806 Vgl. Interview Delta Strukturierende Bank, siehe Anhang E.4.2.3, S. 409; Interview Delta Teamleiter Treasury, siehe Anhang E.4.2.1, S. 408.

Diese Daten konnten aus dem SAP-System ausgelesen werden. Etwas aufwendiger wurde dies durch einen kurz vorher erfolgten Umstieg von SAP R/2 auf R/3, so dass die Daten aus zwei verschiedenen Systemen ausgelesen werden mussten. Ebenfalls untersucht wurde die Bonität der verkaufenden Gesellschaften. Die deutschen Gesellschaften waren der Bank bereits aus anderen Geschäftsbeziehungen bekannt. Über die französische Gesellschaft wurden allerdings Gespräche geführt und Jahresabschlüsse analysiert. Es wurde Wert auf das Marktumfeld und Marktbesonderheiten sowie die Wettbewerbsposition, einen Ausblick und das Debitorenmanagement der Gesellschaft gelegt.[807]

Bei den Vertragsverhandlungen waren neben Delta und der Bank auch Rechtsanwälte vertreten. Für Delta handelte es sich um richtige Verhandlungen, da einige wichtige Aspekte verändert werden konnten. Allerdings gab es auf Grund der Anforderungen der Rating-Agenturen einige Punkte, die nicht verhandelbar waren. Die Vertragswerke bestanden aus sieben einzelnen, in Englisch formulierten Verträgen mit einem Gesamtumfang von 114 Seiten.[808]

Anschließend wurden in Zusammenarbeit zwischen Delta und einem Software-Haus Anpassungen am IT-System vorgenommen (siehe nächster Abschnitt). Die strukturierende Bank verhandelte währenddessen mit den Rating-Agenturen über letzte Anpassungen. Der erste Verkauf fand ein Jahr nach Initiierung bzw. 6 Monate nach Mandatierung der Bank statt. Da die Verhandlungen mit den Rating-Agenturen zu diesem Zeitpunkt noch nicht abgeschlossen waren, lief die Finanzierung der angekauften Forderungen die ersten zwei Monate über Kreditlinien der Bank, bevor die Transaktion über den Kapitalmarkt refinanziert werden konnte.[809]

Delta informierte im Rahmen seines Geschäftsberichts seine Bankpartner über den Forderungsverkauf, Kunden wurden jedoch nicht einbezogen. Die gewonnene Liquidität wurde zur Reduzierung der Inanspruchnahme kurzfristiger Kreditlinien

---

807 Vgl. Interview Delta Teamleiter Treasury, siehe Anhang E.4.2.1, S. 408; Interview Delta Mitarbeiter Treasury, siehe Anhang E.4.2.2, S. 409; Interview Delta Strukturierende Bank, siehe Anhang E.4.2.3, S. 409.

808 Interview Delta Strukturierende Bank, siehe Anhang E.4.2.3, S. 409; Interview Delta Teamleiter Treasury, siehe Anhang E.4.2.1, S. 408.

809 Vgl. Interview Delta Strukturierende Bank, siehe Anhang E.4.2.3, S. 409; Interview Delta Teamleiter Treasury, siehe Anhang E.4.2.1, S. 408.

verwendet. Es wurden von Seiten der Zweckgesellschaft bzw. der strukturierenden Bank keine Auflagen hierüber gemacht.[810]

6.2.4.2.4 EDV-Anpassungen

Bei der ersten ABS-Transaktion von 2000 bis 2004 verwendete Delta eine Software, die am Ende der Transaktion jedoch an ihre Kapazitätsgrenzen gestoßen war. Daher musste für die anschließende zweite Transaktion eine andere Software-Lösung gefunden werden. Aus diesem Grund wurden bereits während der Angebotsphase die von den Banken empfohlenen Softwarelösungen analysiert. Jede der Banken hatte entweder eine eigene Software im Angebot oder konnte einen Dienstleister empfehlen. Je nach Struktur der Transaktion sind die Anforderungen an die EDV-Lösung jedoch sehr unterschiedlich. Entscheidend ist, ob die Forderungsselektion im System des Originators oder erst bei der Zweckgesellschaft bzw. der strukturierenden Bank durchgeführt wird. Im Falle von Delta wird die Filterung und Auswahl der zu verkaufenden Forderungen komplett im System Deltas vorgenommen.[811]

Neben dem Erwerb einer Softwarelösung zog Delta auch die Selbsterstellung einer Implementierung in SAP R/3 durch interne EDV-Experten in Betracht. Schnell wurd erkannt, dass dies mit den vorhandenen Kapazitäten nicht abgebildet werden könne. Daher wurde das von der strukturierenden Bank empfohlene Programm MTabs der CommandAG erworben. Diese Software liest die Forderungsdaten aus SAP R/3 aus und filtert sie nach definierten Regeln. Eine Veränderung der R/3-Daten findet nicht statt. An den notwendigen Anpassungen der Software waren Mitarbeiter aus der Treasury sowie der EDV-Abteilung beteiligt. Nach Testen der Einstellungen auf einem Testsystem wurde das Tool auf dem Echtzeitsystem installiert.[812]

Nach Auskunft von Delta arbeitet das MTabs-Tool problemlos. Allerdings erlaubt es keine so detaillierte Historie der Transaktionen, wie dies bei der vorher verwendeten Software der Fall war. Auswertungen sind nur auf aggregierter Basis möglich.[813]

---

810 Vgl. Interview Delta Teamleiter Treasury, siehe Anhang E.4.2.1, S. 408.

811 Vgl. Interview Delta Teamleiter Treasury, siehe Anhang E.4.2.1, S. 408; Interview Delta Mitarbeiter Treasury, siehe Anhang E.4.2.2, S. 409.

812 Vgl. Interview Delta Teamleiter Treasury, siehe Anhang E.4.2.1, S. 408; Interview Delta Mitarbeiter Treasury, siehe Anhang E.4.2.2, S. 409.

813 Vgl. Interview Delta Teamleiter Treasury, siehe Anhang E.4.2.1, S. 408.

Die strukturierende Bank hat die Software empfohlen, da sie bereits aus anderen Transaktionen bekannt war. Eine gute Datenqualität sei Grundlage jeder erfolgreichen ABS-Transaktion. Die vollständige Bearbeitung der Daten im System des Originators[814] eröffnet zwar die theoretische Möglichkeit von Manipulationen durch den Originator. Allerdings werden die Forderungsbestände regelmäßig vom Wirtschaftsprüfer auf ihre Existenz geprüft. Darüber hinaus würde eine Manipulation Schadenersatzansprüche für die Bank nach sich ziehen. Auf Grund der guten Bonität von Delta reicht der strukturierenden Bank dies als Sicherheit aus.[815]

6.2.4.2.5 Revolvierender Verkauf und Forderungseinzug

Am 20./21. eines jeden Monats führt Delta den Forderungsverkauf durch. Morgens wird geprüft, ob die französische Tochtergesellschaft ihre Daten an die Konzernmutter gesendet hat. Anschließend werden mit dem ABS-Tool die Forderungen der deutschen Gesellschaften ausgewählt. Vor dem eigentlichen Verkauf erfolgt ein Simulationslauf. Der Verkauf findet erst am folgenden Tag statt. Dies gibt Delta einen Sicherheitspuffer, falls es Probleme bei der Übertragung der Daten aus Frankreich geben sollte. Nach erfolgreicher Forderungsauswahl werden die Daten an die strukturierende Bank übertragen.[816]

Das ABS-Tool erstellt alle an die Bank zu übertragenden Dateien, der Versand erfolgt per Email. Die Forderungsselektion wird vollständig auf dem System Deltas durchgeführt.[817] Die ankaufende Bank bzw. die Zweckgesellschaft führen keine weitere Verarbeitung der Daten durch und speichern die Daten der angekauften Forderungen nur für den Fall einer Insolvenz Deltas. Da eine Überprüfung der Filterregeln nicht erfolgt, kann es systemtechnisch zu keiner Ablehnung von Forderungen kommen. Die angekauften Forderungen entsprechen exakt den angebotenen.

---

814 Die Zweckgesellschaft erhält nur eine Liste der verkauften Forderungen und prüft diese nicht weiter auf Einhaltung der Auswahlkriterien, Vgl. Abschnitt 6.2.4.2.5.

815 Vgl. Interview Delta Teamleiter Treasury, siehe Anhang E.4.2.1, S. 408; Interview Delta Strukturierende Bank, siehe Anhang E.4.2.3, S. 409.

816 Vgl. Interview Delta Mitarbeiter Treasury, siehe Anhang E.4.2.2, S. 409.

817 Eine der Filterregeln bezieht sich auf das Konzentrationslimit einzelner Debitoren. Dieses darf 2 % nicht überschreiten. Bei einer Verletzung dieser Grenze könnte die letzte Forderung noch komplett verkauft, allerdings nur bis zum Erreichen des 2 % Limits finanziert werden. Dies würde zu einer von Delta ungewünschten Overcollateralization führen. Die letzte Forderung wird daher nicht mehr verkauft, das Limit damit nicht überschritten. Eine Optimierung, ob eine kleinere Forderung noch ohne Limitverletzung verkauft werden könnte, findet nicht statt; Vgl. Interview Delta Mitarbeiter Treasury, siehe Anhang E.4.2.2, S. 409.

Daher kann auch das Finanzierungsvolumen der Transaktionen immer exakt vorhergesagt und gesteuert werden. Diese Vorgehensweise ist für die strukturierende Bank akzeptabel, da sie die Software kennt und Delta über eine ausreichende Bonität für theoretisch mögliche Haftungsfälle verfügt.[818]

Abschließend wird in die Systeme der drei verkaufenden Gesellschaften übertragen, welche Forderungen ausgewählt und damit verkauft wurden. Vier Arbeitstage später erfolgen die Zahlungen von bzw. an die Zweckgesellschaft.[819] Zusätzlich meldet Delta die Transaktionsdaten in einer Außenwirtschaftsmeldung an die Deutsche Bundesbank.[820]

Die SAP-Systeme der verkaufenden Gesellschaften protokollieren und sammeln Ausfälle verkaufter Forderungen. Am Jahresende wird die Summe der Ausfälle mit den im Vertrag festgelegten Grenzen verglichen. Sollte das First Loss Piece Deltas überschritten werden, findet eine Ausgleichszahlung der strukturierenden Bank statt. Bisher ist es hierzu jedoch noch nicht gekommen.[821]

Verkaufte und eigene Forderungen werden im Debitorenmanagement komplett gleich behandelt. Es ist zwar in SAP R/3 über eine Verknüpfung mit dem ABS-Tool zu erkennen, ob eine Forderung verkauft wurde. Auf den Einzug hat dies jedoch keinen Einfluss. Im Servicing Agreement ist diese Gleichbehandlung vertraglich festgehalten.[822] Änderungen an den Prozessen oder der Software dürfen nur mit Genehmigung durchgeführt werden.[823]

Die Zahlungsströme aus eingehenden Zahlungen auf verkaufte und nicht verkaufte Forderungen müssen von Delta nicht getrennt werden. Allerdings ist das Unternehmen verpflichtet, auf Anforderung der Käufer die Eingangskonten zu verpfänden.

---

818 Vgl. Interview Delta Mitarbeiter Treasury, siehe Anhang E.4.2.2, S. 409; Abschnitt 6.2.4.2.4, S. 250.

819 Vgl. Interview Delta Mitarbeiter Treasury, siehe Anhang E.4.2.2, S. 409.

820 Diese beinhaltet die Zahlungseingänge auf verkaufte Forderungen, die Verkäufe, die Verwässerungsreserve als Forderung sowie die ABS-Kosten; vgl. Interview Delta Mitarbeiter Treasury, siehe Anhang E.4.2.2, S. 409.

821 Vgl. Abschnitt 6.2.4.2.1, S. 243; Interview Delta Mitarbeiter Treasury, siehe Anhang E.4.2.2, S. 409.

822 Ausnahme zur Gleichbehandlung: Verkaufte Forderungen werden im Gegensatz zu eigenen Forderungen nicht wertberichtigt.

823 Vgl. Delta Servicing Agreement (2004); Interview Delta Teamleiter Treasury, siehe Anhang E.4.2.1, S. 408; Interview Delta Mitarbeiter Treasury, siehe Anhang E.4.2.2, S. 409.

Auch könnte bei einer Verschlechterung der Bonität Deltas eine häufigere Abführung der Eingänge vereinbart werden.[824]

6.2.4.2.6 Monitoring-Aktivitäten

Die strukturierende Bank bzw. die Zweckgesellschaft überwachen sowohl die Qualität des Forderungsportfolios als auch die Bonität Deltas. Beides wird im Folgenden ausgeführt.

Forderungsportfolio

Wie in Abschnitt 6.2.4.2.1 beschrieben, existieren Trigger mit Bezug auf das Forderungsportfolio, die bei einer Verletzung einen Termination Event auslösen. In dieser Transaktion existieren drei verschiedene Trigger, die bei jedem Forderungsverkauf berechnet werden:[825]

- **Überfälligkeitstrigger 1**
  Erstmals mehr als 30 Tage überfällige Forderungen dürfen einen Anteil am gesamten verkauften und noch offenen Forderungsvolumen von 9 % nicht überschreiten.

- **Überfälligkeitstrigger 2**
  Erstmals mehr als 90 Tage überfällige Forderungen dürfen einen Anteil am gesamten verkauften und noch offenen Forderungsvolumen von 2 % nicht überschreiten.

- **Überfälligkeitstrigger 3**
  Alle mehr als 90 Tage überfälligen Forderungen dürfen einen Anteil vom gesamten verkauften und noch offenen Forderungsvolumen von 5 % nicht überschreiten.

Forderungsverkäufer

Zur Überwachung der Bonität Deltas sind drei Financial Covenants definiert. Die Kündigung des Verbriefungsvertrags ist für die Käufer damit möglich, wenn das Einbringen der Forderungen gefährdet ist:[826]

---

[824] Vgl. Interview Delta Teamleiter Treasury, siehe Anhang E.4.2.1, S. 408; Delta Servicing Agreement (2004).

[825] Vgl. Delta Rahmenvertrag (2004).

[826] Vgl. Delta Rahmenvertrag (2004); Interview Delta Strukturierende Bank, siehe Anhang E.4.2.3, S. 409.

- **Eigenkapital**
  Das Eigenkapital des Konzerns darf nicht unter eine definierte Grenze sinken.[827]

- **Verschuldungsgrad**
  Die Nettoschulden[828] dürfen ein definiertes Vielfaches des Eigenkapitals nicht überschreiten.

- **Zinsdeckungsgrad**
  Die Interest Cover Ration darf eine festgesetzte Grenze nicht unterschreiten.

Die Covenants zum Verschuldungsgrad und dem Zinsdeckungsgrad sind in ihrer Definition aus einem Darlehensvertrag Deltas übernommen worden. Dies verringert den Berechnungs- und Kontrollaufwand für Delta. Sie sind nach Ansicht Deltas sehr weit und komfortabel gesetzt, so dass sich im gewöhnlichen Geschäftsbetrieb keine Einschränkungen ergeben. Insgesamt bestehe nu ein geringes Risiko für eine Verletzung der Covenants. Die Geschäftssituation Deltas müsste sich sehr wesentlich verschlechtern. Auch in Bezug auf die Trigger sieht Delta keine Gefahr, da auch deren Verletzung als sehr unwahrscheinlich angesehen wird.[829]

Delta sieht durch die ABS-Transaktion keine Veränderung seiner Berichtspflichten. Neben den Daten zum Forderungsportfolio würden die Käufer die identischen Daten wie Gläubiger eines normalen Kreditverhältnisses erhalten. Vertraglich ist festgelegt, dass die Forderungskäufer die Prüfungsberichte der drei verkaufenden Gesellschaften sowie des gesamten Konzerns erhalten. Auch liefert Delta die gleichen Halbjahreberichte, wie sie in einem syndizierten Kredit vereinbart wurden. Zuletzt dürfen die Forderungskäufer in verhältnismäßigem Umfang weitere Informationen anfordern.[830]

---

827 Die genauen Grenzwerte der Covenants werden auf Wunsch Deltas nicht veröffentlicht.
828 Nicht alle Verbindlichkeiten werden hier einbezogen.
829 Vgl. Interview Delta Teamleiter Treasury, siehe Anhang E.4.2.1, S. 408.
830 Vgl. Interview Delta Teamleiter Treasury, siehe Anhang E.4.2.1, S. 408; Delta Rahmenvertrag (2004).

6.2.4.3 Effekte der Transaktion

Nach der Beschreibung der Eigenschaften und der Abläufe der Transaktion werden nun, wie bereits in den vorhergehenden Transaktionsbeschreibungen die Effekte der Verbriefung auf den Jahresabschluss, das Ausfallrisiko sowie das Verhältnis von Delta zu Kredit gebenden Banken betrachtet.

6.2.4.3.1 Auswirkungen auf den Jahresabschluss

Delta hat die gewonnene Liquidität zur Rückführung kurzfristiger bilateraler Kreditlinien genutzt und so seine bilanzielle Verschuldung senken können. Über die Verwendung der Liquidität gab es von den Forderungskäufern keine Auflagen oder Vorschriften und es wurde auch nicht nach der Verwendung gefragt.[831]

Von den verkauften Forderungen gehen im Durchschnitt zwischen 40 und 50 % bis zum Jahresende bei Delta ein und werden als Verbindlichkeit an die Forderungskäufer passiviert.[832] Da es in dieser Transaktion keine Barreserven gibt, entfällt eine Aktivierung. Die Abschläge (Overcollateralization) für überfällige Forderungen führen hingegen zu einer Forderung Deltas. Um deren Höhe zu ermitteln, wird zum Jahresende ein Forderungsverkauf simuliert. Die Reduzierung des Forderungsbestands wird damit zum Teil rückgängig gemacht.[833]

Da Delta nach den Regeln der IFRS bilanziert, muss für die Übernahme von Forderungsausfallrisiko eine Verbindlichkeit passiviert werden. Bei einem Maximalvolumen von 60 Mio. Euro und einem First Loss Piece in Höhe von 0,35 % sowie dem Third Loss in Höhe von 1,8 % muss Delta maximal Forderungsausfälle in Höhe von 1,29 Mio. Euro tragen.[834] Der beizulegende Zeitwert dieser Garantien wurde von Delta mit 0,21 Mio. Euro (= First Loss Piece) angesetzt und erfolgswirksam als sonstige Verbindlichkeit passiviert.[835]

Tabelle 6.15 zeigt hierauf aufbauend die zum 31.12.2005 erreichte Bilanzverkürzung. Die Verbriefungstransaktion mit einem Volumen von 60 Mio. Euro erzeugt

---

[831] Vgl. Delta Geschäftsbericht (2006); Interview Delta Teamleiter Treasury, siehe Anhang E.4.2.1, S. 408; Interview Delta Strukturierende Bank, siehe Anhang E.4.2.3, S. 409.

[832] Für die Bilanzverkürzung durch ABS-Transaktion ist dies viel und wird von Delta bedauert. Aus Sicht des Unternehmens ist es hingegen positiv, dass die Kunden schnell zahlen; vgl. Interview Delta Teamleiter Treasury, siehe Anhang E.4.2.1, S. 408.

[833] Vgl. Interview Delta Teamleiter Treasury, siehe Anhang E.4.2.1, S. 408.

[834] 60 Mio. Euro $\times (0,35\,\% + 1,80\,\%) = 1,29$ Mio. Euro.

[835] Vgl. Delta Geschäftsbericht (2006).

	Mio. €	Anteil
Verkaufte Forderungen	60,5	100,0 %
– Abschlag überfällige Forderungen	– 0,5	– 0,8 %
= Gewonnene Liquidität	60,0	99,2 %
= Ablösung Schulden	60,0	99,2 %
– Eingänge verkaufte Forderungen	– 23,0	– 38,0 %
+ Passivierung Haftung	+ 0,2	+ 0,3 %
– EK Effekt Passivierung Haftung	– 0,2	– 0,3 %
= Erreichte Bilanzverkürzung	37,0	61,2 %

Tab. 6.15: Delta Zusammensetzung Bilanzverkürzung zum 31.12.2005[836]

damit eine Bilanzverkürzung von 37 Mio. Euro oder 61,2 % des Verbriefungsvolumens. Insbesondere die Passivierung der eingegangenen Zahlungen auf verkaufte Forderungen verlängert die Bilanz wieder.

Tabelle 6.16 zeigt die Änderungen der Bilanzstruktur durch die Forderungsverbriefung. Da Delta mit der ABS-Liquidität kurzfristige Kreditlinien abgelöst hat, kann die Situation, wie sie ohne ABS ausgesehen hätte, einfach dargestellt werden. Zum einen wäre der Forderungsbestand um 37,5 Mio. Euro oder 5,6 % höher gewesen. Dies entspricht den verkauften und zum Jahresende noch offenen Forderungen. Die zweite wesentliche Änderung betrifft die Verbindlichkeiten gegenüber Banken. Durch die ABS-Transaktion wurden, wie oben gezeigt, 60 Mio. Euro gewonnen. Um diesen Betrag oder 9,2 % wurden die Bankverbindlichkeiten daher reduziert. Die Passivierung der eingegangenen und verkauften Forderungen in Höhe von 23 Mio. Euro erhöht die sonstigen Verbindlichkeiten. Die Bilanzsumme wurde insgesamt um ca. 1,3 % gekürzt. Die aus der ABS-Transaktion resultierenden Buchungen müssen manuell vorgenommen werden, da das ABS-Tool keine Veränderungen an den Daten in SAP R/3 vornimmt.[837]

Delta konnte durch diese Bilanzverkürzung seine Eigenkapitalquote um 0,4 % auf 33,3 % erhöhen. Die Gesamtkapitalrentabilität stieg leicht um 0,1 %. Der

836 Eigene Darstellung aufbauend auf Delta Jahresbericht (2006) sowie Interview Delta Teamleiter Treasury, siehe Anhang E.4.2.1, S. 408 und Interview Delta Mitarbeiter Treasury, siehe Anhang E.4.2.2, S. 409.

837 Vgl. Interview Delta Mitarbeiter Treasury, siehe Anhang E.4.2.2, S. 409.

Aktivseite	mit ABS	ohne ABS	Δ	Δ %	Erklärung
Langfr. Vermögen	1.450,0	1.450,0	0,0	0,0 %	
Vorräte	600,0	600,0	0,0	0,0 %	
Ford. aus L. u. L.	630,0	665,5	-37,5	-5,62 %	offene verkaufte Ford.
Sonstige Ford.	120,0	119,5	0,5	0,42 %	Abschlag überfällige Ford.
Kasse	50,0	50,0	0,0	0,0 %	
Bilanzsumme	2.850,0	2.887,0	-37,0	-1,28 %	erreichte Bilanzverkürzung

Passivseite	mit ABS	ohne ABS	Δ	Δ %	Erklärung
Eigenkapital	950,0	950,2	-0,2	0,02 %	Garantie
Rückstellungen	610,0	610,0	0,0	0,0 %	
Verb. Banken	590,0	650,0	-60,0	-9,23 %	Ablösung Verb. Banken
Verb. Leasing	110,0	110,0	0,0	0,0 %	
Verb. L. u. L	370,0	370,0	0,0	0,0 %	
Sonstige Verb.	220,0	196,8	23,2	11,79 %	Garantie + Eingänge verkaufte Forderungen
Bilanzsumme	2.850,0	2.887,0	-37,0	-1,28 %	erreichte Bilanzverkürzung

Tab. 6.16: Delta Bilanzstruktur mit und ohne ABS, Stand 31.12.2005[838]

rechnerische Wert für die Anzahl der Tage, die die Forderungen ausstehen, sank um 4,5 auf 76 Tage. Bei dieser Transaktion sank auch das Working Capital minimal. Zwar wurde die Reduzierung des Forderungsbestands durch eine Kürzung der Bankschulden und der Passivierung der Verbindlichkeit aus eingegangenen Forderungen fast komplett kompensiert. Die nach IFRS notwendige erfolgswirksame Passivierung der Garantieverbindlichkeiten führt jedoch über die Erhöhung der kurzfristigen Verbindlichkeiten zu einer Reduzierung des Working Capitals. Tabelle 6.17 fasst die Entwicklung der Kennzahlen zusammen.

Die Auswirkungen von ABS auf die GuV resultieren nur aus einem Zinsunterschied zwischen der Forderungsverbriefung und den sonst genutzten kurzfristigen Kreditlinien. Da ABS etwas teurer ist, dürfte der Zinsaufwand leicht gestiegen und der

[838] Die Darstellung zeigt die wesentlichen Bilanzpositionen, sonstige Posten beinhalten Rechnungsabgrenzungsposten und latente Steuern, vgl. Delta Prüfungsbericht 2004 (2005); Interview Delta Teamleiter Treasury, siehe Anhang E.4.2.1, S. 408; Interview Delta Mitarbeiter Treasury, siehe Anhang E.4.2.2, S. 409.

Kennzahl	mit ABS	ohne ABS	Differenz
Working Capital (in Mio. €)	520,0	520,2	-0,2
Sachanlagenintensität	43,5 %	43,0 %	0,5 %
Eigenkapitalquote	33,3 %	32,9 %	0,4 %
Gesamtkapitalrentabilität	9,5 %	9,4 %	0,1 %
Tage Forderungen ausstehend	76,0	80,5	-4,5

Tab. 6.17: Delta Veränderung Kennzahlen durch ABS zum 31.12.2005[839]

Gewinn damit leicht gesunken sein.[840]

Die ABS-Transaktion wird von Delta im Geschäftsbericht für das Jahr 2005 ausführlich beschrieben. Neben den verkauften Forderungen wird auch der Bilanzabgang nach IFRS detailliert begründet. Die Inanspruchnahme sowie die Passivierung der Garantie sind erläutert. Nicht hingewiesen wird allerdings auf die Passivierung sonstiger Verbindlichkeiten aus eingegangenen Zahlungen.[841]

Der Analyseaufwand der Banken dürfte sich nach Ansicht Deltas durch die ABS-Transaktion nicht wesentlich verändert haben. Eine Vereinfachung sei nicht gegeben, da ein Posten „Forderungen aus Lieferungen und Leistungen" immer noch, wenn auch mit einem geringeren Wert, in der Bilanz auftaucht.[842]

6.2.4.3.2 Risikotransfer

Der Bilanzabgang nach IFRS konnte auch ohne die Risikoübernahme einer Versicherung dargestellt werden, so dass in dieser Transaktion keine CE-WKV verwendet werden musste. Allerdings übernimmt die strukturierende Bank diesen Part und trägt alle über das Third Loss Piece hinausgehenden Ausfälle im Rahmen einer Kreditlinie. Wie in Abschnitt 6.2.4.2.1 beschrieben, fallen die sowohl im FLP als auch in der Third-Loss-Tranche auftretenden Forderungsausfälle Delta zu. Der

839 Eigene Berechnungen, Working Capital = Umlaufvermögen - kurzfristiges FK, Sachanlagenintensität = Sachanlagevermögen / Bilanzsumme, Eigenkapitalquote = Eigenkapital / Bilanzsumme, Gesamtkapitalrentbilität = EBIT / Bilanzsumme, Tage Forderungen ausstehend = Forderungsbestand aus L. u. L. / Umsatz * 365

840 Vgl. Interview Delta Teamleiter Treasury, siehe Anhang E.4.2.1, S. 408; Interview Delta Mitarbeiter Treasury, siehe Anhang E.4.2.2, S. 409.

841 Vgl. Interview Delta Teamleiter Treasury, siehe Anhang E.4.2.1, S. 408.

842 Vgl. Interview Delta Teamleiter Treasury, siehe Anhang E.4.2.1, S. 408.

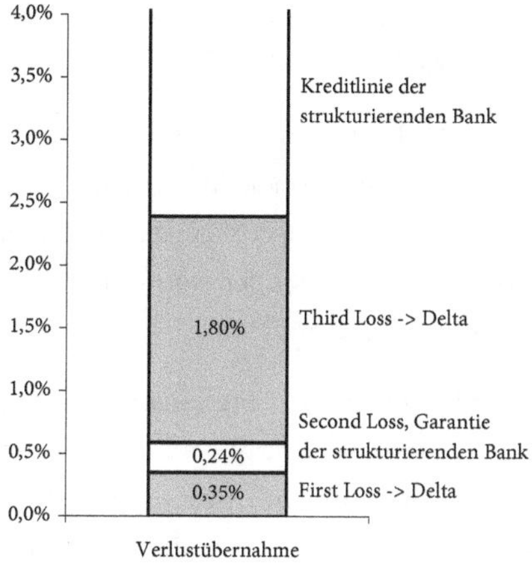

Abb. 6.11: Delta Verlustübernahme[843]

Bereich zwischen beiden wird von der strukturierenden Bank über eine Garantie getragen. Abbildung 6.11 stellt die Risikoverteilung grafisch dar.[844]

In der Diskussion mit dem Wirtschaftsprüfer musste überzeugend dargestellt werden, dass sich durch den Risikotransfer die Variablität der bei Delta verbliebenen Ausfälle signifikant reduziert hat. Bisher wurden die tatsächlichen Ausfälle auf verkaufte Forderungen jedoch vollständig von Delta getragen. Dies hat zwei Gründe. Zum einen sind die auftretenden Ausfälle durch ein verbessertes Kreditmanagement geringer als vor Beginn der Transaktion. Zum anderen gehen in die Berechnungen der Garantien nur endgültig ausgefallene Forderungen ein. Eine Wertberichtigung auf Grund eines Insolvenzverfahrens des Gläubigers reicht nicht aus. Für die Ausbuchung muss das Ende des Verfahrens abgewartet werden. Dies benötigt allerdings Zeit, so dass es mehrere Jahre dauern kann, bis eine Ausbuchung verkaufter Forderungen stattfindet. In 2006 anfallende Forderungsausbuchungen bezogen sich daher zum Großteil noch auf einen Entstehungszeitpunkt vor Beginn der ABS-Transaktion. Mit größerer Transaktionslaufzeit werden jedoch die relevanten

843 Eigene Darstellung.

844 Vgl. Interview Delta Teamleiter Treasury, siehe Anhang E.4.2.1, S. 408; Interview Delta Strukturierende Bank, siehe Anhang E.4.2.3, S. 409.

Ausfälle steigen und nach Ansicht von Delta auch die Wahrscheinlichkeit einer Inanspruchnahme der Garantie.[845]

Trotz dieser Problematik sieht Delta einen für das Unternehmen relevanten Risikotransfer. Nicht nur extreme Risiken seien übertragen worden. Ausfälle größerer Kunden könnten jederzeit passieren. Die strukturierende Bank sieht ebenfalls einen teilweisen Transfer der erwarteten Ausfälle, wenn auch in geringerem Maße, als die historischen Daten vermuten lassen.[846]

Die Forderungsausfälle werden über das Jahr gesammelt und am Ende des Jahres mit den festgelegten Haftungsgrenzen verglichen. Dies führt zu der Bildung von Durchschnittswerten. Besonders gute und besonders schlechte Monate kompensieren einander gegenseitig. Die strukturierende Bank begründet dieses Design damit, dass eine genaue Zuordnung einzelner Ausfälle zu den entsprechenden Entstehungsmonaten sehr aufwendig wäre. Auch seien Ausfälle zufällig und könnten darüber hinaus durch die Ausbuchungspraxis des Unternehmens zeitlich verschoben werden. Diese Einflüsse seien nicht der ABS-Transaktion anzulasten und würden durch die gewählte Methodik eliminiert. Dieses Vorgehen würde auch von den Wirtschaftsprüfern akzeptiert.[847]

6.2.4.3.3 Reaktionen von Kredit gebenden Banken

Delta informierte seine Bankpartner zeitnah über den Forderungsverkauf. Kein Institut reagierte negativ auf die Transaktion. Die Reaktionen waren eher positiver Natur.[848]

Dementsprechend gab es keine Anpassungen bestehender Kreditverträge. Es wurden weder die Konditionen verändert noch das Volumen gekürzt.[849]

Über die Behandlung des Off-Balance-Sheet-Ausweises liegen Delta keine genauen Informationen vor. Es wird aber davon ausgegangen, dass einzelne Banken die Transaktion zurückrechnen und die Bilanzverkürzung rückgängig machen.[850]

845 Vgl. Interview Delta Teamleiter Treasury, siehe Anhang E.4.2.1, S. 408.
846 Vgl. Interview Delta Teamleiter Treasury, siehe Anhang E.4.2.1, S. 408; Interview Delta Strukturierende Bank, siehe Anhang E.4.2.3, S. 409.
847 Vgl. Interview Delta Strukturierende Bank, siehe Anhang E.4.2.3, S. 409.
848 Vgl. Interview Delta Teamleiter Treasury, siehe Anhang E.4.2.1, S. 408.
849 Vgl. Interview Delta Teamleiter Treasury, siehe Anhang E.4.2.1, S. 408.
850 Vgl. Interview Delta Teamleiter Treasury, siehe Anhang E.4.2.1, S. 408.

6.2.4.4 Deltas Bewertung der Transaktion

Abschließend wird die Bewertung der Forderungsverbriefung aus der Sicht Deltas dargestellt. Es werden der Arbeitsaufwand, rechtliche Problembereiche sowie der erreichte Mehrwert betrachtet.

Im Rahmen des Strukturierungsprozesses musste Delta historische Daten zu dem zu verkaufenden Forderungsportfolio liefern. Jeder einzelne Wert musste hierfür durch einen separaten SAP-Bericht ermittelt werden. Die gesamte Berechnungszeit betrug ca. 1,5 Tage und wurde über eine Woche verteilt abgearbeitet. Bei der ersten Transaktion konnte dieser Aufwand mit einer speziellen Auswertungssoftware der Bank umgangen werden. Ein solches Programm stand für die zweite Transaktion nicht zur Verfügung. Darüber hinaus hatte Delta sein System kurz vorher von SAP R/2 auf R/3 umgestellt, so dass Daten aus zwei verschiedenen Systemen ausgelesen werden mussten. Insgesamt bewertet Delta den Due-Dilligence-Aufwand dennoch als vertretbar.[851]

Den für ABS notwendigen Beratungsaufwand siedelt Delta im Vergleich zu anderen Finanzierungsinstrumenten relativ weit oben an. Insbesondere auf Grund der IFRS-Problematik sei der Aufwand etwas höher als bei einem syndizierten Kredit und wesentlich höher als bei bilateralen Krediten oder Schuldscheindarlehen. Im Vergleich zu Leasing käme es auf die Struktur des Leasing an, da dieses bei Off-Balance-Sheet-Gestaltungen ebenfalls sehr komplex sein könnte.[852]

Neben dem Arbeitsaufwand im Unternehmen war für die strukturierende Bank insbesondere die Absprache mit dem Wirtschaftsprüfer bzgl. des Bilanzabgangs der Forderungen sowie mit den Rating-Agenturen über die Struktur und Sicherheiten der Transaktion sehr arbeitsaufwendig.[853]

Der revolvierende Verkauf verursacht einen relativ begrenzten Arbeitsaufwand. Delta schätzt diesen mit ca. einem Manntag pro Verkauf ab. Allerdings sei der Prozess im Vergleich zur vorhergehenden Transaktion komplexer und aufwendiger. Dies liegt daran, dass Delta sämtliche Aufgaben selbst übernommen hat. Wie oben beschrieben, erfolgt die Forderungsprüfung und -selektion vollständig auf

---

851 Vgl. Interview Delta Teamleiter Treasury, siehe Anhang E.4.2.1, S. 408; Interview Delta Mitarbeiter Treasury, siehe Anhang E.4.2.2, S. 409;

852 Vgl. Interview Delta Teamleiter Treasury, siehe Anhang E.4.2.1, S. 408.

853 Vgl. Interview Delta Strukturierende Bank, siehe Anhang E.4.2.3, S. 409.

dem System Deltas. Sollte es hierbei Störungen geben, wäre der Zeitplan trotz des Puffers von einem Tag sehr eng. Auf der anderen Seite hat diese Struktur den Vorteil, dass es keine Ablehnungen der angebotenen Forderungen geben kann und so eine Analyse möglicher Ablehnungen entfällt. Rückfragen oder Differenzen sind ausgeschlossen.[854]

Das Risiko, dass die ankaufende Zweckgesellschaft über das Servicing der Forderungen eine Betriebsstätte in Deutschland haben und so Gewerbesteuer anfallen könnte, wird von Delta als sehr gering eingeschätzt. Dieses Thema wurde in den Verhandlungen nicht diskutiert. Die strukturierende Bank bestätigt, dass es zwar ein Restrisiko gäbe, dieses aber faktisch auszuschließen sei. Delta berichtet allerdings davon, dass es immer wieder Stimmen gäbe, die die ABS-Kosten des verbriefenden Unternehmens (und nicht die des SPVs) zu Dauerschulden umqualifizieren wollten. Bisher bestätigten die Betriebsprüfungen der letzten Jahre jedoch die Position Deltas, dass es sich um einen Verkauf von Aktiva und keine Finanzierungstransaktion handelt.[855]

Ebenso wenig seien Probleme im Umsatzsteuerrecht diskutiert worden. Insgesamt gab es neben dem Bilanzabgang nach IFRS keine größeren Probleme während der Strukturierung.[856]

Das französische Verbriefungsrecht erlaubt keine wirksame Abtretung von Forderungen, wenn der Verkauf an eine Zweckgesellschaft erfolgt. Daher wurde die Konstruktion mit Zwischenschaltung einer Tochtergesellschaft der strukturierenden Bank gewählt. An diese Bank in Dublin sei eine Abtretung möglich, wie die strukturierende Bank versicherte.[857]

Mit Bezug auf das Insolvenzrecht muss nach Informationen Deltas sichergestellt werden, dass verkaufte Forderungen und Zahlungen auf verkaufte Forderungen klar von anderen Vermögensgegenständen des Unternehmens abgegrenzt werden können, um eine Vermischung zu verhindern und eine Identifizierung im Falle

[854] Vgl. Interview Delta Teamleiter Treasury, siehe Anhang E.4.2.1, S. 408; Interview Delta Mitarbeiter Treasury, siehe Anhang E.4.2.2, S. 409.

[855] Vgl. Interview Delta Teamleiter Treasury, siehe Anhang E.4.2.1, S. 408; Interview Delta Strukturierende Bank, siehe Anhang E.4.2.3, S. 409.

[856] Vgl. Interview Delta Teamleiter Treasury, siehe Anhang E.4.2.1, S. 408; Interview Delta Strukturierende Bank, siehe Anhang E.4.2.3, S. 409.

[857] Vgl. Interview Delta Strukturierende Bank, siehe Anhang E.4.2.3, S. 409.

einer Insolvenz durchführen zu können. Auch ist wichtig, dass es sich um einen rechtlichen True Sale handelt. Wenn eine Bilanzentlastung nach HGB erreicht wird, ist dies in der Regel der Fall. Dies ist wichtig, da der Insolvenzverwalter den Verkauf ansonsten in ein besichertes Darlehen umqualifizieren könnte und damit die Rechte des Forderungskäufers einschränken würde.[858]

Insgesamt ist Delta mit der Forderungsverbriefung zufrieden und würde die Transaktion unter der Bedingung, dass der Bilanzabgang nach IFRS nicht noch komplizierter würde, wiederholen. Der Strukturierungsaufwand sei zwar höher, als in den Präsentationen der Banken kommuniziert. Der Aufwand der revolvierenden Verkäufe sei jedoch mit einem Manntag pro Verkauf in Ordnung.[859]

Auf Grund der Up-Front-Kosten bewertet Delta die Verbriefung als eine langfristige Finanzierung. Nur über mehrere Jahre würden sich der Aufwand und die Kosten lohnen. Trotz der jährlichen Beendigungsmöglichkeit sieht Delta einen Unterschied zwischen der Laufzeit der ABS-Transaktion und einer kurzfristigen Kreditlinie. Diese könne zwar auch mehrere Jahre laufen, allerdings würden die längeren Laufzeiten nicht so explizit festgehalten wie in den ABS-Verträgen. Zuletzt bewertet Delta das Risiko einer vorzeitigen Beendigung der Transaktion als sehr gering, da Vertrauen zu der strukturierenden Bank bestehe. Vollständig ausgeschlossen werden könne dieses Risiko jedoch nicht, wie die erste ABS-Transaktion Deltas zeigte. Aus diesem Grund bewertet Delta die Abhängigkeit von der strukturierenden Bank äquivalent zu der Abhängigkeit in einem bilateralen Kreditverhältnis. [860]

Für die internen Berichte wird die ABS-Liquidität nicht zu den Schulden hinzugerechnet, da ein tatsächlicher Verkauf von Vermögensgegenständen stattgefunden habe. Für Worst-Case-Berechnungen wird der Forderungsverkauf jedoch als Verbindlichkeit mit einbezogen, da die Gefahr eine vorzeitigen Beendigung der Transaktion nicht ausgeschlossen werden kann.[861]

Die Kosten der ABS-Transaktion sind, über fünf Jahre verteilt, vergleichbar mit denen langfristiger Kredite. Kurzfristige Finanzierungen seien auf Grund der Marktentwicklung in den letzten Jahren hingegen günstiger. Da die variablen Kosten

858 Vgl. Interview Delta Strukturierende Bank, siehe Anhang E.4.2.3, S. 409.
859 Vgl. Interview Delta Teamleiter Treasury, siehe Anhang E.4.2.1, S. 408.
860 Vgl. Interview Delta Teamleiter Treasury, siehe Anhang E.4.2.1, S. 408; Interview Delta Strukturierende Bank, siehe Anhang E.4.2.3, S. 409.
861 Vgl. Interview Delta Teamleiter Treasury, siehe Anhang E.4.2.1, S. 408.

der Forderungsverbriefung jedoch immer noch günstiger sind als die kurzfristigen Zinssätze, nutzt Delta das Verbriefungsvolumen zurzeit vollständig aus.[862]

Positive Auswirkungen der Transaktion auf die Qualität des Debitorenmanagements gab es bei den deutschen Tochtergesellschaften nicht, da die Prozesse des Forderungseinzugs dort bereits sehr gut waren. In Frankreich wurden hingegen Überfälligkeiten reduziert. Ob dies jedoch auf Grund von ABS oder durch normale Prozessverbesserungen erreicht wurde, ist nach Auskunft Deltas ungewiss. Positive Auswirkungen von ABS seien aber wahrscheinlich.[863]

Delta bewertet den Ruf von ABS positiv. Die Forderungsverbriefung sei ein innovatives Finanzierungsinstrument. Das Unternehmen hat des Weiteren keine Vorbehalte gegen die Nutzung einer ausländischen Zweckgesellschaft. Es gab hierzu keine negativen Reaktionen von Dritten.[864]

Der Bilanzabgang der verkauften Forderungen war für Delta eine zentrale Bedingung für die Durchführung der Transaktion. Der Aufwand von ABS würde sich nur lohnen, wenn auch positive Effekte auf die Kennzahlen des Unternehmens entstünden. Ohne Bilanzverkürzung wäre die Transaktion wahrscheinlich nicht durchgeführt worden. Delta sieht die Verbriefung in begrenztem Umfang als Bilanzmanagement-Tool an. Auch wenn einige Banken den Bilanzabgang zurückrechnen, sieht Delta in dem Bilanzabgang Vorteile, da es in einigen Kreditverträgen Covenants gibt, die sich direkt auf den unbearbeiteten Jahresabschluss beziehen. Hier gäbe es unabhängig von der Zurückrechnung positive Effekte des Forderungsabgangs.[865]

Die Bereitstellung von 60 Mio. Euro Liquidität in einer einzigen Transaktion war für Delta kein besonderer Vorteil von ABS. Die Liquidität hätte auch über Kreditlinien zur Verfügung gestellt werden können. Diese hätten noch entsprechend Luft für erhöhte Ausnutzungen gehabt. Ebenso wenig sieht Delta einen Vorteil von ABS in geringeren Offenlegungspflichten, da sich diese durch die Transaktion

[862] Vgl. Interview Delta Strukturierende Bank, siehe Anhang E.4.2.3, S. 409; Interview Delta Teamleiter Treasury, siehe Anhang E.4.2.1, S. 408.
[863] Vgl. Interview Delta Teamleiter Treasury, siehe Anhang E.4.2.1, S. 408.
[864] Vgl. Interview Delta Teamleiter Treasury, siehe Anhang E.4.2.1, S. 408
[865] Vgl. Interview Delta Teamleiter Treasury, siehe Anhang E.4.2.1, S. 408.

nicht verändert hätten. Factoring wurde als Alternative zu ABS nicht in Betracht gezogen, da die Kosten höher und die Stückzahl niedriger gewesen wäre.[866]

Wie oben bereits erwähnt, ist Delta mit der Transaktion insgesamt sehr zufrieden und würde sie bei unverändertem Aufwand erneut durchführen.[867]

[866] Vgl. Interview Delta Teamleiter Treasury, siehe Anhang E.4.2.1, S. 408.
[867] Vgl. Interview Delta Teamleiter Treasury, siehe Anhang E.4.2.1, S. 408.

6.3 Case Studies

Nach einer ersten, vorläufigen Auswertung der Clinical Studies sollten einige der Ergebnisse auf eine breitere Basis gestellt werden. Hierfür wurden zehn weitere Case Studies durchgeführt. Diese unterscheiden sich in der Intensität von den Clinical Studies, da überwiegend nur ein Interview pro Case geführt wurde. Teilweise wurde dies mit Vertragseinsicht, Jahresabschlussanalyse oder Interviews mit der strukturierenden Bank ergänzt.

Die Interviews basierten grundsätzlich auf den gleichen Leitfäden wie die Interviews der Clinical Studies. Auf Grund zeitlicher Einschränkungen wurde in einzelnen Bereichen jedoch nicht so intensiv nachgehakt. Es wurde versucht, sich auf die für die Analyse relevanten Teilbereiche zu konzentrieren und induktives Vorgehen zu reduzieren.

Im Folgenden werden die zehn Transaktionen und Unternehmen der Case Studies kurz zusammengefasst und Besonderheiten dargestellt. Weitere Elemente werden im Rahmen der Analyse erwähnt. Diese sind auch in den Tabellen D.1 bis D.6 im Anhang zusammengefasst.

Unternehmen A

Unternehmen A hat einen Umsatz von ca. 2 Mrd. Euro pro Jahr und ist in Familienbesitz. A bezeichnet sich trotz seines Umsatzes als Mittelständler und wird auch als solcher in dieser Arbeit klassifiziert, da A aus mehreren, unabhängig geführten Tochtergesellschaften besteht, die selbstständig am Markt tätig sind. A ist dem produzierenden Gewerbe zuzuordnen und wird von seinen Banken mit einem Investment-Grade-Rating bewertet. Seit 2003 werden Verbriefungen von vier inländischen Tochtergesellschaften im Volumen von bis zu 100 Mio. Euro verbrieft. Diese Transaktionen besitzen die Besonderheit, dass es A gelungen war, eine mehrjährige Liquiditätslinie zu verhandeln. Da der Verbriefungsvertrag des Weiteren keine Financial Covenants enthält, besteht, solange die Trigger mit Bezug auf das Forderungsportfolio nicht verletzt werden, eine längerfristige Finanzierungssicherheit. Die ABS-Transaktion ist für A leicht teurer als Kontokorrentkredite, besitzt jedoch als Einstieg in die Kapitalmarktfinanzierung und durch die Sicherstellung der Betriebsmittelfinanzierung weitere Vorteile für A und wurde daher durchgeführt.[868]

Unternehmen B

Unternehmen B ist als börsennotiertes Unternehmen mit einem Umsatz von 5 bis 10 Mrd. Euro klar den Großunternehmen zuzuordnen.[869] B besitzt ein Credit-Rating am unteren Ende des Investment-Grade-Bereichs und verbrieft Forderungen im Volumen von bis zu 200 Mio. Euro. Da das Unternehmen die Transparenz seiner Finanzierungen aufrecht erhalten und alle Schulden in der Bilanz zeigen will, ist die ABS-Transaktion als On-Balance-Sheet-Transaktion nach IFRS gestaltet. Zum Zeitpunkt der Aufsetzung von ABS waren die Verbriefungskosten günstiger als syndizierte Kredite. Inzwischen sind die Risikoaufschläge der Kredite jedoch so weit gesunken, dass ABS etwa die gleichen Kosten verursacht.[870]

Unternehmen C

Unternehmen C ist ebenfalls börsennotiert und erwirtschaftet einen Umsatz zwischen 25 und 50 Mrd. Euro.[871] Das Unternehmen wird daher eindeutig den Großunternehmen zugeordnet. Es verfügt über ein Investment Grade Rating und verbrieft in drei verschiedenen Programmen seit 1993 Forderungen aus Lieferungen und Leistungen im Gesamtvolumen von bis zu 700 Mio. Euro. Obwohl die Verbriefungsverträge auf fünf Jahre ausgelegt sind, steht die jährliche Fortführung unter der Bedingung, dass eine Liquiditätslinie zur Verfügung steht. Daher sehen Rating-Agenturen, nach Auskunft des Unternehmens, das Risiko einer vorzeitigen Beendigung und achten darauf, dass ausreichend offene Kreditlinien bereit stehen, um eine eventuell wegfallende ABS-Liquidität aufzufangen. C konnte die Verbriefungsverträge mit Bond-Emissionen vergleichen und kommt zu dem Schluss, dass die ABS-Verträge bedeutend komplexer seien.[872]

Unternehmen D

Unternehmen D ist als Handelsunternehmen mit einem Umsatz von 20 bis 25

868 Vgl. Interview Unternehmen A Leiter Finanzen, siehe Anhang F.1, S. 410.
869 Die Geschäftsdaten wurden zur Wahrung der Anonymität als Bereichsangabe festgehalten. Auf weitere Informationen zum Unternehmen wird aus selbem Grund verzichtet.
870 Vgl. Interview Unternehmen B, siehe Anhang F.3, S. 410.
871 Die Geschäftsdaten wurden zur Wahrung der Anonymität als Bereichsangabe festgehalten. Auf weitere Informationen zum Unternehmen wird aus diesem Grund verzichtet.
872 Vgl. Interview Unternehmen C, siehe Anhang F.5, S. 410.

Mrd. Euro[873] börsennotiert und wird daher als Großunternehmen klassifiziert. D stellt eine Besonderheit in den Case Studies dar, da es seine ABS-Transaktion bereits beendet hat. Als die Verbriefung vor einigen Jahren noch lief, wurde der Bilanzabgang von den Kreditgebern noch anerkannt. Später war der Bilanzabgang nach einer Umstellung der Bilanzierung auf IFRS nicht mehr gesichert und die Banken fingen an, die Transaktion auch bei einer Off-Balance-Sheet Darstellung wieder in die Bilanz zurückzurechnen. Hinzu kam, dass sich das Unternehmen zurzeit unbesichert günstiger finanzieren kann als über eine Forderungsverbriefung. Auch sah D das Problem, dass die ABS-Investoren anderen Fremdkapitalgebern gegenüber beim Zugriff auf die verkauften Aktiva bevorzugt wurden. Dies war nicht gewünscht. Zuletzt störte der stetige operative Aufwand der revolvierenden Verkäufe. Eine Diversifizierung der Finanzierungsinstrumente wurde verneint, da über die Liquiditätslinie eine hohe Abhängigkeit von einer strukturierenden Bank besteht.[874]

Unternehmen E

Unternehmen E ist ein Dienstleister eines börsennotierten Unternehmen und organisierte die Verbriefung von eigenen sowie konzernweiten Forderungen.[875] Hauptmotiv für die Verbriefung war die Diversifizierung der Finanzierungsstrategie über die Nutzung alternativer Instrumente. Der Bilanzabgang der Off-Balance-Sheet Darstellung wurde von den Rating-Agenturen zurückgerechnet. Dennoch war der optische Effekt auf die Bilanz für E so wichtig, dass die Verbriefung eingestellt wurde, als Änderungen an den United States Generally Accepted Accounting Principles (US-GAAP) den Bilanzabgang erschwerten.[876]

Unternehmen F

Unternehmen F ist Tochtergesellschaft eines börsennotierten Großunternehmens mit einem Rating von A-. Seit 2002 werden bis zu 300 Mio. Euro in Forderungsverbriefungen verkauft. Nach IFRS wird hierbei kein Bilanzabgang mehr erreicht, so dass die Transaktion On-Balance-Sheet ist. Für F ist die ABS-Transaktion zunächst eine sehr günstige Finanzierungsmöglichkeit (zu Beginn ca. 1 % günstiger als Fremd-

[873] Die Geschäftsdaten wurden zur Wahrung der Anonymität als Bereichsangabe festgehalten. Auf weitere Informationen zum Unternehmen wird aus diesem Grund verzichtet.

[874] Vgl. Interview Unternehmen D, siehe Anhang F.6, S. 411.

[875] Neben Interviews konnten in diesem Fall auch weitere Einblicke über die Einsicht von Vertragswerken erreicht werden.

[876] Vgl. Interview Unternehmen E, siehe Anhang F.8, S. 411.

kapital), die Liquidität zuführt, ohne die Kreditlinien des Konzerns zu belasten. Des Weiteren stand die Diversifizierung der Finanzierungsquellen im Vordergrund. Die Vertragswerte wurden als recht komplex empfunden, die Vertragsverhandlungen jedoch durch die Einbeziehung eines Juristen vereinfacht.[877]

Unternehmen G

Unternehmen G ist das letzte Großunternehmen der Case Studies und mit einem Umsatz zwischen einer und zwei Mrd. Euro börsennotiert. Seit Anfang 2006 arbeitet das Unternehmen an der Strukturierung einer Forderungsverbriefung von bis zu 100 Mio. Euro. Zur Sicherung der Langfristigkeit versuchte das Unternehmen eine mehrjährige Liquiditätslinie (die Mehrkosten hätte G akzeptiert) zu erhalten, was die strukturierende Bank jedoch nicht anbieten wollte oder konnte. Am Ende musste G der Versicherung der Bank vertrauen, dass diese kein Interesse an einer vorzeitigen Beendigung hätte.

Das Unternehmen möchte die ABS-Transaktion aus mehreren Gründen durchführen. Zum einen stehen Diversifizierungen der Finanzierungsquellen und günstige Konditionen im Vordergrund. Zum anderen wird über eine Off-Balance-Sheet-Darstellung nach IFRS aber auch die Veränderung der Bilanzstruktur positiv gewertet. Nicht zuletzt will G die ABS-Transaktion aber auch nutzen, um die Notwendigkeit von Veränderungen im Debitorenmanagement intern besser begründen zu können. Die vertraglichen Vorgaben würden dies vereinfachen.[878]

Unternehmen H

Unternehmen H ist zu 100 % in Familienbesitz und erwirtschaftet einen Umsatz von ca. 500 Mio. Euro. Da auch das Unternehmen sich selbst dem Mittelstand zuordnet, wird diese Kategorisierung hier übernommen. Seit 2003 verbrieft H Forderungen bis zu einem Volumen von 50 Mio. Euro aus sieben Konzerngesellschaften. Die Strukturierungsphase wurde als sehr komplex und umfangreich empfunden. Notwendiges Vorwissen zum Verständnis englischer Verträge musste teilweise erst erworben werden. Hauptgrund für die Verbriefung war die Stärkung der EK-Quote über einen Bilanzabgang der Forderungen und anschließende Tilgung von Fremd-

---

877 Vgl. Interview Unternehmen F, siehe Anhang F.9, S. 411.

878 Vgl. Interview Unternehmen F, siehe Anhang F.9, S. 411.

kapital. ABS sind für H günstiger als Kontokorrentlinien, jedoch vergleichbar mit syndizierten Krediten.[879]

Unternehmen I

Bei Unternehmen I handelt es sich ebenfalls um ein Unternehmen aus dem Mittelstand, da I einen Umsatz von knapp 300 Mio. Euro erwirtschaftet und zu 100 % in Familienbesitz ist. Seit 2003 verbrieft I Forderungen mit einem Volumen bis zu 35 Mio. Euro aus deutschen, französischen und spanischen Konzerngesellschaften. Nur wenige Banken konnten I in 2003 eine Verbriefung zu diesem Volumen anbieten. Neben der Abwicklung der Vertragsverhandlungen bewertet I die Einführung einer stabil laufenden EDV-Lösung zur Abwicklung der ABS-Transaktion als ein sehr wesentliches Element eines funktionierenden Forderungsverkaufs. Der regelmäßige Arbeitsaufwand müsste weitestgehend minimiert werden.[880]

Unternehmen J

Als letztes Unternehmen wurde mit J ein weiterer Mittelständler für die Case Studies ausgewählt. Das Unternehmen ist in Familienbesitz und erwirtschaftet einen Umsatz von ca. 300 Mio. Euro. Seit 2004 werden Forderungen mit einem Gesamtvolumen von bis zu 25 Mio. Euro verbrieft. Da zum Jahresende 2004 bereits eine Bilanzentlastung stattfinden sollte, musste die Strukturierung der Transaktion in nur 8 Wochen durchgeführt werden. Mit Hilfe von externen Beratungen wurde dies realisiert. Durch eine Anerkennung des Bilanzabgangs entstanden auch positive Effekte auf die Ratings der Kredit gebenden Banken. Interessant war des Weiteren, dass auf Financial Covenants verzichtet werden konnte.[881]

Zum Abschluss der empirischen Untersuchungen wurde nach den Clinical und Case Studies eine kurze Umfrage zur Bewertung der identifizierten Motive durchgeführt. Diese wird im abschließenden Abschnitt dieses Kapitels kurz betrachtet.

---

879 Vgl. Interview Unternehmen H, siehe Anhang F.11, S. 412.
880 Vgl. Interview Unternehmen I, siehe Anhang F.12, S. 412.
881 Vgl. Interview Unternehmen J, siehe Anhang F.13, S. 412.

6.4 Umfrage zur Motivation

In den Clinical und den Case Studies wurden die verbriefenden Unternehmen bereits nach ihren Motiven befragt. Dies hat erste Einblicke in die Bedeutung einzelner Vorteile von ABS gebracht. Um den Vergleich zwischen Großunternehmen und mittelständischen Unternehmen zu vereinfachen wurde im Anschluss an die qualitativen Erhebungen eine kurze Umfrage durchgeführt.

Hierbei wurden sowohl die Unternehmen der Clinical und Case Studies angeschrieben als auch weitere, dem Autor bekannte verbriefende Unternehmen. Insgesamt wurde der Fragebogen an 41 Unternehmen verschickt. Von den Unternehmen der Clinical und Case Studies haben zwölf Unternehmen den Fragebogen beantwortet, von den weiteren Unternehmen zehn, so dass insgesamt 22 ausgefüllte Bögen ausgewertet werden konnten, was einer Response Rate von über 50 % entspricht. Bei etwas über 100 verbriefenden Unternehmen in Deutschland liegt die Abdeckung des Samples damit leicht unter 20 % aller Originatoren.

Da die Eigenschaften der Grundgesamtheit jedoch nicht bekannt sind, kann eine statistische Repräsentativität nicht nachgewiesen werden. Dennoch ist es im Sinne des Fokuses dieser Arbeit auf den Mittelstand zu begrüßen, dass zehn Mittelständler und zwölf Großunternehmen an der Umfrage teilgenommen haben. Dies ermöglicht eine differenzierte Auswertung nach Unternehmensart. Als weitere Eigenschaften des Sample ist festzuhalten, dass 10 der Unternehmen börsennotiert sind und 12 nach IFRS bilanzieren.

Ziel der Umfrage war es, eine genauere Bewertung der im Rahmen der qualitativen Erhebungen identifizierten Motive zu erhalten. Daher wurde nach allen praktisch relevanten Vorteilen der Verbriefung von Handelsforderungen gefragt. Abbildung 6.12 gibt einen Überblick über die abgefragten Motive. Die Unternehmen wurden um eine Einschätzung gebeten, welche Motive bei ihnen bei der Entscheidung, Forderungen zu verbriefen, eine Rolle gespielt haben, und vor allem, wie stark die einzelnen Motive sich ausgewirkt haben.

Die Ergebnisse der Umfrage werden im Abschnitt 7.5 dargestellt. Zunächst werden jedoch die Clinical und Case Studies ausgewertet, um die Ergebnisse dieser Analyse anschließend mit denen der Umfrage vergleichen zu können.

Welche Motive spielten in Ihrem Unternehmen bei der Entscheidung, Handelsforderungen zu verbriefen, eine Rolle?

	Keine Rolle gespielt 1	2	3	4	Starke Rolle gespielt 5
Günstige Finanzierungskosten	☐	☐	☐	☐	☐
Fixierung des Risikoaufschlags über EURIBOR o. ä.	☐	☐	☐	☐	☐
Langfristige Finanzierungssicherheit	☐	☐	☐	☐	☐
Bilanzverkürzung	☐	☐	☐	☐	☐
Liquiditätszufluss	☐	☐	☐	☐	☐
Reduzierung des zu tragenden Forderungsausfallrisikos	☐	☐	☐	☐	☐
Diversifizierung der Finanzierungsinstrumente	☐	☐	☐	☐	☐
Unabhängigkeit vom Bankensektor erhöhen	☐	☐	☐	☐	☐
Reputationsgewinn durch Nutzung von ABS	☐	☐	☐	☐	☐
Nutzung des Kapitalmarkts	☐	☐	☐	☐	☐
Nutzung des Kapitalmarkts ohne die Offenlegung von Unternehmensdaten	☐	☐	☐	☐	☐
Verbesserung des Debitorenmanagements	☐	☐	☐	☐	☐
Reduzierung der Gewerbesteuerlast	☐	☐	☐	☐	☐
Finanzierung von Investitionen/Umsatzausweitung	☐	☐	☐	☐	☐
Ablösung von Kreditverbindlichkeiten	☐	☐	☐	☐	☐
Sonstiges: ______________________	☐	☐	☐	☐	☐

Abb. 6.12: Fragebogen zur Motivation[882]

[882] Eigene Darstellung.

7 Analyse der empirischen Untersuchungen

Diese Kapitel untersucht die erarbeiteten Erwartungen auf der Basis der dargestellten Verbriefungen von Handelsforderungen. Dafür werden je nach Fragestellung teilweise Auswertungen der einzelnen Clinical Studies und anschließend (oder teilweise direkt) unter Einbeziehung der Case Studies eine Fall übergreifende Bewertung erstellt

Zunächst werden jedoch für mehrere Fragestellungen relevante Informationen über die Verwendung der Liquidität und die Bilanzverkürzung in diesen Transaktionen vermittelt.

7.1 Vorbemerkungen

7.1.1 Verwendung der Liquidität

Die Verwendung der ABS-Liquidität hat Auswirkungen auf verschiedene Bereiche der Analyse und soll daher vorab betrachtet werden. Zunächst sei auf eine Untersuchung von Ernst & Young/Luther (2005) verwiesen, die in einer umfangreichen telefonischen Umfrage die Finanzierungsstruktur von 1.000 Unternehmen untersuchten und Unternehmen, die bereits an ABS-Transaktionen teilgenommen hatten, befragten, wofür sie die ABS-Liquidität verwendet hätten. Die Untersuchung ergab, dass die gewonnene Liquidität überwiegend für Investitionen in Anlagevermögen oder die Erhöhung der Betriebsmittel genutzt wurde. An dritter Stelle folgt die Ablösung kurzfristiger Kredite. Die Ablösung langfristiger Kredite und die Ausschüttung an Eigentümer spielten dagegen nur eine untergeordnete Rolle.[883]

Der gleichen Fragestellung gingen auch die Clinical und Case Studies dieser Arbeit nach. Abbildung 7.1 stellt die Ergebnisse dar. Die Ablösung von Kontokorrentkrediten findet in fast der Hälfte der Transaktionen statt, die Ablösung langfristiger Kredite nur bei weniger als einem Viertel. Dieses Ergebnis stimmt mit der Untersuchung von Ernst&Young/Luther dahingehend überein, dass die Ablösung von

[883] Vgl. Ernst & Young/Luther (2005), S. 32.

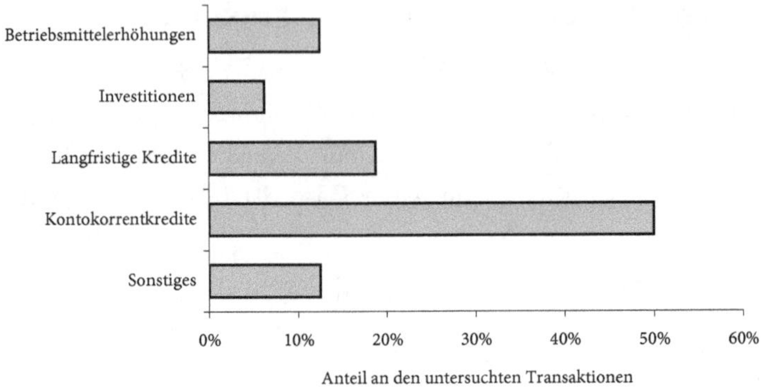

Abb. 7.1: Verwendung der ABS-Liquidität[884]

Kontokorrentkrediten eine größere Rolle spielt als die von langfristigen Krediten. Die Investitionen bzw. Betriebsmittelerhöhungen fallen hier jedoch geringer aus.

Die teilweise unterschiedlichen Ergebnisse können daraus resultieren, dass in dieser Arbeit nur die Verbriefung von Handelsforderungen untersucht wurde, Ernst & Young/ Luther jedoch Verbriefungen aller Forderungsarten (ausgenommen Kreditforderungen). Forderungen aus Lieferungen und Leistungen sind im Vergleich zu anderen Aktiva wie z. B. Leasingforderungen kurzfristigerer Natur. Der revolvierende Forderungsverkauf muss daher häufiger stattfinden. Als Ergebnis ist das Finanzierungsvolumen unsicherer und wird von den Unternehmen anscheinend nur selten für langfristige Investitionen genutzt.

Es ist damit für die weitere Analyse festzuhalten, dass die ABS-Liquidität bei der Verbriefung von Handelsforderungen überwiegend für die Ablösung von Kontokorrentkrediten verwendet wird.

[884] Eigene Darstellung, aufbauend auf Abschnitt 6.2.1.3.1, S. 176; Abschnitt 6.2.2.3.1, S. 206; Abschnitt 6.2.3.3.1, S. 234; Abschnitt 6.2.4.3.1, S. 255; Tabelle D.3, S. 394; sonstiges beinhaltet die Ablösung von Verbindlichkeiten aus Lieferungen und Leistungen, von Factoring und den Einsatz im allgemeinen Treasury, dabei sind Mehrfachnennungen möglich.

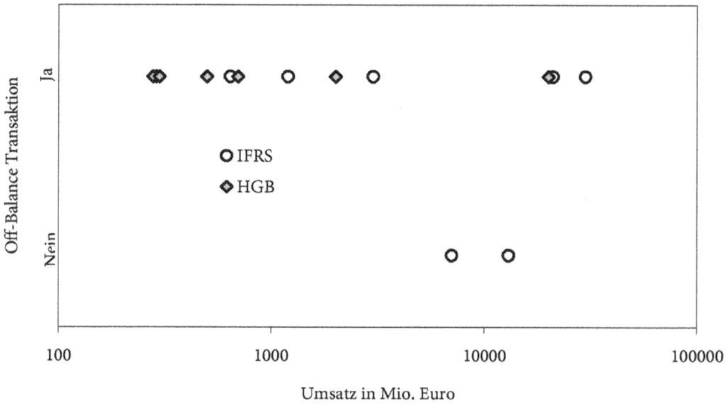

Abb. 7.2: Off-Balance-Sheet Transaktionen[885]

7.1.2 Bilanzverkürzung

Nachdem im vorhergehenden Abschnitt gezeigt wurde, dass die Unternehmen mit der ABS-Liquidität überwiegend Verbindlichkeiten ablösen, soll untersucht werden, welche Unternehmen damit theoretisch die in Abschnitt 5.4.1 beschriebenen Effekte der Bilanzverkürzung erreichen können.

In den Clinical und Case Studies haben nur zwei der 14 untersuchten Unternehmen ihre ABS-Transaktion On-Balance-Sheet dargestellt. Alle anderen haben den Bilanzabgang erreicht. Abbildung 7.2 gibt einen Überblick über den Umsatz und die verwendeten Rechnungslegungsvorschriften der Unternehmen der Off-Balance-Sheet-Transaktionen. Alle nach HGB bilanzierenden Unternehmen haben Off-Balance-Sheet-Transaktionen durchgeführt. Von den nach IFRS bilanzierenden Unternehmen haben es fünf von sieben erreicht.[886]

Damit ist zunächst festzustellen, dass in der überwiegenden Anzahl der Transaktionen eine Bilanzverkürzung theoretisch erreicht werden könnte. Die tatsächlich erreichten Effekte zeigt Abschnitt 7.4.1.

Darüber hinaus soll als weiterer Vorgriff auf die Analysen bereits hier betrachtet werden, ob die Off-Balance-Sheet-Darstellung für die Unternehmen wichtig

[885] Eigene Darstellung.

[886] Vgl. Abschnitt 6.2.1.3.1, S. 176; Abschnitt 6.2.2.3.1, S. 206; Abschnitt 6.2.3.3.1, S. 234; Abschnitt 6.2.4.3.1, S. 255; Tabelle D.3, S. 394.

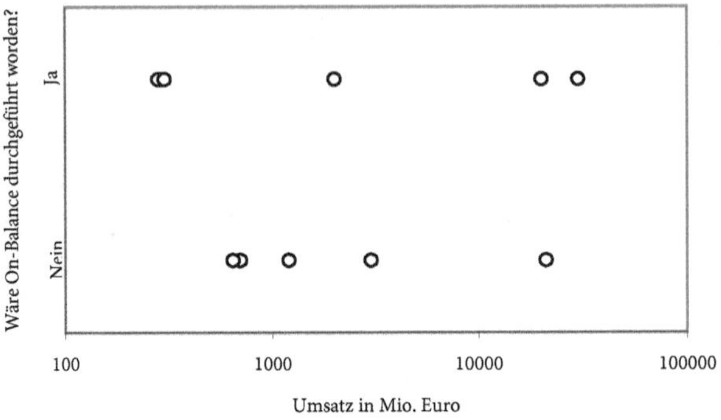

Abb. 7.3: On-Balance-Sheet-Variante[887]

war. Deshalb wurden die Unternehmen mit einer Off-Balance-Sheet-Darstellung befragt, ob sie die Transaktion, falls nicht anders möglich, auch On-Balance-Sheet durchführen würden. Sechs Unternehmen antworteten mit „Ja", fünf mit „Nein" und ein Unternehmen konnte keine Einschätzung abgeben.[888] Die Clinical Studies gingne den Begründungen hierfür genauer nach. Alpha hat den Bilanzabgang zur Bedingung gemacht, da es positive Auswirkungen auf Bilanzkennzahlen erreichen wollte. Gamma bestand zu Beginn der Transaktion ebenfalls auf dem Bilanzabgang, da nur so Covenants aus Kreditverträgen eingehalten werden konnten. Inzwischen sind diese jedoch nicht mehr vorhanden, so dass Gamma jetzt auch die On-Balance-Sheet-Variante akzeptieren würde. Delta wollte auf Grund des hohen Implementierungsaufwands nicht auf positive Effekte auf Kennzahlen und Covenants verzichten und hätte eine On-Balance-Sheet-Transaktion daher nicht durchgeführt. Für Beta waren hingegen der Liquiditätseffekt und die Loslösung aus der Bankenabhängigkeit vorrangiges Ziel, so dass die Transaktion auch On-Balance-Sheet durchgeführt worden wäre.[889]

Um die Off-Balance-Sheet-Darstellung zu erreichen, sind höhere Kosten notwendig, da mehr Risiko als bei einer On-Balance-Sheet-Transaktion übertragen werden muss. Delta sieht darüber hinaus einen erhöhten Arbeitsaufwand, um die Struktur

887 Eigene Darstellung, nur Unternehmen mit Off-Balance-Sheet-Transaktionen wurden gefragt.
888 Vgl. Abbildung 7.3.
889 Vgl. Abschnitt 6.2.1.2.2, S. 166; Abschnitt 6.2.2.2.2, S. 195; Abschnitt 6.2.3.4, S. 238; Abschnitt 6.2.4.2.2, S. 246.

speziell nach IFRS auf den Bilanzabgang hin zu optimieren. Auch besteht die Unsicherheit, dass durch veränderte Bilanzierungsregeln die Struktur der Transaktion überarbeitet werden muss. Insgesamt sehen jedoch die meisten Unternehmen keinen Nachteil in der Off-Balance-Sheet-Gestaltung.[890]

Insgesamt zeichnet sich bei der Bewertung der Off-Balance-Sheet-Darstellung bereits ein differenziertes Bild ab. Weitere Effekte spielen eine bedeutende Rolle. Diese werden im weiteren Verlauf genauer betrachtet.

7.2 Transaktionskosten

Der Struktur der Literaturarbeit folgend stehen zunächst die Effekte von ABS auf die Transaktionskosten im Fokus. Dabei werden im nächsten Abschnitt zunächst die Finanzierungskosten einer Forderungsverbriefung im Allgemeinen sowie die erwartete Marktintransparenz analysiert.

7.2.1 Finanzierungskosten und Marktintransparenz

Da die Fragestellungen nach den Finanzierungskosten und der Marktintransparenz inhaltlich zusammenhängen, werden sie in diesem Abschnitt gemeinsam ausgewertet. Zunächst wird der Zusammenhang zwischen Bonität und Kosten (Erwartung T.2), dann der Vergleich mit Factoring (T.3) und abschließend Probleme mit der Intransparenz des Markts (T.1) untersucht.

Erwartung T.2: Je besser die Bonität des verbriefenden Unternehmens, desto geringer sind die Kostenunterschiede zwischen ABS und Kreditfinanzierung.

Zur Bewertung dieser Erwartung müssen zunächst die absoluten Kosten der Forderungsverbriefung betrachtet werden. Diese sind in Vorabkosten und laufende Kosten zu unterteilen. Vor dem ersten Verkauf sind in der Regel Zahlungen an die strukturierende Bank für die Aufsetzung der Struktur, an die Rating-Agenturen für die Begutachtung des Portfolios und an Rechtsanwälte für die vertragliche Darstellung fällig. Laufende Kosten beinhalten neben den Refinanzierungskosten der Zweckgesellschaft u. a. Zahlungen für die Nutzung der Struktur, die Bereitstellung der Liquiditätslinie sowie eventuell die Kosten einer Warenkreditversicherung.

[890] Vgl. Interview Delta Teamleiter Treasury, siehe Anhang E.4.2.1, S. 408; Interview Delta Strukturierende Bank, siehe Anhang E.4.2.3, S. 409.

	Alpha	Beta	Gamma	Delta
Vorabkosten, in BP[a]	21	25	10[b]	7
+ Laufende Kosten, in BP	110	68	30	73[c]
+ Warenkreditversicherung, in BP	25	26	-	-
= All-in-Kosten, in BP	156	118	40	80
Differenz zu kurzfristigen Krediten, in BP	+ 50	– 200	– 30	+ X[d]
Volumen der Transaktion, in Mio. Euro	35	25	132	60

[a] Umgelegt auf die Laufzeit. Bei Alpha und Beta zur Vergleichbarkeit auf eine Laufzeit von fünf Jahren umgerechnet. [b] Schätzungen [c] 70 bis 75 BP
[d] Die ABS-Kosten liegen deutlich über den Kosten kurzfristiger Kredite.

Tab. 7.1: All-in-ABS-Kosten[891]

Verteilt man die Vorabkosten über die Laufzeit der Transaktion und addiert dies zu den laufenden Kosten, so erhält man die All-in-Kosten der Transaktion. Diese können als Margin über EURIBOR dargestellt werden. Auf Grund einer Fixkostendegression sinken die Kosten mit steigendem Transaktionsvolumen. Dieser Zusammenhang sowie eine Bandbreite der realistischen Transaktionskosten wurde von Hommel (2005) beschrieben.[892]

In Tabelle 7.1 sind die Kostenbestandteile der Unternehmen Alpha bis Delta dargestellt. Bereits auf den ersten Blick ist zu erkennen, dass die Großunternehmen auf Grund der höheren Transaktionsvolumina geringere All-in-Kosten zahlen müssen. Darüber hinaus erhöht die bei Alpha und Beta notwendige Warenkreditversicherung die Kosten für diese Unternehmen um ca. 25 BP.

Wie erwartet, sind diese Werte jedoch allein stehend nicht zu bewerten. Für die verbriefenden Unternehmen ist entscheidend, wie sich die Kosten relativ zu den Alternativen zu ABS verhalten. Unternehmen mit besserer Bonität erhalten in der Regel günstigere Kreditkonditionen als Unternehmen mit schlechterem Rating. Wenn die Finanzierungskosten bereits gering sind, hat ABS weniger Einsparpotenzial.

891 Eigene Darstellung, aufbauend auf Abschnitt 6.2.1.2.2, S. 166; Abschnitt 6.2.2.2.2, S. 195; Abschnitt 6.2.3.2.2, S. 227; Abschnitt 6.2.4.2.2, S. 246.
892 Vgl. Hommel (2005), S. 35–36.

In Abbildung 6.3 (in Abschnitt 6.1) wurde dargestellt, dass Alpha und Delta bankinterne Ratings im „A“-Bereich (nach S & P) besitzen, während Beta und Gamma im „BBB“-Bereich anzusiedeln sind. Im direkten Vergleich ist Beta etwas schlechter als Gamma einzuordnen.[893]

Wie Tabelle 7.1 darstellt, konnten Beta und Gamma (die „BBB-Unternehmen“) mit der ABS-Transaktion einen Finanzierungsvorteil gegenüber kurzfristigen Kreditlinien (200 BP bzw. 30 BP) realisieren. Alpha und Delta („A-Unternehmen“) hingegen müssen für die Forderungsverbriefung etwas mehr als für ihre Kredite zahlen (50 BP bei Alpha). Dies steht in Übereinstimmung mit der formulierten Erwartung. Während Beta und Gamma mit einem BBB-Rating Kostenvorteile erreichen konnten, war dieser Vorteil für die Unternehmen mit dem besseren A-Rating nicht mehr existent, da die kleinere Differenz zum Rating der ABCP die Kosten der Transaktion nicht mehr ausgleichen können.[894]

Der Umfang der Untersuchungen ist jedoch nicht ausreichend, um eine klare Trennlinie zu definieren, ab der ABS-Transaktionen günstiger als Kredite sind. Dies ist sehr wahrscheinlich auch nicht möglich, da zum einen sowohl die Kreditkosten als auch die ABS-Kosten einen gewissen Verhandlungsspielraum besitzen und die ABS-Kosten durch Eigenschaften des Forderungsportfolios, wie z. B. Klumpenrisiken, beeinflusst werden. Dennoch zeigen die Ergebnisse der Clinical Studies, dass der postulierte Zusammenhang zwischen Finanzierungsvorteil und Bonität des Originators existiert. Für Unternehmen mit schlechterer Bonität bietet ABS potentiell größere Finanzierungsvorteile.

Allerdings gilt dieser Vorteil nicht unbegrenzt. In Abschnitt 7.2.5 wird analysiert, ob es in der Bonität nach unten eine Grenze gibt, ab der Unternehmen nicht mehr an einer ABS-Transaktion teilnehmen können. Dort wird die Frage analysiert, ob Non-Investment-Grade-Unternehmen überhaupt Forderungen verbriefen können. Das Ergebnis zeigt, dass Verbriefungen solcher Unternehmen nur bei wenigen Banken möglich sind und dort die Strukturen und Sicherheitsmechanismen umfangreicher und komplexer gestaltet werden müssen. Manche Banken verneinen diese Möglichkeit vollständig.

893 Vgl. Abschnitt 6.1, S. 151.

894 In den Case Studies konnte diese Untersuchung nicht durchgeführt werden, da genaue Informationen zu den Ratings der Unternehmen nicht zu erhalten waren.

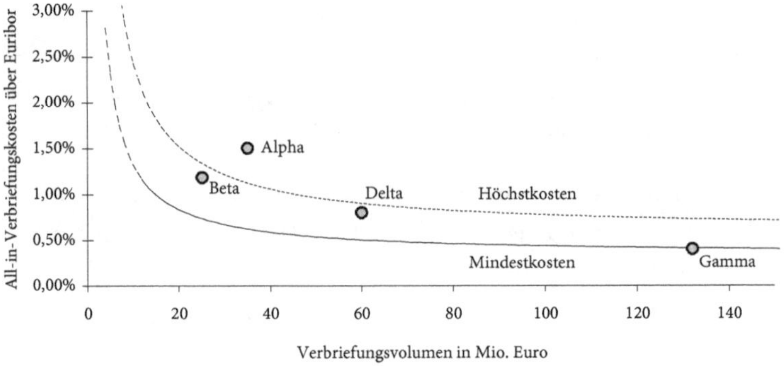

Abb. 7.4: All-in-Verbriefungskosten[895]

Neben dem Kredit ist die Verbriefung von Handelsforderungen auch mit Factoring zu vergleichen. Es wird erwartet, dass ABS auf Grund seiner Struktur Preisvorteile gegenüber dem Factoring realisieren kann. Insbesondere bei größeren Volumina sollte dies der Fall sein.

Erwartung T.3: ABS ist dem Factoring in den für ABS entscheidenden Volumengrenzen überlegen.

Die Ergebnisse der empirischen Untersuchungen ergeben hierzu ein sehr klares Bild. Nur ein Unternehmen gab an, dass ABS nicht günstiger als der Verkauf der selben Forderungen über Factoring sei.[896] Die Mehrheit hatte Factoring als Alternative einbezogen und auf Grund höherer Kosten verworfen. Dieses Ergebnis ist interessanterweise unabhängig von der Größe des verbriefenden Unternehmens.[897]

Bei dieser Analyse muss jedoch ein möglicher Selection Bias berücksichtigt werden, da sich alle befragten Unternehmen auswahlbedingt für ABS entschieden hatten. Unternehmen, die sich aus Kostengründen für Factoring entschieden haben, wurden nicht untersucht. Allerdings wird dieser mögliche Selection Bias als nicht

895 Eigene Darstellung, aufbauend auf Hommel (2005), S. 36.

896 Interessanterweise handelt es sich jedoch bei dem einzigen Unternehmen, das Factoring als preislich vergleichbar zu ABS einschätzt um ein Großunternehmen (F) mit einem ABS-Volumen von 700 Mio. Euro.

897 Vgl. Abschnitt 6.2.2.1, S. 188; Abschnitt 6.2.3.1, S. 221; Abschnitt 6.2.4.4, S. 263; Interview Unternehmen A Strukturierende Bank, siehe Anhang F.2, S. 410; Interview Unternehmen C, siehe Anhang F.5, S. 410; Interview Unternehmen G, siehe Anhang F.10, S. 412; Interview Unternehmen I, siehe Anhang F.12, S. 412.

besonders relevant angesehen, da die Unternehmen teilweise von sehr erheblichen Preisunterschieden gesprochen haben. Es ist deshalb nicht zu erwarten, dass Factoring in den hier relevanten Volumengrenzen günstiger sein könnte. Ein Selection Bias wird daher als sehr unwahrscheinlich eingeschätzt. Zumindest bei den hier untersuchten ABS-Volumina von über 25 Mio. Euro kann Factoring bisher nur schwer in Konkurrenz zu ABS treten.

Zwar ist für das verbriefende Unternehmen der Vergleich mit alternativen Finanzierungen sehr wichtig. Von Interesse ist aber auch, ob der angebotene Preis bereits das Optimum darstellt. Zunächst ist festzuhalten, dass über die Kostenkomponenten einer Forderungsverbriefung in Deutschland nur wenige Informationen öffentlich zugänglich sind. Schmeisser/Leonhardt (2007) weisen darauf hin, dass erst mit den Informationen aus einer Studie von Hommel (2005) eine Abschätzung der Preise möglich sei. Dieses Modell wird daher auch hier zur Bewertung der in den Clinical Studies festgestellten Kosten verwendet.[898]

Die vier Transaktionen der Clinical Studies sind in Abbildung 7.4 mit ihren entsprechenden Volumina und All-in-Kosten im Vergleich zum Modell von Hommel eingetragen. Zunächst bestätigen die empirisch vorgefundenen Werte das Modell. Beta, Delta und Gamma liegen innerhalb der erwarteten Bandbreiten. Alpha hingegen zahlt trotz höherem Verbriefungsvolumen mehr als Beta und fällt damit etwas aus dem Kostenmodell heraus. Gamma liegt am unteren Ende des erwarteten Preisrahmens. Da Gamma bereits mehrere Forderungsverbriefungen durchgeführt hat, könnte dies darauf hindeuten, dass durch verbesserte Kenntnis des Markts die Konditionen verbessert werden konnten.

Der Preis von Forderungstransaktionen sinkt also auf Grund des Fixkostenanteils mit steigendem Volumen. Gleichzeitig wird für das verbriefende Unternehmen eine ABS-Transaktion vom Preis her um so interessanter, je schlechter das Rating des Unternehmens ist. Insgesamt dürften ABS damit tendenziell für kleinere Unternehmen (die einen geringen Forderungsbestand haben) mit sehr gutem Rating (und daher günstigen Kreditkonditionen) vom Preis her wenig attraktiv sein. Für diese Unternehmen spiele andere Faktoren eine Rolle. Alpha bietet hier ein gutes Beispiel. Wie dargestellt, liegen die Verbriefungskosten auf Grund eines

898 Vgl. Schmeisser/Leonhardt (2007), S. 172; Schmeisser/Leonhardt (2006), S. 64; Hommel (2005), S. 36.

Verbriefungsvolumens von „nur" 35 Mio. Euro und eines Ratings im A-Bereich über den Kosten kurzfristiger Kredite. Alpha hat die Transaktion dennoch durchgeführt, da die Bereitstellung von Liquidität größere Bedeutung als die Finanzierungskosten hatte.

Wie das Preismodell Hommels zeigt, sollten sich die Verbriefungskosten in einem breiten Bereich befinden. Auf Grund dieser Bandbreite ist es von Interesse, ob und wie sich die vier Unternehmen der Clinical Studies vor Abschluss der Transaktion über verschiedene Angebote informiert haben. Und falls sie es getan haben, unterschieden sich die einzelnen Angebote in relevantem Umfang? Dies wird im Folgenden untersucht.

Erwartung T.1: Die Angebote verschiedener Banken unterscheiden sich in Bezug auf den Preis in wesentlichem Umfang.

Die Unternehmen aus den Clinical und Case Studies haben unterschiedliche Strategien bzgl. der Preisfindung angewendet. Einige haben ihrer Hausbank vertraut und sich nur von dieser ein Angebot erstellen lassen, da ein gutes Vertrauensverhältnis zu dieser Bank bestand oder aber auch, weil, wie bei Alpha, die Vermeidung von negativen Signalen im Falle scheiternder Verhandlungen im Vordergrund stand.[899]

Andere Unternehmen haben mehrere Anbieter um ein Angebot gebeten. Beta hat zwei Banken und eine Warenkreditversicherung angesprochen. Die Angebote der Banken waren preislich ähnlich, die Verbriefung über die Versicherung jedoch wesentlich teurer. Delta konnte fünf Angebote vergleichen und machte die Erfahrung, dass diese sowohl preislich als auch in der Gestaltung des Bilanzabgangs nach IFRS sehr unterschiedlich waren. Die Angebote für die Transaktionen der Unternehmen A und G lagen zur Überraschung der Unternehmen ebenfalls weit auseinander. Auch in diesen Fällen handelte es sich wie bei Delta um Transaktionen nach IFRS.[900]

---

899 Vgl. Abschnitt 6.2.1.2.3, S. 169; Abschnitt 6.2.3.2.3, S. 229; Interview Unternehmen H, siehe Anhang F.11, S. 412; Interview Unternehmen I, siehe Anhang F.12, S. 412; Interview Unternehmen J, siehe Anhang F.13, S. 412.

900 Vgl. Abschnitt 6.2.4.2.3, S. 248; Interview Unternehmen A Leiter Finanzen, siehe Anhang F.1, S. 410; Interview Unternehmen G, siehe Anhang F.10, S. 412; bei vier weiteren Case Studies waren über die Angebotsphasen auf Grund von Personalwechsel keine Informationen zu erhalten.

Damit ist festzustellen, dass sich die Angebote und Preise verschiedener Anbieter bei Transaktionen nach IFRS in wesentlichen Punkten unterscheiden und die Unternehmen auf das Einholen mehrerer Angebote nicht verzichten sollten. Der Bilanzabgang nach IFRS scheint noch kein Standard zu sein und die Intransparenz des Marktes führt zu sehr unterschiedlich hohen Forderungen der Banken. Im Bereich der HGB-Transaktionen liegen hingegen zu wenige Informationen vor, um eine Aussage zu treffen. Insbesondere die mittelständischen Unternehmen haben in den untersuchten Transaktionen häufig ihrer Hausbank vertraut und auf die Einholung weiterer Angebote verzichtet.

Wie der Vergleich der Kosten von Alpha mit dem Benchmark von Hommel ergeben hat, zahlte Alpha einen relativ hohen Preis für seine Transaktion. Auch wenn insbesondere die Kosten des CE stark von der Qualität des zu verbriefenden Forderungsportfolios abhängen, besteht die Möglichkeit, dass die Kosten bei einer umfangreicheren Angebotseinholung hätten reduziert werden können.

Insgesamt wurde damit bestätigt, dass die Verbriefung von Handelsforderungen insbesondere für Unternehmen schlechterer Bonität Preisvorteile besitzt, dass die Verbriefung dem Factoring in den für ABS relevanten Größenklassen überlegen ist und dass eine hohe Marktintransparenz speziell bei Transaktionen nach IFRS besteht.

7.2.2 Risikomanagement

Wie in Abschnitt 5.2.3 dargestellt, kann ABS im Allgemeinen verschiedene positive Auswirkungen auf das Risikomanagement eines Unternehmens haben. Bei der Verbriefung von Handelsforderungen sind diese jedoch teilweise zu hinterfragen. Die tatsächlichen Effekte sollen daher empirisch untersucht werden.

Erwartung T.4: Die Verbriefung von Handelsforderungen wird als Instrument des Risikomanagements angesehen.

Komponenten des Pattern Matching:

I. Das verbriefende Unternehmen stellt eine Reduzierung seines Forderungsausfallrisikos fest.

	Alpha	Beta	Gamma
Durchschnitt Forderungsausfälle	0,19 %	0,35 %	0,01 %
Maximum Forderungsausfälle	2,46 %	1,95 %	0,10 %
First Loss Piece	6,00 %	3,20 %	2,00 %

Tab. 7.2: Ausfallraten und First Loss Pieces[901]

II. Das verbriefende Unternehmen sieht die Verbriefung von Handelsforderungen als langfristiges Finanzierungsinstrument an.

III. Die ABS-Transaktion wird von den verbriefenden Unternehmen als Diversifizierung der Finanzierungsquellen angesehen.

IV. Die Verbriefung von Handelsforderungen führt zu einer Fixierung der Risikoprämie.

Zunächst wird die Reduzierung des Forderungsausfallrisikos (Merkmal I) analysiert.

Bei allen untersuchten Transaktionen handelte es sich um einen regresslosen Verkauf der Forderungen. Das Risiko des Forderungsausfalls wird damit zunächst an die Zweckgesellschaften übertragen. Allerdings haften die verbriefenden Unternehmen weiterhin in Höhe des jeweiligen FLPs für auftretende Ausfälle. Erst über diese Grenze hinausgehende Ausfälle werden übertragen. Tabelle 7.2 zeigt die durchschnittlichen Forderungsausfallraten von Alpha, Beta und Gamma[902] im Vergleich zu den Größen der jeweiligen FLPs. Es werden zwei Punkte schnell deutlich. Zum einen werden erwartete Ausfälle (in Höhe der durchschnittlichen Ausfälle der Vergangenheit) klar von den verbriefenden Unternehmen getragen, da die Haftung in diesen drei Fällen das 9,1- bis 31,5-Fache der durchschnittlichen (und auch noch das 1,6- bis 20-Fache der maximalen) Forderungsausfälle beträgt. Des Weiteren wird zwar ein Teil der unerwarteten Ausfälle an das SPV[903] übertragen. Auf Grund der Differenz zwischen FLP und erwarteten Ausfällen verbleibt jedoch ein Teil der unerwarteten Ausfälle ebenfalls bei den Originatoren.

901 Berechnungszeitraum: Alpha drei Jahre; Beta neun Jahre; Gamma fünf Jahre; bei Delta sind keine Ausfalldaten vorhanden. Ausfallraten stehen im Verhältnis zu den jeweiligen relevanten monatlichen Umsätzen.

902 Keine Ausfallraten zu Delta vorhanden.

903 Oder bei deren Verwendung an die CE-WKV.

Ein weiteres Element der Verbriefungsstruktur untermauert diesen eingeschränkten Risikotransfer. Alle untersuchten Transaktionen, sowohl in den Clinical als auch den Case Studies, beinhalten Trigger, die bei steigenden Überfälligkeiten oder steigenden Forderungsausfällen zu einem möglichen Abbruch der Transaktion führen.[904] Ein langsamer Anstieg der Ausfälle beendet damit den Risikotransfer vor einem tatsächlichen Transfer von Ausfällen. Nur plötzlich auftretende Ausfälle sind in diesem Zusammenhang relevant. Und auch dann tritt der Transfer auf Grund des spätestens dann erfolgenden Abbruchs der Transaktion nur ein Mal auf. Wenn also der unwahrscheinliche Fall eines Forderungsausfalls in Höhe des FLP auftreten sollte und damit Ausfälle vom verbriefenden Unternehmen zu den Forderungsverkäufern transferiert werden, tritt dieser Effekt maximal ein Mal auf.[905]

Von Interesse ist, ob die verbriefenden Unternehmen diesen eingeschränkten Risikotransfer als relevant einschätzen. Dies ist überwiegend nicht der Fall. Nur zwei der 14 Unternehmen haben diese Frage positiv beantwortet.[906] Delta als eines dieser beiden Unternehmen stellt einen Spezialfall dar, da der Bilanzabgang nach IFRS über mehrschichtige Risikotransfers erreicht wurde[907] und der entsprechende Trigger erst oberhalb des Second Loss Piece gesetzt wurde. Damit kann in diesem Fall ein tatsächlicher Transfer von Ausfällen stattfinden, ohne das die Transaktion beendet würde.[908]

Insgesamt kann festgehalten werden, dass mit wenigen Ausnahmen die Verbriefung von Handelsforderungen auf Grund der verwendeten Strukturen nicht geeignet ist, um das Forderungsausfallrisiko wesentlich zu reduzieren. Merkmal I ist nicht vorzufinden.

Wie beschrieben, kann ABS jedoch u. U. auch das Finanzierungsrisiko eines Unternehmens über langfristige Vertragslaufzeiten reduzieren (Merkmal II). Insbesondere

904 Vgl. Abschnitt 6.2.1.2.6, S. 175; Abschnitt 6.2.2.2.6, S. 204; Abschnitt 6.2.3.2.6, S. 233; Abschnitt 6.2.4.2.6, S. 253; Tabelle D.1, S. 392.

905 Die strukturierenden Banken erwähnten, dass eine Transaktion durch eine Erhöhung/Vergrößerung des FLPs eventuell weitergeführt werden könnte. Dies hat auf die hier durchgeführte Analyse keine großen Auswirkungen, da nach einer Erhöhung des FLP zukünftige Transfers wieder unwahrscheinlicher geworden sind.

906 Vgl. Abschnitt 6.2.1.4, S. 184; Abschnitt 6.2.2.4, S. 218; Abschnitt 6.2.3.3.2, S. 236; Abschnitt 6.2.4.3.2, S. 258; Tabelle D.5, S. 396.

907 Vgl. Abbildung 6.11, S. 259.

908 Vgl. Abschnitt 6.2.4.2.1, S. 243.

könnte dies der Fall sein, wenn das verbriefende Unternehmen kurzfristige (d. h. jährlich kündbare) Kreditlinien mit ABS substituiert. Voraussetzung hierfür ist jedoch, dass die ABS-Finanzierung über die gesamte Laufzeit garantiert ist.

Zunächst ist es deshalb angebracht, die tatsächliche Vertragsgestaltung zu untersuchen. Die Verträge von Alpha und Beta laufen jeweils für sieben Jahre, der von Delta fünf Jahre. Die Transaktion von Gamma verlängert sich jedes Jahr um ein weiteres Jahr, wobei ein Verständnis zwischen Unternehmen und Bank besteht, dass die Transaktion für fünf Jahre ausgelegt sei. Diese überwiegend langfristig ausgelegten Vertragslaufzeiten waren auch in den Case Studies zu finden. Sieben Transaktionen sind für fünf Jahre ausgelegt, eine läuft sogar auf unbestimmte Zeit. Die Vertragsmodalitäten von B sind denen von Gamma ähnlich.[909]

Die Fortführung der Transaktionen ist jedoch an Bedingungen geknüpft. In mehreren Verträgen existieren Financial Covenants sowie in allen Transaktionen Trigger zur Performance des Forderungsportfolios. Da auch normale Kredite über Covenants abgesichert werden können, stellen diese keinen Nachteil für die ABS-Transaktion dar. Die Trigger hingegen führen zu zusätzlichem Abbruchrisiko, das auf Grund der Natur der Finanzierung über ABS jedoch nicht verhindert werden kann.[910]

Bedeutender ist, dass alle Verträge Termination Events (oder ähnliche Formulierungen) beinhalten, die die Verbriefung u. a. beenden, wenn die unterstützenden Liquiditätslinien nicht mehr zur Verfügung stehen sollten. Diese werden in der Regel von den strukturierenden Banken jährlich neu bereitgestellt.[911] Dem Unternehmen A ist es als einzigem untersuchtem Unternehmen gelungen, eine mehrjährige Liquiditätslinie mit der strukturierenden Bank zu vereinbaren. Hierfür wurden entsprechende Mehrkosten akzeptiert. Ale anderen Unternehmen müssen auf die jährliche Bereitstellung hoffen.[912]

909 Vgl. Abschnitt 6.2.1.2.1, S. 163; Abschnitt 6.2.2.2.1, S. 191; Abschnitt 6.2.3.2.1, S. 224; Abschnitt 6.2.4.2.1, S. 243; Tabelle D.5, S. 396.

910 Vgl. Abschnitt 6.2.1.2.1, S. 163; Abschnitt 6.2.2.2.1, S. 191; Abschnitt 6.2.3.2.1, S. 224; Abschnitt 6.2.4.2.1, S. 243; Tabelle D.1, S. 392.

911 Der Grund für die kurzfristigen Laufzeiten der Liquiditätslinien liegt in den Vorschriften zur Eigenkapitalunterlegung der Banken. Liquiditätslinien mit einer Laufzeit von unter einem Jahr (hier: 364 Tage) müssen nach Basel I nicht mit Eigenkapital unterlegt werden.

912 Vgl. Abschnitt 6.2.1.2.1, S. 163; Abschnitt 6.2.2.2.1, S. 191; Abschnitt 6.2.3.2.1, S. 224; Abschnitt 6.2.4.2.1, S. 243.

Die jährlich zu verlängernden Liquiditätslinien stellen damit für die strukturierenden Banken eine klare Ausstiegsmöglichkeit dar. Faktisch unterscheiden sich die mehrjährig ausgelegten Verträge somit nicht von jährlich kündbaren Kreditlinien. Zwar versichern alle Banken, dass ein Einvernehmen über die tatsächliche Laufzeit der Transaktionen bestehe und sie auch eine Reputation zu verlieren hätten. Der Fall von Delta zeigt jedoch, dass es keine Sicherheit über die vereinbarte Laufzeit gibt. In diesem Fall hatte die strukturierende Bank die erste Transaktion durch die Nichtverlängerung der Liquiditätslinie beendet. Über Ausgleichszahlungen konnte dies zwar im Einvernehmen mit Delta geschehen, dennoch zeigt dieses Beispiel, dass die Gefahr einer vorzeitigen Beendigung jederzeit besteht. Interessant ist in diesem Zusammenhang auch, dass die strukturierende Bank von Gamma den Ausweis über die jährliche Verlängerung der Transaktion (s. o.) für ehrlicher hält als mehrjährige Vertragslaufzeiten, da diese auf Grund der Liquiditätslinien sowieso nicht garantiert wären.[913]

Insgesamt ist die Verbriefung von Handelsforderungen damit eine kurzfristige Finanzierungsform, bei der jedoch eine hohe Wahrscheinlichkeit für eine mehrjährige Laufzeit besteht. Merkmal II trat damit ebenfalls nicht auf.

Von Interesse ist, wie die Unternehmen dies bewerten. Alpha und Gamma erkennen die latente Abbruchgefahr und behandeln die Transaktion intern als kurzfristige Finanzierung. Beta und Delta ordnen die Transaktion jedoch bei ihren langfristigen Finanzierungen ein. Dieses gemischte Bild setzt sich in den Case Studies fort. Vier Unternehmen bewerten die Verbriefung als kurzfristige, sechs als langfristige Finanzierung. Es besteht damit die Gefahr, dass einige Unternehmen das Risiko einer vorzeitigen Beendigung der Transaktion nicht korrekt erfassen.[914]

Das Finanzierungsrisiko kann jedoch nicht nur über die Laufzeiten, sondern auch über die Diversifizierung der Finanzierungsquellen gesenkt werden (Merkmal III). Dies war für viele Unternehmen eines der Hauptmotive, überhaupt Forderungen zu verbriefen. Die Schaffung von Unabhängigkeit stand insbesondere bei Alpha

[913] Vgl. Abschnitt 6.2.4.2.1, S. 243; Interview Alpha Strukturierende Bank, siehe Anhang E.1.2.6, S. 400; Interview Beta Strukturierende Bank, siehe Anhang E.2.2.8, S. 405; Interview Gamma Strukturierende Bank, siehe Anhang E.3.2.3, S. 407; Interview Delta Strukturierende Bank, siehe Anhang E.4.2.3, S. 409; Interview Unternehmen B Strukturierende Bank, siehe Anhang F.4, S. 410.

[914] Vgl. Abschnitt 6.2.1.4, S. 184; Abschnitt 6.2.2.4, S. 218; Abschnitt 6.2.3.4, S. 238; Abschnitt 6.2.4.4, S. 263; Tabelle D.5, S. 396.

und Beta im Vordergrund. Aber auch Gamma sieht eine erhöhte Freiheit bei Verhandlungen mit seinen Bankpartnern. Diese würden durch ABS auf „Augenhöhe“ geführt. In den Case Studies ließ sich auch die Diversifizierung als starkes Motiv der Verbriefung nachweisen. Mit nur einer Ausnahme bestätigten die Unternehmen eine entsprechende Frage.[915]

Allerdings wird der Diversifizierungseffekt dadurch reduziert, dass, wie oben diskutiert, die Transaktionen abhängig von den strukturierenden Banken und deren kurzfristigen Liquiditätslinien sind. Die Banken können die Transaktion theoretisch genauso schnell beenden wie jeden jährlich kündbaren kurzfristigen Kredit. Dies hat dazu geführt, dass das Unternehmen D die ursprünglich erhoffte Reduzierung der Abhängigkeit vom Banksektor wieder in Frage gestellt hat.

Tatsächlich sinkt der Diversifizierungseffekt aus diesem Grund wieder etwas. Dennoch besteht ein Mehrwert, da das Unternehmen im Falle einer ungewollten Beendigung das Instrument ABS bereits kennt und die internen Strukturen für die Verbriefung installiert sind. Sollte eine Bank aus der Verbriefung aussteigen, besteht so die einfachere Möglichkeit, mit einer anderen Bank weiter zu verbriefen.[916]

In Summe ist damit ein Diversifizierungseffekt zu bestätigen (Merkmal III), der jedoch auf Grund der Liquiditätslinie etwas geringer ausfällt, als auf den ersten Blick vermutet.

Als letzter Bereich der möglichen Risikoreduzierung wird im Folgenden das Zinsrisiko betrachtet. Merkmal IV setzt voraus, dass es eine Fixierung der Risikoprämie gibt. Dies soll zunächst untersucht werden. Die Vertragsanalyse ergab, dass die verbriefenden Unternehmen unter Einbeziehung aller Kosten für ihre Verbriefungstransaktion eine Marge über EURIBOR zahlen. Der Einfluss mehrerer Faktoren auf diese Marge soll analysiert werden, um festzustellen, ob eine Fixierung des Risikoaufschlags möglich ist. Zu untersuchen sind die Auswirkungen eines ansteigenden Spreads der ABCP, einer Verschlechterung des Forderungsportfolios sowie einer Verschlechterung der Bonität des Originators.

Die Vertragsanalyse in den Clinical Studies zeigt klar, dass den Unternehmen die Refinanzierungskosten des SPVs direkt in Rechnung gestellt werden. Eine

[915] Vgl. Abschnitt 6.2.1.4, S. 184; Abschnitt 6.2.2.4, S. 218; Abschnitt 6.2.3.4, S. 238; Abschnitt 6.2.4.2.2, S. 246; Tabelle D.3, S. 394.

[916] Vgl. Interview Unternehmen D, siehe Anhang F.6, S. 411.

Veränderung der ABCP-Margen muss direkt vom Unternehmen getragen werden. Ebenfalls werden dem Originator alle anfallenden Kosten aus Beziehungen des SPVs mit Dritten in Rechnung gestellt. Eine Fixierung der Kosten findet in diesem Bereicht nicht statt.[917]

Wenn sich die Qualität des Forderungsportfolios verschlechtert, besteht die Gefahr, dass Trigger gerissen werden und die gesamte Verbriefung in Frage gestellt wird. Entweder muss die Transaktion dann beendet oder über erhöhtes CE an die neuen Gegebenheiten angepasst werden. Erhöhtes CE (z. B. vergrößerte Abschläge und Reserven oder Einführung einer CE-WKV) bedeutet für das verbriefende Unternehmen jedoch zusätzliche Kosten. Auch hier ist die Fixierung des Aufschlags zu verneinen.

Eine Verschlechterung der Bonität des verbriefenden Unternehmens ist hingegen problemlos, solange keine Financial Covenants verletzt werden. Bis zu einem Bruch der Covenants besteht kein Zusammenhang zwischen Finanzierungskosten und Bonität des Unternehmens. Die Fixierung des Risikoaufschlags ist in diesem Bereich zu bestätigen. Werden die Covenants allerdings verletzt, ist die Transaktion ernsthaft gefährdet. Über u. a. häufigeres Abführen der eingesammelten Zahlungen oder die Verpfändung des Eingangskontos kann die Verbriefung eventuell an das erhöhte Insolvenzrisiko angepasst werden. Hierdurch entstehen jedoch weitere Kosten.

Insgesamt ist die Sicherung der Risikoprämie deshalb in mehreren Punkten einzuschränken. Zinsschwankungen bzgl. der ABCP-Marge sind ebenso vom Originator zu zahlen wie Anpassungen des CE auf Grund von Qualitätsänderungen des Forderungsportfolios. Solange sich das verbriefende Unternehmen im Rahmen der definierten Financial Covenants befindet und die strukturierende Bank keinen Anlass zur Nicht-Verlängerung der Liquiditätslinien sieht, besteht allerdings in der Tat eine Loslösung der zu zahlenden ABS-Kosten von der Bonität des Originators.

In Summe kann anhand der Untersuchungen zum Risikomanagement mit ABS Folgendes festgestellt werden: Die Verbriefung von Handelsforderungen hat nur einen geringen Einfluss auf das Forderungsausfallrisiko des Unternehmens und auch

917 Vgl. Alpha Honorarvertrag (2004); Beta Honorarvertrag (2005); Gamma Rahmenvertrag (2001); Delta Honorarvertrag (2004).

die Vorteile einer langfristigen Vertragslaufzeit sind aufgrund der notwendigen Bereitstellungen der Liquiditätslinien zu hinterfragen. Positive Einflüsse sind jedoch durch die Diversifizierung der Finanzierungsinstrumente (mit Einschränkungen, s. o.) und der teilweisen Fixierung der Risikoprämie (solange keine Covenants verletzt werden) zu verzeichnen.

7.2.3 Gewerbesteuer und Behinderung des Verbriefungsmarkts

In der politischen Diskussion um die Forderungsverbriefung wird in Deutschland regelmäßig das Argument ins Feld geführt, dass dem Staat bzw. den Gemeinden bei einer Freistellung deutscher Zweckgesellschaften von der Gewerbesteuer hohe Einnahmeausfälle drohen. Hommel (2005) zeigte bereits, dass diese Ängste unbegründet sind und tendenziell durch weitere Effekte sogar eher mit einer Zunahme der Steuereinnahmen zu rechnen sei. Die folgende Analyse soll die Diskussion mit weiteren fundierten Forschungsergebnissen anreichern.

Erwartung T.5: Unternehmen reduzieren ihre Gewerbesteuerschuld durch die Verbriefung von Handelsforderungen nicht.

Zur Bewertung dieser Erwartung werden die folgenden beiden Merkmale beachtet.

I. Mit der gewonnenen Liquidität werden Kontokorrentkredite abgelöst.

II. Die abgelösten Kontokorrentkredite wurden so in Anspruch genommen, dass sie nicht zu den Dauerschulden zu zählen sind.

Wie in Abschnitt 7.1.1 dargestellt, nutzen die untersuchten Unternehmen die Liquidität überwiegend zur Ablösung von Kontokorrentkrediten. Wie die weitere Befragung ergab, gestalten die Unternehmen diese Kontokorrentlinien jedoch alle so, dass sie nicht zu den Dauerschulden zu zählen sind und die Verbriefung von Handelsforderungen damit keine Auswirkung auf die zu leistende Gewerbesteuerschuld der Unternehmen hat. Zur genaueren Analyse werden im Folgenden die einzelnen Cases intensiver analysiert. [918]

Alpha und Delta sind Teil der gerade beschriebenen Mehrheit und haben nicht zu den Dauerschulden zu zählende Kontokorrentlinien abgelöst.[919] Gamma löste

[918] Vgl. Tabelle D.2, S. 393.
[919] Vgl. Abschnitt 6.2.1.2.2, S. 166; Abschnitt 6.2.1.3.1, S. 176; Abschnitt 6.2.4.2.2, S. 246; Abschnitt 6.2.4.3.1, S. 255.

zwar ebenfalls zunächst Kontokorrentkredite ab, investierte die Liquidität jedoch im weiteren Verlauf in die Umsatzsteigerung. Da dies allerdings auch ohne die Verbriefung von Handelsforderungen über bestehende Kreditlinien erfolgt wäre, ist ebenfalls keine Reduzierung der Gewerbesteuerlast durch ABS zu verzeichnen.[920]

Beta ging ähnlich wie Gamma vor, finanzierte jedoch nicht nur Betriebsmittelausweitungen, die ohne ABS über Kontokorrentlinien bereitgestellt worden wären, sondern auch kleinere Investitionen. Diese wären ohne die Verbriefungstransaktion mit langfristigen Darlehen (= Dauerschulden) finanziert worden.[921]

In den Case Studies wurden ebenfalls überwiegend nicht zu den Dauerschulden zu zählende Kontokorrentlinien abgelöst. Davon abweichend haben die Unternehmen A, B und F mit der ABS-Liquidität langfristige Kredite zurückgeführt. Nur in diesen drei Fällen (und minimal im Fall von Beta) ist es damit zu einer Reduzierung der Gewerbesteuerschuld gekommen.

Insgesamt haben damit nur drei von 14 Unternehmen den von der Politik gefürchteten Nutzen aus ABS gezogen.[922] Dieser geringe Anteil wurde erwartet und bestätigt, dass die Sorgen des Gesetzgebers unbegründet sind.

Um die Ergebnisse zu ergänzen und da die strukturierenden Banken einen guten Marktüberblick haben, wurden sie allgemein befragt, ob sie bei ihren Kunden einen Reduzierung der Gewerbesteuerschuld durch die Verbriefung von Handelsforderungen sähen. Alle antworteten, dass dies bei einzelnen Transaktionen vorkomme und in Einzelfällen auch sehr wichtig sei, sich allerdings eher um einen Nebeneffekt von ABS handle.[923]

Insgesamt wurde damit das Ergebnis von Hommel (2005) qualitativ bestätigt. Die Verbriefung von Handelsforderungen ist für die Unternehmen kein Steuersparmodell. Zum einen stehen andere Aspekte wie etwa die Bilanzverkürzung und die Liquiditätsgewinnung im Vordergrund. Zum anderen werden mit der gewonnenen Liquidität nur in Einzelfällen Dauerschulden abgelöst.

920 Vgl. Abschnitt 6.2.3.2.2, S. 227; Abschnitt 6.2.3.3.1, S. 234;
921 Abschnitt 6.2.2.2.2, S. 195; Abschnitt 6.2.2.3.1, S. 206.
922 Vgl. Tabelle D.2, S. 393.
923 Vgl. Interview Alpha Strukturierende Bank, siehe Anhang E.1.2.6, S. 400; Interview Beta Strukturierende Bank, siehe Anhang E.2.2.8, S. 405; Interview Gamma Strukturierende Bank, siehe Anhang E.3.2.3, S. 407; Interview Delta Strukturierende Bank, siehe Anhang E.4.2.3, S. 409; Interview Unternehmen A Strukturierende Bank, siehe Anhang F.2, S. 410; Interview Unternehmen B Strukturierende Bank, siehe Anhang F.4, S. 410.

Unabhängig von dieser Fragestellung finden Verbriefungstransaktionen von Handelsforderungen momentan ausschließlich über das Ausland statt, da das Gewerbesteuerrecht die Transaktionskosten bei Verwendung eines deutschen SPVs erhöhen würde. Zu klären ist, ob die aktuelle Rechtslage den Verbriefungsmarkt in Deutschland behindert bzw. ob nach einer entsprechenden Änderung des Gewerbesteuerrechts über deutsche SPVs Vorteile entstünden.

Erwartung T.6: Die aktuelle Rechtslage bzgl. der Gewerbesteuer behindert die Verbriefung von Handelsforderungen.

Die befragten Experten aus strukturierenden Banken und Rechtsanwaltskanzleien haben hierzu recht einheitliche Einschätzungen abgegeben. Zunächst ist festzuhalten, dass das Marktwachstum der letzten Jahre gezeigt hat, dass die Verbriefungen über das Ausland möglich und machbar sind. Enorme Steigerungsraten waren zu verzeichnen.[924] Dies hat dazu geführt, dass sich in den als SPV-Standorten gewählten Ländern regelrechte Dienstleistungsindustrien gebildet haben, die das Management der Zweckgesellschaften übernehmen. Die Experten hinterfragen daher den Vorteil deutscher Zweckgesellschaften. Im Inland müssten entsprechende Strukturen erst aufgebaut werden. Dies würde Kosten verursachen, so dass es fraglich sei, ob es sich im Endeffekt rechne. Es wurde in diesem Zusammenhang mehrfach auf die Initiative der True Sale International (TSI) verwiesen. Obwohl die Verbriefung von Kreditrisiken nach der Gesetzesänderung im Jahre 2003 im Inland möglich ist,[925] seien die erreichten Volumina zunächst hinter den Erwartungen zurückgeblieben.[926] Die Rahmenbedingungen im Ausland seien einfach zu gut.[927]

Dennoch ist die Freistellung der Verbriefung von Handelsforderungen von der Dauerschuldproblematik zu fordern. Zum einen würde dies die bestehende Restunsicherheit in Bezug auf Betriebsstätten in Deutschland ausräumen. Dieses Risiko wird inzwischen zwar von allen Marktteilnehmern als sehr gering bezeichnet. Nichtsdestotrotz verbleibt ein Restrisiko, das eliminiert werden könnte. Darüber hinaus

---

[924] Vgl. Abschnitt 2.4, S. 23.

[925] Vgl. Abschnitt 5.2.2, S. 82.

[926] Ab 2006 wurde die TSI-Plattform jedoch verstärkt genutzt. Vgl. www.true-sale-international.de.

[927] Vgl. Interview Alpha Rechtsanwalt der strukturierenden Bank, siehe Anhang E.1.2.9, S. 400; Interview Alpha Strukturierende Bank, siehe Anhang E.1.2.6, S. 400; Interview Beta Strukturierende Bank, siehe Anhang E.2.2.8, S. 405; Interview Gamma Strukturierende Bank, siehe Anhang E.3.2.3, S. 407.

könnte die Kommunikation mit einer deutschen Zweckgesellschaft auf Deutsch stattfinden, was insbesondere dem Mittelstand entgegen käme.[928] Zuletzt besteht die Chance auf geringere Transaktionskosten, wenn auf die Direktoren der SPVs im Ausland verzichtet werden könne. Es wird die Hoffnung geäußert, diese Prozesse im Inland günstiger darstellen zu können. Zuletzt entgeht der deutschen Wirtschaft durch die aktuelle Situation sowohl ein Potenzial an Arbeitsplätzen als auch spezielles Fachwissen.[929]

Über die Gewerbesteuerproblematik hinaus spricht allerdings auch die Versicherungssteuer für eine Ansiedlung der SPVs im Ausland, da momentan mit einem ausländischen SPV abgeschlossene CE-WKV nicht der deutschen Versicherungssteuer unterliegen. Ein deutsches SPV wäre auch in diesem Punkt benachteiligt. Zwar handelt es sich hierbei nur um wenige Basispunkte, dies sollte jedoch in der Gesamtbetrachtung nicht vergessen werden.[930]

Insgesamt ist festzustellen, dass der Verbriefungsmarkt über das Ausland sehr gut funktioniert und die aktuelle Rechtslage die Verbriefungen nur marginal behindert. Starke Steigerungen der Transaktionsvolumina über deutsche Gesellschaften sind daher nicht zu erwarten. Dennoch ist eine Gesetzesänderung im Gewerbesteuerrecht aus den oben genannten Gründen zu befürworten. Um eine Förderung des deutschen Verbriefungsmarkts allerdings wirkungsvoll durchzuführen, müssen auch weitere Aspekte wie die Versicherungssteuer und die allgemeinen Rahmenbedingungen beachtet werden.

[928] Wie Abschnitt 7.3.1.2 zeigt, haben die verbriefenden Unternehmen keine Probleme mit der Verwendung ausländischer Zweckgesellschaften. Es bestehen keine Auswirkungen der Finanzskandale der letzten Jahre.

[929] Vgl. Interview Unternehmen A Strukturierende Bank, siehe Anhang F.2, S. 410; Interview Unternehmen B Strukturierende Bank, siehe Anhang F.4, S. 410; Interview Gamma Strukturierende Bank, siehe Anhang E.3.2.3, S. 407; Interview Alpha Leiter Finanzabteilung, siehe Anhang E.1.2.1, S. 399; Interview Alpha Strukturierende Bank, siehe Anhang E.1.2.6, S. 400; Interview Beta Leiter Finanzabteilung, siehe Anhang E.2.2.1, S. 403; Interview Beta Strukturierende Bank, siehe Anhang E.2.2.8, S. 405; Interview Gamma Leiter Finanzabteilung, siehe Anhang E.3.2.1, S. 406; Interview Delta Teamleiter Treasury, siehe Anhang E.4.2.1, S. 408.

[930] Vgl. Interview Alpha Strukturierende Bank, siehe Anhang E.1.2.6, S. 400; Interview Alpha Warenkreditversicherung, siehe Anhang E.1.2.8, S. 400; Interview Unternehmen A Strukturierende Bank, siehe Anhang F.2, S. 410.

7.2.4 Komplexität der Verbriefung

Mit Bezug auf die Komplexität einer Verbriefungstransaktion wurden mehrere Erwartungen formuliert. Diese werden im Folgenden empirisch überprüft.

Durchführung der Transaktion

Erwartung T.7: Die Strukturierung und Abwicklung einer ABS-Transaktion wird von den Unternehmen im Vergleich zu anderen Finanzierungsinstrumenten als sehr komplex empfunden.

Während der Durchführung einer ABS-Transaktion können in mehreren Bereichen komplexe Aufgabenstellungen auftreten. Neben den Vertragsverhandlungen sind dies insbesondere die Erstellung der Forderungshistorie, notwendige EDV-Anpassungen und nach Start der Transaktion die revolvierenden Verkäufe der Forderungen. Diese Teilbereiche werden im Folgenden genauer betrachtet eingegangen.

Die Vertragsverhandlungen stellen einen wichtigen Teil der Aufgaben einer ABS-Transaktion dar. Neben leitenden Angestellten aus den verbriefenden Unternehmen nehmen Mitarbeiter der strukturierenden Bank sowie Rechtsanwälte beider Seiten[931] teil. Wie Tabelle 7.3 zeigt, sind alle Vertragswerke der vier Clinical Studies in Englisch abgefasst. Um diese Verträge erfolgreich zu verhandeln, sehen alle vier Unternehmen einen hohen Beratungsaufwand. Im Einzelnen gab Alpha an, dass der Aufwand sogar höher sei als bei einer anschließenden Mezzanine-Transaktion. Insbesondere der interne Jurist hätte mehr leisten müssen. Beta bewertet die Verhandlungen ebenfalls als sehr arbeitsintensiv und führt an, dass speziell die englische Sprache der Vertragstexte die Komplexität erhöht habe. Auch die beiden Großunternehmen Gamma und Delta bestätigen den hohen Beratungsaufwand. Gamma schränkt dies allerdings etwas ein und weist darauf hin, dass der Aufwand des US Privat Placements noch höher gewesen sei und man durch die wiederholte Verbriefung von Forderungen bereits eine gewisse Routine in der Analyse von ABS-Verträgen erreicht habe. Delta sieht insbesondere durch den Bilanzabgang nach IFRS eine erhöhte Komplexität.[932]

---

[931] Teilweise auch nur von Seiten der strukturierenden Bank.

[932] Vgl. Abschnitt 6.2.1.4, S. 184; Abschnitt 6.2.2.4, S. 215; Abschnitt 6.2.3.4, S. 237; Abschnitt 6.2.4.4, S. 261.

	Anzahl Dokumente	Seiten	Sprache	Volumen Verbriefung
Alpha	16	218	Englisch	35 Mio.
Beta	11	148	Englisch	25 Mio.
Gamma	4	246	Englisch	300 Mio.
Delta	7	114	Englisch	60 Mio.

Tab. 7.3: Umfang Vertragswerke[933]

Um diese Eindrücke auf eine breitere Basis zu stellen, wurden auch bei den Case Studies die Vertragsverhandlungen analysiert. Diese bestätigen die Einschätzung komplexer und arbeitsaufwendiger Vertragsverhandlungen. In Einzelfällen war der Aufwand durch vorhandenes Fachwissen allerdings etwas geringer. Wie in den Clinical Studies wird im Mittelstand die englische Sprache, bei Großunternehmen der Bilanzabgang nach IFRS als kompliziert angesehen.[934]

Neben den Vertragsverhandlungen können, wie oben angedeutet, jedoch auch in weiteren Bereichen komplexe Aufgaben zu bearbeiten sein. Zunächst muss parallel zu den Vertragsverhandlungen das Forderungsportfolio untersucht werden. Den Aufwand und die Komplexität dieses Vorgangs untersucht Abschnitt 7.3.1.1 genauer. Das Ergebnis vorwegnehmend kann festgestellt werden, dass dieser Prozess im Idealfall einfach und schnell abzuwickeln sein sollte, sich im Einzelfall und in Abhängigkeit von der vorhandenen Datenbasis jedoch als sehr komplex und arbeitsaufwendig herausstellte.[935]

933 Vgl. Alpha Honorarvertrag (2004); Alpha Forderungsverkaufsvertrag (2004); Alpha Intra Group Verkaufsverträge (2004); Alpha Servicing Agreement (2004); Alpha Datentreuhändervertrag (2004); Alpha Verpfändung Bankkonten (2004); Alpha Avalvereinbarung (2004); Alpha Sicherungsabtretung (2004); Alpha CE-WKV (2004); Beta Forderungsverkaufsvertrag (2005); Beta Honorarvertrag (2005); Beta Servicing Agreement (2005); Beta Sicherungsabtretung (2005); Beta CE-WKV (2005); Beta Erste Änderung Forderungsverkaufsvertrag (2006); Beta Zweite Änderung Forderungsverkaufsvertrag (2006); Gamma Rahmenvertrag (2001); Gamma Erste Anpassung Rahmenvertrag (2002); Gamma Zweite Anpassung Rahmenvertrag (2006); Gamma Due Dilligence Report (2006); Delta Rahmenvertrag (2004); Delta Erste Anpassung Rahmenvertrag (2004); Delta Servicing Agreement (2004); Delta Honorarvertrag (2004).

934 Vgl. Interview Unternehmen A Leiter Finanzen, siehe Anhang F.1, S. 410; Interview Unternehmen C, siehe Anhang F.5, S. 410; Interview Unternehmen F, siehe Anhang F.9, S. 411; Interview Unternehmen G, siehe Anhang F.10, S. 412; Interview Unternehmen H, siehe Anhang F.11, S. 412; Interview Unternehmen I, siehe Anhang F.12, S. 412; Interview Unternehmen J, siehe Anhang F.13, S. 412.

935 Vgl. Abschnitt 7.3.1.1, S. 306.

Vor dem ersten Verkauf muss des Weiteren das EDV-System des Originators auf die Transaktion vorbereitet werden. Die Unternehmen standen alle vor der Entscheidung, die notwendigen Programmteile selbst zu erstellen oder fertige Softwarelösungen zuzukaufen (Make-or-Buy-Entscheidung). Alpha entschied sich für die Selbsterstellung, um vollständige Kontrolle über die Prozesse zu haben und jederzeit Informationen über das mögliche Verbriefungsvolumen abrufen zu können. Die Programmierung lief auf Grund vorhandener Fachkompetenzen und guter Zusammenarbeit von IT und Finanzbuchhaltung sehr gut ab. Insgesamt musste ein Programmierer drei bis vier Mannwochen investieren. Beta hingegen hat sich für den Kauf einer Software entschieden. Der Aufwand für die Installation war sehr gering. Gamma musste nur minimale Anpassungen seiner aus vorherigen Transaktionen bereits existierenden, selbsterstellten Software vornehmen. Delta entschied sich wie Beta für den Kauf einer Softwarelösung, da die internen Kapazitäten für eine Programmierung nicht ausgereicht hätten. Der Installationsaufwand bei den teilnehmenden Konzerngesellschaften und die Implementierung notwendiger Schnittstellen führte hierbei zu keinen größeren Problemen.[936]

Die Darstellung der ABS-Transaktion in der EDV der verbriefenden Unternehmen führte damit zu keinem allzu großen Aufwand. Allerdings muss darauf hingewiesen werden, dass alle Unternehmen SAP R/3 in ihrer Finanzbuchhaltung verwenden. Über die Lösungen mit anderen Systemen kann daher keine Aussage getroffen werden.

Abschließend ist die Komplexität der revolvierenden Verkäufe zu untersuchen. Insgesamt berichten die Unternehmen, dass diese Verkäufe sehr einfach und schnell abgewickelt werden können. Dies trifft sowohl für die Clinical als auch die Case Studies zu. Der Arbeitsaufwand wird überwiegend mit wenigen Stunden pro Monat angegeben. Allerdings gibt es zwei Ausnahmen: Zum einen hat Beta große Probleme, die Ablehnungen von Forderungen durch das SPV nachzuvollziehen. Die Analyse der Verkaufsberichte nimmt so viel Zeit in Anspruch, dass ein Mitarbeiter mit seiner halben Arbeitskraft mit der Bearbeitung der ABS-Transaktion beschäftigt ist. Im Vergleich zu den anderen Transaktionen ist dies wesentlich zu hoch. Die Gründe hierfür sind nicht eindeutig. Unzureichende Differenzierungen von

[936] Vgl. Abschnitt 6.2.1.2.4, S. 172; Abschnitt 6.2.2.2.4, S. 201; Abschnitt 6.2.3.2.4, S. 230; Abschnitt 6.2.4.2.4, S. 250.

Gutschriftarten sowie generelle Schwierigkeiten in der Absprache von Definitionen scheinen jedoch einen großen Anteil an den Problemen zu haben. Neben Beta berichtet das Unternehmen D von einem stetigen operativen Arbeitsaufwand und hat die Transaktion auch aus diesem Grund beendet.[937]

Zusammenfassend kann festgestellt werden, dass die Forderungsverbriefung die verbriefenden Unternehmen insbesondere im Bereich der Vertragsverhandlung vor komplexe Aufgaben stellt. Die Formulierung in englischer Sprache sowie der Bilanzabgang nach IFRS stellen den Mittelstand bzw. die Großunternehmen vor besondere Herausforderungen. Die Erstellung der Forderungshistorie war nur in Einzelfällen aufwendig und auch die Implementierung der notwendigen Softwareinstallationen/-anpassungen verlief problemlos. Mit wenigen Ausnahmen konnten damit auch die revolvierenden Verkäufe einfach gestaltet werden.

Interessant ist in diesem Zusammenhang, dass es kaum einen Unterschied in der Bewertung der Komplexität zwischen mittelständischen Unternehmen und Großunternehmen gibt. Großunternehmen haben zwar durch eventuell wiederholte Transaktionen einen Vorteil auf Grund ihrer Routine und bereits installierter Software. Ihre Mitarbeiter verfügen in der Regel auch über bessere Englischkenntnisse. Dennoch haben auch Großunternehmen die Vertragsverhandlungen überwiegend als komplex und aufwendig empfunden.

Neben dieser Analyse der Komplexität von Forderungsverbriefungen wurden Erwartungen in Bezug auf mögliche Vereinfachungen formuliert. Diese werden im Folgenden ausgewertet.

Transaktionsvolumen

Erwartung T.9: Die Vertragswerke sind für Großunternehmen komplexer als für den Mittelstand, da die Transaktionen bei geringerem Volumen einfacher gestaltet werden können.

Die Erwartung, dass kleinere Transaktionen mit einfacherer Vertragsdokumentation abgewickelt werden könnten, wurde von den Experten der strukturierenden Banken klar verneint. Es bestehe kein direkter Zusammenhang zwischen Verbriefungsvolumen und Umfang der Vertragswerke.

937 Vgl. Abschnitt 6.2.1.4, S. 184; Abschnitt 6.2.2.4, S. 215; Abschnitt 6.2.3.4, S. 237; Abschnitt 6.2.4.4, S. 261; Tabelle D.6, S. 397.

Dies konnte anhand der Clinical Studies exemplarisch bestätigt werden, wie Tabelle 7.3 darstellt. Zwar ist die Transaktion von Gamma die vom Volumen her größte Verbriefung und besitzt auch die umfangreichste Dokumentation. Alphas Transaktion ist mit 35 Mio. jedoch vergleichsweise klein und wird dennoch mit ebenfalls über 200 Seiten vertraglich festgehalten. Deltas Vertragswerke sind mit 114 Seiten bei einem Transaktionsvolumen von 60 Mio. Euro sogar weniger umfangreich als die von Beta (148) bei einem Transaktionsvolumen von 25 Mio. Euro.[938]

Es scheint damit keinen klaren Zusammenhang zwischen Komplexität und Verbriefungsvolumen zu geben. Die strukturierenden Banken wiesen vielmehr darauf hin, dass der Vertragsumfang wesentlich von der Anzahl der an der Verbriefung teilnehmenden Gesellschaften, den betroffenen Jurisdiktionen sowie weiteren Besonderheiten, wie zu beachtenden AGBs von Kunden, abhänge. Es würde zwar versucht, kleinere Transaktionen über Standardisierungen mit einfacheren Dokumentationen auszustatten. Dies hätte jedoch keine allzu großen Auswirkungen und vor führe allem zu einem Verlust an Flexibilität.[939]

Erwartung T.9 muss daher abgelehnt werden. Zum Abschluss werden Auswirkungen eines deutschen SPVs auf die Komplexität einer Verbriefungstransaktion analysiert.

Komplexität mit deutschem SPV

Erwartung T.8: Die Komplexität der Vertragswerke könnte bei einer Ansiedlung der Zweckgesellschaft in Deutschland reduziert werden.

Die Verwendung einer deutschen Zweckgesellschaft setzt eine Änderung im Gewerbesteuerrecht voraus, da momentan die Belastung des SPVs mit Gewerbesteuer die Transaktionen in Deutschland verteuert. Überwiegend aus diesem Grund werden die Verbriefungen von Handelsforderungen momentan ausschließlich über das Ausland abgewickelt.

Wenn deutsche SPVs nun ermöglicht würden, welche Auswirkungen hätte das auf die Vertragsgestaltung? Die strukturierenden Banken und Rechtsanwälte der Clinical Studies wurden zu diesem Thema befragt.

---

938 Vgl. Tabelle 7.3, S. 295.

939 Vgl. Interview Alpha Strukturierende Bank, siehe Anhang E.1.2.6, S. 400; Interview Alpha Rechtsanwalt der strukturierenden Bank, siehe Anhang E.1.2.9, S. 400; Interview Beta Strukturierende Bank, siehe Anhang E.2.2.8, S. 405; Interview Gamma Rechtsanwalt, siehe Anhang E.3.2.4, S. 407; Interview Delta Strukturierende Bank, siehe Anhang E.4.2.3, S. 409.

Es ist bereits jetzt so, dass die Verträge überwiegend nach deutschem Recht gestaltet sind. Allerdings folgt der Aufbau der Dokumente der angelsächsischen Vertragsstruktur, was zu umfangreichen Vertragswerken führt. Auf diese Struktur könne jedoch auf Grund der Internationalität des Geschäfts nicht verzichtet werden. Eine deutsche Zweckgesellschaft hätte also zunächst keinen Einfluss auf die Komplexität und den Umfang der Verträge. Es besteht jedoch die Chance, mit einer deutschen Zweckgesellschaft die Verträge in deutscher Sprache zu formulieren. Dies wäre insbesondere für den Mittelstand eine Erleichterung.[940]

Insgesamt ist dieser Erwartung jedoch überwiegend zu widersprechen. Mit Ausnahme der verwendeten Sprache ergäben sich durch ein deutsches SPV keine direkten Vereinfachungen.

Zusammenfassung
Es ist festzuhalten, dass insbesondere die Vertragsverhandlungen von den verbriefenden Unternehmen als herausfordernd und komplex empfunden werden und dass weder das Volumen der Transaktion noch das Land, in dem die Zweckgesellschaft angesiedelt ist, große Auswirkungen auf diese Komplexität hat.

7.2.5 Erwartete Insolvenzkosten

Bevor die möglichen Effekte der Verbriefung von Handelsforderungen auf die erwarteten Insolvenzkosten analysiert werden, soll untersucht werden, ob diese Fragestellung aufgrund von Bonitätsanforderungen der strukturierenden Banken überhaupt praktisch relevant ist. Eine Senkung der erwarteten Insolvenzkosten kann nur dann einen wesentlichen Umfang erreichen, wenn die Unternehmen aufgrund einer eher schlechteren Bonität überhaupt über eine bedeutende Insolvenzwahrscheinlichkeit verfügen.

Non-Investment-Grade-Unternehmen sollten, ceteris paribus, in Bezug auf die Insolvenzwahrscheinlichkeit höhere Effekte erreichen als Investment-Grade-Unternehmen, bei denen die Insolvenzwahrscheinlichkeit bereits sehr gering ist. Es ist daher von

[940] Vgl. Interview Alpha Rechtsanwalt der strukturierenden Bank, siehe Anhang E.1.2.9, S. 400; Interview Beta Rechtsanwalt von Beta, siehe Anhang E.2.2.6, S. 404; Interview Beta Strukturierende Bank, siehe Anhang E.2.2.8, S. 405; Interview Gamma Strukturierende Bank, siehe Anhang E.3.2.3, S. 407; Interview Delta Strukturierende Bank, siehe Anhang E.4.2.3, S. 409.

Interesse, ob die befragten strukturierenden Banken auch Transaktionen mit Non-Investment-Grade-Unternehmen durchführen.

Es wurden die sechs Banken der Transaktionen Alpha bis Gamma und A sowie B befragt. Die Bank von Alpha antwortete, dass sie in der Regel nur mit Investment-Grade-Unternehmen arbeiten, in Ausnahmefällen jedoch auch gute Non-Investment-Grade-Unternehmen einbeziehen. Betas Bank lehnte Non-Investment-Grade-Unternehmen hingegen genauso wie die Bank von A generell ab, weil der Originator über das Servicing eine zu große Rolle spiele. Die Banken von Beta, Gamma und B schließen Non-Investment-Grade-Unternehmen nicht aus, weisen jedoch darauf hin, dass das Verkäuferrisiko in diesen Fällen vom Forderungsrisiko weitestgehend getrennt werden muss. Dies kann z. B. über eine erhöhte Abführungsfrequenz erfolgen. Die Rating-Agentur Fitch Ratings weist in ihren Bewertungskriterien ebenfalls darauf hin, dass Verbriefungen mit Investment-Grade-Unternehmen einfacher, unter bestimmten Umständen jedoch auch mit Non-Investment-Grade-Unternehmen möglich seien.[941]

Zusammenfassend kann festgestellt werden, dass Transaktionen mit Non-Investment-Grade-Unternehmen zwar komplizierter und riskanter sind, die Möglichkeit jedoch in Abhängigkeit vom Einzelfall besteht. Somit besitzt die Untersuchung der erwarteten Insolvenzkosten damit praktische Relevanz besitzt und im Folgenden durchgeführt wird.

Erwartung T.10: Die Verbriefung von Handelsforderungen führt nicht zu einer Senkung der erwarteten Insolvenzkosten des verbriefenden Unternehmens.

Merkmale:

I. Die Insolvenzwahrscheinlichkeit des Originators wird durch die Transaktion nicht gesenkt.

II. Die Insolvenzkosten des Originators werden nicht gesenkt.

[941] Vgl. Interview Alpha Strukturierende Bank, siehe Anhang E.1.2.6, S. 400; Interview Beta Strukturierende Bank, siehe Anhang E.2.2.8, S. 405; Interview Gamma Strukturierende Bank, siehe Anhang E.3.2.3, S. 407; Interview Delta Strukturierende Bank, siehe Anhang E.4.2.3, S. 409; Interview Unternehmen A Strukturierende Bank, siehe Anhang F.2, S. 410; Interview Unternehmen B Strukturierende Bank, siehe Anhang F.4, S. 410; Fitch Ratings (2005c), S. 6.

Zuerst werden die Insolvenzkosten (Merkmal II) und anschließend die Insolvenzwahrscheinlichkeit (Merkmal I) betrachtet.

In Abschnitt 5.2.6 wurde argumentiert, dass durch den Verkauf der Forderungen eine Reduzierung der Aktiva stattfindet und damit das Volumen der Insolvenzmasse verkleinert wird. Zunächst soll angenommen werden, dass die durch ABS gewonnene Liquidität tatsächlich also an Eigen- oder Fremdkapitalgeber ausgezahlt wird.[942] Damit es anschließend zu einer Senkung der Insolvenzkosten kommen kann, muss nachgewiesen werden, dass die verkauften Forderungen dem Insolvenzprozess nicht mehr unterliegen. Dies ist einfach, da die Zweckgesellschaft im Falle einer Insolvenz des Originators die im Rahmen eines True Sales erworbenen Forderungen nach § 47 Insolvenzordnung (InsO) ohne Zahlungen an den Insolvenzverwalter **aussondern** kann. Im Vergleich zu einem besicherten Kredit werden hier in der Tat Kosten vermieden.[943]

Allerdings gibt es folgendes Problem: Da die Schuldner unverändert an das verbriefende Unternehmen zahlen, muss dieses die eingegangenen Zahlungen an das SPV abführen. Zur Reduzierung des Aufwands werden die Abführungszahlungen in der Regel erst beim folgenden Forderungsverkauf gegengerechnet bzw. die Liquidität erst dann abgeführt. Bis zu der Abführung wandeln sich die per True Sale verkauften Forderungen daher schrittweise in Geldbestände und normale Verbindlichkeiten an die Zweckgesellschaft um und unterliegen damit im Falle einer Insolvenz des Originators wieder dem Insolvenzverfahren. Das SPV muss für eine **Absonderung** dieser Gelder nach § 171 InsO eine Gebühr von insgesamt 9 % zahlen. Je weiter der Insolvenzzeitpunkt damit von der letzten Abführung entfernt liegt, desto höhere Kosten fallen an. Es wird jedoch versucht, dieses Risiko bei bonitätsschwachen Unternehmen über geeignete Maßnahmen wie die häufigere Abführung der eingegangenen Zahlungen zu minimieren.[944]

Zusätzlich ist die Zweckgesellschaft gewissen Nebeneffekten des Insolvenzfalls ausgesetzt. Wie die strukturierenden Banken berichten, besteht das Problem, dass Gläubiger im Falle einer Insolvenz des Originators versuchen könnten, ihre

942 Diese Annahme wird im weiteren Verlauf auf ihre Richtigkeit überprüft.
943 Vgl. auch Abschnitt 2.5.1, S. 29.
944 Vgl. Interview Gamma Strukturierende Bank, siehe Anhang E.3.2.3, S. 407; Interview Unternehmen B Strukturierende Bank, siehe Anhang F.4, S. 410.

Zahlungen an das SPV zu verzögern oder eigene Forderungen gegen den Originator anrechnen. Hierdurch entstehen ebenfalls zusätzliche Kosten.[945]

Als Zwischenergebnis ist bis hierhin festzuhalten, dass die Insolvenzmasse zwar durch ABS vermindert werden kann, im schlechtesten Fall (alle verkauften Forderungen sind eingegangen und noch nicht abgeführt) jedoch kein Unterschied in der Summe der Aktiva besteht und die Insolvenzkosten nicht reduziert wurden. Da dieses Risiko jedoch so weit wie möglich minimiert wird, ist eine Reduzierung der Insolvenzkosten daher möglich und wahrscheinlich.

Dieses Ergebnis war unter der oben genannten Annahme zustande gekommen, dass die durch ABS eingenommene Liquidität nicht im Unternehmen verbleibt. Es ist wichtig zu zeigen, dass diese Annahme erfüllt ist, da Iacobucci/Winter (2005) anführen, dass es in einer ABS-Transaktion überhaupt nicht zu einer Verringerung der Aktiva kommt, da die Forderungen nur gegen Geldbestände getauscht würden. Dies hätte den Effekt, dass über die ausbleibende Bilanzverkürzung die einem Insolvenzverfahren unterliegenden Aktiva nicht reduziert, sondern durch den oben genannten Effekt der eingehenden Forderungen eventuell sogar erhöht würden. Die in Abschnitt 7.1.1 analysierte Verwendung der Liquidität hat jedoch gezeigt, dass es im überwiegenden Teil der untersuchten Transaktionen zu einer Bilanzverkürzung gekommen ist und die aufgestellte Annahme damit in der Mehrheit der Transaktionen erfüllt ist.[946]

Die Effekte der ABS-Transaktion auf die Insolvenzkosten sind damit zwar vom Einzelfall und insbesondere der Verwendung der gewonnenen Liquidität abhängig. Insgesamt ist eine Reduzierung der Kosten jedoch wahrscheinlich.

Allerdings fließt neben den Kosten der Insolvenz auch, wie oben beschrieben, die Wahrscheinlichkeit dieses Ereignisses (Merkmal I) in die erwarteten Insolvenzkosten ein. Die Auswirkungen von ABS auf diese Wahrscheinlichkeit werden daher im Folgenden analysiert.

Durch die ABS-Transaktion fließt den verbriefenden Unternehmen zunächst zusätzliche Liquidität zu. Diese senkt die kurzfristige Insolvenzwahrscheinlichkeit, da das

---

945 Vgl. Interview Alpha Strukturierende Bank, siehe Anhang E.1.2.6, S. 400; Interview Beta Strukturierende Bank, siehe Anhang E.2.2.8, S. 405.

946 Vgl. Abschnitt 7.1.1, S. 273.

Unternehmen seinen Verbindlichkeiten mit dem erhöhten Geldbestand einfacher nachkommen kann. Auf der anderen Seite entstehen durch die ABS-Transaktion allerdings zusätzliche Zinszahlungen und bei Beendigung der Transaktion eine Art Rückzahlungsverpflichtung.[947] Dies kann und wird, wie oben gezeigt, in der Mehrzahl der Transaktionen durch die Verwendung der Liquidität zur Ablösung bestehender Kredite ausgeglichen. In diesen Fällen ist jedoch der Vorteil der zusätzlichen Liquidität zunächst ebenfalls verloren. Eine Finanzierung (Kredit) wurde durch eine andere (ABS) ersetzt. Für die Insolvenzwahrscheinlichkeit ist es daher entscheidend, ob die Kredit gebenden Banken die Kreditlinien in alter Höhe weiter offen lassen und dem Unternehmen damit ermöglichen, das Finanzierungsvolumen selbstständig wieder zu erhöhen. Ist dies der Fall, verfügt das Unternehmen über einen erhöhten Liquiditätsspielraum und damit ceteris paribus über eine geringere Insolvenzwahrscheinlichkeit.

Die empirischen Untersuchungen in Abschnitt 7.3.2.5 dieser Arbeit zeigen, dass die Banken tatsächlich die Kreditlinien überwiegend unverändert lassen und nur in Einzelfällen kürzen.[948] Es entsteht deshalb durch die Verbriefung von Handelsforderungen in der Tat ein zusätzlicher Liquiditätsspielraum.

Hiervon abweichend haben einige wenige Unternehmen die gewonnene Liquidität für die Finanzierung von Investitionen verwendet. Die Auswirkungen auf die Insolvenzwahrscheinlichkeit hängt in diesen Fällen vom Risiko und Ertrag der Investition ab und kann daher hier nicht weiter untersucht werden.

Unabhängig vom Liquiditätseffekt können ABS-Transaktionen auch über die Diversifizierung der Finanzierungsquellen zu einer reduzierten Insolvenzwahrscheinlichkeit führen. In Liquiditätskrisen ist es hilfreich, mehrere Anlaufstellen für Liquidität zu besitzen. Dies reduziert die Abhängigkeit von einzelnen Kapitalgebern. Die Untersuchungen haben gezeigt, dass dies für viele Unternehmen eine wichtige Motivation war, an einer ABS-Transaktion teilzunehmen. In Abschnitt 7.2.2 wurde dies bereits dargestellt, so dass positive Effekte auf die Insolvenzwahrscheinlichkeit angenommen werden können.[949]

---

947 Vgl. Abschnitt 5.4.2, S. 142.
948 Vgl. für eine ausführlichere Darstellung Abschnitt 5.3.2.6, S. 123.
949 Vgl. Abschnitt 7.2.2, S. 283.

Insgesamt ist damit bezüglich der Effekte der Verbriefungstransaktionen auf die Insolvenzwahrscheinlichkeit des verbriefenden Unternehmen festzuhalten, dass auch diese Effekte zwar vom Einzelfall abhängig sind, aufgrund mehrerer positiver Effekte jedoch in der überwiegenden Anzahl der Transaktionen positiv sein sollten.

Die Zusammenführung der Ergebnisse aus dem Bereich der Insolvenzkosten und der Insolvenzwahrscheinlichkeit ergibt, dass in Bezug auf die erwarteten Insolvenzkosten keine eindeutige Aussage getroffen werden kann. Da jedoch sowohl die Insolvenzkosten als auch die Insolvenzwahrscheinlichkeit in einer Vielzahl von Transaktionen reduziert wurden, kann davon ausgegangen werden, dass dieser in der Literatur für ABS allgemein angenommene Vorteil auch bei der Verbriefung von Handelsforderungen überwiegend anzutreffen ist. Quantitative Untersuchungen von Risikoprämien der verbriefenden Unternehmen könnten in Zukunft, wenn die Datenbasis durch weitere Transaktionen gewachsen ist, weitere Einsichten zu dieser Fragestellung schaffen.

7.2.6 Verbesserung interner Prozesse

Neben den Beziehungen der verbriefenden Unternehmen zu Dritten kann die Forderungsverbriefung auch interne Prozesse wie das Debitorenmanagement positiv beeinflussen. Dies wird im folgenden Abschnitt untersucht.

Erwartung T.11: Die Verbriefung von Handelsforderungen erhöht die Qualität interner Prozesse.

Die Originatoren führen nach einer Verbriefung ihrer Handelsforderungen weiterhin das Forderungsmanagement für die verkauften Forderungen im Rahmen von Servicing-Vereinbarungen durch. Um eine möglichst hohe Qualität dieses Servicings zu gewährleisten, wird das Debitorenmanagement zu Beginn der Transaktion von den strukturierenden Banken und den Rating-Agenturen analysiert und, falls notwendig, Änderungen an den Prozessen verlangt. Verbindliche Regeln dafür werden abschließend mit in die ABS-Verträge aufgenommen. Dadurch kann für das Unternehmen insgesamt ein Mehrwert entstehen, da Überfälligkeiten und Ausfälle reduziert werden könnten.[950]

[950] Vgl. Alpha Servicing Agreement (2004); Beta Servicing Agreement (2005); Gamma Rahmenvertrag (2001); Delta Rahmenvertrag (2004).

Wenn die Prozesse hingegen vor ABS bereits ausreichend gut strukturiert waren, entfällt dieser Vorteil. In den empirischen Untersuchungen wurde daher analysiert, bei welchen Transaktionen es tatsächlich zu Qualitätsverbesserungen in internen Prozessen gekommen ist.

Diese Verbesserungen sollten Einfluss auf die Forderungausfälle und Forderungslaufzeiten haben. Es liegen zwar Daten zu monatlichen Forderungsausfällen vor, diese sind jedoch entweder stark auf den zeitlichen Bereich vor ABS (Alpha und Beta) oder nach ABS (Gamma) konzentriert, so dass Unterschiedstests nicht zu signifikanten Ergebnissen führen.[951] Daher muss auf die qualitativen Ergebnisse der Interviews zurückgegriffen werden.

Alpha hat im Rahmen der ABS-Transaktion nach eigenen Angaben die Qualität des Forderungsbestands insgesamt verbessern können, da durch entsprechende Incentivierungen das Volumen der Abschlagszahlungen minimiert und rechtlich höherwertigere Zwischenrechnungen maximiert wurden. Weitere Anpassungen der Prozesse waren allerdings nicht notwendig. Beta berichtet ebenfalls, dass an seinem Debitorenmanagement nur sehr geringe Änderungen durchgeführt werden mussten und daher in diesem Bereich kein Mehrwert der ABS-Transaktion zu erkennen sei.[952]

Das Unternehmen Gamma besitzt bereits seit mehreren Jahren Leitlinien für das Debitorenmanagement. Daher mussten diese für die ABS-Transaktion nicht mehr eingeführt werden. Gamma sieht in diesem Bereich daher keinen Mehrwert von ABS. Delta schließt sich dieser Bewertung für seine deutschen Gesellschaften an. In der französischen Tochtergesellschaft wurden jedoch, auch mit Hilfe von ABS, Überfälligkeiten reduziert.[953]

Dieses gemischte Bild setzt sich in den Case Studies fort. Fünf Unternehmen bestätigen, dass sie durch ABS ihr Debitorenmanagement verbessern konnten

[951] Bei Alpha ist ein Rückgang der durchschnittlichen Ausfallraten von 0,25 % auf 0,08 % und bei Beta von 0,35 % auf 0,31 % pro Monat festzustellen. Aufgrund der jeweils nur ca. ein Jahr umfassenden Abdeckung der Zeit nach Beginn von ABS sind diese Daten jedoch wie erwähnt nicht statistisch signifikant und können auch auf rein zufälligen Schwankungen beruhen. Dies ist insbesondere bei Alpha wahrscheinlich, da Forderungsausfälle aus den Ausfällen einiger weniger Debitoren bestehen und diese daher wesentlich stärker zeitlich streuen. Bei Gamma waren keine Forderungsausfalldaten für den Zeitpunkt vor Einführung von ABS zu erhalten.

[952] Vgl. Abschnitt 6.2.1.4, S. 184; Abschnitt 6.2.2.4, S. 218.

[953] Vgl. Abschnitt 6.2.3.4, S. 238; Abschnitt 6.2.4.4, S. 263.

(wenn auch teilweise nur marginal). Für Unternehmen G stellt die Forderungsverbriefung sogar eine wichtige Möglichkeit dar, den Vertrieb über die Notwendigkeit der vertraglichen Fixierung der Leitlinien in Bezug auf die Gewährung von Zahlungszielen besser kontrollieren zu können. Die Unternehmen E und H geben an, dass die offenen Forderungen nach der Forderungsverbriefung intensiver überwacht würden. Vier Unternehmen antworteten hingegen, dass ihr Forderungsmanagement bereits vor der Transaktion ausreichend gut organisiert war und daher keine Verbesserungen mehr nötig bzw. möglich waren.[954]

Damit ist festzuhalten, dass die Forderungsverbriefung in der Tat positive Effekte auf interne Prozesse der verbriefenden Unternehmen haben kann. Dies setzt jedoch voraus, dass im Debitorenmanagement und im Zusammenspiel mit dem Vertrieb noch Verbesserungspotenzial besteht.

7.3 Prinzipal-Agenten-Probleme und mögliche Wohlstandstransfers

Wie schon in Abschnitt 5.3 werden Agency Probleme hier nach Hidden Information und Hidden Action getrennt dargestellt.

7.3.1 Hidden Information

In diesem Abschnitt werden Agency-Probleme untersucht, die auf asymmetrischen Informationsverteilungen über die zu verbriefenden Aktiva auf der einen und dem verbleibenden Restunternehmen auf der anderen Seite bestehen. Zunächst werden die zu verbriefenden Forderungen untersucht.

7.3.1.1 Zu verbriefende Forderungen

Wie in Abschnitt 5.3.1.1 dargestellt, wird hier untersucht, ob die Struktur der Verbriefung von Handelsforderungen einen Lemon-Abschlag beim Verkauf der Forderungen verhindert. Anschließend wird untersucht, welche Kosten bei der Ausräumung der Informationsasymmetrien entstehen.

Erwartung A.1: Das Lemon Problem bzgl. der Qualität der zu verbriefenden Forderungen wird im Rahmen einer Verbriefungstransaktion überwunden.

[954] Vgl. Tabelle D.5, S. 396.

Zunächst kann festgehalten werden, dass der Forderungsverkauf insgesamt funktioniert, also der ABS-Markt nicht aufgrund von Lemon-Problemen zusammenbricht. Das Lemon-Problem wird durch die Struktur der Transaktionen also zumindest soweit reduziert, dass die Verkäufe stattfinden können. Allerdings ist zu klären, ob die Forderungsverkäufer einen Abschlag auf den Forderungswert, der sich unter vollständiger Information ergeben würde, hinnehmen müssen.

Die Vertragsanalyse zeigt hierzu, dass alle verkaufenden Unternehmen für Forderungsausfälle in Höhe des FLPs haften. Diese Haftung wird über Abschläge vom Kaufpreis oder regelmäßig zu füllende Barreserven umgesetzt.[955] In beiden Fällen erhält der Forderungsverkäufer damit nur einen reduzierten Forderungskaufpreis ausgezahlt. Interessant ist, wie sich diese Abschläge zu den historischen Ausfallraten verhalten. Wie Tabelle 7.2 zeigt, sind die FLPs in allen untersuchten Fällen höher als die erwarteten Ausfälle. Vorübergehend ergibt sich damit ein klarer Lemon-Abschlag.

Allerdings sind diese Abschläge nicht endgültig. Wenn die Forderungen eingehen, wird nur der tatsächlich ausgefallene Teil der Reserven und Abschläge vom SPV einbehalten. Der verbleibende Rest wird als verzögerter Kaufpreis an die Originatoren überwiesen. Die verbriefenden Unternehmen erhalten den Lemon-Abschlag damit nach Eingang der Forderungen ausbezahlt.

Auf der Basis der historischen Forderungsentwicklung wird mit dem FLP das Lemon-Problem überwunden. Zukünftige Qualitätsänderungen des Forderungsportfolios müssen in der aktuellen Preisberechnung des Weiteren nicht beachtet werden (hierfür müssen also keine Lemon-Abschläge verlangt werden), da dies über Trigger erfasst wird. Eine Verletzung führt zu einer Kündigungsmöglichkeit der Forderungskäufer und kann für eine Anpassung der Reserven und Abschläge genutzt werden. Zukünftige Verschlechterungen müssen daher nicht bereits zum Vertragsabschluss in den Kaufpreis einbezogen werden.

In Summe konnte Erwartung A.1 damit nicht widerlegt werden. Die Struktur einer ABS-Transaktion von Handelsforderungen verhindert Lemon-Abschläge effektiv. Auf der Basis historischer Daten werden zwar Abschläge oder Reserven vom

[955] Im Falle von Delta wird der Abschlag erst genommen, wenn Forderungen überfällig sind. Dies hat jedoch keine Auswirkungen auf die Analyse.

Nennbetrag abgezogen. Da diese jedoch nach Eingang der Zahlungen an das verbriefende Unternehmen ausgezahlt werden, wurde das Lemon-Problem bzgl. der Qualität der Forderungen überwunden.

Um sicherzustellen, dass durch die Verhinderung des Abschlages ein Mehrwert entsteht, muss des Weiteren nachgewiesen werden, dass der Prozess zur Angleichung der Informationsasymmetrien kostengünstig durchgeführt werden kann. Dies wird im Folgenden gezeigt:

Erwartung A.2: Informationsasymmetrien bzgl. der Handelsforderungen können im Rahmen der Verbriefungstransaktionen durch die Erstellung einer Forderungshistorie kostengünstig behoben werden.

Informationsasymmetrien bestehen über die Qualität der zu verbriefenden Forderungen. Der Originator hat darüber umfangreiche und bessere Informationen als die strukturierenden Bank bzw. das SPV, die die Debitoren nicht kennen. Um dieses Informationsgefälle zu reduzieren, liefern die Originatoren historische Daten wie Ausfallraten, Verwässerungen und Ageing-Übersichten im Rahmen einer Forderungs-Due-Dilligence. Dies war in allen untersuchten Transaktionen der Fall, die Erfahrungen bei der Erzeugung der Daten jedoch unterschiedlich.

Alpha musste für die Berichte zunächst definieren, was als Gutschrift und was als Ausfall zu werten sei. Dies war aufgrund der oben erwähnten Praxis nötig, dass Rechnungen nach deren Ausstellung regelmäßig abgeändert werden. Die eigentlichen Auswertungen waren anschließend einfach zu erzeugen, da ähnliche Berichte bereits für interne Zwecke verwendet wurden.[956]

In der Transaktion von Beta gab es während der Due Dilligence zwei Problembereiche. Zum einen gab es Definitions- und Abstimmungsprobleme zwischen Unternehmen und strukturierender Bank.[957] Zum anderen war die Erstellung der Berichte aufgrund der hohen Anzahl von Kundendatensätzen sehr zeitaufwendig. Beta verfügte über keine SAP-Berichte wie Alpha, die alle geforderten Kennzahlen in einem Durchlauf automatisch ermitteln, so dass eine Vielzahl einzelner

[956] Vgl. Abschnitt 6.2.1.4, S. 184.

[957] Diese führten im weiteren Verlauf zu einer Triggerverletzung, so dass die gesamte Auswertung mit verbesserten Definitionen wiederholt werden musste.

Auswertungen über einen Zeitraum von mehreren Wochen durchgeführt werden musste.[958]

Gamma ist verpflichtet detailliert zu dokumentieren, wann Rücklastschriften beglichen wurden. Dieser Prozess war mit ein bis zwei Wochen Arbeitszeit einen Mitarbeiters jedoch überschaubar.[959]

Delta schätzt den Due-Dilligence-Aufwand als vertretbar ein. Zwar musste wie im Falle Betas jede Kennzahl einzeln berechnet werden, Dieser Aufwand war jedoch mit ein bis zwei Tagen Arbeitszeit begrenzt. Die Komplexität wurde etwas erhöht, da Delta während des untersuchten Zeithorizonts von SAP R/2 auf R/3 umgestiegen war.[960]

Die Ergebnisse der Case Studies waren ebenfalls uneinheitlich. A und F bezeichnen den Aufwand der Due Dilligence als sehr gering. G hatte Probleme, die Überfälligkeiten zu erfassen, da das Debitorenmanagement außerhalb des zentralen IT-Systems stattfindet. Für H waren die geforderten Daten unbekannt und mussten teilweise erst noch erfasst werden. I hat sich aufgrund umfangreicher Daten sehr viel Zeit für die Forderungsauswertung gelassen und bewertete den Vorgang ebenfalls als komplex. J musste wie Delta auf alte Software-Versionen zurückgreifen, um die geforderten Informationen bereitstellen zu können.[961]

Die Ergebnisse haben gezeigt, dass die Informationsbereitstellung im Idealfall einfach und ohne großen Arbeitsaufwand durchgeführt werden kann. Erwartung A.2 konnte nicht widerlegt werden. Verschiedene Faktoren können diesen Vorgang jedoch beeinflussen. Definitions- und Abgrenzungsprobleme führen dazu, dass zunächst klare Regeln vereinbart werden müssen. Software-Umstellungen verlangen unter Umständen nach zwei getrennten Auswertungen über die Zeit vor und nach der Umstellung. Auch ist es entscheidend, ob ein Unternehmen bereits Routinen besitzt (oder erstellen kann), mit denen die einzelnen Kennzahlen in einem Arbeitsschritt ermitteln werden können. Wenn ein Unternehmen ähnliche Auswertungen bereits für interne Zwecke verwendet, ist die Wahrscheinlichkeit einer einfachen Bereitstellung der Forderungshistorie natürlich am höchsten. Insgesamt

---

[958] Vgl. Abschnitt 6.2.2.4, S. 215.
[959] Vgl. Abschnitt 6.2.3.4, S. 237.
[960] Vgl. Abschnitt 6.2.4.4, S. 261.
[961] Vgl. Tabelle D.2, S. 393.

sollten verbriefende Unternehmen den Arbeitsaufwand für die Bereitstellung der Forderungshistorien nicht unterschätzen und die zur Verfügung stehenden Daten im Vorfeld kritisch auf ihre Auswertbarkeit analysieren.

Trotz des in einigen Fällen erhöhten Aufwands ist jedoch auch festzustellen, dass die geforderten Informationen im Endeffekt immer zur Verfügung gestellt werden konnten. In Verbindung mit der Überwindung des Lemon-Abschlags beim Forderungsverkauf ist damit ein Mehrwert von ABS zu bestätigen.

7.3.1.2 Signaling des Unternehmenswerts

Nach der Analyse der Informationsasymmetrien in Bezug auf die zu verkaufenden Forderungen werden hier die Originatoren an sich betrachtet. Es wird untersucht, ob eine ABS-Transaktion ein positives Signal für die Qualität des Originators darstellt und ob es Unterschiede in Bezug auf die Unternehmensgröße gibt.

Erwartung A.3: Unternehmen aus dem Mittelstand erfahren durch ABS einen Reputationsgewinn. Dieser ist bei Großunternehmen geringer.

Wie oben beschrieben, werden folgende Merkmale besonders beachtet:

I. Verbriefungstransaktionen haben aus Sicht des Unternehmens einen guten Ruf.

II. Die Bankpartner bewerten die ABS-Transaktion positiv.

III. Kunden und Zulieferer (falls informiert) bewerten die Transaktion positiv.

Diese Merkmale sind nicht bei allen Transaktionen vorzufinden. Einige Unternehmen sehen einen Reputationsgewinn, andere hingegen verneinen diesen Effekt, wie im Folgenden gezeigt wird.

Alpha gehört zu den Unternehmen, die auf diesem Gebiet von der Forderungsverbriefung profitiert haben. Das Unternehmen sieht positive Reputationseffekte, da nicht jedes Unternehmen für ABS-Transaktionen geeignet wäre. Die erfolgreiche Durchführung zeige, dass die vorhandenen Prozesse und Strukturen von ausreichend guter Qualität seien. Kunden und Zulieferer wurden zwar nicht informiert, die Bankpartner Alphas haben jedoch alle positiv auf den Forderungsverkauf reagiert und das Gütesiegel ABS bestätigt.[962]

[962] Vgl. Abschnitt 6.2.1.4, S. 184; Abschnitt 6.2.1.3.3, S. 183; Abschnitt 6.2.1.2.3, S. 169.

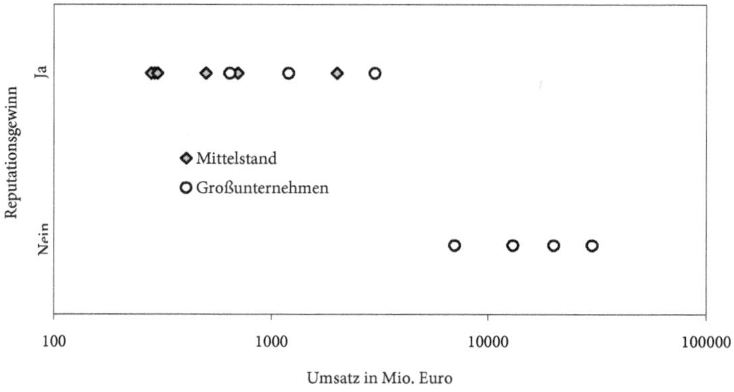

Abb. 7.5: Reputationsgewinne[963]

Beta sieht ebenfalls positive Effekte, da eine Forderungsverbriefung gerade für den Mittelstand sehr fortschrittlich sei. Das Unternehmen informierte seine größten Lieferanten über den Forderungsverkauf und erreichte einen klaren Image-Gewinn, da die Lieferanten die Transaktion als innovativ bezeichneten. Zuletzt bestätigen auch die Banken einen positiven Effekt. Sie sehen neben der Verwendung eines innovativen Finanzierungsinstruments auch die Auseinandersetzung mit dem eigenen Rating und der EK-Quote als positiv.[964]

Gamma hingegen konnte durch die ABS-Transaktion keinen Reputationsgewinn verzeichnen. Die Forderungsverbriefung sei Standard in dieser Größenklasse, sodass eine Nichtverwendung eher ein negatives Signal sei. Dies führte bei Banken zu Verwunderung und Nachfragen.[965] Kunden und Lieferanten wurden von Gamma nicht über die ABS-Transaktion informiert.[966]

Als weiteres Großunternehmn sieht Delta hingegen wieder einen positiven Ruf von ABS. Das Finanzierungsinstrument ABS sei innovativ und seine Verwendung daher positiv zu werten. Die Banken haben dies durch positive Reaktionen bestätigt. Über Reaktionen von Kunden ist nichts bekannt.[967]

963 Eigene Darstellung.
964 Vgl. Abschnitt 6.2.2.4, S. 218; Abschnitt 6.2.2.3.3, S. 213; Abschnitt 6.2.2.2.3, S. 198.
965 Positive Effekte auf die Reputation würden eher im Bereich von US Private Placements erreicht.
966 Vgl. Abschnitt 6.2.3.4, S. 238; Abschnitt 6.2.3.3.3, S. 237; Abschnitt 6.2.3.2.3, S. 229.
967 Vgl. Abschnitt 6.2.4.4, S. 263; Abschnitt 6.2.4.3.3, S. 260.

Diese nicht eindeutigen Signalwirkungen von ABS setzen sich auch in den Case Studies fort. Sechs Unternehmen sehen einen Reputationsgewinn, drei verneinen ihn.[968] Wie in der Erwartung bereits formuliert, soll jedoch eine differenzierte Betrachtung mit Bezug auf die Unternehmensgröße stattfinden. Abbildung 7.5 fasst die Ergebnisse dieser Fragestellung zusammen. Es ist klar zu erkennen, dass die vier Unternehmen, die keinen Reputationsgewinn verzeichnen, mit Umsätzen über 7 Mrd. Euro die vier größten Unternehmen des Samples sind. Die Unternehmen mit Reputationsgewinn haben einen Umsatz von maximal 3 Mrd. Euro.[969]

Für sehr große Unternehmen ist die Forderungsverbriefung damit Standard und wird nicht mehr als innovativ oder reputationsfördernd angesehen. Unternehmen des Mittelstands und „kleinere“ Großunternehmen sprechen hingegen dem positiven Ruf von ABS eine Image-steigernde Wirkung zu. Die Grenze für den Reputationsgewinn ist hierbei nicht identisch mit der vorgenommenen Klassifizierung nach Mittelstand und Großunternehmen. Der Reputationseffekt scheint jedoch im Zusammenhang mit dem Umsatz des Unternehmens zu stehen. Dies ist nachzuvollziehen, da die Höhe des Forderungsbestands und damit die Möglichkeit, an ABS teilzunehmen, überwiegend vom Umsatz des Unternehmens abhängt. Je größer der Forderungsbestand, desto früher konnten die Unternehmen Forderungen verbriefen. Je weiter das Mindestvolumen jedoch in den letzten Jahren gesunken ist, desto stärker wird ABS zum Standard für größere Unternehmen.

Erwartung A.3 konnte damit nicht widerlegt werden. Die Verbriefung von Handelsforderungen hat, mit Ausnahme der Transaktionen sehr großer Unternehmen, eine positive Signalwirkung.

In Abschnitt 5.3.1.2 wurden jedoch nicht nur positive Effekte von ABS, sondern auch durch die Verwendung ausländischer SPVs eventuell negative Signale diskutiert. Diese werden im Folgenden analysiert.

Erwartung A.4: Unternehmen bevorzugen auf Grund der Assoziation von ausländischen Zweckgesellschaften mit Finanzierungsskandalen eine deutsche Zweckgesellschaft.

---

968 Mit Unternehmen E wurde diese Fragestellung aufgrund der bereits beendeten Transaktion nicht thematisiert.

969 Vgl. Tabelle D.2, S. 393.

Die Reaktionen der Originatoren zu dieser Fragestellung waren eindeutig. Kein Unternehmen (sowohl aus den Clinical als auch den Case Studies) sieht aufgrund der Finanzskandale à la Enron ein Problem mit der Nutzung ausländischer, in der Regel auf den Kanalinseln gelegener Zweckgesellschaften. Ein negativer Effekt auf das eigene Image wird verneint, da ausländische SPVs im ABS-Bereich absoluter Standard seien.[970]

Abgesehen von dieser verneinten Begründung würden zwei Unternehmen dennoch (falls steuerrechtlich möglich) eine deutsche Zweckgesellschaft bevorzugen. Alpha würde die inländische Abwicklung präferieren, da dies doch als seriöser empfunden würde. Beta bewertet den Kontakt mit dem ausländischen Forderungskäufer als sehr anonym und erhofft sich durch eine deutsche Zweckgesellschaft eine einfachere Abwicklung, da in deutscher Sprache kommuniziert werden könnte. Dies würde für die mit ABS beauftragten Mitarbeiter die Sprachprobleme reduzieren.[971]

Zusammenfassend ist festzustellen, dass die Verwendung ausländischer Zweckgesellschaften das Image der Forderungsverbriefung nicht negativ belastet.[972] Die verbriefenden Unternehmen sehen hierin kein Problem. Interessant ist allerdings, dass die beiden Unternehmen, die dennoch ein deutsches SPV bevorzugen würden, dem Mittelstand zuzuordnen sind. Für diese Unternehmen ist die Nutzung von ABS noch kein Standard-Instrument. Sie sind daher mit ausländischen Zweckgesellschaften noch nicht so vertraut. Der Fall von Beta hat auch gezeigt, dass im Mittelstand die Sprachprobleme aufgrund fehlender Englischkenntnisse nicht unterschätzt werden dürfen. Insgesamt haben die Case Studies und die fehlende Bevorzugung einer deutschen Zweckgesellschaft dennoch gezeigt, dass die momentane ABS-Struktur das Image von Forderungsverbriefungen nicht negativ beeinflusst. Erwartung A.4 wurde damit widerlegt.

---

970 Vgl. Abschnitt 6.2.1.4, S. 184; Abschnitt 6.2.2.4, S. 218; Abschnitt 6.2.3.4, S. 238; Abschnitt 6.2.4.4, S. 263; Tabelle D.2, S. 393.

971 Vgl. Abschnitt 6.2.1.4, S. 184; Abschnitt 6.2.2.4, S. 218.

972 Nicht ausgeschlossen werden kann, dass ein Selection Bias existiert. Unternehmen, die eine Forderungsverbriefung wegen der Notwendigkeit einer ausländischen Zweckgesellschaft ablehnten, sind per Definition nicht Teil der untersuchten Unternehmen. Dies wird jedoch als nicht wesentlich angesehen, da während der Recheerchen und Untersuchungen dieser Arbeit kein solcher Fall aufgetaucht ist.

7.3.1.3 Offenlegungspflichten

Neben der erfolgreichen Ausräumung von Informationsasymmetrien ist für einige Unternehmen jedoch auch das Verhindern einer Offenlegung von Unternehmensdaten wichtig. Im Folgenden wird daher untersucht, ob die Verbriefung von Handelsforderungen den indirekten Zugang zum Kapitalmarkt ohne den Zwang zur Offenlegung von Unternehmensdaten ermöglicht. Zunächst wird zusammengefasst, welche Informationen über das verbriefende Unternehmen verwendet werden und wer die Adressaten dieser Berichte sind.

Erwartung A.5: Der Umfang der bereitzustellenden Informationen ist bei Verbriefungstransaktionen geringer als bei Kapitalmarktinstrumenten.

In den Clinical Studies wurde detailliert untersucht, welche Informationen über den Originator zur Strukturierung der Transaktion angefordert wurden. Erwartungsgemäß mussten alle Unternehmen Historien zur Forderungsperformance sowie Beschreibungen und Vorgaben für ihr Debitorenmanagement zur Verfügung stellen. Neben diesen Daten zum Forderungsbestand wurde jedoch auch auf die wirtschaftliche Situation der verbriefenden Unternehmen Wert gelegt und verschiedene Informationen hierzu angefordert. Dies beinhaltete neben den Jahresabschlüssen bzw. Prüfungsberichten der letzten Jahre teilweise auch Business Pläne.[973]

Alpha konnte die Analyse seiner wirtschaftlichen Situation sehr gut mit einer anschließend durchgeführten Mezzanine-Transaktion vergleichen und kommt zu dem Ergebnis, dass zwar in beiden Transaktionen die eigene Bonität untersucht, in der Mezzanine-Transaktion jedoch stärkerer Wert auf die zukünftige Entwicklung des Unternehmens gelegt und diese intensiver analysiert wurde.[974]

Davon abweichend berichtete Gamma, dass eine Untersuchung seiner Bonität von der strukturierenden Bank überhaupt nicht durchgeführt wurde. Allerdings ist dies damit zu erklären, dass Gammas Bank bereits aufgrund umfangreicher Kreditbeziehungen über eine hinreichende Einschätzung der wirtschaftlichen Situation des Unternehmens verfügte.[975]

---

[973] Vgl. Abschnitt 6.2.1.2.3, S. 169; Abschnitt 6.2.2.2.3, S. 198; Abschnitt 6.2.3.2.3, S. 229; Abschnitt 6.2.4.2.3, S. 248.
[974] Vgl. Abschnitt 6.2.1.2.3, S. 169.
[975] Vgl. Abschnitt 6.2.3.2.3, S. 229.

Die Offenlegung der Jahresabschlüsse und sonstiger Informationen ist jedoch nicht mit den Anforderungen einer Kapitalmarkttransaktion zu vergleichen, da insbesondere die Adressaten andere waren. Die Berichte gingen nur an die strukturierenden Banken und die involvierten Rating-Agenturen, so dass eine Veröffentlichung im Rahmen der Transaktion nicht stattfand.[976] Die Conduit-Struktur ermöglicht eine vollständige Anonymität der Originatoren. Selbst die Investoren erfahren nicht, welche Originatoren im Pool des Conduits enthalten sind. Veröffentlicht werden nur das Maximalvolumen der Transaktion, das Land der Forderungen sowie die Branche des Unternehmens. Dies sind auch die einzigen Informationen, die die Rating-Agenturen in ihren Marktberichten veröffentlichen. Damit gleicht die Informationsbereitstellung im Rahmen einer ABS-Transaktion (mit Ausnahme der Einbeziehung der Rating-Agentur) eher der eines normalen Kreditverhältnisses.[977]

In den Clinical sowie den Case Studies wurden die Unternehmen darüber hinaus befragt, ob diese Anonymität und der fehlende Zwang zur Veröffentlichung von Unternehmensinformationen für sie ein wesentlicher Vorteil der Verbriefung von Handelsforderungen sei. Börsennotierte Großunternehmen antworteten erwartungsgemäß, dass dies für sie irrelevant sei, da sie bereits wesentliche Informationen veröffentlichen müssten. Auch gab es mittelständische Unternehmen, die ihre Informationspolitik als sehr offen bezeichnen und daher in diesem Bereich keinen Mehrwert einer ABS-Transaktion sehen.[978]

Auf der anderen Seite war es für die mittelständischen Unternehmen Alpha, H und J jedoch sehr wichtig, dass keine Unternehmensinformationen veröffentlicht werden und keine Berichte an Dritte außerhalb der ABS-Transaktion weitergereicht werden. Diese Unternehmen hätten bei einer Veröffentlichungspflicht die Transaktionen wahrscheinlich nicht durchgeführt.[979]

---

[976] Auch im weiteren Verlauf der Transaktion werden keine weiteren Informationen veröffentlicht. Wie in Abschnitt 7.3.2.3 dargestellt, gleicht die Bereitstellung von Informationen im Rahmen des Monitoring der Bereitstellung von Informationen in normalen Kreditverhältnissen. Vgl. Abschnitt 7.3.2.3, S. 325.

[977] Vgl. Interview Beta Strukturierende Bank, siehe Anhang E.2.2.8, S. 405.

[978] Vgl. Abschnitt 6.2.2.4, S. 218; Interview Unternehmen A Leiter Finanzen, siehe Anhang F.1, S. 410; Interview Unternehmen B, siehe Anhang F.3, S. 410; Interview Unternehmen C, siehe Anhang F.5, S. 410; Interview Unternehmen E, siehe Anhang F.8, S. 411; Interview Unternehmen F, siehe Anhang F.9, S. 411; Interview Unternehmen G, siehe Anhang F.10, S. 412.

[979] Vgl. Abschnitt 6.2.1.4, S. 184; Interview Unternehmen H, siehe Anhang F.11, S. 412; Interview Unternehmen J, siehe Anhang F.13, S. 412.

Unklar ist, welche Auswirkungen das nach Ende der Erhebungen in Bundesanzeiger (Hrsg.) (2006) im November 2006 veröffentlichte Gesetz über elektronische Handelsregister und Genossenschaftsregister sowie das Unternehemnsregister (EHUG) auf diese Einschätzungen hat. Vor der Gesetzesänderung wurde die Nichtveröffentlichung von Jahresabschlüssen nur in geringem Umfang verfolgt, da die Amtsgerichte nur auf Antrag eines Dritten aktiv wurden. Nach der neuen Regelung ist die Einleitung eines Ordnungsgeldverfahrens zwingend vorgegeben, so dass die Unternehmen zu mehr Transparenz gezwungen werden. Nichtsdestotrotz gehen die Veröffentlichungspflichten der Kapitalmärkte mit teilweise quartalsweiser Berichterstattung hierüber hinaus.

Zusammenfassend kann festgestellt werden, dass sich die Offenlegungspflichten im Rahmen einer ABS-Transaktion wesentlich von denen direkter Kapitalmarktinstrumente unterscheiden. In einer Verbriefungstransaktion werden außer der Branche des Unternehmens keine weiteren unternehmensspezifischen Daten veröffentlicht. Jahresabschlüsse etc. werden nur an die strukturierende Bank bzw. das SPV geliefert. Dies entspricht dem Umfang der Informationsbereitstellung in einem normalen Kreditverhältnis. Darüber hinausgehend werden jedoch umfangreiche Daten zu den zu verkaufenden Forderungen weitergegeben, allerdings nicht an die Öffentlichkeit, sondern nur an die strukturierende Bank, das SPV und die Rating-Agenturen.[980] Je nach Öffnungsgrad des Unternehmens kann dies insbesondere im Mittelstand ein wichtiges Argument für die indirekte Inanspruchnahme des Kapitalmarkts sein.

7.3.2 Hidden Action

Nach den Agency-Problemen im Bereich der Hidden Information wird im Folgenden der Bereich der Hidden Action untersucht.

[980] Falls verwendet, gehen diese Daten auch an Warenkreditversicherer.

7.3.2.1 Moral Hazard

Erwartung A.6: Durch die Struktur der Verbriefungstransaktion besteht für den Originator kein Anreiz für Moral-Hazard-Handlungen.

Als Vorbemerkung ist darauf hinzuweisen, dass die Existenz der Transaktionen bereits auf eine Bestätigung dieser Erwartung hinweist. Sollten für den Forderungsverkäufer Möglichkeiten eines Moral Hazards existieren, wären die Transaktionen nicht durchführbar bzw. die Commercial Papers würden kein Prime-1-Rating mehr erhalten. Zur wissenschaftlichen Untermauerung soll im Folgenden dennoch gezeigt werden, dass die gewählten Strukturen den Moral Hazard in der Tat wirkungsvoll verhindern. Zunächst wird der Ex-post-Moral-Hazard im Forderungseinzug betrachtet.

Ein Unternehmen, das Forderungsausfälle nicht mehr tragen muss, weil es die Forderungen in einer ABS-Transaktion verkauft hat, wird überlegen, ob es seinen Ertrag durch reduzierte Intensität des Debitorenmanagements (und damit geringere Kosten) erhöhen kann. Hierfür müssen die im Debitorenmanagement tätigen Mitarbeiter jedoch in der Lage sein, verkaufte von nicht verkauften Forderungen zu unterscheiden.[981] Es könnte angenommen werden, dass Moral-Hazard-Probleme im Forderungseinzug bereits an dieser Stelle durch eine Pflicht zur Nichtoffenlegung der Verkäufe im Debitorenmanagement verhindert werden. Wenn im Forderungseinzug nicht zu erkennen wäre, welche Forderungen verkauft wurden und welche dem Unternehmen noch selbst gehören, könnte keine unterschiedliche Behandlung stattfinden. Dies ist jedoch nicht der Fall. Mit nur einer Ausnahme waren die verkauften Forderungen in allen untersuchten Transaktionen offen markiert. Eine unterschiedliche Behandlung der Forderungen und eine Reduzierung der Einzugsintensität wäre damit theoretisch möglich.[982]

Die Auswirkungen einer solchen Reduzierung werden im Folgenden analysiert. Eine Erhöhung der Intensität im Debitorenmanagement führt zu stetig steigenden Kosten (überwiegend Personalkosten und Kosten der gerichtlichen Durchsetzung von Forderungen). Die Kosten aus Forderungsausfällen fallen hingegen mit steigender

[981] Falls alle Forderungen verkauft wurden, ist dies nicht notwendig.

[982] Vgl. Abschnitt 6.2.1.2.5, S. 173; Abschnitt 6.2.2.2.5, S. 202; Abschnitt 6.2.3.2.5, S. 231; Abschnitt 6.2.4.2.5, S. 251; Tabelle D.6, S. 397.

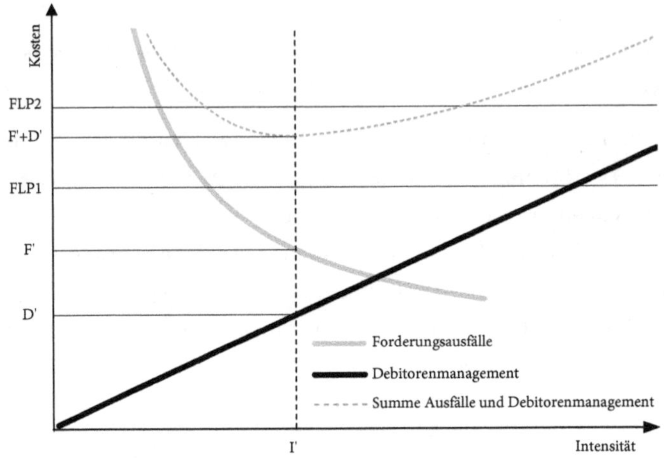

Abb. 7.6: Moral-Hazard[983]

Intensität des Debitorenmanagements. Der Grenznutzen ist jedoch offensichtlich abnehmend. Vor der ABS-Transaktion investierte das rational denkende Management die optimale Intensität an Arbeits- und Mitteleinsatz in das Debitorenmanagement, so dass die Grenzkosten dieser Aktivitäten gleich dem Grenzertrag aus geringeren Forderungsausfällen sind. In dieser Situation ist die Summe aus Forderungsausfällen und Ausgaben des Debitorenmanagements minimal. In Abbildung 7.6 ist dies bei der Intensität I' der Fall.

Positive Effekte aus einem Moral Hazard im Forderungseinzug können aus der Reduzierung der den Originator betreffenden Forderungsausfälle entstehen. Durch einen Forderungsverkauf werden die Forderungsausfälle nach oben hin begrenzt. Die negativen Effekte eines „schlechteren" Debitorenmanagements werden eingeschränkt. Stellt ein Unternehmen den Forderungseinzug der verkauften Forderungen vollständig ein, trägt es maximal „nur" noch die Kosten des Teils des Forderungsausfalls für den es haftet (das FLP).

[983] Eigene Darstellung.

Ausgehend von der Situation des optimalen Mitteleinsatzes lohnt sich der Moral Hazard also dann, wenn die bisherigen Forderungsausfälle plus die Kosten des bisherigen Forderungseinzugs größer sind als das FLP. Oder anders ausgedrückt, wenn die Kosten des Forderungseinzugs größer sind als die Differenz aus FLP und bisherigen Forderungsausfällen.

$$Forderungsausfälle + Kosten\ Debitorenmanagement > FLP \tag{7.1}$$

$$Kosten\ Debitorenmanagement > FLP - Forderungsausfälle \tag{7.2}$$

In Abbildung 7.6 hätte ein Moral Hazard bei einem FLP in Höhe von FLP2 negative Effekte für das verbriefende Unternehmen, da die Kosten ohne Moral Hazard geringer wären. Bei einer Verlustübernahme in Höhe von FLP1 bestünde für das Unternehmen jedoch die theoretische Möglichkeit einer Kostenreduktion durch Moral Hazard im Forderungseinzug.[984]

Anhand der empirischen Untersuchungen wird im Folgenden Ungleichung 7.2 auf ihren Wert hin untersucht.

Alpha haftet für Forderungsausfälle auf verkaufte Forderungen bis zu einem Anteil von 6 % am verkauften Portfolio. Bei einem Verbriefungsvolumen von 35 Mio. Euro entspricht dies 2,1 Mio. Euro. Bisher sind im Durchschnitt ca. 0,2 % der Forderungen (oder bezogen auf das Verbriefungsvolumen 70.000 Euro) ausgefallen. Das FLP beträgt damit das ca. 30fache der historischen Ausfälle. Die Differenz beider Werte, 2,03 Mio. Euro, würden als Kosten eines Moral-Hazards anfallen. Erst wenn ein Einsparpotenzial im Forderungseinzug in dieser Höhe besteht, wenn also die Ausgaben des Forderungseinzugs mindestens diese Grenze überschreiten, könnte Alpha von dem Risikotransfer über einen Moral Hazard profitieren.[985]

---

984 Befindet sich das Unternehmen vor der ABS-Transaktion nicht im Optimum I', dann erhöht sich zwar die Möglichkeit eines Moral-Hazards, da der linke Teil der Formel 7.1 größer würde. Allerdings ist der zusätzliche Teil der „positiven" Effekte dann einer Optimierung der Intensität des Debitorenmanagements und nicht dem Moral Hazard zuzuordnen. Daher wird die optimale Intensität als Ausgangspunkt der Analyse gewählt. Verbesserungen in der Qualität (nicht der Intensität!) des Debitorenmanagements (vgl. Abschnitt 7.2.6.) führen hingegen zu einer Drehung der Kostenkurve des Debitorenmanagements nach unten, so dass die gleiche Intensität mit geringen Kosten erreicht werden kann. Dies führt dazu, dass die linke Seite von Ungleichung 7.1 kleiner wird und die Anreize für einen Moral Hazard entsprechend sinken.

985 Vgl. Abschnitt 6.2.1.2.1, S. 163.

Zu beachten ist jedoch der Zeitbezug dieser Werte. Die Haftung bezieht sich auf die Ausfälle, die bei jedem einzelnen Forderungsausfall abgerechnet werden. Die hierfür hinterlegten Reserven müssen nach jeder Abrechnung wieder aufgefüllt werden, so dass im Extremfall bei einem monatlichen Verkauf 12 × 2,03 Mio. Euro an Kosten des Moral-Hazards anfallen könnten. Da der Forderungseinzug von Alpha in der Konzernzentrale von einigen wenigen Mitarbeitern durchgeführt wird und zu beachten ist, dass für nicht verkaufte Forderungen (verkauft werden nur ca. 35 % des gesamten Forderungsbestands) der Forderungseinzug weiterhin durchzuführen ist, könnten Personalkosten von über 24 Mio. Euro keinesfalls eingespart werden. Ein positives Ergebnis eines möglichen Moral-Hazards ist daher praktisch ausgeschlossen.[986]

Selbst wenn diese Abwägung ein positives Ergebnis hätte, müsste Alpha auch einbeziehen, dass ein Anstieg der Forderungsausfälle Auswirkungen auf die Weiterführung der Transaktion hätte. Durch eingebaute Trigger wird die Transaktion bei einem signifikantem Anstieg der Überfälligkeiten (auf 8 % bzw. 5,5 % gleitender Durchschnitt) beendet. Hinzu kommt, dass Forderungsausfälle, die das FLP übersteigen in dieser Transaktion von einer Warenkreditversicherung getragen werden. Diese hat bei Eintritt eines Versicherungsfalls ein Kündigungsrecht und könnte damit ebenfalls die gesamte Transaktion beenden. Vorteile aus einem Moral Hazard sind also maximal einmal zu erreichen. Eine Beendigung der Transaktion würde für Alpha zu einem Abfluss von Liquidität, einem Verlust sämtlicher Vorteile der Transaktion und damit zu Opportunitätskosten führen. Auch müsste nach Beendigung der Transaktion die Intensität des im Moral Hazard reduzierten Forderungseinzugs wieder erhöht werden. Zuletzt binden die Up-Front-Kosten Alpha an eine Weiterführung der Transaktion, da sich diese nur bei einer Fortführung bis zum vereinbarten Transaktionsende rechnet.[987]

Insgesamt bedeutet dies, dass die Kosten eines Moral Hazards zum einen aufgrund der Größe des von Alpha zu tragenden FLP und zum anderen aufgrund der Termination Events so hoch sind, dass ein Moral Hazard im Forderungseinzug wirkungsvoll ausgeschlossen wurde.

[986] Vgl. Abschnitt 6.2.1.2.1, S. 163.
[987] Vgl. Abschnitt 6.2.1.2.6, S. 175.

Bei der Transaktion von Beta liegt eine ähnliche Situation vor. Das Unternehmen haftet für 3,2 % der Ausfälle. Bei einem Transaktionsvolumen von 25 Mio. Euro entspricht dies 800.000 Euro. Die durchschnittlichen historischen Forderungsausfälle betragen 0,35 % oder 87.500 Euro. Die Differenz beträgt 712.500 Euro. Da es bei Beta eine Kombination aus Abschlägen und Reserven gibt, ist der Betrag nicht so einfach wie bei Alpha auf das Jahr hochzurechnen. Es wird sich jedoch definitiv um einen Betrag von mehreren Millionen Euro handeln. Da Beta fast alle seiner Forderungen verkauft,[988] könnte der Forderungseinzug wesentlich beschränkt werden. Doch auch bei Beta wird der Forderungseinzug von einigen wenigen Mitarbeitern durchgeführt, so dass Einsparungen in dieser Höhe nicht realistisch sind.[989]

Ebenso wie bei Alphas Transaktion sind auch bei Beta Termination Events auf der Basis von Triggern definiert. Überfälligkeiten dürfen 3,5 % (gleitender Drei-Monats-Durchschnitt 2,7 %) nicht überschreiten. Auch werden, analog zur Transaktion von Alpha, das FLP überschreitende Forderungsausfälle von einem Kreditversicherer getragen, der ebenfalls über ein Kündigungsrecht bei Eintritt eines Versicherungsfalls verfügt. Auch bei Beta sind die möglichen positiven Effekte eines Moral-Hazards damit sehr unwahrscheinlich und durch die Struktur der Transaktion prohibitiv teuer.[990]

Gamma haftet in seiner ABS-Transaktion mit bis zu 2 % für ausgefallene Forderungen. Bei einem Transaktionsvolumen von 132 Mio. Euro entspricht dies 2,64 Mio. Euro pro Monat. Forderungsausfälle auf die verkauften Forderungen sind bei Gamma aufgrund des Lastschriftverfahrens mit ca. 130.000 Euro pro Monat vergleichsweise gering. Um von einem Moral Hazard zu profitieren, müsste Gamma ca. 2,5 Mio. Euro pro Monat im Forderungseinzug einsparen. Da jedoch nur fünf Mitarbeiter mit dem Einzug der hier relevanten Forderungen beschäftigt sind, kann dieser Einsparbetrag nicht erreicht werden. Darüber hinaus gibt es in dieser Verbriefungstransaktion zwar keine Warenkreditversicherung mit Kündigungsrecht im Schadensfall, dafür gibt es jedoch neben einem Überfälligkeitstrigger (gleitender

---

988 Die zum Jahresende in der Bilanz aktivierten Forderungen werden beim ersten Forderungsverkauf im Januar verkauft. Die reduzierte Bilanzverkürzung ist stichtagsbedingt; vgl. Abschnitt 6.2.2.3.1.

989 Vgl. Abschnitt 6.2.2.2.1, S. 191.

990 Vgl. Abschnitt 6.2.2.2.6, S. 204.

Drei-Monats-Durchschnitt von 1 %) auch einen direkten Ausfalltrigger (gleitender Drei-Monats-Durchschnitt von 0,5 %). Ein Moral Hazard würde also auch hier zu einer schnellen Beendigung der Transaktion führen.[991]

Die Analyse ist im Falle der Transaktion von Delta dahingehend komplexer, weil Delta nicht nur ein First Loss Piece (0,35 %), sondern auch ein Third Loss Piece trägt (1,80 %). Unter der Annahme, dass bei einem Moral Hazard im Forderungseinzug die Forderungsausfälle wesentlich ansteigen und da das Second Loss Piece mit 0,24 % relativ klein ist, kann davon ausgegangen werden, dass Delta die Summe beider Haftungsanteile in Höhe von 2,15 % oder 1,29 Mio. Euro pro Jahr (Transaktionsvolumen 60 Mio. Euro) übernehmen muss. Leider waren von Delta keine Daten über historische Ausfallraten zu erhalten. Dennoch kann im Vergleich zum eingesetzten Personal (fünf Personen) eine große Differenz festgestellt werden, so dass Vorteile eines Moral-Hazards sehr gering sein sollten.[992]

Darüber hinaus gibt es in der Transaktion von Delta drei verschiedene Überfälligkeitstrigger, die im Falle eines Moral-Hazards die Transaktion über einen Termination Event beenden würden.[993]

Die ABS-Struktur verhindert damit in allen vier Clinical Studies wirksam einen Moral Hazard im Forderungseinzug. Wie oben gezeigt, existieren keine wirtschaftlichen Vorteile aus einem solchen Verhalten. Darüber hinaus haben sich die verbriefenden Unternehmen auch vertraglich verpflichtet, den Einzug verkaufter und nicht verkaufter Forderungen identisch und nach den vertraglich festgelegten Regeln durchzuführen. Ein Moral Hazard würde damit zusätzlich zu einem Vertragsbruch führen.[994]

Interessant ist, dass in vier der Case Studies angegeben wurde, dass verkaufte Forderungen sogar besser behandelt würden als nicht verkaufte. Begründet wurde dies mit der Gefahr, Trigger zu verletzten. Dies sei wegen der Gefahr eines Abbruchs bzw. der erhöhten CEs zu vermeiden. Moral Hazard im Forderungseinzug wird

[991] Vgl. Abschnitt 6.2.3.2.1, S. 224; Abschnitt 6.2.3.2.6, S. 233.
[992] Vgl. Abschnitt 6.2.4.2.1, S. 243.
[993] Vgl. Abschnitt 6.2.4.2.6, S. 253.
[994] Vgl. Abschnitt 6.2.1.2.6, S. 175; Abschnitt 6.2.2.2.6, S. 204; Abschnitt 6.2.3.2.6, S. 233; Abschnitt 6.2.4.2.6, S. 253.

durch die ABS-Struktur damit nicht nur verhindert, teilweise wird sogar ein bevorzugter Einzug erreicht.[995]

Nachdem die wirksame Verhinderung von Moral Hazard im Forderungseinzug dargelegt wurde, wird abschließend der Ex-ante-Moral-Hazard bei der Forderungsauswahl (Adverse Selection) betrachtet.

Die Übertragung der „schlechten" Forderungen auf die Zweckgesellschaft und das Behalten der guten Forderungen führt ceteris paribus zu einer Erhöhung der Ausfälle im SPV und einer Senkung der Ausfälle im Unternehmen. Solange das FLP nicht überschritten wird, entsteht jedoch kein Vorteil für das verbriefende Unternehmen, da es die erhöhten Ausfälle im SPV bis zu dieser Grenze selbst tragen müsste. Eine Überschreitung des FLPs führt jedoch, wie oben beschrieben, mit hoher Wahrscheinlichkeit zu einer Beendigung der Transaktion oder einer empfindlichen Erhöhung der CEs. Beides ist für das Unternehmen mit hohen Kosten verbunden und macht diesen Moral Hazard ebenfalls unattraktiv.

In Summe kann festgehalten werden, dass bei allen untersuchten Transaktionen die Erwartungen an die ABS-Struktur erfüllt wurden. Zum einen reichen die Kostenvorteile eines eingeschränkten Forderungseinzugs nicht aus, um die Verluste aus den FLPs zu kompensieren, und zum anderen würden alle Transaktionen bei einer Verschlechterung des Forderungseinzugs beendet bzw. könnten nur mit erhöhten CEs fortgeführt werden.

7.3.2.2 Eliminierung von Noise

Iacobucci/Winter (2005) argumentieren, dass die Verbriefung der Forderungen über die Eliminierung von Noise positive Effekte auf Agency-Kosten haben könnte.[996] Dies wird im Folgenden empirisch untersucht.

Erwartung A.7: Die Verbriefung von Handelsforderungen erhöht die Effizienz von Monitoring- und Anreizsystemen.

Um die Auswirkungen der Forderungsverbriefung auf den Noise aus Forderungsausfällen zu untersuchen, wäre es ideal, die Schwankungsbreite der Ausfälle vor und nach der Transaktion zu vergleichen. Dies ist jedoch mangels Datenbasis

---

995 Vgl. Tabelle D.6, S. 397.
996 Vgl. Abschnitt 5.3.2.1, S. 111.

nicht möglich. Für die Transaktionen Alphas und Betas stehen zwar insgesamt Ausfallraten von bis zu fünf Jahren zur Verfügung. Der Zeitraum nach Beginn der ABS-Transaktion ist jedoch mit jeweils zwölf Datenpunkten sehr gering und reicht für fundierte statistische Untersuchungen nicht aus. Bei Gamma sind ebenfalls Daten über fünf Jahre vorhanden. Da die untersuchte Transaktion jedoch bereits seit 2001 läuft, liegen keine Daten für den Zeitraum vor ABS vor. Von Delta waren gar keine Daten zu den Forderungsausfällen zu erhalten. Daher wird auf eine qualitative Analyse der Fragestellung zurückgegriffen.

Der Noise aus Forderungsausfällen kann nur dann reduziert werden, wenn tatsächlich Forderungsausfälle an das ankaufende SPV transferiert werden. Dies war in den untersuchten Transaktionen jedoch bisher nicht der Fall. Wie in Abschnitt 7.2.2 dargestellt, waren die tatsächlich aufgetretenen Forderungsausfälle alle geringer als die entsprechenden Volumina der FLPs. Die Ausfälle wurden damit alle vollständig von den verbriefenden Unternehmen getragen. Eine Reduzierung des Noise aufgrund transferierter Forderungsausfälle hat nicht stattgefunden. Um einen Transfer von Noise zu erreichen, müssten die Forderungsausfälle um mindestens 64 % (im Fall von Beta) höher ausfallen, als es in der Vergangenheit der Fall war.

Wie beschrieben, verhindern die installierten Trigger den Transfer unerwarteter Ausfälle weiter. Nur bei einem plötzlichem Ansteigen der Ausfälle innerhalb einer Berechnungsperiode kann ein Transfer stattfinden. Bei einem langsamen Ansteigen werden die Transaktionen aufgrund von Triggerverletzungen vor dem Überschreiten der FLPs beendet.

Zusammenfassend bedeutet dies, dass die untersuchten ABS-Transaktionen so strukturiert sind, dass eine Reduzierung des Noise aus Forderungsausfällen sehr unwahrscheinlich ist. Dies ist nur der Fall, wenn die Ausfälle das FLP überschreiten. Bei solch extremen Ausfällen könnte die Transaktion über Termination Events oder Trigger beendet und zukünftige Transfers ausgeschlossen werden. Im besten Fall ist Noise damit maximal einmal eliminiert worden. Das Argument, dass Verbriefungen die Effizienz der von Iacobucci/Winter (2005) genannten Mechanismen steigert, ist damit sehr schwach. Erwartung A.7 muss als widerlegt angesehen werden.[997]

[997] Es könnte argumentiert werden, dass Noise nicht durch den Transfer von Ausfallrisiken, sondern durch verbessertes Debitorenmanagement reduziert werden kann. Auf diesen Themenbereich wurde in der Analyse von Erwartung T.11 eingegangen.

7.3.2.3 Monitoring des Forderungsverkäufers

Aufgrund der Trennung von Originator und Forderungsportfolio durch einen True Sale wurde in Abschnitt 5.3.2.3 die folgende Erwartung formuliert.

Erwartung A.8: Es findet ein Monitoring des Forderungsverkäufers statt. Diese Aktivitäten sind jedoch geringer als die eines Kreditverhältnisses.

Wie oben beschrieben, wird diese Erwartung mit Hilfe des Pattern Matching empirisch analysiert. Folgende Merkmale werden untersucht:

I. Der Originator stellt Informationen über seine Geschäftsentwicklung zur Verfügung. Diese sind jedoch von geringerem Umfang als in einem Kreditverhältnis.

II. Die strukturierenden Banken führen bei der Vergabe der Liquiditätslinie eine Prüfung mit geringem Bezug zur Bonität des Originators durch, da die Linie überwiegend Risiken aus Störungen am CP-Markt trägt.

III. Falls Financial Covenants existieren, sind diese weniger eng als in Kreditverträgen gesetzt.

Zunächst wurden die Vertragswerke analysiert, um die Informationsrechte der Forderungsverkäufer zu quantifizieren. In allen vier Clinical Studies zeigte sich hierbei, dass den Käufern sehr weitgehende Informationsrechte eingeräumt wurden. In den Transaktionen von Alpha, Gamma und Delta dürfen die Käufer alle „angemessenen", „verhältnismäßigen" bzw. „notwendigen" Unterlagen anfordern. In den Vertragswerken von Beta wurden die Käufer bzgl. der Informationsrechte sogar mit den Eigentümern gleichgestellt.[998]

Die Ausübung dieser Rechte findet jedoch nur in geringerem Umfang statt. Die verbriefenden Unternehmen informieren die Zweckgesellschaften bzw. die strukturierenden Banken in demselben Umfang über die wirtschaftlichen Entwicklungen wie ihre anderen Kreditgeber. Diese Ergebnisse wurden im Rahmen der Case Studies bestätigt. In vielen Fällen werden die Forderungskäufer in die normalen Berichtsabläufe der Unternehmen einbezogen. Damit ist eindeutig festzustellen, dass

[998] Vgl. Abschnitt 6.2.1.2.6, S. 175; Abschnitt 6.2.2.2.6, S. 204; Abschnitt 6.2.3.2.6, S. 233; Abschnitt 6.2.4.2.6, S. 253.

der Reportingaufwand der verbriefenden Unternehmen durch ABS-Transaktionen nicht gesunken ist. Merkmal I ist nicht anzutreffen.[999]

Wenn die bereit gestellten Informationen also den gleichen Umfang wie in Kreditverhältnissen haben, ist als nächster Schritt von Interesse, ob diese Informationen anders verarbeitet werden als in Kreditprüfungen. Da die SPVs selbst nur über ein eingeschränktes Management verfügen, sind insbesondere die Aktivitäten der strukturierenden Banken zu untersuchen. Dies wird mit Hilfe von Merkmal II durchgeführt.

Auch die Analyse der von den Originatoren bereitgestellten Daten scheint sich nicht von der Analyse in einem Kreditverhältnis zu unterscheiden. Mehrere Banken teilten mit, dass die regelmäßige Überprüfung der Bonität der verkaufenden Unternehmen mit einer normalen Kreditprüfung ihrer Kreditabteilungen durchgeführt würde, welche auch normale Kreditverhältnisse überwachen. Dieses Vorgehen ist einleuchtend, da die Banken des Weiteren antworteten, dass die von ihnen bereitgestellten Liquiditätslinien auch Verkäuferrisiken, also über das Ausfallrisiko der Forderungen hinausgehende Risiken in Bezug auf den Originator, übernehmen. Diese seien nicht komplett ausgeschlossen worden, so dass Kreditrisiko des verkaufenden Unternehmens von der Bank übernommen wurde.[1000]

Es war des Weiteren auch nicht möglich, Merkmal III in den empirischen Untersuchungen zu bestätigen. Zwar existieren in den ABS-Transaktionen von Alpha, Beta und Delta Financial Covenants. Diese sind allerdings nicht von geringerem, sondern entweder in gleichem Umfang (bei Delta) oder sogar stärker als in Kreditverträgen formuliert (bei Alpha, da in den Kreditverträgen keine Covenants bestehen). Im Fall von Gamma existieren zwar keine Covenants, dies kann jedoch mit der nur einjährigen Laufzeit der Vertragswerke erklärt werden. Der Forderungskäufer benötigt keine aus Financial Covenants abgeleiteten Kündigungsrechte. Er kann die Transaktion ohnehin jährlich beenden.[1001]

---

[999] Vgl. Abschnitt 6.2.1.2.6, S. 175; Abschnitt 6.2.2.2.6, S. 204; Abschnitt 6.2.3.2.6, S. 233; Abschnitt 6.2.4.2.6, S. 253; Tabelle D.1, S. 392.

[1000] Vgl. Interview Unternehmen A Strukturierende Bank, siehe Anhang F.2, S. 410; Interview Unternehmen B Strukturierende Bank, siehe Anhang F.4, S. 410.

[1001] Vgl. Abschnitt 6.2.1.1, S. 160; Abschnitt 6.2.1.2.6, S. 175; Abschnitt 6.2.2.2.6, S. 204; Abschnitt 6.2.3.2.6, S. 233; Abschnitt 6.2.4.2.6, S. 253;

Die Analyse von Merkmal III in den Case Studies ergibt ein gemischtes Bild. In vier Transaktionen existieren Covenants, in vier anderen hingegen nicht.[1002] In drei der vier Transaktionen waren die Covennats identisch mit denen in Kreditverträgen (Cases C, G, H), in der vierten Transaktion waren Vergleichswerte nicht zu erhalten.[1003]

In Summe kann damit bzgl. der Financial Covenants zunächst festgehalten werden, dass diese in ABS-Transaktionen ein anerkanntes Instrument sind. Eine Differenzierung der Financial Covenants im Hinblick auf die Intensität zwischen ABS-Transaktionen und Kreditverträgen konnte hingegen nicht nachgewiesen werden.

Zusammenfassend bedeutet dies, dass Erwartung A.8 als widerlegt angesehen werden kann. Es existiert zwar eine Überwachung der Originatoren, diese ist jedoch nicht wesentlich von dem Monitoring in einem normalen Kreditverhältnis zu differenzieren. Eine Reduzierung des Monitoring-Umfangs aufgrund der (teilweisen) Risikotrennung von Originator und Forderungen und der auf diese Überwachungsfunktionen spezialisierten Marktteilnehmer, wie sie von Schwarcz (1995) angenommen wurde, war hingegen nicht anzutreffen. Alpha und Beta verwenden Warenkreditversicherungen als Credit Enhancement, während Gamma und Delta hierauf verzichten können. Dies hatte jedoch keine positive Auswirkungen auf die Intensität des Monitoring. Das Gegenteil ist der Fall, da die WKV neben den Überwachungen der Forderungskäufer zusätzliches Monitoring durchführen. Der Aufwand wird damit nicht reduziert, sondern gesteigert.

Wenn nun das Monitoring der Originatoren auf demselben Niveau wie in einem Kreditverhältnis durchgeführt wird, ist es von Interesse, in einem weiteren Schritt (siehe Explanation Building) die Auswirkungen auf das Monitoring bereits bestehender Kreditverhältnisse zu untersuchen. Durch die zusätzlichen Überwachungsinstanzen kann aufgrund der Forderungsverbriefung angenommen werden, dass diese Aktivitäten reduziert werden.

[1002] Über die Transaktion „E“ liegen zu dieser Fragestellung keine Informationen vor, da diese Transaktion zum Zeitpunkt der Untersuchung bereits beendet war. Transaktion B wurde aufgrund der nur einjährigen Vertragslaufzeit aus der Betrachtung herausgenommen, vgl. Fall Gamma.

[1003] Vgl. Tabelle D.1, S. 392.

In Gesprächen mit Kredit gebenden Banken wurde diese Fragestellung untersucht. Es war möglich, mit insgesamt fünf Banken von Alpha und Beta zu sprechen.[1004] In ausnahmslos allen Fällen teilten die Banken hierbei mit, dass sie ihre eigenen Aktivitäten aufgrund der ABS-Transaktionen nicht verändert hätten. Es sei nicht üblich und möglich, sich auf das Monitoring anderer Marktteilnehmer zu verlassen. Dieses müsse jede Bank selbstständig durchführen.[1005]

Die Verbriefung von Handelsforderungen führt damit weder zu geringerem Monitoring-Aufwand in der Transaktion selbst, noch reduzieren andere Marktteilnehmer ihre eigenen Aktivitäten. Positive Effekte bzw. eine Wertschaffung sind in diesem Bereich nicht festzustellen.

7.3.2.4 Underinvestment

In Abschnitt 5.3.2.5 wurde dargelegt, dass die Effekte von ABS-Transaktionen auf das Underinvestment-Problem in der Ausprägung nach Froot/Scharfstein/Stein untersucht werden sollen. Die Erhöhung der finanziellen Flexibilität zur Sicherung der Finanzierung sinnvoller Projekte steht hierbei im Vordergrund.

Erwartung A.9: Die Verbriefung von Handelsforderungen kann Underinvestment-Probleme lindern.

Merkmale:

I. Die verbriefenden Unternehmen bestätigen einen Zuwachs der finanziellen Flexibilität.

II. Die Verhandlungsbedingungen mit Kredit gebenden Banken wurden durch die ABS-Transaktion verbessert.

III. Mit Hilfe der ABS-Transaktion konnten Projekte finanziert werden, die sonst aufgrund fehlender Liquidität nicht durchgeführt worden wären.

Diese Merkmale werden in den Clinical Studies auf ihre Existenz überprüft.

[1004] In den Transaktionen von Gamma und Delta wurde auf Wunsch der verbriefenden Unternehmen darauf verzichtet. Dies senkt die Aussagekraft jedoch kaum, da in den Transaktionen von Alpha und Beta die stärksten Monitoring-Aktivitäten (durch die zusätzliche Warenkreditversicherung) durchgeführt werden. In diesen Transaktionen ist damit am ehesten mit einer Reduzierung der Monitoring-Aktivitäten der Kredit gebenden Banken zu rechnen.

[1005] Vgl. Abschnitt 6.2.1.3.3, S. 183; Abschnitt 6.2.2.3.3, S. 213.

Alpha hat mit der ABS-Liquidität die Ausnutzung seiner Kontokorrentlinien im Verhältnis 1:1 zurückgefahren. Da die Maximalgrenzen dieser Linien von den Banken jedoch nicht reduziert wurden, entstand zusätzlicher finanzieller Spielraum (Merkmal I). Dies bewertet Alpha positiv und sieht eine Steigerung der finanziellen Flexibilität, auch da die ABS-Transaktion variabel ausgenutzt werden könne und so, wenn gewollt, auch weniger Liquidität zur Verfügung stellen kann. Der Liquiditätseffekt war für Alpha so bedeutend, dass hierfür auch Mehrkosten im Vergleich zu kurzfristigen Kreditlinien in Kauf genommen wurden.[1006]

Neben der gesteigerten Flexibilität hatte die Forderungsverbriefung auch Auswirkungen auf die Investitionen Alphas. In einem Fall wurde mit der ABS-Liquidität ein Investitionsprojekt finanziert, das aus Mangel an sonstiger Liquidität ohne ABS nicht hätte durchgeführt werden können (Merkmal III).[1007]

Des Weiteren sieht Alpha durch die Forderungsverbriefung eine Reduzierung der Abhängigkeit von Kredit gebenden Banken. Dies verbessere die Ausgangspositionen in Verhandlungen, so dass diese auf Augenhöhe mit den Banken durchgeführt werden könnten (Merkmal II).[1008]

Beta verwendete die durch ABS gewonnene Liquidität für die Steigerung seiner Umsätze, d. h. für Investitionen in das Umlaufvermögen. Da die Banken ihre Kreditlinien nicht gekürzt haben, steht Beta zusätzliche Liquidität zur Verfügung. Die Umsatzausweitung hätte zwar nach Einschätzung von Beta auch über die Ausweitung von Kreditlinien finanziert werden können, allerdings sieht das Unternehmen in der ABS-Transaktion eine Steigerung der finanziellen Flexibilität, da das Transaktionsvolumen jederzeit reduziert werden, aber auch mit einer Steigerung des Umsatzes mitwachsen kann (Merkmal I).[1009]

Durch den Forderungsverkauf hat Beta einen wesentlich erhöhten Verhandlungsspielraum bei seinen Banken gewonnen. Es ist gelungen, den Bankenpool aufzulösen und gleichzeitig Kreditverträge ohne explizite Sicherheiten zu erhalten. Beta schätzt seine Abhängigkeit von Banken aufgrund der Verwendung eines weiteren Finanzierungsinstruments als reduziert ein (Merkmal II).[1010]

[1006] Vgl. Abschnitt 6.2.1.2.2, S. 166; Abschnitt 6.2.1.3.3, S. 183; Abschnitt 6.2.1.3.1, S. 176.
[1007] Vgl. Abschnitt 6.2.1.2.2, S. 166; Abschnitt 6.2.1.3.3, S. 183; Abschnitt 6.2.1.3.1, S. 176.
[1008] Vgl. Abschnitt 6.2.1.4, S. 184.
[1009] Vgl. Abschnitt 6.2.2.3.1, S. 206; Abschnitt 6.2.2.2.2, S. 195; Abschnitt 6.2.2.3.3, S. 213.
[1010] Vgl. Abschnitt 6.2.2.4, S. 218.

Auch in der dritten untersuchten Transaktion konnte eine Verbesserung der Verhandlungspositionen mit den Banken identifiziert werden. Gamma schätzt die Abhängigkeit von der strukturierenden Bank zwar als identisch mit einer Kredit gebenden Bank ein. Durch die Diversifizierung der Finanzierungsquellen käme es jedoch zu einer erhöhten Freiheit bei der Verhandlung von Investitionskrediten. Gamma verhandelt mit seinen Banken auf Augenhöhe und kann Investitionen auch über die ABS-Liquidität bzw. die frei gewordenen Kreditlinien vorfinanzieren (Merkmal II).[1011]

Gamma hat die ABS-Liquidität zur Finanzierung des Umsatzwachstums verwendet. Da die Forderungsverbriefung keine Auswirkungen auf das Volumen der Kreditlinien hatte, stand Gamma in Summe mehr Liquidität zur Verfügung als vor der Transaktion (Merkmal I).[1012]

Delta nutzte die gewonnene Liquidität zur reduzierten Ausschöpfung von Kreditlinien. Da diese von den Banken nicht angepasst wurden, hat Delta finanziellen Spielraum und Flexibilität gewonnen (Merkmal I). Hauptmotivation für eine Forderungsverbriefung war für Delta die Reduzierung der Abhängigkeit vom Bankensektor. Durch die reduzierte Inanspruchnahme der Kreditlinien sieht Delta eine Verbesserung seiner Verhandlungsposition (Merkmal II).[1013]

Damit konnte gezeigt werden, dass die Unternehmen in allen Clinical Studies eine Steigerung ihrer finanziellen Flexibilität erreicht haben. Auch konnten die Verhandlungspositionen gegenüber den Banken in allen Fällen verbessert werden. In Einzelfällen ist es sogar zu einer Durchführung von Projekten gekommen, die ohne ABS nicht hätten finanziert werden können. Insgesamt bedeutet dies, dass die Erwartung, dass Forderungsverbriefungen das Underinvestment-Problem nach Froot/Scharfstein/Stein lindern können, nicht widerlegt wurde. Im Gegenteil spricht sogar viel dafür, dass die These von Ernst & Young/Luther (2005) über zusätzliches Wirtschaftswachstum durch zusätzliche Investitionen über die Nutzung alternativer Finanzierungsformen korrekt ist.[1014]

[1011] Vgl. Abschnitt 6.2.3.3.1, S. 234; Abschnitt 6.2.3.4, S. 238.
[1012] Vgl. Abschnitt 6.2.3.3.3, S. 237.
[1013] Vgl. Abschnitt 6.2.4.2.2, S. 246; Abschnitt 6.2.4.3.1, S. 255; Abschnitt 6.2.4.3.3, S. 260.
[1014] Vgl. Abschnitt 3, S. 41.

Bezüglich der finanziellen Flexibilität soll in diesem Zusammenhang eine im Rahmen der Untersuchungen festgestellte Eigenschaft von ABS-Transaktionen betrachtet werden. Das Finanzierungsvolumen von ABS hängt auch davon ab, wie viele Aktiva im Unternehmen vorhanden sind bzw. überhaupt verkauft werden können. Steigt der Forderungsbestand im Zeitverlauf durch steigende Umsatzerlöse an, kann auch die Finanzierung durch Verbriefungen der Forderungen mitwachsen. Dies hat beispielsweise für Gamma die Attraktivität von ABS gesteigert.[1015]

Auf der anderen Seite kann diese Anpassung an den Umsatz bei saisonalen Geschäften (und in Abhängigkeit von der Forderungslaufzeit) aber auch Nachteile haben. Beta benötigt außerhalb der Hochsaison Finanzierungsmittel zum Aufbau von Vorräten für die nächste Saison. Zu diesem Zeitpunkt sind die Forderungsbestände jedoch bereits wieder stark reduziert. ABS kann daher nur noch ein verringertes Finanzierungsvolumen zur Verfügung stellen. Die „Atmung" von ABS stellt sich in diesem Fall als Nachteil der Verbriefung heraus.[1016]

Unternehmen, die sich mit einer Verbriefungstransaktion beschäftigen, sollten daher ihren Forderungsbestand im Jahresverlauf genau analysieren und darauf basierend das Finanzierungsvolumen für jeden Monat bzw. jede Woche prognostizieren.

7.3.2.5 Verlust an Sicherheiten

Über die tatsächlichen Auswirkungen von Forderungsverbriefungen auf unbesicherte Gläubiger existieren keine gesicherten Erkenntnisse, auch da die Effekte von der Verwendung der Liquidität abhängen, wie in Abschnitt 5.3.2.6 beschrieben. Aufgrund des bereits mehrfach diskutierten Datenproblems können die Auswirkungen von ABS nicht mit Hilfe quantitativer Untersuchungen (wie z. B. der Auswirkungen auf Anleihenkurse) analysiert werden.

Daher wird hier ein anderer Ansatz verfolgt. Unabhängig vom tatsächlichen Wohlstandstransfer (der z. B. durch die Ausschüttung der ABS-Liquidität immer negativ für unbesicherte Gläubiger sein kann) wird untersucht, ob sich die Kreditgeber vor den potentiell negativen Effekten schützen.

Erwartung A.10: Bestehende Gläubiger schützen sich vor den negativen Effekten einer Verbriefungstransaktion.

[1015] Vgl. Abschnitt 6.2.3.4, S. 238.
[1016] Vgl. Abschnitt 6.2.2.4, S. 218.

Dies wird durch folgende Merkmale konkretisiert:

I. Covenants in den Kreditverträgen räumen den Gläubigern Mitspracherechte bei Forderungsverbriefungen ein.

II. Die Betriebsmittellinien werden als Reaktion auf einen Forderungsverkauf gekürzt oder in den Konditionen angepasst.

III. Die Verwendung der Liquidität wird intensiv geprüft.

Zunächst werden die Regelungen vor der ABS-Transaktion untersucht und die Fragestellung beleuchtet, ob es Covenants in Kreditverträgen gab, die den Gläubigern Mitsprache bzw. Genehmigungsrechte bei der Forderungsverbriefung einräumen (Merkmal I).

Dies war überwiegend nicht der Fall. In den Clinical Studies gab es keine und in den Case Studies nur zwei Transaktionen (A, G), in denen Covenants nachverhandelt werden mussten, da diese die Transaktion blockiert hätten.[1017] In einem weiteren Fall (B) existiert eine Beschränkung für das Verbriefungsvolumen. Diese Grenze liegt jedoch noch weit über dem aktuellen Niveau, so dass das Unternehmen sich noch nicht eingeschränkt fühlt. In den anderen Transaktionen gab es keine Covenants bzgl. ABS.[1018]

Dies zeigt, dass sich die Kredit gebenden Banken ex ante nur in Einzelfällen durch ein Mitspracherecht vor den eventuell negativen Effekten von ABS schützen. Merkmal I konnte nur in Einzelfällen nachgewiesen werden. Im Folgenden sollen daher die Reaktionen nach einer Verbriefung untersucht werden (Merkmal II).

Alle befragten Banken bestätigten zunächst einen Handlungsbedarf als Reaktion auf die Verbriefungstransaktion, da sie den Verlust von implizierter Sicherheiten zunächst negativ bewerten. Die Kürzung von Kreditlinien wurde teilweise als logische Reaktion auf ABS bezeichnet. Allerdings wurden dennoch nur in Einzelfällen Kreditlinien gekürzt. In den vier Clinical Studies kam es zu keiner Kürzung von

[1017] Es besteht die Gefahr eines Selection Bias, da Fälle, in denen Covenants die Verbriefung erfolgreich verhindert haben, definitionsgemäß nicht zu den untersuchten Transaktionen gehören können. Allerdings wird diese Gefahr als gering eingeschätzt, da das Auftreten der Covenants im Sample sehr gering war und auch die strukturierenden Banken die Existenz solcher Covenants als sehr selten einschätzen.

[1018] Vgl. Abschnitt 6.2.1.1, S. 160; Abschnitt 6.2.2.1, S. 188; Abschnitt 6.2.3.3.3, S. 237; Abschnitt 6.2.4.3.3, S. 260; Tabelle D.4, S. 395.

Kreditlinien, so dass für die Unternehmen ein positiver Liquiditätseffekt[1019] verblieb. In den Case Studies gab es hingegen in drei Fällen (H, I, J) eine Reduzierung des Kreditvolumens. Die Kürzungen waren jedoch vom Volumen her geringer als der Zufluss durch ABS. Auch fanden die Kürzungen in zwei der drei Fälle in gegenseitigem Einvernehmen und nach vorheriger Absprache mit den Originatoren statt.[1020]

Neben diesen vereinzelten Kürzungen von Kreditlinien waren keine weiteren Anpassungen der Kreditkonditionen festzustellen. In keinem Fall kam es zu einer Anpassung der Zinssätze (oder ähnlichem) an die neue Situation nach dem Forderungsverkauf. Die Konditionen der Verträge wurden nicht angepasst. Insgesamt ist Merkmal II damit ebenfalls nur in Einzelfällen anzutreffen.

Um zu bewerten, ob die Gefahr von Wertetransfers tatsächlich existiert, ist des Weiteren festzustellen, ob die Banken nicht handeln, weil sie aufgrund intensiver Analysen (Merkmal III) wissen, dass die Transaktion positive Auswirkungen für sie haben, oder ob sie die Auswirkungen gar nicht analysieren und daher einen Wohlstandstransfer zumindest zulassen. Untersucht werden soll daher, wie intensiv die Banken Informationen über die Verwendung der Liquidität eingefordert und erhalten haben, denn die Verwendung ist entscheidend für den resultierenden Effekt.[1021])

Die Clinical Studies zeigten, dass sich die Banken nur oberflächlich über die Verwendung der ABS-Liquidität informiert haben. Es wurde zwar nachgefragt, was mit dem Geld geplant sei, die Fragen gingen aber eher in Richtung des zukünftigen Liquiditätsbedarfs. Die Banken wollten eine Nichtausnutzung der Linien verhindern und brachten auch Nichtausnutzungsgebühren ins Gespräch. Eine intensive Prüfung des Verwendungszwecks der ABS-Liquidität fand jedoch nicht statt. Die Vermeidung nicht ausgenutzter Linien scheint von größerer Bedeutung zu sein als die Analyse der durch die ABS-Transaktion hervorgerufenen Veränderungen.[1022]

[1019] Dies bedeutet auch, dass der Verschuldungsgrad bei voller Ausnutzung der Linien unter Einbeziehung von ABS gestiegen ist. Vgl. Abschnitt 5.4.4, S. 148.

[1020] Vgl. Abschnitt 6.2.1.3.3, S. 183; Abschnitt 6.2.2.3.3, S. 213; Abschnitt 6.2.3.3.3, S. 237; Abschnitt 6.2.4.3.3, S. 260; Tabelle D.4, S. 395.

[1021] Vgl. Abschnitt 5.3.2.6.3, S. 129.

[1022] Vgl. Abschnitt 6.2.1.3.3, S. 183; Abschnitt 6.2.2.3.3, S. 213.

In Abschnitt 5.3.2.6 wurde festgestellt, dass ein Wohlstandstransfer von der Verwendung der gewonnenen Liquidität abhängt und für die Banken sowohl positive als auch negative Auswirkungen haben kann. Wenn sich die Kredit gebenden Banken über die Auswirkungen jedoch nicht ausreichend informieren bzw. auf die anderen genannten Möglichkeiten verzichten, können diese im Falle tatsächlicher negativer Auswirkungen nicht aktiv verhindert werden. Wohlstandstransfers zu Ungunsten der unbesicherten Banken können nicht vollständig ausgeschlossen werden.

Als alternative Erklärung für das beobachtete Verhalten und zur Stärkung der Ergebnisse soll ausgeschlossen werden, dass sich die Kredit gebenden Banken auf Analysen der strukturierenden Banken verlassen. Wenn diese die Verwendung der Liquidität intensiv analysieren und eventuell sogar Auflagen dazu in die Verträge einbezögen, könnten die Kredit gebenden Banken eventuell auf eine eigene Prüfung verzichten.

Die empirische Analyse zeigt jedoch eindeutig, dass es bei den strukturierenden Banken zu keiner vollwertigen Prüfung des Verwendungszwecks kommt, wie sie bei einem Investitionskredit notwendig wäre. Zwar erkundigen sich alle strukturierenden Banken nach dem Verwendungszweck, allerdings nur, um sicherzustellen, dass die Unternehmen die eingehenden Zahlungen auf verkaufte Forderungen abführen können, ohne in Liquiditätsschwierigkeiten zu geraten. Es wurden darüber hinaus in keiner der Clinical oder Case Studies Vorgaben oder Auflagen über die Verwendung der Liquidität gemacht. Die verbriefenden Unternehmen konnten hierüber frei verfügen. Dies zeigt, dass die Kredit gebenden Banken nicht auf eine eigene Analyse verzichten können.[1023]

Insgesamt ist festzustellen, dass ein Wohlstandstransfer in Bezug auf bereits bestehende, unbesicherte Kreditverhältnisse nicht ausgeschlossen werden kann. Zwar haben die Banken immerhin in sechs Fällen Merkmal I oder II genutzt. Die Kürzungen fielen jedoch geringer als die ABS-Liquidität aus. In den anderen Transaktionen wurden diese Mechanismen nicht genutzt. Da auch eine Analyse des Verwendungszwecks der gewonnenen Liquidität nicht nachgewiesen werden

[1023] Vgl. Abschnitt 6.2.1.3.3, S. 183; Abschnitt 6.2.2.3.3, S. 213; Abschnitt 6.2.2.3.1, S. 206; Abschnitt 6.2.3.3.3, S. 237; Abschnitt 6.2.3.3.1, S. 234; Abschnitt 6.2.4.3.3, S. 260; Abschnitt 6.2.4.3.1, S. 255.

konnte, besteht die Gefahr von Wohlstandstransfers. Einige Banken haben jedoch, wie oben gezeigt, zumindest in Ansätzen korrekt reagiert.

Allerdings muss beachtet werden, dass nur ein eingeschränkter Einblick in die Prüfungsabläufe der Banken erreicht wurde und daher nicht ausgeschlossen werden kann, dass die Banken auf andere Weise auf die ABS-Transaktion reagieren oder den möglichen Wohlstandstransfer im Hinblick auf andere Geschäfte mit den Originatoren bewusst in Kauf nehmen.

An dieser Stelle soll auch noch einmal darauf hingewiesen werden, dass die Einbeziehung des Risikos eines Wohlstandstransfers in den Zinssatz einen Transfer an sich nicht verhindern kann. Zwar können die Banken durch die Adjustierung der Kreditkonditionen ihre Rendite auch für den ABS-Fall absichern, ein Transfer wird hierdurch jedoch nicht eingeschränkt, wie Bebchuk/Fried (1996) für besicherte Schulden feststellten. Allein das Ausgangsniveau wird verändert.[1024]

7.4 Bilanzverkürzung und Bilanzanalyse

Nach der Analyse der Transaktionskosten und der Agency-Konflikte werden in diesem Abschnitt die Auswirkungen der Verbriefung von Handelsforderungen auf bilanzielle Fragestellungen untersucht.

7.4.1 Erreichte Bilanzverkürzung

In Abschnitt 7.1.2 wurde bereits dargestellt, dass die überwiegende Anzahl der vorgefundenen Transaktionen Off-Balance-Sheet waren. Hierdurch konnten die verbriefenden Unternehmen, falls gewünscht, über die Ablösung von Verbindlichkeiten eine Bilanzverkürzung erreichen.

Wenn Unternehmen das erste Mal mit ABS in Kontakt kommen und von der Bilanzverkürzung erfahren, nehmen sie an, dass sie die Bilanzsumme um den verkauften Forderungsbetrag reduzieren können. Wie in der Beschreibung der Clinical Studies dargestellt, ist dies jedoch so nicht korrekt. Die Aktivierung von Reserven und Abschlägen sowie die Passivierung noch nicht abgeführter Zahlungen auf verkaufte Forderungen reduzieren die Bilanzverkürzung erheblich.

[1024] Vgl. Bebchuk/Fried (1996), S. 34, 39.

	$\frac{Bilanzverkürzung}{Verbriefungsvolumen}$	$\frac{Bilanzverkürzung}{Bilanzsumme}$	EK-Quote
Alpha	55,3 %	5,9 %	+ 0,7 %
Beta	21,8 %	5,3 %	+ 0,8 %
Gamma[a]	≈ 0,0 %	≈ 0,0 %	≈ 0,0 %
Delta	61,2 %	1,3 %	+ 0,4 %

[a] Ungefähre Abschätzung.

Tab. 7.4: Übersicht Bilanzeffekte[1025]

In den Clinical Studies wurde daher analysiert, welche Auswirkungen Off-Balance-Sheet-Transaktionen auf die Bilanzsumme hatten. Tabelle 7.4 fasst die Ergebnisse der Untersuchungen zusammen. Für die Transaktionen von Alpha, Beta und Delta konnten exakte Werte ermittelt werden, bei Gamma konnten die Auswirkungen aufgrund nicht zur Verfügung stehender Jahresabschlüsse nur abgeschätzt werden. Wie in Abschnitt 6.2.3.3.1 beschrieben, dürften die Effekte aber gegen null gehen, da durch das Lastschriftverfahren so gut wie alle Forderungen bereits bis zum Monatsende eingehen und daher eine Verbindlichkeit gegen das SPV in Höhe des Verbriefungsvolumens passiviert werden muss.

Die drei anderen Unternehmen konnten zwar eine etwas stärkere Bilanzverkürzung erreichen, aber auch hier konnten nur zwischen 20 % und 60 % des Verbriefungsvolumens bilanzverkürzend genutzt werden. Der Rest wurde durch die genannten Effekte kompensiert. Die Unternehmen erreichten damit eine Bilanzverkürzung von 1,3 % bis 5,9 % der Bilanzsumme. Dementsprechend gering sind die Auswirkungen der ABS-Transaktionen auf die EK-Quoten.

Insbesondere Alpha und Beta waren von der erreichten Bilanzverkürzung enttäuscht, da sie sich größere Effekte auf die Kennzahlen erhofft hatten. Sie hatten das Ausmaß der Passivierungen unterschätzt. Diese entstehen, da in allen Clinical Studies die Forderungen aus Sicht der ABS-Transaktion zu schnell bzw. zu weit vom nächsten Abführungstermin entfernt eingingen.[1026] Delta kannte die möglichen

[1025] Eigene Darstellung. Vgl. Abschnitt 6.2.1.3.1, S. 176; Abschnitt 6.2.2.3.1, S. 206; Abschnitt 6.2.3.3.1, S. 234; Abschnitt 6.2.4.3.1, S. 255.

[1026] Aus Sicht des gesamten Unternehmens ist ein schneller Forderungseinzug natürlich ohne ABS positiv zu werten.

Effekte auf die Bilanz bereits aus seiner ersten Transaktion und war daher über die eingeschränkten Möglichkeiten der Bilanzverkürzung bereits informiert.[1027]

Insgesamt war es überraschend, wie gering die Auswirkungen der Forderungsverbriefung auf die Bilanzkennzahlen der Unternehmen waren. Zwar sind positive Effekte zu verzeichnen. Mit einem Volumen von unter einem Prozent trägt ABS jedoch kaum zur Entlastung der EK-Quoten bei. Allerdings muss beachtet werden, dass das untersuchte Sample sehr klein war und bei anderen Unternehmen je nach Umschlaggeschwindigkeit der Forderungen und Verbriefungszeitpunkten größere Effekte auftreten können.

7.4.2 Anerkennung Bilanzabgang

Die Behandlung des Bilanzabgangs[1028] durch Kredit gebende Banken hat Auswirkungen auf die Effekte von ABS auf das Rating des verbriefenden Unternehmens. Nur wenn der Bilanzabgang anerkannt wird, können positive Effekte auf EK-Quote und Bilanzkennzahlen Bestand haben. Eine Zurückrechnung der Transaktion führt hingegen zu einer Erhöhung der Verbindlichkeiten und damit tendenziell zu einem schlechteren Rating und erhöhten Zinssätzen bzw. verringertem Zugang zu Krediten.

Wie in Abschnitt 5.4.2 gezeigt, sind sich die Cash Flows von ABS und Kredit sehr ähnlich, so dass eine Berücksichtigung von ABS bei der Berechnung der Verschuldung eines Unternehmens erfolgen sollte. Die Anerkennung des Bilanzabgangs kann ansonsten zu einer zu guten Einschätzung der Bonität führen und auf diese Weise zukünftige Wohlstandstransfers über falsch justierte Kreditkonditionen zukünftiger Kreditverhältnisse ermöglichen.

Die untersuchten Transaktionen weichen diesbezüglich eine interessante Differenzierung auf. Wie Abbildung 7.7 zeigt, rechnen die Banken der Großunternehmen die ABS-Transaktion ausnahmslos zurück und erkennen den Off-Balance-Sheet-Ausweis damit nicht an. Im Mittelstand hingegen wurde dieser Ausweis mit nur einer Ausnahme anerkannt.[1030]

[1027] Vgl. Abschnitt 6.2.1.4, S. 184; Abschnitt 6.2.2.4, S. 218; Abschnitt 6.2.4.3.1, S. 255.

[1028] Dieser Absatz bezieht sich nur auf die Off-Balance-Sheet-Transaktionen, da bei der On-Balance-Sheet-Variante keine Anpassungen vorgenommen werden müssen.

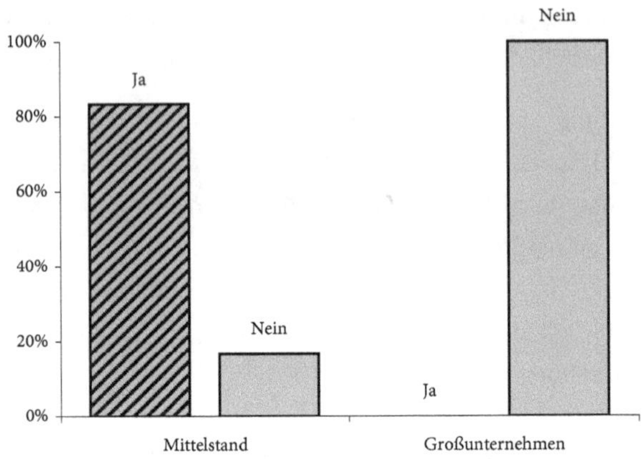

Abb. 7.7: Anerkennung Bilanzabgang[1029]

Der Grund für diese ungleiche Behandlung ist nicht eindeutig festzustellen. Es wurde in den Gesprächen jedoch erwähnt, dass der Bilanzabgang auch bei Großunternehmen noch vor einigen Jahren anerkannt wurde.[1031] Da die mittelständischen Unternehmen eher mit lokalen Banken und Großunternehmen überwiegend mit landesweit agierenden Instituten zusammenarbeiten, kann die Hypothese aufgestellt werden, dass die Rating-Systeme der lokalen Banken noch nicht so ausgereift und umfangreich sind wie die der Großbanken. Die korrekte Einordnung von ABS-Transaktionen ist aufgrund des noch seltenen Vorkommens in lokalen Banken anscheinend unbekannt. Für mittelständische Unternehmen besteht daher die „Gefahr", dass sich die Hinzurechnung der Transaktionen in den nächsten Jahren auch bei ihren Banken durchsetzt.[1032]

Insgesamt kann festgehalten werden, dass sich die Banken von Großunternehmen vor zukünftigen Wohlstandstransfers schützen und den Bilanzabgang zurückrechnen, während im Mittelstand diese Möglichkeit weiter besteht. Um den Bilanzabgang allerdings zurückrechnen zu können, benötigen die Banken umfangreiche Informa-

[1029] Eigene Darstellung.
[1030] Vgl. Abschnitt 6.2.1.3.3, S. 183; Abschnitt 6.2.2.3.3, S. 213; Abschnitt 6.2.3.3.3, S. 237; Abschnitt 6.2.4.3.3, S. 260; Tabelle D.4, S. 395.
[1031] Vgl. Interview Unternehmen D, siehe Anhang F.6, S. 411.
[1032] In diesem Abschnitt geht es nicht darum, dass eine Verbriefungstransaktion auch positive Effekte auf das Rating über verbesserte Prozesse etc. haben kann. Dies ist getrennt von der bilanziellen Bewertung der Transaktion zu behandeln.

tionen über die Verbriefungstransaktion. Ob diese im Jahresabschluss enthalten sind, wird im nächsten Abschnitt analysiert.

7.4.3 Effekte auf die Bilanzanalyse

In Abschnitt 5.4.3 wurden zwei Erwartungen an die Effekte von ABS auf die Bilanzanalyse formuliert. Zunächst wird die mögliche Vereinfachung der Bilanzanalyse untersucht, bevor im weiteren Verlauf die Verschleierung des Verschuldungsgrads analysiert wird. Wie oben beschrieben, werden in diesem Abschnitt aus offenkundigen Gründen nur die Off-Balance-Sheet-Transaktionen betrachtet.

Erwartung A.12: Die Analyse des verbriefenden Unternehmens wird durch die ABS-Transaktion vereinfacht.

Erwartung A.13: Die Off-Balance-Sheet-Darstellung der Forderungsverbriefung verschleiert den Verschuldungsgrad des Unternehmens.

Die Vereinfachung der Bilanzanalyse aufgrund der Verbriefung von Handelsforderungen kann nicht bestätigt werden. Nur eines der befragten Unternehmen sieht diesen Effekt. Alle anderen gehen entweder von einer unveränderten oder sogar einer komplexeren Situation aus. Die befragten Banken bestätigen diese Einschätzung.[1033]

Sie ist nachzuvollziehen, da in allen Forderungsverbriefungen nur ein Teil der Forderungen aus Lieferungen und Leistungen verkauft wurde. Der Bilanzposten verbleibt daher in relevanter Größenordnung im Jahresabschluss. Eine Vereinfachung aufgrund reduzierter Positionen ist daher auch aus diesem Grunde zu verneinen.

Um die zweite Erwartung zu einer möglichen Verschleierungsgefahr durch den Off-Balance-Sheet-Ausweis zu bewerten, wird zunächst analysiert, welche Informationen in den Jahresabschlüssen der verbriefenden Unternehmen veröffentlicht werden und ob diese ausreichen, um eine Zurückrechnung der Transaktion durchzuführen.

[1033] Vgl. Abschnitt 6.2.1.3.1, S. 176; Abschnitt 6.2.2.3.1, S. 206; Abschnitt 6.2.4.3.1, S. 255; Interview Unternehmen A Leiter Finanzen, siehe Anhang F.1, S. 410; Interview Unternehmen C, siehe Anhang F.5, S. 410; Interview Unternehmen F, siehe Anhang F.9, S. 411; Interview Unternehmen H, siehe Anhang F.11, S. 412.

Alpha weist in seinem Jahresabschluss nur darauf hin, dass ABS durchgeführt wurde. Weitere Daten werden nicht genannt, so dass eine Zurückrechnung nicht möglich ist. Diese Daten sind jedoch im Prüfungsbericht des Wirtschaftsprüfers zu finden. Zwar fehlen auch dort Hinweise auf Abschläge und Reserven, dennoch kann eine ungefähre Zurückrechnung durchgeführt werden.[1034]

Beta erwähnt in seinem Jahresabschluss nur, dass ABS durchgeführt wurde und dass eine Verbindlichkeit aus eingegangenen Forderungen zu passivieren sei. Diese wird sogar quantifiziert. Dennoch ist eine genaue Rückrechnung, basierend auf diesen Daten, nicht möglich, da die Inanspruchnahme (das Verbriefungsvolumen des letzten Verkaufs) der Transaktion fehlt. Der Prüfungsbericht gibt weitere Informationen über die Laufzeit und das Maximalvolumen, so dass hiermit ungefähre Abschätzungen der Effekte durchgeführt werden können.[1035]

Da Gamma seinen Jahresabschluss für eine Analyse nicht zur Verfügung gestellt hat, können keine Aussagen getroffen werden. Delta hingegen erläutert seine Transaktion und insbesondere den Bilanzabgang nach IFRS sehr ausführlich. Die Ausnutzung sowie die Passivierung der Garantie werden quantifiziert. Es fehlt jedoch eine Angabe über die Passivierung eingegangener Zahlungen, so dass eine genaue Rückrechnung auf der Basis dieser Daten nicht möglich ist.[1036]

Für die in den Clinical Studies (Abschnitt 6.2) durchgeführten Vergleiche der Bilanzstrukturen ohne und mit ABS waren daher weitere Informationen aus den Unternehmen notwendig. Externen Bilanzlesern ist es fast unmöglich, diese Rechnungen ebenfalls durchzuführen, da die notwendigen Informationen nicht bereits gestellt werden. Kredit gebende Banken erhalten zwar häufig auch den Prüfungsbericht der Wirtschaftsprüfer und damit weitere Informationen. Wie oben dargestellt, reichen diese jedoch nicht immer für eine exakte Darstellung der Transaktion aus. Die Möglichkeit einer Verschleierung ist damit, ähnlich wie bei CFCs vor dem Konsolidierungszwang, gegeben.[1037]

Allerdings waren die Auswirkungen auf die Bilanzkennzahlen in den untersuchten Clinical Studies nicht besonders hoch, wie in Absatz 7.4.1 dargestellt. Insbesondere

[1034] Vgl. Abschnitt 6.2.1.3.1, S. 176.
[1035] Vgl. Abschnitt 6.2.2.3.1, S. 206.
[1036] Vgl. Abschnitt 6.2.4.3.1, S. 255.
[1037] Vgl. Abschnitt 2.5.3, S. 35.

die Passivierung eingegangener Zahlungen hat die Bilanzverkürzung reduziert. Die Gefahr einer Verschleierung besteht also, ist aber nicht immer von quantitativer Bedeutung.[1038]

Zur Ergänzung dieser Analyse wurden die verbriefenden Unternehmen selbst um eine Einschätzung dieses Sachverhalts gebeten. Die Antworten sind hierbei stark abhängig vom Umfang der veröffentlichten Informationen. Unternehmen, die ihre Forderungsverbriefung mit verhältnismäßig mehr Daten im Jahresabschluss veröffentlichen, sehen keine Verschleierungsgefahr. Jeder interessierte Bilanzleser könne die Effekte analysieren und bei Bedarf die Transaktion zurückrechnen (Auch wenn dies im Endeffekt doch nicht exakt möglich ist, siehe oben). Unternehmen, die mit ihren Angaben im Jahresabschluss eher sparsam umgehen, sehen die Gefahr einer ungenauen Darstellung des Verschuldungsgrads. Die Kredit gebenden Banken würden jedoch auch in diesen Fällen über den Jahresabschluss hinausgehende Informationen erhalten, so dass keine der ebenfalls befragten Banken die Gefahr einer Falscheinschätzung der Verschuldung sieht.[1039]

Auch wenn angenommen wird, dass Kredit gebende Banken alle relevanten Informationen über die Transaktion erhalten, besteht für weitere Bilanzleser dennoch die Gefahr einer Falscheinschätzung bzw. nicht die Möglichkeit die Transaktion bei Bedarf wieder exakt zurückzurechnen.

Neben der Verschleierung der Verschuldungssituation hatte Andrews (1966) für CFCs die Befürchtung geäußert, dass die Kostenseite der Unternehmen durch eine Verschiebung von Zinsaufwendungen zu Verlusten aus Forderungsverkäufen verzerrt werden könnte. Dies ist bei den untersuchten ABS-Transaktionen nur sehr eingeschränkt zu bestätigen. Zwar grenzen die Unternehmen die Strukturierungskosten über ihre sonstigen Aufwendungen ab, die Refinanzierungskosten der Zweckgesellschaften werden jedoch immer als Zinsaufwand gebucht.[1040]

1038 Vgl. Abschnitt 7.4.1, S. 335.

1039 Vgl. Abschnitt 6.2.1.3.1, S. 176; Abschnitt 6.2.2.3.1, S. 206; Abschnitt 6.2.3.3.1, S. 234; Abschnitt 6.2.4.3.1, S. 255; Interview Unternehmen A Leiter Finanzen, siehe Anhang F.1, S. 410; Interview Unternehmen B, siehe Anhang F.3, S. 410; Interview Unternehmen C, siehe Anhang F.5, S. 410; Interview Unternehmen G, siehe Anhang F.10, S. 412; Interview Unternehmen H, siehe Anhang F.11, S. 412; Interview Unternehmen I, siehe Anhang F.12, S. 412.

1040 Vgl. Abschnitt 6.2.1.3.1, S. 176; Abschnitt 6.2.2.3.1, S. 206; Abschnitt 6.2.3.3.1, S. 234; Abschnitt 6.2.4.3.1, S. 255.

In Summe konnten damit keine positiven Effekte der Verbriefung von Handelsforderungen auf die Bilanzanalyse nachgewiesen, allerdings auch die Verschleierungsgefahr nicht vollständig ausgeräumt werden.

7.5 Motivationen

In den vorhergehenden Abschnitten wurde analysiert, in welchen Bereichen die Verbriefung von Handelsforderungen einen Mehrwert schaffen kann und wo die in der Literatur diskutierten Vorteile von ABS im Allgemeinen und ähnlichen Finanzierungsinstrumenten keine Anwendung finden. Mit Hilfe der in der dritten Phase der empirischen Untersuchungen durchgeführten Umfrage soll hier geklärt werden, welche dieser identifizierten Wertschöpfungspotenziale für die verbriefenden Unternehmen praktische Relevanz besitzen, warum die befragten Unternehmen also an einer ABS-Transaktion teilgenommen haben. Hierbei war es nicht in allen oben analysierten Bereichen möglich, korrespondierende Motive zu identifizieren

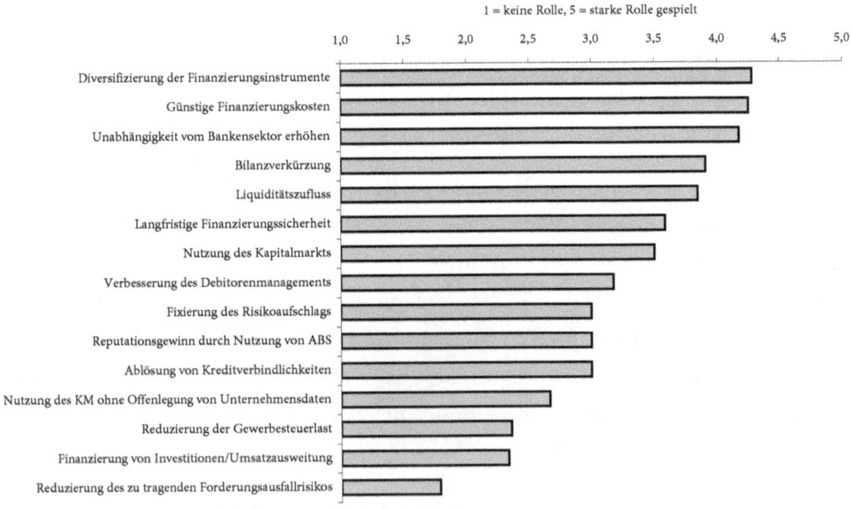

Abb. 7.8: Motive für die Verbriefung von Handelsforderungen[1041]

[1041] Eigene Darstellung, gruppierter Median.

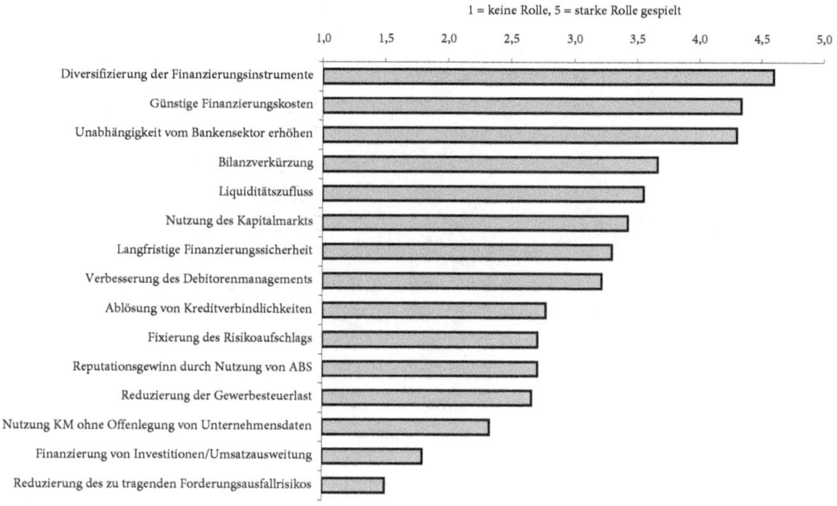

Abb. 7.9: Motive von Großunternehmen zur Verbriefung von Handelsforderungen[1042]

und diese empirisch abzufragen (wie z. B. bei der Eliminierung von Noise oder den erwarteten Insolvenzkosten).

Wie oben beschrieben, wurden die Unternehmen in der Umfrage gebeten, ihre Motivationen zu ABS auf einer Skala von 1 (hat keine Rolle gespielt) bis 5 (hat eine starke Rolle gespielt) zu bewerten. Die Auswertung der Antworten erfolgt über einen Vergleich der gruppierten Mediane, eine graphische Auswertung bzgl. der Verteilung der Antworten, und nonparametrische Unterschiedstests.

Abbildung 7.8 gibt zunächst einen Überblick über die Bedeutung der einzelnen Vorteile im gesamten Sample. Als erstes fällt auf, dass die Unternehmen für die Forderungsverbriefung eine Vielzahl von Motiven hatten. Dies bestätigt, dass der Ansatz dieser Arbeit, möglichst viele Wertschöpfungspotenziale von ABS-Transaktionen abzudecken, korrekt war. Als besonders wichtig haben die Unternehmen die günstigen Finanzierungskosten, die Diversifizierung der Finanzierungsinstrumente sowie die Steigerung der Unabhängigkeit vom Bankensektor eingeschätzt. Fast keine

---

[1042] Eigene Darstellung, gruppierter Median.

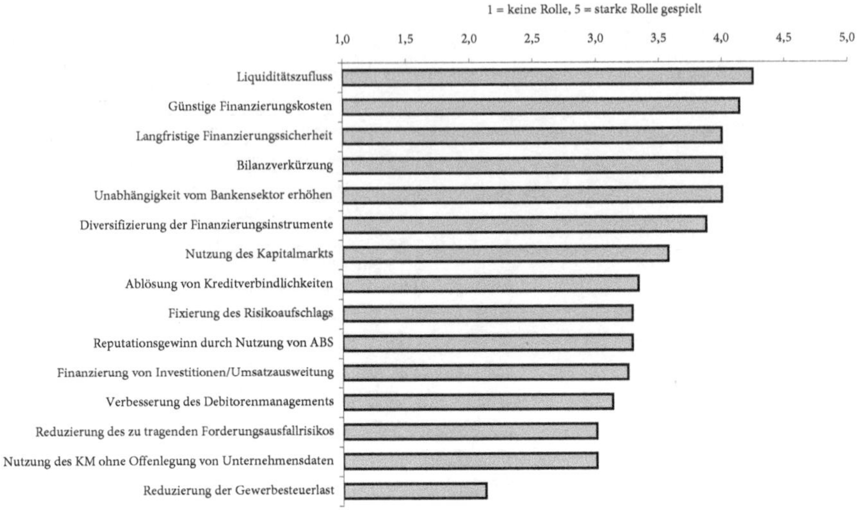

Abb. 7.10: Motive von mittelständischen Unternehmen zur Verbriefung von Handelsforderungen[1043]

Rolle hat die Reduzierung des Ausfallrisikos, die Finanzierung von Investitionen und Umsatzausweitungen sowie die Reduzierung der Gewerbesteuerlast gespielt.

Eine Differenzierung nach der Art des Unternehmens ist in den Abbildungen 7.9 und 7.10 durchgeführt worden. Es zeigt sich, dass einzelne Motive von Großunternehmen und Mittelständlern unterschiedlich bewertet werden. Diese Unterschiede und die Motive im Allgemeinen werden im Folgenden genauer untersucht. Es wird insbesondere hinterfragt, ob die verbriefenden Unternehmen die Wertschöpfungspotenziale der Verbriefungen korrekt einschätzen.

Um die unterschiedliche Bewertung einzelner Motive bewerten zu können, werden nonparametrische Unterschiedstests durchgeführt. Es wird sowohl auf den Kolmogorov-Smirnov-Test als auch den Mann-Whitney-Unterschiedstest zurückgegriffen. Beide Tests stellen keine Anforderungen an die Art der Verteilung der Daten und eignen sich daher gut für die Auswertung der selten normalverteilten Daten der Umfrage.

[1043] Eigene Darstellung, gruppierter Median.

Der Kolmogorov-Smirnov-Test untersucht die Fragestellung, ob zwei Stichproben aus der selben Grundgesamtheit stammen und prüft hierfür die absolut größte Ordinatendifferenz der beiden relativen Summenkurven der Stichproben gegen kritische Werte.[1044]

Der Mann-Whitney-Unterschiedstest (U-Test) setzt ebenfalls keine konkrete Verteilungsform voraus[1045] und ist damit das nonparametrische Gegenstück zum parametrischen t-Test. Er vergleicht Erwartungswerte mit einem Rangsummentest.[1046]

Bei statistischen Tests sind größere Stichproben immer zu bevorzugen, da sie die Aussagekraft der Test erhöhen. Die Stichprobengröße von 12 (Großunternehmen) bzw. 10 (Mittelstand) Antworten reicht jedoch aus, um die beiden genannten Tests durchzuführen.[1047]

Die Tabellen 7.5 bis 7.7 stellen die Ergebnisse der Umfrage tabellarisch dar. In den folgenden Abschnitten werden diese analysiert und mit den Ergebnissen der Clinical und Case Studies verglichen.

[1044] Vgl. Sachs (2004), S. 380.
[1045] Allerdings werden ähnliche Verteilungen in beiden Stichproben verlangt.
[1046] Vgl. Sachs (2004), S. 381.
[1047] Vgl. Sachs (2004), S. 384.

Tab. 7.5: Motivationen zur Verbriefung von Handelsforderungen[a]

	Großunternehmen			Mittelstand			Total		
	N	Grouped Median	Mean	N	Grouped Median	Mean	N	Grouped Median	Mean
Günstige Finanzierungskosten	12	4,33	4,25	10	4,14	4,00	22	4,25	4,14
Fixierung des Risikoaufschlags	12	2,71	2,75	8	3,29	3,25	20	3,00	2,95
Langfristige Finanzierungssicherheit	12	3,30	3,25	10	4,00	4,00	22	3,59	3,59
Bilanzverkürzung	12	3,67	3,33	10	4,00	3,80	22	3,91	3,55
Liquiditätszufluss	12	3,56	3,58	10	4,25	3,80	22	3,85	3,68
Reduzierung des zu tragenden Forderungsausfallrisikos	12	1,50	1,67	10	3,00	2,60	22	1,79	2,09
Diversifizierung der Finanzierungsinstrumente	12	4,60	4,42	10	3,88	3,80	22	4,28	4,14
Unabhängigkeit vom Bankensektor erhöhen	12	4,30	4,00	10	4,00	3,90	22	4,18	3,95
Reputationsgewinn durch Nutzung von ABS	12	2,71	2,75	10	3,29	3,20	22	3,00	2,95
Nutzung des Kapitalmarkts	12	3,43	3,42	10	3,57	3,50	22	3,50	3,45
Nutzung des Kapitalmarks ohne die Offenlegung von Unternehmensdaten	12	2,33	2,42	10	3,00	3,30	22	2,67	2,82
Verbesserung des Debitorenmanagement	12	3,22	3,00	10	3,13	3,00	22	3,18	3,00
Reduzierung der Gewerbesteuerlast	12	2,67	2,67	10	2,13	2,10	22	2,36	2,41
Finanzierung von Investitionen / Umsatzausweitung	12	1,80	1,83	10	3,25	3,00	22	2,33	2,36
Ablösung von Kreditverbindlichkeiten	12	2,78	2,75	10	3,33	3,20	22	3,00	2,95

[a] Eigene Darstellung.

Tab. 7.6: Motive: Mann-Whitney-Unterschiedstest[a]

	Mann-Whitney U	Wilcoxon W	Z (2-tailed)	Asymp. Sig. [2*(1-tailed Sig.)]	Exact Sig.
Günstige Finanzierungskosten	52,50	107,50	-0,53	0,60	0,63[b]
Fixierung des Risikoaufschlags	34,50	112,50	-1,09	0,28	0,31[b]
Langfristige Finanzierungssicherheit	32,50	110,50	-1,93	0,05	0,07[b]
Bilanzverkürzung	53,00	131,00	-0,48	0,63	0,67[b]
Liquiditätszufluss	44,00	122,00	-1,10	0,27	0,31[b]
Reduzierung des zu tragenden Forderungsausfallrisikos	39,00	117,00	-1,49	0,14	0,18[b]
Diversifizierung der Finanzierungsinstrumente	31,00	86,00	-2,06	0,04	0,06[b]
Unabhängigkeit vom Bankensektor erhöhen	52,00	107,00	-0,56	0,57	0,63[b]
Reputationsgewinn durch Nutzung von ABS	45,50	123,50	-1,02	0,31	0,35[b]
Nutzung des Kapitalmarkts	57,00	135,00	-0,21	0,84	0,87[b]
Nutzung des Kapitalmarkts ohne die Offenlegung von Unternehmensdaten	37,50	115,50	-1,53	0,13	0,14[b]
Verbesserung des Debitorenmanagement	57,00	112,00	-0,21	0,83	0,87[b]
Reduzierung der Gewerbesteuerlast	43,00	98,00	-1,18	0,24	0,28[b]
Finanzierung von Investitionen / Umsatzausweitung	24,00	102,00	-2,45	0,01	0,02[b]
Ablösung von Kreditverbindlichkeiten	44,50	122,50	-1,07	0,29	0,31[b]

[a] Eigene Darstellung, gruppiert nach Mittelstand / Großunternehmen. [b] Not corrected for ties.

Tab. 7.7: Motive: Kolmogorov-Smirnov-Test[a]

	Most Extreme Differences Absolute	Positive	Negative	Kolmogorov-Smirnov Z	Asymp. Sig. (2-tailed)
Günstige Finanzierungskosten	0,10	0,00	-0,10	0,23	1,00
Fixierung des Risikoaufschlags	0,29	0,29	-0,08	0,64	0,81
Langfristige Finanzierungssicherheit	0,30	0,30	0,00	0,70	0,71
Bilanzverkürzung	0,23	0,23	0,00	0,54	0,93
Liquiditätszufluss	0,30	0,30	-0,20	0,70	0,71
Reduzierung des zu tragenden Forderungsausfallrisikos	0,43	0,43	0,00	1,01	0,26
Diversifizierung der Finanzierungsinstrumente	0,57	0,00	-0,57	1,32	0,06
Unabhängigkeit vom Bankensektor erhöhen	0,13	0,08	-0,13	0,31	1,00
Reputationsgewinn durch Nutzung von ABS	0,20	0,20	0,00	0,47	0,98
Nutzung des Kapitalmarkts	0,10	0,10	-0,07	0,23	1,00
Nutzung des KM ohne die Offenlegung von U.-Daten	0,30	0,30	0,00	0,70	0,71
Verbesserung des Debitorenmanagement	0,12	0,07	-0,12	0,27	1,00
Reduzierung der Gewerbesteuerlast	0,33	0,00	-0,33	0,78	0,58
Finanzierung von Investitionen / Umsatzausweitung	0,63	0,63	0,00	1,48	0,03
Ablösung von Kreditverbindlichkeiten	0,33	0,33	-0,02	0,78	0,58

[a] Eigene Darstellung, gruppiert nach Mittelstand / Großunternehmen.

7.5.1 Transaktionskosten

Zunächst werden die Finanzierungskosten, dann das Risikomanagement und die Gewerbesteuerbelastung und abschließend die internen Prozesse betrachtet.

Finanzierungskosten

Die Finanzierungskosten einer ABS-Transaktion hängen aufgrund der hohen Fixkostenanteile von der Höhe des Verbriefungsvolumens ab. Wie anhand des Preismodells von Hommel und der Clinical Studies gezeigt wurde, wird die Forderungsverbriefung daher bei steigendem Volumen tendenziell günstiger. Für die verbriefenden Unternehmen spielen jedoch nicht nur die absoluten, sondern auch die im Vergleich zu Kreditfinanzierungen relativen Kosten der Forderungsverbriefung eine Rolle. Hier haben Unternehmen mit schlechterer Bonität potenziell höhere Vorteil durch ABS zu verzeichnen.[1048]

Allerdings verbriefen Unternehmen auch dann Forderungen, wenn die Kosten höher sind als bei alternativen Finanzierungen, wie am Beispiel von Alpha und Delta gezeigt wurde. In diesen Transaktionen haben andere Vorteile den Kostennachteil ausgeglichen.

Wie die Abbildungen 7.8 bis 7.10 zeigen, werden die Finanzierungskosten der Verbriefung von Handelsforderungen in beiden Größenklassen als das zweitwichtigste Motiv genannt (Großunternehmen 4,33, Mittelstand 4,14[1049]). Großunternehmen bewerten die Finanzierungskosten leicht stärker als der Mittelstand, dieser Unterschied ist allerdings statistisch nicht signifikant.[1050]

Zwar haben Großunternehmen durch potentiell größere Transaktionen einen Fixkostenvorteil. Das Ergebnis der Umfrage bestätigt jedoch, dass die relativen Finanzierungskosten von größerer Bedeutung sind und damit auch der Mittelstand die Finanzierungskosten einer ABS-Transaktion als positiv bewertet.

Risikomanagement

In der Analyse des Nutzens von ABS im Risikomanagement werden in Abschnitt

---

[1048] Vgl. Abschnitt 7.2.1, S. 277.

[1049] Die Werte zu den Motiven beziehen sich bis auf Weiteres auf den gruppierten Median der Bewertung von 1 (keine Rolle) bis 5 (starke Rolle gespielt).

[1050] Vgl. Tabelle 7.6, S. 347, Tabelle 7.7, S. 348. Wie Abbildung C.4 zeigt, sind die Antworten beider Größenklassen sehr ähnlich verteilt.

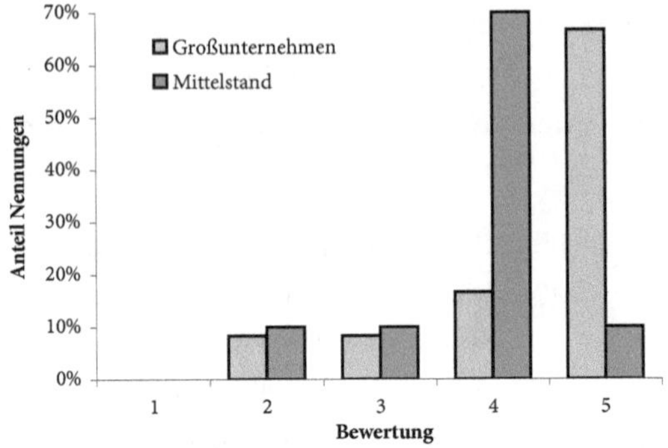

Abb. 7.11: Motiv: Diversifizierung der Finanzierungsinstrumente[1051]

7.2.2 vier Elemente untersucht. Positive Einflüsse von ABS waren in der Diversifizierung der Finanzierungsinstrumente sowie der teilweisen Fixierung der Risikoprämie identifiziert worden. Vorteile durch die Begrenzung des Ausfallrisikos und einer langfristigen Vertragslaufzeit wurden hingegen verneint. Ob die Unternehmen dies korrekt erfassen, wird anhand der Ergebnisse der Umfrage überprüft.

Die Diversifizierung der Finanzierungsinstrumente ist in beiden Größenklassen eines der wichtigsten Motive. Allerdings ist die Bewertung der Großunternehmen mit 4,6 höher als die des Mittelstands (3,9). Bei den Großunternehmen ist dieses Motiv damit das absolut wichtigste, während für den Mittelstand u. a. der Liquiditätszufluss und die Finanzierungskosten noch bedeutender sind. Diese unterschiedliche Bewertung der Diversifizierung ist statistisch signifikant, wie die Ergebnisse nonparametrischer Unterschiedstests zeigen.[1052]

In eine ähnliche Richtung geht auch das Motiv, die Unabhängigkeit vom Bankensektor zu erhöhen. Während der Mittelstand dies fast identisch mit der Diversifizierung einordnet (4,0), liegt die relative Bewertung der Großunternehmen (4,3) niedriger. Der Unterschied zwischen beiden Gruppen ist auch nicht mehr statistisch signifikant.[1053] Dies bedeutet in Verbindung mit der unterschiedlichen Bewertung der Diversifizierung, dass zwar beide Gruppen die Abhängigkeit vom

[1051] Eigene Darstellung.
[1052] Auf dem 90 %-Level sowohl beim Mann-Whitney-Unterschiedstest als auch dem Kolmogorov-Smirnov-Test. Vgl. Tabellen 7.6, S. 347 und 7.7, 348.
[1053] Wie Abbildung C.5 zeigt, sind die Verteilungen sehr ähnlich.

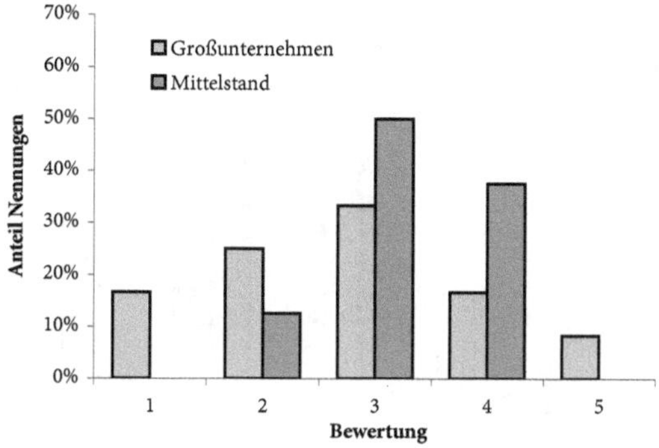

Abb. 7.12: Motiv: Fixierung des Risikoaufschlags[1054]

Bankensektor reduzieren möchten, Großunternehmen zusätzlich jedoch stärkeren Wert auf unterschiedliche Finanzierungsinstrumente legen. Im Verhältnis zu den Großunternehmen ist es für den Mittelstand etwas weniger wichtig, mit welcher Finanzierungsart die Abhängigkeit vom Bankensektor reduziert wird.

Die oben (teilweise) bestätigte Fixierung des Risikoaufschlags wird vom Mittelstand (3,3) als bedeutender eingeschätzt als von Großunternehmen (2,7). Wie Abbildung 7.12 zeigt, streut die Bewertung der Großunternehmen über die gesamte Bandbreite, während der Mittelstand die Bedeutung überwiegend mit 3 und 4 bewertet. Die höhere Bedeutung im Mittelstand kann darauf hinweisen, dass dieser stärker unter der risikoadjustierten Anpassung der Kreditkonditionen und den Umstrukturierungen des Bankensektors der letzten Jahre gelitten und daher anscheinend ein größeres Interesse hat, die Finanzierungskosten unabhängiger von der eigenen Bonität zu gestalten.

Insgesamt zeigt die Einordnung dieses Motivs im Mittelfeld der Motivationen, dass die Unternehmen den bestätigten Vorteil der Forderungsverbriefung in diesem Bereich zwar korrekt einschätzen, aber nicht als den entscheidenden Vorteil von ABS ansehen. Beides ist bei der langfristigen Finanzierungssicherheit nicht überall der Fall, wie im Folgenden gezeigt wird.

[1054] Eigene Darstellung.

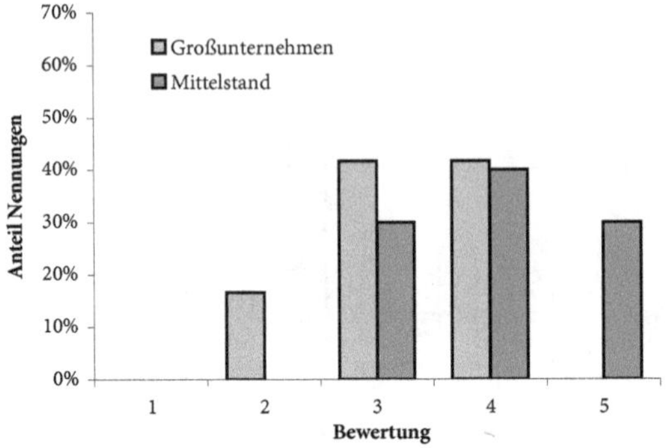

Abb. 7.13: Motiv: Langfristige Finanzierungssicherheit[1055]

Aufgrund der Voraussetzung der jährlichen Neubereitstellung der Liquiditätslinien wurde die Forderungsverbriefung in Abschnitt 7.2.2 den kurzfristigen Finanzierungen zugeordnet. Zwar gibt es eine Übereinkunft zwischen Originatoren und strukturierenden Banken, dass die Transaktionen über mehrere Jahre laufen sollen, diese Zusage ist jedoch nicht verbindlich und die Forderungsverbriefung damit klar kurzfristig.

Interessant ist, dass das Motiv der langfristigen Finanzierungssicherheit im Mittelstand (4,0) stärker gesehen wird als bei Großunternehmen (3,3).[1056] Dieser Unterschied ist statistisch signifikant[1057] und zeigt, dass der Mittelstand stärker auf die Zusicherungen der Banken vertraut. Die Großunternehmen sehen dies zwar etwas schwächer, ordnen dieses Motiv aber immer noch bei den oberen 50 % der Motivationen ein. Es entsteht dadurch ein Widerspruch zwischen der rechtlichen Einordnung der verbindlichen Laufzeit einer Forderungsverbriefung und der Auffassung durch die verbriefenden Unternehmen. Der Zusicherung der Banken, dass die Transaktionen über fünf bis sieben Jahre laufen, wird insbesondere im Mittelstand vertraut. Im Sinne des Risikomanagements ist dies zu kritisieren.

Zuletzt wurden in Bezug auf Risikoreduzierungen die Auswirkungen von ABS auf den Transfer von Ausfallrisiken untersucht. Aufgrund der Struktur der Trans-

[1055] Eigene Darstellung.
[1056] Vgl. 7.13.
[1057] 90 %-Level beim Mann-Whitney-Unterschiedstest; vgl. Tabelle 7.6, S. 347.

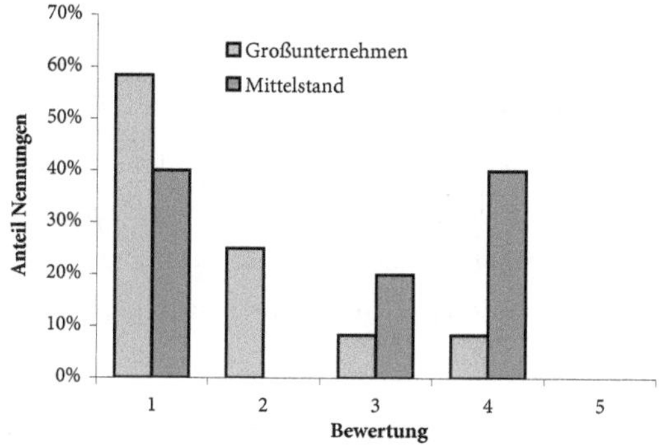

Abb. 7.14: Motiv: Reduzierung des zu tragenden Forderungsausfallrisikos[1058]

aktionen (insbesondere der Kombination aus FLP und Trigger) musste ein für die Originatoren praktisch relevanter Risikotransfer verneint werden. Es wurden überwiegend nur praktisch nicht relevante Extremrisiken übertragen, so dass ein tatsächlicher Transfer sehr unwahrscheinlich ist.

Die befragten Unternehmen bestätigen diese Einschätzung und bewerten die Reduzierung des zu tragenden Forderungsausfallrisikos nur mit durchschnittlich 1,8. Damit spielt dieses Motiv insgesamt praktisch keine Rolle. Wie Abbildung 7.14 zeigt, gibt es jedoch einige Mittelständler, die Forderungen auch wegen des zu übertragenden Ausfallrisikos durchführen. Dies kann durch eine ABS-Transaktion dieser Art allerdings nicht geleistet werden.

In der Transaktion von Delta wurde beim Risikoübergang nach IFRS festgestellt, dass dieser etwas stärker zu bewerten ist als bei ABS-Transaktionen nach HGB. Dies scheint jedoch in der Praxis als nicht relevant bewertet zu werden, da die überwiegend nach IFRS bilanzierenden Großunternehmen diesem Motiv keine große Bedeutung beimessen (1,5). Andere Motive sind anscheinend wesentlich wichtiger.

Insgesamt ist festzuhalten, dass die befragten Unternehmen den Nutzen von ABS im Risikomanagement mit Ausnahme der Laufzeit (insbesondere im Mittelstand) korrekt einschätzen.

[1058] Eigene Darstellung.

Gewerbesteuerlast

Durch die Finanzierung über Forderungsverbriefungen und die gleichzeitige Rückführung von Dauerschulden können Originatoren theoretisch ihre zu zahlende Gewerbesteuer reduzieren. Wie in den Clinical und Case Studies gezeigt, wird dies jedoch nur in der Minderheit der Fälle durchgeführt, da die Unternehmen die Ablösung von Kontokorrentlinien vor der Ablösung von Dauerschulden präferieren. Nur in drei von 14 Fällen wurde eine Gewerbesteuerreduzierung in wesentlichem Umfang erreicht.

Die Analyse der Motive bestätigt diese Tendenz. Die Reduzierung der Gewerbesteuerlast spielte für die Unternehmen bei der Entscheidung für ABS nur eine geringe Rolle (2,4). Allerdings scheinen die Großunternehmen (2,7) etwas stärkeren Wert auf die Optimierung ihrer Steuerlast zu legen, als dies im Mittelstand (2,1) der Fall ist.[1059]

Interne Prozesse

Als letzte Möglichkeit, wie ABS im Bereich der Transaktionskosten Wert schaffen kann, wurden in Abschnitt 7.2.6 die Auswirkungen der Forderungsverbriefung auf das Debitorenmanagement untersucht. Das Ergebnis war, dass es, je nach

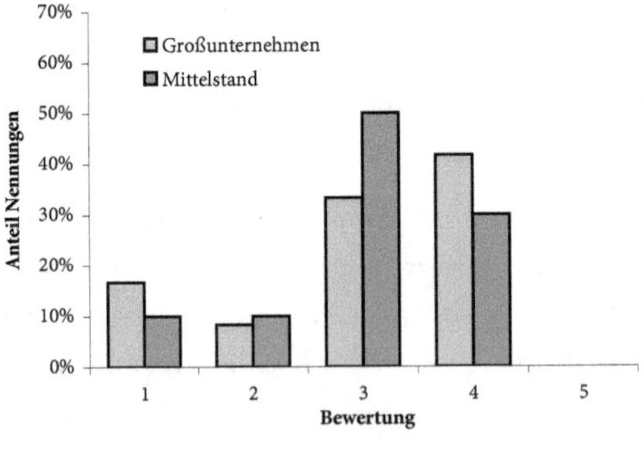

Abb. 7.15: Motiv: Verbesserung des Debitorenmanagements[1060]

[1059] Dieser Unterschied ist allerdings nur sehr schwach statistisch signifikant (70 %-Level beim Mann-Whitney-Unterschiedstest, keine Signifikanz im Kolmogorov-Smirnov-Test. Vgl. Tabelle 7.6, S. 347, Tabelle 7.7, S. 348).

[1060] Eigene Darstellung.

vorhandenem Verbesserungspotenzial, in der Tat zu Qualitätssteigerungen kommen kann. Allerdings berichteten einige Unternehmen auch von keinerlei Veränderungen im Forderungseinzug und damit keinem positiven Effekt von ABS in diesem Bereich.

Dies stimmt mit der Auswertung der Motive überein, da die Bewertung mit 3,2 im Mittelfeld liegt. Großunternehmen (3,2) und Mittelstand (3,1) bewerten dieses Motiv fast identisch, wie auch Abbildung 7.15 zeigt. Die Mehrheit der Unternehmen hat damit zwar positive Effekte in diesem Gebiet als Motivation für eine Forderungsverbriefung gesehen, jedoch nicht als entscheidende Motivation. Einzelne Unternehmen konnten diesen Effekt überhaupt nicht bestätigen.

Nach den Effekten auf die Transaktionskosten werden im nächsten Abschnitt die Einschätzungen der möglichen Wertschöpfungen von ABS im Bereich der Agency-Probleme analysiert.

7.5.2 Prinzipal-Agenten-Probleme

Motivationen mit Bezug auf Agency-Probleme werden in diesem Abschnitt ausgewertet. Im Einzelnen werden Signaling Effekte, Offenlegungspflichten, Underinvestment sowie die Reaktionen von unbesicherten Kreditgebern betrachtet.

Signaling des Unternehmenswerts

Im Bereich der Hidden Information wurde festgestellt, dass Unternehmen gewisse Anforderungen für die Teilnahme an einer ABS-Transaktion erfüllen müssen und die erfolgreiche Durchführung einer Forderungsverbriefung daher als positives Signal gewertet werden kann. In den Clinical und Case Studies haben insbesondere die Unternehmen des Mittelstands diesen Reputationsgewinn bestätigt, während Großunternehmen diesen Effekt als gering einschätzen.

In der etwas breiter angelegten Umfrage wird dieses Ergebnis nicht ganz so deutlich. Zwar zeigt Abbildung 7.16, dass Großunternehmen den Reputationsgewinn tendenziell schwächer (2,7) als der Mittelstand (3,3) bewerten. Diese unterschiedliche Bewertung ist jedoch nur sehr schwach statistisch signifikant.[1061] Etwas deutlicher wird der Unterschied, wenn man die Klassen zusammenfasst. Von der Großunternehmen bewerten 50 % dieses Motiv mit 1 oder 2, während dies aus dem

[1061] Das 70 %-Intervall wird im Mann-Whitney-Test knapp verfehlt, der Kolmogorov-Smirnov-Test zeigt gar keine Signifikanz. Vgl. Tabellen 7.6, S. 347 und 7.7, 348.

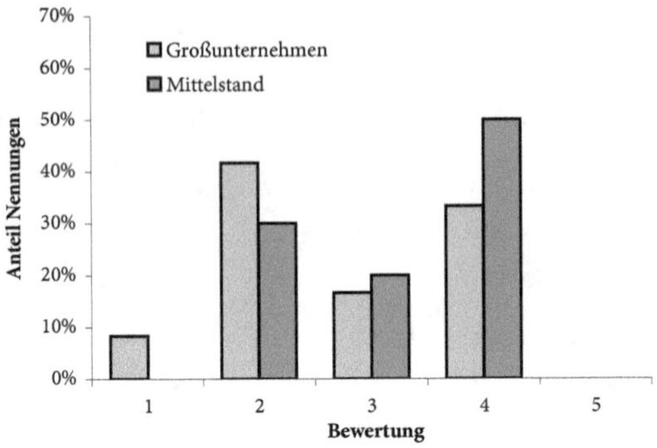

Abb. 7.16: Motiv: Reputationsgewinn durch Nutzung von ABS[1062]

Mittelstand nur 30 % sind. Entsprechend bewerten 70 % des Mittelstands und 50 % der Großunternehmen das Motiv mit 3 oder 4.

Die schwächer als erwartet ausfallende Differenz kann durch die leicht unterschiedliche Fragestellung teilweise erklärt werden. In der Umfrage wurde nach den Motiven zum Zeitpunkt des Verbriefungsbeginns gefragt, während in den Clinical und Case Studies die aktuellen Einschätzungen bewertet wurden. Da die Großunternehmen Forderungen durch den höheren Forderungsbestand tendenziell bereits länger verbriefen als der Mittelstand, deutet das Ergebnis der Umfrage darauf hin, dass bei Großunternehmen früher, als das Instrument auch dort noch neu war, ein stärkerer Reputationsgewinn zu verzeichnen war. Durch die verbreitete Nutzung von ABS ist dieser jedoch inzwischen reduziert.

Offenlegungspflichten

Eine erwartungsgemäß stärkere Differenzierung ergab sich hingegen im Bereich der Offenlegungspflichten. Großunternehmen sind durch die Vorschriften der Börsen und anderer Kapitalgeber eher an die Veröffentlichung von Unternehmensdaten gewöhnt, während der Mittelstand, wie in Abschnitt 3.2 dargestellt, hierbei zurückhaltender ist. Die Nutzung des Kapitalmarkts wird zwar von beiden Gruppen mit 3,4 (Großunternehmen) und 3,6 (Mittelstand) fast identisch bewertet.[1063] Dass dieser jedoch ohne die Offenlegung von Unternehmensdaten indirekt genutzt werden

[1062] Eigene Darstellung.
[1063] Vgl. Abbildung C.7, S. 390.

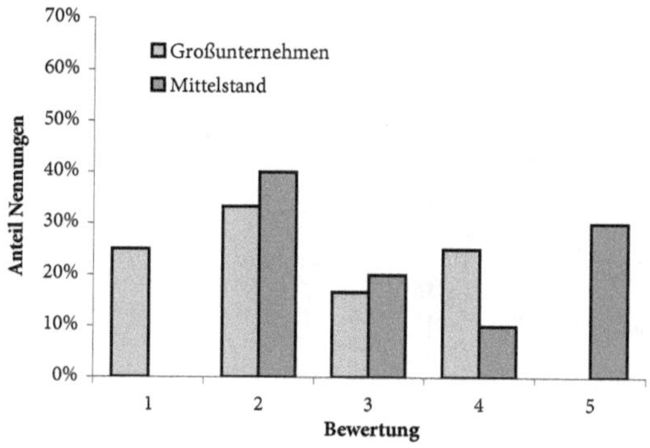

Abb. 7.17: Motiv: Nutzung des Kapitalmarkts ohne die Offenlegung von Unternehmensdaten[1064]

kann, stellt für den Mittelstand (3,0) ein stärkeres Motiv als für Großunternehmen (2,3) dar.

Zwar ist dieser Unterschied statistisch nur schwach signifikant,[1065] Abbildung 7.17 macht jedoch die tendenziell unterschiedliche Bewertung deutlich. Die Randwerte 1 und 5 werden jeweils nur von Großunternehmen bzw. Mittelständlern genannt.

Dies bestätigt, dass der Mittelstand zurückhaltender mit der Veröffentlichung von Unternehmensdaten ist und ABS daher für den Mittelstand in diesem Bereich größere Vorteile als für Großunternehmen bietet. Wie bereits oben erwähnt, werden die Unternehmen allerdings durch das EHUG in Zukunft zu mehr Transparenz verpflichtet. Dies könnte den Vorteil von ABS in diesem Bereich etwas reduzieren.[1066]

Underinvestment-Problem

In Abschnitt 7.3.2.4 wurde die Vermutung geäußert, dass mit der durch die Verbriefung von Handelsforderungen bereitgestellten Liquidität zusätzliche Investitionen getätigt werden könnten. Insgesamt spielt das Motiv, mit der ABS-Liquidität Investitionen/Umsatzausweitungen zu finanzieren, mit einer Bewertung von 2,3 zwar nur eine untergeordnete Rolle. Wie Abbildung 7.18 allerdings zeigt, liegt

1064 Eigene Darstellung.

1065 85 %-Level beim Mann-Whitney-Unterschiedstest und keine Signifikanz beim Kolmogorov-Smirnov-Test. Vgl. Tabellen 7.6, S. 347 und 7.7, 348.

1066 Vgl. Abschnitt 7.3.1.3, S. 314.

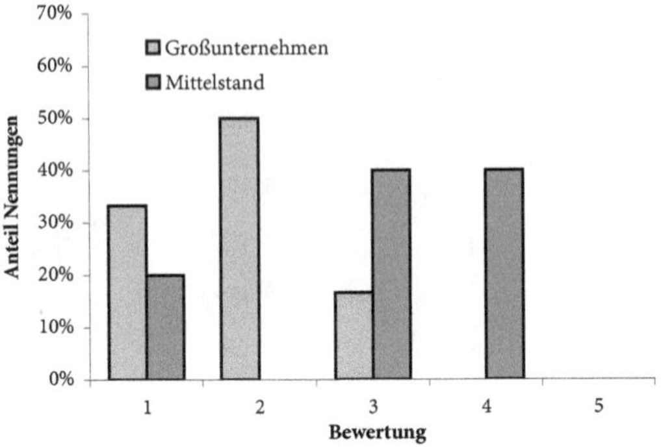

Abb. 7.18: Motiv: Finanzierung von Investitionen / Umsatzausweitung[1067]

eine eindeutige Differenzierung zwischen Großunternehmen und Mittelstand vor. Während für die Großunternehmen die Finanzierung von Investitionen fast gar keine Rolle spielt (1,8), sieht der Mittelstand hier eine nicht unwichtige Motivation für die Verbriefung von Forderungen (3,3). Dieser Unterschied ist auch statistisch sehr signifikant.[1068]

Zwar spielt die Verwendung der ABS-Liquidität für Investitionen bzw. Umsatzausweitungen insgesamt, wie in Abschnitt 7.1.1 gezeigt, eher eine untergeordnete Rolle, da die Ablösung von Verbindlichkeiten in größerem Umfang durchgeführt wird. Da das Motiv der Investitionsfinanzierung jedoch im Vergleich mit anderen auch nur im Mittelfeld anzusiedeln ist (vgl. Abbildung 7.10, S. 344), ist das Ergebnis der Umfrage schlüssig. Auch können interessante Querverbindungen zu anderen Ergebnissen dieser Arbeit gezogen werden, wie im Folgenden dargestellt wird.

Zunächst wurde festgestellt, dass Mittelständler und Großunternehmen die Laufzeiten einer ABS-Transaktion unterschiedlich bewerten. Da für Investitionen eher längerfristige Finanzierungen verwendet werden sollten und Großunternehmen die Forderungsverbriefung (korrekt) als kurzfristiger einschätzen, als es die Mittelständler tun, verwenden sie die ABS-Liquidität auch nur in Ausnahmefällen für Investitionen. Mittelständler hingegen vertrauen den längerfristigen Zusagen

1067 Eigene Darstellung.

1068 95 %-Konfidenzintervall sowohl beim Mann-Whitney-Unterschiedstest als auch dem Kolmogorov-Smirnov-Test; vgl. Tabelle 7.6, S. 347, Tabelle 7.7, S. 348.

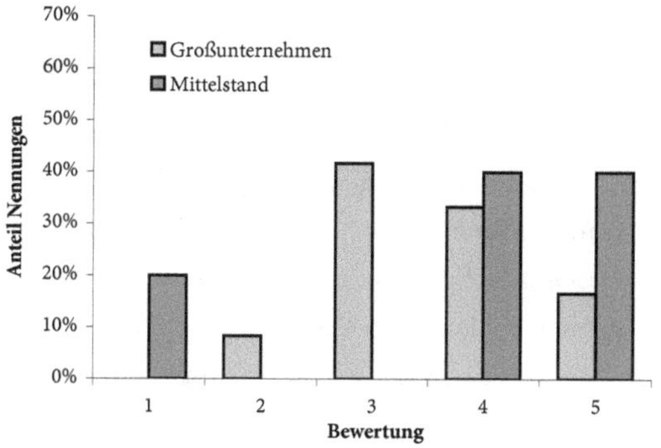

Abb. 7.19: Motiv: Liquiditätszufluss[1069]

der strukturierenden Banken und finanzieren mit ABS auch Investitionen und Umsatzausweitungen.

Des Weiteren steht das Ergebnis der Umfrage im Einklang mit der in Abbildung 3.3 dargestellten Entwicklung der Finanzierungssituation im Mittelstand. Dort wird gezeigt, dass kleinere Unternehmen die Kreditaufnahme in den letzten Jahren schwieriger als Großunternehmen empfunden haben.[1070] Der Bedarf an alternativen Finanzierungen ist daher im Mittelstand größer. Dies kann die stärkere Verwendung der ABS-Liquidität für Investitionen ebenfalls erklären.

Reaktionen unbesicherter Kreditgeber

Aufgrund der Möglichkeit eines Wohlstandstransfers zu Lasten der unbesicherten Kreditgeber kann eine Kürzung der Kreditlinien in Reaktion auf eine Forderungsverbriefung vertreten werden, wie in Abschnitt 7.3.2.5 dargelegt. Dies würde negative Effekte auf den Liquiditätszufluss durch ABS auslösen, da dem Unternehmen die Liquidität aus der ABS-Transaktion wieder (teilweise) entzogen würde.

Wie Abbildung 7.19 jedoch zeigt, ist das Motiv, durch die Forderungsverbriefung zusätzliche Liquidität zu erhalten, insbesondere im Mittelstand, stark ausgeprägt. Dieses Motiv stellt mit einer Bewertung von 4,3 die für den Mittelstand wichtigste

[1069] Eigene Darstellung.

[1070] Zwar entspricht die Trennung der Größenklassen in der Abbildung nicht der in dieser Arbeit verwendeten Abgrenzung zwischen Mittelstand und Großunternehmen, der Zusammenhang zwischen Problemen in der Kreditaufnahme und der Unternehmensgröße kann jedoch übertragen werden.

Motivation zur Forderungsverbriefung dar. Für Großunternehmen ist dies zwar auch bedeutend, mit 3,6 tritt es jedoch hinter die Diversifizierungseffekte, die günstigen Konditionen und die Bilanzverkürzung zurück.[1071]

Falls sich die Kredit gebenden Banken daher in Zukunft zu einer verstärkten Kürzung von Betriebsmittellinien bzw. Kontokorrentkrediten entließen sollten, könnte dem für den Mittelstand wichtigsten Motiv die Grundlage entzogen werden. Mit Bezug auf diese „Gefahr“ ist es daher zu begrüßen, dass auch der Mittelstand eine Vielzahl anderer Motivationen als wichtig bewertet hat.

Zuletzt werden im Rahmen der Auswertung der Umfrage die Antworten der Unternehmen in Bezug auf die Bilanzverkürzung analysiert.

7.5.3 Bilanzverkürzung

Bei der Analyse der Bilanzverkürzungseffekte der Verbriefung von Handelsforderungen wurde festgestellt, dass die Auswirkungen auf die Bilanzkennzahlen aus verschiedenen Gründen erstaunlich gering waren. Auch wurde gezeigt, dass die Anerkennung des Bilanzabgangs bei der Bonitätsberechung durch Banken und Rating-Agenturen im Bereich der Großunternehmen vollständig verweigert wird. Mittelständler hingegen können (zumindest bis die Banken ihre Rating-Systeme anpassen) positive Effekte auf ihr Rating verzeichnen.

Daher wurde erwartet, dass Großunternehmen die Bilanzverkürzung auch als wesentlich weniger bedeutend für eine ABS-Transaktion einschätzen als Mittelständler. Der Unterschied in der Bewertung dieses Motives fällt jedoch erstaunlich gering aus. Großunternehmen bewerten die Bilanzverkürzung mit 3,7, die Mittelständler mit 4,0. Dies ist um so erstaunlicher, da das Ergebnis auch leicht durch die On-Balance-Sheet-Transaktionen der Großunternehmen, in denen der Bilanzabgang verständlicherweise keine Rolle gespielt hat, verzerrt wird.[1072]

Das Ergebnis der Umfrage zeigt, dass eine Off-Balance-Sheet-Transaktion nicht nur wegen der Auswirkungen auf Rating-Einschätzungen, sondern auch durch andere

1071 Vgl. Abbildung 7.9, S. 343; Der Unterschied zwischen Mittelstand und Großunternehmen ist allerdings nur sehr schwach statistisch signifikant. Beim Mann-Whitney-Unterschiedstest wird das 70 %-Konfidenzintervall erreicht, der Kolmogorov-Smirnov-Test ergibt keine Signifikanz. Vgl. Tabelle 7.6, S. 347, Tabelle 7.7, S. 348.

1072 Eine Filterung der On-Balance-Sheet-Transaktionen war nicht möglich, da nicht von allen Umfrageteilnehmern die Klassifizierung der Transaktion vorliegt.

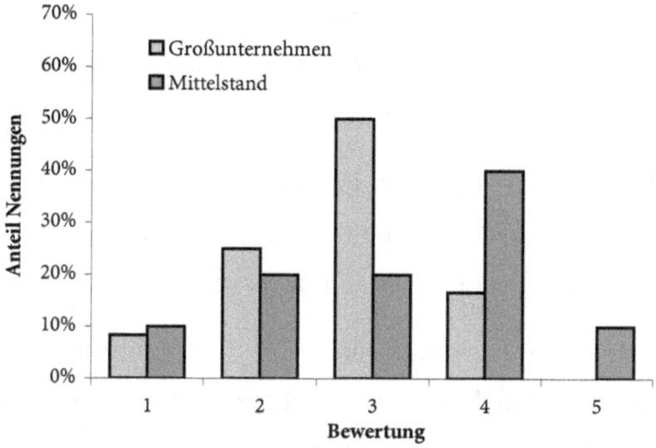

Abb. 7.20: Motiv: Ablösung von Kreditverbindlichkeiten[1073]

Effekte interessant ist. Wie in den Clinical und Case Studies herausgearbeitet, können dies positive Auswirkungen auf Covenants (solange diese ABS noch nicht beinhalten) oder optische Effekte in der Bilanz sein. Letztere werden durch den als bestätigt anzusehenden teilweisen Verschleierungseffekt der Verbindlichkeiten des Unternehmens schwach signifikant,[1074] verstärkt.[1075]

Die Bewertung der Großunternehmen zeigt, dass auch bei einer Aberkennung des Bilanzabgangs der Forderungen im Rahmen von Rating-Berechnungen eine Off-Balance-Sheet-Transaktion ausreichend andere Vorteile besitzt.

Wenn ein Bilanzabgang erreicht wird, können im nächsten Schritt über die Ablösung von Verbindlichkeiten die Bilanz verkürzt und die EK-Quoten gesteigert werden. In der Problemstellung wurde diskutiert, dass deutsche Unternehmen, insbesondere im Mittelstand, über im internationalen Vergleich zu niedrige Eigenkapitalquoten verfügen. Auch wenn der Effekt auf die Bilanzkennzahlen, wie in Abschnitt 7.4.1 dargestellt, zumindest bei den untersuchten Transaktionen enttäuschend war, wird die Ablösung von Kreditverbindlichkeiten mit 3,0 dennoch als nicht unwesentliches Motiv einer Forderungsverbriefung angesehen. Die Aufsplittung nach Unternehmensarten zeigt, dass dies für den Mittelstand (3,3) etwas wichtiger ist als für Großunternehmen (2,8). Zwar ist dieser Unterschied statistisch

[1073] Eigene Darstellung.

[1074] 70 %-Konfidenzintervall im Mann-Whitney-Unterschiedstest und keine Signifikanz im Kolmogorov-Smirnov-Test; vgl. Tabelle 7.6, S. 347, Tabelle 7.7, S. 348.

[1075] Vgl. Abschnitt 7.4.3, S. 339.

nur die Verteilung der Antworten in Abbildung 7.20 zeigt jedoch, dass 50 % der Mittelständler dieses Motiv mit 4 oder 5 als sehr stark bewertet haben, während nur 17 % der Großunternehmen eine 4 vergaben.

Dies steht im Einklang damit, dass die EK-Quoten der Großunternehmen bereits ein höheres Niveau als die der Mittelständler erreicht haben. Der Abbau von Verbindlichkeiten ist daher in dieser Größenklasse nicht mehr ganz so relevant.

Die Analyse der Umfrage hat gezeigt, dass die Unternehmen Forderungsverbriefungen aus einer Vielzahl von Motiven durchführen, die im Mittelstand und bei Großunternehmen teilweise unterschiedlich bewertet werden. Die in den Clinical und Case Studies identifizierten Wertschöpfungspotenziale wurden überwiegend korrekt erkannt, einige Motive (insbesondere des Mittelstands) sind jedoch auf ihre Werthaltigkeit zu hinterfragen.

Im abschließenden Kapitel dieser Arbeit werden die Ergebnisse der empirischen Untersuchungen insgesamt zusammengefasst und im Hinblick auf die anfangs formulierte Problemstellung bewertet.

8 Zusammenfassung und Bewertung

Die vorliegende Arbeit untersucht die Verbriefung von Handelsforderungen in Deutschland vor dem Hintergrund der speziellen Finanzierungssituation deutscher Unternehmen. Hiermit wird ein Beitrag zu Weiterentwicklung der ABS-Literatur geleistet, da die bestehende Corporate-Finance-Literatur Defizite im Bereich des Verständnisses der Verbriefung von Handelsforderungen hat.

Zum einen konzentriert sich die akademische Forschung stark auf die Kreditverbriefung und den ABS-Markt in den USA. Die Verbriefung von Handelsforderungen wurde hingegen bisher nur oberflächlich analysiert. Wie Hill (1996) ausführt, besteht insbesondere in Bezug auf die Vorteile und den Mehrwert, den einzelne Unternehmen mit ABS erreichen, eine Forschungslücke. Darüber hinaus haben existierende Arbeiten die Verbriefung von Handelsforderungen eher aus theoretischer Sicht betrachtet[1076] und empirische Erhebungen nur eingeschränkt durchgeführt.[1077]

Die hängt in Bezug auf den deutschen Markt auch damit zusammen, dass es, wie Krahnen (2005) feststellt, keine allgemein verfügbaren Datensätze über ABS-Transaktionen gibt. Für die Verbriefung von Handelsforderungen gilt dies besonders, da sie überwiegend über den sich durch besondere Verschwiegenheit und Anonymität auszeichnenden ABCP-Markt abgewickelt werden.

Vor diesem Hintergrund leistet die vorliegende Arbeit einen wesentlichen Beitrag zur Weiterentwicklung der ABS-Literatur.

Auf Grund der fehlenden Datenbasis wurden eigene Erhebungen durchgeführt. Mit Hilfe der Clinical und Case Studies wird die Literatur um empirische Erkenntnisse ergänzt und erweitert. Intensiv und in bisher nicht erreichtem Detailgrad werden Verbriefungen von Handelsforderungen im deutschen Markt betrachtet und Daten für die anschließende Analyse gewonnen. Hierbei wurde über verschiedene Wege die Anonymität des ABCP-Markts überwunden und der direkte Kontakt zu den verbriefenden Unternehmen hergestellt.

Die Analyse der gewonnenen Daten konzentriert sich auf den Mehrwert der Verbriefungen und greift hierbei auf bestehende Literatur zu anderen Finanzierungsinstru-

[1076] Wie z. B. Iacobucci/Winter (2005) oder Hill (1996).

[1077] Neben der akademischen Forschung existieren reine Praxisberichte (wie z. B. Financial Gates GmbH (2005) oder SFS (2003)), die den Mehrwert von ABS jedoch nicht mit akademischen Theorien untermauern.

menten (ABS im Allgemeinen, CFCs, besicherte Schulden, Factoring) zurück. Es wurde ein breiter Ansatz gewählt, um Vorteile (aber auch eventuelle Konflikte) der Verbriefung von Handelsforderungen umfassend zu analysieren. Hierdurch wurde die von Hill identifizierte Forschungslücke verkleinert.

Einen weiteren Beitrag zur Entwicklung der ABS-Literatur leistet diese Arbeit, in dem der große Mittelstand in den Fokus der Untersuchungen gerückt wurde. Für diese Unternehmen ist die Verbriefung von Handelsforderungen ein neues Finanzierungsinstrument. Die Besonderheiten dieses Größensegments werden bei der Analyse einbezogen und mit den Erfahrungen der Großunternehmen verglichen. Abweichungen werden erklärt.

Im Folgenden werden die Untersuchungen zusammengefasst und bewertet. Abschließend wird auf aktuelle Entwicklungen und deren Auswirkungen auf den Verbriefungsmarkt für Handelsforderungen eingegangen.

In Deutschland haben das Hausbankprinzip mit seiner starken Abhängigkeit der Unternehmen vom Bankensektor und der Kreditfinanzierung sowie die im internationalen Vergleich geringen EK-Quoten in Verbindung mit einem nachlassenden Wirtschaftswachstum und den Effekten von Basel II zu Beginn des Jahrtausends zu einer erschwerten Kreditaufnahme geführt. Vor diesem Hintergrund haben alternative Finanzierungen an Attraktivität gewonnen.

Eine dieser Alternativen, die Verbriefung von Handelsforderungen, stand bis vor wenigen Jahren nur Großunternehmen ab einem Umsatz von mehreren hundert Millionen Euro zur Verfügung. Durch Standardisierungen und sinkende Mindestvolumina hat sich der ABS-Markt für Handelsforderungen jedoch in den letzten Jahren auch dem großen Mittelstand geöffnet.

Die Bestrebungen des Mittelstands in Bezug auf erhöhte Verschwiegenheit und darauf, die Beteiligung externer Geldgeber zu verhindern und die Stimmrechte des eigenen Unternehmens nicht zu teilen, macht ABS-Transaktionen in dieser Größenklasse besonders interessant. Auch weil der Mittelstand mit seiner Wirtschaftsleistung in Deutschland von besonderer Bedeutung ist, wurde die Verbriefung von Handelsforderungen speziell im großen Mittelstand in den Fokus dieser Arbeit gerückt.

Es wurde untersucht, ob die Verbriefung von Handelsforderungen vor diesem Hintergrund zur Linderung der Finanzierungsprobleme beitragen kann und ob ABS tatsächlich einen Mehrwert für die verbriefenden Unternehmen liefern. Zur Abgrenzung der Verbriefungen im Mittelstand wurden auch Transaktionen aus Großunternehmen analysiert. Dabei wurden Unterschiede festgestellt und ihre Gründe identifiziert. Thematisiert wurde auch die Komplexität einer ABS-Transaktion und der für das verbriefende Unternehmen entstehenden Aufwand.

Der tatsächliche Mehrwert einer Verbriefung von Handelsforderungen ist in der Literatur bisher kaum untersucht worden. In einer perfekten Finanzierungswelt nach den Annahmen von Modigliani/Miller dürfte die Finanzierung über den Verkauf von Forderungen keinen Einfluss auf den Unternehmenswert haben. Die tatsächlichen Gegebenheiten entsprechen jedoch nicht diesen Annahmen, so dass die Gestaltung der Unternehmensfinanzierung ein interessantes Forschungsgebiet ist. Aufgrund intensiver empirischer Untersuchungen wurde die bestehende Forschungslücke mit dieser Arbeit verkleinert. Da es sich um die erste Untersuchung dieser Art und dieser Intensität in Deutschland handelt, wurde eine breite und möglichst umfassende Abdeckung aller möglichen Mehrwerte von ABS angestrebt. Die Datenbasis für die Analyse wurde durch vier intensive Clinical Studies, zehn Case Studies und eine Umfrage zu den Motivationen der verbriefenden Unternehmen bereitgestellt.

Insgesamt haben alle untersuchten Unternehmen ihre ABS-Transaktionen sehr positiv bewertet. Von besonderer praktischer Bedeutung waren vor allem die Möglichkeit, die Finanzierungen zu diversifizieren (um so die Unabhängigkeit vom Bankensektor zu reduzieren), die günstigen Kosten der Transaktionen sowie die mögliche Bilanzverkürzung und der Liquiditätszufluss. Die günstigen Finanzierungskosten ergeben sich auch aus den im Folgenden zusammengefassten Vorteilen der ABS.

Aus der Literatur über ABS im Allgemeinen sowie zu den ABS ähnlichen Finanzierungsinstrumenten wie Captive Finance Companies, Factoring und besicherten Schulden wurden Erwartungen an die Verbriefung von Handelsforderungen erarbeitet und empirisch überprüft. In einer Vielzahl von Bereichen der Transaktionskostentheorie, der Agency-Theorie sowie beim Steuer- und Bilanzrecht wurde ein Mehrwert durch ABS nachgewiesen.

- Die Verbriefung von Handelsforderungen hat positive Effekte auf das Risikomanagement des verbriefenden Unternehmens. Über die Diversifizierung der Finanzierungsinstrumente wird die Abhängigkeit vom Bankensektor reduziert. Dieser Effekt wurde in der Umfrage als das stärkste Motiv einer Forderungsverbriefung identifiziert. Allerdings ist zu beachten, dass neue Abhängigkeiten von der strukturierenden Bank entstehen. Aufgrund der Erweiterung der Finanzierungsinstrumente wurde dennoch ein positiver Effekt bestätigt. Darüberhinaus sind die Finanzierungskosten über die Forderungsverbriefung in gewissen Grenzen (keine Verletzung von Financial Covenants und kein Anlass für die strukturierende Bank, die Liquiditätslinie nicht neu bereit zu stellen) von der Entwicklung der Bonität des Originators abgekoppelt. Auf diese Weise findet eine Fixierung der Risikoprämie statt.

- Durch den Verkauf der Forderungen und die anschließende Auszahlung der gewonnenen Liquidität an Kapitalgeber wird die im Falle einer Insolvenz entstehende Insolvenzmasse reduziert. Die verkauften Forderungen unterliegen damit nicht mehr den im Insolvenzprozess entstehenden Kosten. Zwar gibt es aufgrund des Servicings der Forderungen durch den Forderungsverkäufer teilweise gegenläufige Effekte. Da jedoch zusätzlich durch die zufließende Liquidität auch die Insolvenzwahrscheinlichkeit reduziert wird, sind positive Effekte auf die erwarteten Insolvenzkosten des Unternehmens zu verzeichnen, die sich wiederum positiv auf die Konditionen der Kapitalgeber auswirken sollten.

- Ebenfalls konnten positive Effekte der Forderungsverbriefung auf die Qualität der internen Prozesse der Unternehmen nachgewiesen werden. Da die ankaufenden Zweckgesellschaften die verkaufenden Unternehmen mit dem Forderungseinzug beauftragen, müssen diese eine ausreichende Qualität ihres Debitorenmanagements nachweisen. Falls diese jedoch noch nicht erreicht wurde, können durch die Vorgaben der Forderungskäufer Qualitätsverbesserungen durchgesetzt werden, die auch positive Auswirkungen auf den Einzug nicht verkaufter Forderungen haben. Unternehmen, die ihre Prozesse jedoch schon ausreichend gut organisiert haben, können hier keine Verbesserungen verzeichnen, wie auch die Umfrage bestätigt.

- Aus dem Bereich der Agency Theory wurden positive Effekte sowohl auf die Informationsasymmetrien über die verkauften Forderungen als auch auf das gesamte Unternehmen nachgewiesen. Durch die Struktur der Verbriefungen mit einer Verlustübernahme des Forderungsverkäufers im Rahmen des First Loss Pieces konnten endgültige Lemon-Abschläge verhindert werden. Nach Eingang der Forderungen erhält der Verkäufer den vollen Nennbetrag als Kauferlös. Darüber hinaus signalisiert die erfolgreiche Durchführung einer ABS-Transaktion, dass das verbriefende Unternehmen die notwendigen Anforderungen an seine Prozesse und seine Bonität erfüllt. Nur wenige Banken geben an, Forderungsverbriefungen auch mit Non-Investment-Grade-Unternehmen durchzuführen. In den Clinical und Case Studies war der hieraus resultierende Reputationsgewinn im Mittelstand aufgrund der dort größeren Informationsansymmetrien stärker.

- Zuletzt ermöglicht eine ABS-Transaktion über die anonyme Conduit-Struktur dem Mittelstand den indirekten Zugang zum Kapitalmarkt, ohne umfassende Informationen über den Geschäftsverlauf veröffentlichen zu müssen. Ein Teil der Mittelständler hat dies als sehr wichtigen Vorteil von ABS bewertet und hätte die Transaktion bei einer Verpflichtung zur Veröffentlichung von Unternehmensdaten nicht durchgeführt.

Es ist nicht gelungen, alle weiteren in der Literatur diskutierten Wertschöpfungspotenziale von ABS bei der Verbriefung von Handelsforderungen nachzuweisen:

- Zunächst eignet sich die Verbriefung von Handelsforderungen nicht zur Reduzierung des vom Originator zu tragenden Ausfallrisikos. Über die Kombination aus FLP und Trigger wird der praktisch relevante Risikotransfer gegen null reduziert. Mit Ausnahme einiger Mittelständler wurde dies von den Unternehmen korrekt erfasst.

- Bedingt durch diesen eingeschränkten Risikotransfer hat die Forderungsverbriefung damit auch keine positiven Effekte auf den Noise aus Forderungsausfällen, so dass verschiedene Instrumente zur Reduzierung von Agency-Kosten (wie die Incentivierung des Managements) durch ABS nicht effektiver funktionieren.

- Darüber hinaus bestätigte die Vertragsanalyse, dass die hier untersuchte Art von ABS eindeutig als kurzfristige Finanzierung zu werten ist, da die Transaktionen unter dem Vorbehalt jährlich von den strukturierenden Banken zu erneuernder Liquiditätslinien stehen. Zwar existiert zwischen Unternehmen und Banken ein Verständnis, dass die Transaktion mehrere Jahre laufen sollte, gesichert ist diese Laufzeit jedoch nicht. Es besteht kein Unterschied zu kurzfristigen Kreditlinien, die ebenfalls häufig bis auf Weiteres verlängert werden. Die mittelständischen Unternehmen haben diesen Zusammenhang nicht immer korrekt erfasst.

- Interessant war das Ergebnis in Bezug auf den Monitoring-Aufwand im Rahmen einer Forderungsverbriefung. Aufgrund der Trennung der Forderungen vom verbriefenden Unternehmen in einem True Sale war erwartet worden, dass Überwachungsfunktionen auf das Forderungsportfolio konzentriert werden könnten. Dies war jedoch nicht der Fall. Das Monitoring des Forderungsverkäufers ist aus zwei Gründen identisch mit dem in einer Kreditbeziehung. Zum einen hat der Verkäufer durch den vom ihm weiterhin durchgeführten Forderungseinzug eine wichtige Rolle in der ABS-Transaktion inne. Die ankaufenden Zweckgesellschaften haben zwar das Recht, im Falle einer Insolvenz den Einzug selbst zu übernehmen, bei einer Vielzahl kleinerer Forderungen verursacht dies jedoch einen nicht zu vernachlässigenden Aufwand. Des Weiteren übernehmen die strukturierenden Banken mit ihrer Liquiditätslinie im Rahmen des Credit Enhancements auch regelmäßig Kreditrisiko des Forderungsverkäufers. Daher überwachen sie die Bonität des Verkäufers durch normale Kreditprüfungen und erhalten hierfür die gleichen Informationen wie andere Kreditgeber. Insgesamt ist die Trennung von Forderungsportfolio und Originator unvollständig, so dass keine positiven Effekte der Forderungsverbriefung auf die Monitoring-Kosten zu identifizieren waren.

- In Off-Balance-Sheet-Transaktionen musste der Vorteil einer einfachen Bilanzanalyse durch bessere Trennung von Produktion und Finanzierung verneint werden, da die Unternehmen überwiegend nur einen Teil der Forderungen verkaufen bzw. zum Bilanzstichtag noch unverkaufte Forderungen in den Büchern stehen. Im Gegenteil besteht die Gefahr, dass durch die unvollständigen

Informationen über ABS in den Jahresabschlüssen die Verbindlichkeiten der verbriefenden Unternehmen nicht korrekt dargestellt werden. Es wird argumentiert, dass eine Forderungsverbriefung von den Cash Flows her nicht von einem besicherten Kredit zu unterscheiden ist. Aus diesem Grund erkennen Rating-Agenturen und Banken der Großunternehmen den Bilanzabgang in ihren Bonitätsberechnungen auch nicht an. Dennoch wurde der Bilanzabgang auch von Großunternehmen als wichtiges Motiv für die Forderungsverbriefung genannt, da ein optischer Effekt verbleibt und ABS positive Auswirkungen auf Covenants haben kann (wenn diese ABS noch nicht einbeziehen).

Insgesamt ist es gelungen, Wertschöpfungspotenziale der Verbriefung von Handelsforderungen in einigen Bereichen zu bestätigen, während Vorteile in anderen wiederum verneint werden müssen.

Für den Mittelstand bietet sich ABS als interessante Finanzierungsalternative an, wobei der Mittelstand die Motive für eine Forderungsverbriefung etwas anders bewertet als Großunternehmen. Während dort die Diversifizierung der Finanzierungsinstrumente und die Erhöhung der Unabhängigkeit vom Bankensektor sowie die günstigen Finanzierungskosten als wichtigste Motive genannt werden, führt der Mittelstand zusätzlich den Liquiditätszufluss, die Langfristigkeit sowie die Bilanzverkürzung als fast gleichwertige Motivationen an. Gerade diese drei Bereiche sind jedoch zu hinterfragen. Die Problematik der Langfristigkeit wurde bereits oben betrachtet, auf die anderen beiden Bereiche werden im Folgenden eingegangen.

Die Forderungsverbriefung hat nur so lange einen positiven Liquiditätseffekt für das verbriefende Unternehmen, wie andere Finanzierungen von den Kreditgebern nicht gekürzt werden. Da nach dem Verkauf jedoch den unbesicherten Gläubigern implizit zustehende Sicherheiten nicht mehr existieren, erleiden diese unter Umständen (und je nach Verwendung der ABS-Liquidität) einen Wohlstandsverlust. Daher kann argumentiert werden, dass diese Gläubiger zur Sicherung ihrer Positionen zunächst ihre Kreditlinien (teilweise) kürzen sollten. Dies ist vom verbriefenden Unternehmen natürlich nicht gewünscht, weil dadurch der Liquiditätsvorteil der ABS-Transaktion (teilweise) verloren ginge. Das eine ABS-Transaktion prüfende Unternehmen sollte sich dieser möglichen Reaktion bewusst sein und daher bereits im Vorfeld in intensiven Austausch mit seinen Banken treten. Mit der Darlegung der geplanten Verwendung der ABS-Liquidität sollten die Reaktionen der Banken abgesprochen werden, um ungewünschte Effekte zu minimieren.

Wie die empirischen Untersuchungen weiter gezeigt haben, erfahren die Mittelständler momentan durch eine Off-Balance-Sheet-Forderungsverbriefung noch positive Effekte auf ihre Rating-Noten. Diese Effekte sind jedoch langfristig zu hinterfragen, da Rating-Agenturen und Großbanken den Bilanzabgang bereits jetzt zurückrechnen. Großunternehmen erfahren damit keine Rating-Verbesserungen mehr durch ABS. Verbriefende Mittelständler sollten sich daher bewusst sein, dass die Forderungsverbriefung kein langfristiges Instrument zur Steigerung der eigenen Bonität sein kann. Dennoch verbleiben, wie die Befragung der Großunternehmen zeigt, durch den optischen Effekt und mögliche Verschleierungseffekte weitere „Vorteile" des Bilanzabgangs, so dass eine Off-Balance-Sheet-Darstellung dennoch verfolgt werden sollte. Die beobachteten Effekte der Bilanzverkürzung waren allerdings aufgrund oben beschriebener gegenläufiger Effekte in den Clinical Studies eher enttäuschend.

Auch wenn die drei Vorteile der Langfristigkeit, der Bilanzverkürzung und des Liquiditätszuflusses zu hinterfragen sind, bieten sich dennoch für den Mittelstand ausreichend viele Vorteile von ABS. Allerdings sollte der Aufwand einer Forderungsverbriefung nicht unterschätzt werden. Speziell die Vertragsverhandlungen, aber je nach Situation der vorhandenen Systeme auch die Due Dilligence und die IT-Anpassung, verlangen ein hohes Engagement. Unternehmen, die ABS in Betracht ziehen, sollten ihre Prozesse und Systeme daher bereits im Vorfeld auf notwendige Anpassungen prüfen.

In Bezug auf die Problemstellung dieser Arbeit zeigt sich, dass die Verbriefung von Handelsforderungen nur bedingt zur Stärkung der schwachen EK-Quoten geeignet ist. Zum einen führen die erreichten Bilanzverkürzungen (zumindest in den untersuchten Fällen) nur zu geringen Effekten auf die EK-Quoten. Zum anderen müssen, wie oben beschrieben, Bonitätsverbesserungen langfristig hinterfragt werden, so dass nur noch optische Effekte der Bilanzverkürzung verbleiben. Die Verbriefung von Handelsforderungen reduziert jedoch eindeutig die Abhängigkeit der Unternehmen vom Bankkredit, so dass ABS in diesem Bereich einen Mehrwert schaffen.

Wie in Abschnitt 3.3 gezeigt, ist die Kreditaufnahme für die Unternehmen in den letzten Monaten wieder einfacher geworden. Dies hat die Attraktivität der Forderungsverbriefung wiederum etwas gesenkt. Aufgrund der verstärkten Aufmerksamkeit auf alternative Finanzierungen wird dieser Markt jedoch auch in Zukunft weiter wachsen.[1078]

Ebenfalls negativ auf ABS könnte sich die Unternehmensteuerreform 2008 auswirken. Da die Kosten einer ABS-Transaktion bisher nicht zu den Dauerschulden zu zählen sind, können verbriefende Unternehmen durch die Substitution langfristiger Kredite (Dauerschulden) mit ABS ihre Gewerbesteuerlast noch reduzieren. Zwar spielt dieses Motiv in der Praxis nur eine untergeordnete Rolle, da Unternehmen die ABS-Liquidität überwiegend zur Ablösung kurzfristiger und damit nicht zu den Dauerschulden zählender Kontokorrentlinien nutzen. Auch soll nach dem Entwurf des Gesetzes der Bundesregierung (2007) die hälftige Hinzurechnung von Dauerschulden durch eine 25 %ige Hinzurechnung aller Zinszahlungen ersetzt werden, so dass es für den Gewerbesteuereffekt egal wäre, ob Dauerschulden oder Kontokorrentkredite durch ABS ersetzt werden. Allerdings sollen auch die Abschläge aus Forderungsverkäufen nach den zurzeit aktuellen Plänen der Bundesregierung zukünftig in die Hinzurechnungen einbezogen werden.[1079] Nach Auskünften aus dem Verbriefungssektor könnte sogar die laufende Programmgebühr unter die geplante Zinzurechnung fallen, so dass der Gewerbesteuervorteil von ABS vollständig ausfiele. Es muss daher beobachtet werden, welche Veränderungen an dem Gesetz bis zum Inkrafttreten noch vorgenommen werden. Da die Forderungsverbriefung jedoch nicht vorrangig als Steuersparmodell betrieben wird, sondern andere Motive im Vordergrund stehen, dürfte diese Änderung nur geringe Auswirkungen auf die Entwicklung des ABS-Markts in Deutschland haben.

Das Finanzierungsvolumen durch die Verbriefung deutscher Handelsforderungen hatte Ende 2006 ein Niveau von ca. 5,9 Mrd. Euro erreicht. Damit wurde zwar das Finanzierungsvolumen durch deutsche Factoring-Unternehmen ein- und überholt, die in 2006 für deutsche Forderungen ein Finanzierungsvolumen von ca. 5

[1078] Vgl. Abschnitt 3.3, S. 46.
[1079] Vgl. Bundesregierung (2007), S. 37, 135; Dentz/Frien (2007), S. 18.

Mrd. Euro bereit stellten.[1080] Durch die geringeren Stückelungen beim Factoring nutzen diese Art der Finanzierung allerdings bereits knapp 4000 Unternehmen, während die Forderungsverbriefung bisher nur von etwas über 100 Unternehmen durchgeführt wurde. Der Vergleich zum Leasing, das in 2006 ca. 54 Mrd. Euro an neuen Finanzierungen zur Verfügung gestellt hat,[1081] zeigt weiter, dass die Verbriefung von Handelsforderungen noch eine eher kleine Rolle bei den alternativen Finanzierungen spielt.

Allerdings besteht im ABS-Bereich noch starkes Wachstumspotenzial. Das Mindestvolumen zur Teilnahme an einer Forderungsverbriefung ist in den letzten Jahren bereits stark gesunken, so dass bei einem momentanen Mindestvolumen von 5 bis 10 Mio. Euro die Verbriefung von Handelsforderungen theoretisch ca. 7.500 Unternehmen als Finanzierungsinstrument zur Verfügung steht. Diese Reduzierung hat jedoch inzwischen etwas an Geschwindigkeit verloren, was darauf hindeutet, dass die Grenze des Machbaren langsam erreicht ist. Wenn die Ankündigungen der Banken, Mindestvolumina zwischen 3 und 5 Mio. Euro zu ermöglichen, tatsächlich zutreffen, wird der Kreis der potentiellen Originatoren um ca. 7.700 auf ca. 15.300 erhöht.[1082]

Insgesamt ist die Verbriefung von Handelsforderungen geeignet, im großen Mittelstand als alternative Finanzierungsform die Abhängigkeit vom Bankensektor etwas zu reduzieren. Der Bankkredit wird jedoch auch in Zukunft die Unternehmensfinanzierung in Deutschland dominieren.[1083] Alternative Finanzierungen stehen, mit Ausnahme des Leasings, noch am Anfang ihrer Entwicklungen und stellen bisher noch vergleichsweise geringe Finanzierungsvolumina bereit. Dennoch bietet die Forderungsverbriefung, wie in der Analyse gezeigt wurde, eine Vielzahl von Vorteilen und schafft einen Mehrwert. Der große Mittelstand sollte ABS daher bei der Bewertung von Finanzierungsalternativen einbeziehen.

[1080] Der Umsatz der im Factoring-Verband zusammengeschlossenen Unternehmen (Marktanteil über 95 %) lag 2006 bei 71 Mrd. Euro. Hiervon entfielen 19,3 Mrd. Euro auf ausländische Forderungen, so dass ein Inlandsanteil von ca. 52 Mrd. Euro verbleibt. Bei einer Forderungslaufzeit von ca. 40 Tagen entspricht dies etwas unter 5 Mrd. Euro ausstehende Forderungen. Vgl. Deutscher Factoring-Verband (Hrsg.) (2007), S. 1; Dentz/Frien (2007), S. 18.

[1081] Vgl. Bundesverband Deutscher Leasing-Unternehmen (Hrsg.) (2006), S. 1.

[1082] Vgl. Abschnitt 3.1, S. 41.

[1083] Vgl. o. V. (2007), S. 31; Kirsch (2004), S. 100–101.

Anhang

Verzeichnis des Anhangs

A Übersicht Erwartungen **375**

B Interviewleitfaden **377**

C Abbildungen und Tabellen **384**

D Übersicht Ergebnisse Case Studies **392**

E Clinical Studies **398**

E.1 Unternehmen Alpha . . . 398

E.1.1 Analysierte Dokumente . . . 398

E.1.2 Interviews . . . 399

E.1.2.1 Interview Alpha Leiter Finanzabteilung . . . 399

E.1.2.2 Interview Alpha Leiter Bilanzen/Steuern . . . 399

E.1.2.3 Interview Alpha Leiter Buchhaltung . . . 399

E.1.2.4 Interview Alpha Mitarbeiter EDV . . . 399

E.1.2.5 Interview Alpha Wirtschaftsprüfer . . . 400

E.1.2.6 Interview Alpha Strukturierende Bank . . . 400

E.1.2.7 Interview Alpha Zuständiger Warenkreditversicherung . . . 400

E.1.2.8 Interview Alpha Warenkreditversicherung . . . 400

E.1.2.9 Interview Alpha Rechtsanwalt der strukturierenden Bank . 400

E.1.2.10 Interview Alpha Bank I . . . 401

E.1.2.11 Interview Alpha Bank II . . . 401

E.1.2.12 Interview Alpha Rating-Agentur . . . 401

E.2 Unternehmen Beta . . . 402

E.2.1 Analysierte Dokumente . . . 402

E.2.2 Interview-Ergebnisprotokolle . . . 403

E.2.2.1 Interview Beta Leiter Finanzabteilung . . . 403

E.2.2.2 Interview Beta Entwickler EDI . . . 403

E.2.2.3 Interview Beta SAP-Betreuung . . . 404

E.2.2.4 Interview Beta Finanzen/Bilanzierung/Buchhaltung . . . 404

E.2.2.5 Interview Beta Bank I . . . 404

E.2.2.6 Interview Beta Rechtsanwalt von Beta . . . 404

E.2.2.7 Interview Beta Bank II 404
E.2.2.8 Interview Beta Strukturierende Bank 405
E.2.2.9 Interview Beta Bank III 405
E.2.2.10 Interview Beta Warenkreditversicherung 405
E.2.2.11 Interview Beta Wirtschaftsprüfer 405
E.3 Unternehmen Gamma 406
E.3.1 Analysierte Dokumente 406
E.3.2 Interview-Ergebnisprotokolle 406
E.3.2.1 Interview Gamma Leiter Finanzabteilung 406
E.3.2.2 Interview Gamma Mitarbeiter Debitorenbuchhaltung 407
E.3.2.3 Interview Gamma Strukturierende Bank 407
E.3.2.4 Interview Gamma Rechtsanwalt 407
E.4 Unternehmen Delta 408
E.4.1 Analysierte Dokumente 408
E.4.2 Interview-Ergebnisprotokolle 408
E.4.2.1 Interview Delta Teamleiter Treasury 408
E.4.2.2 Interview Delta Mitarbeiter Treasury 409
E.4.2.3 Interview Delta Strukturierende Bank 409

F Case Studies **410**
F.1 Interview Unternehmen A Leiter Finanzen 410
F.2 Interview Unternehmen A Strukturierende Bank 410
F.3 Interview Unternehmen B 410
F.4 Interview Unternehmen B Strukturierende Bank 410
F.5 Interview Unternehmen C 410
F.6 Interview Unternehmen D 411
F.7 Unternehmen E Analysierte Dokumente 411
F.8 Interview Unternehmen E 411
F.9 Interview Unternehmen F 411
F.10 Interview Unternehmen G 412
F.11 Interview Unternehmen H 412
F.12 Interview Unternehmen I 412
F.13 Interview Unternehmen J 412

Anhang A Übersicht Erwartungen

Transaktionskosten

Erwartung T.1: Die Angebote verschiedener Banken unterscheiden sich in Bezug auf den Preis in wesentlichem Umfang.

Erwartung T.2: Je besser die Bonität des verbriefenden Unternehmens, desto geringer sind die Kostenunterschiede zwischen ABS und Kreditfinanzierung.

Erwartung T.3: ABS ist dem Factoring in den für ABS entscheidenden Volumengrenzen überlegen.

Erwartung T.4: Die Verbriefung von Handelsforderungen wird als Instrument des Risikomanagements angesehen.

Erwartung T.5: Unternehmen reduzieren ihre Gewerbesteuerschuld durch die Verbriefung von Handelsforderungen nicht.

Erwartung T.6: Die aktuelle Rechtslage bzgl. der Gewerbesteuer behindert die Verbriefung von Handelsforderungen.

Erwartung T.7: Die Strukturierung und Abwicklung einer ABS-Transaktion wird von den Unternehmen im Vergleich zu anderen Finanzierungsinstrumenten als sehr komplex empfunden.

Erwartung T.8: Die Komplexität der Vertragswerke könnte bei einer Ansiedlung der Zweckgesellschaft in Deutschland reduziert werden.

Erwartung T.9: Die Vertragswerke sind für Großunternehmen komplexer als für den Mittelstand, da die Transaktionen bei geringerem Volumen einfacher gestaltet werden können.

Erwartung T.10: Die Verbriefung von Handelsforderungen führt nicht zu einer Senkung der erwarteten Insolvenzkosten des verbriefenden Unternehmens.

Erwartung T.11: Die Verbriefung von Handelsforderungen erhöht die Qualität interner Prozesse.

Agency Theorie

Erwartung A.1: Das Lemon Problem bzgl. der Qualität der zu verbriefenden Forderungen wird im Rahmen einer Verbriefungstransaktion überwunden.

Erwartung A.2: Informationsasymmetrien bzgl. der Handelsforderungen können im Rahmen der Verbriefungstransaktionen durch die Erstellung einer Forderungshistorie kostengünstig behoben werden.

Erwartung A.3: Unternehmen aus dem Mittelstand erfahren durch ABS einen Reputationsgewinn. Dieser ist bei Großunternehmen geringer.

Erwartung A.4: Unternehmen bevorzugen auf Grund der Assoziation von ausländischen Zweckgesellschaften mit Finanzierungsskandalen eine deutsche Zweckgesellschaft.

Erwartung A.5: Der Umfang der bereitzustellenden Informationen ist bei Verbriefungstransaktionen geringer als bei Kapitalmarktinstrumenten.

Erwartung A.6: Durch die Struktur der Verbriefungstransaktion besteht für den Originator kein Anreiz für Moral-Hazard-Handlungen.

Erwartung A.7: Die Verbriefung von Handelsforderungen erhöht die Effizienz von Monitoring- und Anreizsystemen.

Erwartung A.8: Es findet ein Monitoring des Forderungsverkäufers statt. Diese Aktivitäten sind jedoch geringer als die eines Kreditverhältnisses.

Erwartung A.9: Die Verbriefung von Handelsforderungen kann Underinvestment-Probleme lindern.

Erwartung A.10: Bestehende Gläubiger schützen sich vor den negativen Effekten einer Verbriefungstransaktion.

Erwartung A.11: Der Bilanzabgang der verbrieften Forderungen wird von den Kredit gebenden Banken nicht akzeptiert und zurückgerechnet.

Erwartung A.12: Die Analyse des verbriefenden Unternehmens wird durch die ABS-Transaktion vereinfacht.

Erwartung A.13: Die Off-Balance-Sheet-Darstellung der Forderungsverbriefung verschleiert den Verschuldungsgrad des Unternehmens.

Anhang B Interviewleitfaden

Der folgende Interviewleitfaden beinhaltet zur einfacheren Darstellung Fragestellungen für alle untersuchten Zielgruppen. Hieraus folgt, dass nicht alle Fragen tatsächlich in jedem Interview verwendet wurden.

Informationen zu den Personen

1. In welcher Position arbeiten Sie?
2. Ist diese Position identisch mit der Position, die Sie während der ABS-Transaktion inne hatten?
3. Wie lange arbeiten Sie bereits bei diesem Unternehmen?

Informationen zu Ihrem Unternehmen

1. In welcher Branche ist Ihr Unternehmen tätig?
2. Wie groß war Ihr Umsatz im letzten Jahr? Wie groß war der Inlandsanteil?
3. Ist der Umsatz konstant über das Jahr verteilt oder existiert eine Saisonalität?
4. Wie viele Mitarbeiter beschäftigen Sie?
5. Wie ist die Eigentümerstruktur Ihres Unternehmens aufgebaut?
6. Ordnen Sie sich dem Mittelstand zu?
7. Wie groß ist Ihre Bilanzsumme? Welchen Anteil hatten Forderungen aus Lieferung und Leistung vor der Verbriefung?
8. Welche Bilanzierungsstandards verwenden Sie? Planen Sie in Zukunft einen Wechsel?
9. Besitzen Sie ein Credit-Rating einer Rating-Agentur?
10. Wie werden Sie von Ihren Kredit gebenden Banken bewertet (Rating)?
11. Verwenden Sie Factoring?
12. Auf welche Art/durch welche Transaktionen entstehen die verbrieften Forderungen?

13. Welche Zahlungsziele bieten Sie Ihren Kunden? Wann wird tatsächlich gezahlt? Wie hoch sind Ihre Forderungsausfälle?

14. Welche Buchhaltungssoftware verwendet Ihr Unternehmen?

Informationen zur Verbriefungstransaktion

15. Wann haben Sie zum ersten Mal Forderungen verbrieft?

16. In welchem Volumen verbriefen Sie Forderungen? Wie groß ist das Minimal- und das Maximalvolumen?

17. Verkaufen mehrere Konzerngesellschaften Forderungen (Inland/Ausland)? Verläuft der Verkauf mehrstufig?

18. In welchem Intervall verkaufen Sie Forderungen?

19. Wie lange läuft der Verbriefungsvertrag?

20. Ist hierfür Bedingung, dass die Liquiditätslinie jährlich verlängert wird?

21. Kann der Kreditversicherer bei Eintritt eines Schadens den Vertrag kündigen?

22. In welchem Land hat die Ankaufsgesellschaft ihren Sitz?

23. Wie sind Abschläge und Reserven ausgestaltet?

Strukturierung der Transaktion

24. Wie sind Sie auf die Forderungsverbriefung aufmerksam geworden?

25. Wie lange dauerte der Prozess vom ersten Kontakt mit der strukturierenden Bank bis zur ersten Verbriefung? Wann fiel die Entscheidung für eine Verbriefung? Wann wurde zum ersten Mal verbrieft?

26. Wie aufwendig und komplex war der gesamte Prozess bis zum ersten Verkauf?

27. Wie viele Anbieter haben Sie um ein Angebot gebeten? Wie unterschiedlich fielen diese aus?

28. Wie schwierig/zeitaufwendig war die Erstellung der historischen Forderungsdaten?

29. Welche Informationen wurden über Ihr Unternehmen benötigt? Welche Rolle spielte Ihre Bonität?

30. Gab es bei der Strukturierung größere rechtliche Probleme? Wenn ja, welche und wie wurden diese gelöst?

31. Wie haben Sie die gewonnene Liquidität verwendet?

32. Gab es Einschränkungen in der Verwendung der Liquidität (Auflagen?) oder konnten Sie völlig frei darüber verfügen.

33. Inwieweit war es eine Vertragsverhandlung und inwieweit ein Akzeptieren des vorgegebenen Vertragstextes?

34. Wann haben Sie Ihre Kredit gebenden Banken über ABS informiert?

35. Welche Aufgaben hatten Sie im Rahmen von ABS?

36. Welchen Stellenwert hatten notwendige Anpassungen an den IT-Systemen Ihres Unternehmens? Was musste angepasst werden?

Mehrwert

37. Warum haben Sie sich für eine Verbriefungstransaktion entschieden? Was war die Hauptmotivation, Forderungen zu verbriefen?

38. Sehen Sie die Vertriefungstransaktion als eine kurzfristige oder langfristige Finanzierungsform an? Warum?

39. Ist die Verbriefung von Handelsforderungen günstiger als vergleichbare Finanzierungsinstrumente? Was ist für Sie die Vergleichsgröße?

40. Wurde die Verbriefung zum Abbau von Dauerschulden und damit zur Senkung der Gewerbesteuerlast genutzt?

41. Wurde durch die Einführung von ABS das Debitorenmanagement verbessert? Effizienter gestaltet? Wurden klarere Regeln aufgestellt? Wurden Forderungsausfälle reduziert?

42. Wie wichtig ist der Gedanke der Diversifizierung der Finanzierungsquellen? Welche Vorteile bietet diese?

43. Wie schätzen Sie die Veröffentlichungspflichten von Unternehmensinformationen im Rahmen von ABS ein? War dies ein wichtiger Aspekt?

44. Wie schätzen Sie den Ruf von ABS allgemein ein?

45. Haben Sie ABS und Factoring verglichen? Welche Vorteile hat ABS, welche Factoring? Warum haben Sie sich für ABS entschieden?

46. Bewerten Sie ABS intern als Verschuldung, da sie die Liquidität irgendwann zurückzahlen müssen?

47. Sehen Sie das Abhängigkeitsverhältnis von der strukturierenden Bank durch ABS als verändert an?

48. Sehen Sie durch die ABS-Transaktion eine Steigerung der finanziellen Flexibilität? Warum?

49. Würden Sie die ABS-Transaktion aus heutiger Sicht noch ein Mal durchführen?

Revolvierender Verkauf

50. Wie groß ist der tatsächliche Aufwand (Zeitrahmen, Komplexität,...) des revolvierenden Verkaufs für Ihr Unternehmen? Wie läuft dieser Verkauf praktisch ab?

51. Wie genau können Sie das Verbriefungsvolumen steuern?

Servicing/Forderungseinzug

52. Ist im Forderungseinzug bekannt, ob eine Forderung verkauft wurde oder nicht?

53. Behandeln Sie im Debitorenmanagement verkaufte und zurückbehaltene Forderungen unterschiedlich? Warum?

54. Wird das Geld aus bezahlten, verbrieften Forderungen bis zur nächsten Abrechung mit der Zweckgesellschaft gesondert (auf einem getrennten Konto?) aufbewahrt?

55. Besteht eine Verpfändung des Eingangskontos der verkauften Forderungen?

Bilanzierung und GuV

56. War eine Off-Balance-Sheet-Struktur für sie wichtig? Wenn ja, warum?
57. Gibt es auch Nachteile der Off-Balance-Sheet-Darstellung?
58. Wäre die ABS-Transaktion auch in einer On-Balance-Sheet-Variante durchgeführt worden?
59. Wenn Sie die ABS-Transaktion „konsolidieren", ist ihre Verschuldung durch die Transaktion (D/E Ratio) gestiegen?
60. In wie weit reduzieren zu passivierende Verbindlichkeiten an das SPV durch Zahlungseingänge auf verkaufte Forderungen die Bilanzverkürzung wieder?
61. Unter welchen Posten tauchen die ABS-Kosten in der GuV auf?

Risikoreduktion

62. Wurde für die Verbriefung eine spezielle ABS-Kreditversicherung verwendet?
63. Wird damit Ihrer Meinung nach das Forderungsausfallrisiko für Ihr Unternehmen durch die ABS-Transaktion reduziert? Falls ja, in welchem Umfang?
64. Ihr Selbstbehalt ist aber ein Vielfaches ihrer historischen Ausfallraten?
65. Sehen Sie durch die Ausgestaltung der Trigger die Gefahr, dass die ABS-Finanzierung in Krisenzeiten nicht mehr zur Verfügung stehen könnte?

Monitoring

66. Wurden Ihnen im Rahmen der Transaktion operative oder finanzierungstechnische Auflagen gemacht? Müssen Sie bestimmte Kennzahlen (Rating?) einhalten?
67. Unterscheiden sich diese von den an Kredit gebende Banken gelieferten Informationen?

Nur externe Parteien

68. Wie bewerten Sie die Verbriefungstransaktion? Sehen Sie den Verkauf der Forderungen positiv oder negativ? Sehen Sie ABS als eine Art Gütesiegel für das verbriefende Unternehmen an?

69. Wie bewerten Sie die Diversifizierung/Erweiterung der Finanzierungsquellen durch das verbriefende Unternehmen?

70. Wie bewerten Sie den Off-Balance-Sheet-Ausweis unter Transparenzgesichtspunkten?

71. Wie behandeln Sie den Off-Balance-Sheet-Ausweis in Ihren Rating-Modellen? Erkennen Sie den True Sale an oder rechnen Sie die Transaktion zurück?

72. Hat es eine Rolle gespielt, dass die Aktiva durch den Forderungsverkauf reduziert wurden?

73. Gab es Anpassungen der bestehenden Kreditverträge mit Bezug auf die Verbriefungstransaktion? In welcher Weise?

74. Welche Daten zur wirtschaftlichen Entwicklung benötigen Sie regelmäßig vom verbriefenden Unternehmen? Hat sich dieser Monitoring-Aufwand durch die Verbriefungstransaktion verändert?

75. Werden ABS-Transaktionen auch in der On-Balance-Sheet-Variante durchgeführt?

76. Führen Sie Forderungsverbriefungen auch mit Non-Investment-Grade-Unternehmen durch?

77. Gibt es Unterschiede im Umfang der Vertragswerke in Abhängigkeit von der Größe der Transaktion?

78. Können Vereinfachungen auch durch die Ansiedlung der Ankaufsgesellschaft in Deutschland erreicht werden?

Sonstiges

79. Kann es durch die Off-Balance-Sheet-Struktur zu einer ungenaueren Darstellung Ihres Verschuldungsgrads kommen?

80. Haben Sie im Hinblick auf die aktuelle Diskussion um Enron etc. Probleme mit dem SPV-Standort im Ausland?

81. Würden Sie eine Ansiedlung im Inland bevorzugen?

82. Sehen Sie bei einer Ansiedlung des SPVs in Deutschland Möglichkeiten zur Vereinfachung der Vertragswerke? Hätte ein deutsches SPV andere Vorteile/Nachteile?

83. Wie haben Kredit gebende Banken auf Ihre Verbriefungstransaktion reagiert? Wie bewerten diese die Transaktion?

84. Wird der Bilanzabgang von den Banken anerkannt?

85. Wurden bestehende Kreditlinien auf Grund des Forderungsverkaufs im Volumen reduziert?

86. Man kann also nicht damit rechnen, dass die ABS-Liquidität in vollem Umfang zur Verfügung steht?

87. Gab/gibt in bestehenden Kreditverträgen Klauseln zum Forderungsverkauf?

Anhang C Abbildungen und Tabellen

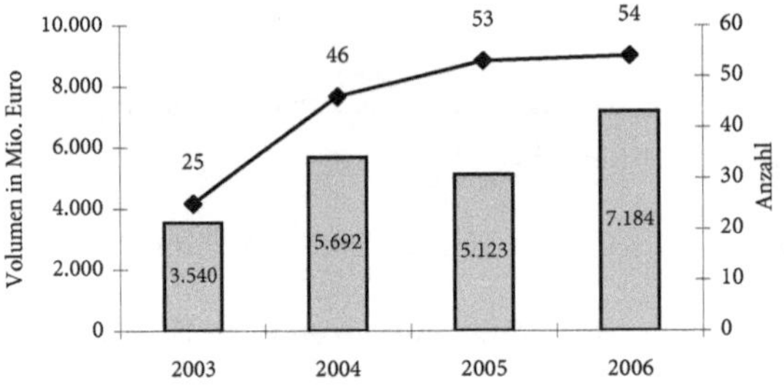

Abb. C.1: Verbriefungen von Handelsforderungen in EMEA 2003–2006[1084]

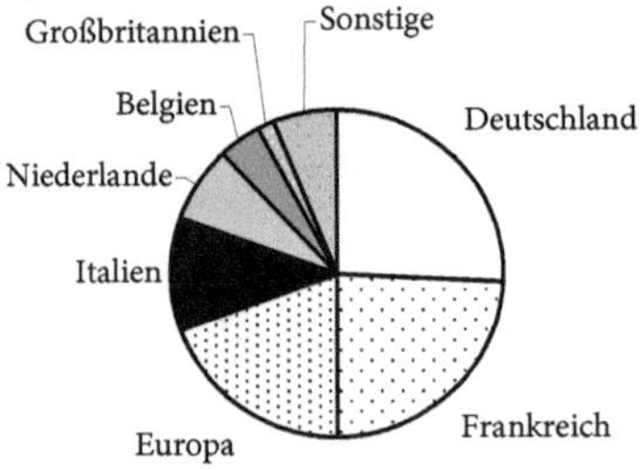

Abb. C.2: Anteile Volumen EMEA Handelsforderungen 2003–2006[1085]

[1084] Eigene Berechnungen, basierend auf Moody's (2004a), S. 14–15; Moody's (2004c), S. 14; Moody's (2005a), S. 15–17; Moody's (2005c), S. 8–9; Moody's (2005e), S. 18; Moody's (2006a), S. 15–18; Moody's (2006c), S. 21–22; Moody's (2007a), S. 13–16; Moody's (2007b), S. 22–23; Moody's (2007c), S. 8.

[1085] Eigene Berechnungen, Herkunft der Forderungen, alle Werte außer Anzahl in Mio. Euro, basierend auf Moody's (2004a), S. 14–15; Moody's (2004c), S. 14; Moody's (2005a), S. 15–17; Moody's (2005e), S. 18; Moody's (2006a), S. 15–18; Moody's (2005c), S. 8–9; Moody's (2006c), S. 21–22; Moody's (2007a), S. 13–16; Moody's (2007b), S. 22–23; Moody's (2007c), S. 8.

	Anzahl	Umfang	Mean	Median
2003	25	3.540	141,62	110
2004	46	5.692	123,73	95
2005	53	5.123	96,66	70
2006	54	7.184	133,04	100

Tab. C.1: Jahresübersicht EMEA 2003-2006[1086]

Jahr	Anzahl	Volumen	Mean	Median	Minimum	Maximum
2003	8	1.010	126	63	40	600
2004	21	2.155	103	70	5	350
2005	26	1.239	48	30	10	150
2006	19	1.182	62	40	8	150
Summe	74	5.586	75	40	5	600

Tab. C.2: Verbriefung von Handelsforderungen in Deutschland[1087]

[1086] Eigene Berechungen, alle Werte außer Anzahl in Mio. Euro, basierend auf Moody's (2004a), S. 14-15; Moody's (2004c), S. 14; Moody's (2005a), S. 15-17; Moody's (2005e), S. 18; Moody's (2006a), S. 15-18; Moody's (2005c), S. 8-9; Moody's (2006c), S. 21-22; Moody's (2007a), S. 13-16; Moody's (2007b), S. 22-23; Moody's (2007c), S. 8.

[1087] Eigene Berechnungen, alle Werte außer Anzahl in Mio. Euro, basierend auf Moody's (2004a), S. 14-15; Moody's (2004c), S. 14; Moody's (2005a), S. 15-17; Moody's (2005e), S. 18; Moody's (2006a), S. 15-18; Moody's (2005c), S. 8-9; Moody's (2006c), S. 21-22; Moody's (2007a), S. 13-16; Moody's (2007b), S. 22-23; Moody's (2007c), S. 8.

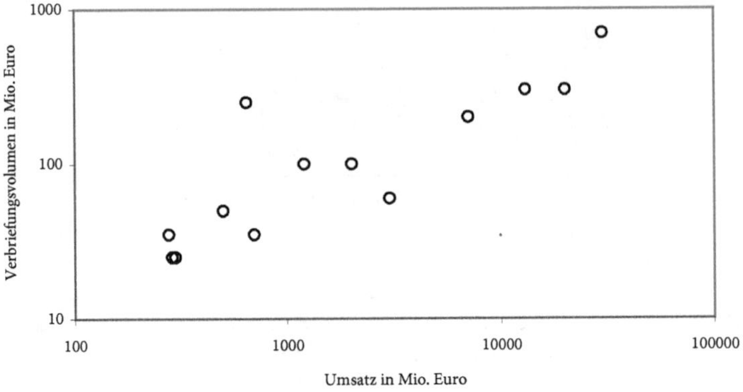

Abb. C.3: Zusammenhang Umsatz ABS – Volumen[1088]

[1088] Eigene Darstellung.

Sponsor	Anzahl	Volumen	Mean	Median	Min	Max
Calyon	23	3.661	159	150	15	350
ABN-Amro	13	3.153	243	150	70	650
Societe Generale	12	2.124	177	156	80	350
HSBC	7	1.410	201	150	50	435
CDC Ixis	3	1.157	386	400	357	400
WestLB	18	1.143	64	33	7	350
BNP-Paribas	6	909	151	162	30	235
Dresdner Bank	7	900	129	50	15	600
Commerzbank	10	739	74	63	30	150
Titrisation et Fin. Intern.	5	710	142	150	30	214
Natexis	9	684	76	70	16	200
Credit Lyonnais	3	610	203	214	115	281
Rabobank	4	595	149	135	50	275
LBBW	9	570	63	50	16	114
Bayerische Landesbank	5	524	105	100	25	200
IKB	14	488	35	25	10	130
Citibank	3	374	125	170	12	192
DZ Bank	3	364	121	150	64	150
Deutsche Bank	5	267	53	35	22	110
JP Morgan Chase	2	196	98	98	81	115
HBOS	1	150	150	150	150	150
Lloyds TSB	1	150	150	150	150	150
Fortis	1	146	146	146	146	146
Helaba	1	99	99	99	99	99
Hypovereinsbank	4	97	24	24	10	40
KBC	1	95	95	95	95	95
Unibank	1	77	77	77	77	77
Atradius	5	66	13	7	5	40
Bank of Tokyo-Mitsubishi	1	46	46	46	46	46
Banca Intesa	1	36	36	36	36	36
Total	178	21.540	121	85	5	650

Tab. C.3: Verbriefungen von Handelsforderungen EMEA 2003-2006, Banken[1089]

[1089] Eigene Berechnungen, alle Werte außer Anzahl in Mio. Euro, basierend auf Moody's (2004a), S. 14-15; Moody's (2004c), S. 14; Moody's (2005a), S. 15-17; Moody's (2005e), S. 18; Moody's (2006a), S. 15-18; Moody's (2005c), S. 8-9; Moody's (2006c), S. 21-22; Moody's (2007a), S. 13-16; Moody's (2007b), S. 22-23; Moody's (2007c), S. 8.

S&P	Moody's	Fitch	
AAA	Aaa	AAA	
AA+	Aa1	AA+	
AA	Aa2	AA	
AA-	Aa3	AA-	
A+	A1	A+	
A	A2	A	Investment Grade
A-	A3	A-	
BBB+	Baa1	BBB+	
BBB	Baa2	BBB	
BBB-	Baa3	BBB-	
BB+	Ba1	BB+	
BB	Ba2	BB	
BB-	Ba3	BB-	
B+	B1	B+	
B	B2	B	
B-	B3	B-	
			Non Investment Grade
CCC+	Caa1	CCC+	
CCC	Caa2	CCC	
CCC-	Caa3	CCC-	
CC	Ca	CC	
C	C	C	
D		D	

Tab. C.4: Vergleich Rating-Noten[1090]

[1090] Quelle: http://www.bis.org/bcbs/qis/qisrating.htm.

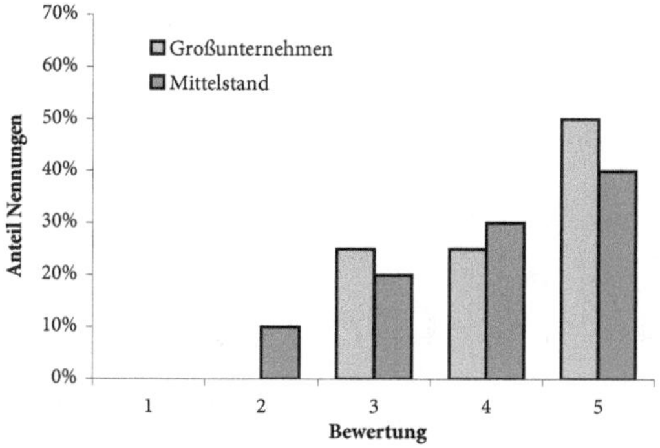

Abb. C.4: Motiv: Günstige Finanzierungskosten[1091]

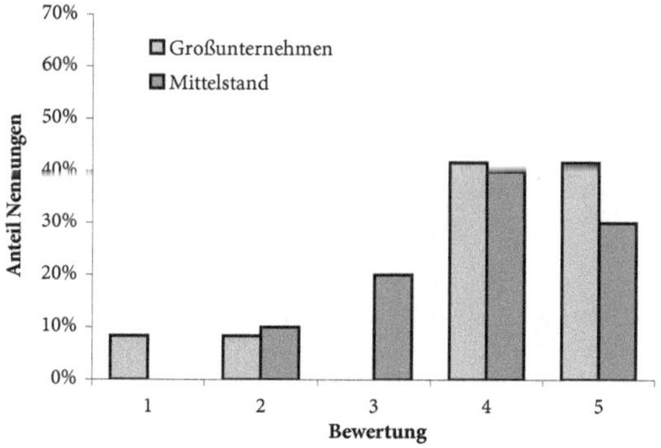

Abb. C.5: Motiv: Unabhängigkeit vom Bankensektor erhöhen[1092]

[1091] Eigene Darstellung.
[1092] Eigene Darstellung.

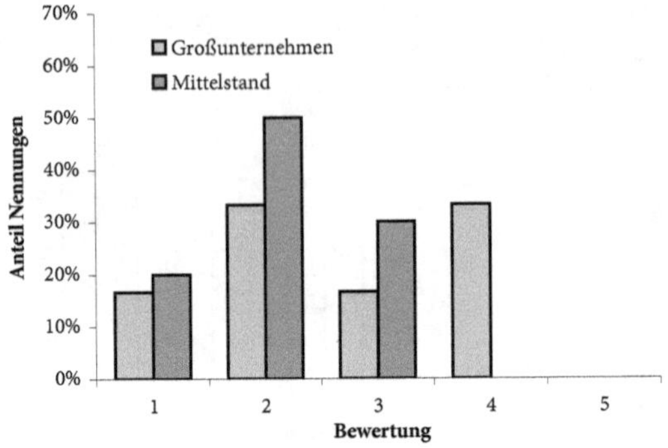

Abb. C.6: Motiv: Reduzierung der Gewerbesteuerlast[1093]

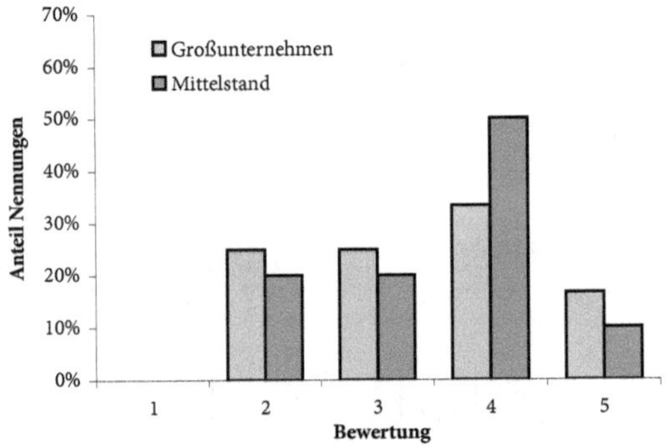

Abb. C.7: Motiv: Nutzung des Kapitalmarkts[1094]

1093 Eigene Darstellung.
1094 Eigene Darstellung.

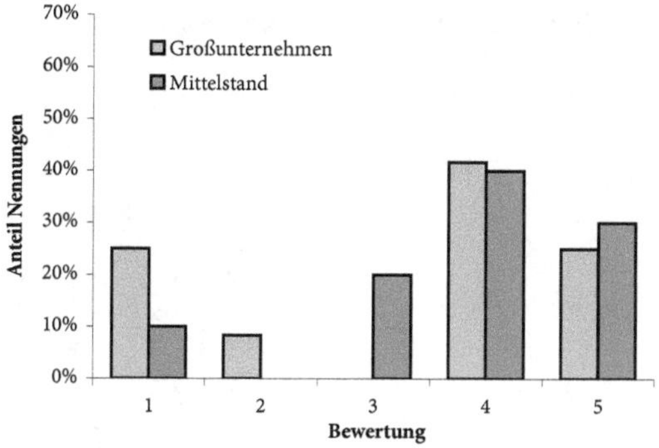

Abb. C.8: Motiv: Bilanzverkürzung[1095]

[1095] Eigene Darstellung.

Anhang D Übersicht Ergebnisse Case Studies

Tab. D.1: Übersicht Ergebnisse Case Studies (1/6)[a]

	A	B	C	D	E	F	G	H	I	J
Existieren Trigger über die Qualität des Ford.-Portfolios?[b]	Ja	Ja	Ja	-[c]	Ja	Ja	-[d]	Ja	Ja	Ja
Gab es Auflagen über die Verwendung der ABS-Liquidität?[e]	Nein	Nein	Nein	-[c]	Nein	Nein	Nein	Nein	Nein	Nein
Erhalten Forderungsverkäufer und Kredit gebende Banken unterschiedliche Informationen zur Geschäftsentwicklung?[f]	Nein	Nein	Nein	-[c]	[d]	Nein	Nein	Nein	Nein	Nein
Existieren in den ABS-Verträgen [g] Financial Covenants?	Nein	Ja	Nein	-[c]	Nein	Ja	Ja	Ja	Ja	Nein

[a] Eigene Darstellung. [b] Vgl. Interview Unternehmen A Leiter Finanzen, siehe Anhang F.1, S. 410; Interview Unternehmen B, siehe Anhang F.3, S. 410; Interview Unternehmen C, siehe Anhang F.5, S. 410; Unternehmen E Forderungsverkaufsvertrag (2001); Interview Unternehmen F, siehe Anhang F.9, S. 411; Interview Unternehmen H, siehe Anhang F.11, S. 412; Interview Unternehmen I, siehe Anhang F.12, S. 412; Interview Unternehmen J, siehe Anhang F.13, S. 412.

[c] Keine Informationen, da Transaktion bereits beendet.

[d] Es liegen keine Informationen vor. [e] Vgl. Interview Unternehmen A Leiter Finanzen, siehe Anhang F.1, S. 410; Interview Unternehmen A Strukturierende Bank, siehe Anhang F.2, S. 410; Interview Unternehmen B Strukturierende Bank, siehe Anhang F.4, S. 410; Interview Unternehmen C, siehe Anhang F.5, S. 410; Interview Unternehmen E, siehe Anhang F.8, S. 411; Interview Unternehmen F, siehe Anhang F.9, S. 411; Interview Unternehmen G, siehe Anhang F.10, S. 412; Interview Unternehmen H, siehe Anhang F.11, S. 412; Interview Unternehmen I, siehe Anhang F.12, S. 412; Interview Unternehmen J, siehe Anhang F.13, S. 412. [f] Vgl. Interview Unternehmen A Strukturierende Bank, siehe Anhang F.2, S. 410; Interview Unternehmen B, siehe Anhang F.3, S. 410; Interview Unternehmen C, siehe Anhang F.5, S. 410; Interview Unternehmen F, siehe Anhang F.9, S. 411; Interview Unternehmen G, siehe Anhang F.10, S. 412; Interview Unternehmen H, siehe Anhang F.11, S. 412; Interview Unternehmen I, siehe Anhang F.12, S. 412; Interview Unternehmen J, siehe Anhang F.13, S. 412.

[g] Vgl. Interview Unternehmen A Leiter Finanzen, siehe Anhang F.1, S. 410; Interview Unternehmen B, siehe Anhang F.3, S. 410; Interview Unternehmen C, siehe Anhang F.5, S. 410; Transaktion E Forderungsverkaufsvertrag (2001); Interview Unternehmen E, siehe Anhang F.8, S. 411; Interview Unternehmen F, siehe Anhang F.9, S. 411; Interview Unternehmen G, siehe Anhang F.10, S. 412; Interview Unternehmen H, siehe Anhang F.11, S. 412; Interview Unternehmen I, siehe Anhang F.12, S. 412; Interview Unternehmen J, siehe Anhang F.13, S. 412.

Tab. D.2: Übersicht Ergebnisse Case Studies (2/6)[a]

	A	B	C	D	E	F	G	H	I	J
Aufwand der Due Dilligence der Forderungen[b]	unkompliziert	-[c]	-[d]	-[e]	-[f]	gering	teilweise hoch	hoch	umfangreich	komplex
Reputationseffekt[g]	Ja	Nein	Nein	-[e]	Ja	Nein	Ja	Ja	Ja	Ja
Image-Probleme mit einen ausländischen SPV?[h]	Nein	Nein	Nein	-[e]	-[f]	Nein	Nein	Nein	Nein	Nein
Bevorzugung deutsches SPV?[h]	Nein	Nein	Nein	-[e]	-[f]	-[f]	-[f]	Nein	Nein	Nein
Motiv Gewerbesteuerreduzierung[i]	Nein	Nein	Nein	-[e]	k. A.	Ja	Nein	Nein	Nein	Nein
Tatsächliche Reduzierung Gewerbesteuer[i]	Ja	Ja	Nein	-[e]	k. A.	Ja	Nein	Nein	Nein	Nein

[a] Eigene Darstellung. [b] Vgl. Interview Unternehmen A Leiter Finanzen, siehe Anhang F.1, S. 410; Interview Unternehmen F, siehe Anhang F.9, S. 411; Interview Unternehmen G, siehe Anhang F.10, S. 412; Interview Unternehmen H, siehe Anhang F.11, S. 412; Interview Unternehmen I, siehe Anhang F.12, S. 412; Interview Unternehmen J, siehe Anhang F.13, S. 412.

[c] Nicht relevant, da Verlängerung einer Transaktion untersucht wurde. [d] Keine Informationen, da Transaktion bereits seit 1993 läuft. [e] Keine Informationen, da Transaktion bereits beendet. [f] Es liegen keine Informationen vor.

[g] Vgl. Interview Unternehmen A Leiter Finanzen, siehe Anhang F.1, S. 410; Interview Unternehmen B, siehe Anhang F.3, S. 410; Interview Unternehmen C, siehe Anhang F.5, S. 410; Interview Unternehmen E, siehe Anhang F.8, S. 411; Interview Unternehmen F, siehe Anhang F.9, S. 411; Interview Unternehmen G, siehe Anhang F.10, S. 412; Interview Unternehmen H, siehe Anhang F.11, S. 412; Interview Unternehmen I, siehe Anhang F.12, S. 412; Interview Unternehmen J, siehe Anhang F.13, S. 412.

[h] Vgl. Interview Unternehmen A Leiter Finanzen, siehe Anhang F.1, S. 410; Interview Unternehmen B, siehe Anhang F.3, S. 410; Interview Unternehmen C, siehe Anhang F.5, S. 410; Interview Unternehmen F, siehe Anhang F.9, S. 411; Interview Unternehmen G, siehe Anhang F.10, S. 412; Interview Unternehmen H, siehe Anhang F.11, S. 412; Interview Unternehmen I, siehe Anhang F.12, S. 412; Interview Unternehmen J, siehe Anhang F.13, S. 412. [i] Vgl. Interview Unternehmen A Leiter Finanzen, siehe Anhang F.1, S. 410; Interview Unternehmen B, siehe Anhang F.3, S. 410; Interview Unternehmen C, siehe Anhang F.5, S. 410; Interview Unternehmen F, siehe Anhang F.9, S. 411; Interview Unternehmen G, siehe Anhang F.10, S. 412; Interview Unternehmen H, siehe Anhang F.11, S. 412; Interview Unternehmen I, siehe Anhang F.12, S. 412; Interview Unternehmen J, siehe Anhang F.13, S. 412.

Tab. D.3: Übersicht Ergebnisse Case Studies (3/6)[a]

	A	B	C	D	E	F	G	H	I	J
Verwendung der Liquidität[b]	Kredite[c] und KK	Kredite[c]	k. A.	-[i]	Treasury u. Factoring	Kredite[c]	KK[d]	Verb. L. u. L.	KK[d]	KK[d]
Off-Balance Transaktion[e]	Ja	Nein	Ja	Ja	Ja	Nein	Ja	Ja	Ja	Ja
On-Balance auch durchgeführt?[f]	Ja	-[g]	Ja	Nein	Nein	-[g]	Nein	unsicher	Ja	Ja
Diversifizierung als Motiv[i]	Ja	Ja	Ja	Nein	Ja	Ja	Ja	Ja	Ja	Ja

[a] Eigene Darstellung. [b] Vgl. Interview Unternehmen A Leiter Finanzen, siehe Anhang F.1, S. 410; Interview Unternehmen B, siehe Anhang F.3, S. 410; Interview Unternehmen C, siehe Anhang F.5, S. 410; Interview Unternehmen E, siehe Anhang F.8, S. 411; Interview Unternehmen F, siehe Anhang F.9, S. 411; Interview Unternehmen G, siehe Anhang F.10, S. 412; Interview Unternehmen H, siehe Anhang F.11, S. 412; Interview Unternehmen I, siehe Anhang F.12, S. 412; Interview Unternehmen J, siehe Anhang F.13, S. 412. [c] Reduzierung langfristige Kredite.

[d] Reduzierung Kontokorrentkredite. [e] Vgl. Interview Unternehmen A Leiter Finanzen, siehe Anhang F.1, S. 410; Interview Unternehmen B, siehe Anhang F.3, S. 410; Interview Unternehmen C, siehe Anhang F.5, S. 410; Interview Unternehmen D, siehe Anhang F.6, S. 411; Interview Unternehmen E, siehe Anhang F.8, S. 411; Interview Unternehmen F, siehe Anhang F.9, S. 411; Interview Unternehmen G, siehe Anhang F.10, S. 412; Interview Unternehmen H, siehe Anhang F.11, S. 412; Interview Unternehmen I, siehe Anhang F.12, S. 412; Interview Unternehmen J, siehe Anhang F.13, S. 412. [f] Vgl. Interview Unternehmen A Leiter Finanzen, siehe Anhang F.1, S. 410; Interview Unternehmen B, siehe Anhang F.3, S. 410; Interview Unternehmen C, siehe Anhang F.5, S. 410; Interview Unternehmen D, siehe Anhang F.6, S. 411; Interview Unternehmen E, siehe Anhang F.8, S. 411; Interview Unternehmen F, siehe Anhang F.9, S. 411; Interview Unternehmen G, siehe Anhang F.10, S. 412; Interview Unternehmen H, siehe Anhang F.11, S. 412; Interview Unternehmen I, siehe Anhang F.12, S. 412; Interview Unternehmen J, siehe Anhang F.13, S. 412. [g] Frage irrelevant, da Transaktion On-Balance. [h] Keine Informationen, da Transaktion bereits beendet. [i] Vgl. Interview Unternehmen A Leiter Finanzen, siehe Anhang F.1, S. 410; Interview Unternehmen B, siehe Anhang F.3, S. 410; Interview Unternehmen C, siehe Anhang F.5, S. 410; Interview Unternehmen D, siehe Anhang F.6, S. 411; Interview Unternehmen E, siehe Anhang F.8, S. 411; Interview Unternehmen F, siehe Anhang F.9, S. 411; Interview Unternehmen G, siehe Anhang F.10, S. 412; Interview Unternehmen H, siehe Anhang F.11, S. 412; Interview Unternehmen I, siehe Anhang F.12, S. 412; Interview Unternehmen J, siehe Anhang F.13, S. 412.

Tab. D.4: Übersicht Ergebnisse Case Studies (4/6)[a]

	A	B	C	D	E	F	G	H	I	J
Wurden Kreditlinien in Reaktion auf ABS gekürzt?[b]	Nein	-[g]	-[e]	Nein	-[g]	Nein	-[g]	Ja	Ja[d]	Ja[d]
Gab es in Kreditverträgen Klauseln zu ABS?[f]	Ja	Ja	-[g]	Nein	-[g]	-[g]	Ja	Nein	Nein	Nein
Wurden Konditionen von Krediten wegen ABS angepasst?[h]	Nein	Nein	Nein	-[g]	-[g]	Nein	-[g]	Nein	Nein	-[g]
Wurde der Bilanzabgang anerkannt?[i]	Ja	-[j]	Nein	Nein	Nein	-[j]	Nein	beides	Ja	Ja

[a] Eigene Darstellung. [b] Vgl. Interview Unternehmen A Leiter Finanzen, siehe Anhang F.1, S. 410; Interview Unternehmen D, siehe Anhang F.6, S. 411; Interview Unternehmen F, siehe Anhang F.9, S. 411; Interview Unternehmen H, siehe Anhang F.11, S. 412; Interview Unternehmen I, siehe Anhang F.12, S. 412; Interview Unternehmen J, siehe Anhang F.13, S. 412. [c] Keine Informationen, da Transaktion bereits beendet. [d] Im Einvernehmen mit dem Unternehmen. [e] Transaktion läuft bereit seit 1993. Reaktionen nicht mehr nachzuvollziehen. [f] Vgl. Interview Unternehmen A Leiter Finanzen, siehe Anhang F.1, S. 410; Interview Unternehmen B, siehe Anhang F.3, S. 410; Interview Unternehmen D, siehe Anhang F.6, S. 411; Interview Unternehmen G, siehe Anhang F.10, S. 412; Interview Unternehmen H, siehe Anhang F.11, S. 412; Interview Unternehmen I, siehe Anhang F.12, S. 412; Interview Unternehmen J, siehe Anhang F.13, S. 412. [g] Es liegen keine Informationen vor. [h] Interview Unternehmen A Leiter Finanzen, siehe Anhang F.1, S. 410; Interview Unternehmen B, siehe Anhang F.3, S. 410; Interview Unternehmen C, siehe Anhang F.5, S. 410; Interview Unternehmen F, siehe Anhang F.9, S. 411; Interview Unternehmen H, siehe Anhang F.11, S. 412; Interview Unternehmen I, siehe Anhang F.12, S. 412. [i] Vgl. Interview Unternehmen A Leiter Finanzen, siehe Anhang F.1, S. 410; Interview Unternehmen C, siehe Anhang F.5, S. 410; Interview Unternehmen D, siehe Anhang F.6, S. 411; Interview Unternehmen E, siehe Anhang F.8, S. 411; Interview Unternehmen F, siehe Anhang F.9, S. 411; Interview Unternehmen G, siehe Anhang F.10, S. 412; Interview Unternehmen H, siehe Anhang F.11, S. 412; Interview Unternehmen I, siehe Anhang F.12, S. 412; Interview Unternehmen J, siehe Anhang F.13, S. 412. [j] Transaktion ist On-Balance.

Tab. D.5: Übersicht Ergebnisse Case Studies (5/6)[a]

	A	B	C	D	E	F	G	H	I	J
Verbesserungen Debitorenmanagement[b]	Nein	Nein	Ja[c]	-[d]	Ja	Ja	Ja	Ja	Nein	Nein
Einschätzung: Reduzierung Ausfallrisiko?[e]	Nein	Nein	Nein	-[d]	Ja	Nein	Nein	Nein	Nein	Nein
Vertragslaufzeit (in Jahren)[f]	5	1[g]	5	5	-	ohne Ende	5	5	5	5
Einschätzung Laufzeit[h]	langfr.	langfr.	kurzfr.	kurzfr.	kurzfr.	langfr.	langfr.	langfr.	langfr.	kurzfr.

[a] Eigene Darstellung. [b] Vgl. Interview Unternehmen A Leiter Finanzen, siehe Anhang F.1, S. 410; Interview Unternehmen B, siehe Anhang F.3, S. 410; Interview Unternehmen C, siehe Anhang F.5, S. 410; Interview Unternehmen E, siehe Anhang F.8, S. 411; Interview Unternehmen F, siehe Anhang F.9, S. 411; Interview Unternehmen G, siehe Anhang F.10, S. 412; Interview Unternehmen H, siehe Anhang F.11, S. 412; Interview Unternehmen I, siehe Anhang F.12, S. 412; Interview Unternehmen J, siehe Anhang F.13, S. 412.
[c] Bei ausländischen Tochtergesellschaften. [d] Keine Informationen, da Transaktion bereits beendet. [e] Vgl. Interview Unternehmen A Leiter Finanzen, siehe Anhang F.1, S. 410; Interview Unternehmen B, siehe Anhang F.3, S. 410; Interview Unternehmen C, siehe Anhang F.5, S. 410; Interview Unternehmen E, siehe Anhang F.8, S. 411; Interview Unternehmen F, siehe Anhang F.9, S. 411; Interview Unternehmen G, siehe Anhang F.10, S. 412; Interview Unternehmen H, siehe Anhang F.11, S. 412; Interview Unternehmen I, siehe Anhang F.12, S. 412; Interview Unternehmen J, siehe Anhang F.13, S. 412. [f] Vgl. Interview Unternehmen A Leiter Finanzen, siehe Anhang F.1, S. 410; Interview Unternehmen B, siehe Anhang F.3, S. 410; Interview Unternehmen C, siehe Anhang F.5, S. 410; Interview Unternehmen D, siehe Anhang F.6, S. 411; Interview Unternehmen F, siehe Anhang F.9, S. 411; Interview Unternehmen G, siehe Anhang F.10, S. 412; Interview Unternehmen H, siehe Anhang F.11, S. 412; Interview Unternehmen I, siehe Anhang F.12, S. 412; Interview Unternehmen J, siehe Anhang F.13, S. 412. [g] Mit Verlängerungsoption und dem Verständnis, dass die Transaktion 5 Jahre laufen soll. [h] Vgl. Interview Unternehmen A Leiter Finanzen, siehe Anhang F.1, S. 410; Interview Unternehmen B, siehe Anhang F.3, S. 410; Interview Unternehmen C, siehe Anhang F.5, S. 410; Interview Unternehmen D, siehe Anhang F.6, S. 411; Interview Unternehmen E, siehe Anhang F.8, S. 411; Interview Unternehmen F, siehe Anhang F.9, S. 411; Interview Unternehmen G, siehe Anhang F.10, S. 412; Interview Unternehmen H, siehe Anhang F.11, S. 412; Interview Unternehmen I, siehe Anhang F.12, S. 412; Interview Unternehmen J, siehe Anhang F.13, S. 412.

Tab. D.6: Übersicht Ergebnisse Case Studies (6/6)[a]

	A	B	C	D	E	F	G	H	I	J
Aufwand revolvierende Verkäufe[b]	gering	gering	gering	hoch	gering	gering	gering	gering	gering	gering
Verkaufte Forderungen im Debitorenmanagement zu erkennen?[e]	Ja	Ja	Ja	-[c]	Nein	Ja	-[c]	Ja	Ja	Ja
Behandlung verkaufter Forderungen im Vergleich zu eigenen Forderungen[f]	gleich	gleich	gleich	-[c]	gleich	besser	-[d]	besser	besser	besser

[a] Eigene Darstellung. [b] Vgl. Interview Unternehmen A Leiter Finanzen, siehe Anhang F.1, S. 410; Interview Unternehmen B, siehe Anhang F.3, S. 410; Interview Unternehmen C, siehe Anhang F.5, S. 410; Interview Unternehmen D, siehe Anhang F.6, S. 411; Interview Unternehmen E, siehe Anhang F.8, S. 411; Interview Unternehmen F, siehe Anhang F.9, S. 411; Interview Unternehmen G, siehe Anhang F.10, S. 412; Interview Unternehmen H, siehe Anhang F.11, S. 412; Interview Unternehmen I, siehe Anhang F.12, S. 412; Interview Unternehmen J, siehe Anhang F.13, S. 412. [c] Keine Informationen, da Transaktion bereits beendet. [d] Es liegen keine Informationen vor. [e] Vgl. Interview Unternehmen A Leiter Finanzen, siehe Anhang F.1, S. 410; Interview Unternehmen B, siehe Anhang F.3, S. 410; Interview Unternehmen C, siehe Anhang F.5, S. 410; Interview Unternehmen E, siehe Anhang F.8, S. 411; Interview Unternehmen F, siehe Anhang F.9, S. 411; Interview Unternehmen H, siehe Anhang F.11, S. 412; Interview Unternehmen I, siehe Anhang F.12, S. 412; Interview Unternehmen J, siehe Anhang F.13, S. 412. [f] Vgl. Interview Unternehmen A Leiter Finanzen, siehe Anhang F.1, S. 410; Interview Unternehmen B, siehe Anhang F.3, S. 410; Interview Unternehmen C, siehe Anhang F.5, S. 410; Interview Unternehmen E, siehe Anhang F.8, S. 411; Interview Unternehmen F, siehe Anhang F.9, S. 411; Interview Unternehmen H, siehe Anhang F.11, S. 412; Interview Unternehmen I, siehe Anhang F.12, S. 412; Interview Unternehmen J, siehe Anhang F.13, S. 412.

Anhang E Clinical Studies

E.1 Unternehmen Alpha

E.1.1 Analysierte Dokumente

Folgende Dokumente, Präsentationen und Memos wurde dem Autor von Alpha entweder in Kopie überlassen oder es wurde zur Analyse ausführliche Einsicht gewährt:[1096]

- **Kundenpräsentation** der strukturierenden Bank zur Funktionsweise und Abwicklung einer Verbriefungstransaktion (2003), Januar 2003.
- Von Alpha auszufüllende **Tabellen** der strukturierenden Bank zur **Due Diligence** der Forderungen (2004), 2004.
- **Honorarvertrag** (2004), 30.1.2004.
- **Präsentation** über ABS für das **Management** von Alpha (2004), 26.11.2004.
- **Forderungsverkaufsvertrag** (2004), 30.11.2004.
- **Intra Group Verkaufsverträge** (2004), 30.11.2004.
- **Servicing Agreement** (2004), 30.11.2004.
- **Datentreuhändervertrag** (2004), 30.11.2004.
- **Verpfändung Bankkonten**, 10.12.2004.
- **Avalvereinbarung**, 30.12.2004
- **Sicherungsabtretung**, 30.11.2004
- **CE-WKV**, 30.11.2004
- **Prüfungsbericht** Konzernabschluss 2004 (2005), Juli 2005.
- **Forderungsaufälle** der Jahre 2003 bis 2005, Mai 2006.

[1096] Die Zitierung dieser Dokumente erfolgt in der Form „Alpha [hervorgehobener Teil der Bezeichnung des Dokumentes]([Erstellungsjahr])“.

E.1.2 Interviews

Auf einen Abdruck der Interviewprotokolle wurde aus Gründen der Übersichtlichkeit verzichtet.

E.1.2.1 Interview Alpha Leiter Finanzabteilung

Position:	Leiter Finanzabteilung
Datum:	08.05.2006
Dauer:	240 Minuten
Datum:	19.05.2006
Dauer:	30 Minuten
Form:	persönliches Gespräch

E.1.2.2 Interview Alpha Leiter Bilanzen/Steuern

Position:	Leiter Bilanzen/Steuern
Datum:	11.05.2006
Dauer:	90 Minuten
Form:	persönliches Gespräch

E.1.2.3 Interview Alpha Leiter Buchhaltung

Position:	Leiter Buchhaltung
Datum:	12.05.2006
Dauer:	90 Minuten
Form:	persönliches Gespräch

E.1.2.4 Interview Alpha Mitarbeiter EDV

Position:	Mitarbeiter EDV-Abteilung
Anwesend:	Abteilungsleiter EDV-Abteilung
Datum:	15.05.2006
Dauer:	45 Minuten
Form:	persönliches Gespräch

E.1.2.5 Interview Alpha Wirtschaftsprüfer

Position: Wirtschaftsprüfer
Datum: 16.05.2006
Dauer: 30 Minuten
Form: Telefoninterview

E.1.2.6 Interview Alpha Strukturierende Bank

Position: Mitarbeiter ABS-Abteilung, strukturierende Bank
Datum: 17.05.2006
Datum: 23.05.2006
Gesamtdauer: 90 Minuten
Form: Telefoninterview

E.1.2.7 Interview Alpha Zuständiger Warenkreditversicherung

Position: Zuständiger Bereich Warenkreditversicherung
Datum: 17.05.2006
Dauer: 60 Minuten
Form: persönliches Gespräch

E.1.2.8 Interview Alpha Warenkreditversicherung

Position: Mitarbeiter Warenkreditversicherung
Datum: 17.05.2006
Dauer: 20 Minuten
Form: Telefoninterview

E.1.2.9 Interview Alpha Rechtsanwalt der strukturierenden Bank

Position: Rechtsanwalt der strukturierenden Bank
Datum: 18.05.2006
Dauer: 25 Minuten
Form: Telefoninterview

E.1.2.10 Interview Alpha Bank I

Position: Leiter Firmenkundenbetreuung
Datum: 18.05.2006
Dauer: 60 Minuten
Form: persönliches Gespräch

E.1.2.11 Interview Alpha Bank II

Position: Leiter Firmenkundenbetreuung
Datum: 18.05.2006
Dauer: 20 Minuten
Form: persönliches Gespräch

E.1.2.12 Interview Alpha Rating-Agentur

Position: Assistant Vice President
Datum: 20.07.2006
Dauer: 30 Minuten
Form: Telefoninterview

E.2 Unternehmen Beta

E.2.1 Analysierte Dokumente

Folgende Dokumente, Präsentationen und Memos wurde dem Autor von Beta entweder in Kopie überlassen oder es wurde zur Analyse ausführliche Einsicht gewährt:[1097]

- **Präsentation** der strukturierenden Bank zum **regresslosen Forderungsverkauf** bei Beta (2004), 16.11.2004.
- **Fragebogen** zur **Verbriefung** von Forderungen der strukturierenden Bank an Beta (2005), März 2005.
- **Leitfaden** der strukturierenden Bank zum **Prozess Audit** (2005), März 2005
- **Forderungsverkaufsvertrag** (2005), 8.6.2005.
- **Honorarvertrag** (2005), Frühjahr 2005.
- **Servicing Agreement** (2005), 8.6.2005.
- **CE-WKV** zwischen Zweckgesellschaft und Versicherung (2005), 8.6.2005.
- **Sicherungsabtretung** (2005), 8.6.2005.
- **Präsentation** von Beta zu den **Erfahrungen** mit ABS auf einem Kongress (2005), Juni 2005.
- **Prüfungsbericht** Konzernabschluss 2004 (2005), Juli 2005.
- **Rating-Einschätzungen** zweier Kredit gebender Banken (2005), Stand Ende 2005.
- **Erste Änderung** des **Forderungsverkaufsvertrag** (2006), 30.01.2006.
- **Präsentation** der strukturierenden Bank über die **Kundentransaktion** von Beta (2006), Februar 2006.

[1097] Die Zitierung dieser Dokumente erfolgt in der Form „Beta [hervorgehobener Teil der Bezeichnung des Dokumentes]([Erstellungsjahr])“.

- **Auswertung Forderungsbestand** von Beta an die strukturierende Bank (2006), März 2006.
- **Zweite Änderung** des **Forderungsverkaufsvertrag** (2006), 16.03.2006.
- **Monatsbericht** Beta März 2006 (2006), April 2006.
- **Buchungssätze** Jahresabschluss 2005 und deren Herleitung (2006), Frühjahr 2006.
- **Prüfungsbericht** Konzernabschluss 2005 (2006), Juli 2006.
- **Saldenanzeige Umsätze** und **Forderungsausfälle** der Jahre 1997 bis Mai 2006 (2006), Stand Juni 2006.
- **Präsentation** des Geschäftsführers von Beta auf einem Kongress zu den mit ABS gemachten **Erfahrungen** (2006), Juni 2006.

E.2.2 Interview-Ergebnisprotokolle

Auf einen Abdruck der Interviewprotokolle wurde aus Gründen der Übersichtlichkeit verzichtet.

E.2.2.1 Interview Beta Leiter Finanzabteilung

Position:	Leiter Finanzabteilung
Datum:	29.05.2006
Dauer:	120 Minuten
Datum:	09.06.2006
Dauer:	30 Minuten
Form:	persönliches Gespräch

E.2.2.2 Interview Beta Entwickler EDI

Position:	Anwendungsentwickler im EDI-Bereich
Datum:	31.05.2006
Form:	schriftliche Beantwortung

E.2.2.3 Interview Beta SAP-Betreuung

Position: SAP-Beteuer
Datum: 31.05.2006
Dauer: 90 Minuten
Form: persönliches Gespräch

E.2.2.4 Interview Beta Finanzen/Bilanzierung/Buchhaltung

Position Person A: Leiter Buchhaltung
Position Person B: Bilanzierung
Position Person C: Finanzen/Banking
Datum: 01.06.2006
Dauer: 150 Minuten
Form: persönliches Gespräch

E.2.2.5 Interview Beta Bank I

Position: Firmenkundenbereuer
Datum: 02.06.2006
Dauer: 65 Minuten
Form: persönliches Gespräch
Anwesend: Leiter Finanzen des Unternehmens Beta

E.2.2.6 Interview Beta Rechtsanwalt von Beta

Position: Rechtsanwalt
Datum: 06.06.2006
Dauer: 45 Minuten
Form: Telefoninterview

E.2.2.7 Interview Beta Bank II

Position: Abteilungsleiter Firmenkunden
Datum: 08.06.2006
Dauer: 25 Minuten
Form: persönliches Gespräch
Anwesend: Leiter Finanzen des Unternehmens Beta

E.2.2.8 Interview Beta Strukturierende Bank

Position:	Mitarbeiter ABS-Abteilung, strukturierende Bank
Datum:	12.06.2006
Gesamtdauer:	80 Minuten
Form:	Telefoninterview

E.2.2.9 Interview Beta Bank III

Position:	Abteilungsleiter Firmenkunden
Datum:	16.06.2006
Dauer:	15 Minuten
Form:	Telefoninterview

E.2.2.10 Interview Beta Warenkreditversicherung

Position:	Leiter Abteilung Financial Services
Datum:	27.06.2006
Dauer:	50 Minuten
Form:	Telefoninterview

E.2.2.11 Interview Beta Wirtschaftsprüfer

Position:	Wirtschaftsprüfer
Datum:	21.07.2006
Form:	schriftliche Beantwortung

E.3 Unternehmen Gamma

E.3.1 Analysierte Dokumente

Folgende Dokumente, Präsentationen und Memos wurde dem Autor von Gamma entweder in Kopie überlassen oder es wurde zur Analyse ausführliche Einsicht gewährt:[1098]

- **Rahmenvertrag** zum Forderungsverkauf (2001), 28.01.2001.
- **Erste Anpassung** des **Rahmensvertrag**s zum Forderungsverkauf (2002), 16.12.2002
- **Zweite Anpassung** des **Rahmenvertrag**s zum Forderungsverkauf (2006), 27.01.2006
- **Due Dilligence Report** (2006).
- Übersicht über monatliche **Forderungsausfälle** (2006).
- **Geschäftsbericht** 2004/2005 (2005), Juni 2005.
- **Geschäftsbericht** 2005/2006 (2006), Juli 2006.

E.3.2 Interview-Ergebnisprotokolle

Auf einen Abdruck der Interviewprotokolle wurde aus Gründen der Übersichtlichkeit verzichtet.

E.3.2.1 Interview Gamma Leiter Finanzabteilung

Position:	Leiter Finanzabteilung
Datum:	19.06.2006
Dauer:	130 Minuten
Form:	persönliches Gespräch

[1098] Die Zitierung dieser Dokumente erfolgt in der Form „Gamma [hervorgehobener Teil der Bezeichnung des Dokumentes]([Erstellungsjahr])“.

E.3.2.2 Interview Gamma Mitarbeiter Debitorenbuchhaltung

Position: Debitorenbuchhaltung
Datum: 07.07.2006
Dauer: 25 Minuten
Form: Telefoninterview

E.3.2.3 Interview Gamma Strukturierende Bank

Position: Leiter Securitization Abteilung
Datum: 25.07.2006
Dauer: 60 Minuten
Form: Telefoninterview

E.3.2.4 Interview Gamma Rechtsanwalt

Position: Rechtsanwalt verbriefendes Unternehmen
Datum: 06.09.2006
Dauer: 50 Minuten
Form: persönliches Gespräch

E.4 Unternehmen Delta

E.4.1 Analysierte Dokumente

Folgende Dokumente, Präsentationen und Memos wurde dem Autor von Delta entweder in Kopie überlassen oder es wurde zur Analyse ausführliche Einsicht gewährt:[1099]

- **Rahmenvertrag** zum Forderungsverkauf (2004), 22.9.2004.
- **Erste Anpassung** des **Rahmenvertrag**s zum Forderungsverkauf (2004), 22.9.2004.
- Auszug **Handelsregister** der Konzernmutter (2004).
- **Servicing Agreement** zwischen den verkaufenden Konzerngesellschaften, der Zweckgesellschaft und der strukturierenden Bank (2004), 22.9.2004.
- **Honorarvertrag** (2004), 22.9.2004.
- **Geschäftsbericht** 2001 (2002).
- **Geschäftsbericht** 2002 (2004).
- **Geschäftsbericht** 2003 (2004).
- **Geschäftsbericht** 2004 (2005).
- **Geschäftsbericht** 2005 (2006).

E.4.2 Interview-Ergebnisprotokolle

Auf einen Abdruck der Interviewprotokolle wurde aus Gründen der Übersichtlichkeit verzichtet.

E.4.2.1 Interview Delta Teamleiter Treasury

Position:	Leiter Treasury / Corporate Finance
Datum:	12.07.2006
Dauer:	120 Minuten
Form:	persönliches Gespräch

[1099] Die Zitierung dieser Dokumente erfolgt in der Form „Delta[hervorgehobener Teil der Bezeichnung des Dokumentes]([Erstellungsjahr])“.

E.4.2.2 Interview Delta Mitarbeiter Treasury

Position: Mitarbeiter Treasury / Corporate Finance
Datum: 12.07.2006
Dauer: 70 Minuten
Form: persönliches Gespräch

E.4.2.3 Interview Delta Strukturierende Bank

Position: ABS-Strukturierer im Corporate Finance
Datum: 19.07.2006
Form: schriftliche Beantwortung

Anhang F Case Studies

Auf einen Abdruck der Interviewprotokolle wurde aus Gründen der Übersichtlichkeit verzichtet.

F.1 Interview Unternehmen A Leiter Finanzen

Position:	Leiter Finanzen
Datum:	21.08.2006
Dauer:	35 Minuten
Form:	Telefoninterview

F.2 Interview Unternehmen A Strukturierende Bank

Position:	Projektleiter Stukturierung
Datum:	24.08.2006
Dauer:	60 Minuten
Form:	Telefoninterview

F.3 Interview Unternehmen B

Position:	Leiter Corporate Finane
Datum:	14.08.2006
Dauer:	50 Minuten
Form:	Telefoninterview

F.4 Interview Unternehmen B Strukturierende Bank

Position:	Leiter Asset Securitization
Datum:	15.08.2006
Dauer:	60 Minuten
Form:	Telefoninterview

F.5 Interview Unternehmen C

Position Person A:	Leiter Abteilung Geld- und Kapitalmärkte
Position Person B:	Mitarbeiter von Person A
Datum:	11.08.2006
Dauer:	50 Minuten
Form:	Telefoninterview

F.6 Interview Unternehmen D

Position: Leiter Corporate Finance
Datum: 16.08.2006
Dauer: 40 Minuten
Form: Telefoninterview

F.7 Unternehmen E Analysierte Dokumente

Neben den im folgenden Abgedruckten Interviews wurden in den Case Studies auch folgende Vertragsdokumente analysiert: **Die Zitierung dieser Dokumente erfolgt in der Form „[hervorgehobener Teil der Bezeichnung des Dokuments] ([Erstellungsjahr]).**

- **Transaktion E Forderungsverkaufsvertrag** (2001).
- **Transaktion E** Privat **Placement Memorandum** Commercial Paper Notes (2000).
- **Transaktion E** German **Commissioning Agreement** (2001).
- **Transaktion E Checkliste** Due Dilligence (2001).

F.8 Interview Unternehmen E

Position: Head of Asset Securitization
Datum: 08.08.2006
Form: schriftliche Beantwortung

F.9 Interview Unternehmen F

Position: Debitorenmanagement
Datum: 01.09.2006
Dauer: 60 Minuten
Form: Telefoninterview

F.10 Interview Unternehmen G

Position:	Finanzdirektorin
Datum:	25.08.2006
Dauer:	75 Minuten
Form:	Telefoninterview

F.11 Interview Unternehmen H

Position:	Mitarbeiter Bereich Finanzen
Datum:	20.09.2006
Dauer:	65 Minuten
Form:	Telefoninterview

F.12 Interview Unternehmen I

Position:	Leiter Finanzen
Datum:	27.09.2006
Dauer:	60 Minuten
Form:	Telefoninterview

F.13 Interview Unternehmen J

Position Person 1:	Prokurist
Position Person 2:	Prokurist
Datum:	24.10.2006
Dauer:	55 Minuten
Form:	Telefoninterview

Literaturverzeichnis

Adams, Phil (2005): An Introduction to the European Securitization Markets, in: The Journal of Structured Finance, Vol. 11, Nr. 3, S. 33–39.

Aidun, Christopher K./Farley, George P. (1995): Capital for Middle-Market Companies, in: Business Credit, Vol. 97, Nr. 9, S. 29–35.

Akerlof, George A. (1970): The Market for Lemons: Quality Uncertainty and the Market Mechanism, in: Quarterly Journal of Economics, Vol. 84, Nr. 3, S. 488–500.

Allen, Franklin/Gale, Douglas (1991): Arbitrage, Short Sales, and Financial Innovation, in: Econometrica, Vol. 59, Nr. 4, S. 1041–1068.

Andrews, Victor L. (1964): Captive Finance Companies, in: Harvard Business Review, Vol. 42, Nr. 4, S. 80–92.

Andrews, Victor L. (1966): Should Parent and Captive Finance Companies be Consolidated? in: Journal of Accountancy, Vol. 122, Nr. 2, S. 48–56.

Atteslander, Peter (2003): Methoden der empirischen Sozialforschung, 10. Aufl., Berlin: Walter de Gruyter.

Atteslander, Peter/Kopp, Manfred (1999): Befragung, in: **Roth, Erwin/ Heidenreich, Klaus/Holling, Heinz (Hrsg.)**: Sozialwissenschaftliche Methoden, 5. Aufl., München: R. Oldenbourg Verlag, S. 146–174.

Baertz, Wolfgang (2000): Bei den Asset Backed Securities hat Euroland Nachholbedarf, in: Handelsblatt, Ausgabe vom 26.10.2000, S. b07.

Baldwin, Carliss Y./Bhattacharyya, Sugato (1991): Choosing the Method of Sale – A Clinical Study of Conrail, in: Journal of Financial Economics, Vol. 30, Nr. 1, S. 69–98.

Bastian, Nicole (2007): Forderungen in einem Topf bündeln, in: Handelsblatt, Ausgabe vom 02.04.2007, S. b04.

Bebchuk, Lusican Arye/Fried, Jesse M. (1996): The Uneasy Case for the Priority of Secured Claims in Bankruptcy, in: Yale Law Journal, Vol. 105, Nr. 4, abgerufen über SSRN Paper Nr. 417960, S. 1–89.

Bedell, Denise (2003): Germany's Top Tier Tackles Mid-Cap Credit Crunch, in: Corporate Finance, April 2003, No. 220, S. 37–40.

Belmontes, Manuel R. (2004): Using the Cayman Islands and Other Offshore Jurisdictions for Securitization Transactions, in: Journal of Structured Finance, Vol. 10, Nr. 2, S. 36–41.

Berni, Mercello (2004): Parmalat fordert Schadensersatz von Großbanken, in: Handelsblatt, Ausgabe vom 2.8.2004, S. 20.

Birnberg, Jacob G. (1989): Discussion of Debt Capacity and Financial Contracting: Finance Subsidiaries, in: Journal of Accounting, Auditing & Finance, Vol. 4, Nr. 2, S. 267–269.

Boehmer, Ekkehart/Fishe, Raymond P. H. (2004): Underwriter Short Covering in the IPO Aftermarket: a Clinical Study, in: Journal of Corporate Finance, Vol. 10, Nr. 1, S. 575–594.

Boot, Arnoud W./Thakor, Anjan V. (1993): Security Design, in: The Journal of Finance, Vol. 45, Nr. 4, S. 1349–1379.

Bortz, Jürgen/Döring, Nicola (2002): Forschungsmethoden und Evaluation für Human- und Sozialwissenschaftler, 3. Aufl., Berlin: Springer Verlag.

Breidenbach, Marc (2005): Real Estate Securitisation – Asset-Backed Security Financing for the Property Industry, Diss., European Business School, International University Schloß Reichartshausen, Wiesbaden.

Brunner, Ewald Johannes/Tschacher, Wolfgang (1995): Quantifizierende Inhaltsanalyse, in: **König, Eckard/Zedler, Peter (Hrsg.)**: Bilanz qualitativer Forschung, Bd. 2 Methoden, 1. Aufl., Weinheim: Deutscher Studienverlag, S. 619–632.

Bundesanzeiger (Hrsg.) (2006): Gesetz über elektronische Handelsregister und Genossenschaftsregister sowie das Unternehmensregister (EHUG), in: Bundesgesetzblatt, Jahrgang 2006, Teil 1, Nr. 52, S. 2553–2586.

Bundesregierung (2007): Entwurf eines Unternehmensteuerreformgesetzes 2008, Version vom 14.3.2007, in: Bundesministerium der Finanzen, Gesetzentwürfe/Arbeitsfassungen.

Bundesverband Deutscher Leasing-Unternehmen (Hrsg.) (2006): Leasing-Wirtschaft wächst 2006 um 8%, in: Pressemitteilung, 29.11.2006, abgerufen über www.leasingverband.de am 9.5.2007.

Clark, Kim (1997): How Wall Street can Securitize Anything – On the Frontier of Creative Finance, in: Fortune, Vol. 135, Nr. 8, S. 50.

Cünnen, Andrea (2006a): Banken müssen stärker aufklären – Vier Fragen an Stephan Paul, in: Handelsblatt, Ausgabe vom 27.09.2006, S. 32.

Cünnen, Andrea (2006b): Der schnelle Weg zum Geld – Mittelständische Unternehmen verbriefen Forderungen über Plattformen der Banken, in: Handelsblatt, Ausgabe vom 27.09.2006, S. 32.

Coase, Ronald H. (1937): The Nature of the Firm, in: Economica, Vol. 4, S. 386–405.

Collaris, Wen (2004): Factoring – Liquidität im Schnellverfahren, in: Finance, März 2004, S. 59.

Colomer-Gaffney, Nora (2005): Germany True-Sale Legislation Expands. in: Asset Securitization Report, Vol. 5, Nr. 25, S. 19.

Coorey, Madeleine (1999): Beer: Reliable, Liquid, Securitizable, in: Global Finance, Vol. 13, Nr. 9, S. 71.

Corbin, Juliet/Strauss, Anselm (1990): Grounded Theory Research: Procedures, Canons, and Evaluative Criteria, in: Qualitative Sociology, Vol. 13, Nr. 1, S. 3–20.

Cowley, Alex/Cummins, J. David (2005): Securitization of Life Insurance Assets and Liabilities, in: Journal of Risk & Insurance, Vol. 72, Nr. 2, S. 193–226.

Cox, Michael (2003): Pub Securitisation: What next? in: Journal of Retail & Leisure Property, Vol. 3, Nr. 2, S. 130–141.

Culp, Christopher L. (2002): The ART of Risk Management, 1. Aufl., New York: John Wiley & Sons.

Davis, Henry A. (2005): The Definition of Structured Finance: Results from a Survey, in: The Journal of Structured Finance, Vol. 11, Nr. 3, S. 5–10.

DeMarzo, Peter M. (2005): The Pooling and Tranching of Securities: A Model of Informed Intermediation, in: The Review of Financial Studies, Vol. 18, Nr. 1, S. 1–35, abgerufen über SSRN Paper Nr. 561581, S. 1–43.

DeMarzo, Peter M./Duffie, D. (1999): A Liquidity-Based Model of Security Design, in: Econometrica, Vol. 67, Nr. 1, S. 65–99.

Dentz, Markus (2004): Factoring, die alte Geschichte vom Vorurteil – Interview mit Joachim Secker, Vorstandssprecher der Heller Bank AG, in: Finance, Ausgabe 1 2005, S. 12–13.

Dentz, Markus (2005a): Asset-Backed Securitisation – Zögerlich bei der Entscheidungsfindung – Interview mit Jürgen Mahler, Commerzbank Securities, in: Finance, Redaktionsbeilage Ausgabe 1 2005, S. 24–25.

Dentz, Markus (2005b): Komplizierte Dreiecksbeziehung – Forderungsverkauf boomt, in: Finance, Ausgabe 1 2005, S. 62–63.

Dentz, Markus/Frien, Bastian (2007): Steueralarm – Die Unternehmssteuerreform bedroht Kreditalternativen, in: Finance, Ausgabe 5 2007, S. 14–18.

Deutsche Bundesbank (2004): Neue Eigenkapitalanforderungen für Kreditinstitute (Basel II), in: Monatsbericht, September 2004, S. 75–100.

Deutsche Bundesbank (2005): Kreditentwicklung, Bankkapital und Wirtschaftsaktivität, in: Monatsbericht, März 2005, S. 15–25.

Deutscher Factoring-Verband (Hrsg.) (2007): Branchenzahlen Factoring 2006, in: Pressemeldung, 21.03.2007, abgerufen über www.factoring.de am 9.5.2007.

Deutscher Sparkassen- und Giroverband (DSGV) (2006): Diagnose Mittelstand 2006 – Erfolgsmodell Mittelstand: Verankert in Deutschland – auf Wachstumskurs in die Welt, Berlin: DSGV.

Dipchand, Cecil R./Roberts, Gordon S./Viscione, Jerry A. (1982): Agency Costs and Captive Finance Subsidiaries in Canada, in: The Journal of Financial Research, Vol. 5, Nr. 2, S. 189–199.

Douglas, David (2003): Grounded Theories of Management: A Methodological Review, in: Management Research News, Vol. 26, Nr. 5, S. 44–52.

Downing, Chris/Jaffee, Dwight/Wallace, Nancy (2005): Information Asymmetries in the Mortgage Backed Securities Market, AFA 2006 Boston Meetings Paper, abgerufen über SSRN Paper Nr. 722423.

Drost, Frank M. (2007): Angst vor Risiken am Bau, in: Handelsblatt vom 17.01.2007, S. 12.

Dufey, Günter/Hommel, Ulrich (1998): Financing the German Mittelstand, in: **WHU Koblenz – Otto Beisheim Graduate School of Management (Hrsg.)**: The Structure and Dynamics of the German Mittelstand, 1. Aufl., Heidelberg: Physica Verlag, S. 183–228.

Eisenhardt, Kathleen M. (1989): Building Theories from Case Study Research, in: Academy of Management Review, Vol. 14, Nr. 4, S. 532–550.

Eisolt, Dirk (2004): Asset-Backed Securities – Neue umsatzsteuerliche Beurteilung von ABS-Transaktionen, in: NWB, Nr. 39 vom 20.9.2004, Fach 7, S. 6353–6356.

Ellram, Lisa M. (1996): The Use of the Case Study Method in Logistics Research, in: Journal of Business Logistics, Vol. 17, Nr. 2, S. 93–116.

Elsas, Ralf/Krahnen, Jan Pieter (1998): Is Relationship Lending Special? Evidence from Credit-File Data in Germany, in: Journal of Banking & Finance, Vol. 22, Nr. 10–11, S. 1283–1316.

Elsas, Ralf/Krahnen, Jan Pieter (2004): Universal Banks and Relationships with Firms, in: **Krahnen, Jan P./Schmidt, Reinhard H. (Hrsg.):** The German Financial System, 1. Aufl., Oxford: Oxford University Press, S. 197–232.

Ernst & Young/Luther (2005): Wege zum Wachstum – Finanzierungsstrukturen im deutschen Mittelstand – Volkswirtschaftliche Impulse durch innovative Unternehmensfinanzierung, Essen.

Europäische Kommision (2003): Commission Recommendation Concerning the Definition of Micro, Small and Medium-Sized Enterprises, in: Official Journal of the European Union, OJ L 124, 20. Mai 2003, S. 36–41.

Fabozzi, Frank J./Ferri, Michael G./Mann, Steven V. (2001): Overview of the Types and Features of Fixed Income Securities, in: **Fabozzi, Frank J. (Hrsg.):** The Handbook of Fixed Income Securities, 6. Aufl., New York: McGraw-Hill, S. 3–20.

Fama, Eugene F./Jensen, Michael C. (1983): Agency Problems and Residual Claims, in: Journal of Law & Economics, Vol. 26, abgerufen über SSRN Working Paper Nr. 94032, S. 1–29.

Fama, Eugene F./Miller, Merton H. (1972): The Theory of Finance, 1. Aufl., New York.

Fan, Gang-zhi/Ong, Seow Eng/Sing, Tien Foo (2006): Moral Hazard, Effort Sensitivity and Compensation in Asset-Backed Securitization, in: Journal Real Estate Finance & Economics, Vol. 32, Nr. 3, S. 229–251.

Faulkender, Michael/Wang, Rong (2006): Corporate Financial Policy and the Value of Cash, in: The Journal of Finance, Vol. 61, Nr. 4, S. 1957–1990.

Financial Gates GmbH (Hrsg.) (2005): Asset-Backed Securitisation – Finanzierungsalternative für den Mittelstand, Frankfurt am Main: Financial Gates GmbH.

Findeisen, Klaus-Dieter (2006): Bilanzentlastung und Konsolidierung nach HGB, TSI Seminar ABS und Bilanzierung, 1.6.2006.

Firla-Cuchra, Maciej/Jenkinson, Tim (2005): Why Are Securitization Issues Tranched? in: SSRN Working Paper Nr. 676730.

Fitch Ratings (2004): Asset-Backed Commercial Paper Explained, in: Asset-Backed Criteria Report, 1.12.2004, S. 1–13.

Fitch Ratings (2005a): The German Banking System, in: Country Report Banks, 22. Februar 2005, S. 1–28.

Fitch Ratings (2005b): The Importance of Liquidity Support in ABCP Conduits, in: Structured Finance – ABCP Special Report, 22. August 2005, S. 1–6.

Fitch Ratings (2005c): Rating Trade Receivables Securitisations, in: Structured Finance – Asset Backed Securities Criteria Report, 22. August 2005, S. 1–22.

Fitch Ratings (2005d): Who Will Finance the Mittelstand? in: Corporate Finance - Germany Special Report, 27. April 2005, S. 1–28.

Fitch Ratings (2007): European ABCP: 2006 Review and 2007 Outlook, in: The European ABCP Paper Trail, März 2007, S. 1–13.

Flicke, Florian (2004): Neue Finanzierungsquellen erschließen, in: Handelsblatt, Ausgabe vom 6.10.2004, Verlagsbeilage Journal Mittelstand, S. 1.

Foley, Thomas E./Foley, Michael R. (1997): Alternative Financial Ratios for the Effects of Securitization – Tools for Analysis, in: **Moody's Investors Service (Hrsg.):** Securitization and its Effect on the Credit Strength of Companies: Moody's Perspective 1987–2002 – Special Comment, 1. Aufl., New York: Moody's Investors Service, S. 47–60.

Franke, Günter/Krahnen, Jan Pieter (2005): Default Risk Sharing Between Banks and Markets: The Contribution of Collateralized Debt Obligations, in: CFS Working Paper No. 2005/06.

Freiß, Peter (2003): Asset Backed Securities - Für die betriebliche Praxis mittelständischer Unternehmen nur bedingt geeignet, in: VentureCapital Maganzin „Mittelstandsfinanzierung", Ausgabe 1 2003, S. 84–85.

Froot, Kenneth A./Scharfstein, David S./Stein, Jeremy C. (1993): Risk-Management: Coordinating Corporate Investment and Financing Policies, in: The Journal of Finance, Vol. 48, Nr. 5, S. 1629–1658.

Froot, Kenneth A./Scharfstein, David S./Stein, Jeremy C. (1994): A Framework for Risk Management, in: Harvard Business Review, Vol. 72, Nr. 6, S. 91–102.

Garthe, Elfi (2004): Real Estate Bank Lending in Germany – A Status Quo in Early 2004, in: Briefings in Real Estate Finance, Vol. 4, Nr. 1, S. 37–49.

Gault, Louisa (2005): Refinance register revolutionizes German true sales, in: International Financial Law Review, Vol. 24, Nr. 8, S. 6–7.

Gaur, Vishal/Seshadri, Sridhar/Subrahmanyam, Marti G. (2005): Intermediation and Value Creation in an Incomplete Market: Implications for Securitization, Conference on Financial Innovation and Optimal Security Design, Rutgers University, November 2004, Version vom 15.3.2005.

GBRW Limited (Hrsg.) (2004): Study on Asset-Backed Securities: Impact and Use of ABS on SME Finance – Final Report, London: European Commission.

Glaser, Barney/Strauss, Anselm (1967): The Discovery of Grounded Theory: Strategies for Qualitative Research, 1. Aufl., New York: Aldine Transaction.

Gorton, Gary/Pennacchi, George (1990): Financial Intermediaries and Liquidity Creation, in: The Journal of Finance, Vol. 45, Nr. 1, S. 49–71.

Gorton, Gary/Souleles, Nicholas S. (2005): Special Purpose Vehicles and Securitization, in: Wharton Financial Institutions Center, Working Paper #05-03.

Graff, Richard A./Kairys Jr., Joseph P. (2005a): Property Rights and Corporate Finance, in: School of Economics and Commercial Law, Göteborg University, Working Paper.

Graff, Richard A./Kairys Jr., Joseph P. (2005b): Property Rights, Risk and Leverage, in: School of Economics and Commercial Law, Göteborg University, Working Paper.

Graham, John R./Campell, Harvey R. (2001): The Theory and Practice of Corporate Finance: Evidence from the Field, in: Journal of Financial Economics, Vol. 60, Nr. 2, S. 187–243.

Greenbaum, Stuart I./Thakor, Anjan V. (1987): Bank Funding Modes – Securitization versus Deposits, in: Journal of Banking & Finance, Vol. 11, Nr. 3, S. 379–401.

Gruner+Jahr/Deutscher Sparkassen- und Giroverband (DSGV) (2006): MIND 2006; Aufschwung aus eigener Kraft, Berlin, Köln.

Hackethal, Andreas (2004): German Banks and Banking Structure, in: **Krahnen, Jan P./Schmidt, Reinhard H. (Hrsg.)**: The German Financial System, 1. Aufl., Oxford: Oxford University Press, S. 71–105.

Hagaman, Carter T. (1969): Significance of a Captive Finance Subsidiary, in: The Commercial and Financial Chronicle, 23.10.1969, S. 1284–1286.

Higgins, Eric J./Mason, Joseph R. (2004): What is the Value of Recourse to Asset-Backed Securities? A Clinical Study of Credit Card Banks, in: Journal of Banking & Finance, Vol. 28, Nr. 4, S. 875–899.

Hill, Claire A. (1996): Securitization: A Low-Cost Sweetener for Lemons, in: Washington University Law Quarterly, Vol. 74, Nr. 4, S. 1061–1120.

Hänsel, Dennis/Krahnen, Jan Pieter (2006): Does Credit Securitization Reduce Bank Risk? Evidence from the European CDO Market, 13th Annual Meeting of the German Finance Association (DGF), 6.10.2006.

Hommel, Ulrich (2005): Verbriefung von Unternehmens-, Factoring- und Leasingforderungen in Deutschland, Frankfurt a. M.: True Sale International.

Hommel, Ulrich/Jütte, Stefan (2005): Basel II – von der Herausforderung zur Chance – Unternehmensstudie 2004, Bonn: Postbank Firmenkunden AG.

Hommel, Ulrich/Schmittat, Johannes (2005a): Appell an Berlin – Forderungsverbriefungen für Unternehmen sollen attraktiver werden, in: Finance, Ausgabe 5 2005, S. 78–79.

Hommel, Ulrich/Schmittat, Johannes (2005b): Ausweitung der True-Sale-Verbriefung auf neue Assetklassen, in: Zeitschrift für das gesamte Kreditwesen, Vol. 58, Nr. 18, S. 981–984.

Hommel, Ulrich/Schmittat, Johannes (2005c): Moderne Forderungsverbriefung – Alternative Finanzierungsinstrumente für den Mittelstand, in: Unternehmermagazin, Vol. 53, Nr. 10, S. 36–38.

Hommel, Ulrich et al. (2005): Verbriefung von Handelsforderungen als Finanzierungsinstrument für den Mittelstand, in: Finanz Betrieb, Vol. 7, Nr. 6, S. 389–398.

Hommel, Ulrich/Schneider, Hilmar (2003): Financing the German Mittelstand, in: EIB Papers, Vol. 8, Nr. 2, S. 52–90.

Hommel, Ulrich/Schneider, Hilmar (2004): Die Bedeutung der Hausbankbeziehung für die Finanzierung des Mittelstands - Empirische Ergebnisse und Implikationen, in: Finanz Betrieb, Vol. 6, Nr. 9, S. 577–584.

Häring, Norbert/Kort, Katharina (2005): Banken modernisieren ihr Kreditgeschäft, in: Handelsblatt, Ausgabe vom 31.3.2005, S. 19.

Hyde, Kenneth F. (2000): Recognizing Deductive Processes in Qualitative Research, in: Qualitative Market Research: An International Journal, Vol. 3, Nr. 2, S. 82–89.

Iacobucci, Edward M./Winter, Ralph A. (2005): Asset Securitization and Asymmetric Information, in: Journal of Legal Studies, Vol. 34, S. 161–206.

Inderst, Roman/Mueller, Holger M. (2007): A Lender-Based Theory of Collateral, in: Journal of Financial Economics, Forthcoming 2007, S. 1–43.

Industrie- und Handelskammer (2004): Alternativen zur Kreditversicherung – Geldwerte Informationen für den Mittelstand, 1. Aufl., Stuttgart: Industrie- und Handelskammer Ostwürttemberg.

Institut der Wirtschaftsprüfer (2002): IDW Stellungnahme zur Rechnungslegung: Zweifelsfragen der Bilanzierung von asset-backed-securities-Gestaltungen und ähnlichen Transaktionen (IDW RS HFA 8), in: Die Wirtschaftsprüfung, Vol. 55, Nr. 21, S. 1151–1157.

Institut der Wirtschaftsprüfer (2004): Änderung der IDW Stellungnahme zur Rechnungslegung: Zweifelsfragen der Bilanzierung von asset-backed-securities-Gestaltungen und ähnlichen Transaktionen (IDW RS HFA 8), in: Die Wirtschaftsprüfung, Vol. 57, Nr. 4, S. 138.

Institut für Mittelstandsforschung Bonn (IfM) (2004): SMEs in Germany – Facts and Figures 2004, Bonn: IfM.

Jensen, Michael C. (1986): Agency Cost of Free Cash Flow, Corporate Finance, and Takeovers, in: American Economic Review, Vol. 76, Nr. 2, S. 323–329.

Jensen, Michael C. et al. (1989): Editorial – Clinical Papers and their Role in the Development of Financial Economics, in: Journal of Financial Economics, Vol. 24, Nr. 1, S. 3–6.

Jensen, Michael C./Meckling, William H. (1976): Theory of the Firm: Managerial Behavior, Agency Costs and Ownership Structure, in: The Journal of Financial Economics, Vol. 3, Nr. 4, abgerufen über SSRN Working Paper Nr. 94043, S. 1–76.

Jensen, Michael C./Smith Jr., Clifford W. (2000): Stockholder, Manager, and Creditor Interests: Applications of Agency Theory, in: **Jensen, Michael C. (Hrsg.)**: A Theory of the Firm – Governance, Residual Claims, and Organizational Forms, 1. Aufl., Cambridge: Harvard University Press, abgerufen über SSRN Workjng Paper Nr. 173461, S. 1–45.

Jobst, Andreas A. (2003a): Collateralised Loan Obligations (CLOs) – A Primer, in: The Securitization Conduit, Vol. 6, Nr. 1–4, S. 7–73.

Jobst, Andreas A. (2003b): Verbriefung und ihre Auswirkung auf die Finanzmarktstabilität, in: J. W. Goethe Universität Frankfurt a. M. Finance Working Paper Nr. 119.

Jobst, Andreas A. (2004): The Basle Securitisation Framework Explained: The Regulatory Treatment of Asset Securitisation, in: CFS Working Paper Nr. 2004/21.

Jobst, Andreas A. (2005a): Asset Pricing and Investor Risk in Subordinated Asset Securitisation, in: SSRN Working Paper Nr. 703861.

Jobst, Andreas A. (2005b): Asset Securitisation as a Risk Management and Funding Tool: What Does it Hold in Store for SMES? in: SSRN Working Paper Nr. 700262.

Jobst, Andreas A. (2005c): European Securitisation: A GARCH Model of CDO, MBS and Pfandbrief Spreads, in: J. W. Goethe Universität Frankfurt a. M., Finance Working Paper Nr. 121.

Jobst, Andreas A. (2005d): Risk Sharing in Securitisation – The Function of the First Loss Provision as a Signalling Device, in: London School of Economics Working Paper.

Kalay, Avner/Singhal, Rajeev/Tashjian, Elizabeth (2007): Is Chapter 11 Costly? in: Journal of Financial Economics, forthcoming 2007, S. 1–25.

Kelle, Udo/Kluge, Susann/Prein, Gerald (1993): Strategien der Geltungssicherung in der qualitativen Sozialforschung. Zur Validitätsproblematik im interpretativen Paradigma, in: Universität Bremen, Sonderforschungsbereich 186, Arbeitspapier Nr. 24.

Kendall, Leon T. (2000): Securitization: A New Era in American Finance, in: **Kendal, Leon T./Fishman, Michael J. (Hrsg.)**: A Primer on Securitization, 1. Aufl., Cambridge, London: The MIT Press, S. 1–16.

Kim, E. Han/McConnell, John J./Greenwood, Paul R. (1977): Capital Structure Rearrangements and Me-First Rules in an Efficient Capital Market, in: The Journal of Finance, Vol. 32, Nr. 3, S. 789–810.

Kim, In Joon/Ramaswamy, Krishna/Sundaresan, Suresh (1993): Does Default Risk in Coupons Affect the Valuation of Corporate Bonds?: A Contingent Claims Model, in: Financial Management, Vol. 22, Nr. 3, S. 117–131.

Kirsch, Ina (2004): Die Refinanzierung gewinnt an Bedeutung, in: Handelsblatt, Ausgabe vom 15.09.2004, S. b07.

Klüser, Christian (2005): ABS, Factoring und der Mittelstand, in: IKB aktuell, Nr. 455, 5.11.2005, S. 1.

Krahnen, Jan Pieter (2005): Der Handel von Kreditrisiken: Eine neue Dimension des Kapitalmarktes, in: CFS Working Paper No. 2005/05.

Kreditanstalt für Wiederaufbau (KfW) (2002): Unternehmensfinanzierung im Umbruch – Auswertung der Unternehmensbefragung 2001, Frankfurt am Main: KfW.

Kreditanstalt für Wiederaufbau (KfW) (2003): Unternehmensfinanzierung in schwierigem Fahrwasser – Auswertung der Unternehmensbefragung 2002, Frankfurt am Main: KfW.

Kreditanstalt für Wiederaufbau (KfW) (2004): Unternehmensfinanzierung: Noch kein Grund zur Entwarnung .... – Auswertung der Unternehmensbefragung 2003/2004, Frankfurt am Main: KfW.

Kreditanstalt für Wiederaufbau (KfW) (2005): Unternehmensfinanzierung: Immer noch schwierig, aber erste Anzeichen einer Besserung – Auswertung der Unternehmensbefragung 2005, Frankfurt am Main: KfW.

Kreditanstalt für Wiederaufbau (KfW) (2006a): KfW-Mittelstandspanel 2006, Frankfurt am Main: KfW.

Kreditanstalt für Wiederaufbau (KfW) (2006b): Unternehmensfinanzierung: Banken entdecken den Mittelstand neu – Auswertung der Unternehmensbefragung 2006, Frankfurt am Main: KfW.

Kreditanstalt für Wiederaufbau (KfW) (2007): Dynamik im Kreditneugeschäft setzt sich fort, in: KfW-Kreditmarktausblick, 28. Februar 2007.

Lamnek, Siegried (1995a): Qualitative Sozialforschung, Band 1 Methodologie, 3. Aufl., Weinheim: Beltz, Verlags Union München.

Lamnek, Siegried (1995b): Qualitative Sozialforschung, Band 2 Methoden und Techniken, 3. Aufl., Weinheim: Beltz, Verlags Union München.

Lewellen, Wilbur G. (1972): Finance Subsidiaries and Corporate Borrowing Capacity, in: Financial Management, Vol. 1, Nr. 1, S. 21–31.

Liaw, Alvin/Eastwood, Guy (2000): The Australian Securitisation Market, in: Australian Prudential Regulation Authority Working Paper 6.

Linn, Scott C./Stock, Duane R. (2005): The Impact of Junior Debt Issuance of Senior Unsecured Debt's Risk Premiums, in: Journal of Banking & Finance, Vol. 29, Nr. 6, S. 1585–1609.

Lockwood, Larry J./Rutherford, Ronald C./Herrera, Martin J. (1996): Wealth Effects of Asset Securitization, in: Journal of Banking & Finance, Vol. 20, S. 151–164.

Lotz, Ulrich (2005a): Die Bilanzierung von ABS-Transaktionen nach HBG, in: **Deloitte & Touche Wirtschaftsprüfungsgesellschaft (Hrsg.)**: Asset Securitisation in Deutschland, 2. Aufl., Düsseldorf: Deloitte, S. 20–28.

Lotz, Ulrich (2005b): Die Bilanzierung von ABS-Transaktionen nach IFRS, in: **Deloitte & Touche Wirtschaftsprüfungsgesellschaft (Hrsg.)**: Asset Securitisation in Deutschland, 2. Aufl., Düsseldorf: Deloitte, S. 29–37.

Lubitz, Karl-Joachim (2005): Forderungen werden verstärkt verkauft, in: Handelsblatt, Nr. 22, 16.11.2005, S. b10.

Lupica, Lois R. (1998): Asset Securitization: The Unsecured Creditor's Perspective, in: Texas Law Review, Vol. 76, Nr. 3, S. 595–660.

Malitz, Ileen B. (1986): On Financial Contracting: The Determinants of Bond Covenants, in: Financial Management, Vol. 15, Nr. 2, S. 18–25.

Malitz, Ileen B. (1989): A Re-Examination of the Wealth Expropriation Hypothesis: The Case of Captive Finance Subsidiaries, in: The Journal of Finance, Vol. 44, Nr. 4, S. 1039–1047.

Mayer, Horst O. (2004): Interview und schriftliche Befragung, 2. Aufl., München: R. Oldenbourg.

Mayring, Philipp (2002): Einführung in die Qualitative Sozialforschung, 5. Aufl., Weinheim/Basel: Beltz Verlag.

Meredith, Jack (1998): Building Operations Management Theory Through Case and Field Research, in: Journal of Operations Management, Vol. 16, S. 441–454.

Meuser, Michael/Nagel, Ulrike (1991): ExpertInneninterviews -j vielfach erprobt, wenig bedacht, in: **Garz, Detlef/Kraimer, Klaus (Hrsg.)**: Qualitativ-empirische Sozialforschung: Konzepte, Methoden, Analysen, 1. Aufl., Opladen: Westdeutscher Verlag, S. 441–471.

Meyer, Kathrin (2004): Unternehmer bringen ihre Forderungen an den Finanzmarkt, in: Handelsblatt, Ausgabe vom 16.02.2004, S. b02.

Mian, Shehzad L./Smith Jr., Clifford W. (1990a): Incentives Associated with Changes in Consolidated Reporting Requirements, in: Journal of Accounting and Economics, Vol. 13, Nr. 3, S. 249–266.

Mian, Shehzad L./Smith Jr., Clifford W. (1990b): Incentives for Unconsolidated Financial Reporting, in: Journal of Accounting and Economics, Vol. 12, Nr. 1–3, S. 141–171.

Mian, Shehzad L./Smith Jr., Clifford W. (1992): Accounts Receivable Management Policy: Theory and Evidence, in: The Journal of Finance, Vol. 47, Nr. 1, S. 169–200.

Michel, Gaston/Kleidt, Benjamin (2004): Die Rahmenbedingungen für True Sale-Transaktionen in Deutschland, in: European Business School, International University Schloß Reichartshausen – Department of Finance Working Paper Series Nr. 06-2004.

Mishra, Chandra S./McConaughy, Daniel L. (1999): Founding Family Control and Capital Structure: The Risk of Loss of Control and the Aversion to Debt. in: Entrepreneurship: Theory & Practice, Vol. 23, Nr. 4, S. 53–64.

Modell, Sven (2005): Triangulation between Case Study and Survey Methods in Management Accounting Research: An Assessment of Validity Implications, in: Management Accounting Research, Vol. 16, Nr. 2, S. 231–254.

Modigliani, Franco/Miller, Merton H. (1958): The Cost of Capital, Corporation Finance and the Theory of Investment, in: The American Economic Review, Vol. 48, Nr. 3, S. 261–297.

Modigliani, Franco/Miller, Merton H. (1963): Corporate Income Texes and the Cost of Capital: A Correction, in: American Economic Review, Vol. 53, Nr. 3, S. 433–443.

Moody's Investors Service (Moody's) (1993): Asset-Backed Commercial Paper: Understanding the Risks, in: Structured Finance – Special Report, April 1993, S. 1–44.

Moody's Investors Service (Moody's) (1996): Trade Receivables Update: Concentrating on Dilution – Focus on Capital Goods and Consumer Products Receivables, in: Structured Finance – Special Report, 17.01.1996, S. 1–8.

Moody's Investors Service (Moody's) (1998): Bigger Isn't Better: The Risk of Bligor Concentrations in Trade Receivables Transactions, in: Structured Finance – Special Report, Third Quarter 1998, S. 1–6.

Moody's Investors Service (Moody's) (2000): The Adolescence of European ABCP Market: Simultaneous Growth and Change – Market Review and Outlook, in: International Structured Finance – Special Report, 9.3.2000, S. 1–12.

Moody's Investors Service (Moody's) (2001): 2000 Year in Review and 2001 Outlook: Adolescent European ABCP Market: Volume Expands While Size of Support Facilities Contracts, in: International Structured Finance – Special Report, 25.1.2001, S. 1–12.

Moody's Investors Service (Moody's) (2002a): 2001 Review and 2002 Outlook: ABCP Fights Back, in: Structured Finance – Special Report, 29.1.2002, S. 1–20.

Moody's Investors Service (Moody's) (2002b): Alternatives for Structuring Liquidity for Asset-Backed Commercial Paper Programs: Conduit Issuer Ratings and Pure Liquidity Support, in: Structured Finance – Special Report, 26.2.2002, S. 1–8.

Moody's Investors Service (Moody's) (2002c): Moody's Approach to Rating Trade Receivables Backed Transactions, in: International Structured Finance – Rating Methodology, 8.7.2002, S. 1–40.

Moody's Investors Service (Moody's) (2003a): 2002 Review and 2003 Outlook – European ABCP Market: The Uninterrupted Growth of a Rising Star, in: International Structured Finance – Special Report, 21.01.2003, S. 1–16.

Moody's Investors Service (Moody's) (2003b): The Fundamentals of Asset-Backed Commercial Paper, in: Structured Finance – Special Report, 3.2.2003, S. 1–90.

Moody's Investors Service (Moody's) (2004a): 2003 Review and 2004 Outlook – EMEA ABCP Market: Gives Up Supporting Role and Assumes a Main Part, in: International Structured Finance – Special Report, 27.1.2004, S. 1–20.

Moody's Investors Service (Moody's) (2004b): Considerations in Assessing Asset-Backed Commercial Paper Conduit Liquidity Facilities, in: International Structured Finance – Special Report, 15.11.2004, S. 1–13.

Moody's Investors Service (Moody's) (2004c): Rückblick 2003/Ausblick 2004 – Strukturierte Finanzierungen in Deutschland, Österreich und der Schweiz: Wachstumspotenzial und neue Herausforderungen, in: International Structured Finance – Special Report, 27.01.2004, S. 1–16.

Moody's Investors Service (Moody's) (2005a): 2004 Review and 2005 Outlook – EMEA ABCP Market: Regulatory and Accounting Changes Herald a New Era, in: International Structured Finance – Special Report, 15.1.2005, S. 1–20.

Moody's Investors Service (Moody's) (2005b): 2004 Review and 2005 Outlook – German/Austrian/Swiss Structured Finance: Growth Potential and New Challenges, in: International Structured Finance – Special Report, 19.1.2005, S. 1–18.

Moody's Investors Service (Moody's) (2005c): EMEA Market Summary ABCP – July 2005, in: International Structured Finance – ABCP Market Summary, Juli 2005, S. 1–10.

Moody's Investors Service (Moody's) (2005d): Moody's Approach to Evaluating the Benefits of Credit Insurance in European Trade Receivables, in: International Structured Finance – Special Report, 24.1.2005, S. 1–12.

Moody's Investors Service (Moody's) (2005e): Rückblick 2004/Ausblick 2005 – Strukturierte Finanzierungen in Deutschland, Österreich und der Schweiz: Wachstumspotenzial und neue Herausforderungen, in: International Structured Finance – Special Report, 12.1.2005, S. 1–20.

Moody's Investors Service (Moody's) (2006a): 2005 Review and 2006 Outlook: EMEA Asset-Backed Commercial Paper: Steady Growth Fuelled by Receivables Deals and Repo Conduits Set to Continue, in: International Structured Finance – Special Report, 24.1.2006, S.1–20.

Moody's Investors Service (Moody's) (2006b): 2005 Review and 2006 Outlook: German/Austrian/Swiss Structured Finance: Strong Growth in 2005, in: International Structured Finance – Special Report, 12.1.2006, S. 1–20.

Moody's Investors Service (Moody's) (2006c): Rückblick/Ausblick 2005/2006: Strukturierte Finanzierungen in Deutschland, Österreich und der Schweiz: Kräftiges Wachstum am deutschen Verbriefungsmarkt 2005; weiterer Anstieg der Zahl der Transaktionen für 2006 erwartet, in: Internationale Strukturierte Finanzierungen – Special Report, 20.01.2006, S. 1–24.

Moody's Investors Service (Moody's) (2007a): 2006 Review and 2007 Outlook: EMEA Asset-Backed Commercial Paper: Vibrant Growth Seen in 2006 with Slower Growth Expected in 2007, in: International Structured Finance – Special Report, 31.1.2007, S. 1–18.

Moody's Investors Service (Moody's) (2007b): 2006 Review and 2007 Outlook: German/Austrian/Swiss Structured Finance: Stable Volume Expected in 2007 After Another Record 2006, in: International Structured Finance – Special Report, 10.01.2007, S. 1–24.

Moody's Investors Service (Moody's) (2007c): EMEA ABCP Market Summary – December 2006, in: International Structured Finance – Special Report, 21.3.2007, S. 1–6.

Myers, Stewart C. (1977): Determinants of Corporate Borrowing, in: Journal of Financial Economics, Vol. 5, Nr. 2, S. 147–175.

Myers, Stewart C. (1984): Capital Structure Puzzle, in: The Journal of Finance, Vol. 3, Nr. 3, S. 575–592.

Myers, Stewart C./Majluf, Nicholas S. (1984): Corporate Financing and Investment Decisions when Firms have Information that Investors do not have, in: Journal of Financial Economics, Vol. 13, Nr. 2, S. 187–221.

Ngo, Minh Van (2002): Agency Costs and the Demand and Supply of Secured Debt and Asset Securitization, in: Yale Journal on Regulation, Vol. 19, Nr. 2, S. 413–469.

Näslund, Dag (2002): Logistics Needs Qualitative Research – Especially Action Research, in: International Journal of Physical Distribution & Logistics Management, Vol. 32, Nr. 5, S. 321–338.

o. V. (2003a): Feeling the Crunch, in: The Economist, 1.2.2003, S. 63.

o. V. (2003b): Markt für Verbriefungen lockt große Sozietäten, in: Handelsblatt, Ausgabe vom 12.5.2003, S. 21.

o. V. (2004a): Banken verschärfen Kreditkonditionen, in: Handelsblatt, Ausgabe vom 23.11.2004, S. 19.

o. V. (2004b): Investmentbanken bieten frische Mittel für den Mittelstand, in: Handelsblatt, Ausgabe vom 9.8.2004, S. 18.

o. V. (2005a): NRW-Bank steigt in das Gemeinschaftskreditgeschäft ein, in: Handelsblatt, Ausgabe vom 2.5.2005, S. 25.

o. V. (2005b): Pub Securitisation, in: Structured Finance International, July/August 2005, Issue 39, S. 1.

o. V. (2006): CB MezzCAP Aims to Recover on Bankrupt Nici Financing, in: Euroweek, Ausgabe vom 26.05.2006, S. 56.

o. V. (2007): Alternativen zum Kredit wenig genutzt, in: Handelsblatt, Ausgabe vom 11.4.2007, S. 31.

Ortseifen, Stefan (2005): Forderungsverbriefung schafft Liquidität, in: Handelsblatt, Ausgabe vom 23.3.2005, S. c07.

Palia, Darius/Sopranzetti, Ben J. (2004): Securitizing Accounts Receivables, in: Review of Quantitative Finance and Accounting, Vol. 22, Nr. 1, S. 29–38.

Pannen, Klaus/Wolff, Patrick (2006): ABS-Transaktionen in der Insolvenz des Originators – das Doppeltreuhandmodell und die neuen Refinanzierungsregister, in: Zeitschrift für Wirtschaftsrecht, 2/2006, S. 52–58.

Patton, Eric/Appelbaum, Steven H. (2003): The Case for Case Studies in Management Research, in: Management Research News, Vol. 26, Nr. 5, S. 60–71.

Ranieri, Lewis S. (2000): The Origins of Securitization, Sources of Its Growth, and Its Future Potential, in: **Kendal, Leon T./Fishman, Michael J. (Hrsg.)**: A Primer on Securitization, 1. Aufl., Cambridge, London: The MIT Press, S. 31–43.

Raviv, Artur/Harris, Milton (1991): The Theory of Capital Structure, in: The Journal of Finance, Vol. 46, Nr. 1, S. 297–355.

Reifenberger, Sabine (2005): in: Financial Times Deutschland, Sonderbeilage Factoring, Ausgabe vom 16.9.2005, S. 1.

Ritter, Mischa (2005): Absicherung von Katastrophen-Risiko über Kapitalmärkte – Eine kritische Bestandsaufnahme, Diss., European Business School – International University Schloß Reichartshausen, Oestrich-Winkel.

Roberts, Gordon S./Viscione, Jerry A. (1981a): Captive Finance Subsidiaries and the M-form Hypothesis, in: Bell Journal of Economics, Vol. 12, Nr. 1, S. 285–295.

Roberts, Gordon S./Viscione, Jerry A. (1981b): Captive Finance Subsidiaries: The Manager's View, in: Financial Management, Vol. 10, Nr. 1, S. 36–42.

Roese, Bernd (2006): Bilanzentlastung und Konsolidierung nach IFRS, TSI Seminar ABS und Bilanzierung, 1.6.2006.

Roever, W. Alexander/Fabozzi, Frank J. (2003): A Primer on Securitization, in: Journal of Structured & Project Finance, Vol. 9, Nr. 2, S. 5–20.

Ronen, Joshua/Sondhi, Ashwinpaul C. (1989): Debt Capacity and Financial Contracting: Finance Subsidiaries, in: Journal of Accounting, Auditing & Finance, Vol. 4, Nr. 2, S. 237–365.

Ross, Stephen A./Westerfield, Randolph W./Jaffe, Jeffrey (2002): Corporate Finance, 6. Aufl., Boston: McGraw-Hill/Irwin.

Rothwell, Arthur (1980): Research in Progress – Is Grounded Theory What Management Needs? in: Journal of European Industrial Training, Vol. 4, Nr. 6, S. vi–viii.

Roventa, Peter/König, Stefan (2005): Schleichwege dichtmachen – Wie man Asset-Backed Securities (ABS) aus der Bilanz verbannt, in: Finance, Redaktionsbeilage Ausgabe 1 2005, S. 26–27.

Sachs, Lothar (2004): Angewandte Statistik – Anwendung statistischer Methoden, 11. Aufl., Berlin: Springer.

Saldern, Matthias von (1995): Zum Verhältnis von qualitativen und quantitativen Methoden, in: **König, Eckard/Zedler, Peter (Hrsg.)**: Bilanz qualitativer Forschung Bd. 1 Grundlagen Qualitativer Forschung, 1. Aufl., Weinheim: Deutscher Studien Verlag, S. 331–371.

Santomero, Anthony/Babbel, David (2001): Financial Markets, Instruments & Institutions, 2. Aufl., Boston: McGraw-Hill International Editions.

Schmalenbach, Dirk/Sester, Peter (2005): Voraussetzungen und Rechtsfolgen der Eintragung in das neu geschaffene Refinanzierungsregister, in: Zeitschrift für Wirtschafts- und Bankrecht, Vol. 59, Nr. 43, S. 2025–2035.

Schmeisser, Wilhelm/Leonhardt, Maik (2006): Asset-Backed-Securities-Transaktionen als Finanzierungsalternative für den deutschen Mittelstand, 1. Aufl., München und Mering: Rainer Hampp Verlag.

Schmeisser, Wilhelm/Leonhardt, Maik (2007): Asset-Backed-Securities – Forderungsverbriefung für den gehobenen Mittelstand als Finanzierungsalternative, in: Deutsches Steuerrecht, Vol. 45, Nr. 4, S. 169–174.

Schnell, Christian (2005): Analysten untersuchen kleine Werte oft nur gegen Bezahlung, in: Handelsblatt, Nr. 148 vom 3.8.2005, S. 27.

Schnell, Rainer/Hill, Paul B./Esser, Elke (2004): Methoden der empirischen Sozialforschung, 7. Aufl., München: Oldenbourg Wissenschaftsverlag GmbH.

Scholl, Armin (2003): Die Befragung, 1. Aufl., Konstanz: UVK Verlagsgesellschaft.

Schumacher, Marc (2006): Rating für den deutschen Mittelstand – Neue Ansätze zur Prognose von Unternehmensausfällen, Diss., Wiesbaden: Deutscher Universitäts-Verlag.

Schwank, Oliver (2007): Renaissance des Schuldscheins – Kapitalmarktkonditionen für den Mittelstand, in: Finance, Ausgabe April 2007, S. 36–39.

Schwarcz, Steven L. (1994): The Alchemy of Asset Securitization, in: Stanford Journal of Law, Business, and Finance, Vol. 1, S. 133–154.

Schwarcz, Steven L. (1995): The Global Alchemy of Asset Securitization, in: International Financial Law Review, Vol. 14, Nr. 5, S. 30–34.

Schwarcz, Steven L. (1997): The Easy Case for the Priority of Secured Claims in Bankruptcy, in: Duke Law Journal, Vol. 47, Nr. 3, S. 425–489.

Schwarcz, Steven L. (2001): The Universal Language of International Securitization, in: SSRN Working Paper Nr. 290010.

Schwarcz, Steven L. (2002): Enron, and the Use and Abuse of Special Purpose Entities in Corporate Structures, in: The Financier, Vol. 9, Nr. 1-4, S. 23–28.

Schwarcz, Steven L. (2003): Securitization Post Enron, in: The Financier, Vol. 10, Nr. 1/4, S. 46–66.

Scott Jr., James H. (1977): Bankruptcy, Secured Debt, and Optimal Capital Structure, in: The Journal of Finance, Vol. 32, Nr. 1, S. 1–18.

Scott Jr., James H. (1979): Bankruptcy, Secured Debt, and Optimal Capital Structure: Reply, in: The Journal of Finance, Vol. 34, Nr. 1, S. 253–260.

Selling, Thomas I. et al. (1989): Consolidating Captive Finance Subsidiaries: The Impact of SFAS 94 on Financial Statements, in: Financial Analysts Journal, November-December, S. 72–75.

Shleifer, Andrei/Vishny, Robert W. (1992): Liquidation Values and Debit Capacity: A Market Equilibrium Approach, in: The Journal of Finance, Vol. 47, Nr. 4, S. 1343–1366.

Siemens Financial Services (SFS) (2002): Die stille Revolution – Der Wandel der Unternehmensfinanzierung in Deutschland, München: SFS.

Siemens Financial Services (SFS) (2003): Unternehmensfinanzierung im Fokus – Entscheider aus Deutschland, Frankreich, Großbritannien und den USA antworten, München: SFS.

Skarabot, Jure (2001): Asset Securitization and Optimal Asset Structure of the Firm, EFMA 2001 Lugano Meetings.

Smith, Janet Kiholm/Schnucker, Christjahn (1994): An Empirical Examination of Organizational Structure: The Economics of the Factoring Decision, in: Journal of Corporate Finance, Vol. 1, Nr. 1, S. 119–138.

Smith Jr., Clifford W. (1979): Bankruptcy, Secured Debt, and Optimal Capital Structure: Comment, in: The Journal of Finance, Vol. 34, Nr. 1, S. 247–251.

Smith Jr., Clifford W./Warner, Jerold B. (1979): On Financial Contraction: An Analysis of Bond Covenants, in: Journal of Financial Economics, Vol. 7, Nr. 2, S. 117–161.

Sopranzetti, Ben J. (1998): The Economics of Factoring Accounts Receivable, in: Journal of Economics and Business, Vol. 50, S. 339–359.

Sopranzetti, Ben J. (1999): Selling Accounts Receivable and the Underinvestment Problem, in: The Quarterly Review of Economics and Finance, Vol. 39, Nr. 2, S. 291–301.

Standard & Poor's (1999a): Structured Finance – Asset-Backed Commercial Paper Criteria, 1. Aufl., New York: McGraw-Hill.

Standard & Poor's (1999b): Structured Finance – Trade Receivable Criteria, 1. Aufl., New York: McGraw-Hill.

Standard & Poor's (2004): Ten Years of Trade Receivables Securitization in Europe, in: Structured Finance, 17.12.2004, S. 1–12.

Standard & Poor's (2006): Bankruptcy Remoteness Of Special-Purpose Vehicles In Japanese Securitization Transactions, in: RatingsDirect, 17.10.2006.

Standard & Poor's (2007): Germany Securitization Outlook 2007 – Continuing Diversification to Advance Market Maturity, in: RatingsDirect, 31.1.2007.

Statistisches Bundesamt (2006): Finanzen und Steuern – Umsatzsteuer 2004, Fachserie 14 Reihe 8,, Wiesbaden: Statistisches Bundesamt.

Stulz, René M./Johnson, Herb (1985): An Analysis of Secured Debt, in: Journal of Financial Economics, Vol. 14, Nr. 4, S. 501–521.

Sumpf, Denise (2005): Art Experience and Human Resources' Perception, Diss., European Business School, International University Schloß Reichartshausen, Wiesbaden.

The Boston Consulting Group (2004): Optimale Staatliche Rahmenbedingungen für einen Kreditrisikomarkt/Verbriefungsmarkt für Kreditforderungen und -Risiken in Deutschland – Abschlussbericht, in: Gutachten im Auftrag des Bundesministeriums der Finanzen, Projektnummer 16/03.

Thomas, Hugh (1999): A Preliminary Look at Gains from Asset Securitization, in: Journal of International Financial Markets, Institutions and Money, Vol. 9, Nr. 3, S. 321–333.

Thomas, Hugh (2001): Effects of Asset Securitization on Seller Claimants, in: Journal of Financial Intermediation, Vol. 10, Nr. 3-4, S. 306–330.

Tollmann, Claus (2005): Die Sicherstellung der Insolvenzfestigkeit bei Asset Backed Securitization nach dem neuen Refinanzierungsregister gemäß §§ 22a ff. KWG, in: Zeitschrift für Wirtschafts- und Bankrecht, Vol. 59, Nr. 43, S. 2017–2025.

Torous, Walter N. (1995): Mortgage Backed Securities, in: **Jarrow, R. A./ Maksimovic, V./Ziemba, W. T. (Hrsg.)**: Handbooks in Operations Research and Management Science: Volume 9 Finance, 1. Aufl., Amsterdam: Elsevier Science, S. 341–356.

Tufano, Peter (2001): HBS-JFE Conference Volume: Complementary Research Methods, in: Journal of Financial Economics, Vol. 60, Nr. 2-3, S. 179–185.

Uhrig-Homburg, Marliese (2005): Cash-Flow Shortage as an Endogenous Bankruptcy Reason, in: Journal of Banking & Finance, Vol. 29, Nr. 6, S. 1509–1534.

Vitols, Sigurt (1998): Are German Banks Different? in: Small Business Economics, Vol. 10, Nr. 2, S. 79–91.

Wengraf, Tom (2001): Qualitative Research Interviewing – Semi-Structured, Biographical and Narrative Methods, 1. Aufl., London: Sage Publications.

Widrat, Susanne (2005): Eigenkapital im Fokus, in: Handelsblatt, Ausgabe vom 11.01.2005, Verlagsbeilage Journal Mittelstand, S. 1.

Wiedman, Christine I./Wier, Heather A. (1999): Management of Note Disclosures: The Case of Unconsolidated Subsidiaries Prior to FAS No. 94, in: Journal of Accounting, Auditing & Finance, Vol. 14, Nr. 1, S. 73–94.

Wolf, Willi (1995): Qualitative versus quantitative Forschung, in: **König, Eckard/Zedler, Peter (Hrsg.)**: Bilanz qualitativer Forschung Bd. 1 Grundlagen qualitativer Forschung, 1. Aufl., Weinheim, S. 309–329.

Yarett, Jordan E. (2004): U.S. Operating-Asset or Whole-Business Securitization: An Effective New Financing Technique. in: Journal of Structured Finance, Vol. 10, Nr. 3, S. 69–75.

Yin, Robert K. (2003): Case Study Research – Design and Methods, 3. Aufl., London: Sage Publications.

FSC
www.fsc.org
MIX
Papier | Fördert
gute Waldnutzung
FSC® C083411

Kolibri 360 GmbH
Ferdinand-Jühlke-Straße 7
99095 Erfurt, Deutschland
produktsicherheit@kolibri360.de